# 本书入选

中共中央宣传部和新闻出版总署

庆祝新中国成立60周年百种重点图书

值此中华人民共和国诞生60周年、新中国税制建立60周年和税务总局成立60周年之际，谨以此书奉献给抚育我成长的伟大祖国，奉献给为人民共和国的发展和强盛作出了巨大贡献的全国人民，奉献给为人民共和国的税制创建和发展建立了不朽功勋的所有税务工作者！

——刘　佐

庆祝新中国成立60周年百种重点图书

# 新中国税制60年

刘佐 著

中国财政经济出版社

**图书在版编目（CIP）数据**

新中国税制60年/刘佐著．—北京：中国财政经济出版社，2009.9
庆祝新中国成立60周年百种重点图书
ISBN 978-7-5095-1421-4

Ⅰ．新…　Ⅱ．刘…　Ⅲ．税收制度-中国　Ⅳ．F812.422

中国版本图书馆CIP数据核字（2009）第162618号

责任编辑：刘五书　　　　责任校对：张全录
封面设计：郁　佳　　　　版式设计：兰　波

中国财政经济出版社出版

**URL**：http：//www.cfeph.cn

E-mail：cfeph@cfeph.cn



社址：北京市海淀区阜成路甲28号　邮政编码：100142
发行处电话：88190406　财经书店电话：64033436
北京富生印刷厂印刷　各地新华书店经销
787×1092毫米　16开　32.5印张　796 000字
2009年9月第1版　2009年9月北京第1次印刷
印数：1—4000　定价：56.00元
ISBN 978-7-5095-1421-4/F·1216
（图书出现印装问题，本社负责调换）
本社质量投诉电话：010-88190744

# 前 言

本书以中共中央、全国人民代表大会、国务院的有关文献和财政、税务等部门的权威性资料为依据，比较全面、系统、概要地回顾了从1949年中华人民共和国成立以来税收制度发展与改革的情况，并对其未来发展趋势作了初步的展望。目的在于真实地反映60年来中国税制发展的艰苦历程和取得的辉煌成就，总结正反两方面的经验，为今后中国税制的进一步改革与发展提供借鉴。

1984年8月，我从中国人民大学财政系毕业以后到财政部税务总局工作，从此立志终生投身于中国的税收事业。25年来，我历任财政部税务总局局长秘书、国家税务局局长秘书；财政部税务总局办公室科员、副主任科员、主任科员、副主任；国家税务局办公室副主任、国家税务总局办公室副主任、国家税务总局办公厅副主任；国家税务总局税收科学研究所副所长、所长，副研究员、研究员，亲身经历了改革开放以来中国经济体制改革的两次重大转折和随之推进的两次重大税制改革——从社会主义计划经济转向社会主义有计划的商品经济和1984年税制改革、从社会主义有计划的商品经济转向社会主义市场经济和1994年税制改革，亲眼看到了中国税收事业曲折而光辉的历程，并查阅了大量的有关文献和资料，对新中国成立60年以来、特别是改革开放31年以来税收制度发展的历史作了较为全面、深入的研究。又由于工作上的原因，我曾经荣幸地在中国财政、税务系统的老领导王丙乾、金鑫、刘仲藜、任子良、杨崇春、卢仁法、陈景新、李永贵、牛立成、王平武、张忠诚、刘志城、赵昭等前辈的领导下工作，亲眼目睹了他们的风采，亲耳聆听了他们的教诲，受益终生。我也看到了近十多年来在项怀诚、金人庆、谢旭人、肖捷等国家税务总局领导的带领下，中国的税收事业继往开来、蒸蒸日上的崭新局面。这一切，更加激发了我对中国税收事业的无限热爱之情和写作此书的强烈欲望，坚定了我务必成功的决心和信心。在此，我谨向对此书的写作、出版给予亲切关怀、热心指导和大力帮助的中国财税界各位前辈、领导、专家、同志、朋友、中国财政经济出版社和我的亲人再次表示衷心的感谢！

由于本人能力、水平和某些客观条件所限，本书中必然存在一些不足之处，恳请读者原谅，并批评指正。

刘　佐

2009年9月1日

# 目 录


引 言 …………………………………………………………………… ( 1 )

第一章

新中国税收制度的建立和巩固（1949—1957 年） ………………………… ( 3 )

一、新中国税制建立的历史背景 …………………………………… ( 3 )

二、首届全国税务会议的召开 ……………………………………… ( 4 )

三、《关于统一全国税政的决定》的公布和实施 ……………………… ( 6 )

四、1953 年修正税制 …………………………………………………… ( 12 )

五、农业税制度的初步建立 ………………………………………… ( 18 )

六、关税制度的建立 ………………………………………………… ( 22 )

七、促进经济、社会发展的税收政策 ………………………………… ( 23 )

八、配合社会主义改造的税收政策 …………………………………… ( 28 )

第二章

中国税制建设经历的曲折道路（1958—1978 年） ………………………… ( 35 )

一、1958 年税制改革 ………………………………………………… ( 35 )

二、20 世纪 50 年代末期至 60 年代中期的税制变化 ………………… ( 42 )

三、20 世纪 60 年代中期税制改革的探索 …………………………… ( 53 )

四、1973 年税制改革 ………………………………………………… ( 56 )

第三章

中国改革开放后税制改革的酝酿和起步（1978—1982 年） …………… ( 65 )

一、改革开放初期税制改革的酝酿 ………………………………… ( 66 )

二、涉外税制的建立和国内税制改革的调查与试点 ………………… ( 70 )

三、工商税制改革总体设想的提出 ………………………………… ( 75 )

四、税收管理体制、税收政策和税收制度的调整 …………………… ( 80 )

第四章

国营企业“利改税”和工商税制改革的实施（1983—1993 年） ………… ( 99 )

一、国营企业“利改税”第一步改革的出台 …………………………… ( 99 )

二、国营企业“利改税”第二步改革和工商税制改革的出台 …………………… (105)
三、完善税制的重要措施 …………………………………………………………… (119)
四、调整税收政策的主要举措 ……………………………………………………… (137)

**第五章**
**1994年税制改革——建立社会主义市场经济体制的重大举措(1994—2000年)** …… (185)
一、深化税制改革的初步探索 ……………………………………………………… (185)
二、税制改革任务的正式提出 ……………………………………………………… (193)
三、税制改革方案的出台 …………………………………………………………… (204)
四、进一步完善税制 ………………………………………………………………… (218)
五、税收政策的重要调整 …………………………………………………………… (240)
六、税费改革起步 …………………………………………………………………… (267)

**第六章**
**21世纪前20年中国税制改革的回顾和展望(2001—2020年)** ………………… (280)
一、21世纪初税制改革的目标 ……………………………………………………… (280)
二、近年来税制改革的进展 ………………………………………………………… (287)
三、近年来税收政策的重要调整 …………………………………………………… (317)
四、关于下一步税制改革的初步探讨 ……………………………………………… (385)

**第七章**
**中国现行税制概况** ………………………………………………………………… (400)
一、现行税制综述 …………………………………………………………………… (400)
二、货物和劳务税 …………………………………………………………………… (404)
三、所得税 …………………………………………………………………………… (411)
四、财产税 …………………………………………………………………………… (415)
五、其他税收 ………………………………………………………………………… (421)
六、财政、税务、海关组织机构和税收征收管理范围划分 ……………………… (424)

**附　录** …………………………………………………………………………… (431)
一、中国税制大事年表(1949年9月—2009年8月) …………………………… (431)
二、中国税制体系图 ………………………………………………………………… (476)
三、中国经济、财政、税收主要指标统计表(1950—2008年) ………………… (482)
四、中国分税种收入统计表 ………………………………………………………… (484)
五、中国税务系统组织机构示意图 ………………………………………………… (492)
六、中国财政部税务总局、国家税务局和国家税务总局组织机构示意图 ……… (496)
七、中国税务系统历任主要领导人名录(1949年12月—2009年8月) ……… (503)
八、中国税务系统人员统计表 ……………………………………………………… (506)

**主要参考书和资料来源** …………………………………………………………… (507)

# 引 言

税收是世界上绝大多数国家财政收入最主要的来源，也是政府调节经济的重要杠杆。它在国家政治、经济、社会生活中发挥着越来越重要的作用。

税收是一个古老的经济范畴。它是人类社会发展到一定阶段的产物，是伴随着社会生产力的发展、阶级的出现、国家的产生、国家职能的发展而逐步产生和发展起来的。

中国是举世闻名的文明古国，具有悠久的历史和灿烂的文化。远在四千多年前的夏代，中国就已经出现了税收的雏形——贡。此后，出现了商代的助和周代的彻。从周代以后，中国的工商税收有了进一步的发展。但是，由于中国的经济结构长期以农业为主体，所以，农业税收（主要为田赋）在一个很长的历史时期内都是中国税制的主体。直到近代，随着工商业的逐步发展，工商税收才逐渐成为中国税制的主体。

中华民族发展的历史充分地证明：税收制度的建立、巩固和加强，是几千年来中国国家统一、民族团结、社会进步的重要因素之一。中国历史上不乏一些开明君主实行轻徭薄赋政策，让人民休养生息，富国强兵，从而带来了国家的繁荣。也有许多反动统治者以各种苛捐杂税横征暴敛，残酷地剥削和压迫人民，导致国家贫困、落后，民不聊生，从而引起了一次又一次人民革命（暴动），导致、加速了反动政权的垮台。

1949年中华人民共和国成立以后，人民真正成为国家的主人，税收成为人民政权参与国民收入分配的重要手段。国家通过税收取得了大量的财政收入，用于经济、科学、技术、文化、教育、卫生、社会保障、环境保护、国防、外交等各项事业和改善人民生活，并通过不断改革和完善税制，正确制订和贯彻税收政策，充分发挥税收的宏观调控和微观调节作用，有力地支持、促进了国家各项建设事业的顺利发展和人民物质、文化生活水平的不断提高。

新中国成立60年来，随着国家政治、经济形势的发展，中国税收制度的建立和发展经历了一个曲折的过程。从总体上来看，60年来中国税制改革的发展大致上经历了三个历史时期：第一个时期是从1949年新中国成立到1957年，即国民经济恢复和社会主义改造时期，这是新中国税制建立和巩固的时期。第二个时期是从1958年到1978年年底中国共产党第十一届中央委员会第三次全体会议召开以前，历经“大跃进”、三年自然灾害和“文化大革命”，这是中国税制曲折发展的时期。第三个时期是1978年年底中共十一届三中全会召开以后的新时期，是中国税制建设得到全面加强，税制改革不断前进的时期。

在上述三个历史时期内，中国税收制度先后进行了五次重大改革：第一次是新中国成立之初的1950年，在清理旧中国税收制度和总结革命根据地税制建设经验的基础上建立了人民共和国的新税制。第二次是1958年税制改革，其主要内容是简化税制，以适应社会主义改造基本完成、经济管理体制改革以后的形势的要求。第三次是1973年税制改革，其主要内容仍然是简化税制，这是“文化大革命”的产物。第四次是1984年税制改革，其主要内容是普遍实行国营企业“利改税”和全面改革税收制度，以适应发展有计划社会主义商品经济的要求。第五次是1994年税制改革，其主要内容是全面改革税收制度，以适应建立社会主义市场经济体制的要求。

# 第一章

# 新中国税收制度的建立和巩固
（1949—1957年）

从1949年到1957年，在中国共产党和中央人民政府政务院（1954年9月以后改为国务院）的领导下，在各地区、各部门和全国人民的大力支持、配合下，迅速而稳妥地实现了全国税政和税制的统一，初步建立了一套比较完整、统一、适用的新中国税收制度。

## 一、新中国税制建立的历史背景

新中国的税收制度是在清理旧中国税收制度和总结革命根据地税制建设经验的基础上逐步建立起来的。

在1949年10月1日中华人民共和国成立以前，中国共产党领导下的各个解放区已经相继建立了区域性的税收制度。例如1948年1月，东北行政委员会发布了关税、货物产销税、营业所得税、屠宰税、牲畜交易税等若干税种的条例。从1949年1月起，华北人民政府陆续发布了牲畜屠宰税、薪给工资所得税、进出口货物税、工商业所得税、营业牌照税、临时营业税、房地产收益税、矿业税、烟类税、交易税、印花税等税收条例。

在新解放的城市，由于来不及建立一套比较完整的新税制，为了避免税收工作的混乱和停顿（当时在个别城市中也确实出现了盲目停止征税，或者起初宣布免税，后来不得不恢复征税的情况，从而造成工作上的被动），中共中央指示各地，除了苛捐杂税和反动名目的税捐应当立即取消以外，可以暂时沿用旧税法征收，然后逐步进行整理。例如北京市在解放初期暂时沿用了国民党政府统治时期的20种税捐，即货物税、营业税、特种营业税、所得税、综合所得税、遗产税、矿产税、印花税、契税、营业牌照税、使用牌照税、牙行收益税、屠宰税、筵席税、冷食税、娱乐税、地价税、房捐、旅栈教育捐和汽车季捐（其中有些税种、税目没有开征或者合并征收），税率也没有改变，同时将过去征收的绥靖建设捐、绥靖临时费、守护团捐、城防费、兵役费等所有苛捐杂税和临时摊派项目一律取消。上海市在解放以后首先宣布原有各项国税、市税暂时继续征收，要求各界人民照旧缴纳，然后陆续废除了大量的苛捐杂税。

1949年3月20日，中共中央发布《关于财政经济工作及后方勤务工作若干问题的规定》，其中规定：关于财政经济工作的统一问题，应该在分区经营的基础上，在可能与必须的条件下，有重点、有步骤地走向统一。各老解放区的关税、盐税、统税，应当有步骤地分别由中央统一管理。新解放区的税收，应当由各解放区根据中央规定的方针，自行实施，待秩序安定以后，再送中央审核。

随着人民解放战争的节节胜利，新中国成立在即，人民政权的建设、国防的建设、经济的恢复和发展以及国家其他各项建设事业的发展都急需大量的财政资金，新解放区与老解放区税收制度不统一的状况已经不能适应形势发展的需要，对于保证财政收入、平衡税收负担、促进经济的恢复与发展，十分不利。因此，全国统一税政，尽快建立新中国的税收制度，便成为新中国成立之初税收工作中最重要、最紧迫的任务。

1949 年 7 月，中共中央成立专门的财经领导机构——中央财政经济委员会，毛泽东主席选用党内著名经济专家、中共中央政治局委员陈云担任主任。

同年 7 月，为了克服严重的财政、经济困难，受中共中央的委托，陈云到达刚刚解放不久的全国最大的工商业城市——上海，专门就财经问题作了调查研究。7 月下旬至 8 月中旬，陈云在上海市主持召开了有华东、华北、华中、东北和西北 5 个解放区的财政、金融、贸易部门领导干部参加的财经会议。在这次会议上，确定了全力支持解放战争彻底胜利和维持新解放区首先是大城市人民生活的方针，并就统一财政经济、控制市场物价问题提出了解决的办法和实施的步骤。陈云在会议上指出："目前最要紧的两件事：一是公粮要征得好，二是税收要整顿好。"（此处公粮指农业税，税收指工商税收，下同——笔者注）他还提出：要逐渐增加税收在财政收入中的比重。努力收税是解决财政赤字的一种办法。特别是在一个发展的环境中，加一点税不会出大问题。如果赤字不大，可以用增加税收的办法求得财政收支大体平衡，以便使经济走向健全发展的道路。关于税制问题，陈云指出：税目、税率要统一管理。现在拟的税目、税率，可能很多地方不合理，但是有总比没有好，先试行二三个月，然后加以总结并进行修改。不能为了追求十全十美而放弃统一的办法，可以先九全九美暂求统一。地方上个别的特殊情况可以例外，但是主要的必须统一起来。会议还提出了增加盐税、统一货物税和征收屠宰税、娱乐税、筵席捐、旅店捐 4 种地方税的意见。这次重要会议为新中国成立以后的统一财政、税收工作奠定了基础。

1949 年 9 月 29 日，中国人民政治协商会议第一届全体会议通过了具有临时宪法性质的历史性文献——《中国人民政治协商会议共同纲领》。纲领第八条规定：中华人民共和国国民均有缴纳赋税的义务。第四十条中规定了新中国的税收政策，即"国家的税收政策，应以保障革命战争的供给、照顾生产的恢复和发展及国家建设的需要为原则，简化税制，实行合理负担。"这是新中国税制建设的指南。

## 二、首届全国税务会议的召开

为了尽快地统一全国税政，建立新的税收制度，加强税收工作，1949 年 11 月 24 日至 12 月 9 日，中央人民政府政务院财政经济委员会和财政部在北京召开了首届全国税务会议。这是新中国成立初期召开的最重要的一次税务会议，中共中央、政务院对此予以高度重视。中共中央书记处书记（中国共产党第七次全国代表大会产生的中央书记处书记相当于后来的中央政治局常委，下同——笔者注）、中央政治局委员、中央人民政府副主席朱德，中共中央政治局委员、中央人民政府政务院副总理兼政务院财政经济委员会主任陈云，政务院财政经济委员会副主任兼财政部部长薄一波在会上就税收工作面临的形势、任务、政策等问题作了报告。

朱德副主席在报告中强调了在新的形势下做好税收工作的重要性，指出了统一税制的必要性，并提出税务机关要支持生产的发展。

陈云副总理在报告中分析了当时国家财政面临的严重困难：即供给的军政人员已经达到750万人，1950年预计为900万人；解放战争还没有结束，军费开支庞大；恢复和发展经济也需要大量财政支出。而财政收入增加速度有限，所以财政赤字很大。解决这个矛盾有两种办法，一种是增发货币，另一种是增加税收。增发货币会导致通货膨胀，物价上涨，社会经济紊乱。所以，只能采取增加税收的办法。过去公粮比重过大，今后要增加城市税收。这样做不仅可以解决财政需要，而且有利于平衡城乡税收负担，回笼货币。因此，关于增强税收的提案得到了中央人民政府委员会的一致通过。

薄一波部长在报告中强调了全国统一税制的必要性和正确贯彻税收政策等问题。关于统一税制问题，薄一波说：过去我们是分散的根据地，没有中央政府。1948年年底人民银行实行了币制统一，1949年成立了中央人民政府，过去分散的、各自为政的现象已经不容许存在。现在有450万野战军，要任何一个地区来负担是不可能的，必须由国家来统一供给管理。同样，铁路的建设也不是一个地区能负责的。又如我们要解放台湾，就要建设空军和海军，这些费用也只能由国家来统一负责。这样主观、客观上都要求统一。税收工作同样如此，闭关自守、各搞一套是不行了。关于税收政策，薄一波强调了三点：一是要注意到国家财政开支的需要；二是在确定税率的时候要注意奖励和限制政策，不能单纯地考虑财政收入；三是简化税制，实行合理负担，特别是在城市中应当保证一定的收入。关于物价问题，薄一波提出，平衡物价的第一个办法是增加税收，所以1950年度非增加税收不可。因此，税法也必须统一。

会议根据《中国人民政治协商会议共同纲领》规定的政策精神，拟定了《全国税政实施要则（草案）》和若干税法的草案。

在此次会议以前，同年11月18日，政务院总理周恩来在政务院第六次政务会议上谈到税收问题的时候提出：生产增加了，税收就可以增加了。农村的负担还不能减少。新解放区的城市在安定以后就应当收税，要适当，不能收少了，不可以使农村负担太重，城市负担太轻。

同年12月15日，薄一波等财政部负责人向政务院总理周恩来、副总理兼财政经济委员会主任陈云等领导人报送《第一次全国税务会议的总结报告》。关于税制问题，会议提出的一致意见是：

1. 农民的负担已经很重，不能再增加，今后主要应该在城市工商业税收上多想办法。

2. 为了简化税制，税种、税目应当尽量减少，能合并的尽可能合并。某些地方性税收由大区（当时设有东北、华东、中南、西南和西北5个大行政区，以下简称大区，1952年增设华北大区，——笔者注）另定征收办法，经中央批准以后实行，不列入全国税法范围。

3. 为增加税收掌握主动，好讲话，税率一般的可以暂时依照国民党政府统治时期的规定，不使减得太低。

根据这些原则，确定全国范围适用的税收为14种，即关税、盐税、货物税、工商税、印花税、交易税、存款利息所得税、遗产税、薪资报酬所得税、特种消费行为税、屠宰税、房产税、地产税、使用牌照税，其中以货物税、工商税、盐税、关税为重点。其他税收由省、市或者大区根据习惯拟定办法，经大区或者中央批准以后征收。

上述报告中还提出：请各级领导从政治上、组织上对税收工作予以充分支持和重视，并写成决定，通告各级执行；应当迅速公布各种税法、税则，以求征收一致。

首届全国税务会议的召开，对于统一全国税政，建立新中国的税收制度和税务系统的组织机构，全面加强税收工作，作出了历史性的贡献。这次会议的主持人、当时担任财政部常务副部长的戎子和曾经在1993年将这次会议的重要历史意义概括为：新中国税政统一的开端，国家财政从农村转向城市的起点。

## 三、《关于统一全国税政的决定》的公布和实施

1950年1月6日，中共中央政治局委员、中央人民政府政务院副总理兼政务院财政经济委员会主任陈云，政务院财政经济委员会副主任兼财政部部长薄一波向中共中央主席毛泽东和中共中央报告首届全国税务会议的情况，提出新中国成立以后增加财政收入应当多在城市税收方面打主意；简化税制，抓好货物税、工商税、盐税和关税等主要收入；解决税收法令不统一、负担不平衡等问题。

同年1月30日，政务院总理周恩来签署政务院通令，公布《关于统一全国税政的决定》，同意以《全国税政实施要则》作为今后整理和统一全国税政、税务的具体方案，并要求各级人民政府和财政、税务机关一致执行，以期逐步实现。决定中还规定：除了工商业税暂行条例和货物税暂行条例经过审查修正公布以外，其他各项税收条例在公布以前应当按照原来的税法征收，切勿因税法迟颁而影响税收收入。

随政务院上述决定附发的《全国税政实施要则》是新中国成立以后统一税政、建立新税制的纲领性文件，其中规定："为执行1950年概算，必须增强税务工作，建立统一的税收制度。""农民负担远超过工商业者的负担，为使负担公平合理，应依据合理负担的原则，适当地平衡城乡负担。""全国各地实行的税政、税种、税目和税率极不一致，应迅速加以整理，在短期内逐步实施，达到全国税政的统一。"

《全国税政实施要则》中作出了关于税种设置的规定，暂定下列14种税收为中央与地方的税收：货物税、工商业税（包括坐商、行商、摊贩的营业税和所得税）、盐税、关税、薪给报酬所得税、存款利息所得税、印花税、遗产税、交易税、屠宰税、房产税、地产税、特种消费行为税（筵席、娱乐、冷食、旅店）和使用牌照税。根据首届全国税务会议的决定，除了上述税种以外的其他税种，由省、市或者大区根据习惯拟订办法，报经大区或者中央批准以后征收（当时主要有农业税、牧业税和契税等税种——笔者注）。此外，船舶吨税的征收办法由财政部和海关总署拟定。

《全国税政实施要则》中关于税收立法的规定是：

"（一）凡有关全国性的税收条例法令，均由中央人民政府政务院统一制定颁布实施，各地区应切实遵照执行，如有意见可建议中央考虑。在中央未修改前，不得自行修改或变更。

（二）凡有关全国性的各种税收条例之施行细则，由中央税务机关统一制定，经财政部批准施行。各区税务管理局得根据中央颁布之税法章则精神制定稽征办法，经大行政区财政部批准施行。

（三）凡有关地方性税收之立法，属于县范围者，得由县人民政府拟议报请省人民政府或军政委员会批准，并报中央备案；其属于省（市）范围者，得由省（市）人民政府拟议报请大行政区人民政府或军政委员会核转中央批准。”

随政务院上述决定附发的还有《货物税暂行条例》和《工商业税暂行条例》，均自公布之日（1950 年 1 月 30 日）起施行。

货物税的纳税人为应税货物产制商和行栈，征税对象为规定的本国产制货物和进口货物，税目分为烟、纤维、饮食品、用品、工业品、建筑器材、化妆品、迷信品、农林产品和矿产品 10 个类别，从价计征，税率从 3% 到 120% 不等。货物税的减税、免税权力属于中央人民政府。

工商业税的纳税人为在中国境内以营利为目的的工商事业，征税对象为纳税人的营业收入和所得。除了临时商业和摊贩业另行制定征收办法以外，固定工商业分别按照其营业额和所得额计算征收营业税、所得税。营业税按照营业总收入额征收的，税率从 1% 到 3% 不等；按照营业总收益额征收的，税率从 1. 5% 到 6% 不等。所得税按照 5%—30% 的 14 级全额累进税率征收。国家专卖、专制事业，贫苦艺匠和家庭副业，非以营利为目的的事业，经中央人民政府批准者，可以免征工商业税。此外，部分行业（如机器制造业、矿冶业、电业、车船制造业、化工制造业、电工器材制造业、农具制造业、文教卫生用品制造业、出版业、出口商业、出口货物制造业、运输业、印刷器材制造业、建筑器材制造业、普通必需品制造业、卫生业、畜牧业等）可以减征所得税 10%—40%。

1950 年 3 月 3 日，政务院公布陈云副总理起草的《关于统一国家财政经济工作的决定》。决定中规定：除了批准征收的地方税以外，所有关税、盐税、货物税和工商业税的一切收入，均归中央人民政府财政部统一调度使用。税则、税目和税率，统由中央人民政府财政部提交政务院决定施行；未经批准，各地人民政府不得变动。为了保障政务院上述决定的贯彻实施，中国共产党中央委员会于同日发出《关于保证统一国家财政经济工作的通知》。3 月 10 日，中共中央机关报《人民日报》发表中共中央政治局委员、政务院副总理陈云为该报撰写的社论《为什么要统一财政经济工作》。

同年 3 月 22 日，《人民日报》发表政务院财政经济委员会副主任兼财政部部长薄一波为该报撰写的社论《税收在我们国家工作中的作用》。社论中指出：税收是国家经济的重要工具。它不仅是保证国家的财政收入、平衡收支、回笼货币、保证平稳物价的工具，而且有下列重大作用：一是调节利润，调节收益；二是在生产事业上有鼓励和限制的作用；三是集中国家的分散的财力，用到对国家当前有决定意义的方向；四是对国营企业征收所得税和营业税，可以促进企业经济核算制的建立。总之，建立正确的税收制度，把税收工作做好，是一件异常重大的事情。提高城市税收占财政收入的比重是必须的，也是可能的。为了保证 1950 年全国财政收支概算的执行，贯彻国家的财政政策，各级人民政府和共产党各级党委要一致明确认识城市税收在国家预算中的地位，坚决完成 1950 年的税收任务；要贯彻政务院所订的税收政策和法令，一切按章程办事，反对无纪律、无政府的现象；各级领导机关必须注意税收工作；要保证按照财政会议所规定的税款如期完成，并严格执行缴纳税款的纪律。总之，全体财经工作人员和各级人民政府必须一致动员起来，为保证完成国家所给予的税收任务而奋斗。

根据政务院的规定，财政部于1950年初拟定了印花税、利息所得税、特种消费行为税、使用牌照税和屠宰税等5个税种的暂行条例草案，报送政务院财政经济委员会。

同年4月2日，根据政务院财经委员会的指示，财政部向税务总局、各大区税务管理局和各省、市税务局发布命令：上述各项税收条例草案，在政务院核定公布以前，凡是原来已经制订单行税则的地区，可以继续按照原订单行税则办理；原来没有制订单行税则，尚未开征上述各税的地区，可以按照上述税收条例草案先行试行。

同年5月20日，财政部内部下发了房产税暂行条例草案和地产税暂行条例草案。

同年12月19日，政务院公布修正以后的《货物税暂行条例》、《工商业税暂行条例》和新制定的《屠宰税暂行条例》、《利息所得税暂行条例》、《印花税暂行条例》，即日起施行。12月21日，根据《工商业税暂行条例》和《货物税暂行条例》，财政部公布《工商业税暂行条例施行细则》和《货物税暂行条例施行细则》。1951年1月4日，根据《印花税暂行条例》，财政部公布《印花税暂行条例施行细则》。

修正以后的货物税的纳税人为应税货物的产制人或者购运人，征税对象为规定的本国产制货物和进口货物，税目分为烟酒、鞭炮及迷信品、化妆品、饮食品、纤维皮毛、用品、工业品、矿产品及竹木8个类别，从价计征，税率从3%—120%不等。货物税的减税、免税由财政部核准。

修正以后的工商业税的纳税人为在中国境内的工商营利事业，征税对象为纳税人的营业收入和所得。除了临时商业税和摊贩业税由财政部另行制定稽征办法以外，固定工商业分别按照其营业额和所得额计算征收营业税、所得税。公营企业的营业额就地缴纳营业税；所得额提取利润（办法另行制定），不缴纳所得税。公私合营的工商业按照一般工商业纳税。合作社的纳税办法另行制定。营业税按照营业总收入额征收的，税率从1%—3%不等；按照营业总收益额征收的，税率从1.5%—6%不等；按照佣金收益额征收的，税率从6%—15%不等。所得税按照5%—30%的21级全额累进税率征收。国家专卖、专制事业，贫苦艺匠和家庭副业，其他经财政部批准者，可以免征工商业税。符合规定的合作事业，可以酌情减税、免税。此外，根据国家经济建设的需要，部分行业（如机器制造业、矿冶业、电业、交通工具制造业、化工制造业、电工器材制造业、农具制造业、文教卫生用品制造业、书报出版业、出口货物制造业、运输业、印刷器材制造业、建筑器材制造业、普通必需品制造业、医疗业、饲养业等）可以减征所得税10%—40%。

屠宰税的征税对象为屠宰猪、牛、羊等牲畜的行为，纳税人为屠宰应税牲畜者，按照牲畜屠宰以后的实际重量从价计税，税率为10%。不能按照实际重量计征的地区，可以规定各种牲畜的标准重量，从价计征。自养、自宰、自食的牲畜，可以免征屠宰税。各省（市）人民政府可以规定对辖区少数民族宗教节日屠宰牲畜的免税办法。

利息所得税的纳税人为利息所得者，征税对象为存款利息、证券利息等利息所得，计税依据是利息所得额，实行5%的比例税率。教育、文化、公益、救济机关或者团体的事业基金，其存款利息全部用于本事业者；银钱业的放款及其总分机构或者同业往来款项的利息所得；投资于企业的股息所得；工人、农民个人相互借贷的利息所得；每次所得利息不满5000元（此处是旧人民币。以下1955年3月1日以前发布的有关文件中所列的货币均为旧人民币。旧人民币10000元等于新人民币1元——笔者注）者，可以免征利息所得税。

印花税的纳税人为应税凭证的书立人、领受人或者使用人，征税对象为在中国境内因商事、产权等行为所书立或者使用的凭证，设有发货票、银钱收据、账单、记载资本的账簿、债券等25个税目，以应纳税凭证所载金额或者应纳税凭证件数为计税依据，分别采用比例税率和定额税率（前者从0.1‰—3‰不等，后者从200—5000元不等）。农村土地改革以后所发的土地证，已纳印花税的凭证的副本或者抄本，催索欠款或者核对数目的抄单，车辆、船舶、飞机的客票和行李票，可以免征印花税。应纳税凭证所载金额不满15000元者，除了个别税目以外，也可以免征印花税。

1951年1月16日，政务院公布《特种消费行为税暂行条例》，即日起施行。

特种消费行为税的纳税人为发生规定消费行为的消费者，征税对象为规定的消费行为，设有电影戏剧及娱乐、舞场、筵席、冷食、旅馆5个税目，以消费金额为计税依据，税率从5%到50%不等。凡富有政治教育意义的影片或者戏剧，经过审查证明，可以减半征税。

1951年8月8日，政务院公布《城市房地产税暂行条例》（1950年6月，第二届全国税务会议决定将房产税和地产税合并为房地产税，加之后来政务院限定其在城市征收，所以最终定名为城市房地产税——笔者注），即日起施行。

城市房地产税的征税对象为规定的城市房地产，纳税人为房地产的产权所有人或者承典人、代管人、使用人。房产税以标准房价为计税依据，按年计征，税率为1%；地产税以标准地价为计税依据，按年计征，税率为1.5%；标准房价与标准地价不易划分的城市，可以暂以标准房地价合计金额为计税依据，按年计征，税率为1.5%；标准房地价不易求得的城市，可以暂以标准房地租价为计税依据，按年计征，税率为15%。军政机关和人民团体自有自用的房地，公立和已经立案的私立学校自有自用的土地，公园、名胜、古迹和公共使用的房地，规定的宗教寺庙本身使用的房地，可以免征城市房地产税。新建房屋和翻修房屋超过新建费用50%者，可以定期免征城市房地产税。

1951年9月13日，政务院公布《车船使用牌照税暂行条例》（因为使用牌照税的征税对象仅限于车辆和船舶，所以将使用牌照税改名为车船使用牌照税——笔者注），即日起施行。

车船使用牌照税的征税对象为开征此税的地区行驶的应税车辆、船舶，纳税人为应税车辆和船舶的使用人。车辆使用牌照税采用幅度税额标准（例如乘人汽车每辆每季税额标准为15万—80万元，自行车每辆每季税额标准为5000—10000元），从量定额征收；船舶使用牌照税统一规定税额标准（例如机动船按照净吨位计征，每吨每季税额标准从3000—11000元不等），从量定额征收。郊区农民自用的车辆、船舶，专供上下客货和存货用的趸船、浮桥用船，消防车、洒水车、救护车、救护船、垃圾船、义渡船等车辆、船舶，可以免征车船使用牌照税。

关于盐税，政务院没有发布专门的条例，其征税的基本依据是1950年1月20日政务院发布的《全国盐务工作的决定》。决定中规定了征收盐税的基本方针和方法，并规定了税额标准、减免税政策和管理制度。为了照顾财政需要，盐税采取提高税额标准和税不重征的方针，从量核定，就场征收。各地区的盐税税额标准为：东北盐每担征收高粱175斤；西北土盐每担征收小米80斤；潞盐每担征收小麦90斤；华东淮南盐每担征收大米80斤；除了内蒙古的税额标准另行规定以外，其他各地的盐一律每担征收小米或者大米100斤。为了鼓励生产和出口，工农业用盐和出口的盐可以免征盐税，渔业用盐可以减按食盐税额标准的30%征收。

1950年3月14日，财政部发布《关于实行统一盐税税额办法的决定》，决定即日起实行统一盐税税额办法，并先从华北、华东、中南（广东）3个地区做起。具体办法是：以天津、济南、徐州、上海、杭州、广州等6个地区标准食粮的零售平均价为计算标准，以首届全国盐务会议确定的1950年运销计划2620万担为基数，从而求出各项米价的百分比，计天津米价占总额的31%，山东米价占10%，徐州麦价占15%，上海米价占15%，杭州米价占12%，广东米价占17%。以百分比乘上述各地标准食粮的零售平均价，相加总和，即为统一的税额标准实物价，成本过高的地区则按照上述税额标准实物价的90%计算。

后来，根据经济、盐业生产发展和盐税管理的需要，国家曾经多次全面和局部调整盐税的税额标准（例如1950年6月1日，政务院财经委员会发布《关于减半征收盐税的决定》），并逐步建立了一套盐税的管理制度。但是，直到1984年国务院发布《中华人民共和国盐税条例（草案）》以前，中国一直没有一套完整、统一的盐税法规。

盐税起初由盐务部门、轻工部门管理，1958年7月以后交由税务部门接办。

关于交易税，1950年5月下旬至6月中旬召开的第二届全国税务会议和1951年3月下旬至4月上旬召开的第三届全国税务会议曾经拟定过《交易税暂行条例（草案）》，但是后来没有发布，由各地根据全国税务会议的要求和当地的实际情况自行制定单行办法征收。

第三届全国税务会议决定：交易税的征税品种要从严开征，全国开征的品种仅限于牲畜、粮食两种。各地认为有必要管理和征税的大宗产销货品，由各大区人民政府或者军政委员会在不影响城乡物资交流的方针和便商利民的原则下，确定是否征收交易税，开征者需报中央人民政府财政部备案或者核准。关于此税起征点和税率的规定是：牲畜，一头起征，税率为5%；粮食，二市斗起征，税率为2%；其他大宗产销货品，税率为2%—5%。规定的免税项目有：羊羔、猪娃，零售商店，合作社之间直接购销应税货物，合作社与社员之间直接购销应税货物。

1953年修正税制以后，粮食交易税改征货物税，棉花交易税并入商品流通税，其他征收交易税的土特产品也陆续停止征税，继续对牲畜交易征收的交易税便成为一个独立的税种，并规定猪、羊从1954年起停止征税。但是，直到1982年国务院发布《牲畜交易税暂行条例》以前，牲畜交易税一直没有制定全国统一的法规，各地的征收工作也时征时停。

关于薪给报酬所得税、遗产税，根据1950年6月17日财政部部长薄一波在第二届全国税务会议上所作的《关于调整税收问题的结论》，暂不开征。在后来的几年中，一直准备开征这两种税，但是最终都没有立法开征。

新税制执行中的其他主要调整项目有：

在契税方面，1950年4月3日，政务院公布《契税暂行条例》，即日起施行。此条例的施行细则由各省、市根据本地区的实际情况自行制定，并报中央人民政府财政部备案。

凡土地、房屋的买卖、典当、赠与和交换，都应当凭土地、房屋所有证，并由当事人双方订立契约，由承受人缴纳契税。其中，买契税以买价为计税依据，税率为6%；典契税以典价为计税依据，税率为3%；赠与契税以现值价格为计税依据，税率为6%。交换的土地、房屋，双方价值相等者，可以免征契税；不相等者，其超过部分按照买卖税率缴纳契税。国家机关、军队、学校、党派、国家补贴的团体，国营企业、事业单位，合作社，买、典、受赠和交换房地产，可以免征契税。

20 世纪 50 年代中期实行生产资料所有制的社会主义改造以后，土地的买卖和转让被禁止，房屋产权变动的征税范围也日益缩小，因而使契税在以后的近 30 年时间内几乎名存实亡。

在船舶吨税方面，1950 年 12 月 22 日，中央人民政府财政部和海关总署发出《关于海关代征吨税办法的联合通知》。通知中规定：从 1951 年 1 月 1 日起，海关原来征收的船钞（吨税）划入使用牌照税的征收范围，凡原来缴纳船钞的本国船舶一律由税务机关改征使用牌照税。但是，外国船舶和外商租用的中国船舶仍然征收吨税，机动船的税额标准为每吨 3000—18000 元不等，非机动船的税额标准为每吨 1500—3500 元不等，均按照净吨位计征。

1952 年 9 月 29 日，经政务院财政经济委员会批准，海关总署公布《船舶吨税暂行办法》，即日起施行。办法中规定：船舶吨税的纳税人为在中国港口行驶的外国籍船舶、外商租用的中国籍船舶和中外合营企业使用的中外籍船舶，征税对象为规定的中外船舶。税额标准分为 3 个月期缴纳和 30 天期缴纳两种：按照 3 个月期缴纳的，机动船税额标准为每吨 3000—18000 元不等，非机动船税额标准为每吨 1500—3500 元不等，均按照净吨位计征；按照 30 天期缴纳的，按照 3 个月期缴纳的税额标准减半征收。如果应税船舶的国籍属于与中国签有条约或者协定，规定对船舶的税费相互给予最惠国待遇的国家，该船舶可以按照优惠税率计税。下列外籍船舶可以免征船舶吨税：与中国建立外交关系的国家的大使馆、公使馆、领事馆使用的船舶；有当地港务机关证明的避难、修理、停驶或者拆毁的船舶，并不上下客货者；专供上下客货和存货用的泊定趸船和浮船；中央人民政府或者地方人民政府征用或者租用的船舶；按照海关法的规定不必向海关申报进口的国际航行船舶。

船舶吨税起初由财政部管理，海关代征。1952 年《船舶吨税暂行办法》施行以后，此税改由海关征收管理。1986 年 6 月 2 日，经国务院批准，将船舶吨税划归交通部管理，由海关代征，所征税款缴入交通部账户，直接用于海上干线公用航标的维护和建设。2000 年 11 月 8 日，经国务院批准，财政部、交通部和海关总署发出《关于将船舶吨税纳入预算管理的通知》，自 2001 年 1 月 1 日起执行。

1951 年 4 月 1 日，为了配合国家实行棉纱统购统销制度，财政部发布《棉纱统销税征收办法》。

此外，对部分税种的税目、税率（税额标准）、起征点等作了一些调整。例如在第二届全国税务会议上，根据毛泽东主席在中国共产党第七届中央委员会第三次全体会议上提出的关于调整税收、酌量减轻民负的建议（在此之前，毛泽东主席已经对华东、中南等地区根据经济发展的需要采取的合理调整公私关系、适当减轻税收的做法予以充分的肯定，并多次提出要按照公私兼顾、劳资两利的原则调整工商业）和陈云副总理的具体部署，专门研究了调整税收问题。这次调整税收的原则是：巩固财政收支平衡，照顾生产的恢复和发展，并且要继续执行工轻于商、日用品轻于奢侈品的征税原则。调整的主要内容是：减少税种，简化税目，降低税率。具体措施有：决定暂不开征薪给报酬所得税、遗产税；将房产税、地产税合并为城市房地产税；将货物税的税目从 1136 个减少到 358 个，并降低了部分税目的税率；所得税提高了起征点和最高累进点；盐税减半征收；利息所得税扩大了征收范围，同时降低了税率；特种消费行为税降低了起征点；交易税限定了征税范围等等。通过这次调整税收，一方面，减轻了人民的税收负担，激发了人民的生产积极性；另一方面，协调了公私关系，调动了私营工商业者生产、经营的积极性，促进了生产的恢复和发展，从而培养了税源，为增加财政收入奠定了基础。

1952年12月31日政务院财政经济委员会发布的《关于税制若干修正及实行日期的通告》中规定：特种消费行为税改称文化娱乐税，原列“电影、戏剧及娱乐”税目10%—30%的税率不变，取消电影、戏剧的减税规定，由国家另订奖励办法。舞场、筵席、冷食和旅馆4个项目并入营业税，税率从5%至15%不等。1986年7月25日，国务院明文废止《特种消费行为税暂行条例》。

1956年5月3日，第一届全国人民代表大会常务委员会第三十五次会议通过《文化娱乐税条例》，同日中华人民共和国主席令公布。5月4日，财政部据此发布《文化娱乐税条例施行细则》。

文化娱乐税的征税对象为规定的文化娱乐行为，纳税人为在中国境内经营电影、戏曲、话剧、歌剧、舞蹈、音乐、曲艺和杂技等文化娱乐的企业、组织和举办文化娱乐演出的单位，计税依据为纳税人的售票和收费金额，按照征税项目和地区的不同，实行从2%—25%不等的差别比例税率。为慰劳中国人民解放军、烈士家属、军人家属和为筹募教育、救济基金举办的义务演出，可以免征文化娱乐税。小型文化娱乐的企业和组织，经过批准，可以减征或者免征文化娱乐税。此外，从1956年5月3日起，对戏曲、话剧、歌剧、舞剧、音乐、曲艺和杂技7个项目免征文化娱乐税2年。

## 四、1953年修正税制

1953年，由于修正税制，在中国财经界引起了一场涉及政治、震动高层的重大风波，并对以后中国税制的发展和税收政策的调整产生了严重的影响。

新中国成立以后，经过3年的经济恢复时期，国家的经济状况发生了巨大的变化，公有制经济在工商业中所占的比重大幅度上升，而私营工商业所占的比重则逐步缩小，从而给税制上带来了一些新问题。为此，财政部税务总局从1952年开始进行修正税制的调查研究工作。

1952年9月下旬召开的全国财经工作会议和大区财政部长会议分析了当时经济日益繁荣，税收相对下降的情况（例如，经济和工商税收收入都是快速增长的，但是工商税收收入占财政收入的比重逐年下降；全国的税收计划完成了，但是主要税源地区和有些主要税种却没有完成计划），讨论了修正税制的问题，作出了改革税制的决定，并提出了保证税收、简化手续的原则。

在同年11月2日至12日召开的四届全国税务会议上，进一步讨论了税制改革问题。财政部税务总局局长李予昂在会上所作的关于税制改革问题的报告中说：现行税制主要是照顾到中国复杂的经济情况，因而采取从商品到营业行为的交叉征收方式（即多种税、多次征）。但是，由于经济情况发生了很大的变化，现行税制已经不能适应经济发展的需要。例如在公私比重方面，国营贸易和合作社的比重增加很快；在经营方式上，拨货、加工、代理的范围日益扩大，商品中间周转次数大大减少；在城乡物资交流方面，产销直接见面，也大大减少了中间商。从经济上来看，这些变化是必要的、进步的。但是，从税收上来看，则相对下降了，其中对批发环节的营业税的影响尤为突出。另外，国营企业为了平衡税负（主要是商业税负偏重），便于经济核算和减少纳税手续，也要求简化税制。中华全国工商业联合会筹备委员会代表会议的提案中也有同样的要求。因此，现行税制需要加以改革。改革的主要内容是：合理调整，简化合并，开辟新税，试办商品流通税（此时在设计这个税种的时候，参考了苏联专家拉乌洛夫介绍的苏联周转税的有关做法——笔者注）。

鉴于修正税制涉及的面比较宽，利益分配关系比较复杂，同年11月19日至12月3日期间，财政部副部长吴波向有关部门通报了情况，财政部税务总局陆续多次召开会议就第四届全国税务会议提出的税制修正方案与41个中央主管部门和有关单位会商，然后提交中共政务院财政经济委员会党组会议讨论通过，报政务院审批。经政务院财政经济委员会副主任兼财政部部长薄一波同意，财政部副部长吴波就上述方案向政务院总理周恩来作了汇报，周恩来总理对上述方案作了详细的修改。

此外，财政部就修正税制问题专门征求了全国工商业联合会筹备委员会的意见，该委员会于同年12月中旬专门开会讨论了此事（财政部副部长吴波到会解答了有关问题），并于会后发表了关于拥护修正税制的声明。

同年12月26日，政务院总理周恩来主持召开本院政务会议，听取并批准了财政部副部长吴波所作的《关于税制的若干修正问题的报告》和财政部起草的《商品流通税试行办法》。

同年12月31日，政务院财政经济委员会发布《关于税制若干修正及实行日期的通告》，宣布从1953年1月1日起对税制加以若干修正，同时公布《商品流通税试行办法》。同日，财政部发布《商品流通税试行办法施行细则》。

同日，中共财政部党组将《关于税制若干改革的方案的报告》上报政务院副总理兼财经委主任陈云、政务院财经委副主任薄一波，并转报中共中央和毛泽东主席。

1953年1月3日，中共政务院财政经济委员会党组将中共财政部党组的上述报告转报中共中央和毛泽东主席，供中央参考。

中共财政部党组在上述报告中说：这次税制改革方案是根据保证税收、简化手续的原则拟定的。方案的主要内容是对现行工商业税暂行条例作了若干修改和重点试办商品流通税；其次是将其他现行各税裁并税种，调整税率，并开征轻微的个人所得税。经过改革，增加商品流通税和个人所得税2种税，减少棉纱统销税、印花税、利息所得税和车船使用牌照税4种税（在实际执行中，只开征了商品流通税，并将棉纱统销税并入其中，个人所得税没有开征，印花税、利息所得税和车船使用牌照税也没有取消。此外，特种消费行为税改称文化娱乐税，部分税目不变，部分税目并入工商业税的营业税部分——笔者注）。

关于工商业税中营业税的修正，报告中说：按照新的规定，国营商业由工厂加工或者定货再经批发到零售，一般要课三道营业税，这样就基本解决了由于公私比重变化、经营方法改善而使国家税收减少的矛盾。

报告也预计到了一些可能出现的问题，如私营工厂自设门市部兼营零售，私营零售商直接从工厂进货，至多只能征到两道营业税，税负轻于国营商业和合作社，可能对公有制经济不利；商品流通税在商品第一道批发环节征收，某些商品的产地批发价格要提高一点，对物价可能有影响，这些问题都需要进一步研究。

《商品流通税试行办法》和《商品流通税试行办法施行细则》规定，商品流通税的征税对象为卷烟、酒、麦粉、棉纱、火柴、化肥、轮胎、原木、水泥、平板玻璃、有色金属、生铁、钢材、焦炭、矿物油等22类商品；以生产并自行出售应税商品的工矿企业，出售应税商品的国营商业机构设在产地的批发机构、收购机构、接货机构，采购应税农林、畜牧产品者和进口应税商品的报关进口人为纳税人。采用从价计税和从量计税两种计税方法，除了啤酒采用定额税率以外，其他应税商品的适用税率从7%到66%不等。已经缴纳此税的商品，行销全国，在销售环节不再缴纳其他税收。

上述修正税制的措施出台以后，一度引起了各方面的强烈反应。在物价方面，反应比较集中的是物价波动，其中包括大米、面粉、火柴等人民生活必需品价格的上涨。在税制方面，工商业者普遍认为修正以后的税制简化了手续，节省了人力、物力和时间，表示满意；也有些人对某些税率提高、物价上涨、纳税环节提前有意见。工商户对于修正税制的公布、实施时间感到仓促；税务干部也感到税制变化太快，变得太多，工作上一度有些被动。

在这次修正税制涉及的各种税当中，对营业税的反应最为突出，普遍认为改得复杂了，特别是改变了纳税环节，将批发环节的营业税前移到生产环节征收，引起了税负的失衡。

于是，许多地方纷纷向中央反映情况。1953年1月9日，中共中央华东局山东分局第二书记向明等人写信向中共中央反映了修正税制引起物价波动、抢购商品、私商观望和思想混乱等情况。1月11日，中共北京市委也写信向中央反映了类似的情况。许多大行政区、省（市）财政经济委员会也纷纷写信、打电报给政务院财政经济委员会，反映在修正税制中遇到的问题。

这件事引起了中共中央主席、中央人民政府主席毛泽东的高度关注。同年1月15日，他就此事致信中共中央书记处书记、中央政治局委员、政务院总理周恩来，中共中央书记处书记、中央政治局委员、政务院副总理兼财政经济委员会主任陈云，政务院副总理兼财政经济委员会副主任邓小平和政务院财政经济委员会副主任兼财政部部长薄一波：

“新税制事，中央既未讨论，对各中央局（包括中共中央华北局、东北局、华东局、中南局、西南局和西北局，下同——笔者注）、分局、省市委亦未下达通知，匆猝发表，毫无准备。此事似已在全国引起波动，不但上海、北京而已，究应如何处理，请你们研究告我。

此事我看报始知，我看了亦不大懂，无怪向明等人不大懂。究竟新税制与旧税制比较利害如何？何以因税制而引起物价如此波动？请令主管机关条举告我。”

周恩来总理在接到毛泽东主席的信以后，连夜给他写了回信，提出了处理办法，并立即找来薄一波部长，研究了具体的解决办法。他们商定：先在现有的基础上做做工作看，如果问题仍然不能得到解决，就果断地停止执行新税制。此外，由财政部整理一个材料，在适当的时候向毛泽东主席和中共中央政治局作一次全面的汇报。

此后，财政部派出若干小组，分赴各大中城市检查，并就修正税制中遇到的各类较大的问题及时采取了一系列的补救措施，如批发与零售商业的划分问题，对私营批发商恢复征收营业税的问题，对小型工业、非全能工业、国营企业、合作社的照顾问题等等，从而使这些问题很快得以妥善解决。

同年2月10日，财政部、商业部和粮食部负责人吴波、姚依林和陈希云致信中共中央和毛泽东主席，就修正税制的目的、对物价的影响和执行过程中发生的问题等作了汇报。接着，财政部部长薄一波、副部长吴波又就修正税制问题向中共中央政治局和毛泽东主席作了详细汇报，并作了自我批评，承担了责任。周恩来总理也作了自我批评。毛泽东主席听了汇报以后，再次对修正税制提出严厉批评。他说："公私一律平等纳税"的口号违背了1949年召开的中国共产党第七届中央委员会第二次全体会议的决议（按照该决议，税收政策是限制私人资本主义经济的措施之一，所以，私人资本主义经济与国营经济和合作社经济在税收政策上应当区别对待——笔者注），是完全错误的。修正税制这么大的事，事先没有报告党中央，可是找资本家商量了，把资本家看得比党中央还重。新税制得到资本家叫好，这说明实行新税制不是什么具体工作方法问题，也不是什么考虑不周的问题，而是一个原则问题，政治问题，大是大非问题。新税制不是一般的错误，而是"右倾机会主义"的错误。在这个错误的背后，有个分散主义、自由主义的东西在作怪。

针对修正税制过程中反映出来的问题，财政部及其税务总局曾就物价问题、改变营业税纳税环节引起的经济后果和私营批发商不纳营业税对于经济的影响3个主要问题作了调查，结论是：第一，修正税制方案出台的时候，正赶上商业系统按照中央的部署调整一些商品的价格，也有一些商品确实因为修正税制而提了价，加之一些企业乘机提价，而有关宣传、管理工作没有跟上，导致人们产生了一些误解，引起了短时间内的混乱。第二，改变营业税的纳税环节以后的负担情况，就公有制经济和私营经济而言，没有增加国营企业的负担，增加的大部分税收由资本家负担了，小部分由消费者负担了；就工业和商业而言，由于担心引起物价波动，没有及时调整出厂价格，所以加重了工厂的税负，增加了批发商的利润。第三，私营批发商不纳营业税对于经济没有产生明显的不利影响。

同年3月10日，中共中央发布《关于加强中央人民政府系统各部门向中央请示报告制度及加强中央对于政府工作领导的决定（草案）》。决定（草案）中规定："为了使政府工作避免脱离党中央领导的危险，今后政府工作中一切主要的和重要的方针、政策、计划和重大事项，必须经过党中央的讨论和决定或批准。"这是中共中央为了加强党对政府工作的统一领导而采取的一项重大措施。

同年5月30日，财政部向中共中央和毛泽东主席报送《关于修正税制的执行情况及今后税制修订的意见的报告》。报告中认为：修正税制的方向基本上是正确的，适应了经济发展的需要，促进了税收的增长。问题主要表现在营业税的纳税环节上。将批发环节的营业税前移到生产环节征收是为了防止私营工商业者逃税，这从保税的观点上看是完全必要的，但是事先没有正确地预计到纳税环节改变以后会在工商业经营上引起什么新问题和如何解决这些问题，因而增加了业务部门工作上的许多困难。其他问题有：对于税制变化以后物价的变化估计不足，宣传解释工作不力；对于供销合作社的特殊情况和内地某些城市的比较落后的工业产品没有照顾；相对地保护了大批发商的利益。主要经验教训是：第一，修正税制是牵涉生产者、贩运者和消费者几亿人民的大事，必须周密计算物价变化情况和各方面的利害关系，谨慎从事。第二，在修正税制的时候，必须慎重考虑国营工商业、合作社工商业与私人资本主义工商业竞争的有利条件和不利条件，先进工业和落后工业之间的差别。第三，对于农副业和手工业必须适当照顾。关于解决营业税问题的方法，报告中提出的倾向性意见是：1953年下半年仍然按照现行办法纳税。对于已经批准不纳营业税的专营批发商采取逐渐挤掉的办法，并结合其他措施，逐步取消其不纳营业税的资格；没有批准不纳营业税的，一律不再批准不纳营业税。等到批发商全部缴纳营业税以后，1954年再根据既成事实修改现行税制。

在同年6月13日至8月13日中共中央召开的全国财经工作会议上，再次对修正税制提出批评。根据毛泽东主席和周恩来总理的意见，薄一波部长在会上就修正税制问题作了检讨。陈云副总理在会议上的发言当中指出了修正税制的必要性和工作当中的失误之处，认为修正税制的结果不利于社会主义经济，有利于资本主义经济，出现这个错误的原因在于当初对于税收的减少缺乏分析，为此他也要承担一定的责任。在几种经济成分同时并存的国家，税制改革影响到各个阶级、各个地区和各个部门之间的关系，也关系到国家与人民的关系，必须十分慎重。他还比较全面地分析、评价了薄一波的工作和他在修正税制工作中所犯的错误，同时否定了“路线错误”的提法（后来毛泽东、周恩来、邓小平等领导人也否定了这种提法）。

同年8月11日，周恩来总理作了上述会议的总结报告（此报告经过中共中央政治局讨论和毛泽东主席修改）。报告中批评修正税制的结果，使税负公重于私，工重于商，打击了工业，特别是落后工业；帮助了私营商业，特别是大批发商，并使市场一度发生混乱，造成群众不满。这样，就有利于资本主义经济，不利于社会主义和半社会主义经济。以薄一波同志为代表的若干财经工作干部在对社会主义国营经济问题和对私人资本主义问题上所犯错误，是违反中共七届二中全会的规定的。以薄一波同志为代表的许多错误观点和作风，是资产阶级思想在共产党内的反映。对于薄一波同志的错误，他表示也要承担一定的责任。

报告中强调，在任何时候都必须坚持党的统一领导的原则。修正税制不向党中央请示，不与地方党委商量，也不考虑有关部门的不同意见，就独断专行地加以实施，竟反与资产阶级代表人物事先取得协议，离开了党的立场，这是分散主义发展起来的必然恶果。

报告中批评财政工作部门中某些同志有一种错误观点，即脱离党的政策的单纯财政观点。他们不以财政为经济服务并从经济发展中开辟财源，而把财政收入当作最高目的，不顾经济的发展，不顾党的政策。

报告中明确地提出了过渡时期的税收任务和税收政策：税收任务，一方面要能更多地积累资金，有利于国家重点建设；另一方面要调节各阶级的收入，有利于巩固工农联盟，并使税制成为保护和发展社会主义、半社会主义经济，有步骤、有条件和有区别地利用、限制和改造资本主义工商业的工具。税收政策，对公私企业应当区别对待，繁简不同。对公私合营企业应当视国家控制的程度逐渐按国营企业待遇。对工商业应当使工轻于商，生产资料轻于消费资料，日用品轻于奢侈品，有益于国计民生的私营工商业轻于无益于或者少益于国计民生的工商业。

同年8月12日，毛泽东主席到会讲话。他在讲话中肯定了周恩来总理所作的会议总结，并再次批评薄一波部长和修正税制。他认为，薄一波的错误思想是有利于资本主义，不利于社会主义的资产阶级思想；修正税制讲“公私一律平等”违背了中共七届二中全会确定的国营经济是领导成分的路线，发展下去势必离开马克思列宁主义，离开党在过渡时期的总路线，向资本主义发展。他再次强调了加强党的集中统一领导，反对分散主义的问题。对于薄一波的错误，他也表示要承担一定的责任。他还承认自己对财经工作生疏，抓得少，抓得迟，没有钻进去。

同年9月14日，政务院副总理陈云在中央人民政府委员会第二十五次会议上的报告中讲到财经工作方面的缺点和错误的时候说：“修正税制的错误，归纳起来主要有两个：一个是‘公私一律’，一个是变更了纳税环节。”“‘公私一律’的提法是错误的。因为国营商业和私营商业是不同性质的。首先，国营商业的全部利润要上缴，私营商业只向国家缴纳所得税。另外，私营商业和国营商业对国家担负的责任不同。私营商业就是做买卖、赚钱，当然它也供应市场的需要。国营商业不仅是为了做买卖、赚钱，更重要的是维持生产，稳定市场。……合作社和国营商业差不多，它们担负着同样的任务。对国营商业、合作社商业和私营商业提出‘公私一律’，看起来好像是公平合理，实际上是不公平的。”变更纳税环节的毛病在于批发营业税移到工厂缴纳，给批发商免了税。虽然私营批发商的进货价格与国营商业的进货价格一样，但是他们的销货价格可以低于国营商业，从而打击了国营商业，也打击了内地工业。“我们是以工人阶级、国营经济为领导的国家。在我们这样的国家，上面所说的修正税制的错误是原则性的错误。”

1954年6月16日，政务院副总理兼财政部部长邓小平在中央人民政府委员会第三十一次会议上所作的《关于1954年国家预算草案的报告》中讲到1953年财政工作的错误和缺点的时候说：“1953年年初对于若干税收制度的改变，是有利于资本主义经济和不利于社会主义经济的，是犯了带原则性的错误的。”

1955年8月29日，财政部副部长吴波在五届全国税务会议上所作的结论中说：1953年修正税制犯了原则性的错误，一是在阶级政策上违背了中共七届二中全会规定的原则，二是在处理税制与经济的关系上违反了经济规律。由此得到的教训是：在任何情况下，考虑税收措施必须从党的阶级政策出发，必须从客观经济条件出发，必须采取谨慎的态度。

1953年修正税制是中国20世纪50年代税制发展中的一个重要事件。修正以后的税制与修正以前的税制相比，税种没有减少，税制结构也基本没有改变，但是多种税、多次征的办法有所改变，主要表现在工业企业缴纳的税种有所减少，这些企业原来缴纳的货物税、营业税及其附加和印花税等税种分别并入了商品流通税和货物税，部分产品由道道征税改为从生产到销售只征一道税，营业税的征税范围也有所缩小。从财政、经济方面来看，修正税制对于扭转当时经济日益繁荣，税收相对下降的局面产生了积极的作用，保证了税收收入，也有利于国营企业加强经济核算，促进商品流通。

但是，在这次修正税制的工作中也出现了一些比较大的失误，应当从中吸取深刻的教训：

第一，修正税制方案的制订操之过急，工作过粗。从1952年9月决定修正税制，到12月31日公布修正税制方案，仅用了3个多月的时间。从1952年12月31日公布修正税制方案，到1953年1月1日执行，只有1天的时间。修正税制方案提出以后，既没有发给地方财政、税务部门征求意见，也没有和地方党政领导打招呼，对中央有关部门提出的不同意见也没有充分考虑，特别是方案公布以前没有报告中共中央和毛泽东主席，这更是不应当发生的。修正税制方案的仓促出台也给纳税人、税务机关和其他有关方面造成了很大的被动。

第二，税制上的主要问题是，将批发环节的营业税移到生产环节缴纳以后，由于批发兼零售有批发与零售难以划分的问题，有些私营商业企业钻了空子；又由于担心引起物价波动，工厂出厂价没有及时调整，在一定时间内让私营批发商得了好处。而且，变更纳税环节是财政部在中共政务院财政经济委员会党组会议讨论通过修正税制方案以后确定的。到起草关于修正税制的通告时，有关同志向政务院财政经济委员会副主任兼财政部部长薄一波报告此事，薄一波既没有进一步研究，也没有提交中共政务院财政经济委员会党组会讨论，这显然是不够严谨、慎重的。

第三，受苏联周转税一次征收制的影响，试图以新出台试行的一次征收的商品流通税实现多种税收在商品生产、流通各个环节参与国民收入分配的职能，这显然是不切合实际的。

第四，对于税制变化与物价波动的关系研究得不够，有关措施没有跟上，一度引起了各方面的意见。

另外，当时曾经使用了“公私一律平等纳税”的提法。从法律上来说，公有制企业和私营企业都应当依法纳税，这是没有问题的。但是，如果按照中共七届二中全会决议确定的同私人资本主义经济进行限制与反限制斗争的原则来衡量，按照1952年至1953年期间形成的中国共产党在过渡时期（即从新中国成立到社会主义改造基本完成期间）的总路线、总任务（即在一个相当长的时期内，逐步实现国家的社会主义工业化，并逐步实现国家对农业、手工业和资本主义工商业的社会主义改造）来衡量，并考虑到当时国营商业、合作社商业和私营商业在国民经济中的不同地位与作用，这种提法就不一定妥当了。显然，这不仅仅限于税制、经济问题，已经涉及政治问题了。

值得注意的是，一些史料和当事人的回忆表明：这场风波与当时毛泽东主席强调反对“右倾机会主义”、“分散主义”，中央要加强集中统一领导和中国共产党党内高层的政治斗争（指高岗、饶漱事件，中共中央曾经对此作出结论，但是近年来对此也有一些不同的看法）也有很大的关系。

## 五、农业税制度的初步建立

新中国成立初期，老解放区已经完成了土地改革，农业税基本上沿用过去自定的征收制度，只有东北大区于1950年10月公布了新的公粮征收暂行条例；新解放区的征税办法则很不统一，许多地方还没有来得及建立正式的农业税制度；农民的税收负担总的来说还比较重。这一时期中国农业税制度建设的主要任务是，根据中央政府规定的原则和各地的具体情况，逐步建立健全农业税的各项制度，适当减轻农民负担，促进农业生产发展。

1949年12月15日，政务院财政经济委员会副主任兼财政部部长薄一波等人在报送政务院总理周恩来、副总理陈云等领导人的《第一次全国税务会议的总结报告》中明确提出：农民的负担已经很重，不能再增加，今后主要应该在城市税收上多想办法。

同年12月30日，薄一波就同月召开的首届全国粮食工作会议的情况向毛泽东主席作了书面汇报，并建议老解放区以大区为单位、新解放区以省为单位统一农业税法规，对农村中的不同阶层实行不同的农业税负担政策，各阶层的负担率为：贫农7%左右，最高10%；中农17%左右，最高20%；富农27%左右，最高30%；地主45%左右，最高60%；税率总水平不超过20%。纳税人口应当占农村人口的80%左右，富庶区与土地分散区为80%—90%。

1950年1月30日政务院发布的《全国税政实施要则》中提出：“农民负担远超过工商业者的负担，为使负担公平合理，应依据合理负担的原则，适当地平衡城乡负担。”

同年3月3日政务院发布的《关于统一国家财政经济工作的决定》中规定：公粮征收额，包括地方附加公粮征收额在内，统由中央人民政府财政部提交政务院决定施行；未经批准，各地人民政府不得变动。

同年3月26日政务院公布的《关于统一国家公粮收支、保管、调度的决定》中规定：

征收国家公粮的税则和税率，统由中央人民政府政务院规定，各级地方人民政府不得自定或者修改。国家公粮征收任务的分配，由政务院根据各地的实际情况决定。各级地方人民政府必须严格遵照中央规定的税则、税率和征粮政策，谨慎而正确地征收，完成任务。各县附加征收的地方公粮，比例不得超过正粮的15%，且必须报经省人民政府审查，转报大区人民政府批准。各省人民政府和专员公署可以根据所辖各县地方财政的具体情况，对地方公粮加以适当的调度和调整。

同年6月15日，根据毛泽东主席在中国共产党第七届中央委员会第三次全体会议上提出的关于调整税收，酌量减轻民负的建议，中共中央政治局委员、政务院副总理兼财经委员会主任陈云在中国人民政治协商会议第一届全国委员会第二次会议上提出了调整农业税收的措施：第一，只向主要农产物征税，凡有碍发展农业、农村副业和牲畜的杂税，概不征收；第二，为了照顾农村的经济情况，鼓励农民的生产积极性，恰当地减轻农业税并必须按照规定的标准征收，不许提高，也不许降低；第三，农业税应当以通常产量为固定标准，对于农民由于努力耕作而超过通常产量的部分不应当加税，以鼓励农民的生产积极性；第四，农村中的交易税，应当规定一个恰当的起征点，只对比较大量的货物交易征税，对于农民很小数量的交易不应当征税。此后，财政部就此作出具体规定。

同年9月5日，中央人民政府委员会公布《新解放区农业税暂行条例》，即日起施行。9月8日，政务院政务会议通过《关于新解放区征收农业税的指示》。1951年秋，西北、东北和华北大区重新颁发了农业税暂行条例。

根据《新解放区农业税暂行条例》，新解放区的农业税以户为单位，按照农业人口每人平均的农业收入计征。农业收入的计算，以土地的常年应产量为标准，以市斤（即0.5千克）为单位。不同来源的收入计算方法不同。每户农业人口全年平均农业收入不超过150斤主粮者免征，超过者按照3%至42%（后来逐步调整为7%至30%——笔者注）的40级全额累进税率计征（据测算，农村各阶层的农业税负担，贫农一般为8%左右；中农一般为13%左右；富农一般为20%左右；地主一般为30%左右，最高不超过50%，特殊户不超过80%），农业税地方附加不得超过正税的15%。荒地；以试验为目的的农场、林场；学校、孤儿院、养老院和医院自耕的土地，经过县（市）以上人民政府批准者；机关、部队的农业生产收入，已经向国家缴纳生产任务者，可以免征农业税。垦种荒地、轮歇地，可以定期免征农业税。遭受自然灾害者和规定的特别贫困者，经过批准可以减征、免征农业税。

为了逐步建立、健全农业税制度，政务院、财政部陆续采取了一系列的相关配套措施。例如1950年9月16日，经政务院财政经济委员会批准，财政部发布《关于农业税土地面积及常年应产量订定标准的规定》。1951年3月22日，财政部发布《关于调整农业税机构及征收经费的通知》。4月30日，财政部发布《农业税灾歉减免办法（草案）》。7月5日，财政部发布《农业税查田定产工作实施纲要》。1952年6月26日，财政部发布《农业税征收业务暂行通则》。8月14日，政务院发布《受灾农户农业税减免办法》。

在这一时期，农业税负担的基本政策是全国统一的。但是，具体的征收办法，不仅新解放区与老解放区不同，各个老解放区也不同。例如在课税对象方面，华北地区以耕地为农业税的课税对象，耕地的计算单位为标准亩；而其他地区则以土地收入为农业税的课税对象，收入的计算以土地的常年应产量为标准。又如在税率方面，老解放区实行比例税率，新解放区实行全额累进税率。据1954年统计，全国共有33种农业税税率，其中老解放区有21种，新解放区有12种。

在1950年6月召开的中国共产党第七届中央委员会第三次全体会议上，毛泽东主席提出了“酌量减轻民负”的主张。当时曾经计划把全国的公粮征收额在1949年的基础上调减四分之一左右。后来，由于抗美援朝战争爆发，国家财政困难，这个减税的计划没有能够完全实现。但是，农民的负担还是比1949年以前有所减轻。

1951年6月21日，经中央人民政府主席毛泽东批准，政务院发布《关于1951年农业税收工作的指示》，其中将新解放区已经完成土地改革地区的农业税的最低税率和最高税率分别调整为5%（提高2个百分点）和30%（降低12个百分点），将农业税附加的最高附加率提高到20%（提高5个百分点）。

同年8月31日，中共中央发布《关于农业税必须贯彻查田定产依率计征的指示》。指示中提出：农业税负担中最大的问题，就是各级人民政府没有来得及对土地的数量、质量和每亩地的产量调查清楚，分配任务只得带有很大的盲目性，因而农民负担畸轻畸重的现象还相当严重。某些地方因为条件不成熟，实行“死任务、活税率”是允许的，但是条件已经成熟的地区则以逐步实行查田定产、依率计征为好。

1952年5月12日，政务院财政经济委员会批转财政部报送的《关于第三次全国农业税法会议的报告》。报告中提出：过去老解放区的农业税税率高于新解放区的农业税税率，今后应当逐渐拉平，但是也要因地制宜。

同年6月16日，政务院发布《关于1952年农业税收工作的指示》。指示中进一步规定：为了稳定农民负担，使他们安心生产，就必须实行查田定产，依率计征，依法减免。查实田亩、核定产量是贯彻依率计征、依法减免的基础。各大区人民政府或者军政委员会应当按照中央人民政府财政部发布的《农业税查田定产工作实施纲要》，继续指导所属各省（市）人民政府有领导、有计划地全部完成查田定产工作。既要确实查清田亩，又要确实核定常年应产量。常年应产量的核定，不能偏高，也不能偏低，力求适合实际。常年应产量在查田定产以后应当固定下来，这样对于奖励农民放手发展生产更为有利。指示中还作出了取消农业税地方附加的规定（1953年以后恢复征收——笔者注）。

同年11月13日，中共中央发布《关于农业税收问题的指示》。指示中再次强调农业税收要坚决贯彻执行查田定产、依率计征、依法减免、禁止任何附加的基本方针，既要满足国家和地方建设的需要，又要使农民负担适当和公平合理。

1953年8月11日，中央书记处书记、中共中央政治局委员、政务院总理周恩来在全国财经工作会议上的总结报告中讲到农业税问题时，对于农业税查田定产工作和征税工作中的某些偏差提出了批评，并提出在对粮食少征多购的方针下，农业税应当坚决实行“种多少地，应产多少粮食，依率计征，依法减免，增产不增税”的政策，在今后3年以内不增加农业税负担。

同年8月28日，政务院发布《关于1953年农业税工作的指示》。指示中规定：必须按照毛泽东主席提出的“发展经济、保障供给”的总方针，根据国家的需要和农业生产发展的具体情况决定征收农业税的指标，并坚决实行“种多少田地，应产多少粮食，依率计征，依法减免，增产不增税”的公平合理、鼓励增产的税收负担政策。今后3年以内，农业税的征收指标应当稳定在1952年的实际征收水平上，不再增加。这是使农民得以休养生息的政策，必将大大地刺激农民的生产积极性和增加农作物的产量，从而进一步发展农村经济。

1955 年 10 月 19 日，中共中央批转中共财政部党组报送的《关于两年来农业税工作情况和对今后工作意见向中央的报告》。中共中央认为，近两年来的农业税工作执行了中央关于稳定农民负担的方针，对于巩固工农联盟、鼓励农民增产和积累国家建设资金等方面起到了积极的作用。中共财政部党组提出的 1956 年和 1957 年把农业税继续稳定在 1952 年实际征收的水平上的意见是正确的。在征购粮食总数稳定 3 年不变的基础上，再将征收农业税的数字稳定下来，可以进一步调动农民的生产积极性，并为农业合作化运动的大规模发展创造有利条件。中共中央强调，必须根据农村中不断变化着的新情况改进农业税的征收工作，特别是研究解决如何对农业生产合作社征收农业税的问题，并在工作中注意将农业税工作与粮食统购统销工作更密切地结合起来，使农业税工作有利于农业生产和农村合作化运动的发展。中共中央还肯定了报告中提出的关于草拟全国性的农业税新税法的建议。

中共中央主席、国家主席毛泽东在 1956 年 4 月 25 日发表的《论十大关系》和 1957 年 2 月 27 日发表的《关于正确处理人民内部矛盾的问题》两篇著名讲话中，都阐述了兼顾国家税收、合作社积累和农民个人收入三方面关系的主张。他认为，国家要积累，合作社也要积累，但是都不能过多。要尽可能使农民在正常年景下，从增加生产中逐年增加个人收入。他提出，几年内要把征粮和购粮的数量大体稳定在八百几十亿斤的水平上，使农业得到发展，使合作社得到巩固，使农村中的一小部分缺粮户不再缺粮，使全体农民达到中农和中农以上的生活水平。

1957 年 12 月 20 日，中共中央批转中共财政部党组报送的《关于农业税条例（草案）的请示报告》。中共中央指出：中国的农业生产在第二个五年计划期间（1958—1962 年）将有更大的发展，在这个基础上可以适当地增加一点农业税负担，但是不宜增加过多（后来，由于中国的国民经济发展遇到了严重的困难，这个增税的计划没有实现——笔者注）。

从 1952 年到 1957 年，全国农业实产量从 2924 亿斤（细粮，下同）增加到 3450 亿斤，增长 18.0%；而实征农业税仅从 358 亿斤增加到 400 亿斤，增长 11.7%；实征农业税占农业实产量的比重则从 12.2% 下降到 11.6%。

在牧业税方面，由于中国的畜牧业主要集中于西部、北部的少数民族地区，牧区地域辽阔，各地解放的时间不一样，牧业生产发展水平不同，民族众多，风俗各异，经营方式、社会情况、自然条件差别很大，制定一套统一的牧业税收制度比较困难。因此，中央人民政府始终没有就牧业税作出统一的规定，而是授权各有关省的人民政府自行拟定征收办法，报请大区人民政府或者军政委员会核准以后，转报政务院备案。例如 1950 年 8 月 28 日，西北军政委员会通过《关于西北区各省 1950 年牧业税征收的决定》，其中规定了 1950 年西北各省牧业税的征收原则：新疆、青海、宁夏、甘肃等 4 个省（自治区）牧区征税，其他地区不征税；新疆试行累进税率，其他 3 个省暂时实行 3% 的比例税率；以户为单位计征，并设置起征点；以从量征收为原则，有特殊情况的也可以从价征收；新疆以征收出口牲畜为主，其他 3 个省尽量征收皮毛或者其他实物；国外进口专为改良品种的种畜，当年出生的幼畜，农民饲养的耕畜，军政机关使用的牲畜，专作运输使用的牲畜，可以免税。后来，新疆、青海、甘肃和宁夏 4 个省（自治区）据此分别制定、修订了本省（自治区）的牧业税征收办法。

1953 年 6 月 15 日，中共中央批转中央人民政府民族事务委员会第三次（扩大）会议报送的《关于内蒙古自治区及绥远、青海、新疆等地若干牧业区畜牧业生产的基本总结》。总结中讲到发展畜牧业经济的政策的时候说："采取了轻于农业区与城市的轻税政策，使牧民得以休养生息。各地在解放初期，照顾到牧业区人民的困难，一定时间内减免了牧业区牧民应向国家缴纳的赋税；在畜牧业生产发展之后，也是实行税率很轻的合理的税收政策。目前各牧业区有的实行了有免征点与累进最高率的超额累进税，有的实行比例税，其税率都是很轻的。牧业税的征收，一般都征收牲畜、皮毛，采用简便的手续。个别牧业区在手续上还不够简便，折合上也有不合理的地方，应该改进。合理的税收政策执行的结果，安定了牧民的生产情绪，有利于生产的发展。”

同年8月28日，政务院在关于1953年农业税工作的指示中提出：“少数民族地区的牧业税，应根据奖励繁殖牲畜、改良种畜和改善牧民生活的原则加以研究，适当调整，并使征收办法尽量简化，以与牧区生活相适应”。

## 六、关税制度的建立

在新中国成立之初，由于没有制定新的全国统一的关税法规，所以，从1949年10月到1951年5月期间，全国各地执行不同的关税税则。在东北、山东等老解放区，执行自定的进口税则。例如东北解放区制定的《进口税暂行税则》将应税进口货物分为16类、672个税号，税率从5%到100%不等；《出口税暂行税则》将应税出口货物分为6类、31组、270个税号，税率从5%到30%不等。在华东、华北和华南等新解放区，则沿用旧中国海关的进出口税则，并对税率作了适当的修订。这一时期中国关税制度建设的主要任务是，尽快建立起一套统一的、独立自主的、适合中国国情的关税制度。

根据《中国人民政治协商会议共同纲领》中关于“实行对外贸易管制并采用保护贸易政策”的规定，1950年3月7日，中央人民政府政务院发布《关于关税政策和海关工作的决定》。决定中规定：“海关税则，必须保护国家生产，必须保护国内生产品与外国商品的竞争。”决定中还规定，必须制定中国进出口货物的新的关税税则，并规定了制定新税则的6项基本原则：

1. 国内能大量生产或者暂时不能大量生产，但是将来有发展可能的工业品和半制成品，在进口同样的这些商品的时候，关税税率应当高于该项商品的成本与中国同样货品的成本之间的差额，以保护国家民族生产。

2. 对于一切奢侈品和非必需品，订征更高的关税税率。

3. 对于国内很少生产或者不能生产的生产设备器材、工业原料、农业机械、粮食、种籽和肥料等，实行低税率或者免征关税。

4. 一切必需的科学图书和防治农业病虫害等物品以及若干国内不能生产的或者国内药品所不能代替的药品的进口，免征、减征关税。

5. 对进口货物实行两种税率：对于与中国有贸易条约或者协定的国家，实行一般的正常税率，对于与中国没有贸易条约或者协定的国家，实行比一般较高的税率。

6. 为了发展中国的出口货物的生产，对于经由中央人民政府所奖励的一切半制成品和加工原料的出口，只订很低的税率或者免税出口。

决定中还规定：海关总署在新的关税税则实施以前，对于进口货物可以暂时沿用旧中国1948年的进口税则，对于出口货物可以暂时沿用旧中国1934年的出口税则（1945年修订本），但是某些方面必须经过政务院的订正。

1951 年 4 月 18 日，政务院公布《中华人民共和国暂行海关法》，自 5 月 1 日起施行。该法的第十一章为《关税的征免》，其中第一百一十三条规定："进出口货物，应按照中央人民政府颁布的海关税则征收关税。"

同年 5 月 10 日，根据暂行海关法，政务院公布《中华人民共和国海关进出口税则》和《中华人民共和国海关进出口税则暂行实施条例》，自 5 月 16 日起施行。

根据上述法规，凡经准许进出中国国境的货物，除政务院另有规定者外，都应当由海关征收进口关税或者出口关税。进口货物以到岸价格为完税价格，出口货物以海关审定的离岸价格扣除出口关税以后的余额为完税价格。所有进出口货物分为 17 类、89 组、939 个税号、1853 个子目。进口货物的税率分为普通税率和最低税率两种：凡从与中国没有贸易互利条约或者协定的国家购进的货物，都按照普通税率征税，从 7% 到 250% 不等；凡从与中国有贸易互利条约或者协定的国家购进的货物，都按照最低税率征税，从 5%—200% 不等。进口关税的算术平均税率为 52.9%。出口货物征收关税的只有 6 种货物（1953 年减少到 4 种货物，1980 年这 4 种货物也停止征收关税），税率也比较低（例如，花生油和薄荷油的税率分别为 10% 和 20%）。进口货物在国外运输途中或者起卸的时候遭受损坏或者损失者；在起卸以后海关放行以前因不可抗力而遭受损坏或者损失者；在海关查验的时候已经破漏损坏或者腐烂，经证明非因仓库管理人或者货物关系人保管不慎所致者，经海关查明属实者，可以酌情减征、免征关税。

上述海关进出口税则是中国第一部独立自主的关税法规，它统一了中国的关税制度，使之真正成为保护国内生产，反对帝国主义的经济侵略，争取平等地发展对外贸易的工具，并成为国家积累财政资金的一种重要手段。

但是，由于当时的特殊的国际、国内环境，即国际上以美国为首的西方各国对中国实行严厉的经济封锁，中国国内实行高度集中的计划经济体制，中国的对外经济贸易往来规模很小，其方式也比较简单，所以，这一时期中国关税的主要职能是保护本国的工业化，其经济职能的作用微乎其微，其财政职能的作用也很有限。例如 1950 年、1960 年和 1970 年，中国的货物进出口总额分别为 11.3 亿美元、38.1 亿美元和 45.9 亿美元；同期中国的关税收入分别为 3.6 亿元（人民币，下同）、6.0 亿元和 7.0 亿元，占全国税收收入的比重分别为 7.3%、2.9% 和 2.5%。

从 1951 年到中国改革开放初期的 1979 年的 28 年间，除了"文化大革命"期间关税一度近乎名存实亡以外，中国的关税制度一直没有发生大的变化，整体关税水平也基本上没有降低。

## 七、促进经济、社会发展的税收政策

### （一）农业

1. 农业税。1950 年 5 月 30 日，政务院发布《关于 1950 年新解放区夏征公粮的决定》。决定中规定：烈士家属、军人家属和供给制工作人员家属的贫苦者，孤寡老弱，夏收以后灾区的无力负担者，夏季可以免征、减征公粮。

1952年1月28日，政务院发布《关于加强老根据地工作的指示》。指示中规定：为了帮助老区人民迅速恢复元气，在负担上应当以省为单位适当调整。特别困难的老区，可以宣布免纳一定时间的公粮。

同年6月16日，政务院发布《关于1952年农业税收工作的指示》。指示中规定：各级人民政府在农业税征收工作中必须依法照顾因灾歉收的农户，照顾烈士家属、革命军人家属和机关工作人员家属中无劳力的农户，老、弱、孤、寡、残疾的贫苦农户；照顾遭受战争创伤和敌人摧残特别深重的革命老根据地。

同年8月14日，政务院公布《受灾农户农业税减免办法》。办法中规定：农作物因水、旱、风、雹、病、虫和其他灾害歉收六成以上的农户，可以免征农业税；歉收两成以上不到三成者，可以免征应纳农业税的两成半。

1953年4月16日，中共中央主席毛泽东在中共财政部党组关于召开第四次全国农业税法会议向毛泽东并中共中央的请示报告上批示："农业税中存在的问题很严重，据湖北报告，有十分之一的人口春荒断粮。大概全国农业人口中有4000万人左右到春季都要闹荒，这是一个极大的问题，年年如此。必须从今年征粮中认真解决此问题。今年是否应比去年加征16亿斤和发40亿斤公债，也值得再考虑。"

同年4月21日，毛泽东主席审改中共中央对中共财政部党组的指示稿时写道：征粮中的社会减免问题，关系极大。"望经此次农业税会议拟出具体可行办法，并望多注意对穷困的偏僻山区加以特殊照顾。"

同年8月28日，政务院发布《关于1953年农业税工作的指示》。指示中规定：农业税的减免分为两类，一类是"灾情减免"即按照自然灾害歉收成数减免受灾农户的负担，原则是轻灾少减，重灾多减，特重全免；一类是"社会减免"，减免范围包括无劳动力、缺乏劳动力而生活困难的农户，遭受意外灾害和由于其他原因缴税确有困难的农户，遭受战争创伤和敌人摧残严重而生产尚未恢复的革命老根据地，少数民族聚居而生活困难的地区，交通不便特别贫苦的山区，各省、市人民政府认为有必要照顾的其他地区。

1956年7月18日，国务院批转财政部报送的《关于1956年农业税收工作中几个问题的请示》。请示中提出：在农业基本合作化以后，农业税减免仍然具有重要意义。对于遭受自然灾害的纳税人，应当继续贯彻重灾多减、轻灾少减和特重全免的原则，合理地减免他们的税额；对于缺乏劳动力和由于别的原因纳税有困难的，仍然应当给予适当照顾。

同年11月20日，国务院公布《关于新辟和移植桑园、果园、茶园和其他经济林木减免农业税的规定》。这个文件中规定：新开辟、新垦复和新栽培的桑园、茶园、果园和其他经济林木，在没有收益的时候一律免征农业税。在有收益的最初几年，也应当根据不同情况分别减税或者免税。对于在山地培植的经济林木应当给予较多的优待。合作化以后根据全面规划移植的桑园、茶园、果园和其他经济林木，由省级人民委员会根据因移植而对收入影响的程度给予适当照顾。

2. 工商税收。根据1950年1月30日政务院发布的《工商业税暂行条例》及其施行细则，农村的贫苦艺匠和农民家庭副业可以免征工商业税。

1950年9月19日，财政部发布《关于鱼业交纳工商业税及货物税的几项规定》。这个文件中规定：渔民销售自己产品，持有当地村政府以上证明的，可以免征营业税和所得税。

水产公司和有固定组织经营渔捞业的，可以按照1%的税率缴纳营业税。专向渔民收购产品转售营利的鱼业行栈、鱼业合作社、鱼市场、鱼店和鱼贩，可以按照2.5%的税率缴纳营业税。农村水产品零星交易和肩挑负贩者，可以免征货物税。

1951年9月1日，财政部公布《临时商业税稽征办法》。办法中规定：农民、渔民、牧民和猎户销售自产货物，持有乡以上政府证明的，可以免纳临时商业税。1954年修正的《临时商业税稽征办法》中规定：农民在一般县城及专辖市以下乡村、集镇销售自产品，无论是否达到起征点，一律免征临时商业税；在专辖市以上城市销售自产品达到起征点，如果持有区、乡人民政府开具的自产自销证明，也可以免税。农民向国家出售统购的农产品或者农民、牧民、猎户出售给国营公司和合作社的自产品，一律免验自产自销证明。

1951年9月18日，财政部发出《关于公私立兽医院等工商业登记及免纳工商业税的通知》。

1952年6月26日，财政部规定：农业机关收购备荒种子免征交易税。

同年11月26日，财政部税务总局发出《关于农民宰售自养猪只持有乡村以上政府证明者仍应免征工商业税的批复》。

1953年4月15日，财政部税务总局规定：农业部门收购优良种子粮或者委托粮食公司、合作社代购优良种子粮和与农民交换优良种子粮，可以免征货物税。

同年11月19日，财政部税务总局规定：农民以品质较差的粮食交换粮食部门品质较优的粮食作为种子，粮食部门可以免征营业税。粮食部门在收购粮中和接受财政公粮中作价拨付农业部门的优良种子粮和备荒种子粮，也可以免征营业税。

同年12月29日，财政部发出通知，规定从1954年1月1日起，本国产制和国外进口化学肥料的商品流通税税率均从7%降低到2%。

1954年5月17日，财政部发出《关于国营农业拖拉机站代耕田地的所得收益在1954、1955两年度暂免纳营业税通知》。从1956年到1958年，此项免税规定继续执行。

1955年7月18日，财政部、农业部发出《关于国营农场纳税问题的联合通知》。通知中规定：以下项目免征营业税：国营农场生产的粮食作物（税法另有规定者除外）、经济作物、园林产品和饲养的畜禽水产品，售给国营公司、供销合作社，就场售给附近农民和农场自用的部分；农场饲养的牛、羊和蜜蜂生产的牛奶、羊奶、奶油和蜂蜜等产品，场内自用的部分；农场的辅助生产单位、加工厂、自有的交通工具和运输队等，为本场服务的部分；农场机耕队为农民代耕田地收取的费用；农场之间调剂农、林、园艺作物和禽畜、水产等品种，农业机械、器材；农场为本场职工放映电影，附设食堂、浴室和理发室等，不对外营业的。农场的利润免征所得税。

同年12月31日，根据中共中央关于防止滥宰耕牛，保护和发展耕牛的指示，经国务院批准，财政部发出《关于提高牛的屠宰税税率为15%的通知》。

### （二）工业、交通运输业

1952年2月9日，经政务院财政经济委员会批准，财政部发布《关于运输业缴纳工商业税的规定》。这个文件中规定：农民、渔民利用闲季经营副业，以自备运输工具从事零星运输，取得乡（村）人民政府证明的；军政机关征用的车辆、船舶，只供应伙食、燃料和必要费用，经征用机关证明的，可以免征工商业税。

同年7月25日，财政部发布《关于中外轮船从事国际运输业务者免征营业税或临商税的命令》。

1953年9月5日，财政部税务总局发出《关于机器生产厂在制造机器过程中的钢材免征商品流通税的通知》。

1954年4月17日，政务院财政经济委员会发出通知，规定国营重工业厂、矿连续生产的最后产品，可以按照规定仅就最后产品纳税，在连续生产过程的中间产品不对外出售者免税。

1957年9月4日，国务院发布《关于大力组织群众生产黄金的指示》，其中作出了有关税收的规定。9月27日，财政部据此发出《关于黄金暂予停征货物税的通知》。1958年3月15日，财政部发出《关于生产黄金免征营业税的通知》。1959年7月20日，财政部发出《关于黄金继续暂免工商统一税的通知》。

### （三）教育、文化、卫生

1950年11月25日，政务院财政经济委员会发布《关于公私立医院诊所免纳工商业税办法的规定》。这个文件中规定：公立医院可以免征工商业税。私立医院、诊所接受卫生行政机关的管理，而具备下列各项条件的，也可以免征工商业税：接受一定的战勤、防疫、保健等任务和负担一部分免费病床、免费门诊的，按照卫生行政机关规定的标准收费的，不对非就诊的病人售药的。

1951年1月18日，经政务院批准，海关总署发布《文化教育用品报运进口免税暂行办法》。暂行办法中规定：公立和立案的私立学校，文化、教育机关和团体向国外订购自用或者接受国外捐赠文化、教育用品进口免税项目包括书籍、刊物和图表，标本、模型和语言录音片，科学实验器械、仪器及其零件，化学和医学研究实验物品，专供试验改良品种使用的种籽、种苗和种畜，教育专用影片、幻灯片和艺术用品。经免征关税者，原来应当征收货物税和地方捐费者，应当一并免征。公立医院和立案的私营医院向国外订购自用的医疗器械和仪器申请免税进口事项，可以按照上述办法办理。政府机关、团体派遣出国、邀请回国的专家和在国外专科以上学校留学生回国时携带自用的文化教育用品，也可以按照规定免税。

同年9月3日，财政部发布《关于报社及机关团体出版刊物者征免工商业税的规定》。这个文件中规定：凡在当地人民政府登记的公私报社出版的报刊，售价收入可以免征工商业税；政府机关、人民团体和学术团体出版的刊物，也可以免征工商业税。

同年9月4日，财政部发出《关于各地人民公园、动物园等免征工商业税、印花税、特种消费行为税的通知》。通知中规定：人民公园、动物园、文化宫、历史博物馆等门票收入免征工商业税和印花税，也不得对有关参观、游览行为征收特种消费行为税。

1953年4月9日，财政部发出《关于关于农村中私人医院诊所及个人医师等免予课征工商业税的通知》。

同年8月15日，经财政部批准，财政部税务总局发出《关于人民广播电台、新华通讯社、报社免征城市房地产税与车船使用牌照税的通知》。

1954年5月28日，财政部税务总局规定：政府机关、团体和学校领导的溜冰场、游泳场和体育场（不包括附设的营业场所）免征工商业税。

1955年11月25日，财政部规定：农学院和中等农业学校的实习农场免征农业税。农业科学研究所和农业试验站的土地、专县农场和各种专业农场专门用于农业试验的土地，免征农业税。

同年 12 月 21 日，财政部、卫生部和中央工商行政管理局发出《关于贯彻医疗机构免征工商业税的联合通知》。通知中规定：医疗机构（包括各类医院、诊所、门诊部、卫生院、卫生所、个体开业医师、镶牙所）可以免征工商业税。集镇、农村中的医疗机构可以对非本机构诊疗的病人出售药品，并且免税。公立医疗机构在药剂室以外附设药品供应单位对外批发和零售，属于内部统一采购、调拨的，可以免征工商业税。

1956 年 9 月 27 日，经财政部批准，财政部税务总局发出《关于公立医院、诊所设立账簿免贴印花的通知》。

同年 9 月 30 日，财政部发布《关于中国科学院系统产制应税产品纳税问题的规定》。这个文件中规定：中国科学院所属各地研究机构及其附属单位产制属于商品流通税、货物税征税范围的产品，供中国科学院系统内部研究使用的，免纳商品流通税或者货物税、营业税。

1957 年 4 月 2 日，财政部发出《关于免征产制或进口避孕用具与避孕药品的货物税及营业税的通知》。

### （四）民政、民族、司法

1950 年 5 月 20 日，根据财政部的指示，税务总局规定：救济失业工人捐款收据可以免征印花税。

同年 9 月 28 日，经政务院批准，政务院财政经济委员会通知海关总署公布《国外捐赠慈善物品报运进口暨免税暂行办法》。办法中规定：经过中国人民救济总会批准的下列进口慈善物品免征关税，涉及货物税和地方捐费者一并免征：普通食品、儿童保健营养品，新旧衣着、毛毯、被单、布疋和儿童教育玩具等，诊疗器械、仪器和医药卫生用品。

1951 年 4 月 16 日，财政部税务总局发出《关于工商业劳军捐献用费应准列开支的通知》。通知中规定：劳军、慰军的慰问金、慰劳品和战勤负担等用费，可以在计算所得税时列为开支。

同年 5 月 11 日，财政部发出《为规定特种消费行为税两项免征范围的通知》。通知中规定：为了支援前线、赈灾、救济失业工人和贫苦学生举办的义演；机关、学校和团体为了招待前方战士、荣誉军人、劳动模范、部队干部和军人家属等，在影剧院和其他场所包租影片，或者邀请剧团举办的拥军优属娱乐大会，可以免征特种消费行为税。

同年 5 月 23 日，根据财政部的指示，税务总局发出《关于川康南路四川西路边茶云南藏销紧茶税率减征为 5% 的通知》，并规定销往青海省玉树区的大茶、砖茶照此办理。

同年 8 月 7 日，财政部发出《关于支前慰劳、赈灾、救济等举办义演同意免征工商业税的通知》。通知中规定：为支前慰劳、赈灾、救济失业工人和贫苦学生举办的义演，为筹募义务学校、识字班、私立小学基金举办的义演，公立体育场筹募修场基金举办的义赛，为救济个人举办的义演，慈善、救济机关的募捐义演，所得用于公益、救济事业的，可以免征营业税和所得税。

同年 8 月 14 日，财政部税务总局发出《关于劳动保险账簿、单据免贴印花的通知》。

1952 年 1 月 23 日，财政部发布《关于监狱（监所）犯人生产课税的规定》。这个文件中规定：监狱（监所）组织犯人经营的小手工业，制成品完全委托公营企业或者合作社代销的，可以免征工商业税。监狱（监所）经营的工厂（工场）雇佣专门技师和采购、推销人员或者具有机器设备的，应当照征营业税，可以免征所得税。

1955年1月29日，财政部、公安部发布《关于劳改生产单位纳税的规定》。这个文件中规定：劳改生产单位专为供应本单位犯人生活需要附设的辅助生产单位和劳改农场附设的生产单位，可以免征营业税，对外营业的部分除外，监狱、看守所和少年犯管教所经营的生产单位原则上按照上述规定办理。劳改生产单位所得利润由公安部门统筹调剂，余额上缴财政，免征所得税。

同年5月5日，国务院发出《关于公安部门所属劳改农场暂可一律免纳农业税问题的通知》。

1956年1月12日，经国务院批准，财政部、中国人民解放军总后勤部和总财务部发布《中国人民解放军军人服务社交纳工商业税暂行办法》。暂行办法中规定：军人服务社只纳3%的营业税，免征所得税。军人服务社经营、代办的下列业务免征营业税：粮食、食用植物油、食盐、酱、醋、蔬菜，猪、牛、羊、鸡、鸭、鱼等肉类和鸡鸭蛋类；已经缴纳商品流通税的商品；对边疆驻军定量供应实物，由军人服务社代为供应的物品；专为军人和军人家属服务的食堂、澡堂、理发室、洗衣坊和缝纫、修理所。

1957年1月21日，内务部、财政部和中国人民银行发出《关于城市烈属、军属和贫民生产单位的税收减免和贷款扶助问题的联合通知》。通知中规定：由民政部门领导的烈属、军属和贫民生产单位免征工商业税。

## 八、配合社会主义改造的税收政策

从新中国成立到20年世纪50年代中期，中国逐步地实行了对农业、手工业和资本主义工商业的社会主义改造。在这个过程中，税收发挥了重要的作用。

### （一）促进对农业、手工业的社会主义改造

为了配合对于农业、手工业的社会主义改造，国家在农业税收和工商税收方面采取了一系列的措施，以稳定、减轻农民和手工业者的负担，促进农业和手工业生产发展，支持合作化运动的开展。

1. 促进农业合作化的农业税政策。农业合作化运动初期，由于新解放区仍然存在着富农经济，所以这些地区的农业税仍然实行累进税制，以调节各阶级、各阶层的收入，对贫苦农民则给予一定的免税照顾。农业合作化运动进入高潮以后，消灭了富农经济，个体经济转变为集体经济，农业税的税率也一律改为比例税率。同时，以社为单位纳税，以简化税制，方便农民。

国家实现了财政经济状况的根本好转以后，立即采取了稳定农民负担的政策。从1952年到1957年，农业实产量的增长率大大高于实征农业税的增长率，农业税负担率明显下降。这表明，农业增产的绝大部分留给了农民，这对于农业生产和农业合作化的发展是一个很大的支持。

1955年12月17日，国务院发布的《关于保护幼畜的指示》中规定：对于饲养幼畜的

农场、农业生产合作社和农户，应当减征农业税。

1956年4月2日，财政部、林业部发布《关于农业生产合作社培育树苗收入免纳农业税的规定》。

2. 促进农业合作化的工商税收政策。1951年6月18日，财政部税务总局发出《关于合作社相互间或对社员直接购销应税货品免征交易税的通知》。

同年7月6日，中华全国合作社联合总社、财政部税务总局发布《关于合作社牲畜交易税征免规定的指示》。指示中规定：上下级合作社之间和直接对社员购销牲畜不纳交易税。

1953年6月8日，财政部税务总局发出《关于农民互助组织与人民银行订立的贷款契据免贴印花问题的通知》。

同年8月20日，财政部税务总局规定：农民互助组与国营企业、私营企业订立的供销合同可以免征印花税。

1956年5月18日，财政部税务总局规定：高级农业生产合作社向农民银行贷款所立借据可以免征印花税。

同年10月8日，财政部税务总局发出《关于农业生产合作社及其所属副业单位、农民互助组、农业社社员、个体农民所书各种商事、产权凭证一律免贴印花的通知》。

同年10月27日，财政部税务总局发出《关于农业生产社购买种畜同意免纳牲畜交易税的批复》。

同年12月17日，财政部发布《关于农村工商税收的暂行规定》，这是新中国成立以后第一个全国统一的关于农村工商税收的规定，其中规定：

（1）农业生产合作社（以下简称农业社）、农业社社员和个体农民生产的农业、林业、畜牧业、渔业产品（以下简称农、林、牧、渔产品）按照下列规定办理：

①农业社自产的农、林、牧、渔产品，凡是社内公用或者分配给社员，或者本社社员之间相互调剂的部分，免征商品流通税、货物税、营业税和所得税。

②农业社社员和个体农民对外出售自产的农、林、牧、渔产品，免征营业税、所得税或者临时商业税。农业社在城市、集镇设立店铺销售上述产品，应当缴纳3%的营业税，免征所得税。

③农业社、社员和个体农民对外出售的农、林、牧、渔产品，如果属于商品流通税、货物税的品目，销售给国营企业、供销合作社等收购单位的，由收购单位纳税；直接销售给消费者的，由销售者纳税。

（2）农业社附设的手工业工场、作坊产制或者接受加工的产品，凡是属于应该缴纳商品流通税、货物税的品目，除了供应社员的麦粉不纳税以外，其他产品都应当依法缴纳上述2种税收，但是农业社不再缴纳营业税、所得税；其他产品，除了社内公用部分不纳税以外，都应当缴纳3%的营业税，免纳所得税。

（3）农业社附设的服务性单位，如理发铺、旅店、饭店、缝纫社和运输队等，其收入应当缴纳3%的营业税，免纳所得税。

（4）农业社在城市、集镇设立店铺经营商品，贩卖非自己生产的产品，应当缴纳3%的营业税，免纳所得税。未设立店铺而贩卖非自产产品的，应当缴纳5%的临时商业税。

3. 扶持农村供销合作社和农村信用社的税收政策。1951年10月29日，经政务院批准，财政部公布《合作社交纳工商业税暂行办法》。暂行办法中规定：供销合作社经营的商品大部分为布匹、粮、油等生活必需品，营业税不按3%的税率计征，而按2%的税率计征，从而使其税负轻于国营商业和私营商业。新解放区供销合作社的营业税一律减征20%，并适当免征所得税。有上下系统关系的供销社以原价（进货成本）相互调拨货物的，免征营业税；无此关系的供销社，凡是根据省级以上社的命令，以原价相互调拨，有账据证明，并报税务机关备查者，也可以免征营业税。

1953年税制修正以后，供销合作社的营业税税率改为2.5%，但是实际税负没有增加（由于将过去缴纳的印花税和营业税附加并入其中），而且仍然低于国营商业和私营商业3%到3.5%的税率。

1954年10月12日，经政务院财政经济委员会批准，财政部规定：农村集镇的供销合作社基层社将购进和拨入的工业品批售给私商，可以免征营业税。

1955年供销合作社的营业税税率提高为3%以后，考虑到供销合作社经营的农具类生产资料价格不能提高，使得经营利润甚微，财政部多次发出通知，对规定范围以内的农具继续减按2.5%的税率征收营业税。

为了扶持农村信用社的发展，从20世纪50年代初开始逐步建立农村信用社到1957年，国家对其一直给予免征工商业税的照顾。1953年8月19日、10月10日和11月21日，财政部税务总局还先后就农村信用合作社与农村信用互助组之间借贷和直接贷与农民订立的贷款契据，农村信用合作社、农村信用小组和供销合作社信用部向银行贷款所立借据，农村信用合作社、农村信用小组和供销合作社信用部相互借款所立借据作出免征印花税的规定。

4. 扶持手工业合作社的税收政策。新中国成立以后，对于个体手工业的税收政策，一方面根据实际情况照顾个体手工业者的生产、经营和生活，发挥其积极性，以利于国民经济的发展；另一方面对他们征税，加强管理，引导其走合作化的道路。对于组织起来的手工业社，根据不同情况给予一定的税收优惠。

1951年财政部发布的《合作社交纳工商业税暂行办法》中规定：由贫苦艺匠和原来不纳税的个人小生产者组成的手工业者合作社可以免征工商业税3年。

1953年10月，财政部税务总局规定：凡新成立的手工业合作社和原批准免税的手工业合作社，在其发展过程中，新参加的社员中原纳税户不超过25%的，都可以免税。

1955年11月1日，财政部发布《手工业合作组织交纳工商业税暂行办法》，其中规定：

（1）手工业生产合作社，从开工生产的月份起，营业税减半征收1年，所得税减半征收2年。从第二年起，对于个别经营仍然有困难的合作社，经过县（市）人民委员会批准，可以在应纳营业税税额20%的范围以内酌情定期减税。

（2）手工业生产合作社联社、手工业供销生产社、手工业供销生产小组和手工业生产小组，从开工（开业）的月份起，第一年营业税减征20%，所得税减半征收。

（3）某些人数多、产值低、经营有困难的手工业生产合作社和手工业生产小组，在成立以后的第一年，可以酌情按月免征营业税。

（4）边远山区、少数民族地区新成立的手工业合作社，营业税可以在1年的期限以内，所得税可以在2年的期限以内，由省、自治区人民委员会根据具体情况予以减税、免税照顾。从第二年起，对于经营仍然有困难的合作社，经过省、自治区人民委员会批准，可以在应纳营业税税额50%的范围以内酌情定期减税。

（5）边远山区、少数民族地区的手工业生产合作社联社、手工业供销生产社、手工业供销生产小组和手工业生产小组，可以适用比上述第二项较高的减税待遇，但是减税的比例应当低于当地的手工业生产合作社。

### （二）促进对资本主义工商业的社会主义改造

新中国成立以后，根据中国共产党第七届中央委员会第二次全体会议决议的精神，针对中国民族资本主义经济的特点，确定了对民族资本主义工商业采取利用、限制和改造的政策，税收在这方面发挥了重要的作用。

1. 对不同行业、不同产品规定不同的税率，以体现对资本主义工商业奖限作用。从1950年政务院发布的《工商业税暂行条例》和《货物税暂行条例》中，都可以看到国家对资本主义工商业的奖限政策：第一，工业轻于商业。工业的税率为1%—3%，商业的税率为1.5%—3%。第二，重工业轻于轻工业。重工业的税率一般为1%，轻工业为2%—3%。第三，日用必需品轻于奢侈品。例如五金、电料、纸、肥皂等日用工业品的货物税税率为5%—15%，烟、酒、化妆品等奢侈品的税率为80%—120%。在商业方面，有利于国计民生的商业的税负轻于无利于或者少利于国计民生的商业。例如进出口业的税率只有1.5%，书报业、纸张文具业的税率为2%。在所得税方面，根据国家经济建设的需要，对部分行业予以减征10%到40%的优惠。例如动力机制造、钢铁、石油、电力、车船制造等行业可以减征40%的所得税。

2. 通过税收分配节制资本。为了调节资本主义工商业的利润，国家采取了“四马分肥”的分配办法：首先，征收全额累进所得税，约占私营企业利润总额的四分之一。其次，以企业公积金、职工福利奖金、资方的股息和红利的方式分配企业的税后利润。其中，资方获得的股息、红利约占企业利润的四分之一。这样，既可以让资本家取得一定的合法利润，又不使他们获利过多。这是国家对资本家占有的生产资料进行赎买的一种形式，也是节制资本的一种手段，有利于发挥资本主义工商业的积极作用，限制其消极作用，最后达到社会主义改造的目的。

3. 公私区别对待，繁简不同。根据中国各阶段经济发展和社会主义改造的要求，国家按照公私区别对待、繁简不同的原则，采取了一系列的措施，以便使税制既有利于社会主义经济的巩固和发展，又有利于对资本主义经济的社会主义改造。例如在国民经济恢复时期，为了稳定金融、物价，支持国营企业和合作社的发展，对国家银行规定了较低的税率，对国营企业不征收所得税（但是实行利润上缴制度），对合作社给予免税、减税照顾。在第一个五年计划时期（1953—1957年），根据大规模的社会主义经济建设和有系统地改造非社会主义经济的要求，采取了进一步的措施。例如对于国营重工业企业在连续生产过程中生产的应当缴纳商品流通税或者货物税的135种产品不征税，而私营工业企业照征；国营工业企业按照国家计划调拨的产品可以按照调拨价格计算、缴纳商品流通税或者货物税，私营工业企业则不行；国营商业、合作社商业的工业品批发业务不征营业税，而私营商业企业照征；国营工业企业之间相互调拨原材料不征营业税，而私营商业企业照征等等。在征收手续、征收方法等方面，也给国营企业和合作社以方便。例如国营企业生产的应税商品（货物）纳税以后，税务机关不再核发完税证，可以凭国营企业发货使用的单证运行，而对私营企业则实行严格的税务管理和监督。生产商品流通税和货物税应税产品的私营工厂，在接受国营企业加工、订货、统购和包销任务以后，其产品在包装上有国营监制标志的，可以不贴完税证和查验证，而属私营企业之间的加工关系者则必须逐件贴证。

税收对资本主义工商业的限制作用与资产阶级的利益是矛盾的。因此，资产阶级中总有一部分人反对以至抗拒这种限制，甚至以各种手段偷漏国家税收。所以，反对资产阶级偷漏税的斗争是过渡时期限制与反限制斗争的主要内容之一。据不完全统计，1953 年至 1955 年期间，税务机关查获的资本主义工商业偷漏税案件达 526 万多件，偷漏税额 1.77 亿元。在这场斗争中，税务机关依靠发动群众，在征收方法、征收制度和征收手续等方面，特别是发动广大职工协税护税，检举不法资本家偷漏税方面，采取了许多有效的措施，加强了对资本主义工商业的税收征管。

4. 配合国家以国家资本主义形式改造资本主义工商业。中国以国家资本主义形式改造资本主义工商业可以分为初级形式和高级形式。

以初级形式而言，在工业中有委托加工、计划订货和统购包销，在商业中有委托经销、代销。在税收待遇上，私营工商业接受国家的加工订货和经销、代销与私营工商业之间的加工订货和经销、代销明显不同。

私营工商业接受国家的加工订货和代购代销，工业可以按照所得的加工费纳税，商业可以按照所得的手续费纳税，不按照进销货行为纳税。如果国营企业、合作社委托私营工厂加工，由于特殊原因没有订立加工契约，或者事后补订加工契约，经查明属实者，都可以承认，不作为进销货行为纳税。由私营加工厂代购原料，只要发票抬头是国营企业或者合作社，而国营企业或者合作社以同质同量原料偿还的，都可以不作为进销货处理。私营商业和小商小贩接受国营商业、合作社委托代购、代销和代批，不分工农业产品，都就所得手续费征收 7% 的营业税，但是代购粮食和商品流通税应税商品所得的手续费不征收营业税，每月收益额不满 30 元者免税。肩挑负贩、推车叫卖的个体小商贩转为合作社的代购、代销员，其所得手续费每月满 30 元者，按照 7% 的税率缴纳营业税，免纳所得税。

私营工业企业之间的加工业务必须先订立加工合同，否则要视为进销货行为征税；加工者必须用委托者交来的原料加工，否则要视为以货易货行为征税；加工者不得代垫原料或者代购原料和包装物，否则要视为加工者的销货行为征税；加工成品不能使用加工者的商标，否则要视为进销货行为征税。私营商业之间的代购代销，仍然按照进销货行为征税。

财政部还规定：被改造的私营批发商的存货由国营公司、合作社收购部分和私营零售商业的存货由国营公司、合作社按照批发牌价接收者，均免征营业税；其存货自行处理者则照征营业税。

公私合营是国家资本主义的高级形式。继 1955 年农业合作化高潮兴起以后，1956 年中国的工商业中出现了全行业公私合营的高潮，绝大部分私营工商业企业实行了公私合营。在 1956 年的全国工业产值当中，国营工业占 54.5%，公私合营工业占 27.2%，两者合计达 81.7%。在零售商业中，国营商业、供销合作社和公私合营商业已经占 95.8%。

为了适应公私合营企业生产关系的变化，国家与企业的分配关系也相应变化。1956 年 8 月 3 日，国务院第五办公室和第八办公室转发财政部参照国营企业的课税原则并结合公私合营企业的具体情况拟定的《关于对私营工商业在改造中交纳工商业税的暂行规定》，其中规定：

（1）公私合营工业。公私合营工厂在并厂以后统一核算盈亏的，应当按照大型工业缴纳营业税，并以总厂为纳税单位。总厂所属各分厂、车间之间相互调拨原材料、半成品、成品和相互提供加工、修理等劳务，不纳营业税。按照大型企业纳税有困难的，经过批准，可以在应纳税额30%的范围以内定期减税，或者暂按小型工业纳税。统一管理，分别核算，自负盈亏的公私合营企业，应当由各厂分别纳税。

（2）公私合营商业。公私合营商业批发单位批发工业品，免纳营业税；但是批发加工收回的商品，除了已经缴纳商品流通税者以外，仍然应当缴纳营业税。

公私合营商品批发单位批发农产品，批发给本系统的批发单位的，不纳营业税；对外销售或者拨售给本系统的零售单位，自己组织货源的，应当缴纳营业税；从国营商业、供销合作社进货的，由供货者缴纳批发营业税。

公私合营商业的零售单位，采取报账制度的，经过税务机关批准，可以在其上一级核算单位汇总缴纳零售营业税。在统一核算单位内部，各个报账单位之间相互调拨货物，不纳营业税。统一核算单位之间和独立经营、自负盈亏单位之间相互拨售货物，如果由专业公司统一调剂货源，事先经过税务机关核准，也可以不纳营业税。

除了上述营业税方面的规定以外，财政部税务总局还发出了一些所得税方面的规定。例如该局1956年4月9日发布的《征收公私合营企业1956年度工商业所得税的规定》中放宽了公私合营企业固定资产折旧等方面的规定。该局同年9月6日发布的《关于修订公私合营企业开支计算问题的通知》中规定：从1956年度起，凡是按照其主管业务部门颁发的会计制度设置账簿核算盈亏的公私合营企业，都可以按照其主管业务部门审核同意的会计年度决算计算缴纳所得税。

1956年3月30日，国务院发布《关于私营企业实行公私合营的时候债务等问题的处理原则的指示》。指示中提出了从宽处理、尽量了结的基本原则，其中关于税收问题的处理原则是：

（1）资本家在公私合营时自动将资财投入企业，不论是个人财产还是过去抽逃的企业财产，一律不查问来源，不补税。

（2）企业的欠税应当在公私合营时缴清，缴清确有困难的可以转为公股，由于欠税而加征的滞纳金可以少收或者不收。

（3）私营企业1955年度所得税的各种计算标准，应当掌握从宽的精神做好汇算清缴。企业在公私合营中清估财产的结果，无论增减，一律不列入原企业的损益计算所得税。

1958年6月21日，财政部发出《关于停征定息公私合营企业所得税的通知》。通知中规定：从1958年起停征定息的公私合营企业的所得税，改为利润上缴。

此外，税务机关从征收管理方面采取了许多措施，以配合国家对农业、手工业和资本主义工商业的社会主义改造。

总的来说，从1949—1957年，中国根据当时多种经济成分、多种分配方式并存的状况，建立了一套以多种税、多次征为特点的复合税制。这套新税制的建立，对于保证国家财政收入，稳定物价和经济，保证革命战争的胜利，实现国家财政经济状况的根本好转，促进国民经济的迅速恢复和发展，以及配合国家对于农业、手工业和资本主义工商业的社会主义改造，建立、巩固和发展社会主义经济制度，发挥了重要的作用。

到1957年，中国的税制一共设立16种税收：即货物税、商品流通税、盐税、工商业税、关税、利息所得税、城市房地产税、契税、车船使用牌照税、船舶吨税、印花税、屠宰税、文化娱乐税、牲畜交易税、农业税和牧业税。其中，盐税、牲畜交易税、农业税和牧业税没有全国统一的法规，由地方政府按照中央政府规定的征税原则和当地的实际情况自行制定具体的征收办法；契税基本停止征收。

1950 年，中国的国内生产总值和税收收入分别为 575.5 亿元和 49.0 亿元，1957 年分别增加到 1068.0 亿元和 154.9 亿元，分别比 1950 年增长 0.9 倍和 2.2 倍，年平均增长率分别为 9.2% 和 17.9%（均按照现价计算，下同）；税收收入占国内生产总值的比重从 1950 年的 8.5% 上升到 1957 年的 14.5%，提高 6.0 个百分点。

从税制结构来看，这一时期货物和劳务税收入是中国税收收入的主要来源，所得税收入占全国税收收入的比重很小，但是这两类税收收入占全国税收收入的比重均呈迅速上升趋势。1950 年，货物和劳务税（包括货物税、盐税、工商营业税和关税）收入为 22.8 亿元，占全国税收收入的 46.5%；所得税（包括工商所得税和利息所得税，下同）收入仅为 1.2 亿元，占全国税收收入的 2.4%；财产税（包括房产税、地产税和使用牌照税）收入及其比重同所得税。1957 年，货物和劳务税（包括货物税、商品流通税、盐税、工商营业税和关税）收入为 100.9 亿元，占全国税收收入的 65.1%，比 1950 年提高 18.6 个百分点；所得税收入为 16.3 亿元，占全国税收收入的 10.6%，比 1950 年提高 8.2 个百分点；财产税（包括城市房地产税和车船使用牌照税）收入仅为 2.5 亿元，占全国税收收入的 1.7%，比 1950 年降低 0.7 个百分点。此外，农业税、牧业税收入从 1950 年的 19.1 亿元增加到 1957 年的 29.7 亿元，农业税、牧业税收入占全国税收收入的比重则从 1950 年的 39.0% 下降到 1957 年的 19.2%，降低 19.8 个百分点。

同时，由于经济结构和财政制度的变化，主要是由于国营企业、公私合营企业的发展和国营企业上缴利润制度的施行，中国的税收收入占财政收入的比重从 1950 年的 78.8% 下降到 1957 年的 51.1%，降低 27.7 个百分点。

# 第二章 中国税制建设经历的曲折道路（1958—1978年）

从1958—1978年的21年间，历经了1958年、1973年两次大的税制改革，中国的税制建设走过了一段曲折的发展历程，留下了许多深刻的教训。

## 一、1958年税制改革

1958年税制改革是新中国建立以后实施的第二次大规模的税制改革。这次税制改革是根据中国生产资料所有制的社会主义改造基本完成以后的政治、经济形势的需要实施的，其主要内容是简化税制，试行工商统一税。在这一时期，“非税论”对于中国税制的影响已经初露端倪，税收在国家政治、经济生活中的地位、作用开始下降。

### （一）工商税制改革

从1955年以后，随着中国生产资料所有制的社会主义改造的逐步推进，中国财税部门开始酝酿工商税制改革。

在1955年8月召开的第五届全国税务会议上，讨论了税制改革问题。财政部副部长吴波在会议上所作的报告中说：中国现行税制是根据国民经济恢复时期的情况和条件设计的，对各种经济成分基本上使用同一税法；税率设计除所得税等是根据国家政策和纳税人的盈利、收入设计的以外，其余税种大部分是根据国家政策和预算要求按照产品性质、经营方式和营业行为设计的，这种税制与当时的经济情况是适应的。但是，自中国共产党的过渡时期总路线提出，国家进入有计划的社会主义工业化时期，并对农业、手工业和资本主义工商业实行社会主义改造以后，各种经济关系已经发生了深刻的变化，反映在税制上的主要问题是：

1. 国营企业的盈利水平日益提高，很多产品按照现行税率纳税以后还有很大的积累，这样就不能更加及时、均衡地将国营企业的积累纳入国家预算，但是企业盈利过高也不利于企业推行经济核算制。同时，对公私经济使用同一税法，不便于国营企业简化纳税手续，也不能把国营企业积累的主要部分利用税收纳入预算。

2. 合作经济已经有了很大的发展，迫切需要单订税法。一方面，要鼓励、扶助其发展；

另一方面，要随着合作经济的发展扩大国家预算资金的来源。

3. 国家通过合作化的道路对于手工业和小商小贩进行社会主义改造，在税制上也应当密切配合。

4. 已经纳入国家资本主义轨道的公私合营企业，由于生产关系已经改变，工人阶级生产积极性提高，经营管理改善，企业盈利相应提高，税制应当据此适当修改，以促进其加强经济核算制，并限制资本家获得某些超额利润。

5. 现行税制是国家利用、限制、改造私人资本主义的一个有力工具。但是，随着国家对资本主义工商业进行社会主义改造，中级、低级形式的国家资本主义工商业的发展，现行税制必须根据新的情况修改和补充。

基于以上经济情况的重大变化，现行税制必须改进，才能适应国家需要，发挥积累和调节作用。

关于税制改革的方向，吴波副部长提出：苏联的先进税制就是中国税制的发展方向。中国今后的税制将由三个部分组成：一是国营企业缴纳的周转税和非商品业务税（另外缴纳利润提成）；二是合作社企业缴纳的周转税，合作社与集体农庄缴纳的所得税；三是居民缴纳的各种税收。在学习苏联经验的同时，必须充分考虑到中国过渡时期的具体经济条件和阶级关系的特点（即多种经济成分并存，必须发挥国家税收对资本主义利用、限制和改造的作用；国家大，经济情况复杂，地区之间、产业之间发展极不平衡；价格制度不健全；国营企业成本、利润水平也很不一致等等），有区别、有条件地逐步推进。因此，今后中国税制建设的方针应当是：学习苏联先进经验，结合中国经济发展的实际情况，在公私区别对待的原则下，积极研究，统一规划，慎重修改，逐步过渡。

关于近期内的中国税制建设，吴波副部长提出了以下规划：

1. 1956年起对国营工业的产品试行具有周转税性质和内容的“新税”（税名仍然暂用商品流通税）。

2. 对没有试行“新税”的国营工业逐步进行工业环节的商品流通税、货物税、营业税等税收的整理、简化工作。

3. 对国营商业零售环节，除了原来征收商品流通税的产品以外，继续征收营业税，考虑到按照专业公司系统进行整理简化，专订税率。对国营商业经营的农林产品逐步试行“新税”，在最终销售环节征收。

4. 增加外贸的上缴利润，或者给各进出口公司留一定利润，其余以税收形式上缴财政。

5. 待条件成熟的时候对铁道、邮电等部门实行“非商品业务税”。

6. 对社会主义、半社会主义性质的合作社先制定必要的单行办法，待条件成熟以后逐步过渡到实行周转税、所得税两种缴纳形式。对手工业和农村小商小贩的课税，应当配合国家对他们的改造政策，制定相应的办法。

7. 对公私合营工业的课税办法应当视国家的控制程度加以改进，并可以对某些课税问题（如所得税的计算标准等）作出单行规定。

8. 对资本主义工商业的课税，应当在现行税制的基础上加以必要的修改和补充，不作大的变更。对于已经纳入国家资本主义轨道的私营工商业，在课税上应当作出相应的规定。

9. 准备开征个人所得税，将观众缴纳的文化娱乐税与文化娱乐业缴纳的营业税合并，修订印花税税率、税额表，研究简化国营企业缴纳印花税问题。

这次会议以后，财税部门根据中共中央关于加速社会主义建设和社会主义改造的指示，进一步研究了中国税制改革的问题。

1955年12月30日，中共财政部党组向毛泽东主席和中共中央报送《关于工商税制建设和对国营企业推行周转税等问题的请示报告》。报告中说：中国现行税制是在国民经济恢复时期根据当时的情况和条件设计的。那时国营和合作社经济还不占优势，对公私企业基本上采用了统一税法。随着社会主义建设和社会主义改造工作的进展，特别是对资本主义工商业改造工作的加速，各种经济关系已经和正在继续发生深刻的变化，现行税制已经同经济发展的情况不相适应，主要表现在：第一，国营企业的积累已经成为国家预算收入的主要来源，但是这些积累主要是以利润的形式而不是以税收的形式上缴，而且往往不能均衡、及时地纳入国库。同时，由于企业利润过大，征税办法不够简化，不利于企业的经济核算。第二，合作社经济日益壮大，税制上必须进一步适应其特点，并扩大国家预算资金的来源。第三，国家对于私营工商业的改造已经进入新的阶段，小商小贩也在通过合作社的道路进行改造，税制上必须相应地采取措施。第四，城市居民收入在国民经济发展的基础上逐年有所增加，必须考虑征税。因此，现行税制必须进行根本性的改革，才能进一步发挥为社会主义工业化积累资金和调节各阶级收入的作用。

报告中提出：苏联现行税制应当是中国税制发展的方向。我们应当根据苏联的经验，结合我国的经济条件和特点，积极前进。今后两三年内税制建设的初步规划是：第一，两年以内在国营企业分批推行周转税；第二，对于已经实行全行业合营和推行定息办法的公私合营企业，应当逐步比照国营企业办法征税；第三，对合作社企业应当继续改进征税办法，最后过渡到周转税和所得税两种缴纳形式；第四，对于已经走上合作化道路的小商小贩，应当在税制上采取相应的措施；第五，对尚未实行定息办法的公私合营企业和尚未公私合营的私营工商业征税，应当在现行税制基础上采取修改、补充的办法，不作大的变更；第六，个人所得税和遗产税应当在1956年开征，地方各税也应当积极整理。

上述报告得到了中共中央政治局的原则同意，于1956年1月19日由国务院第五办公室转发，征求中央和地方有关方面的意见。

在1956年1月下旬至2月上旬召开的全国财政厅（局）长、税务局长会议上，再次研究了税制改革问题，提出了有计划、有步骤地全面加速推行周转税的方针，计划在一二年内完成这次改革并，争取提前完成，主要工作量放在1956年。

1956年4月，国务院副总理兼财政部部长李先念在向中共中央主席、国家主席毛泽东等领导人作了关于财贸工作的汇报，其中提出：将试行周转税作为改善企业财务管理的一项措施。把现有的多种税、多次征收的办法，逐步改为单一税制、一次征收，把企业利润的大部分用税收的形式收入国库。这样，既可以使国家的收入均衡、及时，又可以改变利润过高不利于企业经济核算的状况。1956年准备先在几个工业部门试行，然后逐步推行。

同年7月31日，中共财政部党组在广泛征求各方面意见的基础上向中共中央报送了《对国营企业实行周转税的方案和周转税条例（草案）的请示报告》。报告中提出：周转税可以先在国营企业中推行，公私合营企业、供销合作社和手工业生产合作社可以在有条件的时候参照国营企业缴纳周转税的办法实行，供销合作社经营的农产品采购业务和附设的加工厂也可以实行周转税。周转税的税率应当根据企业的积累减去留给企业计划利润的差额，分别按照商品或者行业设计，并采用比例税率和定额税率两种形式。周转税的应纳税额根据企业的商品销售收入、非商品销售收入和规定的税率计算。推行周转税的具体步骤是：国营企业从1956年起在二三年以内全面推行，公私合营企业可以和国营企业同时推行，手工业生产合作社从1957年起在二三年以内全面推行。

在同年8月召开的全国省、区、市税务局长会议上，根据中国税制的历史条件和社会经济特点，并参考苏联1930年税制改革从简并税种着手的经验，重新研究了税制改革的方针，提出了暂缓推行周转税的意见。关于周转税的做法，一致意见是：主要采取简化、合并的办法，尽可能少挤或者不挤利润；对于条件比较好，产值、积累大的产品，也可以按照积累水平分别设计税率。会后，按照国务院副总理陈云、李先念指示的原则，进一步开展了调查研究和试点工作。

在1957年2月召开的全国省、区、市税务局长会议上，中共中央政治局委员、国务院副总理兼财政部部长李先念提出：目前税制复杂，工商企业利润很大，不利于国家加速财政积累和企业经济核算，财税部门要积极准备统一解决这些矛盾，早日完成税制改革。在简化税种、税率，调整税利比例，改变某些产品利大税小的状况时，既要有利于财政及时动员积累，又不要伤害企业的积极性。

根据李先念副总理的指示和一年多来在税制改革问题上的经验教训，财政部部长助理兼税务总局局长李予昂在上述会议上的讲话中提出了关于下一步税制改革的初步意见：

第一，为了统一解决税制复杂和税利缴纳比例方面现存的矛盾，并考虑客观方面逐步具备的某些条件，税制改革应当采取积极简化税制与适当调整税利比例相结合的方针。简化税制，主要指合并现行的商品流通税、货物税、营业税和印花税，整理税率，简化征收环节和征收手续三个方面。调整税利比例，指通过调整和设计税率，将工业环节的利润和商业环节退到工业环节的利润的大部分改用税收的形式纳入国家预算。

第二，税制改革必须正确地体现国家的税收政策，充分发挥税收应有的作用。从国民收入分配来说，既要保证社会主义建设所需的资金，又要保证人民生活的逐步改善。从税收作用来说，既要保证国家预算收入，又要有利于企业的经济核算，并要发挥税收对于生产、经营方面奖励先进、策动后进的调节作用。

第三，国家的工商税制应当有主体税种和补充税种。大体上说，可能在工业环节将商品流通税、货物税、营业税和印花税简并为主体税种，对非商品业务的经营活动和零售环节征收的营业税和其他税种是补充税种。

第四，通过调整税利比例，将企业的积累改为以缴纳税收为主、上缴利润为辅的缴纳方式。在设计税率、调整税利比例的时候，要区别对待，但是必须保证税收、利润收入总额不能少于改革以前。

第五，划分企业类型，按照品目排队，采取不同的课征办法，以百分比定率为主的课征制度。同时，可以对国营重工业企业和财务制度很不健全的分散小户分别设计更为简单的缴纳方式。

财政部副部长吴波在上述会议上的讲话中说：根据李先念副总理的指示，这次税制改革要达到两个目的，一是简化税制，二是调整税利比例关系。在做法上，要将简化税制与调整税利比例相结合，将调整税利比例与商业退利相结合。企业积累大部分用税收形式拿回，可以保证国家收入的均衡、及时和稳定，促进企业的经济核算，调节企业利润，调节消费。调整税利比例与商业退利相结合，有利于集中征收，统一纳税环节，解决厂牌价的矛盾，更好地得到工商部门的配合。关于改革出台的时间，吴波提出，1957年做好准备，争取1958年大部分出台。

同年6月29日，国务院副总理兼财政部部长李先念在第一届全国人民代表大会第四次会议上所作的《关于1956年国家决算和1957年国家预算草案的报告》中谈到工商税制改革问题时提出：工商税制的主要问题是：应当改变现行的多种税、多次征的办法，根据社会主义改造取得决定性胜利以后的新情况，简化税制和纳税手续，以便推动企业更好地加强经济核算，并使国家的收入更加均衡和及时。会议批准了这个报告。

在同年9月召开的全国省、区、市税务局长会议上，再次研究了税制改革问题，提出税制与经济发展不相适应是现行税制的主要矛盾，主要问题是税制复杂，多种税，多次征，征税规定复杂；企业税小利大，不利于经济核算。考虑到现行税制与经济发展不相适应是主要矛盾，而调整税利比例关系暂时还有很多困难，会议提出了在基本保持原有税负的基础上简化税制的工商税制改革方针。大体设想是：先将商品流通税、货物税、营业税和印花税合并为一个新的税种，对所得税和地方税也要作必要的改革。改革以后，工商税收的税种可以从过去的11种简并为6种或者7种。至于商业退利问题，应当尽量与税制改革结合进行。如果商业退利一时不能全面实行，税制改革也不必等待。

上述会议以后，中共财政部党组向中共中央报送了《关于改革工商税收制度的报告》。报告中说：中国的现行工商税收制度，过去在促进社会主义经济的发展、积累国家建设资金和对资本主义工商业进行改造等三个方面发挥了重要的作用。但是，在社会主义改造取得决定性的胜利以后，工商税收在社会主义改造方面的作用已经退居次要的地位，改变现行的复杂的工商税收制度，不仅是必要的，而且是可能的。

报告中认为，现行工商税收制度的复杂主要表现在三个方面：一是对一个企业同时要征收几种税；二是同一种税收，在一件产品从原料到成品的生产过程中，往往要征收几次；三是计税价格与工厂的实际销售价格脱节，计税手续复杂。因此，现行税制已经不适应现实经济情况，也不利于企业进行经济核算。

关于税制改革的主要任务，报告中认为：在现行工商税制中的11个税种中，以商品流通税、货物税、营业税和印花税4个税种最为复杂。同时，除了印花税以外，其他3种税也是最主要的税种（其收入约占工商税收总额的80%）。解决了这4种税的问题，税制改革的主要问题也就解决了。因此，这次税制改革主要是这4种税的改革问题。

关于税制改革的方针，报告中提出：考虑到现行税制的主要问题是税种多，手续复杂，不利于企业加强经济核算，应该采取在基本保持原税负的基础上简化税制的方针，并且在简化税制的同时继续对社会主义经济和非社会主义经济实行区别对待的政策。

关于税制改革的内容，报告中提出：第一，减少税收的种类，将商品流通税、货物税、营业税和印花税4种税合并为1种税，拟称为统一税。第二，简化征税办法，工业品在工厂一般只征一道统一税。第三，奖励协作生产，拟对非全能厂相互协作生产的中间产品给予免税。第四，在工厂征收的统一税，一律按照工厂的销售价格计税。第五，统一税的税率，主要产品原则上一种产品规定一个税率；其他产品，凡是原税负大体相同的，可以几种产品规定一个税率，这样，大部分产品可以基本保持原税负。第六，对私营工业和个体手工业的中间产品和协作生产的产品不予以免税。

报告中还提出，为了吸取经验，在税制改革全面实行以前做好准备工作，拟选择棉纺织印染工业、日用化学工业、制笔工业和热水瓶工业4个行业的产品先行试办。

1958年2月1日，国务院副总理兼财政部部长李先念在第一届全国人民代表大会第五次会议上所作的《关于1957年国家预算执行情况和1958年国家预算草案的报告》中提出：1958年准备实行工商税制的某些改革，改革的主要内容是改变现行的多种税、多次征的办法，把现有的商品流通税、货物税、营业税和印花税合并，简化纳税手续，改革方案将提请全国人民代表大会常务委员会批准。会议批准了这个报告。

同年3月18日，中共中央成都会议大组会讨论并同意中共财政部党组报送的《关于改革工商税收制度的报告》，同时指出：简化税制只是改革税收制度的第一步，下一步还要考虑用税收的办法调节企业利润，使企业的利润不致过大，以利于企业加强经济核算制。3月22日，中共中央成都会议通过《关于改革工商税收制度和改变工业品出厂作价办法问题的意见》。4月5日，中共中央政治局会议批准中共中央成都会议通过的上述意见。

在同年3月中下旬召开的全国省、区、市税务局长会议上，传达了中共中央关于工商税制改革的指示，并对财政部税务总局草拟的工商统一税条例及其实施细则和对4类工业产品试行税制改革的规定作了专门的研究。

同年4月18日，财政部发出通知，规定从5月1日起对棉纺织印染、日用化学、制笔和热水瓶4类工业产品试行改革工商税制。6月20日，财政部发出《关于试行改革工商税制问题的通知》，将试办税制改革的产品扩大到11类，于7月1日起试行。此外，河北省在石家庄市和2个县对所有应税产品进行了试办。试办结果，各方面反映良好。

同年7月29日，根据各地提出的全面试行改革工商税制的要求，并经国务院副总理李先念批准，财政部发出《关于试行全面改革工商税制问题的通知》。通知中规定：只要各省、自治区、直辖市党委批准，就可以全面试办。

在此基础上，国务院全体会议讨论通过工商统一税条例（草案），并将其提交全国人民代表大会常务委员会讨论。

在同年9月召开的第一届全国人民代表大会常务委员会第一〇一次会议上，财政部副部长吴波就工商税制改革的背景、改革所要解决的主要问题、改革的方针、工商统一税条例（草案）的主要内容和政策原则等问题作了全面的说明。

同年9月11日，第一届全国人民代表大会常务委员会第一〇一次会议审议并原则通过《中华人民共和国工商统一税条例（草案）》，9月13日由国务院颁布试行。9月13日，财政部颁布《中华人民共和国工商统一税条例施行细则（草案）》。至此，货物税、商品流通税、营业税和印花税简并为工商统一税，《货物税暂行条例》、《商品流通税试行办法》、《工商业税暂行条例》中的营业税部分、《印花税暂行条例》和与之相关的法规相应废止，1958年税制改革的主体工程宣告完成。

工商统一税的纳税人为从事工业品生产、农产品采购、外货进口、商业零售、交通运输、服务性业务的单位和个人，一共设有108个税目，税率从1.5%到69%不等。从事工业品生产的纳税人，以工业品的销售收入为计税依据；从事农产品采购的纳税人，以采购支付的金额为计税依据；从事外货进口的纳税人，以进口货物支付的金额为计税依据；从事商业零售的纳税人，以商品的零售收入为计税依据；从事交通运输和服务性业务的纳税人，以业务收入为计税依据。国家银行、保险事业、农业机械站、医疗保险事业的业务收入和科学研究机关的试验收入，免征工商统一税。农业生产合作社和城市街道组织自办公共食堂和其他公共事业的收入，农业生产合作社供销部代国营企业办理购销业务的收入，学校因勤工俭学举办的生产事业的收入，需要在税收上加以鼓励的，可以减征、免征工商统一税。

这次税制改革以后，由于工商业税中的营业税部分纳入工商统一税，所得税部分遂成为一个独立的税种，称为工商所得税，沿用过去的征税制度，没有单独制定新的法规。1986年7月25日，国务院明文确认《工商业税暂行条例》已经废止，但是行文与《中华人民共和国工商统一税条例（草案）》并不吻合。

### （二）农业税制改革

1955年9月29日，中共财政部党组向中共中央报送《关于两年来农业税工作情况和对今后工作意见向中央的报告》。报告中说：目前我国还没有一个全国性的农业税法，现行的农业税征收办法是由各地根据中央的方针政策分别制定的，其中许多条文是从国民经济恢复时期的情况出发的，由于农村合作化运动的迅速发展，已经不完全适合于当前的情况。同时，由于人口逐年增加，使应征税额逐年减少，现行征税办法与完成征收任务存在着日益扩大的矛盾，需要加以解决。因此，应当加强有关农业税收政策的调查研究，积极准备起草农业税法。10月19日，中共中央批转上述报告。对于报告中关于起草全国性的农业税新税法的建议，中共中央认为这是必要的，除了责成财政部积极研究，提出草案以外，还要求各级党委积极领导财政部门深入调查研究，提出意见，争取早日制定新的农业税税法。

1956年初，财政部开始进行农业税条例（草案）的起草工作。在此后的两年中，财政部曾经就该条例（草案）先后征求各省、自治区、直辖市和中央各部门的意见，并多次召开专业会议讨论和修改该条例（草案）。起草该条例（草案）的基本原则，一是有利于发展农业生产；二是有利于巩固农业生产合作社；三是在兼顾国家、集体和个人三方面利益的原则下逐步改善农民生活；四是合理负担，简化税制。

1957年6月29日，国务院副总理兼财政部部长李先念在第一届全国人民代表大会第四次会议上所作的《关于1956年国家决算和1957年国家预算草案的报告》中谈到农业税改革问题时提出：现行农业税制的主要问题是：应当改变以户为征收单位和一部分地区实行累进税，另一部分地区实行比例税的办法，以农业社为纳税单位，并考虑统一实行比例税制，以适应农业合作化以后的新情况。这个报告得到了会议的批准。

同年12月20日，中共中央原批转中共财政部党组报送的《关于农业税条例（草案）的请示报告》，要求各地地区以上党委、中央各部委、国家机关各党组和各人民团体党组对上述报告和报告所附的《中华人民共和国农业税条例（草案）》迅速加以研究，并提出意见报告中央，以便将该条例（草案）进一步修改以后提交全国人民代表大会审议。

1958年2月1日，国务院副总理兼财政部部长李先念在第一届全国人民代表大会第五次会议上所作的《关于1957年国家预算执行情况和1958年国家预算草案的报告》中说：新的农业税条例草案已经拟出，改革方案将提请全国人民代表大会常务委员会批准。会议批准了这个报告。

同年6月3日，第一届全国人民代表大会常务委员会第九十六次会议通过《中华人民共和国农业税条例》，同日中华人民共和国主席令公布施行。

同日，国务院发布《关于各省、自治区、直辖市农业税平均税率的规定》，规定各省、自治区和直辖市农业税的平均税率从13%（新疆维吾尔自治区）到19%（黑龙江省）不等，西藏地区征收农业税的办法由西藏自治区筹备委员会自行规定。

农业税的纳税人为从事农业生产、有农业收入的单位和个人，征税对象为粮食作物、经济作物、园艺作物等类收入，以粮食作物的常年产量为基本计算标准。农业税实行地区差别比例税率，全国的平均税率规定为常年产量的15.5%，县以上人民委员会对所属地区规定的税率最高不得超过25%。对于个体农民可以按照应纳税额加征一成到五成（缺乏劳动力、生活困难者除外）。此外，各省、自治区和直辖市经过本级人民代表大会通过，可以随同农业税征收地方附加，附加率一般不得超过15%，最高不得超过30%。纳税人依法开垦荒地和用其他方法扩大耕地面积取得的收入，在山地上新垦植、垦复经济林木取得的收入，可以定期免征农业税；从农业科研机关、农业学校用于农业试验的土地和零星种植农作物的宅旁隙地取得的收入，可以免征农业税。纳税人的农作物由于遭受自然灾害而歉收的；农民的生产、生活还有困难的革命老根据地，生产落后、生活困难的少数民族地区，交通不便、生产落后和农民生活困难的贫瘠山区；革命烈士家属、在乡的革命残疾军人和其他纳税人，由于缺乏劳动力或者其他原因而纳税确有困难的，经过批准，可以减征农业税、免征农业税。

关于农业税条例与过去的农业税征收办法的变化，财政部副部长吴波在第一届全国人民代表大会常务委员会第九十六次会议上所作的关于农业税条例（草案）的说明中指出了五点：第一，适应农业合作化发展的需要，将农业税的纳税人由农户改为农业生产合作社；第二，根据农村经济情况的变化，取消了部分地区实行的累进税率和人口免税额，全国一律实行比例税率；第三，对于个体农民应纳的农业税，根据不同情况实行加成征收；第四，为了贯彻统一领导和因地制宜相结合的方针，规定了全国的平均税率和最高税率，并规定了国务院和各级人民委员会规定税率的权限；第五，为了平衡经济作物和粮食作物之间的税收负担，对于经济作物地区的农业税问题作出了相应的规定。

关于农业税的负担问题，根据中共中央和毛泽东主席的指示，财政部副部长吴波在上述说明中阐述了增产不增税的方针，并明确提出：在第二个五年计划期间（1958—1962年），各年的农业税征收额将基本稳定在1958年征收额的水平上，不予提高。

至此，中国的税制一共设有14种税，即工商统一税、盐税、关税、工商所得税（沿用原工商业税中的所得税部分）、利息所得税、城市房地产税、契税、车船使用牌照税、船舶吨税、屠宰税、文化娱乐税、牲畜交易税、农业税和牧业税。其中盐税、牲畜交易税、牧业税仍然没有正式立法，继续由各地自定办法征收；契税基本上停止征收。

## 二、20世纪50年代末期至60年代中期的税制变化

20世纪50年代末期，在“左”的指导思想影响下，为了适应农村人民公社的发展和农村财贸管理体制的变化，中国在农村试行了人民公社财政包干办法，进而在部分城市试行了国营企业“税利合一”上缴办法。由于违背了经济规律，这些做法很快以失败而告终。在税收管理体制上，适当下放一些权限以调动地方管理税收的积极性是必要的。但是，由于权力下放过多，也出现了一些偏差。虽然上述问题得以及时发现和纠正，但是造成的不良影响仍然是比较严重的。

20世纪60年代初期，为了配合国民经济的调整，克服经济上的困难，在税收上也采取

了一些调整措施，主要是减轻农村税收负担，调整个体经济和集体经济的所得税负担，并取得了积极的效果。

### （一）农村征税办法的变化

1958年8月中共中央通过《关于在农村建立人民公社的决议》以后，中国各地人民公社迅速发展。人民公社的建立使农村的集体经济结构、组织形式、管理体制、核算办法和公社内部工农业产品的交换、消费等都发生了变化：一是人民公社既是社会基层组织，又是政权的基层组织；既要负责公社本身的资金积累和分配，又要完成国家的财政收入任务。二是人民公社内部工农业产品自产自用的部分扩大，过去在商品流通环节征收的工商税现在有一部分征不到了（据部分省的典型调查，工商税收入将减少30%左右）。三是原来的乡办企业和手工业合作社成为人民公社企业，国家设在农村的商业、粮食和银行等基层单位也下放给公社，这些企业的财务核算、税收、利润的解缴关系也随之改变。

为了适应这种形势，1958年10月召开的全国财贸工作会议讨论了改进农村财贸管理体制问题。会议提出：农村财贸管理体制应当根据统一领导、分级管理的方针，实行"两放"、"三统"、"一包"的办法："两放"即将国家设在农村的商业、粮食、财政、银行等机构及其所属工作人员下放给当地人民公社，这些机构的资金也下放给公社管理；"三统"即人民公社在政策执行、计划制定和流动资金管理方面必须服从国家的统一规定；"一包"即包财政任务，把人民公社应当上缴的工商税收、农业税和下放到公社的工业、交通、商业、银行的利润等收入改为由公社统一包干上缴国家，不再征税。

根据上述会议的要求，中共中央、国务院于1958年12月20日发布《关于适应人民公社化的形势改进农村财政贸易管理体制的决定》。决定中说：财政贸易管理体制必须适应人民公社成立以后的新形势。由于形势的变化，以商品流通为征税环节的工商税收制度基本上不再适用，税收和利润分别征收和提缴的办法不再必要，国家的乡镇财政工作也必须同人民公社的财务工作合而为一。因此，要将财政部门的基层机构下放给人民公社，将人民公社缴纳的农业税、工商业税等财政收入改为包干上缴，实行的时间、步骤和具体方法由各省、市、自治区根据当地的情况自行规定。

当时认为，农村人民公社实行财政包干可以保证财政收入，同时可以简化征收手续，还可以彻底解决农村中某些征税与免税界限不清楚的问题。同时认识到，实行这个办法有不少困难，是一种临时性的过渡措施。在试行中遇到的主要问题：一是由于缺乏可靠的计算依据，财政包干的数额难以确定，包多了会增加人民公社的负担，包少了则会减少国家的收入，人民公社内部在分配包干任务的时候也经常发生矛盾。二是农村不征税，城市征税，同一产品在城乡之间征免税界限难以划分，税收政策无法执行，也不利于市场管理。三是采用税利合一、包干上缴的办法，混淆了税收和利润两种分配形式的界限，掩盖了企业资金运用和利润的虚假现象。四是实行财政包干不征税，大大削弱甚至取消了税收的作用，引起了一些税务干部思想上的波动，在工作上一度出现了松懈现象。

1959年二三月间，中共中央政治局召开扩大会议，主要解决人民公社所有制和纠正"共产风"问题。会议确定了整顿和建设人民公社的方针：人民公社实行权力下放，三级管理，三级核算，队为基础的体制。在人民公社内部，承认队与队、人与人之间的差别，实行按劳分配，等价交换。这样，人民公社的核算体制变化了，商品生产、交换的范围扩大了，过去实行财政包干的基础不复存在，人民公社的财政管理体制也必须相应调整。

在此后召开的全国财贸书记会议上，讨论了财政部起草的关于改进人民公社工商税征税办法的意见。与会的绝大多数地区的负责同志都主张对人民公社恢复征收工商税，不再实行财政包干办法。中共中央政治局委员、中央书记处书记、国务院副总理李先念在会议的结论中表示：各地区可以将上述意见的草案带回去试行，试行一个时期以后正式确定。于是，各地陆续恢复对人民公社征税。

在1959年5月召开的全国各省、市、自治区税务局长会议上，再次研究了恢复对人民公社征税问题，并讨论了财政部起草的关于改进人民公社工商税征税办法的意见，取得了基本一致的意见。除了河南省的代表表示需要请示省委，根据本省的情况再作考虑以外，其他地区都同意立即恢复征税。

财政部税务总局副局长申平（财政部税务总局原局长李予昂工作调动以后，财政部税务总局的工作由申平副局长主持）在上述会议上的讲话中论述了恢复对人民公社征收工商税必要性，并指出这样做有很多好处：第一，税收是按照实际税源，在产品销售以后征收的，有根有据，负担合理，容易为群众所接受。第二，税收主要是按照产品征税的，是产品价格的组成部分，在计算产品成本时必须考虑税收的因素，因而在一定程度上可以促进人民公社加强经济核算。第三，税收根据不同的产品设计不同的税率，生产资料类产品税率较低，消费资料类产品税率较高，因而可以配合国家指导人民公社生产和管理市场。第四，税款可以随着产品的销售及时纳入国库，避免人民公社在资金调度困难时挪用税款。

1959年5月26日，国务院发布《关于改进农村人民公社工商税征税办法的意见》。意见中指出：农村人民公社的管理体制根据中央的决定调整以后，国家对农村人民公社恢复征收工商税是必要的。同时，对于征税办法上存在的征税与免税的界限需要进一步明确，征税手续还不够简化等主要问题必须加以改进。改进的原则应当是：从兼顾国家、集体和个人三个方面的利益出发，既有利于农村人民公社的巩固和生产的发展，又有利于国家组织财政收入和收购农副产品。同时，在征收手续上尽量做到简便易行。

农村人民公社及其派出机构直接管理的企业，可以按照现行税法征税。因为在这些企业中，有些是下放企业，它们原来就和地方国营企业一样征税；有些企业虽然是农村人民公社新办的，但是已经初具规模，生产、经营情况也比较正常，除了在所得税方面需要照顾以外，其他各税按照现行税法征收问题不大。

农村人民公社下面的基本核算单位（相当于原来高级农业生产合作社的生产队或者生产大队）基本上可以按照现行税法征收，某些征税与免税界限划分不清楚的，可以根据下列原则解决：第一，凡是原来在高级农业生产合作社时期按照规定应当征税的，现在仍然征税，否则仍然不征税。第二，在原来应当征税的范围以内，应当根据不同情况，有宽有严，区别对待：对于对外销售的产品（包括基本核算单位同农村人民公社等价交换的产品）应当严一些，内部自用的产品应当宽一些；对于国家统购的产品和税源大、税率较高的产品应当严一些，非国家统购的产品和税源小、税率较低的产品应当宽一些。根据上述原则，意见就基本核算单位工商统一税、工商所得税和地方各税的征税与免税界限作了具体规定。

除了上述征税与免税的界限以外，还允许各省、自治区和直辖市根据税收管理体制的规定灵活处理。工商各税的具体征收办法，也由各地根据现行税法，结合当地实际情况和以往的征收经验，作出补充规定。

### （二）城市国营企业试行“税利合一”

对农村人民公社实行财政包干，不再征税以后，对城市全民所有制企业继续征税产生了许多难以解决的矛盾，因而提出了国营企业实行税收和利润合并缴纳的问题。

1958 年 12 月，财政部召开的全国财政厅（局）长会议研究了改变城市国营企业征税办法问题。会后，中共财政部党组于 1959 年 1 月 23 日起草了《关于国营企业工商税和利润合并交纳问题的报告（草稿）》，提出了国营企业“税利合一”的初步方案。

关于实行国营企业“税利合一”的理由，报告（草稿）中提出：第一，农村人民公社的税收和利润合并缴纳，农村的税收不再单独征收，如果国营企业继续征税，城市继续征税，不仅税收业务上有许多麻烦，在道理上也说不过去。第二，国营企业的税收和利润实质上都是工人群众创造的积累。在资本主义工商业的社会主义改造基本完成以后，过去在税收上经常考虑的公私关系已经不存在。因此，国营企业的税收和利润分别征收和上缴的办法也没有必要继续实行。第三，实行国营企业“税利合一”将大大简化企业的缴纳手续，有利于广大职工更加关心企业的全面积累的情况，有利于贯彻财政工作的群众路线。

关于国营企业“税利合一”的实施方法，报告（草稿）中提出：第一，把国营企业原来缴纳的工商统一税、地方各税和工商税附加，同他们原来应当上缴的利润合并在一起，由企业按照规定的期限统一缴纳，定名为“企业上交收入”。第二，“税利合一”的办法只适用于国营企业内部。第三，“税利合一”引起的中央与地方之间财政收入分配的变化，应当根据既不影响中央预算，又不影响地方预算的原则相应调整。第四，国营企业的留成收入原来是按照企业利润额的一定比例计算的，“税利合一”以后留成比例应当根据不影响国家收入和企业留成收入的原则相应调整。第五，“税利合一”以后，原订税率仍然作为企业考虑产品价格的因素之一，企业不得因为停止征税而随意降低原来的价格，在核定新产品价格时也不得因为停止征税而降低应有的积累水平。总之，国营企业实行“税利合一”，以有利于企业的生产、经营，不影响国家财政收入，不影响地方预算，不影响企业应得的利润留成数额，不引起市场物价的变动为原则。

1959 年 1 月，财政部决定在湖北省武汉市、陕西省宝鸡市、河北省石家庄市、江苏省南京市、四川省成都市、河南省开封市和辽宁省锦州市 7 个城市进行国营企业“税利合一”的试点，财政部税务总局发出《关于对国营企业、定息的公私合营企业实行税收、利润合并交纳试点工作的几点意见》。

实行国营企业“税利合一”，实质上是取消国营企业的税收，这是违反经济规律的。因此，试行不久，原来预计可能发生的问题就暴露出来：第一，在物价方面，出现企业自行降价、提价，产品不好作价和工业部门与商业部门争利等问题。第二，在经济核算方面，出现掩盖企业生产、经营中的矛盾，放松管理，乱摊成本等问题。第三，在财政收入方面，出现编制交款计划偏低，拖欠严重，不合理的留成增加等问题。此外，国营企业“税利合一”造成了一些税务干部思想上的混乱，以为税收已经完成历史使命，情绪消极，等待转业。所以，各试点地区普遍要求停止实行国营企业“税利合一”的办法。

在 1959 年 5 月召开的全国各省、市、自治区税务局长会议上，研究了停止国营企业“税利合一”试点工作和税收在现阶段的作用。财政部税务总局副局长申平在会议上的讲话中说：原来我们提出国营企业“税利合一”，是由于农村实行了人民公社财政包干。对农村人民公社恢复征税以后，如果城市继续实行国营企业“税利合一”，城乡之间征税与免税界限不清楚的问题依然存在。在同一个城市里，有些企业征税，有些企业不征税，它们之间的经济往来，在税收上有些问题不好处理。另外，从几个试点城市初步发现的问题和农村人民公社财政包干的经验来看，税收对于及时组织财政收入和促进企业经济核算方面仍然具有一定的作用。根据这些情况，领导指示，对国营企业不再实行“税利合一”。现在实行国营企业“税利合一”试点的城市，应当退回来恢复征税。

财政部副部长吴波在上述会议上的讲话中说：1958 年实行人民公社财政包干以后，提出实行国营企业“税利合一”，现在看来是不适当的。虽然当时形势有些逼人，但是脑子也有些热。好在当时提出这个问题的时候就已经感到实行这个办法以后对于国营企业的经济核算、计划管理和物价管理还有一些问题摸不透，所以决定先找几个城市试点，在做法上还是比较稳当的。经过这次讨论，大家都同意停办，剩下的问题就是要做好善后工作。停办的时候，要好好总结一下经验，作为将来研究这个问题的参考。

农村人民公社财政包干和城市国营企业“税利合一”的试点带来了一个重大的理论与实践问题：即在中国现阶段，税收的作用究竟如何？吴波副部长说：税收对于残存的资本主义经济和个体经济的作用已经为历史所证明，税收对集体经济的作用也比较清楚，尤其是通过这次人民公社财政包干的实践，体会更加深刻了。现在的问题是税收对于全民所有制的社会主义经济还有没有作用？对于这个问题，我同意大家的意见，既然我们对国营企业还要加强经济核算制，要求它们不断降低成本，提高劳动生产率；既然企业的职工还是实行按劳分配，物质的刺激还有一定的作用；既然价值规律对国营企业的生产还有一定的影响，那么，可以肯定在一个较长的时期内税收还有作用。其主要表现是：有利于国家有计划地安排生产，有利于促进企业加强经济核算，有利于调节社会消费，有利于市场物价管理，有利于财政积累。归根到底，有利于发展生产和增加国家财政收入。另外，由于税收具有强制性，在完成财政收入方面能够做到更加及时、可靠。

### （三）经济调整时期的税制调整

从 1959 年到 1961 年，主要由于“大跃进”和“反右倾”的错误，加上自然灾害和苏联政府背信弃义，中国经济遇到了严重的困难。为此，1960 年冬，中共中央提出了“调整、巩固、充实、提高”的国民经济调整八字方针。这时，税收的地位和作用再次受到重视和加强。为了配合国民经济的调整，在税制上采取了一系列的措施：为了支持农业的发展，调整了农村的税收负担；为了配合加强集贸市场管理，全面开征了集市交易税；调整了个体经济和集体经济的所得税负担。

1. 调整农村税收负担。中共中央于 1960 年 11 月发出的《关于农村人民公社当前政策问题的紧急指示信》在农村贯彻执行以后，进一步纠正了“一平、二调、共产风”，农村社、队的规模和核算体制有了很大的变化，基本核算单位增多，商品流通范围扩大，因而需要对 1959 年 5 月规定的农村社、队工商税征税办法加以改进。为此，财政部提出了改进农村工商税收征收办法的意见，并提交 1963 年 3 月召开的全国税务会议讨论。会后起草了《关于改进农村人民公社、生产大队、生产队工商税征收办法的规定（草案）》，并印发各地财政部门征求意见。

1963 年 12 月 30 日，财政部向国务院报送《关于改进人民公社、生产大队、生产队工商税征收办法的报告》。报告中提出拟对农村社、队工商税征税办法作下列改进：第一，将基本纳税单位由生产大队改为生产队。第二，在征税范围和减税、免税办法上，直接为农业生产服务的工业产品（如农药、小农具）从宽，不直接为农业生产服务的工业产品（如鞭炮）和服务企业（如商店）从严。第三，修改社、队自办企业不征收所得税的规定，对公社、生产大队所办的企业和生产队所办的不直接为农业生产服务的企业（如酒坊）征税。1964年1月4日，国务院同意财政部的上述报告和所拟定的《关于改进农村人民公社、生产大队、生产队工商税征收办法的规定》，并将其转发各省、自治区和直辖市执行。

1965年7月27日，财政部根据不少地区反映基本核算单位与非基本核算单位的生产大队征税办法不一致，负担不合理的问题，向国务院报送了《关于修订农村社、队工商税征收办法的报告》。8月5日，国务院同意上述报告，并将其转发各省、自治区和直辖市执行。

1966年9月13日，财政部向国务院报送《关于对人民公社、生产队所办企业试行按比例税率征收所得税的报告》。报告中提出：为了更好地贯彻执行中共中央主席毛泽东关于争取用15年时间基本上实现农业机械化的指示，拟进一步减轻农村社、队企业的所得税负担，并简化征税手续。具体意见是：第一，农村社、队企业所得税，可以改按20%的比例税率计算征收，必要的时候还可以低于20%，具体由各省、自治区和直辖市确定；第二，全年所得额不足600元的企业免征所得税。这个标准是否适当，各地可以斟酌，自行确定。10月4日，国务院原则同意上述报告，并将其转发各省、自治区和直辖市执行。

在农业税方面，为了增加农村人民公社的积累，加快发展农业生产，1960年1月22日，中共中央批转中共财政部党组报送的《关于农业税问题的请示报告》。报告中提出：在今后3年以内将农业税的征收额稳定在原有的水平上，并对各省、自治区和直辖市实行任务包干的办法。

1961年6月23日，中共中央批转中共财政部党组报送的《关于调整农业税负担的报告》。报告中提出：农业税的实际负担率，即农业税正税和地方附加实际税额占农业实际收入的比例，全国平均不超过10%。同时确定，1961年农业税征收额调减以后，稳定3年不变，增产不增税。据此，全国农业税征收额调减44.4%，后来一直稳定不变。

据统计，1961年、1962年和1963年，全国农业实产量分别为1133.5亿千克、1267.5亿千克和1501亿千克（1960年为1254.5亿千克），实征农业税分别为105亿千克、111亿千克和106.5亿千克，均大大低于1960年的173.5亿千克，也低于118亿千克的征收计划，比第一个五年计划时期的平均年征收额低40%以上；实征农业税占农业实产量的比重分别为9.3%、8.7%和7.7%，均大大低于1960年的13.8%。

1962年9月27日，中国共产党第八届中央委员会第十次全体会议通过《关于进一步巩固人民公社集体经济发展农业生产的决定》。决定中再次明确规定："国家征收农业税和统购粮食的数量，应当在适当的水平上，在一定时期内稳定下来。除了国家正式规定的税收任务（包括正税和附加税）以外，不准各级机构自行加税，自行摊派。"这一规定也写进了上述会议同日通过的《农村人民公社工作条例修正草案》。该条例修正草案中还规定：人民公社社员的自留地和开荒地生产的农产品，国家不征收农业税，不计统购。

1971年8月21日，经毛泽东主席批准，中共中央发出《关于继续实行粮食征购任务一定5年的通知》。通知中说：从1965年开始，连续6年实行的粮食征购一定3年的政策，对于促进农业生产发展起了积极作用，受到广大农民的欢迎。从1971年起，粮食征购实行一定5年的政策。各省、市、自治区在此期间，对有的社队由于国家投资兴修水利以后增产幅度比较大，或者发现少数社队粮食征购任务畸轻畸重的，经过协商可以适当调整。将1971—1975年的粮食征购基数从363亿千克调整到382.75亿千克，增加19.75亿千克。各省、市、自治区向下分配任务的时候，可以在中央确定的征购基数基础上增加5%左右的机动数，用以调剂受灾减免，保证完成国家计划。省以下各级不得层层加码。

1976年5月6日，经国务院领导同意，财政部印发《关于"五五"期间农业税问题的报告》。报告中提出：在第五个五年计划期间（1976—1980年）继续稳定农业税负担，解决农业税负担畸轻畸重的问题，调整常年产量，正确贯彻减税、免税政策。

1978年，全国农业实产量达到2802.5亿千克，比1963年增长68.3%；实征农业税123亿千克，仅比1963年增加15.5%；实征农业税占农业实产量的比重为4.4%，比1963年下降3.3个百分点，降幅为42.9%。

在牧业税方面，中央继续明确实行轻税政策，以扶持畜牧业生产的发展。1961年12月6日，中共中央批转《西北地区第一次民族工作会议纪要》。纪要中提出："继续实行轻税政策，取消草场税，牧业税的税率应当控制在牧业总收入的3%以内。"

1963年3月13日，中共中央批转中共民族事务委员会党组报送的《关于少数民族牧业区工作和牧区人民公社若干政策的规定的报告》。报告中提出：对畜牧业采取轻税政策，扶助畜牧业生产的发展。畜牧业的税率一般地控制在畜牧业总收入的3%以内为宜。

2. 全面开征集市交易税。在国民经济调整时期，各地集市贸易陆续恢复，交易日趋活跃。这时，在税收上需要相应地解决三个问题：一是集市贸易价格一般偏高，农民收入多，需要从税收上加以调节；二是集市上出售的农副产品一般不征税，而城市国营企业、供销合作社出售的农副产品征税，需要平衡；三是需要在税收方面采取措施，配合市场管理。

当时，对于农村集市贸易的征税问题，全国没有统一的规定，各地做法不一，难免存在一些宽严失当的问题。中共中央政治局委员、中央书记处书记、国务院副总理兼财政部部长李先念对此事十分关注，并多次作出指示。经过财政部税务总局的调查研究，并征求有关部门的意见，各方面一致认为，对农村集市贸易应当按照税法规定征税。通过征税，可以配合市场管理，促进农村集市贸易的正常发展，保护农民的正常交易，取缔商贩的投机活动，活跃农村经济。于是，财政部税务总局草拟了一个对农村集市贸易征税的意见，提交1961年5月召开的全国各省、市、自治区税务局长会议讨论。

1961年8月，财政部在广西、湖南等地的部分县进行了集市贸易扩大征税范围的试点，并取得了一定的效果。在此基础上，财政部税务总局起草了关于征收集市交易税的试行规定，提交1962年2月召开的全国各省、市、自治区税务局长会议讨论，并在这次会议上专门研究了开征集市交易税的准备工作。

1962年4月16日，国务院批准财政部制定的《集市交易税试行规定》，并将其下发各地执行。具体征税办法由各省、自治区和直辖市人民委员会根据上述规定结合本地区的实际情况制定，并报财政部备案。

集市交易税的纳税人为在集市上出售农副产品的单位和个人；征税对象为纳税人在集市上出售的农副产品，征税产品原则上规定为家畜、家禽、肉类、蛋品、干鲜果、土特产品和家庭手工业产品7个种类，由各省、自治区和直辖市人民委员会确定，并报财政部备案；计税依据为应税产品的实际销售收入；税率按照不同产品分别规定为5%、10%和15%。为了照顾农民之间的零星交易，各省、自治区和直辖市人民委员会可以在7元至10元的幅度以内规定集市交易税的起征点。对于幼畜、幼禽、各种作物的种子、种苗、饲料、柴、草、小农具等产品，可以不征集市交易税。对于农民以低于集市上的价格出售给国营商业、供销合作社的产品，人民公社各级生产单位和社员通过贸易货栈、农民服务部出售的产品，可以适当减征、免征集市交易税。

集市交易税开征以后，对于配合市场管理，打击投机商贩，回笼货币，增加财政收入等方面起到了一定的作用。但是，在征税中也存在着一些问题：一是征税品目多了一些，农民意见较大的是家禽和蛋品；二是有些地方对农民和商贩没有划分清楚，把农民误当商贩征收临时商业税；三是有些税务干部在征税的时候态度生硬，方法简单，甚至乱征乱罚。为此，财政部于1962年7月召开有9个省、市税务局局长参加的座谈会，研究解决办法。会后，财政部向国务院报送了《关于改进农村集市征税工作的报告》，其中提出的改进意见，一是适当缩小集市贸易税的征税范围，停止对家禽和蛋品征税；二是对农民和商贩要严格划清界限，区别征税（对于持有社队证明的农民只征收集市交易税，对于商贩除了征收集市交易税以外还要征收临时商业税）；三是严格控制加成征税和税务罚款；四是加强对基层税务干部的政策教育。10月1日，国务院批转上述报告，并特别强调在农村税收工作中必须严格执行税收政策。

1963年4月27日，财政部将集市交易税的起征点降低为5元至10元，并规定个别物价特别高的地区经过批准可以超过10元。

1964年5月3日，财政部规定：有的地区由于集市贸易情况的变化，对征收集市交易税的商品要作调整的，可以由省级人民委员会批准执行，抄财政部备案。

此外，由于开展社会主义教育运动，打击投机倒把活动和市场物价下落等原因，集市交易税收逐渐减少。1962年，全国集市交易税收入多达1.09亿元；1963年即减少到7200万元，1964年减少到3900万元，1965年减少到2400万元。

1966年2月，财政部副部长曾直在全国税务会议上的总结中说：集市交易税是一个斗争（指对私斗争，即与私人经济的斗争——笔者注）武器，应当保留税种。有些地方可以根据情况，暂不征税；也可以根据当地具体情况，适当保留几项产品征税。此后，征收集市交易税的地区和征税品种逐步减少，直至基本停征。

3. 调整个体经济和集体经济的所得税负担。自从集市贸易开放以后，小商小贩和个体手工业者获利比较大，出现了个体经济的所得税负担轻于集体经济的所得税负担的现象。同时，在不同类型的集体企业之间，所得税负担也很不平衡。据测算，当时全国手工业合作社的所得税平均负担率为38%左右；交通运输合作社为29%左右；供销合作社为39%左右；合作商店为40%左右（合作商店的所得税负担率虽然稍高于供销合作社和手工业合作社，但是它们不像后者那样，上级社还要提取调剂基金、建设基金和教育基金。因此，比较起来，它们的实际负担较后者偏低）；个体经济为20%左右。出现这种情况的主要原因是，经济情况变化了，而所得税负担没有及时地作相应的调整。

为了解决上述问题，限制个体经济，巩固集体经济，财政部在调查测算的基础上，商同中央各有关部门，起草了改进的方案，提交1963年3月召开的全国税务会议上讨论，并征得参加全国财贸工作会议的各省、自治区和直辖市负责人的同意。在此基础上，财政部起草了《关于调整工商所得税负担和改进征收办法的试行规定（草案）》，于4月上报国务院。

财政部提出的调整工商所得税负担的原则是：个体经济要重于集体经济，合作商业要稍重于手工业合作社、交通运输合作社和其他集体经济，集体经济之间负担要大体平衡。具体调整意见是：第一，提高个体经济的所得税负担，拟从20%左右提高到50%左右，使他们的税后收入大体相当于合作组织成员的收入水平。第二，适当调整集体经济之间的所得税负担。供销合作社和手工业合作社的所得税负担率分别维持在39%和38%的水平，合作商店的负担率拟从40%左右提高到45%左右，交通运输合作社的负担率拟从29%左右提高到32%左右。

根据以上原则，财政部提出改变工商所得税的征税办法，对个体经济和集体经济采用不同的征税办法，分别设计税率：拟仍然采用全额累进税率对个体经济征税，税率级数由原来的21级简化为14级，最低税率为7%，最高税率为62%，并可以对高收入者加征一成到四成。为了使个体手工业者和个体运输业者的所得税负担低于商贩的所得税负担，可以对其减税。合作商店过去按照21级全额累进税率征税，现在拟改为按照9级超额累进率征税，最低税率为7%，最高税率为60%，并可以对高收入者加征一成到四成。手工业合作社过去也按照21级全额累进税率征税，现在拟改为按照8级超额累进税率征税，最低税率为7%，最高税率为55%。交通运输业过去按照比例税率征税，现在也拟改为按照8级超额累进税率征税。但是，为了鼓励其发展，给予减征20%—30%的照顾。

1963年4月13日，国务院全体会议通过《关于调整工商所得税负担和改进征收办法的试行规定》，自当月起试行。

### （四）税收管理体制的改革

随着国民经济的恢复、发展和社会主义改造的完成，中国现行的较为集中的包括税收管理体制在内的经济管理体制已经显得不相适应。根据中共中央主席、国家主席毛泽东1956年在《论十大关系》一文中提出的应当在巩固中央统一领导的前提下，扩大一些地方权力，给地方更多的独立性，让地方办更多的事情的意见，国务院开始研究解决经济管理体制集中过多的问题。

1957年11月29日，全国人民代表大会常务委员会委员长刘少奇在第一届全国人民代表大会常务委员会第八十六次会议上的讲话中提出：现在一切税收都由中央订，地方政府一点机动权也没有，这是不利的，于生产不利，于促进生产发展不利。税收制度是上层建筑，上层建筑要为经济基础服务而不要破坏经济基础，要促进经济发展而不要妨碍经济发展。因此，他主张，在不减少国家税收而有利于生产发展的条件下，中央应当允许地方就某些税种的增加或者减少自行决定。主要项目由中央的税务部门规定，次要项目或者次要地区的某些项目由地方政府决定。

在同年12月召开的全国省、区、市税务局长会议上，财政部副部长吴波传达了刘少奇委员长关于制定新的税收管理体制的意见，总的要求是在税收工作上给地方较大的机动权力，使税收工作能更好地为发展生产服务。

1958年2月1日，国务院副总理兼财政部部长李先念在第一届全国人民代表大会第五次会议上所作的关于财政问题的报告中提出了改进税收管理体制的建议，并得到了会议的批准。

同年3月10日，中共中央原则批准中共财政部党组报送的《国务院关于关于改进工商税收管理体制的规定（草稿）》，并将其转发各地区、各部门征求意见。4月4日，中共中央发布《关于在河北、广东、北京、上海进行试点研究进一步改进税收管理体制的意见》。

同年6月5日，第一届全国人民代表大会常务委员会第九十七次会议原则批准《国务院关于改进税收管理体制的规定》，6月9日由国务院公布试行。上述规定明确这次税收管理体制改革的原则是：凡是可以由省、自治区和直辖市负责管理的税收，应当交给省、自治区和直辖市管理；若干仍然由中央管理的税收，在一定的范围以内，给省、自治区和直辖市以机动调整的权限；允许省、自治区和直辖市制定税收办法，开征地区性的税收。“这样，就有利于省、自治区、直辖市在中央的统一领导下，根据当地的实际情况，更好地运用税收这一工具，采取必要的鼓励和限制的措施，促进生产的发展，巩固社会主义经济，并且在生产发展的基础上，开辟财源，增加积累。”

这次税收管理体制改革的主要内容是：

1. 对于按照财政管理体制已经划为地方固定收入的印花税、利息所得税、屠宰税、牲畜交易税、城市房地产税、文化娱乐税和车船使用牌照税，省、自治区和直辖市有权在中央统一的征税条例的基础上，根据当地的实际情况，采取减税、免税和加税的措施，并对税目、税率作出必要的调整。

2. 按照财政管理体制划为调剂分成收入的商品流通税、货物税、营业税和所得税，管理权限仍然基本上由中央集中掌握，但是允许省、自治区和直辖市在规定的范围以内根据实际情况采取减税、免税和加税的措施。

3. 在农业税方面，省、自治区和直辖市应当根据农业税条例和实际情况，对所属各个地区之间的负担、种植农作物和经济作物之间的负担、农业生产合作社和个体农民之间的负担作出必要的调整。

4. 在盐税方面，允许省、自治区和直辖市在原有征税办法的基础上，根据实际情况，对盐税税额作出必要的调整，并报国务院备案。

5. 省、自治区和直辖市在必要的时候可以把当地某些利润较大的土特产品和副业产品（包括集体经济和个体经济的产品）列入货物税的征收范围；或者另外制定税收办法，开征地区性税收，并报国务院备案。

6. 自治区如果认为全国统一的税法与本自治区的实际情况不相适应，可以制定本自治区的税收办法，并报国务院备案。

7. 省、自治区和直辖市根据发展生产、繁荣经济和增加国家积累的原则，对于工商税收的征收环节和起征点的规定，凡是认为确实不合理和不利于生产的，都可以机动处理，并在处理以后报财政部备案。

8. 省、自治区和直辖市在执行上述规定时应当注意以下各点：一是采取减税、免税的措施，应当兼顾发展生产的需要和国家资金的积累；二是采取调整税率或者增加税收的措施，不要影响生产的正常发展和物价的稳定；三是各地在税收上所采取的措施，凡是同邻近地区有密切联系的，应当事先协商，相互配合；四是各地在税收上所采取的措施，对统一计划和全国平衡有较大影响，或者涉及外交关系的，应当报国务院批准。

同年6月13日，经过第一届全国人民代表大会常务委员会第九十七次会议批准，国务院公布《关于民族自治地方财政管理暂行办法》。办法中规定：民族自治地方的自治机关在执行税法的时候，对于某些需要从税收上加以照顾、奖励的，可以减税、免税。必要时还可以根据税法的基本原则，结合本地的具体情况和民族特点，制定本地的税收办法，报上级政府备案。

新的税收管理体制试行以后，收到了一定的成效，但是在执行中也出现了一些问题，主要是有些省、自治区和直辖市对专区和县下放的权力多了，加上左邻右舍照顾不够，使地区之间发生了矛盾，个别地区也有超越规定权限的现象。对此，财政部副部长吴波在1959年5月召开的全国各省、市、自治区税务局长会议上的讲话中提出了改进的意见：各地采取的税收措施，凡是超越规定权限的，一定要和中央商量。过去已经做了的，凡是合理的可以不再改；凡是不一定合理或者过去合理现在情况已经变化的，应当改过来。在规定权限以内采取的税收措施，也要认真按照政策办事，该加征的加征，该减免的减免。对于给予减税、免税照顾的企业，凡是情况变化的，就应当恢复征税。特别要注意和邻近地区的协作、平衡，不要只顾自己，不顾别人。根据李先念副总理最近关于财贸体制管理的权限要适当集中到中央和省一级的指示，我们也要把省一级下放到专区和县的税收管理权限适当集中一下，以免过于分散。

1959年6月29日，中共中央主席毛泽东在谈到经济管理体制问题时明确提出：现在有些半无政府主义。人权、财权、商权和工权过去下放多了一些，快了一些，造成混乱。应当强调一下统一领导，中央集权，下放的权力要适当收回。

1961年1月15日，中共中央批转中共财政部党组报送的《关于改进财政体制、加强财政管理的报告》。报告中就改进税收管理体制，加强税收管理工作提出了下列意见：

1. 凡属工商统一税税目、税率的调整，盐税税额的调整，应当报经中央批准。凡属工商统一税纳税环节的变动，牵涉一个大区内两个省、自治区、直辖市以上的，应当报经中央局批准；牵涉两个大区的，应当报经中央批准。

2. 凡属开征地区性税收，地方各税税目、税率的变动，在中央规定的所得税税率范围以内确定具体税率，必须报经中央局批准。

3. 凡属工商统一税中有关新试制的产品、以代用品作原料生产的产品，或者由于灾情等原因，需要减税、免税的，由省、自治区和直辖市批准。地方各税的征税范围、减税和免税，对小商小贩加征所得税的比例和起征点的确定，也由省、自治区和直辖市批准。

同年1月20日，中共中央发布《关于调整管理体制的若干规定》。这个文件中规定：1958年以来各省、自治区、直辖市和中央各部下放给专区、县、公社和企业的人权、财权、商权和工权，放得不当的，一律收回。财权必须集中。

1963年12月14日，国务院批转财政部和民族事务委员会报送的《关于改进民族自治地方财政管理的规定（草案）》。根据规定（草案），民族自治区在执行国家税收法令的时候，对于某些需要从税收上照顾和奖励的，可以减税或者免税。在必要的时候，可以根据税法的基本原则，结合本地区的特点，制定本自治区的税收办法，报国务院批准执行。1987年11月24日，全国人民代表大会常务委员会明文确认1958年发布的《国务院关于改进税收管理体制的规定》和《民族自治地方财政管理暂行办法》已经失去法律效力，不再适用（似应理解为废止——笔者注）。

## 三、20世纪60年代中期税制改革的探索

中国1958年的税制改革原计划分为两步走：第一步是简化税制，第二步是调整税利比例。由于国民经济发展遇到了暂时的困难，主要精力用于经济调整，税制改革的第二步被推迟了。20世纪60年代中期国民经济情况好转以后，财税部门再次开始税制改革的调查研究和试点工作，并在税制上采取了一些改进措施。但是，改革的探索刚刚起步，就由于“文化大革命”的爆发而夭折。

1964年上半年，根据中共中央政治局委员、中央书记处书记、国务院副总理兼财政部部长李先念的指示，财政部组织了一个改革税制工作组，会同国家经济委员会，到上海市进行税制改革的调查研究工作。同时，布置北京市、天津市、湖北省武汉市、广东省广州市、辽宁省沈阳市、黑龙江省哈尔滨市、四川省重庆市、陕西省西安市8个城市和辽宁、江苏、浙江、安徽、山东5个省的税务部门开展调查。这次调查共涉及13个类别的产品和铁道、航运2个部门，共600多户企业。

经过调查，财政部认为，现行工商税制与经济发展不相适应的主要矛盾，表现在税率长期未作大的调整，所以一部分产品的税率与产品的实际积累状况不相适应，多数太低，个别偏高。有些产品税率过低，不能正确体现税收政策，不能明显地暴露企业生产同一产品先进与落后的矛盾，而且使一些企业利润过大，不利于改善经营管理和加强经济核算。同时，有些税收政策规定不够合理，有些征税手续仍然复杂。例如由于对企业销售的零配件都要征税，造成非全能企业税负高于全能企业，不利于企业实行专业化生产；有些重工业原材料征税环节太多，不利于加强经济核算；新产品只在试制期间免税，投产以后就要征税，不利于鼓励生产新产品；有些短线产品利润低，税率高，不利于这些产品的生产。

1964年3月13日，财政部副部长申平在全国税务会议上的报告中论述了税制改革的方向、方针、政策问题。他认为，1958年简化税制，试行工商统一税是正确的。随着经济的调整和发展，工商统一税上出现了新的矛盾：一是税小利大（重工业产品最为突出，税利比例一般是税二利八），不利于企业加强经济核算；二是有些税收政策规定不适应经济发展的要求，反映较多的是对协作产品和某些短线产品在税收上没有给予必要的照顾。

关于税制改革的方向，申平副部长主张在现行税制的基础上加以改进，不能另搞一套。关于税制改革的方针、政策，初步设想是：第一，改革税制的原则应当是有利于促进生产的发展，有利于企业加强经济核算，有利于国家财政收入；第二，适当调整税利比例，改变目前税小利大的情况，调整的重点是重工业产品；第三，解决现行税制上的几个重大问题，包括为了促进重要原材料生产的发展，扶植短线产品和新产品的生产，鼓励协作生产，支持农业，进一步巩固集体经济，限制和改造个体经济，在税收上要采取相应的措施；第四，按照产品设计税率。为了鼓励先进，督促落后，一种产品一般只定一个税率，按照企业平均先进的积累水平设计。

1965年3月6日，财政部副部长曾直在全国税务局长会议上的总结报告中谈到了税制调整问题：一是要改进机器机械协作生产的征税办法。由于工业企业专业化发展，协作生产日益扩大，对协作产品按照每个生产、销售环节征税的办法必须改进。经过讨论，大家都同

意对机器机械的零件、部件、锻件、铸件和工艺性加工不征税，只就整机产品征税。二是试行托拉斯的征税办法。试办社会主义的托拉斯，是工业、交通企业管理上的一项重大改革，引起了企业生产、销售和财务核算等方面的重大变化。为了适应托拉斯集中管理、统一核算的情况，要改变过去以每个企业为纳税人的做法，以收款结算单位为纳税人。

同年1月至6月，财政部分别发出对长江航运公司、中国拖拉机内燃机配件公司、中国铝业公司、中国医药工业公司、中国橡胶工业公司、中国纺织机械工业公司、华东煤炭工业公司等若干新成立的联合公司（托拉斯）征税问题的规定。

同年4月8日，财政部发出《关于改进机器机械协作生产征税办法的通知》。通知中规定：国营和公私合营工业企业生产销售的机器机械零件、部件、铸件和锻件不再征税，只就整机产品征税；机器机械制造厂、修理修配厂的工艺性加工和修理修配业务收入一般也不再征税。

对于试制新产品的减税、免税问题，财政部也先后于1964年和1965年作出了有关规定。

在这一时期，曾经就税制改革问题提出过以下几种主张：

1. 在现行工商统一税的基础上改进。具体设想是：将城市房地产税与车船使用牌照税和工商统一税附加并入工商统一税；调整税率，改变税利比重，扩大税收所占的比重。也一些有人认为，这实际上是继续把对私征税的制度运用到全民所有制经济上，不能解决问题。

2. 实行资金税。具体设想是：取消工商统一税，保留零售税；将按照产品征税改为按照企业占用的固定资金和流动资金征税，从而达到简化税制和促使企业合理使用资金的目的。但是，企业占用资金的状况与企业积累的状况并不完全成正比例关系（例如重工业占用资金多于轻工业，而积累水平则低于轻工业），按照企业占用资金征税会造成税负不合理。同时，这种征税办法会取消税收对不同产品的调节作用。

3. 实行差额税。具体设想是：停征各种税收及其附加，将企业销售收入扣除计划成本和计划留利以后的余额全部作为税收上缴。这种做法的特点是，可以适应各个企业的积累状况，以税收的形式提取企业的大部分积累，有利于保证财政收入和经济核算。但是，在企业经济效益不同的情况下规定统一的留利，不利于鼓励先进企业和促进落后企业；取消税收对价格的制约作用，不利于税收配合价格调节生产和消费；在企业产品品种较多，规格、价格、成本不同的情况下，计税工作将十分复杂。

4. 实行税利合一。有些人认为：既然税收和利润都是国营企业创造的积累，现行税制又同国营经济的发展情况不相适应，不如取消税收，只用利润一种形式上交积累。这是20世纪50年代“非税论”的延续，其实质是彻底否定税收的作用和税收存在的必要性。

5. 实行积累税。具体设想是：取消多种税，改为一种税；将按照产品全国统一设计税率的办法，改为按照企业、按照产品积累设计税率，以彻底简化税制，调节利润。

经过调查研究和反复比较，大多数人主张实行积累税。1965年11月，财政部将积累税方案提交全国财政厅（局）长会议讨论，得到了多数地区和中央有关部门的同意。会后，财政部向国务院总理周恩来、副总理李先念作了汇报。周恩来总理认为，现行税制应当改革。李先念副总理提出先进行试点。根据上述会议的要求和国务院领导的指示，1966年1月，财政部税务总局在辽宁省旅大市和铁道部、粮食部所属企业开展了积累税的试点。

1966年2月17日，财政部税务总局局长任子良在全国税务会议上的报告中提出彻底改革国营企业的工商税收制度。他认为：1958年税制改革是在原税负基础上的简并，但是没有从根本上废除对资本主义经济征税的一套办法。税制必须对国家有计划、按比例地发展经济发挥一定的作用。由于企业之间、地区之间情况不同，一种产品在全国范围之内使用同一个税率征税，很难适应企业的实际积累状况。特别是近几年来，税收占企业积累的比重越来越小，一般只有20%至30%。在一个企业里，除了征收工商统一税以外，还要征收城市房地产税、车船使用牌照税和工商统一税附加等。这些都是国营企业创造的积累，没有必要用多种税收的形式分别提取。税制上的这些矛盾，实质上是社会主义经济基础与对私征税制度的矛盾。因此，必须彻底反掉对私征税所形成的一套征税制度，建立一套新型的社会主义的税收制度。他肯定了积累税试点取得的初步成绩，也指出了试点中存在的问题和对于国营企业税制改革的不同看法，并认为一项新生事物的产生需要一个反复实践、反复认识的过程。因此，改革的决心要大，步子要稳。要通过扩大试点，进一步摸清情况，比较利弊得失，总结经验。新的征税办法，经过试点，证明确实可行，报经中央批准以后，才能全面铺开。

财政部副部长曾直在上述会议的总结中强调了改革国营企业税收制度的必要性，即一种产品同一个税率征税难以适应不同企业的积累状况；多种税、多次征，纳税手续复杂。同时，他肯定了税收在现阶段的作用，否定了“税利合一”的主张。他提出的税制改革指导思想是：贯彻执行“发展经济，保障供给”的总方针，从有利于生产的发展，反掉繁琐哲学、更好地贯彻群众路线出发，力争在最短的时间内，研究出一套以毛泽东思想为指针的、适应中国情况的新的社会主义税收制度。至于是实行积累税，还是实行差额税，他认为不宜过早地作出结论，要经过试验、研究才能确定。

1966年3月3日，财政部向国务院财贸办公室报送《关于改革国营企业工商税收制度安排试点的报告》。报告中说：最近召开的全国税务会议讨论了改革国营企业工商税收制度的问题，各地同志一致认为，现行对国营企业征税的办法基本上是在对私征税制度的基础上简化合并形成的，与当前的新形势很不适应，必须彻底改革。改革的方法原则上应当采取按照企业、按照产品积累征税的办法，具体做法有两种主张：第一种是一种产品一个税率，按照产品分档确定税率和一个企业一个税率的办法；第二种是实行差额税。这两种办法我们都准备试点。经征求有关地区同意，积累税除了在辽宁省旅大市继续试点以外，再增加湖北省武汉市、四川省重庆市、陕西省西安市、江苏省无锡市和河北省石家庄市5个城市；差额税在山东省青岛市试点。3月10日，国务院财贸办公室同意财政部的上述报告，并将其转发有关省和部门，请他们加强对税制改革试点工作的领导，并给予大力支持。

此后，税制改革的试点工作正式开始。具体做法是：第一，单独制定对国营企业的征税办法，对国营企业只征一种税，一次征收，称为国营企业工商税（通常称积累税），同时停止征收工商统一税及其附加、城市房地产税和车船使用牌照税。第二，按照企业或者产品积累额（包括现有税金及其附加、利润）用税收提取50%左右，其余部分仍然以利润上缴形式解缴国库。第三，企业产品之间积累水平差别不大的，可以按照企业产品积累设计一个税率；企业产品种类较多，而且不同产品积累水平差别过大的，可以按照产品积累分档设计几个税率；对于税源大、积累高的产品（如烟、酒、糖等），目前已经用税收提取了其大部分积累，今后仍然在保持原税负的基础上简化。第四，税率确定以后，如果生产计划调整，产品价格变化，企业积累发生较大变化，税利比重变化超过2%的，可以重新设计税率。

经过几个月的试点，各地反映，实行积累税的好处是：有利于及时、稳妥地取得财政收入，提高了税收在税利总额中所占的比例；存在的问题是：税收政策对产品的调节作用基本消失，税收对价格管理的配合作用削弱，由于积累水平变化而调整税率比较麻烦，税收的强制性和严肃性削弱。试行积累税的目的是将国营企业的一部分利润转化为税收上缴，以简化征纳手续。因此，积累税只能对国营企业征收，而不能适用于其他企业。由此可见，它实质上是以税收形式出现的“税利合一”，是“非税论”的变形。

后来，由于“文化大革命”运动的开展，国家正常的经济、财政、税收工作都受到了极大的干扰，税制改革工作也被迫停止。

从20世纪50年代末期到60年代中期，中国税制发展过程中还曾经采取过下列重大措施：

1. 随着利息所得税征税对象的减少，为了配合银行降低存款利率，1959年1月6日，国务院批复财政部，同意从1959年起停止征收存款利息所得税。1986年7月25日，国务院明文废止《利息所得税暂行条例》。但是，文中关于该条例1959年明文废止的说法似乎不准确。

2. 为了支持对外贸易事业的发展，1966年1月5日，国务院发出《关于扭转对外贸易部经营亏损问题的通知》，其中规定进出口商品免征工商统一税。

3. 根据“文化大革命”的需要，1966年9月19日，国务院同意财政部报送的《关于停止征收文化娱乐税的请示报告》，并将其转发各地研究执行。1987年11月24日，全国人民代表大会常务委员会明文确认《文化娱乐税条例》已经失去法律效力，不再适用（似应理解为废止——笔者注）。

4. 1967年6月15日，国务院发出《关于外贸进出口公司进出口商品的关税停征并入外贸利润交库问题的批复》。此后，关税基本停征。

## 四、1973年税制改革

在1966—1976年开展的“文化大革命”运动中，中国的税制建设受到了空前严重的破坏。税收被说成是反动统治阶级剥削劳动人民的工具，税收制度被批判为“繁琐哲学”、“条条专政”、“管、卡、压”。在这场运动的中期，按照“合并税种，简化征收方法，改革不合理的工商税收制度”的指导思想，进行了新中国建立以后的第三次大规模的税制改革。这次税制改革从1968年开始，1973年完成，历时5年，经历了3个阶段：最初是将企业缴纳的各种税收合并起来，在原税负的基础上试行“综合税”，即一个企业用一个税率征税；继而发展为试行按照行业设计税率的“行业税”，即一个行业用一个税率征税；最后是逐步试行工商税，按照不同的行业和产品设计不同的税率。在此期间，工商税收管理权限再次全面下放。

### （一）税制改革的提出和“综合税”的试点

在“文化大革命”中，提出了“认真搞好斗、批、改”，“改革一切不合理的规章制度”的口号，不少地区的税务机关和企业也提出工商税制应当改革。例如1969年6月6日，辽宁省沈阳市税政系统革命委员会在给市革命委员会的报告中称：现行税制既神秘又繁琐复杂，一个企业要纳四五种税，有几个到几十个税率，这纯粹是资本主义的一套，严重地束缚了财会人员的积极性，排斥了工人阶级的领导，影响了“精兵简政”的推行。这种破坏革命和生产的旧税制，非砸烂不可，不改革不行。大约在同一时间，天津市毛织厂革命委员会在一份材料中称：现行税制有“三害”：一是仍然保留着对资本主义工商业征税的一套办法，同社会主义经济基础和生产发展的需要不相适应；二是繁琐的税制只有利于资产阶级权威把持财务实权，维护其反动统治，实行资产阶级专政，不利于工人阶级领导；三是繁琐的财务制度和纳税手续迫使企业财务人员必须成天同“四子”（即算盘子、笔杆子、桌子和椅子）打交道，不能密切联系群众，积极参加阶级斗争，影响这些人员的思想革命化。因此，旧的征税办法必须改革。另外，由于税务机构和企业科室大量撤并，税务人员和企业财会人员大批下放，新机构与旧制度的矛盾十分突出，简化税制的呼声也很强烈。

在这种形势下，一些地方提出了税制改革的方案，有些地方还进行了不同规模的试点。天津市提出的简化税制办法被称为“综合税”，其具体做法是：将企业缴纳的工商统一税及其附加、城市房地产税和车船使用牌照税合并为一种税，按照一个税率计算纳税。该市于1968年9月按照这一办法在本市毛织厂作了典型调查和试点，然后起草了《简化国营企业纳税办法（试行草案）》，在财政部工作组的帮助下，在41个国营企业中进行了试点。1969年2月，该市向中央作了报告，提出了分期分批试点的意见，并于4月起在纺织行业的100多个国营企业扩大试点。后来，报经国务院原则同意，在该市绝大部分国营企业试点。这次税制改革试点彻底改变了过去对国营企业用多种税和按照产品类别分税率征税的做法，实行一个企业用一种税、一个税率征税的办法，以销售收入为计税依据，税率大体按照企业原来缴纳的各种税收总额与销售收入的比例确定。在一个行业之内，如果企业间税负大体相同，也可以按照行业把它们串起来，确定一个税率征税。

经国务院批准，财政部于1969年6月下旬在天津市召开全国税制改革座谈会，讨论“综合税”问题。中国人民解放军财政部军事管制委员会（以下简称财政部军管会）负责人在会上的讲话中肯定了天津市试行“综合税”的做法：第一，这个做法符合《1969年国民经济计划纲要（草案）》中提出的“合并税种，简化征税办法，改革不合理的工商税收制度”的要求。当前税制改革的主要任务应当是根据计划纲要（草案），认真学习天津的经验，积极搞好税制改革工作。第二，“综合税”冲破了过去国营企业税收制度上那一套多种税、多次征和按照产品征税的繁琐哲学，工人同志一看就懂，一学就会，大大有利于工人阶级领导，也有利于财务、税务部门实行精兵简政，实现思想革命化。第三，天津的经验对于全面改革税制有很大的启发作用，让大家开阔了眼界。

同年7月30日，财政部在向中央报送的《国营企业税制改革座谈会情况简报》中说：过去对国营企业要同时征收4种税，还要按照不同的产品分别使用不同的税率，税种多，税率繁。因此，税制必须改革，税种必须合并，税率必须简化。

全国税制改革座谈会结束以后，按照财政部的要求，各地普遍开展了“综合税”的试点。经过试点，各地认为这种征税办法确实易懂、易学，可以简化征纳手续。但是，这种征税办法也存在不少问题，其中最突出的问题是，一个企业一个税率，体现不了税收政策，不便于同行业各个企业之间相互比较，不便于财政和企业主管部门统一政策和统一管理，也不便于解决原来税负不合理的矛盾。

### （二）“行业税”的试点

为了解决实行“综合税”同一行业之内各个企业税率不同，企业之间不便于比较，财政部门和企业主管部门不便于管理的问题，一些企业建议，把同行业的企业用一个税率串起来，实行按照行业征税。天津市根据这个建议，经过调查研究，典型试验，将“综合税”发展为在同一行业之内不改变税负，各个企业都按照一个统一的税率征税。

1969年4月，天津市在财政部工作组的指导下，先后在纺织工业局、第一机械工业局、第二机械工业局、建材工业局和商业零售、交通运输、服务性行业的企业试行了按照行业设计税率征税的办法。

同年6月，在全国税制改革座谈会上，财政部军管会负责人提出，税制改革可以逐步发展为按照行业设计税率的办法。会后财政部编写的关于会议的情况简报中也提到：“综合税”要继续试点，不断总结经验，逐步充实提高，并考虑将来发展到按照行业设计税率。

同年12月初，根据备战的需要（当时中国面临美国和前苏联两个超级大国的严重军事威胁——笔者注），财政部提出：为了保证战时财政有一个比较稳定、及时的收入来源，要进一步简化税制，并适当提高国营企业的税收比例，使税收占企业积累的比例由现在的40%左右提高到60%左右。为此，财政部于12月中旬派驻天津市一个工作组，调查研究“行业税”并适当提高税收比例的问题。

1970年3月，财政部在全国计划会议财政座谈会上提出：在推广一个企业、一种税和一个税率的征税办法的基础上，要开展按照行业定税率的试点，适当提高税收占积累的比例，先搞地区性的“行业税”，再搞全国性的“行业税”。

天津市通过对企业税收负担和税收占积累比例的调查，发现在原税负基础上实行按照行业征税以后，各行业之间税收负担不合理的矛盾突出了。例如电力、机器制造等行业，税收只能拿到积累的10%至20%；石油开采行业的积累水平达到40%以上，却没有征税。这种状况不利于国家组织财政收入，也不利于企业加强经济核算。于是，该市对各行业的税负作了调整，并将税收占积累的比例从33%左右提高到45%。

在研究确定纳税行业的划分，调整税收占企业积累的比例和行业之间税负的基础上，天津市起草了《行业税征收办法（试行草案）》，并从1970年4月起在该市化学工业系统的国营企业中试点，后来在纺织工业系统和部分机械行业的国营企业中扩大试点。

《行业税征收办法（试行草案）》涉及的主要问题是如何划分纳税行业和设计税率。划分纳税行业的原则是：第一，按照生产行业划分纳税行业。第二，为了便于按照政策设计税率，纳税行业的划分有粗有细。重工业，生产上相互交叉，税负比较接近，容易设计相同的税率，纳税行业划分就粗一些；轻工业的情况则相反。第三，力求简化。将全市工商企业和公用事业划分为50个纳税行业，其中，重工业7个，轻工业39个，交通运输、商业零售、服务性行业、公用事业各1个。在税率设计上，按照重工业低于轻工业，直接支援农业的工业低于一般工业，生产生活必需品的工业低于生产消费品的工业的原则，对50个纳税行业设计了13个不同的税率，其中37%的企业的税率作了有升有降的调整。烟、酒、糖3种高税产品涉及的企业少，但是税收收入很多，继续按照产品征税，税率基本不动。

1970年6月初，财政部在天津市召开了有6个省、市参加的“行业税”试点座谈会，会议肯定了“行业税”的征税办法。

同年7月，财政部召开的全国财政、银行工作座谈会也讨论了天津市按照行业设计税率的征税办法。会后，财政部在报送中央的《关于财政、银行工作座谈会情况的报告》中提出：要积极改革国营企业工商税收制度。在简化国营企业税收办法的基础上，各地要参照天津市按照行业设计税率的经验，于当年普遍开展试点工作。一个行业一般按照一个税率征税。原来税收负担不合理的，在试点中要作出必要的调整。

同年12月，经国务院批准，财政部在天津召开了有15个省、自治区和直辖市参加的试行“行业税”经验交流会。会议起草了《关于国营企业试行行业税中划分行业、设计税率的几点意见》和《国营企业行业税税率表（草案）》。意见中提出了划分纳税行业和设计税率的政策原则：原则上应当按照生产行业确定纳税行业，并有利于按照政策设计税率，纳税行业不宜划分太多、太复杂。税率的设计必须体现政策，原则上重工业轻于轻工业；重工业中采掘工业轻于原料工业，原料工业轻于加工工业；轻工业中生产生活必需品的行业轻于生产消费品的行业。直接为农业服务的工业税率从低；产品价格高，国家需要多拿积累的行业，税率应当高一些。设计税率要适应各地企业的不同情况，正确处理国家和企业的关系，照顾大多数企业。税率设计要力求精简，一个行业一般设计一个税率，一个企业一般按照一个税率纳税。烟、酒、糖等少数高税率产品，可以保留按照产品征税的办法。

同年12月30日，财政部发出《关于国营企业行业税扩大试点的函》，并附发上述意见。财政部在函中要求各地加强调查研究，认真注意政策，搞好试点工作。已经试点的地区，要注意总结经验，继续提高；没有试点或者试点面比较小的地区，要积极扩大试点，加速税制改革的步伐，以便尽快地把“行业税”完善起来。

会后，各地普遍开展了“行业税”的试点或者扩大试点，其中辽宁、吉林、黑龙江、河北等省在全省范围以内开展了试点。

经过一段时间的试点，各地反映，“行业税”解决了同行业企业按照不同税率纳税的矛盾；通过调整税率提高了税收占企业积累的比重，增加了税收收入。但是，在综合利用、协作生产的情况下，出现了同一产品因在不同行业生产而适用税率不同的问题；有些行业内部各个企业原税负差别很大，利润悬殊，改为按照行业确定税率有困难。

### （三）试行工商税

经过2年多税制改革的研究和试点，财政部总结了“综合税”和“行业税”的经验，于1971年起草了《工商税条例（讨论稿）》，并于同年7月3日将其印发各地征求意见。

1971年8月下旬至9月上旬，经国务院批准，财政部在天津市召开全国工商税制改革座谈会，专门研究试行工商税问题。财政部革命委员会主任殷承祯在会上就试行工商税问题作了下列说明：

1. 这次税制改革的主要内容是合并税种、税目，简化征税办法。现行税制很复杂，主要是两个方面原因造成的：一是现行税制基本上是在对私改造基本完成以前制定的，采取多种税、多次征收的办法在当时是必要的。虽然在1958年进行过一次税制改革，但是仍然保留了一部分原有的征税办法。后来税制本应进一步改革，但是由于多方面的干扰，阻碍了税制改革的进行，并且使税制更加繁琐。二是在执行中从单纯财政观点出发，片面强调制度的作用，税制越搞越复杂。这次税制改革就是要把工商统一税及其附加、车船使用牌照税和城市房地产税合并为工商税（还准备把盐税、屠宰税并进去），这样，对工商企业就只征一道工商税了。税种合并以后，同原来的工商统一税比较，税目从108个减少到54个，税率从141个减少到92个。税率按照行业设计，一般按照企业主要产品所属行业的税率征税；跨行业生产的，用1个税率征税税负差别较大的，可以分别按照不同行业的税率征税。

2. 这次税制改革总的原则是保持原有税负水平，只对少数行业的税负作了必要的调整。按照改革方案测算，工商税收总额与现在实征数差不多。就各地区而言，由于有些轻工行业提高了税率，所以轻工业生产比较集中的城市税负提高了一些；一般地区税负变化不大。县和小城镇由于直接为农业生产服务的行业比较多，税负略有降低。就各个企业而言，除了调整税率的行业以外，税负变动的户数虽然很多，但是其税负变动的幅度都很小。

3. 这次税制改革要处理好简化与政策的关系。简化税制必须在经济政策许可的范围以内进行，决不能以简化代替其他政策，更不能认为越简越好，把简化变成简单化。企业用1个税率征税，税负很不合理的，要允许用2个以上的税率征税。

4. 在税制改革中要重视价格问题，防止引起物价变动。由于这次税制改革基本保持原税负，所以不应当因为改革税制而变动价格。少数行业调整税率，只会引起税收和利润之间的变化，不应当变动产品价格。如果个别企业因为调高税率而发生亏损，可以在税收上给予照顾，也不能变动产品价格。

同年11月18日，财政部发出《关于扩大工商税试点的通知》，并附发《中华人民共和国工商税条例（草案)》等文件。通知中说：工商税制改革是一件大事，必须报经中央批准以后才能全面实行。我们打算明年扩大试点一年，为1973年全面实行做好准备。

同年12月17日，中共财政部核心小组将全国工商税制改革座谈会起草的《关于改革工商税制的报告》报送毛泽东主席和中共中央。

1972年初，按照国务院的指示，财政部将上述报告和工商税条例（草案）印发参加全国计划会议的代表征求意见。

同年3月25日，财政部将上述报告改为《关于扩大改革工商税制试点的报告》，并附《中华人民共和国工商税条例（草案)》，上报国务院。财政部在给国务院的报告中说：现行税制是1958年制定的，有些规定已经不适合目前的情况，主要存在两个问题：一是对国营企业征税的税种、税目很多，征税办法繁琐；二是有些征税规定不合理。因此，应当在基本保持原税负的前提下，合并税种，简化征税办法。这次税制改革的主要内容是：

1. 合并税种。将工商统一税及其附加、城市房地产税、车船使用牌照税、盐税和屠宰税合并为工商税（盐税暂按原办法征收）。合并以后，对国营企业只征收工商税，对集体企业只征收工商税和所得税，城市房地产税、车船使用牌照税和屠宰税只对个人和外侨等继续征收（财政部的报告中对于其他税种如何处理没有提及；工商税条例（草案）中关于废止工商统一税条例（草案）的规定超越了国务院的立法权，实际上也没有废止——笔者注）。

2. 简化税目、税率。与工商统一税相比，税目从过去的108个减少到44个，税率从过去的141个减少到82个，多数企业可以简化到只用1个税率征税。

3. 改革不合理的规定。主要是废除一些烦琐的征税办法，并在统一税收政策的前提下将一部分税收管理权下放给地方。

4. 调整少数行业的税率。例如农业机械、农药、化肥和水泥的税率降低了一些，印染、缝纫机的税率略有提高。税率调整以后，有些地区的税收要增加一些，多数地区的税收没有增加或者略有减少。

关于上述税制改革方案对于税收收入的影响，据测算，按照新税制征收，全国工商税收收入将比原税制的征收额减少约1.4亿元，占征收总额的0.5%，估计执行中会有一些小的出入。

税制改革的时间安排是：1972 年搞好扩大试点，做好准备工作，1973 年全面试行。

财政部在报告中还特别强调：必须正确认识税收在现阶段特别是在国营企业中的作用，认为“税收已经无用，应当取消”的看法是不对的，夸大税收的作用也是不切实际的。

同年 3 月 30 日，国务院批转上述报告，并要求各地结合实际情况研究执行。国务院指出：税制改革涉及国民经济的许多方面，政策性很强，各地要进一步加强领导，搞好这项工作。

根据工商税条例（草案），工商税的纳税人为从事工业生产、交通运输、农产品采购、进口贸易、商业经营、服务业务的单位和个人，一共设有 44 个税目，税率从 3% 到 66% 不等（其中盐税的税率另有规定，实际上继续按照原来的税额标准征收）。从事工业生产的纳税人，以产品销售收入和加工业务收入为计税依据；从事交通运输、邮政电讯的纳税人，以经营业务收入为计税依据；从事农产品采购的纳税人，以应税产品的收购金额为计税依据；从事进口贸易的纳税人，以进口商品总值为计税依据；从事商业经营的纳税人，以商品零售收入为计税依据，从事服务性业务的纳税人，以业务收入为计税依据。科学研究单位的试验收入，文化艺术、新闻出版、医疗保健、农业事业等单位和国家银行、信用社、保险公司的业务收入，可以免征工商税。对于不利于社会主义的经营活动，可以酌情加成、加倍征税。各省、自治区和直辖市可以根据条例（草案），结合本地区的情况，制定具体的征收办法。

工商税扩大试点中反映出来的主要问题，一是工商税究竟是按照企业征税还是按照产品征税不明确；二是有许多地方担心税收收入会减少，而且减税增利对于企业改善经营管理不利，也不符合 1958 年中央成都会议确定的税制改革思路；三是按照行业征税引起了税负不合理的矛盾；四是征税办法下放以后各地的做法很不统一，执行中矛盾很大。

为了总结各地扩大试行工商税的经验，研究解决试点工作中遇到的一些问题，以利于 1973 年全面试行工商税，经国务院批准，财政部于 1972 年 10 月召开全国改革工商税制座谈会。会议肯定了各地试行工商税取得的进展和成绩，认为税制改革的方向是对的，工商税条例（草案）是可行的，新税制进一步发挥了现阶段税收的作用，经过几年的实践、几种试点办法的比较逐步形成的新税制是比较完善的。

财政部革命委员会副主任刘鸿章在上述会议的总结讲话中强调认真贯彻党的税收政策，要求处理好下列关系：第一，在核定一个企业的适用税率时，要处理好简化同政策的关系。正确处理这个问题，必须深入调查研究，摸清情况，从实际情况出发，同企业充分协商。能用一个税率征税的，就用一个税率征税；用一个税率征税在政策上确实不合理的，就分别使用不同的税率。第二，在确定减免税时，要处理好支持生产同国家积累的关系。应当按照党的政策和管理权限具体分析，该减的就减，不该减的不减，既要照顾生产的关系，又要考虑国家的财政收入。第三，在制定具体征税办法时，要处理好集中统一同因地制宜的关系。在全面试行工商税中出现的一些问题，涉及全国范围的，财政部要调查研究，搞一些解释性规定。有些具体问题，属于省、自治区和直辖市权限范围以内的，应该由地方去办。但是，中央统一规定的税种、税目和税率，地方不要自行变动。中央下放的权限，原则上应当集中在省、自治区和直辖市革命委员会，不宜层层下放。第四，对农村社队企业征税，要处理好国家、集体和个人三者利益的关系。从全国来说，不要增加农民的负担。但是，按照国家政策，该收的也要收起来。

为了便于全面试行工商税，财政部根据各地提出的一些问题和会议讨论的结果，拟定了

《关于试行工商税有关问题的解释》、《关于在全国范围内减税、免税的规定》和《关于工商税若干问题的处理意见》等文件，并于1972年11月23日下发。

1973年全面试行工商税以后，各地提出了很多重要的政策问题：一是在核定纳税人的适用税率时，由于计划体制和企业生产、经营情况等各种原因，除了生产单一产品的企业和生产同税率产品的企业以外，按照企业确定税率难以协商得通；二是部分税收管理权下放以后，征收办法和税收政策很不统一；三是在生产同种产品的企业之间、不同的生产组织形式之间、不同的经营环节之间出现了许多税负失衡的问题；四是对工商税的性质仍然认识不清。

为了解决上述问题，1973年11月至12月期间，财政部召开全国税务工作座谈会。财政部革命委员会副主任刘鸿章在这次会议的总结讲话中说：全面试行新的工商税制一年来，取得了很大的成绩，其主要表现：一是体现了党的路线和政策；二是贯彻了“以农业为基础，工业为主导”的国民经济总方针；三是简化了税制，有利于企业加强经济核算，也便于群众参加监督管理；四是体现了集中统一与因地制宜相结合的原则。

财政部革命委员会主任殷承祯在上述会议上的讲话中针对简化税制问题提出：税制繁琐当然不好，但是简化到什么程度，也要从实际出发。能用1个税率解决问题的，不要去搞2个；1个税率确实不能解决问题的，2个、3个或者更多几个税率都可以。我们现在试行的工商税税目、税率，以大类产品为基础，吸取了各方面的优点，其中也包括行业税的优点在内。

根据这次会议讨论的结果，财政部重新拟定了《关于试行工商税有关问题的解释》和《关于工商税若干问题的规定》，并于同年12月25日发出。

1974年5月4日，财政部向国务院报送《关于全面试行新的工商税制情况的报告》，其中再次肯定这次工商税制改革的方向、办法和成效。

关于工商税的性质，报告中认为：工商税税率表所列的工业企业的税率，主要是把原来按照产品分得较细的税率加以简并确定的。所以，工商税是一种以大类产品为基础的新税制。

关于盐税的问题，报告中说：1972年财政部向国务院报送的《关于扩大改革工商税制试点的报告》中提出将盐税并入工商税，作为该税的一个税目，暂按原办法征收。但是经过一年来的调查研究，感到这种做法有一些问题不好解决，主要是现行盐税定额多达100个，而且地区之间差别很大，难以简并。因此，需要保留这个税种。但是，对于原征税办法中的一些不合理的规定，则应当在进一步调查研究以后作出必要的调整。

### （四）税收管理体制的调整

1969年4月9日，财政部军管会向国务院报送《关于下放工商税收管理权限的报告》。报告中说：遵照中共中央主席毛泽东关于“统一和因地制宜必须互相结合”和“应当更多地发挥地方的积极性”的指示，我们最近对于下放工商税收管理权限的问题作了调查研究。大家反映，过去在工商税收管理权限方面，上面集中过多，管得过细、过死，不利于促进生产的发展，也不利于发挥税收的限制作用。为此，拟将下列工商税收问题的处理权限下放给省级革命委员会掌握：

1. 国营企业、手工业合作社等，由于生产、经营和价格等有较大变化，按照国家规定纳税有困难，需要定期减税、免税照顾的。

2. 在全国统一税法的基础上，本着有利于贫下中农监督管理，有利于巩固农村人民公社集体经济，有利于兼顾国家、集体和个人三个方面的利益，有利于国家收购农副产品和简便易行的原则，自行制定本地区农村人民公社工商统一税的具体征税办法。

3. 对个体经济征税的起征点问题、加成征税问题。

4. 城市房地产税、车船使用牌照税、屠宰税、牲畜交易税和集市交易税的征税范围确定、税率调整、减税和免税。

5. 纳税人因特殊原因长期拖欠税款的减税、免税。

同年5月23日，财政部军管会根据国务院“先选几个省、市试行，取得经验，总结经验，正式报中央审核”的指示，发出《关于在8省、市进行下放工商税收管理权限试点的通知》，决定在黑龙江、陕西、安徽、河北、湖南、贵州、上海和天津8个省、直辖市开展下放工商税收管理权限的试点。

1970年4月8日，财政部军管会再次给国务院写报告，要求在北京、辽宁、山东、浙江、广东、湖北、四川和甘肃8个省、直辖市扩大下放工商税收管理权限的试点。4月13日，国务院同意上述报告。

1972年3月30日国务院批转财政部报送的《关于扩大改革工商税制试点的报告》中提出：在统一税收政策的前提下，把一部分管理权限下放给地方，以利于因地制宜地解决问题。上述报告所附的工商税条例（草案）中规定：在全国范围以内减税、免税的产品，由财政部报国务院批准；地方对个别纳税单位和产品需要减税、免税的，由省级革命委员会批准；对农村人民公社、生产大队和生产队的企业，根据国家政策，需要减成征税、免税的，由省级革命委员会决定。

1973年税制改革是在中国政治、经济发展极不正常的“文化大革命”时期，按照“斗、批、改”，“改革不合理的规章制度”，彻底批判“繁琐哲学”，简化税制，下放税收管理权限，将税收作为阶级斗争的工具等要求设计、出台的，无论是改革的指导思想，还是改革的方法，都是违背经济规律和税制建设的正确原则的，因而是错误的，对于中国税制建设的破坏是极为严重的。但是，由于财税部门的努力，税制改革也在一定程度上引起了各级党政领导对税收工作的重视和支持。与“文化大革命”初期相比，各方面对税收在现阶段的地位和作用的认识有所提高，各项税收工作（包括税务机构的恢复、税务人员的充实、征收管理和组织收入等）也有所加强。

总的来看，从生产资料私有制的社会主义改造基本完成到1978年的20多年间，由于“左”的指导思想的作用和苏联经济理论、财税制度的某些影响，中国的税制建设受到了极大的干扰。税制几经变革，走的都是一条片面简化的路子。同时，税务机构被大量撤并，大批税务人员被迫下放、改行。结果是，税种越来越少，税制越来越简单，从而大大地缩小了税收在经济领域中的活动范围及其在社会政治、经济生活中的影响，严重地妨碍了税收职能作用的发挥。

到1978年，中国税制总共设有以下13种税收：工商税（盐税名义上包含在内，实际上单独存在）；工商统一税；关税；工商所得税；城市房地产税；契税；车船使用牌照税；船舶吨税；屠宰税；牲畜交易税；集市交易税；农业税和牧业税。其中，盐税、牲畜交易税、牧业税仍然没有全国统一的法规，继续由各地自定办法征收，契税基本停征。这时，国营企业只需要缴纳工商税（这部分税收是当时中国税收收入的主要来源），集体企业只需要缴纳工商税和工商所得税，农村人民公社一般只需要缴纳农业税，公民个人缴纳的税收微乎其微。

从1958年到1978年，中国的年税收收入从187.4亿元增加到519.3亿元，增长1.8倍，年平均增长率为5.2%（按照现价计算，下同）；与同期国内生产总值的增长基本同步（从1958年的1307.0亿元增加到1978年的3645.2亿元，也增长了1.8倍）。全国税收收入占财政收入的比重和占国内生产总值的比重，1958年分别为48.3%和14.3%，此后一度大幅度下降（最低点分别为35.6%和11.1%），后来逐步回升到1978年的45.9%和14.2%。

从税制结构来看，这一时期货物和劳务税收入占全国税收收入的比重非常大，所得税收入占全国税收收入的比重依然很小，但是上述两类税收收入占全国税收收入的比重都呈现出明显的上升趋势。1959年，货物和劳务税（包括工商统一税、盐税和关税）收入为160.5亿元，占全国税收收入的78.4%；所得税（只有工商所得税，下同）收入仅为4.5亿元，占全国税收收入的2.2%；财产税（包括城市房地产税、车船使用牌照税，下同）收入仅为3.5亿元，占全国税收收入的1.7%。1978年，货物和劳务税（包括工商税、关税，工商统一税名存实亡，盐税名亡实存）收入为434.3亿元，占全国税收收入的83.6%，比1959年提高5.2个百分点；所得税收入为54.0亿元，占全国税收收入的10.4%，比1959年提高8.2个百分点；财产税收入仅为1.2亿元，占全国税收收入的0.3%，比1959年降低1.4个百分点。此外，农业税、牧业税收入从1959年的33.0亿元减少到1978年的28.4亿元，占全国税收收入的比重也从1959年的16.1%下降到1978年的5.5%，降低10.6个百分点。

# 第三章 中国改革开放后税制改革的酝酿和起步（1978—1982年）

1978年12月18日至22日召开的中国共产党第十一届中央委员会第三次全体会议，作出了从1979年起把全党工作的着重点转移到社会主义现代化建设上来的历史性决策。这个重要会议标志着中国的社会主义革命和社会主义建设进入了一个崭新的历史时期，中国的税制建设也是如此。伴随着中国经济从计划经济到有计划商品经济再到市场经济的发展过程，中国的税制在理论、政策和实践等各方面都发生了巨大的变化，取得了很大的成绩，积累了许多宝贵的经验，也有一些深刻的教训。从时间和内容上来看，1978年以后中国税制的改革进程大体上可以划分为四个阶段：第一个阶段是从1978年到1982年，这是中国改革开放以后税制改革的酝酿与起步阶段，建立了涉外税收制度，开展了国内税制改革的研究和试点。第二个阶段是从1983年到1993年，这是中国改革开放以后税制改革全面展开的阶段，实行了国营企业"利改税"和工商税收制度的全面改革。第三个阶段是从1994年到2000年，这是中国改革开放以后税制改革深化的阶段，初步建立了适应社会主义市场经济体制需要的新税制。第四个阶段是从2001年到2010年，这是中国改革开放以后税制改革完善的阶段，改革的目标是建立适应完善的社会主义市场经济体制的税收制度。

在1978—1982年期间，中共十一届三中全会明确地提出了改革经济管理体制的任务，中国共产党第十二次全国代表大会进一步提出要抓紧制定改革的总体方案和实施步骤，在第七个五年计划期间（1986—1990年）逐步推开。这些重要的会议及其所作的一系列重大决策，对于这一期间中国的经济体制改革和税制改革具有极为重要的指导作用。

这一时期可以说是中国税制建设的恢复时期和税制改革的准备、起步时期，从思想上、理论上、组织上和税制上为后来的改革做了大量的准备工作，打下了坚实的基础。在此期间，中国的税制改革取得了改革开放以后的第一次全面重大突破。

从思想上、理论上来说，这一时期中国财税部门全面贯彻中共十一届三中全会所制定的路线、方针和政策，实事求是，解放思想，认真总结新中国成立以来税制建设的历史经验和教训，纠正了一系列轻视税收工作、扭曲税收作用的错误思想，正确地提出了从中国国情出发，按照经济规律办事，扩大税收在财政收入中的比重，充分发挥税收的经济杠杆作用，为社会主义现代化建设服务的指导思想。

从组织上来说，各级税务机构迅速恢复和加强，税务干部队伍很快得到了大力充实。

从税制上来说，财税部门从1978年底就开始研究税制改革问题，陆续提出了包括开征国营企业所得税和个人所得税等内容的初步设想与实施步骤，并确定为了配合贯彻国家的对外开放政策，第一步先行解决对外征税的问题。

在建立涉外税制的同时，财税部门就改革工商税制和国营企业利润分配制度做了大量的调研工作，并在部分地区进行了试点。在此基础上，提出了关于改革工商税制的设想，并先后得到了国务院和全国人民代表大会的批准。

## 一、改革开放初期税制改革的酝酿

根据国家政治、经济形势发展的需要，中国的财税部门从1978年起再次开始研究税制改革的问题。财政部部长张劲夫多次指出，税收制度必须适应新时期总任务的要求，适应经济基础和生产发展的需要，在经济管理体制改革中当促进派。财政部副部长忻元锡提出，在新的发展时期，税收的作用不是降低而是提高，不是削弱而是加强。税收作为经济杠杆，在经济体制的改革中要发挥更重要的作用。而现行税制还不能适应这个要求，所以需要改革。

1978年4月8日，财政部税务总局局长任子良在全国税务工作会议上的讲话中提出：要加强调查研究，认真总结28年正反两方面的经验，根据经济情况的发展变化，研究改进更加适应社会主义经济基础的工商税制。4月27日，财政部副部长王丙乾在上述会议的总结讲话中提出：要抓紧税收理论和税收政策的研究工作，使我们的思想和工作跟上形势的发展，使税收制度更好地适应社会主义经济基础。

同年11月15日，财政部税务总局向中共财政部党组报送《关于改革工商税制若干问题汇报提纲》。提纲中认为：现行工商税制与经济发展不相适应的主要问题，一是对国营企业实行单一税制，不能适应现代化大生产分工越来越细的发展需要，不利于发挥税收的经济杠杆作用；二是现行工商税的税目、税率设计得过粗，征税范围不易划分，税收负担与企业盈利水平不相适应，不利于调节企业的利润水平，处理好国家、企业和职工的分配关系；三是现行税制对国营企业的成本管理和经济效果挂不上钩，不利于运用税收促进企业经济核算，加强对企业的财务监督；四是由于涉外税制不够健全，税种太少，不能适应对外经济交流日益扩大的需要。因此，建议国营企业的收入改为基本上用税收的形式缴纳，开征国营企业所得税，适当修改工商税，并开征和恢复一些税种。

为了完成税制改革的任务，中共财政部党组决定建立税制改革领导小组，并以税务总局为主，部内其他有关司局参加，组成税制改革办公室，具体负责这项工作。

为了交流税收工作的情况，统一对税制改革问题的认识，1978年12月18日—29日，财政部召开了部分省、市财政、税务局长会议。会议根据中共十一届三中全会的精神提出，税收工作必须贯彻执行全党工作的着重点转移到社会主义现代化建设上来的战略决策，抓好理论建设、税制建设和组织建设。会议着重讨论了税制建设的问题。

财政部副部长忻元锡在这次会议上的讲话中提出：党的十一届三中全会决定把全党工作的着重点转移到社会主义现代化建设上来，这是一个战略性的转移，是一场深刻、广泛的革命。我们面临着新的情况和新的问题，经济管理体制要相应变革，财政管理体制和税收制度也应当相应改变。为了把税收工作的中心转移到社会主义现代化建设上来，并为这个战略服务，必须把税收工作的作用讲清楚，统一认识，统一政策，统一行动。

财政部税务总局局长刘志城在这次会议上的讲话中提出：税制改革态度要积极，步子要稳妥。要认真总结新中国成立29年来税制改革的经验，研究税制如何与经济基础相适应，如何充分发挥其经济杠杆作用。在此基础上，提出税制改革的方向、方针和原则。要把工业改组、对外经济往来的情况和现行税制中存在的问题摸清楚，提出税制改革的具体方案，以便在1979年全国税务工作会议上讨论。总局准备组织力量，选一两个地区调查研究，提出改革方案。各地税务机关也要把这项工作列入重要的议事日程，组织专门班子，积极开展这项工作。

根据上述会议的精神，经财政部领导批准，财政部税务总局组织全国财税部门100多人，于1979年二三月间在江苏省无锡市就改革工商税制和国营企业利润分配制度问题作了调查研究。在这项工作结束的时候，财政部税务总局提交的调查报告认为：工商税重复征税、税负不平的问题由来已久，在工业改组方面表现更加突出，实行增值税可以解决这个问题。但是，在现有条件下，只能先对少数行业或者产品试行。上述报告中还明确地提出了对国营企业征收所得税的设想。

1979年4月5日，中共中央副主席、国务院副总理李先念在中央工作会议上的讲话中提出：国家要利用经济立法、经济政策和税收、信贷、价格等经济手段调节市场，要对计划、物资、财政金融、劳动工资、价格、税收、基本建设等方面的管理体制和制度作必要的改革。

同年5月5日至26日，财政部在四川省成都市召开全国税务工作会议。这次会议将工商税制改革作为重点议题之一，对新中国成立30年以来税制改革的经验教训和新时期税制改革的问题作了比较充分的研究。财政部税务总局局长刘志城在会议开幕时的讲话中着重论述了税收的作用和税制改革问题。

关于税收在新时期的作用，刘志城局长指出：税收历来是国家政权筹集财政资金的工具，也是运用价值规律干预经济的手段。搞好社会主义现代化建设，必须坚持按照经济规律办事，用经济手段管理经济。税收作为一个重要的经济手段，按照国家的经济政策，制定不同的税种和税率，通过一征一免，征多征少，可以有效地调节企业的收入，对经济的发展起促进和制约的作用。国家通过税收直接参与收入分配，用法律形式规定对企业收入提取的比例，具有强制作用，有利于正确处理国家、企业和个人的经济关系，使各方面利益得到保证，便于使企业做到权责结合，更好地发挥他们的主动性和积极性。税收与企业的生产、经营有直接的联系，通过征税可以对企业进行财政监督，促进企业提高管理水平，加强经济核算，讲究经济效果。在国际经济交往中，运用税收提取收入，也有利于贯彻平等互利的原则，维护国家的主权和经济利益。通过税收参与分配来影响经济，这是其他经济手段所不能代替的。过去对于社会主义企业内部如何发挥税收的经济杠杆作用认识不深；特别是对全民所有制企业，经济规律在多大范围内有作用，理解很不够，更不用说税收的经济杠杆作用了。因而在税制上只注意了简化，税种越来越少，作用越来越小，加上林彪、“四人帮”的干扰破坏，法制观念淡薄了，征收管理松懈了，税务机构削弱了，税务干部的积极性也受到了影响。我们要认真总结历史经验，从遵循经济规律的要求出发，来认识税收的地位和作用，在制度上、工作上跟上去，更好地发挥税收的作用。

刘志城局长指出，当前的税制同经济发展不相适应，其主要问题是：

第一，经济的发展要求税收发挥更大的作用，但是现在税种很少，不适应复杂的经济情况。税收同企业经济活动的许多方面，如资产占用、成本管理和利润分配等都没有直接挂钩，影响税收作用的发挥。

第二，今后要扩大企业的自主权，收入分配将发生一系列变化。由于企业的技术、设备和资源等条件的不同，企业利润悬殊，而现行税制不能更好地调节企业的利润，不利于正确处理国家、地方、企业和生产者个人的经济关系。现行的工商税和工商所得税两个主要税种，都还是试行条例，没有正式立法。还有几种税是20世纪50年代的老税种，有些规定已经不适应当前的情况，不利于加强税收法制和税收管理。

第三，随着经济改组，工业专业化协作生产的发展，农工联合企业的试办，现行的征税办法也不能适应这些新的经济形式。

第四，随着对外经济往来的发展，为了维护国家主权和经济利益，需要建立一套完整的涉外税收章法。

这些说明，改革税收制度势在必行。

关于税制改革的原则，刘志城局长提出，总的指导原则是：必须服从于社会主义现代化建设的需要，符合经济规律和中国的实际情况，扩大税收在财政收入中的比重，充分发挥税收的经济杠杆作用。具体地说，有以下五条：

第一，坚持按照经济规律办事，更好地调节企业收入，有利于用经济手段管理经济，促进生产发展。

第二，在收入分配上，要正确处理中央、地方、企业和个人的经济关系，有利于调动各方面的积极性。

第三，随着企业自主权的扩大，有利于运用税收手段参与企业管理，促进企业加强经济核算，讲究经济效果，更好地发挥财政监督作用。

第四，要扩大税收的渠道，使税收成为积累财政资金的主要手段，确保国家财政收入的及时、稳妥和可靠。

第五，有利于在平等互利、维护国家主权和经济利益的原则下，促进对外经济往来的发展。

关于税制改革的设想，刘志城局长提出：这次税制改革，要从中国的实际情况出发，既要继承历史，也不能墨守成规；既要考虑当前的需要，也要考虑今后的发展。现行的几种税可以充实完善，进行必要的改革。但是，随着形势的发展，要更大地发挥税收的作用，只有这几种税就不够了。现在的主要问题是，对国营企业如何进一步发挥税收的作用。目前国营企业的利润分配是采取统收统支的办法，收入全部上缴，支出向国家要，权责不结合，收支不挂钩。固定资产无偿占用，尽管很多设备闲置不用，仍然向国家争投资，争设备。由于资源条件不同，形成级差收入，企业利润悬殊，不能正确地反映企业的经营成果。为了改变这种状况，企业管理正朝着权责结合、财政自理的方向发展。在这种情况下，对国营企业除了征收工商税以外，需要考虑对企业的利润、企业占用的固定资产征税；对企业的级差收入，也要研究如何通过税收进行调节。这样做，符合经济规律的要求，有利于发挥企业经营管理的主动性，加强经济核算，讲求经济效果。这不是一个技术性的问题，而是用经济手段管理经济的重要措施。此外，世界各国税制很复杂，名目繁多，有些税收手段运用得很充分，参考它们的经验，我们也需要开征一些新的税种。否则，就不利于在税收上体现平等互利的原则。基于这些情况，这次税制改革主要有两个方面的任务：一是根据经济发展的情况对于现行的几种税进行必要的改革；二是适应经济变革和对外经济往来的发展，适当恢复一些旧的税种，开征一些新的税种。初步设想实行17种税，其中，保留现行的8种税，即工商税、工商所得税、城市房地产税、车船使用牌照税、屠宰税、牲畜交易税、集市交易税和盐税；恢复印花税和特种消费行为税2种税；研究开征7个新的税种，即国营企业所得税、国营企业固定资产占用税、资源税和主要是对外征收的个人所得税、贷款利息所得税、专利收入所得税、开业登记税。

关于税制改革的步骤，刘志城局长提出：这次税制改革变动比较大，涉及面广，政策性强。同时，经济正在发展，有些问题一时还难以摸透。对国外的情况还很生疏，需要逐步了解和熟悉。在这种情况下，我们的态度一定要积极，但是步子要稳妥，摸着石头过河，把工作做得深入扎实；有计划、有步骤地进行。在时间的安排上，大体上可以分为三步走：第一步先解决对外征税问题，这是刻不容缓的。如果对外税收措施跟不上去，国家的经济利益就要受到损失。在制定新的征税办法以前，可以先暂时沿用现成的工商统一税、工商业税中的所得税、城市房地产税和车船使用牌照税作为过渡。个人所得税等税种要积极调查研究，争取1979年拿出办法，逐步建立一套完整的对外征税制度。第二步解决工商税、工商所得税的修改完善和立法问题，争取1979年把方案定下来。第三步，开征一些新税种，恢复一些旧税种。关于开征国营企业所得税、国营企业资金占用税和资源税的问题，因为涉及整个经济体制和财政体制的改革，需要统盘考虑。

1979年5月26日，财政部副部长忻元锡在上述会议的总结讲话中再次论述了税收的作用和税制改革问题。他指出：建国30年来，税收工作成绩很大。在不同的历史时期，按照“发展经济，保障供给”的总方针，为党和国家的战略目标服务，都发挥了重要的作用。实践证明，税收工作是社会主义事业的一个重要组成部分，税务干部的辛勤劳动是社会主义事业不可缺少的劳动。税收工作在国民经济中举足轻重的地位，是一种客观存在，不是任何主观随意性所能否定的。

关于税收在社会主义革命和社会主义建设中的作用，以前曾经概括为四条：第一，配合有关部门，打击投机倒把，同经济领域里资本主义倾向作斗争。第二，配合价格政策，促进国民经济有计划、按比例地发展。第三，按照兼顾国家、集体和个人三个方面利益的政策，向集体经济单位和个体劳动者合理地提取一部分积累。第四，对国营企业规定纳税义务，促进企业加强经济核算，厉行增产节约，为国家多积累资金。这是税收工作多年实践经验的总结。

在新的历史时期中，为了加快社会主义现代化建设的步伐，中央强调按照经济规律办事，用经济手段管理经济。税收作为一个重要的经济杠杆，介入经济生活的程度更深了，发挥作用的领域更广了。从税收配合价格政策，运用价值规律来说，最近召开的中央工作会议明确提出，在国民经济中要实行计划调节和市场调节相结合的原则，以计划调节为主，同时充分重视市场调节的作用。税收作为价格的组成部分，更需要配合价格，运用价值规律，按照国家的经济政策，通过税收的征多、征少、减免和加成，调节生产和消费，促进国民经济有计划按比例发展。从税收参与分配、调节收入来说，中共十一届三中全会提出，要让地方和企业在国家统一计划的指导下有更多的经营管理自主权。为此，需要用税收形式直接参与国营企业收入分配，把国家与企业之间的分配关系用法律的形式固定下来。这样，企业就可以做到胸中有数，对自己的收入进行主动的安排。那些管理好、盈利多的企业，税后收入就多，可以用这些钱去发展生产，提高职工的福利待遇。使企业真正做到权责结合，促进企业提高管理水平，加强经济核算，讲求经济效果，充分调动企业和职工的积极性、主动性。同时，可以深入成本管理，加强财政监督，支持生产发展。从保证财政收入来说，税收具有法律效力。多年来的实践证明，税收在组织财政收入方面，是比较及时、稳妥、可靠的，也是经得起风险的。今后要有计划地扩大税收这个渠道，使它逐渐成为组织财政收入的主要手段。从阶级斗争工具作用来说，无论是过去还是现在，这个作用都是存在的，目的是保护和壮大社会主义经济，坚持社会主义道路。随着对外经济往来的发展，对外商和个人也必须用征税的办法，以利于引进外资和先进技术设备，维护国家的主权和经济利益。实践是检验真理的唯一标准。税收在新的历史时期应该发挥的作用，还需要大家在实践中继续探讨，以丰富和发展我们的认识。

关于税制改革的方向，忻元锡副部长指出：配合国营企业财务管理体制的改革，扩大税收渠道，主要用税收的形式来调节国营企业的收入，是必然的趋势。

关于税制改革的原则，忻元锡副部长根据会议讨论的结果归纳为：必须认真贯彻执行“发展经济，保障供给”的总方针，遵循经济规律，扩大税收渠道，努力实现资金积累的高速度，资金使用的高效果，财政管理工作的高水平，使税收杠杆在经济生活中更好地发挥调节作用，为社会主义现代化建设服务。

关于税制改革的步骤，忻元锡副部长指出：目前国民经济正在调整，管理体制也在逐步改革，情况都在不断变化，许多问题还需要我们在实践中去摸索、探讨。在这种情况下，改革税制态度要积极，步子要稳妥。对于拟议中的17种税，要创造条件，根据轻重缓急和主观力量的可能，妥善安排，有计划、有步骤地分期分批出台。当前要抓好的几项工作：一是尽快解决涉外征税问题；二是抓紧完成工商所得税的立法；三是积极完成工商税的调整、改革工作；四是积极调查研究对国营企业征收所得税的问题。

成都会议是中共十一届三中全会以后召开的第一次全国税务工作会议。这次会议的召开，对于清除税收工作中“左”的思想影响，提高对税收在国民经济中的地位和作用的认识，明确中国改革开放以后税制改革的方向，加强税务机构和税务干部队伍的建设，具有重要而深远的意义。

## 二、涉外税制的建立和国内税制改革的调查与试点

中国改革开放初期的税制改革是以适应对外开放的需要，建立涉外税收制度为突破口的。同时，根据国内经济体制改革，特别是扩大企业自主权的改革的需要，选择部分地区、行业和企业进行了税制改革的试点，并取得了初步的成效。

根据中共十一届三中全会确定的对外开放政策，中国在经济方面采取了一系列对外开放的重大措施：从1979年开始，改变了20世纪60年代以来基本不借外债的做法，根据国家建设的需要与可能，采取国际通行的做法，吸收和筹集了一批国际金融组织贷款、外国政府贷款和外国金融机构贷款，并通过举办中外合资经营企业、中外合作经营企业和外商独资经营企业，开展补偿贸易、合作勘探开发海洋石油和合作开发其他资源等方式，直接吸收外商

投资，与此相关的法律、政策也逐步建立和完善。

1979年7月1日，第五届全国人民代表大会第二次会议通过《中华人民共和国中外合资经营企业法》。该法中规定：外国公司、企业、其他经济组织或者个人，经过中国政府批准，可以在中国境内与中国的公司、企业和其他经济组织共同举办合资企业。具有世界先进技术水平的合营企业开始获利的头2年到3年可以申请减征、免征所得税。外国合营者将分得的净利润用于在中国境内再投资的时候，可以申请退还已经缴纳的部分所得税。

同年7月15日，中共中央、国务院批转中共广东省委、福建省委关于对外经济活动实行特殊政策和灵活措施的两个报告，决定对广东、福建两省的对外经济活动给以更多的自主权，以充分发挥两省的优越条件，扩大对外贸易，抓紧当前有利的国际条件，先走一步，把经济尽快搞上去；原则同意两省试行在中央统一领导下大包干的经济管理办法，在计划、物资供应、物价政策等方面也实行新的经济体制和灵活政策；同时决定在广东省的深圳、珠海两市划出部分地区试办出口特区（1980年改称经济特区——笔者注），鼓励外国公民、华侨、香港和澳门同胞及其公司、企业前来投资或者与中方合资举办企业和其他事业，待取得经验以后再考虑在汕头、厦门设置特区。中共中央、国务院认为，这是一个重要的决策，对加速中国的现代化建设有重要意义。

1980年6月9日，财政部在向中共中央所作的关于财政、税收问题的汇报中提出：拟在1980年制定中外合资经营企业所得税法和个人所得税法。

1980年8月26日，第五届全国人民代表大会常务委员会第十五次会议批准《广东经济特区条例》，即日起施行，适用于在广东省深圳、珠海和汕头3个市设置的经济特区。条例中规定：特区企业所得税的税率为15%；条例公布以后2年以内投资兴办的企业，投资额500万美元以上的企业，技术性比较高、资金周转期比较长的企业，可以享受特别优惠待遇；外商缴纳企业所得税以后的利润可以按照规定通过银行汇出；外商将所得利润在特区再投资5年以上的，可以申请减免再投资部分的所得税。

同年10月7日，国务院就福建省建设厦门经济特区问题批复该省人民政府，规定厦门经济特区条例参照《广东经济特区条例》实施，所得税税率与广东一致（即15%）。

1981年7月19日，中共中央、国务院批转《广东、福建两省和经济特区工作会议纪要》。纪要中提出：广东、福建两省在财政上继续实行大包干办法，在税收方面适当下放管理权，包括减税、免税和地方税的开征、停征。

此外，中国采取了其他许多措施吸引外资和外国技术，积极开展对外经济合作和技术交流。

为了适应中国对外开放以后对外经济往来迅速发展的新形势，1979年召开的全国税务工作会议上专门研究了涉外税收问题，并提出了涉外税制建设先行一步的主张。在货物和劳务税方面，暂时沿用1958年全国人民代表大会常务委员会原则通过的《中华人民共和国工商统一税条例（草案）》，对涉外企业的销售（营业）收入和进口货物征税。在所得税方面，暂时沿用1950年政务院制定的《工商业税暂行条例》中所得税部分的规定对涉外企业的利润征税。在财产税方面，则沿用1951年政务院公布的《城市房地产税暂行条例》和《车船使用牌照税暂行条例》对涉外企业的房产和车辆、船舶征税。与此同时，积极开展涉外税收的研究和立法准备工作。

1980年9月10日，第五届全国人民代表大会第三次会议通过《中华人民共和国中外合资经营企业所得税法》和《中华人民共和国个人所得税法》，同日全国人民代表大会常务委员会委员长令公布，即日起施行。根据上述法律，12月14日，经国务院批准，财政部公布《中华人民共和国中外合资经营企业所得税法施行细则》和《中华人民共和国个人所得税法施行细则》。

中外合资企业所得税的纳税人为设在中国境内的中外合资经营企业；征税对象为纳税人取得的生产、经营所得和其他所得；计税依据为应纳税所得额，即纳税人每一纳税年度的收入总额减除成本、费用、损失以后的余额；税率为30%，另按应纳所得税税额附征10%的地方所得税，合营企业的外国合营者从企业分得的利润汇出中国境外的时候按照汇出额征收10%的所得税。新办的合营企业，合营期在10年以上的，经过批准，可以从开始获利的年度起，第一年免征所得税，第二年和第三年减半征收所得税。其中，农业、林业等利润较低的合营企业和在经济不发达的边远地区开办的合营企业，还可以享受更多的减税待遇。合营企业的合营者从企业分得的利润在中国境内再投资，期限不少于5年的，经过批准，可以退还再投资部分已经缴纳所得税的40%。合营企业发生年度亏损的，可以用下一年度的所得弥补；下一年度的所得不足弥补的，可以逐年延续弥补，但是最长不得超过5年。

个人所得税的纳税人为在中国境内居住满1年，从中国境内、境外取得所得的个人和不在中国境内居住或者在中国境内居住不满1年，从中国境内取得所得的个人；征税对象为纳税人的所得，包括工资、薪金所得，劳务报酬所得，特许权使用费所得，利息、股息和红利所得，财产租赁所得和经中国财政部确定征税的其他所得6项；计税依据为应纳税所得额。工资、薪金所得，以每月收入减除费用800元以后的余额为应纳税所得额。劳务报酬所得、特许权使用费所得和财产租赁所得，每次收入不足4000元的，减除费用800元；每次收入4000元以上的，减除20%的费用，以其余额为应纳税所得额。利息、股息、红利所得和其他所得，以每次收入额为应纳税所得额，不减除任何费用。工资、薪金所得适用于5%至45%的7级超额累进税率，其他5项所得适用于20%的比例税率。科学、技术和文化成果奖金，在中国国家银行和信用合作社储蓄存款的利息，福利费、抚恤金和救济金，保险赔款，军队干部、战士的转业费、复员费，干部、职工的退职费、退休费，外国驻华使馆、领事馆的外交官员的薪金所得，中国政府参加的国际公约、签订的协议中规定免税的所得，以及经中国财政部批准免税的其他所得，可以免征所得税。

1981年12月13日，第五届全国人民代表大会第四次会议通过《中华人民共和国外国企业所得税法》，同日全国人民代表大会常务委员会委员长令公布，自1982年1月1日起施行。1982年2月21日，经国务院批准，财政部据此公布《中华人民共和国外国企业所得税法施行细则》。

外国企业所得税的纳税人为在中国境内取得生产、经营所得和其他所得的外国企业；征税对象为纳税人取得的生产、经营所得和其他所得；计税依据为应纳税所得额，即纳税人每一纳税年度的收入总额减除成本、费用和损失以后的余额；实行20%至40%的5级超额累进税率，另按应纳税所得额征收10%的地方所得税。从事农业、林业和牧业等利润率低的外国企业，经营期在10年以上的，经过批准，可以从开始获利的年度起，第一年免征所得税，第二年和第三年减半征收所得税，并在以后10年以内减征15%至30%的所得税。外国企业发生年度亏损的，可以用下一年度的所得弥补；下一年度的所得不足弥补的，可以逐年延续弥补，但是最长不得超过5年。外国公司、企业和其他经济组织，没有在中国境内设立机构，取得来源于中国境内的股息、利息、租金、特许权使用费和其他所得，应当缴纳20%的所得税。但是，国际金融组织贷款给中国政府和中国国家银行取得的利息，外国银行按照优惠利率贷款给中国国家银行取得的利息，可以免征所得税。

这样，从货物和劳务税、所得税到财产税，从中央税到地方税，一套比较完整的涉外税收制度就初步地建立起来了，适应了中国对外开放初期引进外国资金、技术和人才，开展对外经济技术合作的需要，并发挥了重要的作用。

在建立涉外税制的同时，国内税制改革的调查与试点工作也开始了。根据中国经济形势发展和1979年全国税务工作会议的要求，各地从1979年开始进行税制改革的试点。这次试点大体上可以分为两个阶段：第一阶段是从1979年起，在湖北省光化县、广西壮族自治区柳州市、上海市和四川省的部分国营企业中试点，主要是开展对国营企业征收所得税的试点，即“利改税”的试点。第二阶段是从1980年第四季度起扩大“利改税”的试点。

1979年6月21日，财政部部长张劲夫在第五届全国人民代表大会第二次会议上所作的《关于1978年国家决算和1979年国家预算草案的报告》中提出：全面改革财政体制、企业财务管理制度和税收制度，必须以整个经济管理体制的改革为前提。必须作深入的调查研究，进行探索、试验和实践，并配合计划、物资、基建和企业等管理体制的改革，然后提出比较成熟的方案。会议批准了上述报告。

同年5月，湖北省财政局决定，对国营企业的利润收入改用工商所得税形式缴纳，并请示财政部和本省领导同意，从当年起在该省光化县15户县办国营工业企业中试点。

经财政部批准，上海市从1980年1月起在该市轻工业机械公司进行税制改革的试点。试点以后，该公司不再向财政部门上缴利润，改为缴纳工商税、房地产税、车船使用牌照税、收入调节税、所得税、固定资金占用费和流动资金占用费，余下的利润归公司。

根据中共四川省委的指示，从1980年1月起，四川省在该省第一棉纺印染厂、成都电线厂、西南电工厂、重庆钟表厂和重庆印刷厂试行征收所得税和固定资产税。后来，又选择5户企业试行所得税、调节税、固定资金占用费和流动资金占用费。

1980年3月到5月，财政部税务总局组织各地税务机关100多人在广西壮族自治区柳州市开展了增值税、固定资产税、国营企业所得税、资源税和几个地方税种的调查测算、设计方案的工作。

同年6月9日，财政部在向中共中央所作的关于财政、税收问题的汇报中提出：拟在当年修订城镇集体企业所得税法，解决工业产品中某些重复征税的问题，继续进行对国营企业征收所得税的试点。

同年8月26日，财政部在改革试点的基础上向中央财经领导小组作了关于税制改革问题的汇报。中共中央政治局常委、中央财经领导小组组长、国务院总理赵紫阳在听取汇报的时候指出：这次税制改革的中心是“利改税”，将国营企业上缴利润改为上缴税收。税制改革要抓住这个中心，如果拖久了，就会影响经济体制改革。税制改革的目的就是要有利于把企业的潜力挖出来，消灭浪费，改善管理。企业的积极性起来了，经营管理搞好了，企业就能多得，国家也能多得。

同年8月30日，国务院副总理姚依林、财政部部长王丙乾在第五届全国人民代表大会第三次会议上所作的《关于1980年、1981年国民经济计划安排的报告》和《关于1979年国家决算、1980年国家预算草案和1981年国家概算的报告》中分别提出了1980年和1981

年税制改革的任务：1980年，要开征中外合资企业所得税和个人所得税，在机械、农业机械等行业试行增值税，修订城镇集体企业所得税。从1981年起，对国营企业扩大进行由上缴利润改为征收所得税的试点，并相应开征收入调节税和资源税。王丙乾部长还强调指出：税制改革关系到收入分配和经济的各个方面，政策性强，涉及面广，需要开展周密的调查研究，需要经过试验，需要同整个经济体制的改革相配套和协调。要积极、稳妥地抓紧这些改革，适应经济发展的需要。会议批准了上述报告。

同年9月2日，国务院批转国家经济委员会报送的《关于扩大企业自主权试点工作情况和今后工作意见的报告》。报告中提出：要积极进行"企业独立核算，国家征税，自负盈亏"的试点。11月5日，财政部据此印发《关于1980年在少数工业企业进行利改税试点的意见》，其主要内容是：

1. 鉴于目前要集中精力抓经济调整，企业之间利润水平悬殊，全国税制改革方案还在研究，今年各地可以先采取一些暂行办法作为过渡，牵动面不宜过大，步子要稳妥。

2. 国营企业由上缴利润改为征税，准备征收3种税、2种费，即资源税、收入调节税、所得税、流动资金占用费和固定资金占用费。

3. 要在坚持"分灶吃饭"财政体制5年不变的原则下进行改革，各地的试点企业应当在所属企业中选择，以免影响中央与地方的收入划分。

4. 为了搞好税制改革工作，财政部成立由税务总局、工业交通财务司、预算司和财政科学研究所等单位人员组成的税改办公室。

据统计，当时有18个省、自治区和直辖市的456户国营工业、交通运输企业进行了"利改税"的试点。

1981年2月25日，国务院副总理兼国家计划委员会主任姚依林在第五届全国人民代表大会常务委员会第十七次会议上所作的《关于调整1981年国民经济计划和国家财政收支的报告》中提出：少数企业和个别城市已经进行"以税代利、独立核算、自负盈亏"的试点，要继续做好，取得经验。

同年3月10日，财政部发布《关于国营工业企业试行以税代利的几项规定》。这个文件中规定：根据国务院的有关决定，以税代利、独立核算和自负盈亏的试点工作，必须服从调整国民经济的需要，有利于企业增产增收和增加国家的财政收入。1981年要着重抓好现有试点企业的工作，总结经验，巩固提高，一般不再扩大试点的范围。文件中还就试点企业缴纳资源税、收入调节税、所得税、固定资金占用费和流动资金占用费的税率、费率核定等问题作出了规定。

在同一时期，还在部分地区和行业开展了征收增值税的试点。

根据湖北省光化县、广西壮族自治区柳州市、上海市和四川省143户试点企业的统计，1980年与1979年相比，这些企业的销售收入增长9.3%，利润增长23.7%，上缴财政收入增长15.9%，企业留利增长59.2%。1981年与1980年相比，销售收入增长12.4%，利润增长9.7%，上缴财政收入增长5.4%，企业留利增长11.9%。

1981年12月中下旬，财政部税务总局召开了有10个省、自治区和直辖市参加的国营企业"利改税"座谈会，总结、交流各地"利改税"试点工作的情况和经验，研究有关问题。财政部税务总局副局长牛立成在会议总结中说："利改税"的试点工作从中央到地方都很重视，领导同志亲自抓，有关部门也很支持，财税部门做了大量的工作，税务干部劲头很大，所以试点工作取得了很好的成绩：一是试点地区、户数不断增加，试点范围不断扩大；二是通过实践，各方面对“利改税”的认识不断深化；三是通过试点积累了不少经验；四是扩大了税收的影响；五是锻炼了一批干部。

牛立成副局长强调：实践证明，国营企业“利改税”的方向是正确的。第一，它是整个经济体制改革的一个组成部分。第二，从财政上来说，它改变了过去统收统支，吃“大锅饭”的做法。第三，它对于调动企业的积极性，加大企业的责任，促进生产发展有好处。同时必须看到，对于这个问题的认识还不一致，实际工作中的困难和矛盾也很多。要坚定信心，继续搞好试点。态度要积极，步子要稳妥。要有计划、有步骤、有领导地去搞。省里要搞点，要搞办法。在一个省范围内，能统一的要尽可能统一。

牛立成副局长还提出：过去搞利挤税，行不通。现在完全用税的形式代替利润上缴，行不行，也值得研究。对国营企业就是开征所得税，不是什么“以税代利”，也不是什么“利改税”。国家征收一定比例的所得税以后，余下的利润应当由财政、主管部门和企业去管理、分配。

## 三、工商税制改革总体设想的提出

从1980—1981年，在国务院的领导下，财政部经过调查、试点和修改，提出了比较全面而且可行的工商税制改革总体设想，并得到了国务院的原则同意。此后，20世纪80年代中后期的工商税制改革基本上是按照这个设想提出的原则和内容实施的。

从1978年提出税制改革的任务、1979年提出税制改革的初步设想并开展税制改革的试点以后，财政部就税制改革问题作了进一步的研究，于1980年8月26日向中央财经领导小组作了汇报，确定这次税制改革的中心是国营企业“利改税”。

1980年8月30日，国务院副总理姚依林和财政部部长王丙乾分别在第五届全国人民代表大会第三次会议上所作的关于国民经济计划和财政问题的报告中提出了关于1980年和1981年税制改革的建议，并得到了会议的批准。

同年11月和12月，财政部和国务院体制改革办公室向国务院报送的《关于改革工商税制问题的报告》提交全国省长会议和全国计划会议讨论。

1981年1月27日，国务院副总理姚依林在全国税务工作会议和企业财务工作座谈会上的讲话中提出：用税收代替利润上缴，从长期来看，是改革的方向。这种改革今后会一年比一年逐步扩大，工作也会一步比一步深化。过去税收工作多次削弱，是“左”的指导思想的一种表现，即认为中国的经济简单化了，企图很快地改变几种经济并存的状况，用单一的、简单的制度代替税收制度，因此想把税收和利润合并起来，把比较复杂的税制简单化，这是不符合中国经济发展状况的。

同年3月23日，中共中央政治局常委、国务院总理赵紫阳召集有关部门负责人开会，研究在国民经济调整期间如何搞好改革，特别是怎样运用经济杠杆加强经济管理问题。关于如何发挥税收的作用，会议提出了下列意见：

1. 在调整期间价格不能大动的情况下，可以更多地利用税收调节。

2. 用税收促进调整，对一部分长线产品、重复生产严重的产品加税，促使企业截长补短，有利于产业结构、产品结构的合理化。

3. 用税收促进改组，对搞“大而全”、“小而全”的全能厂加税，促使企业走专业化生产的道路。特别是要使企业摆脱地区、部门的束缚，合理地组织起来，必须改上缴利润为上缴税收。

4. 用税收调节企业的利润水平，把一部分企业由于价格不合理而多得的利润通过税收收上来，解决企业之间利润水平悬殊带来的苦乐不均问题。

5. 用税收促进企业改善经营管理，通过税收的调节，使经营水平比较好的企业得利，迫使经营水平差的企业改善管理，长期不改善的就淘汰。

6. 用税收增加国家财政收入。除了一部产品需要减税、免税以外，今后主要的是加税。对一切有经营收入的单位和个人都要征税，还要通过税收逐步改变目前地方财政有结余、中央财政有赤字的状况。

7. 要运用税收杠杆，必须改变目前“协商办税”的做法。

同年4月，国务院领导提出：有利于调整的改革要加快进行。通过调整，为全面改革做好准备，同时要在调整中发挥经济手段的作用。税制改革可以先搞起来。国务院副秘书长田纪云就税制改革，充分发挥税收的经济杠杆作用向国务院领导提出了具体的建议。按照国务院领导的意见，国务院体制改革办公室和中央财经领导小组又对税制改革问题进行了研究。

同年7月31日，中共中央副主席、中央财经领导小组组长、国务院总理赵紫阳主持召开中央财经领导小组扩大会议，听取财政部部长王丙乾关于税制改革总体设想的汇报。中共中央、国务院领导在听取汇报时提出了下列意见：

1. 实行征税的目的，一是增加国家财政收入；二是合理调节中央与地方、部门与企业以及地方、部门、企业之间的利益，促进生产的发展。这次工商税制改革的主要目的是起到调节地方、部门和企业内部利益的作用。不能由于税制改革把负担转嫁给消费者。

2. 不能由于税制改革引起物价的上涨。要解决经济问题，必须调整价格。但是物价牵涉面广，现在很难作大的调整。税收涉及的问题比物价少一些，应该先改革税制。改革时，要考虑到物价问题，防止引起物价波动。

3. 这次税制改革的原则，要补充上：对长线产品而利润大的要增税；对短线产品而利润小的要调低税率；税制要有利于出口贸易，有利于沿海城市“以进养出”。改革方案中设计的税种不是一下能够实行的，要根据实际情况，作出逐步开征的部署，可以先搞试点。增值税可以考虑先试行，还可以考虑开征特种消费行为税。对实行新税种以后的经济效果应当作出估算，对中央管理和地方管理的税种要分清楚。

4. 原则同意以国务院的名义将财政部起草的《关于改革工商税制的设想》（以下简称“设想”）批转各地。

根据上述会议的意见，财政部对“设想”作了修改，并于同年8月14日报送国务院。

“设想”中指出，现行工商税制存在的问题是：经过1953年以来三次大的税制简化，税种越来越少。目前对国营企业只征收1种工商税，对集体企业只征收工商税和工商所得税2种税，税收在经济领域中的活动范围大大缩小了。同时，有些产品的税率长期未作调整，同已经变化了的经济情况不相适应。所有这些，都影响税收杠杆作用的充分发挥。现在，国民经济正在进行调整和改革，一方面要求税收更好地发挥组织收入的职能作用，保证国家财政的稳定和平衡；另一方面要求税收进一步发挥经济杠杆作用，促进国民经济的调整和发展。如果现行税制不加以改革，就很难实现这两方面的要求。为此，必须继续肃清经济工作中“左”的影响，加强税收工作，并有计划、有步骤地搞好税制改革。

这次工商税制改革的指导思想是：认真贯彻执行“调整、改革、整顿、提高”的方针，合理调节各方面的经济利益，正确处理国家、企业和个人之间的利益关系，中央与地方的关系，充分发挥税收的作用，促进国民经济的发展。

这次工商税制改革的原则是：

1. 适应经济情况的复杂性和经济性质、经济形式的多样性，逐步恢复一些税种，增加一些税种，使每个税种在生产、经营的各个领域发挥各自不同的作用。

2. 加强经济责任制，逐步把国营企业的上缴利润改为征税，以促进企业加强经济核算，改善经营管理，提高经济效果，增加财政收入。

3. 根据国家经济政策的要求，按照不同产品和不同行业规定高低不同的税率，对鼓励发展的税率从低，对限制发展的税率从高；对长线利大的产品要增税，对短线利小的产品要减税，从经济利益上来调节生产和消费，使微观经济活动符合宏观决策的要求。根据发展对外贸易的政策，税制要鼓励扩大出口，保护国内生产。要有利于有计划地利用外资和引进先进技术设备。

4. 在目前价格不能大动的情况下，用税收杠杆来调节一部分企业的利润，适当解决企业之间由于价格和资源条件不同而形成的利润水平悬殊的问题。不能由于税制改革影响物价上涨，增加人民群众的负担。

5. 在保证国家财政收入的前提下，兼顾地方、部门和企业合理的经济利益，以调动各方面的积极性。

6. 将各项工商税制划分为中央税、地方税、中央与地方共享税，使中央政府和地方政府都有相应的财政、税收管理权。

根据上述原则，提出下列改革方案：

1. 把现行工商税按照性质划分为产品税、增值税、营业税和盐税 4 个税种。在现行工商税全面改革以前，要适当调整部分产品的税率和征税环节。

2. 开征资源税和利润调节税。

3. 将国营企业缴纳的固定资产占用费改为固定资产税。

4. 对国营企业征收所得税。

5. 健全涉外税制。

6. 恢复征收和开征一些地方税。恢复征收城市房地产税、车船使用牌照税、印花税、特种消费行为税和集市交易税，开征土地使用税和城市建设税。这些地方税由中央确定税种，制定征税原则，规定税率的最高限额，开征、停征、减税、免税和具体征税规定均由各省、自治区和直辖市根据当地的实际情况自行确定。

按照上述设想，改革以后全国共开征 20 种工商税收，即产品税、增值税、营业税、盐税、资源税、利润调节税、固定资产税、工商所得税、中外合资经营企业所得税、外资企业所得税、个人所得税、城市建设税、印花税、城市房产税、土地使用税、车船使用牌照税、特种消费行为税、屠宰税、集市交易税和牲畜交易税。中央税、地方税、中央与地方共享税如何划分，另行研究确定。

新税制同现行税制比较，1 年大约可以增收 200 亿元（不包括大中型国营企业所得税），其中国营企业利润转为税收的部分为190多亿元；工商税收占国家财政收入的比重由目前的50%左右提高到70%左右。

关于这次工商税制改革的步骤，“设想”中提出：要有计划、有步骤地组织试点，逐步实施，争取用5年左右的时间完成这项改革任务。目前进行改革的情况是：

1. 正在试点的有增值税、利润调节税、小型国营企业所得税和固定资产税（目前称固定资产占用费），准备在总结经验的基础上，制定统一办法，逐步扩大试点范围。

2. 即将试点的有资源税，准备在几个行业中先试行，然后扩大几个行业。

3. 正在调查研究，制定和修订办法的有盐税和几种地方税，准备成熟一个，实行一个。外资企业所得税法（草案）将尽快报国务院审查，然后送请全国人民代表大会常务委员会立法（同年12月，第五届全国人民代表大会第四次会议通过外国企业所得税法——笔者注）。

4. 对现行工商税调整部分产品的税率，正在调查测算，同有关部门商量，争取1982年调整一批。

鉴于这次税制改革变动较大，将会引起财权的调整、财力的转移和经济利益的变动，政策性很强，需要认真对待，慎重掌握，“设想”中提出，要注意解决好下列问题：

1. 坚决防止物价波动。这次税制改革，调整一些产品的税率，恢复一些老税，开征一些新税，目的是调节产品的利润和企业的利润，只涉及税收和利润之间的调整，不牵涉价格的变动。各地区、各部门和企业单位不得以改革税制为由，自行变动价格，特别是不得变动市场价格，以免引起物价波动，增加群众负担。

2. 合理调整地方和企业的经济利益。这次税制改革总的是要保证国家财政收入，兼顾地方和企业的利益。由于现在地区之间、企业之间利润水平悬殊，通过税制改革加以适当的调整是必要的。这种调整由国家根据政策确定，不能保护不合理的“既得利益”，不能“协商办税”，以免使许多应该采取的税收措施久拖不决，难以实施。

3. 加强税务机构。随着税制改革工作的逐步推行，税务部门的任务加重了，责任更大了，各级税务机构要加强，工作职权要扩大，干部的力量要充实。各省、自治区和直辖市要根据需要和可能举办中等税务专科学校，并建议在文科大学和财经院校内设立税务专业，培养税务专门人才，使税务干部有一个稳定的来源。

4. 加强税收立法和税务监督。国家的税收政策法令，要严格执行。偷税、抗税情节严重的，要依法制裁。各地区、各部门都不能擅自减税、免税，不能自订与国家税法相抵触的章法。要加强税务监察和检查工作，大型企业要派税收驻厂组，中型企业要派税收驻厂员，监督企业贯彻执行国家的税收法规和财经政策，以促进他们发展生产，改善经营管理，抓好财政收入。

同年9月5日，国务院发出通知，原则同意财政部报送的上述“设想”，并将其转发各省、自治区、直辖市和国务院各部门研究。国务院在通知中说，上述“设想”是经过调查、试点和多次讨论、修改提出的，你们有什么意见，望研究以后告财政部。在具体改革办法正式发布以前，由财政部选择一些地方、行业，有计划地组织试点。

国务院指出：工商税收是组织国家财政收入的主要手段，是贯彻执行经济政策的重要杠杆。在调整期间价格不能大动的情况下，要更多地运用税收调节各方面的利益关系，促进国民经济的调整和发展。各方面要统一步调，密切配合，共同做好工商税制的改革工作。

国务院强调：必须明确，这次税制改革主要是企业利润和税收的相互转移，不牵涉市场物价。各地方、各部门和企业单位，绝不能因为改革税制而变动价格，增加群众负担。

1982年3月15日，财政部税务总局局长刘志城在全国税务工作会议上的讲话中提出：1982年要按照工商税制改革总体设想的要求，继续搞好试点，认真总结经验，有条件的可以适当扩大试点。有的税种要抓紧立法，成熟一个，出台一个。第一，国营企业所得税，县办工交企业可以扩大试行。第二，增值税，按照行业扩大试行，并逐步统一征税办法。第三，资源税，准备先在石油、煤炭行业试行。第四，地方税中的房产税、车船税、筵席消费税、牲畜交易税和集市交易税的改革，已经确定了原则，制定了方案，争取1982年完成立法手续，成熟以后出台。在全面出台以前，牲畜交易税、集市交易税和筵席消费税等税种，条件成熟的地区可以报省（自治区、直辖市）人民政府批准，先行试点。开征土地使用税的问题也要抓紧研究。上述国营企业所得税、增值税和5种地方税的税法草案、办法均提交这次会议讨论。

同年9月1日，中共中央主席胡耀邦在中国共产党第十二次全国代表大会上所作的报告中提出：要巩固和完善经济管理体制改革方面已经实行的初步改革，抓紧制订改革的总体方案和实施步骤，在第七个五年计划期间（1986—1990年）逐步推开。在谈到正确贯彻计划经济为主、市场调节为辅原则问题时，胡耀邦主席说：无论是实行指令性计划还是指导性计划，都要力求符合客观实际，经常研究市场供需情况的变化，自觉利用价值规律，运用价格、税收和信贷等经济杠杆引导企业实现国家计划的要求。

同年11月30日，国务院总理赵紫阳在第五届全国人民代表大会第五次会议上所作的《关于第六个五年计划的报告》中提出，要积极稳妥地加快经济体制改革的进程，并就计划、价格和税收等重大改革项目作了全面部署，将对国营企业逐步推行以税代利，改进国家与企业的关系作为第六个五年计划期间（1981—1985年）后三年经济体制改革的三大重点之一。

关于前一阶段税制改革的效果，报告中指出：过去对国营企业实行统收统支，吃“大锅饭”的管理办法，严重束缚了生产力的发展。为了改变这种局面，近3年来，在400多个工业企业进行了以税代利的试点。总的来看，效果比较好。参加试点的企业，销售收入的增长明显地高于总产值的增长，特别是实现利润和上缴税费的增长大大高于总产值和销售收入的增长，说明它们的经济效益有了很大提高。而且，在企业实现利润的增长部分中，保证了大部分以税金和资金占用费的形式上缴国家，企业所得也增加了，对国家和企业都有利。因此，把上缴利润改为上缴税金这个方向，应该肯定下来。

关于税制改革的步骤，报告中提出：今后3年内，在对价格不作大的调整的情况下，应该改革税制，加快以税代利的步伐。这不但可以更好地发挥税收在经济活动中的调节作用，而且将进一步改进国家与企业的关系。这项改革需要分别不同情况，有步骤地进行。国营大中型企业要分两步走：第一步，实行税利并存，即在企业实现的利润中，先征收一定比例的所得税和地方税，税后利润以多种形式在国家和企业之间合理分配。这一步在第六个五年计划期间就开始实施。第二步，在价格体系基本趋于合理的基础上，再根据盈利的多少征收累进所得税。对于小型国营企业，准备在今后3年内分期分批推行由集体或者职工个人承包、租赁等多种经营方式，实行国家征税、资金付费和自负盈亏的制度。同时，要根据经济发展的需要，适当调整部分产品的工商税税率，开征一些必要的新税种，进一步发挥税收集聚资金和调节生产、流通、分配的作用。实行了税利制度的这些改革，将使企业的经营管理发生深刻的变化，把实行企业经济责任制和扩大企业自主权的工作推进一步，使企业的利益同企业的经营发展更好地结合起来。

第五届全国人民代表大会第五次会议批准了赵紫阳总理所作的上述报告。

在上述会议批准的财政部部长王丙乾所作的关于财政问题的报告中，也包括了税制改革的内容。

同年 11 月 30 日，国务院总理赵紫阳主持召开国务院常务会议，听取财政部关于国营企业“利改税”问题的汇报。会议一致同意在国营企业中加快实行“利改税”，并要求财政部和国家经济体制改革委员会提出实施方案。国务院领导就这个问题作了下列指示：

1. 实行“利改税”的企业可以扩大一些。现在要想办法改变企业经营好坏一个样，吃“大锅饭”的状况，就是要使大家感到有“压力”，非努力不能活下去；同时给他们以“活力”，使企业感到大有奔头。这样，就会刺激企业努力改善经营管理，改革技术，发展生产。

2. 目前的改革还是初步的，不可能一下搞得很完善、很合理。办法不能太繁琐，不要搞得太复杂。总之，要大杠杠框住（保证国家财政收入），小杠杠放松，使几万个企业“活”起来。

3. 企业的既得利益原则上应当保护，但是实行“利改税”以后，企业的利润肯定会起变化。一些企业在缴纳税收和固定资金占用费、流动资金占用费以后不能保持原有利润留成水平的，一般也不宜给予减免或者返还税费的照顾。这样才能保护先进，淘汰落后。

4. 对于商业，包括国营小型商业、合作商业、农工商企业和个体商业等，在税收方面应当有一个统一的办法，在国家统一政策和统一计划的前提下，实现同等待遇，由企业各显神通，充分发展自己的优势。

## 四、税收管理体制、税收政策和税收制度的调整

从 20 世纪 70 年代末期到 80 年代初期，在税制改革酝酿和起步的同时，为了配合国民经济的调整，加强税收管理，发挥税收的职能作用，中国在税收管理体制、税收政策和税收制度等方面采取了一系列的重大调整措施。

### （一）税收管理体制的调整

1977 年 8 月 16 日，财政部向国务院报送《关于税收管理体制的请示报告》。报告中提出：现行税收管理体制存在的主要问题是，有的规定不够明确，减税、免税权限下放多了一些。例如，工商税条例（草案）规定，个别纳税单位和产品需要减税、免税的，省级革命委员会（后来省级革命委员会改为省级人民政府——笔者注）有权批准。但是，有些地区不问纳税单位是否因纳税而在生产、经营上发生困难，也不问有无必要，不分是高税率产品还是低税率产品，都给了减税、免税的照顾。同时，有些地区将税收管理权限层层下放，扩大了减税、免税的范围；有些地区随意停征税种税目；有的部门和单位超越权限自行下达减

税、免税的文件，给税收工作造成了混乱。这些问题，不仅对国家财政收入有一定影响，而且引起了地区之间、行业之间税收负担上的一些矛盾，不利于生产的发展，不利于税收政策的贯彻执行。为了解决上述问题，财政部经与各地商议，草拟了《关于税收管理体制的规定》，其主要内容是：

1. 税收政策的改变，税法的颁布和实施，税种的开征和停征，税目的增减和税率的调整，都属于中央的管理权限，一律由国务院统一规定。在中央的统一领导下，各省、自治区和直辖市有权根据体制的规定，因地制宜地处理减税、免税等问题。

2. 凡是在一个省（自治区、直辖市）范围以内对某一种应税产品、某一个行业减税、免税和对烟、酒、糖、手表4种产品减税、免税，都必须报经财政部批准。

3. 个别纳税单位生产的产品或者经营的业务，由于生产、经营和价格等发生较大变化，需要给予减税、免税照顾的；为农业生产服务的县办小钢铁厂、小煤矿、小化肥厂、小水泥厂、小机械厂和社队企业纳税有困难，需要给予照顾的；由于自然灾害必须在税收上给予照顾的；对于从事违法经营的单位和个人，需要运用税收加以限制的；对于投机倒把活动，需要通过税收进行打击的，都由省级革命委员会批准。

4. 民族自治区革命委员会对于少数民族聚居地区的税收，可以根据全国统一税法规定的原则，制定税收办法，并报国务院备案。

5. 为严肃财经纪律，正确贯彻税收政策，重申除了税收管理体制规定的权限以外，任何地方、部门和单位都无权自行决定减税、免税，无权下达同税法相抵触的文件。

同年11月13日，国务院同意财政部的上述报告和所拟的关于税收管理体制的规定，并将其转发各省、自治区和直辖市执行。国务院指出：税收是国家积累建设资金的重要来源，向国家照章纳税是企业、事业单位、集体和个人应尽的光荣义务。要及时、足额地缴纳税款，不得偷漏和拖欠。所有地方和部门要认真执行国家的税收政策和法令，不得超越职权减免税收，不得截留和挪用税款。任何部门不得下达同税法相抵触的文件。各级党委要加强税收工作的领导，支持财税部门做好工作。

### （二）调整农业和农村社队企业税收负担

1978年2月13日，财政部发出《关于对农村社、队办的小铁矿、小煤窑、小电站、小水泥厂免征工商税和所得税的通知》。通知中规定：从1978年到1980年，农村社、队办的小铁矿、小煤窑、小电站、小水泥厂的销售收入和利润，可以免征工商税和所得税。1981年1月27日，财政部规定：上述企业从1981年起恢复征收工商税和所得税。个别企业按照规定缴纳工商税有困难的，可以按照规定减税、免税。

同年8月27日，中共中央发出《关于继续实行粮食征购一定5年不变的政策》。这个文件中除了规定继续实行粮食征购一定5年不变的政策以外，规定原征购任务畸轻畸重的，由省掌握，可以适当调整；各省可以根据当地的实际情况规定合理的起征点，口粮在起征点以下的一律免征。

1978年12月召开的中共十一届三中全会拟定了《中共中央关于加快农业发展若干问题的决定（草案）》，并于1979年1月11日将其发至各地讨论和试行。决定（草案）中提出：社队企业要有一个大发展，国家对社队企业分别不同情况实行低税或者免税政策。1979年9月28日，中国共产党第十一届中央委员会第四次全体会议通过《中共中央关于加快农业发展若干问题的决定》，确定了上述支持社队企业发展的税收措施。

1978 年 10 月 31 日，财政部向国务院报送《关于减轻农村税收负担问题的报告》，建议采取以下措施减轻农村税收负担：

1. 适当延长农村社队企业开办初期减税、免税的年限，将现行规定的减征、免征工商税和所得税 1 年或者 2 年，改为免征工商税和所得税 2 年到 3 年。

2. 适当提高农村社队企业所得税的起征点，将原现行规定的 600 元的起征点改为 3000 元。

3. 为了促进边境地区和少数民族地区农业经济的发展，对边境县和民族自治县（旗）的社队企业免征所得税 5 年。目前经济条件仍然很困难的革命老根据地，需要比照以上办法对社队企业免征所得税的，可以由各省、自治区提出，报国务院审批。

4. 在粮食产区，凡是低产缺粮的生产队（包括大队统一核算的单位），每人平均口粮在起征点以下的，可以免征农业税。起征点由各省、自治区和直辖市作出规定，并报国务院审批。采取此项措施以后，国家确定的各省、自治区和直辖市的农业税征收任务不变。各地实行起征点需要免征的税额，每年报国务院审批，并从征收任务中核减。经国务院批准的免税额要逐级落实到需要免税的单位，任何单位不得克扣。

1978 年 12 月 2 日，国务院同意财政部的上述报告，并将其转发各省、自治区、直辖市和国务院各部门，要求结合各地的实际情况贯彻，自 1979 年起执行。

1979 年 6 月 18 日，国务院总理华国锋在第五届全国人民代表大会第二次会议上所作的《政府工作报告》中提出，为了支持农业发展，要减免部分经济条件较差的地区的农业税收和社队企业税收。6 月 21 日，财政部部长张劲夫在上述会议上所作的《关于 1978 年国家决算和 1979 年国家预算草案的报告》中也提出了减免农业税收和社队企业税收的建议。会议批准了上述两个报告。

同年 7 月 3 日，国务院发布《关于发展社队企业若干问题的规定（试行草案）》。这个文件中规定：今后新办的小铁厂、小煤窑、小电站和小水泥厂，可以从开办起免税 3 年；其他新办企业在开办初期纳税有困难的，经省、自治区和直辖市确定，可以免征工商税和所得税 2 年至 3 年，边境和少数民族地区的县（旗）的社队企业，从 1979 年起可以免征所得税 5 年。灾区的社队企业从事自救性的生产，经省、自治区和直辖市批准，可以在一定期限以内减征或者免征工商税和所得税。

1979 年 11 月 9 日，财政部发布《关于加强农业财务工作的意见》。意见中提出：在 1985 年以前，农业税的征收额应当继续稳定不变，增产不增税。按照实行起征点的办法，对部分经济条件差的地区和社队的农业税减免，从 1980 年起一定 3 年不变。各地征收农林特产税的范围和税率，毗邻地区要在负担政策上进行必要的平衡，以便更好地促进社队开展多种经营。牧业税也要贯彻稳定负担、增产不增税的政策。牧业税的税率，以省、自治区为单位，应当控制在畜牧业总收入的 3% 以内。

农业税起征点的办法实行以后，对于巩固和发展安定团结的形势，促进农业生产的发展，起到了积极的作用。但是，这个办法在执行中也存在着一些问题，主要有：少数地方重点照顾穷队不够，有平均减税、免税的现象；有些县、社把起征点的口粮和收入标准定得过高，使不该减税、免税的也减免了；有些地方由于对各项集体提留没有统一的标准，提留多的减税、免税多，提留少的减税、免税少。还有一些地方存在着克扣截留农业税减免税款的现象。为了进一步执行好农业税起征点办法，经过全国农业税工作会议讨论，财政部向国务院报送了《关于执行农业税起征点办法的情况报告》，其中提出以下改进意见：

1. 允许各地在国家统一的政策原则下，因地制宜地核定农业税的起征点。农业税的起征点原则上应当按照每人平均口粮水平，参照每人平均分配收入水平核定。

2. 为了核定生产队每人平均口粮和收入水平是否在起征点以下，要对集体提留和摊销规定一个标准。凡是没有统一标准的地方，应当以省或者地区为单位，由有关部门制定出标准。

3. 对于确属自然条件差，长期低产缺粮，收入水平低，维持简单再生产和最低生活有困难，而且改变这种状况需要较长时间的生产队，凡是符合起征点以下免税条件的，可以从1980年起实行免税一定3年的办法。对生产和生活暂时下降，当年缴税有困难的生产队，仍然按照国务院1978年的规定，根据当年的实际情况给予减税、免税照顾。实行这种办法，要在生产大队或者公社范围以内，经过民主评议，由公社核报县批准。

4. 征收农业税应当坚持以生产队为统一的纳税单位。以生产队为单位统一核算，社员口粮水平和收入水平在起征点以下的，可以免征农业税；由于各种原因，暂时无法以生产队为单位核算社员口粮水平和收入水平，缴税确有困难的，可以酌情减税、免税，具体办法由各省、自治区和直辖市研究制定。

5. 1979年经国务院批准核减的各省、自治区和直辖市的农业税税额，原则上从1980年起一定5年不变。在此期间，各省、自治区和直辖市核减的所属地、县的农业税税额是否调整，由各地自行决定。由于各地自然条件差别很大，为了保证政策的贯彻落实，完成征收任务，各省、自治区和直辖市可以掌握一部分减税、免税指标，作为地区之间的丰歉调剂。实行新的财政管理体制以后，农业税一定要继续贯彻稳定负担、增产不增税的政策，不得擅自增加社队的农业税负担。国家核减的农业税税额，要严格按照规定落实到需要免税的单位，任何部门和个人不得克扣。

6. 各民族自治区的农业税、牧业税减税、免税政策如何适当放宽，由各民族自治区在现行财政管理体制的范围以内，根据“分灶吃饭”的原则和本地区的具体情况研究决定，并报国务院备案。

1980年8月26日，国务院批转财政部报送的上述报告。国务院强调：征收农业税实行起征点的办法，是国家为了减轻穷队的负担，支持他们发展生产、改变贫困面貌所采取的一项重大措施。各级政府要认真检查和总结一年来的执行情况，组织财政、农业、粮食和银行等有关部门密切配合，进一步做好这项工作。实行新的财政管理体制以后，各地仍然要继续执行党和国家关于稳定农业税负担、增产不增税的政策。国家核减的农业税税额，一定要落实到应当减税、免税的穷困社队，任何部门、单位和个人不得克扣挪用。

在执行农业税起征点办法的4年中，全国共计减免农业税及其附加92.5亿千克，折金额29.3亿元，全国约有四分之一的社队和农业人口得到了此项税收照顾。其中，完全免税的生产队和农业人口占全国的17.4%，免征税额21.4亿元。

国务院1978年年底以后作出的关于农村社队企业减税、免税的规定执行以后，在一定时期内起到了积极的作用。但是，由于有些规定界限不清，有些地区在执行中扩大了解释，减免税的范围越来越大，从而分散了国家的财力，也在一定程度上助长了重复建设和盲目建设。为了贯彻执行狠抓调整、稳定经济的方针，适当平衡各种经济成分之间的税收负担，体现税收的鼓励和限制作用，国务院于1981年1月30日发布《关于调整农村社队企业工商税收负担的若干规定》，其中规定：

1. 为了扶植社队企业生产的正常发展，下列情况经当地省级人民政府批准，可以继续减税、免税：

（1）社队企业生产的直接为农业生产服务的产品，队办企业为本队社员生活服务的业务收入，可以列举具体产品和服务项目，就其收入免征工商税。

（2）社队企业生产直接为农业生产服务的化肥、农药和农机具修造等所得的利润，队办企业经营直接为社员生活服务的豆腐坊、粉坊、油坊、酱油坊、粮棉加工和理发、缝纫等所得的利润，确实需要给予照顾的，可以列举具体产品、服务项目，就其所得免征工商所得税。

（3）边境县和民族自治县（旗）的社队企业，从1979年到1983年可以继续免征工商所得税。

（4）灾区社队从事自救性生产，可以在一定期限以内减征或者免征工商税和工商所得税。

2. 为了限制同大的先进工业企业争原料，避免盲目建厂和重复建厂，取消现行社队企业在开办初期免征工商税和工商所得税2年到3年的规定，改为根据不同情况区别对待：

（1）在工商税方面，生产烟、酒、糖、棉纱和手表等高税率产品的，不予减税、免税。省级人民政府认为有必要增列高税率产品的，可以列举品目征税。生产其他产品和经营业务收入，加工能力不足地区生产的糖，按照规定纳税有困难的，可以给予1年以内的减税、免税照顾。

（2）在所得税方面，凡是同大的先进工业争原料的盈利较多的社队企业，不论是否新办，一律照章征税。其他新办企业，在政策上需要扶植的，可以区别情况，免税1年到2年。其中，个别企业免税期满以后纳税仍然有困难的，可以再免税1年。

上述减税、免税照顾，由企业向当地税务机关申请，经过审核以后，逐级上报当地省级人民政府批准。

3. 为了节约粮食，提高酒的质量，农村社队经县人民政府批准定点，用提留的饲料粮酿酒，并交由商业部门收购的，恢复按照40%的税率征收工商税。个别纳税有困难，当地省级人民政府认为需要照顾的，可以按照应纳税额减征一成或者二成。

4. 国家收购的土糖、土纸、土丝和土布等农副产品，应当坚持在收购环节征税。严禁擅自改变纳税环节，将商业收购单位应纳的税款给予社队，通过减税、免税增加社队的收入，减少国家的收入。

5. 农工商联合企业应当按照规定缴纳工商税，属于集体所有制的部分还应当按照规定缴纳工商所得税。

上述规定缩小了社队企业减税、免税的范围，缩短了减税、免税的期限，对于促进社队企业改善经营管理，限制其盲目发展，起了一定的作用。但是，由于税收上对于社队企业的照顾仍然偏多，仍然有些社队企业依靠这一条件重复建厂，盲目发展，以致社队企业同城镇工业争原料、争市场的矛盾仍然相当突出。为此，1982年3月18日，国务院发布《关于调整农村社队企业工商税收负担的补充规定》，其中规定：

1. 社队企业生产销售的烟、酒、糖、棉纱、手表、钟、鞭炮焰火、电子产品、自行车、缝纫机、塑料制品、焚化品、化妆品、丝绸、化纤纺织品、油漆、家用电器、钢木家具、皮革制品（不包括车马挽具）和橡胶制品，一律不得减税、免税。社队企业生产销售的其他产品，按照规定缴纳工商税有困难的，可以由当地省级人民政府确定给予1年以内的减税、免税照顾。

2. 社队企业生产的产品和提供的劳务，直接为本社队农业生产和社员生活服务的，除了上条规定的以外，可以免税。

3. 城市郊区的社队企业，开设在城市和县属镇的社队企业，其所得利润一律改按8级超额累进税率征收工商所得税，并适用国务院关于二轻集体企业增长利润减税的规定，不再执行现行起征点3000元和适用20%的比例税率的规定。社队经营的饮食、服务、修理行业改按此规定纳税有困难的，可以由当地省级人民政府确定，适当减税。

设在其他地区的农村社队企业，仍然按照20%的比例税率缴纳工商所得税（但是，其中生产上述第一条中所列产品和经营商业的，改按8级超额累进税率纳税）。按照20%的比例税率纳税负担偏轻，需要改按8级超额累进税率纳税的，可以由当地省级人民政府确定。

民族地区、边境地区的社队企业按照上述规定纳税有困难的，由当地省级人民政府考虑，适当照顾。

4. 社队企业管理部门所属的设在城镇或者城市郊区的企业、供销机构和专业公司，其所得利润一律改按8级超额累进税率缴纳工商所得税。社队企业管理部门提取的管理费，按照规定范围支付费用以后的余额，也按照上述税率纳税。

为了照顾农村饮食、服务和修理行业网点不足，设备条件较差的实际情况，在税收上给予适当支持，促使其发展，1979年4月12日，财政部发出《关于基层供销社饮食、服务、修理行业工商所得税税率问题的通知》。通知中规定：自同年1月1日起，对基层供销社经营饮食、服务和修理行业征税的所得税暂改按20%的税率征收（原规定税率为39%）。

同年4月26日，为了照顾供销社经营困难的实际情况，支持农业生产，财政部发出《关于供销社销售农用塑料薄膜免征零售环节工商税的通知》，自同年1月1日起执行。

### （三）调整城镇集体经济和个体经济的税收负担

1. 减轻合作商店和个体经济的税收负担。鉴于合作商店的经营范围基本上纳入了国营商业计划，组织规模、从业人员、工资制度、税后积累的分配使用和股金等情况已经发生了很大的变化，继续按照8级超额累进税率征收所得税并实行加成征税，负担较重，税后积累不多，经营上有一定困难，1978年12月28日，财政部发出《关于对合作商店征收所得税不再采用加成征税的通知》。通知中规定：自1979年1月1日起，对合作商店可以不再采用加成办法征税。如果某些行业仍然有较大的困难，可以结合实际情况，在不低于手工业所得税负担水平的原则下适当减税。

根据国家鼓励发展集体经济，允许个体经济适当发展，以利于搞活经济，繁荣市场，安置城镇待业青年就业的政策，为了适当减轻合作商店和个体经济的所得税负担，经国务院批准，财政部于1980年10月9日发出《关于改进合作商店和个体经济交纳工商所得税问题的通知》，其中规定：

（1）合作商店可以从同年10月1日起改按集体手工业8级超额累进税率计算缴纳所得税。合作商店经营饮食、服务和修理行业，改按上述税率计算纳税仍然有困难的，由省、自治区和直辖市研究确定，可以适当减税。

（2）对于个体经济，可以暂不执行14级全额累进税率和加成征税办法。所得税的负担水平，可以在相当于手工业所得税8级超额累进税率负担的原则下，由省、自治区和直辖市结合具体情况自行确定。

1981年7月7日，国务院发布《关于城镇非农业个体经济若干政策性规定》。这个文件中规定：各地政府和财政、商业、银行、工商行政管理等部门应当认真扶持城镇非农业个体经济的发展，在资金、货源、场地、税收和市场管理等问题上给予支持和方便。为了鼓励个体经营户从事社会急需而又紧缺的修理、加工、饮食和服务业，可以酌情适当减税、免税。广大群众需要但是经营确有困难和盈利微薄的，可以申请免税。上述规定原则上也适用于农村的非农业个体经营户。

同年10月17日，中共中央、国务院发布《关于广开门路，搞活经济，解决城镇就业问题的若干规定》。这个文件中规定：对于个体劳动者的税收，要规定合理的税率。各级党委和政府要责成计划委员会、经济委员会、建设委员会、财经办公室、商业、供销、物资、粮食、物价、财政、银行、税务、工商、外贸、城建、公安、侨办、教育、卫生、劳动、知识青年办公室和各产业部门，以及工会、共青团、妇联、侨联和民建会、工商联等组织，在统筹规划下，协同动作，为发展城镇集体经济和个体经济切实负起应尽的责任。有关部门要加强对集体经济和个体经济的指导和管理，并且抓紧研究制定包括资金筹集、税收政策、经营场地、供销渠道、招工带徒、价格管理、工资福利、劳动保护和社会保险等方面的政策。对于劳动服务公司和社会各方面所组织的以扩大就业为主要目的的集体经济事业，有关部门要从供产销渠道、银行贷款、经营场地、财政税收政策和开办经费等方面给予必要的支持和帮助。

2. 对为安置知识青年举办的集体企业予以税收照顾。1978年12月12日，中共中央批转《全国知识青年上山下乡工作会议纪要》和《国务院关于知识青年上山下乡若干问题的试行规定》。上述文件中规定：对独立核算的知青场队和安置知青为主的农业、工业、林业、牧业、副业和渔业基地，在1985年以前不缴税，不上缴利润，不担负农产品统购和派购任务。1979年2月16日，财政部据此发出《关于为城市上山下乡知识青年办的知青场、队及生产基地免税问题的通知》，其中规定：

（1）为了集中安置城市上山下乡知识青年而在农村专门为他们举办的独立核算的集体所有制场、队，从1979年到1985年可以免征工商税和工商所得税。少数县城、小集镇由于不具备安置条件而动员知识青年上山下乡，并专门为他们举办的上述场、队，可以比照办理。

（2）以安置城市上山下乡知识青年为主而举办的农业、工业、林业、牧业、副业和渔业基地，凡是独立核算、城市上山下乡知识青年占各基地总人数60%以上的，也可以按照上项规定，在1985年年底以前免缴税收和利润。机关、部队、学校、企业和事业单位为了安置本系统城市上山下乡知识青年而举办的上述基地，可以比照办理。

（3）农村社、队和国营农场为了安置城市上山下乡知识青年举办的农业、工业、林业、牧业、副业和渔业生产单位，在生产、经营上能与社、队企业或者本农场的生产区别开来，实行独立核算，其安置的城市上山下乡知识青年人数在60%以上的，也可以按照上述规定免缴税收和利润。

1979年12月17日，财政部发出《关于知青场、队免征农业税问题的通知》，其中规定：

（1）为了集中安置上山下乡知识青年而专门在农村举办的独立核算的集体所有制知青场、队，从1979年到1985年可以免征农业税。

（2）机关、部队、团体、学校、企业和事业等单位以安置本单位上山下乡知识青年而举办的农业、工业、林业、牧业、副业和渔业生产基地，凡是独立核算，自负盈亏，知识青年占基地职工人数60%以上的，也可以按照上项规定免征农业税。

（3）国营农场、林场、牧场和渔场等单位在场内专门为上山下乡知识青年而举办的集体所有的生产队，独立核算，自负盈亏，安置知青人数在60%以上的，可以比照上项规定免征农业税。

国务院1981年1月30日调整农村社队企业工商税收负担的时候规定，城镇上山下乡知识青年在农村或者城镇郊区所办的场（厂）队生产的烟、酒、糖、棉纱和手表等高税率产品，他们设在城镇的商业、服务业，所产烟叶、茶叶等应税商品，不交售商业收购单位而自行销售的，都应当照章缴纳工商税和工商所得税。他们的其他产品和经营业务收入，可以按照原来的规定，继续免征工商税和工商所得税到1985年年底。

为了安排城市知识青年就业，在城镇新办的集体所有制企业，1978年10月16日，财政部发出《关于一些城镇为安排知识青年新办集体企业减免税收问题的通知》。通知中规定：凡为安排知识青年就业而在城镇新办的集体企业，可以从投产经营的月份起免征工商所得税1年。1年以后企业仍然有困难的，可以再酌情适当照顾。

1979年6月14日，财政部发出《关于劳动服务公司组织的生产、服务等单位纳税问题的通知》。通知中规定：对于劳动服务公司组织的生产和服务性单位，可以按照上述1978年的规定享受所得税方面的照顾。劳动服务公司组织的集体生产单位所生产的产品按照规定缴纳工商税有困难的，可以按照税收管理体制的规定定期减税、免税。劳动服务公司和城镇街道组织为安排知识青年而组织的劳务、修理和服务等集体单位的业务收入，可以从经营之日起免征工商税1年。

1980年4月25日，财政部发出《对安置待业知青的城镇集体企业进一步减免税的通知》，其中规定：

（1）将安置待业知识青年的新办集体企业可以从投产经营的月份起免征工商所得税1年，1年以后企业仍然有困难的，可以再酌情给予照顾的规定，改为从投产经营的月份起免税2年到3年。

（2）将安置待业知识青年新办的从事劳务、修理和服务等集体企业单位的业务收入可以从经营之日起免征工商税1年的规定，改为从经营之日起免征工商税2年到3年。

（3）为安置待业知识青年兴办的集体企业生产的产品，按照规定缴纳工商税有困难的，可以按照税收管理体制的规定定期减税、免税。

（4）原有城镇街道办集体企业，当年新安置待业知识青年占企业职工总人数60%以上的，可以按照上述第一项规定免征工商所得税2年到3年；上述比例不足60%，纳税有困难的，可以由省级税务机关适当减税。

3. 二轻集体企业增长利润减征所得税。1981年5月5日，国务院发出《关于抓紧今年工交生产，努力增产增收，保证完成国家计划的通知》。通知中规定：二轻集体所有制企业税后利润的分配实行“多留少缴”的原则，经省级人民政府批准，可以实行确定企业税后利润留成基数，一定几年不变，每年增长部分按照一定比例减征所得税和减少上缴合作事业基金。6月30日，财政部据此发出《关于二轻集体企业增长利润实行减征所得税有关问题的通知》。通知中规定：二轻集体企业所得税的课税基数为1980年课税所得额，企业当年比基数增长的所得额扣除一定比例免征所得税，基数规定几年不变和减征所得税的比例均由各省、自治区和直辖市人民政府确定。

4. 民政福利企业减免所得税。1980年2月28日，财政部、民政部发出《关于民政部门举办的福利生产单位交纳所得税问题的通知》。通知中规定：自1980年起，福利生产单位盲、聋、哑、残人员占生产人员总数的比例超过10%，不足35%的，可以减半征收所得税；上述比例达到35%以上的，可以免征所得税。新办的福利生产单位，可以从投产的月份起免征所得税1年。

5. 勤工俭学税收优惠。从1978年到1980年，根据国务院、财政部、教育部的有关文件，对勤工俭学收益给予了多方面的税收优惠，其主要内容有：

（1）大学、中学和小学勤工俭学所得收入，一律不缴纳所得税。

（2）大学、中学和小学勤工俭学生产的产品，凡用于本校教学、科研和生产方面的，不征工商税；对外销售产品的收入和接受校外加工、修理、修配业务所得的收入，应当按照规定缴纳所得税。按照规定纳税有困难的，经纳税人申请和税务机关批准，可以减税、免税。

（3）校办农场的农业收入，应当按照税法缴纳农业税。依法新开垦的荒地，在山地上新垦植或者新垦复的桑园、茶园、果园和其他经济林木，可以自有收入的年度起定期免缴农业税。少数新建的校办农场在开办初期按照规定纳税确有困难的，报经所在县县人民政府批准，可以酌情免税、减税。

（4）各省、自治区和直辖市为了扶持勤工俭学事业的发展，已经根据国家的税收政策作了具体规定的，仍然可以执行。

### （四）配合产业结构、产品结构调整采取的税政措施

1. 促进专业化协作。1978年6月9日，根据第三次全国农业机械化会议的要求，财政部发出《关于农机金属协作件免税的通知》。通知中规定：农机制造厂、农机修造厂和其他工业企业为农机产品协作生产的柴油机、汽油机、电动机、轴承、推土铲、随机工具和农机具的金属配件，铸、锻、冲压、电镀和热处理等金属工艺协作件，凡是订有协作合同或者协议分配单的，都可以免征工业环节工商税。

1979年11月7日，财政部发出《关于试办企业性工业公司征税问题的通知》。通知中规定：试点公司所属厂（矿）相互供应配套产品和零部件，如果是按照实际成本或者计划成本作价的，可以免征工商税。试点公司所属厂（矿）把一部分产品或者零部件扩散到公司以外的其他企业生产，其产品凡是供给原公司所属厂（矿）生产配套，属于固定的协作关系，订有协作合同，实行协作价格的，可以免征工商税。对于上述企业之间的工艺性协作（如电镀、机械加工等），也按照上述原则办理。

2. 鼓励发展对外贸易。1979年8月7日、12月10日，财政部先后发出通知，规定对企业生产出口的手表、电风扇、化妆品和照相机等产品减征工商税。

同年 9 月 3 日，国务院发布《开展对外加工装配和中小型企业补偿贸易办法》。办法中规定：加工装配和中小型补偿贸易所需原材料、零部件和设备的进口，可以免征关税和工商税。承担加工装配的企业加工装配所得纯收入，在 3 年以内，国营企业可以免征工商税，免缴利润；集体企业可以免缴工商税和所得税。中小型补偿贸易项目在偿还设备价款期间可以免缴税金和利润。

1980 年 12 月 30 日，国务院批转财政部《关于进出口商品征免工商税收的规定》，自 1981 年 1 月 1 日起执行，其中规定：

（1）对于国家准予出口的商品，按照扣除税金计算，换汇成本高于当年贸易外汇内部结算价格的，可以免征工商税；低于上述价格的，可以酌情减征工商税。已经缴纳工商税的商品转给出口部门外销的时候，一律不退还已经缴纳的工商税。已经减征、免征工商税的出口商品转为内销的时候，税率在 20% 以上的，应当照章补缴工商税，税率在 19% 以下的，一般不用补税。

（2）各类企业、机关、团体和事业单位等从国外进口的商品，都应当依法缴纳工商税，但是下列进口商品可以免税：经过国家批准引进的先进技术和样机；中外合营企业中的外国合营者按照合同规定作为资本投资进口的机器设备、零部件和原材料；国家批准的建设经济特区所进口的设备、器材和运输装卸工具；经济特区的企业为生产出口商品而进口的机器设备、零部件和原材料；外商、侨商、港澳工商业者来料加工、来件装配和中小型补偿贸易，根据合同规定，生产上所需进口的原材料、零部件和设备；直接用于科学研究、科学实验和教学方面的仪器、设备；经国家批准由财政补贴的政策性亏损商品（如粮食、原糖、农药和化肥等）。为加工出口商品而进口的原材料、辅助材料、包装材料和零部件，可以免征工商税；但是，加工出口转为内销的商品所耗用的上述物品应当补征进口环节的工商税。

（3）凡是外商、侨商、港澳工商业者来料、来件部分占产品的原材料、辅助材料和零部件总值不足 20% 的，照章征收工商税和所得税；占 20% 以上的，对其产品可以免征工商税，对其所得收入，从所得第一笔收入的月份起，在 3 年以内，国营企业可以免缴工商税，集体企业可以免缴工商税和工商所得税。上述免税进口的原材料、辅助材料、零部件和制成的商品转为内销的时候，应当按照规定补税。

1981 年 6 月 3 日，国务院发出通知，批转国家进出口管理委员会报送的《关于当前对外经济贸易如何为国民经济调整服务的报告》。通知中规定：现行的价格、税收和信贷办法，凡不利于奖出限入的，要逐步加以改革。目前要先解决好一些高亏出口商品和进料加工亏损商品的减税让利问题。要从国家的全局算账，只要有利的，就要从政策上支持。

同年 7 月 1 日，海关总署、财政部和对外贸易部发布《专为制造外销商品而进口的原材料、零部件免税和管理办法》。办法中规定：自 8 月 1 日起，符合规定的专为制造外销商品而进口的料、件，可以免征关税和工商税。

1982 年 2 月 16 日，海关总署、财政部等 4 个单位发出《关于进料加工成品所需进口料、件扩大免税范围的通知》。

3. 支持发展新产品。1978 年 4 月 21 日，财政部发出《关于在税收上对新产品采取扶植政策的通知》。通知中规定：对于纳入国家和中央各部门以及各省、自治区、直辖市计委、科技局试制计划的新产品，在试制期间可以免征工商税。试制成功以后，投产初期征税发生亏损的，可以免征工商税 1 年。免税期满以后恢复征税有困难的，当地省级财政、税务部门可以适当减税或者延长免税期限，但是不能超过1年。

1981年4月1日，国务院批转国家经济委员会、国务院体制改革办公室报送的《关于工业管理体制改革座谈会的汇报提纲》。提纲中提出：生产新产品的企业在新产品试销期间成本高、利润低或者亏损的，经过批准可以减税、免税。5月5日，国务院发出《关于抓紧今年工交生产，努力增产增收，保证完成国家计划的通知》。通知中规定：大力发展新产品，企业试销新产品期间（一般为1年，最多不超过2年），经省级财税部门审查，人民政府批准，可以酌情减税或者免税。11月11日，根据上述通知和国务院的其他有关文件，财政部发出《关于对新产品实行减税免税照顾问题的通知》，其中规定：

（1）新产品减免税的范围：凡是符合国务院和有关部委的规定，在一个省（自治区、直辖市）范围以内第一次试制生产并经过有关主管部门鉴定确定的新产品，其在试制期间销售的试制品和经过鉴定以后投产试销的产品，由于成本高、利润过低或者亏损的，可以减税、免税。

（2）新产品减免税的审批权限：对于需要给予减税、免税照顾的新产品，一般由省级财税部门审查批准；卷烟、酒、糖和手表4种产品应当报财政部批准。

（3）新产品减免税的期限：一般定为1年，最多不超过2年。期满以后纳税仍然有困难的，可以按照税收管理体制的规定适当减税、免税。

4. 适当调整税率和减免税以扶持特定产品的生产、进口。为了更好地运用税收这个经济杠杆调节工业产品的利润和企业收入，鼓励短线产品的生产，限制长线产品的生产，配合价格调整，贯彻合理负担政策，促进国民经济调整和生产发展，国家先后调整了部分工业产品的税率，采取了一些免税、减税措施。例如：

1978年4月4日，国务院发出《关于棉花生产几项政策规定的通知》。通知中规定：棉花收购价格调整以后，调拨、供应价格按照提价金额相应提高，棉纱、布匹的出厂销售价格一律不动。由于棉花提价而使纺织工业成本增加的部分，以分等减少部分纱支税收办法解决。8月17日，财政部据此发出《关于棉花提价后对纺织企业生产的纱、布减征工商税等问题的通知》。

同年8月17日，对外贸易部、财政部等4个单位发布实施《科教用品报运进口免税办法》，自10月1日起执行，其中规定：

（1）进口下列直接用于科学研究、实验、教学等用品及其样品（以下简称科教用品），可以免征关税和工商统一税：科研、教学用仪器、设备及其零配件，化学、医学研究和教学实验用品，科研和电化教学专用摄、录像机、电视机、摄影机、放映机、照相机、幻灯机、录音机及其零配件以及录音、录像片、带，教育专用电影片、幻灯片和艺术用品，书刊、图表、讲稿，标本、模型和语言录音片。

（2）中央国家机关所属科学研究机构委托各对外贸易进出口总公司向国外订购的科教用品，统一由中国科学院审查，并在订货卡片上加盖“科研用品”戳记；地方科学研究机构委托各对外贸易进出口分公司向国外订购的科教用品，由省（自治区、直辖市）主管科技的部门审查，并在订货卡片上加盖“科研用品”戳记，凭以免征关税和工商统一税。

（3）中央国家机关所属学校委托各对外贸易进出口总公司向国外订购的科教用品，统一由教育部审查并在订货卡片上加盖“科研用品”戳记；地方各部门所属学校委托各对外贸易进出口分公司向国外订购的科教用品，由省（自治区、直辖市）高等教育局或者教育局审查并在订货卡片上加盖“科研用品”戳记，凭以免征关税和工商统一税。

（4）出国的考察团、代表团和机关、团体、学校等单位经外贸部批准自行购运进口的、符合规定的科教用品，可以凭有关机关的证明文件免税放行。

1982年1月29日，海关总署、财政部将上述办法修订发布，进一步明确了免税物品的范围，即科研、教学用的分析、测试、检查、计量、观测、发生信号的仪器（表）及其配套设备和附件，科研、教学实验用的医疗仪器，科研、教学用的计算机系统，化学试剂，实验用动物，教学专用闭路电视及其配件，教学专用的电影片、幻灯片和原声录音带，书刊、图表、讲稿和科技交流资料，标本、模型；简化了审批免税的手续，即学校和专门从事科学研究的机构进口科教用品不再经过中国科学院、教育部或者省（自治区、直辖市）科技、教育部门审查，可以直接向海关申请核批。

1978年10月20日，财政部发出《关于降低食盐销售价格减征盐税的通知》，其中作出了浙江、江西、湖北、湖南、四川、云南6个省和广西壮族自治区降低食盐销售价格以后减征盐税的规定。

同年，财政部规定：煤矿销售煤矸石产品可以免征工商税。

1979年2月21日，国务院批转国家建设委员会、国家建材总局报送的《关于加速发展建材工业的几项措施》。这个文件中提出：以废渣为主要原料生产的产品，投产3年以内免征工商税和利润。以后按照税法规定纳税有困难的，仍然可以定期减税、免税。县办小水泥从1979年起一律减半征收工商税，新型建筑材料在试制和投产3年以内免征工商税。3月16日，财政部据此发出《为贯彻国务院加速发展建材工业几项措施中有关工商税规定的解释》。

同年9月13日，第五届全国人民代表大会常务委员会第十一次会议原则通过《中华人民共和国环境保护法（试行）》。该法（试行）中规定：国家对企业利用废气、废水、废渣（以下简称“三废”——笔者注）作主要原料生产的产品，给予减税、免税和价格政策上的照顾，盈利所得不上交，由企业用于治理污染和改善环境。

1980年6月21日，国务院批转国家经济委员会、国家计划委员会和财政部报送的《关于加强现有工业交通企业挖潜、革新、改造工作的暂行办法》。暂行办法中提出：企业治理“三废”措施，增加的产品，可以申请减税、免税。

1981年2月24日，国务院发布《关于在国民经济调整时期加强环境保护工作的决定》。决定中规定：对“三废”综合利用的产品，要按照规定减税、免税。

从1979年到1981年，为了解决钢坯生产的困难，财政部连续发出通知，规定在上述3年期间对钢坯免征工商税。

1979年11月13日，国务院批转轻工业部、财政部报送的《关于糖料提价后降低食糖税率的报告》。

1980年3月14日，财政部发出《关于调减边销茶税率问题的通知》。

同年7月17日，财政部规定：在勘察设计单位实行企业化试点期间，其取得的勘察设计收入可以暂不征收工商税。此项税收优惠执行到1982年年底。

同年10月7日和1981年8月6日，财政部先后发出通知，将火柴的工商税税率从12%降低到5%和3%（第二次降低税率经国务院批准）。

同年10月20日，国务院批转轻工部、商业部和粮食部报送的《关于解决婴幼儿食品问题的报告》。报告中提出：生产婴幼儿食品的工厂、车间，按照规定纳税有困难的，可以申请减税、免税。1981年11月2日，财政部据此发出《关于生产婴幼儿食品征税问题的通知》。通知中规定：企业生产婴幼儿食品有困难，需要税收扶持的，可以由省级财政部门审核以后，区别情况定期减税、免税。

1981年4月24日，国务院发出《关于加强茶叶工作的通知》。通知中规定：超过计划交售的毛茶，工商税税率从40%减为20%，减税金额全部给超交茶叶的生产单位。

同年7月14日，国务院批转《全国民族贸易和民族用品生产工作会议纪要》。纪要中提出：民族用品生产、经营亏损，纳税有困难的，可以由省级财税部门按照规定减征、免征工商税。实行民族贸易照顾政策的地区，基层供销社的所得税实行定期减征；生产民族用品的手工业企业的所得税可以再适当放宽。8月15日，财政部据此发出《关于"三项照顾"地区基层供销社和生产民族用品的手工业企业实行所得税定期减征照顾有关问题的通知》（"三项照顾"指国家从1963年开始对民族贸易企业实行利润留成照顾、自有资金照顾和价格补贴照顾的政策——笔者注）。

同年11月5日，财政部规定：建筑和房产等部门建造出售的商品房可以减按3%的税率征收工商税。个别纳税仍然有困难的，各地可以酌情减税、免税。

同年11月24日，经国务院领导批准，财政部发出通知，将玻璃和大中型水泥厂生产销售的水泥的工商税税率从15%降低到10%，将小型水泥厂生产销售的水泥的工商税税率降低到5%。

1982年6月10日，经国务院批准，财政部发出通知，降低肥皂，布面胶鞋，炼乳、奶粉，砂器、瓦器，洗衣粉5个项目的工商税税率，提高原油、汽车轮胎2个项目的工商税税率。

5. 工业企业自销产品征税。随着工业企业自销产品的迅速增加，不仅使商品流通渠道、工商收入分配等方面发生了变化，而且在税收负担上出现了工业自销轻于商业经销的情况，使国家减少了税收。为此，1981年8月12日，国务院批转财政部报送的《关于工业企业自销产品征收工商税和利润处理的规定》，自同年8月1日起执行，其中规定：

（1）工业企业设立门市部销售自己生产的产品，除了在拨交门市部的时候缴纳工业环节的工商税以外，还应当同商业企业一样，按照实际销售收入缴纳商业零售环节的工商税。

（2）工业企业不设立门市部自销的产品，除了缴纳工业环节的工商税以外，还应当视同商业零售缴纳一道商业零售环节的工商税。

（3）工业企业自行销售按照规定减征或者免征工业环节工商税的产品，应当按照实际销售收入征收一道商业零售环节的工商税。这样执行以后，如果有的自销产品出现亏损或者无利，经过税务机关批准，可以酌情减征、免征零售环节的工商税。

6. 改进委托加工产品征税办法。为了解决工业企业生产销售的产品按照规定要纳税，委托加工产品有很大一部分不纳税的矛盾，平衡税收负担，保证税收收入，财政部于1981年11月9日发出《关于改进委托加工产品征税办法的通知》，其中规定：

（1）一切企业、事业单位、物资部门、工交部门的供销单位和基本建设单位、军事部门、其他使用单位委托工业企业加工的产品，都应当按照法定税率征收工商税。其中，工业企业委托加工的产品，凡是加工收回以后供本企业继续生产产品使用的，可以免税。商业零售单位为了处理残次冷背商品需要加工改制而委托加工的产品，物资部门为了处理库存积压物资而委托加工的产品，按照规定纳税有困难的，可以由各省、自治区和直辖市根据实际情况适当减税、免税。消费者个人委托工业企业加工的产品，只就工商税税率表中列举的产品征税，属于“其他工业品”范围的产品可以不征税。军事部门委托工业企业加工的和继续作为生产产品使用的军品免税，只就加工自用的民品征税。

（2）委托加工产品，应当是由委托方提供原料和主要材料，受托方只收取工缴费和代垫部分辅助材料。对于由受托方提供原材料生产的产品和受托方先将原材料卖给委托方，再接受加工生产的产品，或者由受托方用委托方名义购进原材料生产的产品，不论企业在财务上是否作销售处理，都不能视同委托加工，而应当按照产品销售征税。

（3）委托加工产品应当缴纳的工商税税款，属于基本建设单位、军事部门、其他使用单位和消费者个人委托加工的，应当由接受委托加工的工业企业在委托方提货的时候代扣代缴；工商企业和物资部门、工交部门的供销单位委托加工的，一律在加工产品收回的时候由委托方纳税。

7. 减税还贷。1979年8月28日，国务院批转国家计划委员会、国家建设委员会和财政部报送的《关于基本建设投资试行贷款办法的报告》。报告中提出：生产税大利小产品的企业，用规定的资金项目偿还贷款有困难的，经省级财税部门审查，报财政部批准，在还本付息期间可以减征、免征工商统一税（似应为工商税——笔者注）。

为了有利于发展生产，开辟财源，使贷款企业增加还款资金来源，缩短还款期限，根据国务院领导的指示，财政部于1980年8月9日发布《关于企业使用各种专项生产措施贷款还款问题的规定》。这个文件中规定：全民所有制企业在归还贷款本息期间，可以用贷款项目投产以后增加的利润和固定资产折旧基金、固定资产占用费归还。城镇集体所有制企业在归还贷款本息期间，可以用贷款项目投产以后所增加的全部利润和固定资产折旧基金归还。上述企业按照上述规定归还贷款本息有困难的，经税务机关批准，可以用贷款项目新增的产品应纳的工商税归还。

### （五）开征新税，扩大征税项目

1. 试行增值税。为了彻底解决专业化生产、协作生产、工业改组与产品重复征税的矛盾，从1980年开始，在广西柳州、上海等地的机器机械行业中开展了征收增值税的试点。

1981年5月5日国务院发出的《关于抓紧今年工交生产，努力增产增收，保证完成国家计划的通知》中规定：凡经国务院和省、市、自治区批准的独立核算的企业性公司、总厂，取消内部协作配套产品的重复征税，改由公司、总厂统一缴纳增值税。

同年7月11日，根据国务院的指示，财政部发出《关于对工业公司试行增值税和改进工商税征税办法的通知》，决定对机器机械、农业机具和日用机械3个行业的工业公司试行增值税。

1982年4月19日，财政部发布《增值税暂行办法》，规定除了机器机械、农业机具以外，再选择缝纫机、自行车和电风扇3项产品试行增值税。

同年12月29日，财政部再次发出通知，规定自1983年1月1日起，生产机器机械、农业机具、缝纫机、自行车和电风扇的企业一律按照新发布的《增值税暂行办法》试行增值税。

2. 开征烧油特别税。为了贯彻国家将烧油改为烧煤的经济决策，合理利用能源，运用税收杠杆适当解决由于油、煤比价不合理而造成的不利于节油的矛盾，推动企业加快烧油改烧煤的进程，1982年4月22日，国务院批转国家计划委员会、财政部报送的《关于征收烧油特别税的报告》和《关于征收烧油特别税的试行规定》，自7月1日起试行。6月19日，财政部发布《关于征收烧油特别税若干问题的补充规定》。

烧油特别税的征税对象为用于锅炉和工业窑炉燃烧用的原油、重油，纳税人为用油单位（购油单位的应纳税款由供油单位代收代缴），以销售数量或者自产自用为计税依据，从量定额价外征收，原油的税额标准为每吨40—70元，重油的税额标准为每吨70元。

3. 开征牲畜交易税。改革开放以后，随着农业生产的发展，社队集体和社员个人饲养的大牲畜越来越多，牲畜交易量也逐渐增加。因此，不少地方和个人建议恢复征收牲畜交易税。为了加强法制，保护牲畜正当交易，并适当调节收入，1982年12月13日，国务院发布《牲畜交易税暂行条例》，自1983年1月1日起施行。

牲畜交易税的征税对象为买卖牛、马、骡、驴和骆驼5种牲畜的行为，纳税人为购买的应税牲畜的单位和个人，计税依据为牲畜交易的成交额，税率为5%。遭受严重自然灾害地区的人民公社、生产队和社员个人在恢复生产期间持有关证明购买自用的牲畜，配种站、种畜站（场）购买的种畜和科研、教学用畜，省级人民政府规定需要免税的牲畜，可以免征牲畜交易税。全国的牲畜交易税制度从此统一。

4. 扩大征税项目。1980年5月29日，财政部发出《关于对广告业务收入征收工商税的通知》，明确广告业务收入按照服务业和5%的税率征收工商税。

1981年8月10日，国务院批转财政部报送的《关于机关、团体等单位所属宾馆、饭店、招待所征税的规定》。这个文件中规定：为了加强企业、事业单位的经营管理，增加国家财政收入，对一切有经营收入的单位，都应当规定征收一定的税金，这是企业、事业单位对国家应尽的义务。根据上述规定，自同年8月1日起，对过去不征税的机关、团体、部队和企业、事业单位所属宾馆、饭店、招待所的营业收入征收5%的工商税。11月9日，财政部据此发出《关于对各种手续费收入征收工商税的通知》和《关于对机关、团体、企事业单位及其主管部门的运输队等征税问题的通知》。

上述财政部第一个通知中规定：承办商品代购代销业务、代理进出口业务、代办委托加工业务、从事介绍商品买卖业务的企业、单位收取的手续费（管理费）和佣金，按照服务行业5%的税率征收工商税。工业企业销售购进的原材料加收的手续费、管理费和差价收入，接受委托代办经济、技术等服务业务的企业和单位收取的手续费，也按照上述规定征税。

上述财政部第二个通知中规定：机关、团体、企业和事业单位及其主管部门的运输队（汽车队）取得的运费收入，都应对就其实际收入征收工商税。有的单位自备车辆主要为本单位服务，并不对外经营，偶尔对外临时支援，按照规定征收有困难的，可以由省（自治区、直辖市）给予免税。

1981年10月10日，国务院发布《关于加强旅游工作的决定》。决定中规定：旅行社要实行企业化，照章纳税。12月8日，财政部据此发出《对旅游业务征收工商税的通知》。通知中规定：旅行社从事旅游业务取得的收入按照服务行业征收工商税，其中综合服务费扣除支付的食、宿和交通费用以后的余额按照5%的税率征税，食、宿和交通收入分别按照规定的税率征税，上述收入统一核算的按照5%的税率征税。非旅游部门从事旅游业务取得的收入，也按照上述规定征税。

1982年1月23日，财政部规定：技术转让费收入按照服务行业3%的税率征收工商税，集体企业取得的此类收入应当并入企业的所得征收工商所得税。按照规定缴纳工商税有困难或者需要支持鼓励的，可以减税、免税。

同年6月10日，经国务院批准，财政部发出《关于调整工商税若干产品税率和扩大征税项目的通知》。通知中规定：自同年6月1日起对银行开征工商税，计税依据为业务收入减去存款利息支出以后的差额，税率为10%（后来计税依据改为营业收入，税率降为5%——笔者注）。信用社暂缓征税。

### （六）鼓励外商投资

1980年5月16日，中共中央、国务院批转《广东、福建两省会议纪要》，其中提出了下列税收措施：

1. 特区所需的机器设备、零配件、原材料等生产资料允许免税进口；生产用品原则上以国内供应为主，国内确实难以供应的生活必需品，经过批准，可以征税或者减免税进口。特区产品和进口商品一般不得内销，必须内销的，应当按照规定补征关税。

2. 对现行税法中不适应新形势的税率，应当作出必要的修订。用进口原料加工出口的商品，其进口原材料和元器件免征关税。今后要逐步实行进口纳税、出口退税的办法。为解决两省能源困难进口的煤炭、石油，经批准的中外合营企业进口的技术设备免征关税。

3. 为了吸引侨商、外商投资，所得税、土地使用费和工资可以略低于港澳。所得税税率初步定为15%。关税的减免必须报中央批准。

1981年5月15日，财政部发出《关于华侨回国投资有关纳税问题的通知》，自同年1月1日起执行，其中规定：

1. 华侨同国内企业投资兴办的合营企业可以比照中外合资经营企业所得税法规定的税率计算缴纳所得税，并享受下列税收优惠：

（1）新办的企业，合营期在10年以上的，经过税务机关批准，可以从开始获利的年度起，第一年免征所得税，第二年到第六年减半征收所得税。

（2）华侨同国内企业投资兴办的农业、林业等利润比较低的合营企业和在经济不发达的边远地区兴办的合营企业，按照上述规定免税、减税期满以后，可以在以后的10年到15年以内继续减征20%至40%的所得税。

（3）华侨从合营企业分得的利润在国内再投资，期限不少于5年的，可以申请退还再投资部分已经缴纳所得税的40%。

2. 华侨作为合营企业资本投资进口的机器设备、零部件、原材料、肥料、饲料等建厂和生产物资，免征进口环节工商统一税。

3. 华侨同国内企业投资兴办的合营企业生产的出口产品，按照规定纳税有困难的，经过税务机关批准，可以减征、免征工商统一税。

4. 华侨在国内投资公司的投资，不分红利，股息不高于国家银行、信用社储蓄存款利率的部分可以免征所得税。

5. 在合营企业任职的华侨，可以只就其来源于中国境内的收入缴纳个人所得税。

6. 香港、澳门和台湾同胞在内地投资的有关纳税问题比照上述规定办理。

同年7月19日，中共中央、国务院批转《广东、福建两省和经济特区工作会议纪要》，其中提出了下列税收的措施：

1. 税收方面，凡属国家税收法的制订、颁布和实施，税种的开征和停征，税目的增减和税率的调整，以及涉及国与国之间的税收规定，由中央统一决定。在上述原则下，除了烟、酒、糖和手表4种产品以外，两省对其他产品、某些行业、企业的减税、免税，地方各种税收的减税、免税、开征和停征，可以自行确定。

2. 海关管理，包括关税收入和减税、免税，由中央集中统一管理。两省用进口原材料加工以后出口的商品，其进口的主要原材料和零部件可以免征关税。

3. 海关对经济特区进口的货物、物品要给予特殊的关税优惠。特区和非特区的分界线进行严格的管理控制以后，凡经批准进口供特区使用的生产资料和消费资料，除了烟、酒按照最低税率减半征税、少数物品照章征税以外，其他都可以免征关税。

1982年2月10日，财政部发出《关于华侨在国内独资经营或者合作生产、合作经营减、免税优惠问题的通知》，自同年1月1日起执行，其中规定：

1. 华侨在国内独资经营和同国内企业合作生产、合作经营的企业（以下简称华侨企业），可以比照外国企业所得税法规定的税率计算缴纳所得税。

2. 华侨企业全年所得额不满人民币100万元的，可以视为生产规模小、利润低的企业，由所在地省级人民政府决定减征、免征地方所得税。

3. 从事农业、林业和牧业等利润率低的华侨企业，经营期在10年以上的，除了按照外国企业所得税法从开始获利的年度起第一年免征所得税、第二年和第三年减半征收所得税以外，还可以延长2年减半征收所得税。减税期满以后，经过批准，可以在以后15年以内继续减征15%至30%的所得税。

4. 华侨与国内企业合作生产、合作合营，作为资本投资进口的机器设备、零部件、原材料、肥料和饲料，可以按照规定免征进口环节工商统一税。

5. 华侨企业生产的出口产品，按照规定纳税有困难的，经过税务机关批准，可以减征、免征工商统一税。

6. 在华侨企业任职的华侨，可以只就其来源于中国境内的收入缴纳个人所得税。

7. 香港、澳门和台湾同胞在内地独资经营和同内地企业合作生产、合作经营的企业，比照上述规定办理。

同年2月28日，国务院批准海关总署、财政部报送的《关于中外合作开采海洋石油进出口货物征免关税和工商统一税的规定》。这个文件中规定：下列进口货物可以免税：经核准直接用于勘探作业的机器、设备、备件和材料；按照国家有关规定，经核准需要进口直接用于开发作业的机器、设备、备件和材料；为在国内制造供海洋开采石油作业用的机器、设备，经核准需要进口的零部件和材料。外国合同者为开采海洋石油而暂时进口并保证复运出口的机器和其他工程器材，在进口和复运出口的时候可以免税。外国合同者按照合同规定所得的原油，装运出口的时候可以免征出口税。

同年9月21日，国务院发出《关于中外合资、合作项目征税问题的通知》。通知中规定：中外合资经营企业所得税法、外国企业所得税法公布以前，经国家主管机关批准，在同外商、港商签订合资、合作项目的合同中列有企业所得税负优惠条款、列明对项目建设过程中所需进口物资给予税负优惠待遇条款的，都可以按照合同原订条款执行。前项合同列有对外商、港商取得的专利、版权等特许权使用费收入给予税负优惠待遇条款的，也可以按照合同原订条款执行。个人所得税法公布以前，经国家主管机关批准，在合同中对个人所得列有给予税负优惠待遇条款的，可以按照合同原订条款执行。以上规定执行到合同原订期限届满为止。

同年12月13日，财政部发出《关于对专有技术使用费减征、免征所得税的暂行规定》，自1983年1月1日起执行。这个文件中规定，下列各项专有技术使用费（包括与转让专有技术使用权有关的图纸资料费、技术服务费和人员培训费，下同）可以减按10%征收所得税，其中技术先进、条件优惠的，可以免征所得税：

1. 在发展农业、林业、渔业和牧业生产方面提供专有技术所收取的使用费；

2. 为中国科学院、高等院校和其他科研单位开展科学研究、科学实验，或者同中国科研单位合作开展科学研究，向中方提供专有技术所收取的使用费；

3. 为中国开发能源、发展交通运输的重点建设项目提供专有技术所收取的使用费；

4. 在节约能源和防治环境污染方面提供的专有技术所收取的使用费；为中国开发重要技术领域提供规定专有技术的使用费。

### （七）关税征收办法的改进和关税政策的调整

在"文化大革命"中，经国务院批准，自1967年7月起，中国海关对外贸部系统各进出口公司进口的按照国务院规定的统一作价办法作价的商品停止征收进口关税，其税款由外贸公司并入外贸利润统一上缴国库，出口关税也照此办理，从而使关税近乎名存实亡。

1979年8月17日，国务院批转财政部、国家计划委员会和对外贸易部报送的《关于改进征收关税办法和改革海关体制的报告》，其中提出了恢复关税单独计征和适当简化外贸公司的纳税手续的意见。

1980年2月9日，国务院发布《关于改革海关管理体制的决定》。决定中规定："关税收入统一归中央，关税应单独计征，与外贸利润分开交库。关税的征收和减免，由海关总署会同财政部制定办法，经国务院批准执行。关税减免的报批手续由海关总署统一办理。"从此，开始了中国关税制度的改革。

为了适应调整国民经济和扩大对外经济贸易往来的需要，中国于1980年和1982年两次大幅度地调整了进口关税的税率，并恢复征收出口关税。

为了保护国内生产，平衡国内外同类商品的价格，从1980年11月1日起，中国将电视机、收录音机和电子计算器的进口关税的税率分别从60%、60%和40%一律提高到80%。

从1982年1月1日起，调整海关税则939个税号中149个税号的税率，调整面达15.9%。这是新中国成立30多年以来范围最大的一次关税税率调整，其主要内容是降低国内不能生产供应的先进设备、供应不足的原材料和机器、仪器的零部件的税率，提高某些耐用消费品和国内已经能够生产供应的机器设备的税率。值得注意的是这次调整税率时提出的原则："根据我国调整经济结构和发展生产的要求，在保护我国生产的前提下，根据奖出限入的方针，合理调整明显偏高或者偏低的税率，以利于争取国内短缺的原材料和资源性产品的进口，有利于轻纺工业和其他国民经济薄弱部门搞上去，有利于一些迫切需要保护的机械工业得到发展。"这一原则与新中国建国初期制订的高关税保护原则已经有了很大的变化，体现了中国的关税政策已经开始从高关税保护原则转向适度保护原则，在保护手段上开始从全面保护转向缩小保护商品范围，在进口贸易调节目标上开始从限制进口转向鼓励适当进口。这表明，中国的保护关税政策从此开始从内向型向开放型转变。

鉴于有些商品出口盈利较大，一些部门和地方竞相出口，影响国家计划的安排和调拨，有的甚至对内抬价争购，对外削价竞销，影响国内物价稳定和出口创汇；同时，为了控制不正常的进出口贸易（如出口国家需要大量进口的商品），保护国家的某些重要战略资源，国务院决定，对一部分出口利润较大的商品征收一定的出口关税，用经济手段进行调节，以维护国家和企业的利益。于是，从1982年6月1日起，对煤炭、锑、锡、生漆、大米、对虾、中药材等34种商品开征出口关税，税率从10%到60%不等（煤炭实行从量定额征税）。出口关税的应税商品主要是盈利特别高，且比较稳定的大宗出口商品；在国际市场上中国出口已经占有相当比重的商品；国际市场容量有限，盲目出口容易在国外形成削价竞销的商品；国家控制出口的商品。后来，应税商品的品种陆续有所调整。

1982年6月，为了保护国内相关产业，提高了汽车和彩色电视机等商品的进口关税税率。

1982年12月10日第五届全国人民代表大会第五次会议通过的中国国民经济和社会发展第六个五年计划中规定："要适时调整关税税率，以鼓励或者限制某些商品的进口，做到既有利于扩大对外经济技术交流，又能保护和促进国内生产的发展"，从而进一步明确了调整关税税率的原则。

从1978—1982年，中国的税收收入及其占财政收入的比重呈逐年稳步上升趋势，税收收入占国内生产总值的比重呈先降后升趋势。1982年，中国的国内生产总值和税收收入分别为5323.4亿元和700亿元，分别比1978年增长46%和34.8%，年平均增长率分别为9.9%和7.8%（均按照现价计算，下同）；税收收入占财政收入的比重上升到57.7%，比1978年提高11.8个百分点；税收收入占国内生产总值的比重下降到13.1%（1980年曾经下降到2.6%），比1978年降低1.1个百分点。

从税制结构来看，在此期间，货物和劳务税在中国税制结构中的地位进一步上升，所得税的地位则大幅度下降。1982年的各类税收情况如下：

1. 货物和劳务税（包括工商税、增值税、盐税、烧油特别税和关税）收入为618.9亿元，比1978年增长42.5%；此类税收占全国税收收入的88.4%，比1978年提高4.8个百分点。

2. 所得税（包括工商所得税、中外合资企业所得税、外国企业所得税和个人所得税）收入为48.4亿元，比1978年下降10.4%；此类税收仅占全国税收收入的6.9%，比1978年降低3.5个百分点。

3. 财产税收入仅为0.7亿元，比1978年下降41.7%；此类税收仅占全国税收收入的0.1%，比1978年降低0.2个百分点。

此外，1982年的农业税、牧业税收入为29.4亿元，占全国税收收入的4.2%，比1978年降低1.3个百分点。

# 第四章
# 国营企业“利改税”和工商税制改革的实施
## （1983—1993年）

中国共产党第十二次全国代表大会召开以后，随着中国经济体制改革的全面展开，中国的社会主义经济理论的发展有了重大突破，提出了发展有计划的社会主义商品经济，自觉运用价值规律，充分发挥税收等经济杠杆的作用，搞活经济，加强宏观调节。在所有制理论上，提出了所有权与经营权分离的论点，并肯定了集体经济、个体经济和私营经济存在的必要性。这些分别写进了1984年中国共产党第十二届中央委员会第三次全体会议通过的关于经济体制改革的决定、1987年中共中央代总书记赵紫阳在中国共产党第十三次全国代表大会上所作的报告和1988年第八届全国人民代表大会第一次会议通过的《中华人民共和国宪法》修正案等一系列重要文献。从而，为这一时期的税制改革提供了强大的理论武器和法律、政策依据。

这一时期可以说是中国税制改革全面展开的时期，取得了改革开放以后税制改革的第二次重大突破，其突破口是国营企业“利改税”——将国营企业向国家上缴利润改为缴纳所得税。

中国共产党第十一届中央委员会第三次全体会议召开以后，中国的经济体制改革首先在农村取得了巨大的成就，进而要求加快以城市为重点的经济体制改革的步伐，其中心环节是增强企业的活力，特别是增强全民所有制的大中型企业的活力。围绕这个中心环节，主要需要解决好两个方面的关系问题，即确立国家和全民所有制企业之间的正确关系，扩大企业自主权；确立职工和企业之间的正确关系，保证劳动者在企业中的主人翁地位。从分配关系的角度来看，前者要解决国家与国营企业的分配关系，打破企业吃国家“大锅饭”的制度；后者要解决职工与国营企业的分配关系，打破职工吃国营企业“大锅饭”的制度。因此，以推行“利改税”的方式改革国家与国营企业的分配关系，成为20世纪80年代中期中国经济体制改革和税制改革的中心任务。

### 一、国营企业“利改税”第一步改革的出台

根据中国共产党第十二次全国代表大会和第五届全国人民代表大会第五次会议的要求，在国务院的领导下，财税部门加快了国营企业“利改税”的步伐。

### （一）国营企业“利改税”第一步改革方案的初步形成

1983年二三月间，国务院多次召开常务会议，听取财政部关于国营企业“利改税”工作的汇报，国务院总理赵紫阳等国务院领导就此作了许多重要指示。关于“利改税”的方向，赵紫阳指出：有人说征税不能搞活企业，这是讲不通的。在资本主义国家都是征税的，但是那里的企业活得很。从“利改税”的试点经验看，征税可以调动积极性，可以解决争利润基数的矛盾和企业资金的使用方向问题。因此，征税可以解决国家与企业的关系。利润包干办法不是方向。过去有一个大理论，说全民所有制企业只能上缴利润。这个认识问题不解决，很可能给下一步改革造成很大困难。要下决心，除了极少数企业以外，都集中搞“利改税”办法。胡耀邦同志也同意这个意见。“利改税”的步子可以加快，下半年在全国铺开。关于改革的原则，赵紫阳赞成胡耀邦提出的“管住两头”：一头是要把企业搞活；一头是国家要得大头，企业得中头，个人得小头。中央的精神是，企业一定要搞活，但是也不能让企业轻松。企业没有压力，对改善经营没有好处。国家的大头一得，企业要想得中头，个人要想得小头，就必须改善经营管理。关于改革的步骤，赵紫阳提出，第一步先实行税利并存，大企业缴纳所得税以后的利润由国家与企业合理分配，小企业一律推行8级超额累进税。征收地方税的问题，放到后一步再研究。先大面积地解决企业活的问题，要求又活又不致出大问题，这是目前形势下比较稳妥的办法。关于税后利润的分配问题，赵紫阳认为可以按照财政部提出的办法，搞利润递增包干、定额包干和比例包干，也可以搞调节税。这样改，适应性强，可以很快推开。

根据国务院常务会议的决定，财政部在总结过去试点经验和1982年年底到1983年年初在上海市、天津市和山东省济南市等地调查测算的基础上，拟定了《国营企业利改税试行办法（草案）》，其主要内容如下：

1. 凡有盈利的国营大中型企业，应当根据实现利润和55%的税率缴纳所得税。税后利润一部分按照国家核定的留利水平留给企业，一部分上缴国家。上缴国家的部分，可以根据企业的不同情况，分别采取递增包干上缴、定额包干上缴、固定比例包干上缴和缴纳调节税等办法上缴。税后利润略低于或者略高于国家核定的留利水平的企业，缴纳所得税以后可以不再上缴利润，国家也不再减税、退税。

2. 凡有盈利的国营小型企业，应当根据实现的利润，比照集体企业，按照8级超额累进税率缴纳所得税，按照规定缴纳固定资金占用费。缴纳税、费以后，实行承包制，由企业自负盈亏，国家不再拨款。

3. 下列企业按照实现利润和规定税率缴纳所得税以后自负盈亏：饮食服务企业，除了个别城市以外，都缴纳20%的所得税；县以上供销社，按照8级超额累进税率缴纳所得税；经营粮油议购议销的企业，议购议销利润单独核算，缴纳55%的所得税。

4. 中央军工企业、外贸企业和农牧企业，仍然执行现行办法，在条件成熟以后再实行“利改税”办法。少数企业经过财政部和国家经济委员会批准实行利润递增包干的，也暂不实行“利改税”办法。

5. 国营企业归还各种专项贷款，按照以下办法处理：小型企业、饮食服务企业和县以上供销社等自负盈亏的企业，比照集体企业还贷；大中型企业可以用缴纳所得税以前的新增利润归还贷款，但是，企业向银行申请专项贷款的时候，必须有一定比例的自有资金用于贷款项目。

6. 企业缴纳所得税以后，剩余利润达不到国家核定的留利水平，差额较大的，经过财税部门审批以后，可以适当减征所得税。

7. 对亏损企业的亏损补贴，按照以下办法处理：凡国家政策允许亏损的企业，继续实行亏损定额补贴或者计划补贴等办法，超亏不补，减亏分成。凡由于经营管理不善造成亏损的企业，由企业主管部门责成企业限期整顿。在规定期限以内，经过财政部门审批以后，适当给予亏损补贴；超过规定期限的，一律不再弥补。

8. 实行“利改税”以后，遇有价格调整、税率变动影响企业利润的时候，除了变化较大，并经国家专案批准，允许调整利润包干上缴数额、包干比例和调节税税率的以外，一律不作调整。

9. 国营企业所得税由税务机关管理，税后利润由财政部门管理。

10. 实行“利改税”以后，企业缴纳的所得税，仍然按照企业现行隶属关系，分别上缴中央财政和地方财政。

1983年2月25日，财政部将上述办法（草案）报送国务院。关于国营企业“利改税”的原则，财政部在给国务院的报告中提出：遵照中央关于所有改革都要出经济效益、出速度、出精神文明、出财源和出人才的要求，在“利改税”中处理国家与企业关系的原则是：有利于促进企业建立与健全经济责任制，进一步搞活经济；有利于正确处理国家、企业和职工三者的利益，国家得大头，企业得中头，个人得小头。根据这个原则进行“利改税”，首先要保证国家能够多得，同时要保护企业的合法留利，使它们能够在增产增收、提高经济效益中得到较多的利益，把企业改善经营管理的积极性充分调动起来。

关于国营企业“利改税”的步骤，财政部的上述报告中提出：目前经济管理体制改革正在进行，由于价格的合理调整不可能在短期之内全面实施，企业之间利润水平参差不齐，高低悬殊。在这种情况下实行“利改税”，需要分两步走：第一步，对企业的利润先征收一定比例的所得税，然后根据企业的不同情况，对税后利润采取多种形式在国家与企业之间进行合理分配。第二步，在价格体系基本趋于合理的基础上，再根据企业盈利多少征收累进所得税，并征收地方税。目前先走第一步，以便把“利改税”的步子较快地迈出去。这样做，可以把企业的责、权、利紧密地结合起来，以促进经济效益的提高，进一步搞活经济，又可以保证国家财政收入的稳定增长，为争取国家财政状况的根本好转创造条件。

同年2月28日，国务院发出通知，将财政部报送的《关于国营企业利改税试行办法（草案）的报告》及其所附的《财政部关于国营企业利改税试行办法（草案）》转发各省、自治区、直辖市人民政府和国务院各部门，要求立即组织有关部门和人员认真研究，以便尽快修改下达试行。国务院在通知中指出：对国营企业实行“利改税”，是经济管理体制改革的一个重要方面。在处理国家与企业之间的分配关系上，实行“利改税”是改革的方向，较之其他改进办法具有更多的优越性。这次进行“利改税”的基本原则，必须遵照中央关于改革的精神，既要有利于促进企业建立与健全经营责任制，进一步搞活经济，促进经济效益的提高，又要有利于正确处理国家、企业和职工三者的利益，国家得大头，企业得中头，个人得小头，保证国家财政收入的稳定增长，为争取国家财政状况的根本好转创造条件。国务院还责成财政部召开全国“利改税”工作会议，研究上述办法（草案），制定有关具体规定，并部署工作。3月2日，《人民日报》为此发表《实行利改税是一项重大改革》的社论。

同年3月17日至29日，根据国务院的指示，财政部在北京召开全国“利改税”工作会议。财政部副部长田一农在会议开幕时的讲话中首先肯定了国营企业“利改税”的作用和意义。他指出：国营企业分配制度改革之初实行的利润留成或者盈亏包干办法扩大了企业的财权，增加了企业的财力，调动了企业的积极性，总的来说效果是比较好的。但是，随着实践的深入，也暴露了这些办法存在的缺陷。由于企业的情况千差万别，在核定利润分成基数和分成比例的时候难以定得合理。在执行中，企业利润多的可以多分成，利润少的则往往要通过“调整”利润指标加以照顾，即使企业经营管理不善也不承担多少经济责任。同时，由于企业上缴利润同地方、部门的经济利益挂得较紧，也容易发生各方面的行政干预。这样，就很难从根本上改善国家与企业的分配关系，不利于国家财政收入的稳定增长，也不利于推动企业自身改善经营管理。“利改税”则能够较好地解决这些问题，而且符合经济管理体制改革的方向和要求：

第一，把税后利润留归企业支配，进一步扩大企业自主权，使企业有了动力；而企业纳税以后，自负盈亏，也有了压力。企业有了动力和压力，就能增添活力，有利于促进企业建立与健全经营责任制，从改善经营管理、增产增收中挖掘潜力，为国家创造更多的财富。

第二，企业按照国家规定的税种和税率纳税，比按照利润上缴稳定得多，不会出现利润留成、盈亏包干办法那样争基数、争比例和经常调整变动的情况。同时，可以利用税收这个经济杠杆，根据宏观经济决策的需要，针对不同行业、企业和产品的供、产、销情况，采取开征新税、调整税率、加征或者减免税款等措施，做到有鼓励、有限制，政策分明。这样，有利于促进生产，搞活经济，增加财政收入。

第三，“利改税”以后，企业不论其隶属关系如何，都要向中央和所在地方纳税，使企业在财政上对国家的义务更加明确。这样，有利于配合经济体制改革，逐步打破部门、地区界限和减少不必要的行政干预，也有利于从实际需要出发调整企业结构，扩大生产的社会性。

另外，实行“利改税”，可以为今后过渡到按照税种划分财政收入的分级财政管理体制创造条件，有利于中央财政和地方财政都有稳定增长的收入来源。

由此可见，实行“利改税”，将有利于加强企业的责、权、利，推动企业努力改善经营管理，搞活经济，逐步改变“吃大锅饭”的状况；将有利于正确处理国家、企业和职工的关系，既能保证国家财政收入得大头，也能使企业和职工在增长收入中得到好处；将有利于进一步发挥税收的经济杠杆作用，促进国民经济的协调发展；也将有利于打破行政干预，按照经济规律组织社会化生产。这些作用和好处是就全部实现“利改税”而言的，随着“利改税”第一步的实施，也会程度不同地逐步显示出来。总之，“利改税”是财政、税收制度的一项重大改革，也是经济管理方面的一项重要改革。

在全国“利改税”工作会议期间，中共中央政治局常委、国务院总理赵紫阳和国务院常务会议先后听取了会议情况的汇报。会议结束时，财政部部长王丙乾在讲话中总结了这次会议的收获：第一，经过充分讨论，对于“利改税”的意义和作用，对于“利改税”中若干重大的政策和原则，取得了一致的认识。第二，经过研究比较，集思广益，进一步充实和完善了“利改税”的办法。第三，在提高思想认识，完善试行办法的基础上，进一步分析了“利改税”的复杂性和艰巨性，确定了比较切实可行的实施步骤。

王丙乾部长强调：实行国营企业“利改税”，已经过3年试点，并进行了充分酝酿。这是经国务院领导亲自提议，国务院常务会议多次讨论以后确定的。它是当前经济管理体制方面的一项重要改革，在处理国家与企业之间分配的关系上，较之其他改进办法具有更多的优越性。这个改革方向是不能动摇的。这项改革只能搞好，不能搞坏。我们对“利改税”要有紧迫感，步伐要快，晚改不如早改，自己改不如按照全国统一办法改。同时，要注意到这项工作涉及面广，政策性强，情况复杂，一定要以高度的责任感把工作搞好。为此，经请示国务院领导同意，确定把全面实行“利改税”的时间，由原定的1983年4月1日推迟到1983年6月1日，以便把准备工作做得更充分、更扎实。修改以后的办法，为了适应各地不同的经济情况，对某些具体办法作了一些灵活的规定。例如各地一些已经实行各种包干办法和承包制的企业，绝大多数企业要按照“利改税”办法很快改过来，少数有困难的企业可以推迟到1984年改。

### （二）国营企业“利改税”第一步改革的实施

1983年4月12日，财政部向国务院报送《关于全国利改税工作会议的报告》和修改以后的《关于国营企业利改税试行办法》。国营企业“利改税”试行办法的主要内容是：

1. 凡有盈利的国营大中型企业（包括金融保险组织），均按照实现利润和55%的税率缴纳所得税。税后利润，一部分以递增包干上缴、固定比例上缴、缴纳调节税和定额包干上缴等办法上缴国家，一部分按照国家核定的留利水平留给企业。

2. 凡有盈利的国营小型企业，按照实现利润和8级超额累进税率缴纳所得税。缴税以后，由企业自负盈亏，国家不再拨款。但是，对于税后利润较多的企业，国家可以收取一定的承包费，或者由企业按照固定数额上缴一部分利润。

3. 营业性宾馆、饭店、招待所和饮食服务公司，都缴纳15%的所得税，国家不再拨款。企业税后有盈有亏的，由商业主管部门处理。

4. 县以上供销社以县公司或者县供销社为单位，按照8级超额累进税率缴纳所得税，国家不再拨款。除了国家规定的个别商品以外，国家不再负担价格补贴。

5. 军工企业、邮电企业、粮食企业、外贸企业、农牧企业和劳改企业仍然按照原办法执行，在条件成熟以后再实行“利改税”。少数企业经过国务院或者财政部、国家经济委员会批准实行首都钢铁公司利润递增包干办法的，在包干期满以前也暂不实行“利改税”。

6. 国营企业归还各种专项贷款，经过财政部门审查同意以后，可以用缴纳所得税以前该贷款项目新增的利润归还。今后企业向银行申请专项贷款时，必须有10%到30%的自有资金用于贷款项目。

7. 亏损企业亏损补贴的处理：凡属国家政策允许的亏损，继续实行定额补贴或者计划补贴等办法，超亏不补，减亏分成。凡属经营管理不善造成的亏损，由企业主管部门责成企业限期整顿。在规定期限以内，经财政部门审批以后，适当给予补贴；超过规定期限的，一律不再弥补。

8. 实行“利改税”以后，遇有价格调整，税率变动，影响企业利润时，除了变化较大，并经国务院批准，允许调整递增包干上缴基数和递增比例、固定上缴比例、调节税税率、定额包干上缴数以外，一律不作调整。

9. 国营企业所得税的管理工作由税务机关办理，国营企业的财务会计工作由财政部门办理。

10. 国营企业缴纳的所得税，按照企业的隶属关系，分别上缴中央财政和地方财政。

11. 民族自治地区实行“利改税”，原则上按照此办法执行。但是在某些具体做法上，可以由自治区、省人民政府因地制宜地作出必要的灵活规定。

12. 各地区在实行此办法以前，对一些企业已经实行自定的包干办法、留成办法和承包制的，应当分别不同情况处理：有些企业应当立即改按此办法执行，有些企业经过审批可以推迟到1984年执行。

1983年4月24日，国务院发出通知，同意财政部报送的上述报告和国营企业“利改税”试行办法，并将其转发各省、自治区、直辖市人民政府和国务院各部门执行。国务院在通知中指出：对国营企业实行“利改税”，是在充分酝酿和经过几年试点以后确定的一项重大改革。在处理国家与企业之间的分配关系上，实行“利改税”是改革的方向，较之其他的办法有更多的优越性。实行“利改税”，对于进一步扩大企业自主权，促进企业完善经营管理责任制，逐步克服“吃大锅饭”的状况；对于更好地运用税收这一经济杠杆，鼓励先进，鞭策落后，促进国民经济的发展；对于保证国家财政收入的稳定增长，进一步加强财务管理和财政监督等方面，都具有重要的意义。

国务院强调：实行“利改税”，一定要保证做到国家得大头，企业得中头，个人得小头。从全国来说，企业留利基本维持现有水平。但是，对那些留利水平过高或者不合理的，要作适当的调整。

由于实行“利改税”政策性强，牵涉面宽，是一项复杂细致的工作，国务院要求：在试行过程中，要加强计划管理和物价管理。企业不能离开计划指导，不能随意变动价格。各新闻、宣传部门要积极配合，搞好“利改税”的宣传工作。各级人民政府要加强对“利改税”工作的领导，各有关部门要搞好协作配合，及时解决出现的问题，以保证这项工作的顺利开展。

根据国务院的上述通知，1983年4月29日，财政部发布《关于对国营企业征收所得税的暂行规定》。自同年6月1日起，国营企业开始普遍推行“利改税”制度，征税时间自同年1月1日起计算。

根据财政部发布的上述暂行规定，国营企业所得税的纳税人为实行独立经济核算的国营企业，征税对象为纳税人的所得，计税依据为应纳税所得额，即实现利润减除允许扣除的项目以后的余额，大中型企业适用55%的比例税率，饮食服务行业和营业性的宾馆、饭店、招待所适用15%的比例税率，小型企业和县以上供销社适用7%至55%的8级超额累进税率。纳税人遇有特殊情况，按照规定纳税确有困难，需要减征、免征所得税的，可以提出申请，经当地税务机关核实，报省级税务机关批准。

1983年6月6日，国务院总理赵紫阳在第六届全国人民代表大会第一次会议上所作的《政府工作报告》中提出：要进一步完善国营企业“利改税”制度，开征一些必要的新税种，合理调整税率，按照税种划分中央收入、地方收入和中央与地方共享收入，改进和稳定国家与企业之间、中央与地方之间的分配关系。会议批准了上述报告。

同年6月7日，财政部部长王丙乾在第六届全国人民代表大会第一次会议上所作的《关于1982年国家决算的报告》中说：经过2年的试点以后，国务院已经决定自1983年6月1日起在国营企业中全面试行“利改税”。这是国家与企业分配关系上的重大改革，是中国经济管理体制的一个重要内容。它对进一步扩大企业自主权和完善经营管理责任制，逐步克服“吃大锅饭”的状况，促进国民经济的发展，保证国家财政收入的稳定增长，都将发挥重要的作用。我们要求各地区、各部门、各企业单位按照国务院的部署，认真抓好这项改革工作。我们准备在全国试行一段时间以后，全面总结试行的经验，再制定正式的条例，报请全国人民代表大会审议批准。上述报告也得到了会议的批准。

到1983年年底，全国实行“利改税”的国营工业、交通和商业企业共有107145户，占盈利国营企业的92.7%。这些企业1983年共实现利润633亿元，比1982年增长11.1%。其中，工业企业实现利润474亿元，比1982年增长9.7%；在增长的利润当中，国家所得占61.8%，企业所得占38.2%（企业所得在内部的分配比例是：生产发展基金占47.6%，职工集体福利基金占17.4%，职工奖励基金占35.0%）。商业企业（不包括商办工业和饮食服务企业）实现利润86亿元，比1982年增长8.9%；在增长的利润当中，国家所得占65.3%，企业所得占34.7%。上述实行“利改税”的工业、交通和商业企业共留利121亿元，比1982年增长28.2%，大大地超过了工业产值、实现税利和上缴税利的增长幅度；企业留利占税利总额的比例从过去的15.7%上升到17.9%。

至此，国营企业“利改税”第一步改革取得了成功，达到了预期的目的，并为下一步改革提供了经验，打下了基础。

## 二、国营企业“利改税”第二步改革和工商税制改革的出台

在国营企业“利改税”第一步改革取得成功以后，为了适应经济体制改革全面展开和进一步完善税制的需要，经过比较充分的准备工作，经过全国人民代表大会批准，中国从1984年10月起实施国营企业“利改税”的第二步改革和工商税制的全面改革，并再次取得成功。

### （一）国营企业“利改税”第二步改革和工商税制改革的提出与准备

为了加快完善国营企业“利改税”的步伐，1983年8月，国务院分管财政工作的副总理田纪云向中共中央、国务院领导提交《关于进一步完善利改税制度的一些初步设想》。

关于国营企业“利改税”第一步改革取得的成效和存在的问题，田纪云副总理指出：目前，由于企业之间客观上存在种种不可比的因素，利润水平过分悬殊，不得不采取“税利并存”这种暂时性的过渡办法。这种办法较之过去那种完全上缴利润的办法，无疑是前进了一大步，是中国分配制度的一项重大改革。其主要弊病是，企业向国家上缴税款以后保留了一块税后利润，国家同企业还要用种种形式对税后利润进行分配。就其性质来讲，同过去利润分成的办法没有什么根本的差别，不同的是国家用所得税的形式先拿了大头，国家与企业利润分成的基础小了，分配比例相应也有所变化。因此，企业还不能真正实行“独立核算，自负盈亏”。同时，目前征收的所得税和税后利润分配，仍然是按照企业隶属关系划分的，也就难于削弱部门、地方受经济利益驱使而对企业进行不必要的行政干预。

关于加快国营企业“利改税”第二步改革的必要性和紧迫性，田纪云副总理指出：我

们必须以彻底改革的精神，在进一步完善第一步改革的同时，立即着手第二步改革的各项准备工作，不失时机地将“利改税”的工作继续推向前进。进一步完善“利改税”制度是经济体制改革的迫切要求，形势的发展不允许我们停留在“税利并存”这一步。这是因为：

第一，要使企业真正成为相对独立的商品生产者和经营者，责、权、利统一，彻底解决企业内部“吃大锅饭”和平均主义的问题，必须首先解决好国家与企业的分配关系问题。

第二，根据中国这几年经济体制改革的试点经验和东欧一些国家的经验来看，用税收的形式解决国家与企业的分配关系是比较可行的路子，目前还看不到其他更好的办法。它最根本的好处是，有利于国家运用税收这个经济杠杆对宏观经济进行调节和控制。

第三，在价格体系不能在短期内作根本改革的情况下，可以通过实行全国统一的，但是行业与产品之间不同的税率，使企业取得大体相等的社会平均利润率，使企业在大体相同的条件下竞争，从而鼓励先进，鞭策落后。

第四，“利改税”制度的进一步完善，将使企业从经济利益上同地方和部门脱钩，逐步冲破行政隶属关系的束缚，这将大大促进企业按照经济合理的原则组织商品生产和流通，促进企业的改组和联合。

第五，“利改税”制度的进一步完善，也将为改进财政体制创造条件，使现行的以划分企业利润为基础的分级财政体制逐步过渡到以划分税种为基础的分级财政体制，从根本上解决中央与地方的分配关系问题。

所以，加快完善“利改税”制度的步伐，可以说是势在必行。而且，有可能通过“利改税”制度的进一步完善带动整个经济体制的改革，成为城市经济体制改革的突破口。

田纪云副总理还提出了完善税制的设想，并认为认真搞好税制设计是国营企业“利改税”第二步改革能否顺利进行的关键所在。

1983 年 8 月 6 日，国务院赵紫阳在国务院常务会议上的讲话中提出国营企业“利改税”等需要调查研究的题目。8 月 29 日，中共中央政治局常委、中央顾问委员会主任邓小平就此批示：“这些题目出得好，希望如期实行。”

1984 年 1 月 12 日，《经济日报》发表国务院副总理田纪云的署名文章：《关于完善利改税制度的几个问题》。

根据国务院领导的指示，在国营企业“利改税”第一步改革出台以后，立即开始了国营企业“利改税”第二步改革的准备工作。财政部和国家经济体制改革委员会于 1983 年九十月间组织联合调查组，分赴上海市、湖北省、四川省和陕西省等地，就国营企业“利改税”第二步改革的方案作了调查研究和测算工作，初步论证了改革方案的可行性。

从 1983 年秋到 1984 年春，在短短的几个月之内，在各地区、各部门的大力支持、配合下，财政部对全国各类企业 1983 年的有关财务、税收数据进行了普查，先后设计和测算了 20 个方案，进行了反复的研究论证，并听取了部分地区、主管部门和企业的意见。在此期间，还多次向国务院和中央财经领导小组作了汇报。

1983 年 12 月 23 日，中共中央政治局常委、国务院总理赵紫阳主持召开中央财经领导小组作会议，听取财政部关于国营企业“利改税”第二步改革工作的汇报。会议决定：搞好改革方案，做好准备工作，争取 1984 年下半年全面出台，然后逐步完善。

1984 年 4 月 21 日，国务院总理赵紫阳主持召开国务院常务会议，听取财政部汇报经过反复测算以后设计的国营企业“利改税”第二步改革方案。会议经过研究，把改革方案初步确定下来。

同年5月15日，国务院总理赵紫阳在第六届全国人民代表大会第二次会议上所作的《政府工作报告》中提出：今后在经济工作中，要着重抓好体制改革和对外开放这两件大事。城市改革的步子要加快，要从解决国家与企业、企业与职工的关系入手，把适合于当前情况的各项改革措施初步配起套来，同步进行。当前城市经济体制改革的中心课题，是要彻底改变企业经营好坏一个样，职工干多干少一个样的状况，做到企业不吃国家的"大锅饭"，职工不吃企业的"大锅饭"。首先要处理好国家和企业的分配关系，既要保证国家财政收入的稳定增长，又要使企业在经营管理和发展上有一定的财力保证和自主权。近几年，我们在这方面进行了多种形式的改革试点。实践证明，在国营企业实行以税代利的制度，较之其他的办法具有更多的优越性。1983年已经实行了国营企业"利改税"的第一步改革，取得了很好的效果。国务院决定，从1984年第四季度开始进行"利改税"的第二步改革，从税利并存逐步过渡到完全的以税代利。具体做法是：合理调整产品税税率，增设资源税、增值税和几种地方税，在征收所得税以后区别不同情况征收调节税，税后利润留归企业支配。国营小型企业可以实行集体承包或者个人承包、租赁经营，也可以依照集体企业的办法向国家缴纳税金。

赵紫阳总理强调，国营企业"利改税"的第二步改革具有极为重要的意义：第一，企业与国家的分配关系用法令的形式固定下来，使国家财政收入能够随着经济的发展而稳定增长；第二，企业将从新增加的利润中得到较多的收益，从而增强企业改善经营管理、提高经济效益动力；第三，通过税收杠杆的调节作用，可以缓解目前价格不合理带来的矛盾，使企业在利润悬殊状况有所改善的情况下开展竞争，有利于鼓励先进，鞭策落后；第四，企业不再按照行政隶属关系上缴利润，有利于合理解决"条条"与"块块"、中央与地方的经济关系。必须充分认识以税代利对于中国经济体制改革的意义，坚决把这项改革搞好。实行"利改税"以后，国家与企业的分配关系基本得到解决，这就为打破企业内部的"大锅饭"创造了前提条件。

第六届全国人民代表大会第二次会议批准了赵紫阳总理所作的上述报告。

同年5月16日，国务委员兼财政部部长王丙乾在上述会议上所作的《关于1983年国家决算和1984国家预算草案的报告》中有关国营企业"利改税"第二步改革的内容，也得到了会议的批准。

同年6月22日至7月7日，全国"利改税"第二步改革工作会议在北京召开。这次会议的主要内容是：讨论国营企业"利改税"第二步改革的重大意义，研究"利改税"第二步改革的方案，修改财政部草拟的各种税收条例草案和有关的财务会计处理办法草案，为10月在全国普遍推行"利改税"第二步改革作准备。国务院副总理姚依林、田纪云，国务委员兼国家计划委员会主任宋平和国务委员兼财政部部长王丙乾等国务院领导出席了会议的开幕式。会议期间，姚依林、田纪云副总理和中央财经领导小组先后听取了会议情况的汇报，并作了重要指示。

中共中央政治局常委、国务院总理赵紫阳在听取上述会议情况汇报的时候指出：国营企业"利改税"主要是解决国家与企业的关系，给企业创造一个独立经营、自负盈亏的条件。"利改税"不只是财政问题，而是重大的经济改革问题，是加快城市经济改革的前提。不突破"利改税"这一环，扩大企业自主权的措施就不能落实，其他改革也都谈不上。因此，

“利改税”是方向，必须坚定不移，毫不动摇，尽快付诸实施。他还提出，改革不能求全，不能毕其功于一役，只能先解决主要问题，在实践中不断完善。

田纪云副总理在会议开幕时的讲话中强调了三点：一是国营企业“利改税”的路子要坚定不移，毫不动摇。这条路不是哪一个人任意提出来的，它是1979年以后5年来通过对多种方法的试验、衡量、比较以后定下来的，是比较符合中国的实际情况的。二是搞“利改税”的出发点就是陈云同志讲的“一要吃饭，二要建设”，两者必须兼顾。在微观上要开放搞活，调动各方面的积极性，在宏观上又不能失去控制。三是我们搞改革不会减少企业的利益，而是使他们更有后劲。至于中央与地方的关系，这次改革只能更有利于调动各级的积极性。

国务委员兼财政部部长王丙乾在会议开幕时的讲话中指出：搞好城市改革，包括实行国营企业“利改税”第二步改革，关系到工业现代化、农业现代化、国防现代化和科学技术现代化建设的进程，是全党面临的重大任务，各部门和广大企业都有义不容辞的责任。当前财税部门的一项重要任务，就是要同有关部门一起，集中精力搞好“利改税”第二步改革，为城市其他各项改革创造必要的条件。

关于国营企业“利改税”第一步改革的成效，王丙乾国务委员说：在中共中央和国务院的领导下，由于各级政府重视，有关部门密切配合，财税部门积极努力，一年多来，这项工作进展顺利，取得了预期的效果。这一步改革规模很大，全国有盈利的国营企业，除了微利企业和经国务院或者国家经济委员会、财政部批准继续实行利润包干办法的少数企业以外，实行“利改税”的工业、交通和商业企业已占盈利企业总户数的92.7%。这么重要的改革，在这么大的规模上铺开，并且取得了成功，的确是一件不容易的事情。实践表明，“利改税”的第一步改革比利润留成、利润包干等办法有很大的改进。其优点主要表现在三个方面：第一，国营企业实行“利改税”以后，企业的大部分利润用缴纳所得税的形式上缴，把国家与企业的分配关系基本上纳入了固定的轨道，使国家和企业都能心中有数，各得其所，减少了过去那种每年争基数、争留成比例的现象。同时，对企业的利润采取征税的办法，比上缴利润具有较大的强制性，对于加强企业的经营管理和稳定国家财政收入，起了很好的作用。第二，较好地处理了国家、企业和职工个人三者的利益关系，体现了“国家得大头，企业得中头，个人得小头”的原则。第三，扩大了企业的财权，调动了企业和职工的积极性。既明确了企业对国家的经济责任，又给企业扩大了权力。这就使企业有了活力、动力和压力，促使他们在改善经营管理、提高经济效益方面下功夫，并从中得到较多的经济利益。此外，为我们在解决国家同企业分配关系的探索中取得了经验，提高了认识，增强了信心，培养和锻炼了干部，为推行国营企业“利改税”第二步改革准备了条件。

关于国营企业“利改税”第一步改革的不完善之处，王丙乾国务委员指出：主要问题是税种比较单一，难以发挥税收调节经济的杠杆作用；税后利润的分配办法仍然比较纷繁，国家同企业的分配关系还没有定型；某些企业之间留利过于悬殊的问题没有很好解决，这些都需要在第二步改革中进一步解决。

关于国营企业“利改税”第二步改革的指导思想、主要内容和意义，王丙乾国务委员说：“利改税”第二步改革是城市经济体制改革的重要组成部分，其指导思想是：要进一步处理好国家同企业的分配关系，从根本上解决企业吃国家“大锅饭”的问题，并且为解决职工吃企业“大锅饭”问题创造条件。既要保证国家财政收入的稳定增长，又要使企业在经营管理和发展上有一定的财力保证和自主权，在政策上使企业感到有奔头，有更大的后劲。要发挥税收的经济杠杆作用，体现国家的奖励和限制政策，并缓解目前价格不合理所带来的一些矛盾，以利于国民经济的调整和改革。

国营企业“利改税”第二步改革的基本内容是：将国营企业应当上缴国家的财政收入分别按照11个税种向国家缴税，也就是由“税利并存”逐步过渡到完全的“以税代利”，税后利润留给企业使用。其具体要点是：

1. 把现行的工商税按照性质划分为产品税、增值税、营业税和盐税。同时，把产品税的税率划细，适当调整税率，以发挥税收调节生产和流通的经济杠杆作用。

2. 对某些采掘企业开征资源税，以调节由于自然资源和开发条件的差异而形成的级差收入，促使企业加强经济核算，有效地管理和利用国家资源。

3. 恢复和开征房产税、土地使用税、车船使用税和城市维护建设税4种地方税，以利于合理地、节约地使用土地、房产，适当地解决城市维护建设的资金来源。

4. 对盈利的国营企业征收所得税。国营大中型企业按照55%的比例税率纳税，国营小型企业按照新的8级超额累进税率纳税（新税率调整了累进起点和级距，税负有所减轻）。

5. 对国营大中型企业缴纳所得税以后的利润征收调节税，其税率按照企业的不同情况分别核定。以1983年利润为基数，对于基数部分依率计征，对增长部分减征70%，一定7年不变。

6. 适当放宽国营小型企业的划分标准，使更多的国营小型企业能够逐步过渡到国家所有、自主经营、依法纳税和自负盈亏的管理体制。

根据测算，上述方案既保证了国家财政收入，也维护了企业合理的经济利益。以国营工业企业为例，由于调整了产品税、增值税税率，新增税收60亿元；开征资源税，增加税收22亿元；恢复和开征4种地方税，增加税收57亿元，共计增加税收139亿元。这些税收增加以后，相应地减少了企业原来上缴的税后利润的数额，因此需要重新核定企业的调节税税率，以保证企业的合理留利。由于征收调节税的政策比过去放宽了，随着生产发展和经济效益的提高，今后企业的留利不仅在绝对数字上，而且在留利水平上都会逐步有所提高。

国营企业“利改税”第二步改革与第一步改革比较，无论是在广度上，还是在深度上，都大大前进了一步，并进一步扩大了企业的财力和自主权，对于国民经济的发展必将产生重大的影响：第一，“利改税”第二步改革是国家与企业之间分配关系的又一次重大调整，也是工商税收制度上的一次全面改革。在这一步改革以后，企业只须依法向国家纳税，税后的利润留给企业安排使用。这样，国家与企业的分配关系就以税法的形式固定下来，它对于确保国家财政收入的稳定增长和维护企业的合法权益都是有利的。同时，在实行这一步改革以后，企业可以更加充分地行使自主权，在企业内部推行各种形式的经济责任制，充分发挥科室、班组、职工群众的积极性和创造性，为改善经营管理、搞活经济、发展生产和提高效益作出更大的贡献。第二，这次税制改革，包括新税种的设置、税率的调整和征税办法的改进，在一定程度上缓解了价格不合理造成的矛盾，较好地体现了对某些产品生产的鼓励与限制作用，解决了一些明显不合理的问题，这样就有利于企业在大体相同的条件下开展竞争。第三，在国家财力可能的条件下，采取了若干扩大企业财权的措施。例如放宽了小企业的划分标准，调整了小企业适用的8级超额累进税率；放宽了对大中型企业减征调节税的政策，给企业增加了后劲。据初步测算，在实行“利改税”第二步改革以后的7年之内，企业得到的好处平均每年大约增加30多亿元。此外，恢复和开征几种地方税，有利于搞好地方建设。总之，只要按照这次改革的方案认真贯彻执行，就会较好地解决两个“吃大锅饭”的问题，有力地推动企业改善素质，大大地提高经济效益。

在这次会议上，财政部税务总局副局长牛立成作了关于11个税收条例（草案）的说明。他说：通过国营企业“利改税”第二步改革，首先要解决国家同企业的分配关系，下一步还要建立按照税种划分中央收入、地方收入的财政管理体制，进而解决中央与地方的分配关系。这就要求税种齐全，必须恢复一些税种，增加一些税种。这次制定条例的11个税种，就是根据上述要求设置的。其中，有3种税是恢复过去的老税种，即营业税、盐税和车船使用税（车船使用牌照税并没有取消，仅限于对外资企业和外国人征收——笔者注）。有3种税是在老税种的基础上改进而成的：产品税是在原来按照产品课税的货物税、商品流通税、工商统一税和工商税的基础上演变而成的，房产税、土地使用税是由城市房地产税分解而成的（工商统一税和城市房地产税并没有取消，仅限于对外资企业和外国人征收——笔者注）。有5个税种是根据经济调整和改革的要求新设置的，即增值税、资源税、城市维护建设税、国营企业所得税和国营企业调节税。通过这次改革，可以使各个税种在经济活动的各个领域发挥各自不同的作用，必将有利于保证国家财政收入的稳定增长，加强国家对宏观经济的调节和控制，促进国民经济的发展。

同年7月2日，财政部税务总局局长金鑫在全国税务工作会议上的讲话中说：税收工作要适应经济体制改革的新形势，搞好税制改革工作。根据国务院的要求，国营企业“利改税”第二步改革要在1984年第四季度全面实施，这是摆在各级税务机关面前的一项繁重而又紧迫的任务。各地一定要在当地党政的领导下，集中精力，集中时间，把改革的准备工作和执行工作切实抓紧抓好。金鑫还指出：这次改革涉及面广，情况极为复杂，特别是在价格体系、计划管理体系还没有配套改革的情况下，“利改税”第二步改革必然会遇到许多新的矛盾和新的问题，还需要在实践中不断充实和完善。我们一方面对改革的方向要坚定不移，毫不动摇；另一方面，要积极探索，勇于实践，总结经验，研究改进意见，使改革方案更加完善。

同年7月8日，《人民日报》发表题为《重大的突破——实行利改税第二步改革的目的和意义》的社论。

同年7月13日，国务院办公厅发出《关于今后不再批准企业实行利润递增包干等办法的通知》。通知中说：国务院决定，从10月1日起，在全国普遍推行国营企业“利改税”第二步改革。今后各地区、各部门不要再批准企业实行利润递增包干等办法，一律搞“利改税”。对于过去已经实行利润递增包干等办法的企业，应当区别情况，按照规定，或者改按“利改税”办法执行，或者待原办法到期以后再改按“利改税”办法执行。

同年7月15日，财政部税务总局局长金鑫在中央人民广播电台发表题为《认真搞好利改税的第二步改革》的广播讲话，向公众介绍了国营企业“利改税”第二步改革的目的、意义、指导思想、改革的内容和应当注意的有关问题。

### （二）国营企业“利改税”第二步改革和工商税制改革的出台

经过比较充分的调查研究、听取各方面意见和反复论证、修改方案，国营企业“利改税”第二步改革的条件日益成熟。1984年8月10日，财政部向国务院报送《关于在国营企业推行利改税第二步改革的报告》和《国营企业第二步利改税试行办法》。

《关于在国营企业推行利改税第二步改革的报告》的主要内容是：

1. 暂缓开征城市维护建设税、房产税、土地使用税和车船使用税4种地方税，保留税种，以后开征（在中共财政部党组向中央财经领导小组汇报“利改税”第二步改革会议情况时，赵紫阳等中央领导同志指出，改革不能求全，不能毕其功于一役，只能先解决主要问题。4种地方税，如果条件不成熟，可以暂缓开征——笔者注），何时开征，另行报批。在正式开征以前，除了个别地区在1983年已经试行开征以外，各地都不得开征，也不得以收费等形式变相征收。

2. 对于已经实行利润递增包干等办法的企业，要区别情况进行处理。国务院办公厅已经于同年7月13日就此问题发出通知，各地区、各部门应当严格按照该通知的各项规定办理。

3. 要加强对“利改税”第二步改革的领导。“利改税”的第二步改革，涉及面广，政策性强，各地区、各部门要加强领导，建议各级政府要有一位领导同志负责抓这项工作。要广泛宣传“利改税”第二步改革的重大意义，进一步统一思想，提高认识。各地区、各部门要从财政、税务机关抽调精干人员组成“利改税”办公室，负责办理日常工作。

4. 要严格执行国家的价格政策，防止物价波动。“利改税”第二步改革调整了部分产品的税率，并开征了一些新税，目的是解决国家与企业的分配关系。要向企业讲清楚，这是税收与利润之间的转移，不牵涉价格的变动。任何企业不得以国家增税为由，自行提高物价，降低产品质量，缺斤少两，变相涨价，损害群众利益。

5. 要帮助企业推行内部责任制。“利改税”第二步改革能否达到预期目的，还要看国家与企业之间的分配关系解决以后，企业能否在内部认真实行经济责任制，调动广大职工的积极性，解决职工吃企业“大锅饭”的问题。希望各级经委、企业主管部门和财政部门，结合企业整顿，督促企业实行不同形式的经济责任制，在提高经济效益上下功夫。

6. 要严格财政、税务监督。通过这次改革，进一步扩大了企业自主权，国家对企业不必要的行政干预可以大大减少。企业依法纳税以后，利润归企业支配。但是，不能认为实行“利改税”以后国家就可以不再进行财政监督了。各级财政、税务机关应当根据《国营企业成本管理条例》和国营企业财务会计制度，对企业成本列支范围和成本、利润的计算严格检查监督，防止偷漏税等损害国家利益的行为。

《关于国营企业第二步利改税试行办法》的主要内容如下：

1. 将现行的工商税按照征税对象划分为产品税、增值税、盐税和营业税；将第一步“利改税”设置的所得税和调节税加以改进；增加资源税、城市维护建设税、房产税、土地使用税和车船使用税。

（1）产品税。生产应纳产品税产品的国营企业，在应税产品销售以后，应当按照规定缴纳此税。

（2）增值税。生产应纳增值税产品的国营企业，在应税产品销售以后，应当按照规定缴纳此税。

（3）盐税。生产、经营和进口盐的国营企业，在销售、进口盐的时候，应当按照规定缴纳此税。

（4）营业税。从事商业、物资供销、交通运输、建筑安装、金融保险、邮政电讯、公用事业、出版业、娱乐业、加工修理业和其他各种服务业的国营企业，在商品销售、取得营业收入以后，应当按照规定缴纳此税。

国营商业批发环节的营业税，先在石油、五金、交电和化工行业征收，国营商业其他行业和物资、供销、医药、文教、县以上供销社等批发环节的营业税，暂缓征收。国营建筑安装企业和承包工程的收入，也暂缓征收营业税。

（5）资源税。从事原油、天然气、煤炭、金属矿产品和其他非金属矿产品资源开发的国营企业，在应税产品销售以后，应当按照规定缴纳此税。

（6）城市维护建设税。凡缴纳产品税、增值税和营业税的国营企业，应当按照规定缴纳此税。

（7）房产税。拥有房产的国营企业，应当按照规定缴纳此税。

（8）土地使用税。使用属于国家所有土地的国营企业，应当按照规定缴纳此税。

（9）车船使用税。拥有行驶车辆、船舶的国营企业，应当按照规定缴纳此税。

（10）所得税。盈利的国营大中型企业，应当按照55%的固定比例税率计算缴纳所得税；盈利的国营小型企业，应当按照新的8级超额累进税率计算缴纳所得税。

（11）调节税。盈利的国营大中型企业在缴纳所得税以后，应当按照核定的调节税税率计算缴纳调节税。

上述城市维护建设税、房产税、土地使用税和车船使用税，保留税种，暂缓开征。

另外，国营企业缴纳的屠宰税、烧油特别税、农业税、牧业税、建筑税和奖金税等，仍然按照有关规定征收。

2. 核定调节税税率的时候，以企业1983年实现的利润为基数，在调整由于变动产品税、增值税、营业税税率和开征资源税而增减的利润以后，作为核定的基期利润。基期利润扣除按照55%的税率计算的所得税和1983年合理留利以后的部分占基期利润的比例，为核定的调节税税率。

基期利润扣除所得税以后剩余利润达不到1983年合理留利水平的企业，不征收调节税，并可以在一定期限以内减征一定数额的所得税。

上述调节税税率和减征的所得税，由财税部门商企业主管部门核定。各省、自治区和直辖市财税部门核定的企业调节税税率和减征的所得税，要汇总报财政部批准。

企业当年利润比核定的基期利润增长的部分，减征70%的调节税。利润增长部分按照定比计算，一定7年不变。物资、供销、金融和保险企业不实行减征调节税的办法。

3. 国营小型盈利企业按照新的8级超额累进税率缴纳所得税以后，一般由企业自负盈亏，国家不再拨款。但是，在核定基数的时候，对于税后利润较多的企业，国家可以收取一定数额的承包费，具体办法由各省、自治区和直辖市人民政府确定。企业税后利润不足1983年合理留利的，经过批准，也可以在一定期限以内减征一定数额的所得税。

国营小型企业的划分标准如下：

（1）北京、天津和上海3个直辖市，固定资产原值不超过400万元，年利润不超过40万元，两个条件同时具备的，为国营小型工交企业；其他地区，固定资产原值不超过300万元，年利润不超过30万元，两个条件同时具备的，为国营小型工交企业（包括城市公用企业和商办企业、粮办工业、饮料工业、储运企业）。

（2）以独立核算的自然门店为单位，北京、天津和上海3个直辖市，年利润不超过20

万元，职工人数不超过60人；省会所在城市和四川省重庆市，年利润不超过15万元，职工人数不超过60人；其他城市，年利润不超过8万元，职工人数不超过30人，均为国营小型商业零售企业。在上述标准中，利润额的条件必须具备，是否同时具备职工人数的条件，由各省、自治区和直辖市人民政府根据本地区的实际情况自行确定。

各省、自治区和直辖市人民政府可以根据本地区的实际情况，在上述标准范围以内作适当的调整。个别城市需要放宽标准的，要报财政部批准。

物资部门所属生产资料服务公司或者门市部、煤建公司、废金属回收公司和县物资企业，可以比照其他城市小型商业零售企业的标准划分为小型物资企业。

商办农牧企业，一律视为小型企业。

商业批发企业、贸易中心、贸易货栈、侨汇商店、友谊商店、石油商店（包括加油站）、外轮供应公司、自选商店、食品购销站、物资企业（不包括上述划为小型企业者）和供销企业，不论利润、固定资产和职工人数多少，一律视为大中型企业。

4. 营业性的宾馆、饭店、招待所和饮食服务公司，都按照新的8级超额累进税率缴纳所得税。

5. 军工企业、邮电企业、民航企业、外贸企业、农牧企业、劳改企业和少数经过批准试行上缴利润递增包干等办法的企业，暂不按照新办法缴纳所得税和调节税，但是应当按照有关规定缴纳其他各税。

6. 对于亏损企业和微利企业的补贴或者减税、免税，按照以下办法处理：凡属国家政策允许的亏损，实行计划补贴办法，超亏不补，减亏分成。凡属经营管理不善造成的亏损，由企业主管部门责成企业限期扭亏。在规定的期限以内，由财政部门适当核定亏损补贴，超亏不补，减亏分成；超过期限的，一律不再补贴。到期扭亏为盈的，按照规定实行“利改税”办法。

1983年的盈利企业，由于调增税率和开征新税使1983年由盈变亏或者利润不足1983年合理留利的，可以在3年以内减征产品税、增值税和营业税。这些企业可以视为微利企业，不缴纳所得税和调节税。在实际执行中，实现利润超过企业合理留利的，可以由国家与企业分成。上述企业1983年合理留利和减征各税的数额，由财税部门商企业主管部门核定。各省、自治区和直辖市财税部门核定企业的减税数额，要汇总报财政部批准。

7. 国营企业在申请技措性借款的时候，借款项目所需资金的10%至30%要用企业专用基金解决。在归还技措性借款和基建改扩建项目借款的时候，经过财政部门批准以后，可以在缴纳所得税以前用借款项目投产以后新增加的利润归还。企业用利润归还上述借款的，可以提取职工福利基金和职工奖励基金。

8. 实行第二步“利改税”以后，遇有价格、税率调整，除了变动较大，并经国务院专案批准允许适当调整基期利润和调节税税率的以外，一律不作调整。

9. 在新办法发布以前已经实行利润递增包干等办法的企业，应当区别情况，按照下列规定处理：

（1）经过国务院或者财政部、国家经济委员会批准试行利润递增包干等办法的企业，凡是已经到期的，应当改按新办法执行；尚未到期的，继续试行原办法，但是到期以后必须改过来。

（2）各省、自治区和直辖市人民政府批准试行利润递增包干等办法的企业，已经到期的，应当改按新办法执行；尚未到期的，如果搞得比较好，国家与企业的分配关系比较合理，可以到期以后再改过来，但是要补报财政部、国家经济委员会批准；如果分配不合理，各方面看法又不一致，应当尽快改过来。

（3）行政公署和市、县人民政府自行批准搞利润递增包干等办法的，应当坚决改过来。

（4）凡是经过批准继续实行利润递增包干等办法的企业，从1984年第四季度起，都应当按照新的税收条例（草案）缴纳产品税、增值税、营业税和资源税。

10. 民族自治地方在执行国家税法的时候，除了应当由国家统一审批的减税、免税项目以外，对于某些属于地方财政收入，需要从税收上加以照顾和鼓励的，经过省、自治区人民政府批准，可以减税、免税。

1984年9月7日，国务院总理赵紫阳向全国人民代表大会常务委员会提交《关于提请授权国务院改革工商税制和发布试行有关税收条例（草案）的议案》。议案中说：1984年5月，第六届全国人民代表大会第二次会议批准了国务院提出的关于实行国营企业“利改税”第二步改革的建议。为了具体实施，财政部做了大量的调查测算工作，广泛征求了各地区、各部门的意见，拟订了《国营企业第二步利改税试行办法》和产品税、增值税、盐税、营业税、资源税、国营企业所得税等6个税收条例（草案），国营企业调节税征收办法，以及城市维护建设税、房产税、土地使用税和车船使用税4个地方税条例（草案）。其中，《国营企业第二步利改税试行办法》和产品税等6个税收条例（草案）、国营企业调节税征收办法拟自1984年10月1日起试行；4种地方税拟暂保留税种，将来开征。鉴于目前城市经济体制正在改革，经济形势发展很快，这几个税收条例（草案）尚须在实践中逐步完善，因此，提请授权国务院以草案的形式发布试行。待执行一段时间以后，再根据试行的经验加以修订，正式提请全国人民代表大会常务委员会审议，完成立法手续。中外合资经营企业、外资企业仍然按照原来的税收法规执行，不作改变。

同年9月9日，中共中央政治局常委、国务院总理赵紫阳在致中共中央总书记胡耀邦和中共中央政治局常委邓小平、李先念、陈云的信中说：以国营企业“利改税”作为整个城市经济体制改革的突破口，有利于解决国家和国营企业的关系，使国营企业逐步做到自负盈亏，也保证了国家财政收入随着经济的发展得以稳定增长。

同年9月11日，国务委员兼财政部部长王丙乾代表国务院在第六届全国人民代表大会常务委员会第七次会议上作了关于国营企业实行“利改税”和改革工商税制的说明，向出席会议的全国人民代表大会常务委员会委员介绍了实行“利改税”和工商税制改革的准备经过、改革方案的基本内容和改革的意义。

同年9月18日，上述会议通过《关于授权国务院改革工商税制发布有关税收条例（草案）试行的决定》。决定中说：“第六届全国人民代表大会常务委员会第七次会议根据国务院的建议，决定授权国务院在实施国营企业利改税和改革工商税制的过程中，拟定有关税收条例，以草案形式发布试行，再根据试行的经验加以修订，提请全国人民代表大会常务委员会审议。国务院发布的以上税收条例草案，不适用于中外合资经营企业和外资企业。”

同日，国务院发出通知，同意财政部同年8月10日报送的《关于在国营企业推行利改税第二步改革的报告》和《国营企业第二步利改税试行办法》，并将其转发各省、自治区、直辖市和国务院各部门执行。国务院在通知中指出：国营企业“利改税”第二步改革是城市经济体制改革的一个重要组成部分。通过这次改革，把国家与企业的分配关系用税的形式固定下来，较好地解决企业吃国家“大锅饭”的问题，为落实企业自主权提供了必要条件，使企业逐步做到“独立经营，自负盈亏”，调动企业和职工的积极性。可以预料，这对于理顺经济，搞活经济，推动城市经济体制改革，提高社会经济效益，必将发挥重大作用。

国务院强调：国营企业“利改税”第二步改革涉及面广，政策性强，各地区、各部门一定要加强领导，组织精干的办事机构，把这件事切实办好。各级领导要深入调查研究，及时发现和解决执行中出现的新情况、新问题。重大问题要随时向上反映，有关部门要抓紧研究解决办法。调整税率和增加新税，这是税收、利润之间的转移，不牵涉物价的变动。所有企业都要挖掘内部潜力，增产增收，绝不能以增税为由自行提高物价或者变相涨价。

同日，国务院发布《中华人民共和国产品税条例（草案）》、《中华人民共和国增值税条例（草案）》、《中华人民共和国盐税条例（草案）》、《中华人民共和国营业税条例（草案）》、《中华人民共和国资源税条例（草案）》、《中华人民共和国国营企业所得税条例（草案）》和《国营企业调节税征收办法》，上述税收法规均自10月1日起试行。

根据国务院发布的上述税收法规，同年9月28日，财政部发布《中华人民共和国产品税条例（草案）实施细则》、《中华人民共和国增值税条例（草案）实施细则》、《中华人民共和国盐税条例（草案）实施细则》、《中华人民共和国营业税条例（草案）实施细则》和《资源税若干问题的规定》；10月18日，财政部发布《中华人民共和国国营企业所得税条例（草案）实施细则》。

1. 产品税。征税对象为规定的产品，纳税人为在中国境内生产和进口应税产品的单位和个人。税目、税率分为工业和农、林、牧、水产品两个部分，前者分为24个类别，设有260个税目，税率从3%到60%不等（电力实行定额税率）；后者设有10个税目，税率从3%到38%不等。工业品的计税依据为应税产品的销售收入或者应税产品的数量，进口应税产品的计税依据为组成计税价格。国家鼓励出口的应税产品，可以免征产品税，或者退还已经征收的产品税。黄金矿砂、黄金和避孕用品，可以免征产品税。列入国家计划试制的新产品；利用废渣、废液和废气生产的产品；少数民族地区生产的民族特需产品，纳税确有困难的，可以定期减征、免征产品税。饲料、钢锭、热力、商品房、煤矸石和石煤、电厂利用煤矸石和石煤生产销售的电力、成品粮、麦粉、食用植物油、民政部门所属工厂生产的供残疾人专用的产品、出版单位自行生产和委托印刷的图书和报刊等等，可以暂免征收产品税。

2. 增值税。征税对象为规定的产品；纳税人为在中国境内生产和进口应税产品的单位和个人；税目、税率和扣除项目分为甲、乙两类，共设12个税目，税率从6%到16%不等。生产应税产品的纳税人按照销售收入、适用税率和“扣额法”或者“扣税法”计算应纳税额，进口应税产品的纳税人按照组成计税价格和适用税率直接计算应纳税额。国家鼓励出口的产品，可以免征增值税，或者退还已经征收的增值税。避孕药品；医疗单位和医学院校生产的原料药、成剂药，用于本单位医疗、实验方面的；民政部门所属工厂生产的供残疾人专用的产品，可以免征增值税。列入国家计划试制的新产品，可以定期减征、免征增值税。

3. 盐税。征税对象为盐；纳税人为在中国境内生产、经营和进口盐的单位；计税依据为纳税人销售、进口盐的数量；各地税额标准不同，每吨盐的税额标准从40元到160元不等。出口的盐、在调拨和储备期间的国家储备盐，可以免征盐税。酸碱工业、制革工业、肥皂工业、饲料工业、农业、牧业和渔业用盐，可以减征盐税。

4. 营业税。征税对象为规定的营利事业和经营行为；纳税人为在中国境内从事商业、物资供销、交通运输、建筑安装、金融保险、邮政电讯、公用事业、出版社、娱乐业、加工修理业和其他各种服务业的单位和个人；共设11个税目，税率从3%到15%不等；计税依据为纳税人取得的销售收入、营业收入。国营粮食企业按照国家规定平价销售粮食、食用油的收入，农业机械站、排灌站的机耕、排灌收入，外贸出口商品的调拨和出口销售收入，医疗保健、育婴托儿、婚姻介绍、殡葬服务和农牧保险的收入，博物馆、文化宫（馆、站）、体育馆（场）、展览馆和公园的门票收入，可以免征营业税。科研单位转让科技成果和提供技术、咨询等服务的收入，电影院、影剧院专场放映科教影片、新闻纪录影片和为儿童专场放映电影的售票收入，艺术团体的演出收入，游泳馆（场）、溜冰场、动物园和各种游览胜地的门票收入，公园的游艇、划船和儿童游艺场的收入，保险公司承保简易人身保险、养老金保险、医疗保险和两全家庭财产保险所取得的保险费收入，地质矿产部门所属地质队根据国家下达的计划进行地质普查、勘探所得的收入，植保公司进行植保技术培训、病虫测报和承包农田的病虫防治所取得的收入，配种站和兽医站的业务收入，单位和个人举办文化技术培训班、学习班收取的培训费，学生从事勤工俭学取得的劳务、服务收入，纳税人出售自己使用过的固定资产或者用品的收入，纳税人因合并、改组而转移存货的收入，可以暂免征收营业税。

5. 资源税。征税对象为原油、天然气、煤炭、金属矿产品和其他非金属矿产品，纳税人为在中国境内从事应税资源产品开发的单位和个人，计税依据为纳税人取得的销售收入。销售利润率不超过12%者可以免税；销售利润率超过12%到20%的部分，销售利润率每增加1个百分点，税率增加0.5个百分点；销售利润率超过20%到25%的部分，销售利润率每增加1个百分点，税率增加0.6个百分点；销售利润率超过25%的部分，销售利润率每增加1个百分点，税率增加0.7个百分点。县以下的煤矿可以由省级人民政府在应纳税额50%的范围以内适当减征资源税，年产量1000吨以下的小煤矿可以免征资源税。

6. 国营企业所得税。纳税人为实行独立经济核算的国营企业；征税对象为纳税人的生产、经营所得和其他所得；计税依据为应纳税所得额，即纳税人每一纳税年度的总收入减除成本、费用、国家允许在所得税前列支的税金和营业外支出以后的余额；大中型企业实行55%的比例税率，小型企业、饮食服务企业和营业性的宾馆、饭店、招待所等适用10%至55%的8级超额累进税率。纳税人发生年度亏损的，可以用下一年度的所得弥补；下一年度的所得不足弥补的，可以逐年延续弥补，但是最多不得超过3年。纳税人遇有风、火、水等自然灾害，按照规定缴纳所得税确有困难，需要减税、免税的，可以提出申请，经当地税务机关审核以后逐级上报，省级以下企业由省级税务机关批准，省级企业和中央级企业由财政部税务总局批准。符合规定的微利企业，可以暂免征收所得税3年。行政单位、事业单位、部队和团体附属企业的收入抵顶事业费支出的，可以暂免征收所得税。商办工业（包括粮办工业）专门生产酱油、醋、豆制品、腌腊制品、酱、酱菜、糖制小食品、儿童食品、小糕点、果脯蜜饯、果汁果酱、干菜调料（不包括味精）和饲料加工企业，可以在规定期限以内减半征收所得税；其他部门专门生产上述产品的企业可以酌情比照办理。新办的饲料工业企业可以免征所得税3年，某些新办的食品工业企业可以免征所得税1年；免征所得税期满以后纳税人仍然有困难的，经过批准可以定期减征所得税。

7. 国营企业调节税。纳税人为实行独立核算的大中型国营企业为纳税人，征税对象和计税依据同企业所得税，税率由财税部门商企业主管部门核定（具体核定方法是：以核定的基期利润扣除按照55%的比例税率计算的所得税和1983年合理留利以后的余额占核定的基期利润的比例为调节税的税率）。

国营企业“利改税”第二步改革和工商税制改革确定的其他税种的改革情况大体如下：

1. 城市维护建设税。1985年2月8日，国务院发布《中华人民共和国城市维护建设税暂行条例》，自1985年度起施行。3月22日，财政部发布《关于贯彻执行〈中华人民共和国城市维护建设税暂行条例〉几个具体问题的规定》。

城市维护建设税的纳税人为缴纳产品税、增值税、营业税的单位和个人；计税依据为纳税人实际缴纳的产品税、增值税和营业税税额；实行地区差别税率，税率从1%到7%不等。外商投资企业、外国企业和外国人不纳此税。

2. 房产税。1986年9月15日，国务院发布《中华人民共和国房产税暂行条例》，自10月1日起施行。9月25日，财政部税务总局发布《关于房产税若干具体问题的解释和暂行规定》。

房产税的征税对象为位于城市、县城和建制镇的房产，纳税人为房屋的产权所有人或者承典人、代管人、使用人，计税依据为房产原值减除一定比例以后的余值、房产租金收入，税率相应分为1.2%和12%。国家机关、人民团体和军队自用的房产，由国家财政部门拨付事业经费的单位自用的房产，宗教寺庙、公园和名胜古迹自用的房产，个人所有非营业用的房产，经过有关部门鉴定停止使用的毁损房屋和危险房屋，可以免征房产税。外商投资企业、外国企业和外国人不纳此税，继续缴纳城市房地产税。

3. 车船使用税。1986年9月15日，国务院发布《中华人民共和国车船使用税暂行条例》，自10月1日起施行。9月25日，财政部税务总局发布《关于车船使用税若干具体问题的解释和暂行规定》。

车船使用税的征税对象为规定的车辆、船舶，纳税人为在中国境内拥有并且使用应税车辆、船舶的单位和个人。车辆按照辆数、净吨位从量定额计征，并实行幅度税额标准（例如乘人汽车的税额标准为每辆每年60—320元）。船舶按照净吨位、载重吨位统一规定税额标准，从量定额计征（例如净吨位10001吨以上的机动船的税额标准为每吨每年5元）。国家机关、人民团体和军队自用的车辆、船舶，由国家财政部门拨付事业经费的单位自用的车辆、船舶，载重量不超过1吨的渔船，专门上下客货和存货用趸船、浮桥用船，各种消防车船、洒水车、囚车、警车、防疫车、救护车船、垃圾车船、港作车船和工程船，按照有关规定缴纳船舶吨税的船，可以免征车船使用税。外商投资企业、外国企业和外国人不纳此税，继续缴纳车船使用牌照税。

4. 印花税。1988年8月6日，国务院发布《中华人民共和国印花税暂行条例》，自10月1日起施行。9月29日，财政部发布《中华人民共和国印花税暂行条例施行细则》。

印花税的征税对象为经济活动中书立、领受的凭证；纳税人为在中国境内书立、领受应纳税凭证的单位和个人；应纳税凭证包括购销、加工承揽、建设工程勘察设计、建筑安装工程承包、财产租赁、货物运输、仓储保管、借款、财产保险、技术合同或者具有合同性质的凭证，产权转移书据，营业账簿，权利、许可证照，经财政部确定征税的其他凭证13个类别；计税依据为应纳税凭证所载金额、应纳税凭证件数；税率相应分为比例税率、定额税率两类（例如，购销合同的适用税率为0.3‰，权利、许可证照每件适用税额标准为5元）。已经缴纳印花税的凭证的副本、抄本，财产所有人将财产赠给政府、社会福利单位和学校所立的书据，国家指定的收购部门与村民委员会、农民个人书立的农副产品收购合同，无息、贴息贷款合同，外国政府、国际金融组织向中国政府和国家金融机构提供优惠贷款所书立的合同，可以免征印花税。

5. 土地使用税。1988 年 9 月 27 日，国务院发布《中华人民共和国城镇土地使用税暂行条例》，自 11 月 1 日起施行。10 月 24 日，国家税务局（同年 5 月，国务院将财政部税务总局升格为副部级的国家税务局，由财政部归口管理）发布《关于土地使用税若干具体问题的解释和暂行规定》。

城镇土地使用税的征税对象为城市、县城、建制镇和工矿区范围以内的土地；纳税人为在城市、县城、建制镇和工矿区范围内使用土地的单位和个人；计税依据为纳税人实际占用的应税土地面积；实行有地区差别的幅度税额标准，每平方米应税土地的年税额标准从 0.2 元到 10 元不等（经济发达地区的税额标准可以适当提高，经济落后地区的税额标准可以适当降低）。国家机关、人民团体和军队自用的土地，由国家财政部门拨付事业经费的单位自用的土地，宗教寺庙、公园和名胜古迹自用的土地，市政街道、广场和绿化地带等公共用地，直接用于农业、林业、牧业和渔业的生产用地，财政部规定免税的能源、交通、水利设施用地和其他用地，可以免征城镇土地使用税。经批准开山填海整治的土地和改造的废弃土地，自使用的月份起，可以免征城镇土地使用税 5 年到 10 年。企业办的学校、医院、托儿所和幼儿园，其用地能与企业其他用地明确区分的，可以比照由国家财政部门拨付事业经费的单位自用的土地免征城镇土地使用税。下列土地的征免税由省级税务机关确定：个人所有的居住房屋和院落用地，房产管理部门在房租调整改革前经租的居民住房用地，免税单位职工家属的宿舍用地，民政部门举办的安置残疾人占一定比例的福利工厂用地，集体和个人办的各类学校、医院、托儿所、幼儿园用地。外商投资企业、外国企业和外国人不纳此税，缴纳土地使用费。

通过国营企业“利改税”和工商税制的全面改革，国家与企业的分配关系有了很大的改进，经济和税收收入迅速增长，税收收入占财政收入和国内生产总值的比重大幅度上升，税收的财政职能和经济杠杆作用都得到了较好的发挥，改革取得了成功，并得到了各方面的充分肯定。

1984 年 10 月 20 日，中国共产党第十二届中央委员会第三次全体会议通过的《中共中央关于经济体制改革的决定》中指出：“社会主义的国家机构必须通过计划和经济的、行政的、法律的手段对企业进行必要的管理、检查、指导和调节，通过税收等形式从企业集中必须由国家统一使用的纯收入。”“随着利改税的普遍推行和企业多种形式经济责任制的普遍建立，按劳分配的社会主义原则将得到进一步的贯彻落实。”

1985 年 3 月 27 日，国务院总理赵紫阳在第六届全国人民代表大会第三次会议上所作的《政府工作报告》中说：1984 年，从正确解决国家与企业、企业与职工的关系入手，在国营企业实行“利改税”，进一步扩大企业自主权，改革建筑业体制、商业体制、外贸体制、金融体制、计划体制，以及进一步发展城镇多种经济形式和经营方式等方面，采取了一系列措施，使城市经济开始出现多年未有的活跃局面。

同年 3 月 28 日，国务委员兼财政部部长王丙乾在上述会议上所作的《关于 1984 年国家预算执行情况和 1985 年国家预算草案的报告》的报告中说：国营企业“利改税”的第二步改革既保证了国家财政收入的稳定增长，又给企业以更大的活力和压力，有利于企业加强经济责任，开展竞争，提高经济效益。据初步统计，1984 年国营企业纳税以后，留归自己支配的利润已经达到 313 亿元，比上年增加 34 亿元（增长率为 12.2%）。

1985 年 7 月 23 日，财政部税务总局局长金鑫在全国税务工作会议上的讲话中也充分肯定了国营企业“利改税”第二步改革和工商税制改革取得的成效。他说：新的税制的全面试行是比较顺利的。试行结果表明，这样做，一方面保证了国家财政收入的稳定增长，有利于国家对社会主义经济的发展加强宏观管理；另一方面，扩大了企业的自主权，进一步调动了企业发展生产，改善经营，提高经济效益的积极性，初步改变了过去企业吃国家“大锅饭”的状况和分配上的平均主义，适应了城市经济体制改革的要求，效果是好的。随着“利改税”第二步改革和工商税制改革，开征了一些新的税种，使税制结构更加趋于合理，打破了长期以来单一税制的局面，一个多层次、多环节征收的税制体系已经基本形成。从原有的税种加上新公布试行的和准备试行的 20 多个税种看，有属于对流转额征税的，有属于对所得额征税的，有属于对财产征税的，有属于对级差收入征税的，还有一些特别税种和地方税种。这些税种各有不同的作用，又是相互配套的。这样就比较适应中国经济情况的复杂性和经营方式的多样式，从而使工商税收在更广泛的经济领域里发挥经济杠杆作用。

同年 9 月 23 日，中国共产党全国代表会议通过的《中共中央关于制定国民经济和社会发展第七个五年计划的建议》中指出：“我国税收制度经过前几年的改革初步进入新的轨道，今后要在这个基础上进一步完善”。

## 三、完善税制的重要措施

国营企业“利改税”第二步改革和工商税制改革实施以后，中国为了完善税制，先后采取了一系列的重要措施，主要有以下几个方面：

### （一）完善所得税制度

这一时期完善所得税制度的主要措施是：根据国营企业实行“利改税”的情况和完善集体企业所得税制度的需要，制定了统一的集体企业所得税暂行条例；根据个体经济、私营经济发展的新形势和加强对其税收管理的需要，先后制定了城乡个体工商业户所得税暂行条例和私营企业所得税暂行条例；为了调节中国公民的个人收入差距，制定了个人收入调节税暂行条例。此外，为了完善国营企业所得税制度，提出了“税利分流”的改革思路。

1. 完善集体企业所得税制度。国营企业实行“利改税”以后，为了平衡集体企业与国营小型企业之间的税负，需要对集体企业实行的工商所得税加以适当调整。由于当时集体企业在财务、税收制度方面与国营企业有所不同，所以需要在调查研究、总结经验的基础上单独制定所得税制度。

1985 年 4 月 11 日，国务院发布《中华人民共和国集体企业所得税暂行条例》，自 1985 年度起施行。7 月 22 日，财政部发布据此《中华人民共和国集体企业所得税暂行条例施行细则》。

集体企业所得税的纳税人为从事工业、商业、服务业、建筑安装业、交通运输业和其他行业的独立核算的集体企业；征税对象为纳税人的所得；计税依据为应纳税所得额，即纳税人每一纳税年度的收入总额减除成本、费用、允许在所得税前列支的税金和营业外支出以后的余额；实行10%至55%的8级超额累进税率。企业开办初期纳税确有困难的；新办的饲料生产企业；生产、经营直接服务于农业的化肥、农药、农机具修理和修配的乡镇企业；积极利用“三废”等废弃物品为主要原料进行生产的企业；在革命老根据地、少数民族地区、边远地区和贫困地区兴办的乡镇企业，经营确有困难的；由于自然灾害和其他特殊原因，纳税确有困难的企业，可以在一定期限以内或者一定程度上减征、免征所得税。

集体企业所得税暂行条例的制定结束了中国多年来集体企业所得税征税办法不统一的局面，实现了集体企业所得税制度的统一与规范。

后来，为了加强集体企业所得税的管理，国家税务部门还制定了一系列的集体企业财务管理办法和有关规定。

2. 完善个体工商户所得税制度。为了适应中国改革开放以后城乡个体工商户迅速发展和国营企业、集体企业所得税制度改革以后的新形势，个体工商户的所得税制度也需要加以完善。

1986年1月7日，国务院发布《中华人民共和国城乡个体工商业户所得税暂行条例》，自1986年度起施行。4月18日，财政部据此发布《关于城乡个体工商业户所得税的若干政策规定》。

城乡个体工商业户所得税的纳税人为从事工业、商业、服务业、建筑安装业、交通运输业和其他行业，经工商行政管理部门批准开业的城乡个体工商户；征税对象为纳税人的所得；计税依据为应纳税所得额，即纳税人每一纳税年度的收入总额减除成本、费用、工资、损失和国家允许在所得税前列支的税金以后的余额；实行7%—60%的10级超额累进税率；对纳税人全年应纳税所得额超过5万元的，按照超过部分的应纳所得税税额加征10%—40%的所得税。孤寡老人、残疾人员和烈士家属从事个体生产、经营的；某些社会急需、劳动强度大，而收入低于一定标准的，可以由省级人民政府确定，定期减征、免征所得税。

3. 开征个人收入调节税。为了适应中国改革开放以后公民个人收入来源渠道增多，收入差距扩大的情况，适当调节个人收入，有利于促进经济体制改革的顺利进行，根据1986年4月12日第六届全国人民代表大会第四次会议批准的国务院总理赵紫阳所作的《关于第七个五年计划的报告》中关于防止社会成员之间收入差距不合理的过分悬殊，运用税收杠杆适当调节各类社会成员的收入水平的建议，1986年9月25日，国务院发布《中华人民共和国个人收入调节税暂行条例》，自1987年1月1日起施行。1986年12月10日，财政部据此发布《中华人民共和国个人收入调节税暂行条例施行细则》。但是，从立法方面来看，国务院发布的个人收入调节税暂行条例与1980年全国人民代表大会通过的个人所得税法是有矛盾的。

个人收入调节税的纳税人为在中国境内有住所、取得个人收入的中国公民；征税对象为纳税人的收入，包括工资、薪金收入，承包、转包收入，劳务报酬收入，财产租赁收入，专利权转让、专利实施许可和非专利技术提供、转让取得的收入，投稿、翻译取得的收入，利息、股息和红利收入，经财政部确定征税的其他收入八类收入；第一类至第四类类收入合并为综合收入，扣除一定数额以后按月计征，适用于20%—60%的5级超倍累进税率；第五类和第六类收入按照每次收入扣除一定费用以后的余额计税，适用于20%比例税率；第七类收入按照每次收入计税，适用于20%比例税率；第八类收入的税率由财政部确定。省级人民政府、国务院部委以上单位颁发的科学、技术和文化成果等奖金，国库券利息、国家发行的金融债券利息，在国家银行、信用合作社和邮政储蓄存款利息，按照国家统一规定发给的补贴、津贴，福利费、抚恤金和救济金，保险赔款，军队干部、战士的转业费、复员费，按照国家统一规定发给干部、职工的安家费、退职费、退休金、离休工资和离休干部生活补助费，经财政部批准免税的其他收入，可以免征个人收入调节税。

为了调节私营企业投资者的收入，鼓励私营企业投资者发展生产，1988 年 6 月 25 日，国务院发布《关于征收私营企业投资者个人收入调节税的规定》，自 1988 年度起施行，其中规定：私营企业投资者将私营企业税后利润用于个人消费的部分，要按照 40% 的比例税率缴纳个人收入调节税。私营企业投资者撤回生产发展基金或者转让企业资产用于个人消费的，要补缴个人收入调节税。

4. 制定私营企业所得税暂行条例。为了适应中国改革开放全面展开以后私营经济发展的需要，根据 1987 年中共中央代总书记赵紫阳在中国共产党第十三次全国代表大会上所作的报告中提出的“必须尽快制订有关私营经济的政策和法律，保护他们的合法利益，加强对他们的引导、监督和管理”的要求和 1988 年第七届全国人民代表大会第一次会议通过的宪法修正案中关于私营经济的规定，1988 年 6 月 25 日，国务院发布《中华人民共和国私营企业所得税暂行条例》，自 1988 年度起施行。11 月 17 日，财政部据此发布《中华人民共和国私营企业所得税暂行条例施行细则》。

私营企业所得税的纳税人为从事工业、建筑业、交通运输业、商业、饮食业和其他行业的城乡私营企业；征税对象为纳税人的所得；计税依据为应纳税所得额，即纳税人每一纳税年度的收入总额减除成本、费用、国家允许在所得税前列支的税金和营业外支出以后的余额；税率为 35%。纳税人利用废水、废气和废渣等废弃物为主要原料进行生产的；纳税人遇有风、火、水、震等灾情，纳税确有困难的；纳税人因特殊情况需要减征、免征所得税的，可以由省级人民政府确定，在一定期限以内减征、免征所得税。纳税人发生年度亏损的，可以用下一纳税年度的所得弥补；下一纳税年度的所得不足弥补的，可以逐年延续弥补，但是最多不得超过 3 年。

后来，为了加强私营企业所得税的管理，国家税务局还制定了私营企业的会计制度和财务管理办法。

5. 涉外企业所得税法的合并。随着中国对外开放政策的进一步贯彻和利用外资的发展，为了解决中外合资经营企业所得税法和外国企业所得税法与形势的发展不相适应的矛盾，1991 年 4 月，第七届全国人民代表大会第四次会议审议了将上述两部涉外企业所得税法合并的议案。4 月 9 日，上述会议通过《中华人民共和国外商投资企业和外国企业所得税法》，自 7 月 1 日起施行，《中华人民共和国中外合资经营企业所得税法》和《中华人民共和国外国企业所得税法》同时废止。6 月 30 日，国务院据此发布《中华人民共和国外商投资企业和外国企业所得税法实施细则》。

外商投资企业和外国企业所得税的纳税人为外商投资企业和外国企业；征税对象为纳税人的生产、经营所得和其他所得；计税依据计税依据为应纳税所得额，即外商投资企业和外国企业在中国境内设立的从事生产、经营的机构、场所每一纳税年度的收入总额减除成本、费用和损失以后的余额；企业所得税的税率为 30%，地方所得税的税率为 3%。符合规定条件的生产性的外商投资企业，可以定期免征、减征企业所得税。设在经济特区、经济技术开发区和沿海经济开放区等规定地区的外商投资企业，在规定地区属于能源、交通等国家鼓励的项目的外商投资企业，可以减按较低的税率征收企业所得税。对于鼓励外商投资的行业、项目，省级人民政府可以根据实际情况决定免征、减征地方所得税。外商投资企业的外国投资者将从企业取得的利润再投资于该企业，可以按照规定退还部分以至全部已经缴纳的企业所得税。纳税人发生年度亏损的，可以用下一纳税年度的所得弥补；下一纳税年度的所得不足弥补的，可以逐年延续弥补，但是最长不得超过5年。

外国企业没有在中国境内设立机构、场所，取得来源于中国境内的利润、利息、租金、特许权使用费和其他所得；或者虽然在中国境内设立机构、场所，但是取得的上述所得与其在中国境内设立的机构、场所没有实际联系的，应当缴纳20%的所得税。外国投资者从外商投资企业取得的利润，国际金融组织贷款给中国政府和中国国家银行的利息所得，外国银行按照优惠利率贷款给中国国家银行的利息所得，可以免征所得税。为科学研究、开发能源、发展交通事业、农林牧业生产和开发重要技术提供专有技术取得的特许权使用费，经过批准，可以减按10%的税率征收所得税。其中技术先进或者条件优惠的，可以免征所得税。

6. 国营企业“税利分流”的提出与试点。国营企业“利改税”推行以后，取得了明显的效果。同时，随着中国经济体制改革的发展，其不足之处也日益明显地表现出来：一是当初在国营企业所得税税率的设计上过分强调保证财政收入，对企业利益“不挤不让”，而对企业所有权和经营权的分离以及由此引起的企业利润分配形式的多样化考虑不够，试图实行完全的“以税代利”，因而税率定得偏高，并对一部分企业缴纳所得税以后的利润征收调节税。加之对企业留利征收国家能源交通重点建设基金和国家预算调节基金，国营企业特别是国营大中型企业税负偏重。二是采取税前还贷办法加重了国家财政的负担，并助长了固定资产投资规模的膨胀，同时加剧了企业之间的税负失衡。

为了深化企业改革，从1987年起，中国在国营企业中普遍推行了各种形式的承包经营责任制，用契约（承包合同）的形式确定企业向国家上缴利润的基数，从而使国营企业所得税近乎名存实亡。承包制的推行虽然对于调动企业的积极性有一定的激励效应，但是同时不可避免地出现了争基数、吵比例、包盈不包亏、企业搞短期行为、国家税收收入下降和国民收入分配过分向企业和个人倾斜等弊端。

为了解决上述问题，财政、税务、经济体制改革等部门和财税理论界开始从理论和实践两个方面积极探索如何把企业所得税制和承包制的优点结合起来的有效途径，并提出了“税利分流，税后还贷，税后承包”的新思路。这一思路很快得到了中共中央、国务院和全国人民代表大会的重视与肯定。

1988年3月25日，国务院代总理李鹏在第七届全国人民代表大会第一次会议上所作的《政府工作报告》中提出：“财政体制要在企业实行经营承包责任制的基础上，逐步转向税利分流，理顺国家与企业的分配关系”，并得到了会议的批准。

此后，“税利分流”改革问题陆续被写进了中共中央、国务院和全国人民代表大会通过的一系列重要文件，其中包括1990年中共中央提出的《关于国民经济和社会发展十年规划和“八五”计划的建议》、1991年第七届全国人民代表大会第四次会议批准的《中华人民共和国国民经济和社会发展十年规划和第八个五年计划纲要》和1992年中共中央总书记江泽民在中国共产党第十四次全国代表大会上所作的报告。

国务委员兼财政部部长王丙乾、国家税务局局长金鑫等人也曾经多次在重要会议上要求各地积极开展“税利分流”改革的试点。

经国务院同意，财政部和国家经济体制改革委员会批准，四川省重庆市于1988年率先在630户市属国营企业开展“税利分流”的改革试点，其主要内容是：降低企业所得税的税率，按照财政部提出的方案，实行从10%到35%的5级超额累进税率；取消固定资产投资税前还贷；税后利润实行多种形式的承包，一定3年不变。这一试点取得了较好的效果。

1989年3月，财政部、国家经济体制改革委员会发布《关于国营企业实行税利分流的试点方案》，扩大了“税利分流”的试点范围。在此基础上，1991年8月14日，财政部和国家经济体制改革委员会印发《国营企业实行“税利分流，税后还贷，税后承包”的试点办法》。到1992年，全国已经有2199户国营企业开展“税利分流”改革的试点。其中，经过财政部批准的试点企业有1715户，各地批准的试点企业有484户。

“税利分流”改革的研究与试点，为正确处理国家与企业的分配关系，促进企业转换经营机制，作了有益的探索，并为下一步企业所得税制度的改革作了积极的尝试，提供了有益的经验。

此外，根据搞活国营大中型企业的需要，经国务院批准，国营企业调节税的税额逐年调减，征税范围也逐步缩小。

### （二）调节投资和消费的税收措施

在这一时期，国家为了配合适当控制固定资产投资和消费基金膨胀而采取的税收措施，主要是开征了建筑税（后来改为固定资产投资方向调节税）、奖金税和工资调节税。此外，为了保护耕地，开征了耕地占用税；为了限制大吃大喝，制定了筵席税暂行条例；为了调节彩色电视机、小轿车的供求矛盾，对这两类商品开征了特别消费税。

1. 开征建筑税和固定资产投资方向调节税。实行经济管理体制改革以后，扩大了地方和企业的自主权，在搞活微观经济方面取得了明显的效果。但是，也出现了地方、企业自筹资金和其他预算外资金增长过猛，基本建设规模膨胀和投资结构不合理等问题。为此，国家先后开征了建筑税和固定资产投资方向调节税。

1983年8月24日，国务院发出《关于抓紧增收节支确保今年财政收支基本平衡的紧急通知》。通知中规定：为了有效地控制基本建设规模，筹集建设资金，将原定对自筹基建投资超过国家批准的计划指标，按照超过额加征30%的国家能源交通重点建设基金的规定，改为对各地区、各部门、各单位自筹基建项目的全部投资和更新改造措施项目中的建筑工程投资开征建筑税。

同年9月20日，国务院发布《建筑税征收暂行办法》，自10月1日起施行。办法中说，开征建筑税的目的是为了有助于集中必要资金，保证国家重点建设，有利于加强基本建设管理，控制固定资产投资规模。11月18日，财政部据此发布《建筑税征收暂行办法施行细则》。

建筑税的纳税人为从事自筹资金进行基本建设投资和更新改造投资的国营企业和事业单位、机关团体、部队、地方政府以及所属的城镇集体企业，征税对象包括国家预算外资金、地方机动财力、企业事业单位的自有资金、银行贷款和其他自筹资金，计税依据为自筹基本建设的全部投资额和更新改造措施项目中建筑工程投资额，税率为10%。能源、交通、教学和医护等设施的投资，中外合资企业的投资，利用国际金融组织贷款、外国政府贷款项目的投资，利用国际组织、外国政府、国外社团和华侨赠款的投资和财政部专案批准的投资，可以免征建筑税。

从建筑税开征以后3年的情况来看，征收此税对于控制自筹建设投资和增加财政收入的作用并不明显。另据反映，单一税率不利于调整投资结构和控制计划外投资规模，地方越权减免税和纳税人偷税、漏税、欠税的情况也比较严重。

在总结《建筑税征收暂行办法》施行的经验和存在问题的基础上，1987年6月25日，国务院发布《中华人民共和国建筑税暂行条例》，自7月1日起施行，《建筑税征收暂行办法》同时废止。8月9日，财政部据此发布《中华人民共和国建筑税暂行条例实施细则》。

新的建筑税的征税范围有所扩大，纳税人中增加了乡镇企业和个体工商户；税率由单一比例税率改为差别比例税率，从10%到30%不等；免税项目也增加了一些。

这次修订建筑税以后，在执行中反映出来的主要问题，一是仅对自筹投资征税，对规定固定资产投资的调节范围有限；二是差别税率设计不够科学，不利于调节投资结构；三是征税办法还不够严密，措施缺乏刚性。

1989年11月9日，中国共产党第十三届中央委员会第五次全体会议通过《中共中央关于进一步治理整顿和深化改革的决定》。决定中提出：开征投资方向调节税，实行差别税率，促进投资结构的改善。

1990年4月4日第七届全国人民代表大会第三次会议批准的国务委员兼财政部部长王丙乾所作的《关于1989年国家预算执行情况和1990年国家预算草案的报告》中提出：为了体现产业政策，并把一部分建设资金转到重点建设上来，拟将现行建筑税加以改进和完善，改为投资方向调节税。

同年11月17日，国务委员兼国家计划委员会主任邹家华在全国固定资产投资方向调节税工作会议上的讲话中指出：开征固定资产投资方向调节税的主要目的不是征多少钱，而是运用税收这个经济杠杆来调节投资方向。

为了更好地贯彻国家产业政策，控制投资规模，引导投资方向，调整投资结构，加强重点建设，促进国民经济持续、稳定、协调发展，在总结建筑税征收过程中的经验和存在问题的基础上，1991年4月16日，国务院发布《中华人民共和国固定资产投资方向调节税暂行条例》，自1991年度起施行，《中华人民共和国建筑税暂行条例》同时废止。6月18日，国家税务局据此发布《中华人民共和国固定资产投资方向调节税暂行条例实施细则》。

与1987年修订的建筑税相比，固定资产投资方向调节税有以下新特点：一是扩大了纳税人的范围，即根据所有制的变化，在纳税人中增加了私营企业；二是将征税投资的范围扩大到了全社会的固定资产投资，即增加了商品房投资和其他固定资产投资；三是将征税资金的范围扩大到了各种资金，即增加了国家预算资金；四是根据国家的产业政策和项目经济规模实行差别税率，按照投资项目单位工程分别确定适用税率，税率从0到30%不等；五是为了严格控制减免税，基本上取消了免税、减税的规定；六是为了控制税源，在征收方法上，采取了计划统一管理和投资许可证相结合的源泉控管办法。

2. 开征奖金税和国营企业工资调节税。随着经济体制管理的改革，经营责任制的推行，企业的奖金制度和工资制度也进行了改革。1983年4月15日，国务院批转《国家经济委员会、劳动人事部、财政部关于当前推行经营责任制工作中有关工资、奖金问题的报告》，报告中提出了对超限额发放的奖金征收累进的消费基金税的设想。

同年8月，财政部起草《国务院关于征收超限额奖金税的试行规定（草案）》，并提交全国财政工作会议、全国工业交通工作会议等全国性会议讨论，同时征求各地区、各部门的意见。

1984年4月16日，国务院发出《关于国营企业发放奖金有关问题的通知》。通知中规定：企业在全面完成国家计划、税利增加的前提下，发放奖金可以不“封顶”，并按照超额累进办法缴纳奖金税。

同年5月15日，国务院总理赵紫阳在第六届全国人民代表大会第二次会议上所作的《政府工作报告》中提出，为了防止消费基金的增长失去控制，企业发放奖金超过一定限额的，除了劳动强度大的矿山采掘、搬运和建筑行业以外，国家要向企业征收奖金税。会议批准了上述报告。

同年6月28日，国务院发布《国营企业奖金税暂行规定》，自1984年度起施行。8月17日，财政部发出关于执行上述规定的通知。

国营企业奖金税的纳税人为发放奖金超过一定标准的国营企业，计税依据为国营企业使用奖励基金发放的各种奖金，实行30%至300%的3级超额累进税率。发给矿山采掘工人、搬运工人和建筑工人的奖金，按照国家规定颁发的创造发明奖、合理化建议奖和自然科学奖，经批准试行的10种特定燃料、原材料节约奖等奖金，可以免征奖金税。

1985年3月27日，国务院总理赵紫阳在第六届全国人民代表大会第三次会议上所作的《政府工作报告》中提出，在工资改革中，对于工资总额增长过快的，要征收累进的工资调节税或者超额奖金税。会议批准了上述报告。

为了更好地促进国营企业推行内部经济责任制，调动企业和职工发展生产、提高经济效益的积极性，有计划地、逐步地提高职工的收入水平，并从宏观上控制消费基金的过快增长，国务院于1985年7月3日修订发布《国营企业奖金税暂行规定》，自1985年度起施行。9月12日，财政部据此发布《国营企业奖金税暂行规定施行细则》。

修订以后的《国营企业奖金税暂行规定》适用于未实行工资总额随经济效益挂钩浮动的国营企业，免征额也比过去有所提高。

相应地，为了对实行工资总额随经济效益挂钩浮动的国营企业增发的工资加以适当的控制，1985年7月3日，国务院发布《国营企业工资调节税暂行规定》，自1985年度起施行。9月18日，财政部据此发布《国营企业工资调节税暂行规定施行细则》。

国营企业工资调节税的纳税人为实行工资总额随经济效益挂钩浮动的国营企业，计税依据为纳税人当年增发的工资总额超过国家核定的上年工资总额7%的部分，实行从30%到300%的3级超率累进税率。

国营企业奖金税和国营企业工资调节税开征以后，为了促进集体企业加强经济责任制，鼓励事业单位向经济自立、经费自给过渡，逐步提高集体企业和事业单位职工的收入水平，控制消费基金的过快增长，并平衡国营企业与集体企业和事业单位的税收负担，国务院先后于1985年8月24日、9月20日发布《集体企业奖金税暂行规定》和《事业单位奖金税暂行规定》。集体企业奖金税、事业单位奖金税的征收和管理，均比照《国营企业奖金税暂行规定》办理。其中，事业单位奖金税的免征额因各单位的经费情况不同而有所区别。根据国务院的上述规定，11月2日和11月15日，财政部先后发布《集体企业奖金税暂行规定实施办法》和《事业单位奖金税暂行规定实施细则》。

后来，在实际执行中，国务院先后降低了奖金税和工资调节税的税率，提高了奖金税的免征额。

3. 开征耕地占用税。1987 年 3 月 26 日，国务委员兼财政部部长王丙乾在第六届全国人民代表大会第五次会议上所作的《关于 1986 年国家预算执行情况和 1987 年预算草案的报告》中提出：为了限制农村和城镇占用耕地，调节收入，拟自当年起对农村非农业新占用耕地征收占用税。征收的税款，一半留给地方，建立农业发展专项资金，用于开垦宜耕土地和整理、改良现有土地；另一半上交中央财政，由国家统一安排使用。会议批准了上述报告。4 月 1 日，国务院据此发布《中华人民共和国耕地占用税暂行条例》，即日起施行。6 月 25 日，财政部据此发布《关于耕地占用税具体政策的规定》。

耕地占用税的纳税人为占用耕地建房或者从事其他非农业建设的单位和个人；征税对象为被占用的耕地；计税依据为纳税人实际占用的耕地面积；实行有地区差别的幅度税额标准，每平方米的税额标准为 1—10 元（某些经济发达地区的税额标准可以适当提高，但是最高不得超过 15 元）。军事设施用地，铁路线路、飞机场跑道和停机坪用地，炸药库用地，学校、幼儿园、敬老院和医院用地，可以免征耕地占用税。农村革命烈士家属、革命残疾军人、鳏寡孤独和革命老根据地、少数民族聚居地区、边远贫困山区生活困难的农户，在规定用地标准以内新建住宅纳税确有困难的，经过审批，可以减征、免征耕地占用税。外商投资企业、外国企业和外国人不纳耕地占用税。

为了进一步做好耕地占用税的征收工作，保护耕地资源，增加农业投入，1989 年 2 月 21 日，国务院发出《关于切实做好耕地占用税征收工作的通知》，其中强调了征收耕地占用税的重要意义，提高了耕地占用税收入中地方分享的比例，并就严格控制耕地占用税法的减税、免税和加强耕地占用税的征收管理提出了具体要求。

4. 制定筵席税暂行条例

20 世纪 80 年代初期，有人建议开征筵席消费税，并引起了国务院领导的重视，财政部还曾经拟定过有关税法的草案。但是，由于试行过程中阻力很大，所以没有能够推行。

1988 年，又有人向中共中央、国务院领导建议开征筵席税，以限制公款大吃大喝，促进党风和社会风气的好转，缓解食品供应紧张的矛盾，并得到了中共中央总书记赵紫阳等领导的赞同。

当时，国家税务局曾经对开征此税提出过不同意见。但是，赵紫阳总书记等领导坚持要求开征此税，同时表示国家税务局提出的某些意见可以考虑（例如，起征点、税率和开征日期等方面的规定可以适当灵活一些）。

1988 年 9 月 22 日，国务院发布《中华人民共和国筵席税暂行条例》。筵席税的征税对象为举办筵席的行为，纳税人为在中国境内设立的饮食营业场所举办筵席的单位和个人，代征人为承办筵席的单位和个人，计税依据为纳税人举办一次筵席所支付的全部金额，起征点为 200—500 元，实行从 15%—20% 的比例税率，具体的起征点、适用税率、施行日期和个别免税事宜由省级人民政府根据本地区的实际情况自行确定。外商投资企业、外国企业和外国人不纳筵席税。

在执行过程中，征收筵席税阻力很大，收入很少，效果很不理想，开征的地区也越来越少（1992 年曾有 22 个省、自治区和计划单列市开征此税，但是年收入不过 259 万元，后来各地陆续停止征收）。

5. 开征特别消费税

1988 年，中国一度出现了彩色电视机、小轿车等商品紧缺，供求矛盾突出，经营渠道混乱，倒买倒卖，牟取暴利的现象，严重地损害了国家和消费者的利益，扰乱了正常的经济秩序。为此，国务院决定自 1989 年 2 月 1 日起对彩色电视机实行专营，对小轿车加强销售管理，同时开征特别消费税。据此，1989 年 2 月 14 日、4 月 1 日，国家税务局先后发出《关于对彩色电视机征收特别消费税有关问题的通知》和《关于对小轿车征收特别消费税有关问题的规定》，上述规定均自同年 2 月 1 日起施行。

特别消费税的纳税人为在中国境内生产、进口彩色电视机、小轿车、吉普车、面包车的单位和个人，实行从量定额征税。其中，彩色电视机的税额标准为每台 400 元和 600 元两档，小轿车的税额标准为每辆 5000—40000 元不等，吉普车的税额标准为每辆 5000—35000 元不等，面包车的税额标准为每辆 5000—30000 元不等。在实际执行中，对部分税额标准作了下调。

特别消费税开征不久，市场情况即发生了很大的变化，出现了供过于求的情况，因而使征税工作遇到了很大的困难。为此，国务院决定从 1992 年 4 月 24 日起停止对彩色电视机实行专营，并停止对彩色电视机征收特别消费税。对小轿车征收的特别消费税于 1994 年税制改革时并入消费税。

### （三）完善税制的其他重要措施

增值税、产品税、营业税、资源税等税种在征税范围、税目、税率、计税方法和征收管理等方面采取了一些改进措施。

1. 增值税

完善增值税的主要措施，一是逐步扩大征税范围，二是改进计税办法。

（1）扩大征税范围。1984 年增值税条例（草案）出台的时候，征税范围比较窄，一共设有 12 个税目，即机器机械及其零配件、汽车、机动船舶、轴承、农业机具及其零配件、钢坯、钢材、自行车、缝纫机、电风扇、印染绸缎及其他印染机织丝织品、西药。从 1986—1988 年，根据国务院的授权和有关指示，财政部先后发出《关于对纺织品试行增值税的通知》、《关于对日用机械、日用电器、电子产品、搪瓷制品、保温瓶试行增值税的通知》、《关于调减部分轻工产品税收负担和扩大增值税试行范围的通知》、《关于对建材、有色金属等产品试行增值税的通知》等扩大增值税征税范围的文件。至此，增值税的税目增加到 31 个，即化学纤维，纺织品，服装，地毯，搪瓷，玻璃保温容器，药品，日用机械，日用电器，电子制品，机器机械，钢坯，钢材，帽、鞋，纸，文化用品，日用化学品，玻璃制品和玻璃纤维制品，陶器，药酒，食品饮料，皮革、皮毛，其他轻工产品，其他工业品，有色金属矿采选产品，非金属矿采选产品，其他非金属矿采选产品，建筑材料，有色金属产品，电线、电缆，工业性作业。这样，除了烟、酒、电力、成品油等 10 类工业品继续征收产品税以外，其他工业品都已经纳入了增值税的征税范围，增值税收入大幅度增长，此项税收占税收总额的比重也有了很大的提高。1985 年，中国的增值税收入为 159.3 亿元，占全国税收收入的 7.8%。1993 年，中国的增值税收入增加到 823.8 亿元，比 1985 年增长 4.2 倍；增值税收入占全国税收收入的 19.3%，比 1985 年提高 11.5 个百分点。

（2）改进计税办法。增值税的计税方法起初采用"扣额法"和"扣税法"两种方法。

1987年3月20日，财政部发布《关于完善增值税征税办法的若干规定》。这个文件中规定，自同年1月1日起，增值税的计税方法统一采用"扣税法"，具体方法又区分为"购进扣税法"和"实耗扣税法"2种；扣除项目原则上规定为外购的原材料、燃料、动力、低值易耗品、包装物和委托外单位加工所支付的加工费；扣除税额原则上按照外购扣除项目的实际采购成本、委托加工费的实际支付金额和规定的扣除税率计算；扣除税率大部分采用税目税率表中规定的适用税率，少数项目采用14%的综合扣除税率。这个规定的发布与实施，标志着中国的增值税在规范化方面前进了一大步。

为了解决中国试行增值税初期计税方法复杂的问题，从1988年起，国家税务局组织在一些地区进行了增值税"价税分流购进扣税法"的试点。其基本做法是：在现行的价内税制度下，将生产应税产品或者从事应税业务而购进的扣除项目中所含的流转税从价格中分离出来，据以计算应纳增值税税额。试行这种方法的积极意义在于：改变了按照含税成本和应缴税金计算销售利润的办法，消除了原来实行的购进扣税法由于购销不均衡而对企业利润产生的影响；将增值税的计算过程纳入会计核算体系，增加了税额计算的透明度和准确性；为以后实行发票扣税法作了有益的探索。

1992年3月18日，国家税务局发出《关于增值税采用定期定率征收方法若干规定的通知》。增值税的定期定率征收方法，是指纳税人根据税务机关核定的应税产品征收率分期计算缴纳增值税税款的方法。这种方法适用于年增值税应税收入额在200万元以下，且财务核算不健全的纳税人。征收率按照应税产品、项目的规定税负核定，且确定以后在一个年度内不得变动（国家调整税率和统一决定调整减免税政策者除外）。

2. 产品税。完善产品税的主要措施，一是调整征税范围，二是加强重点税源管理，三是严格控制减免税。

（1）为了配合扩大增值税的征税范围，缩小了产品税的征税范围，从而使产品税对特定产品征税的特点更为突出。从1986年到1988年，产品税共有174个税目改为征收增值税，税目总数从270个减少到96个。

（2）为了加强对于重点税源产品的征税管理，制定了一些专门的征税办法。例如1985年1月21日，财政部发布《酒类产品征税办法》。1986年1月25日，财政部发布《烟类产品征税办法》。1992年，为了支持卷烟工业的发展，缓解卷烟生产亏损的问题，增加财政收入，国务院决定临时降低卷烟产品税的税率，保留1986年至1990年期间国家给予卷烟工业的税收优惠，同时不再审批困难减免。

（3）为了整顿税收秩序，加强税收管理，配合产业政策的贯彻和产品结构的调整，对于产品税的以税还贷，某些特殊消费品和长线产品的免税、减税，委托加工产品和自产自用产品的税收管理，予以更为严格的控制。

3. 营业税。完善营业税的主要措施，一是完善对国营企业征收营业税的制度，二是适当调整营业税的征税范围。

在完善对国营企业征收营业税的制度方面，重点是逐步对国营企业的所有商品批发业务恢复征收营业税和对国营建筑安装企业征收营业税。

1985年9月27日，为了平衡税负，根据国务院常务会议的要求，财政部发出《关于对国营商业企业经营的商品批发业务恢复征收营业税的通知》，从11月1日起执行，其中规定：

（1）对国营商业企业经营的商品批发业务，除了石油、五金、交电和化工四类商品照征营业税以外，对其余商品批发业务恢复征收营业税。

（2）下列批发业务收入暂免征收营业税：国营粮食企业按照国家规定平价批发销售粮食、食油的业务收入，外贸部门批发、调拨出口商品的业务收入，国营商业企业批发、调拨肉、禽、蛋、水产品、蔬菜和鲜果的业务收入，国营商业企业批发、调拨纯棉布的业务收入，国营物资部门（包括工业供销单位）批发、调拨生活用煤炭的业务收入（为了公平税负，财政部于1986年12月22日规定：从1987年1月1日起，集体商业企业批发、调拨肉、禽、蛋、水产品、蔬菜和鲜果的业务收入也暂免征收批发环节的营业税——笔者注）。

（3）下列业务收入暂减征收营业税：国营商业企业批发、调拨小百货商品的业务收入和国营县物资局（公司）批发、调拨物资的业务收入，暂减半征收营业税。

（4）除了上述免税、减税项目以外，个别企业按照规定纳税确有困难的，由所在省（自治区、直辖市）税务局给予临时性的减税、免税。

1986年12月17日，为了平衡与集体和个体建筑安装企业的营业税负担，财政部发出《关于对国营建筑安装企业承包工程的收入恢复征收营业税的通知》，自1987年1月1日起执行。

在调整征税范围方面，根据国务院的授权，1988年5月18日、1990年8月22日，财政部先后两次发出通知，在营业税税目税率表中增加了3个税目，即典当业、土地使用权转让及出售建筑物、经济权益转让，税率从3%到5%不等。此外，先后对出版业改征增值税，取消了临时经营税目。

1993年4月2日，为了促进发展第三产业和扩大就业，参照居民收入和生活费用支出水平，财政部发出通知，规定自同年5月1日起提高营业税起征点的幅度。

同年4月12日，国务院发出《关于提高商品零售营业税税率的通知》。通知中规定：自5月1日起，将商品零售和其他饮食业的营业税的税率从3%提高到5%；继续执行国有粮食企业按照国家平价零售粮食、食油免税的规定；从1991年到1995年，粮价放开地区的国有粮食企业按照地方政府定价零售的粮食、食油继续免征营业税；继续执行零售农业生产资料免征营业税的政策。

4. 资源税。完善资源税的主要措施，一是改进计税方法，二是扩大征税范围。

1986年3月26日，国务委员兼财政部部长王丙乾在第六届全国人民代表大会第四次会议上所作的关于国家财政预算的报告中提出，要对有条件的矿产品实行从量定额征收资源税，并得到会议的批准。据此，6月30日、9月25日，财政部先后发出《关于对原油、天然气实行从量定额征收资源税和调整原油产品税税率的通知》和《关于对煤炭实行从量定额征收资源税的通知》，将原油、天然气和煤炭3种产品的资源税的计税办法，由按照应税产品的销售利润率超率累进计征改为按照实际产量或者销售量从量定额计征，原油的税额标准为每吨1.00—24.00元不等，国家统配煤矿生产的煤炭税额标准为每吨0.20—4.70元不等，自同年1月1日起执行。

1991年1月15日，财政部发出通知，调整煤炭资源税的税额标准，规定统配煤矿生产的煤炭税额标准为每吨0.30—2.40元不等，非统配煤矿生产的煤炭税额标准为每吨0.50—1.60元不等，并考虑到部分企业的困难，规定了临时减税额（1992年煤炭价格提高以后即恢复按照规定税额标准征税——笔者注）。

1991年12月18日，财政部发出《关于征收铁矿石资源税的通知》，规定自1992年1月1日起对铁矿石征收资源税。铁矿石资源税的纳税人为在中国境内开采铁矿石的单位和个人，计税依据为纳税人的实际销售数量和自用数量，从量定额计征，税额标准为每吨1.15—2.50元不等，并规定在铁矿石价格没有理顺的情况下采取临时性减税措施（1992年铁矿石价格提高以后即恢复按照规定税额标准征税——笔者注）。

### （四）关税制度的改革

这一时期中国关税制度改革的主要内容是：适应对外开放和国内经济发展的需要，对关税税则作了全面的修改，并采取了鼓励出口，调节进口，对特定地区、外商投资企业和技术改造进口货物予以税收优惠等措施。

改革开放以后，随着中国国内经济的发展和对外经济、贸易、科学、技术交流的日益扩大，继续使用新中国成立初期（1951年）制定的关税税则，显然已经不能适应形势发展的需要，其突出的问题是：

1. 总体关税水平过高。与当时世界上大多数国家的总体关税水平相比，中国的总体关税水平偏高，与中国积极对外开放的态势不相称。主要问题是，某些原料性产品和工业设备的进口关税税率偏高；有些商品进口关税税率定得很高，又长期没有进口，即使有时进口一些，也要减税、免税。

2. 税率结构不尽合理。例如机器与零部件的税率大都是相同的，从而不利于鼓励进口关键零部件，以促进本国机器生产质量的提高，也不利于发展加工工业。

3. 各类商品的税率水平不适应进出口商品结构的变化。这主要是由于中国改革开放以经济快速发展，人民生活显著改善，国内生产和人民生活所消费的生产资料和生产用品都发生了结构性的变化。例如有些过去限制进口的商品现在需要大量进口，而这些商品的关税税率很高，从而在一定程度上限制了进口；有些过去鼓励进口的商品，由于国内工业的发展，现在不属于鼓励进口的商品，这些商品的税率过低，不利于保护国内生产，也相对减少了国家的财政收入。

4. 对消费类的机电产品保护相对不足。如电视机、录音机等电器产品，由于1951年制定税则时的历史条件所限，所定税率都是很低的，而且长期没有调整，不利于国内生产的发展。

5. 税则的商品分类目录不适应对外经济、贸易和科学、技术交流的需要。1951年税则的商品分类是以中国传统出口商品为基础，并参考某些国外的做法制定的，结构比较简单。由于科技和生产的发展，出现了许多新的商品，而现行税则没有为它们列名和制订相应的税率，致使税则归类和税负方面出现了一些不合理的情况，特别是与国际上通用的商品分类目录差别很大，不利于开展对外经济贸易和科学技术交往，也会给中国参加国际关税谈判带来一些困难。

为此，1983年8月3日，经国务院批准，成立了国务院修改关税税则领导小组，国务委员兼对外经济贸易部部长陈慕华任组长，国家计划委员会、国家经济委员会、对外经济贸易部、财政部、商业部等经济综合部门和机械工业部、电子工业部等产业部门的代表以及部分经济学者任领导小组成员。

1984年12月，国务院批准上述领导小组关于修改关税税则的报告。报告中提出：中国的关税政策要根据国家的对外开放政策，体现鼓励出口，扩大必需品的进口，保护与促进国民经济的发展，保证国家关税收入的基本原则。具体原则是：

1. 对于进口国家建设和人民生活所必需的，而且国内不能生产或者供应不足的动植物良种、肥料、饲料、药剂、精密仪器、仪表、关键机械设备和粮食等，予以免税、低税待遇。

2. 原材料的进口税率，一般较半成品、成品为低，特别是受自然条件制约、国内生产短期不能迅速发展的原料，其税率更低。

3. 对于国内不能生产的机械设备和仪器、仪表的零件、部件，其进口税率应当低于整机。

4. 对于国内已经能够生产的非国计民生必需的物品，应当制订较高的进口税率。

5. 对于国内已经能够生产供应，需要保护的商品，应当制订更高的进口税率。

为了鼓励出口，对于绝大多数出口商品不征收出口关税。但是，对于国际市场上容量有限，且竞争性强的商品，需要限制出口的极少数原料、材料和半成品，必要的时候可以征收适当的出口关税。

1985年2月26日，国务院发出《关于发布〈中华人民共和国进出口关税条例〉和〈中华人民共和国海关进出口税则〉的通知》。通知中说：这次修订的关税条例和进出口税则，贯彻了对外开放政策，体现了鼓励出口，扩大必需品进口，保护与促进国民经济发展以及保证国家财政收入的原则，这对于正在进行的经济体制改革将发挥重要的作用。关税政策具有对内、对外的统一性，关税收入属于中央，关税的征收和减免由海关统一办理，任何部门和地区不准擅自决定关税的减免。海关应当健全制度，提高干部素质，加强税收管理，切实做到依率计征，依法减免，严肃退补，及时入库，以保证关税条例和进出口税则的有效实施。

《中华人民共和国进出口关税条例》和《中华人民共和国海关进出口税则》于1985年3月7日公布，自3月10日起施行，1951年5月10日政务院公布的《中华人民共和国海关进出口税则》及其暂行实施条例同时废止。

根据进出口关税条例的规定，进出口关税的征税对象为中国准许进口和出口的货物（国家另有规定者除外），纳税人为进出口货物的收货人、发货人或者其的代理人。进口关税设普通税率和最低税率，对于产自未与中国订有关税互惠条款或者协定的国家的进口货物，按照普通税率征税；对于产自与中国订有关税互惠条款或者协定的国家的进口货物，按照最低税率征税。进口货物的完税价格为海关审定的到岸价格，出口货物的完税价格为海关审定的离岸价格扣除出口关税以后的价格。无商业价值的广告品和货样；国际组织、外国政府无偿赠送的物品；因故退回的出口国货，经海关核实的；进出国境运输工具所装途程中必需的燃料、物料和饮食用品，可以免征关税。进口货物在国外运输途中或者在起卸的时候遭受损坏或者损失的；起卸以后海关放行以前因不可抗力而遭受损坏或者损失的；海关查验的时候已经破漏、损坏或者腐烂，经证明不是因仓库管理人或者货物关系人保管不慎所造成的，可以酌情减征、免征关税。为国外厂商加工、装配成品和为制造外销产品而进口的原材料、辅料、零件、部件、配套件和包装物料，可以按照实际加工出口的数量免征进口关税。《中华人民共和国海关进出口税则》是《中华人民共和国进出口关税条例》的组成部分，其修改和暂定税率的确定由国务院关税税则委员会审议以后报国务院批准实施。

这次关税税则全面修改的主要内容，一是改变商品分类目录，二是调整进口税率。

在商品分类目录方面，新税则以当时国际上通用的《海关合作理事会商品分类目录》为基础，结合中国的经济发展水平和进出口商品的实际情况，制订了中国的关税税则商品分类目录。具体方法是：对于中国主要的或者特殊的进口商品，凡在目录中没有单独列名的，加列子目；对于中国鼓励进口的商品也加列子目。新税则商品分类的原则是：根据商品的不同性质，分别按照其自然属性、加工程度、功能和用途以及生产部门分类，共分为21类、99章和2002个税目。为了鼓励出口，对绝大多数出口商品免征关税，只对煤炭、中药材等少数出口商品征收出口关税。

在税率调整方面，重点是解决税率偏高和税率结构不够合理的问题。一方面，降低了进口关税的税率，全部税目中有55%的税目降低了税率，平均税率水平下降了近10%。另一方面，调整了税率结构。除了零税率以外，最低税率分为17级，从3%—150%不等；普通税率也分为17级，从8%—180%不等。出口税率分为8级，从10%到100%不等。具体进口商品及其税率的调整情况大体可以归纳为六个方面：

1. 对于原材料，特别是受自然条件制约，国内生产短期内不能迅速发展的原料、材料，较大幅度地降低了进口税率。例如钢铁盘条的税率从35%降低到15%，纸浆的税率从7.5%降低到3%，烧碱的税率从50%降低到5%。

2. 对于新型材料、新技术产品、信息传输设备从低制订进口税率。例如用于电子工业的晶体切片和模拟式、混合式自动数据处理设备的税率从25%降低到6%，程控电话设备和电传设备的税率从12.5%降低到9%。

3. 对于国内不能生产或者生产数量不足、质量不过关的机械设备、仪器、仪表及其零部件，适当降低或者从低制订税率。例如机动船舶的税率从20%降低到9%，30万千瓦以上发电机组的税率从10%降低到6%。

4. 为了适应发展旅游事业和改善人民生活的需要，降低了食品、餐料和物料的进口税率。例如燕窝、鱼翅、海参和鲍鱼等高级海产品的税率从150%降低到60%，海鱼、淡水鱼的税率从80%降低到30%。

5. 为了扩大与发展中国家的贸易，对于从第三世界国家大量进口的热带产品降低了进口税率。例如香蕉、椰子等热带水果的税率从80%降低到30%。

6. 为了保护国内生产的发展，对于一些近年来中国已经能够基本满足需求的产品适当提高进口税率。

1987年1月22日，第六届全国人民代表大会常务委员会第十九次会议通过《中华人民共和国海关法》，自7月1日起施行。该法的第五章为《关税》，其中规定：准许进出口的货物、进出境的物品，除另有规定的以外，由海关依照进出口税则征收关税。进口货物的收货人、出口货物的发货人和进出境物品的所有人，为关税的纳税人。进口货物以海关审定的正常到岸价格为完税价格，出口货物以海关审定的正常的离岸价格扣除出口关税为完税价格，进出境物品的完税价格由海关审定。无商业价值的广告品和货样，外国政府、国际组织无偿赠送的物资，在海关放行以前遭受损坏或者损失的货物，规定数额以内的物品，法律规定减征、免征关税的其他货物、物品，中国缔结、参加的国际条约规定减征、免征关税的货物、物品，可以免征关税。经济特区等特定地区进出口的货物，中外合资经营企业、中外合作经营企业和外资企业等特定企业进出口的货物，有特定用途的进出口货物，用于公益事业的捐赠物资，可以减征、免征关税。

1987年9月12日，根据《中华人民共和国海关法》，国务院修订发布《中华人民共和国进出口关税条例》，自10月15日起施行。1992年3月18日，国务院第二次修订发布《中华人民共和国进出口关税条例》，自4月1日起施行。上述条例两次修订的主要内容如下：

1. 规定了关税税则委员会的组成和职责。

2. 为了贯彻国家的外交政策，在平等互利的基础上发展国际经济贸易关系，增加了对原产于没有与中国签订关税互惠协议的国家（地区）按照普通税率征税的进口货物，经过关税税则委员会批准，可以按照优惠税率征税的规定。

3. 为了使中国产品在进口国（地区）受到公平、公正的待遇，增加了任何国家（地区）对其进口的原产于中国的货物征收歧视性关税或者给予其他歧视性待遇的，海关对原产于该国家（地区）的进口货物可以征收特别关税的规定。

4. 完善了海关审定完税价格的规定。

5. 为了维护纳税人的权益，增加了纳税人对海关决定不服时可以向法院起诉的规定。

1988年3月10日，国务院发出《关于加强海关工作的通知》，其中就关税问题作出以下规定：

1. 充分运用关税手段调节进出口。关税政策应当体现国家的经济发展战略和经济政策。根据价格体系尚未理顺的实际情况和产业政策的需要，应当及时调整税率。国家实施鼓励出口政策，对绝大多数出口商品免征出口税，但是对极少数国际市场容量有限、价格比较敏感的出口商品要适时征收出口税。对进口原材料和技术设备，要根据国内生产、供应情况，适时调整税率。对高档消费品和国内外差价大、利润高的商品，要及时调高税率。同时，要进一步完善关税优惠政策，运用关税手段促进产业结构的优化和加速国产化进程。国务院关税税则委员会应当加强对关税工作的领导，研究关税政策中的问题，及时审定调整税率。海关要加强关税和代征税的征收管理，严格减免税的审批，认真查处偷税、漏税，以保证国家财政收入。

2. 实施关税优惠政策，改进管理方法，促进沿海地区大进大出。海关要根据国务院的有关政策规定，积极支持和促进来料加工、来样加工、来件装配、补偿贸易和进料加工贸易的发展。对用于生产出口产品的进口原料、材料、元器材、零部件、辅料、配套件、包装物料和在生产过程中直接消耗掉的触媒剂、催化剂、洗涤剂等免税；加工生产过程中产生的副次品、边角余料内销的时候根据其实际使用价值酌情补税。在管理上，要大力推行保税工厂和保税仓库制度。对于进口、加工和出口3个环节不相衔接、不易实行有效监督的进料加工，可以先按照核定比例对其一部分进口料件作为不能出口部分征税，然后按照实际出口核算。要支持乡镇企业参与经营进料加工业务，符合条件的也可以批准设立保税工厂；接受委托加工出口业务的，实行工厂和外贸单位的双轨核销制。要推行“信得过企业”管理制度，对于经过考核确属一贯遵纪守法，各项制度健全，经营情况良好的企业，在办理海关手续的时候进一步给予方便。同时，各级海关要与经贸部门、外汇管理部门和税务部门密切配合，采取有效措施完善核销制度，督促企业将进口料件加工成品出口。

3. 落实外商来华投资的关税优惠政策。海关要认真贯彻执行国家对中外合资企业、中外合作企业和外商独资企业进出口货物的优惠政策，促进外商直接投资。对于香港、澳门同胞来内地投资给予外商投资同等的优惠。要认真落实国务院1986年发布的《关于鼓励外商投资的规定》，做好对外商投资企业进出口货物的监管工作，特别要管好为履行出口合同所进口的原材料、零部件按合同规定加工成品出口，促进外商投资企业向外向型经济发展。

此外，从1985—1993年，根据经济体制改革和对外经济贸易发展的需要，为了使关税这个经济杠杆更加灵活地发挥调节进出口的作用，中国还多次对关税的征税范围和税率进行小范围的调整（例如1988年9月到11月，调整了33种商品的进口关税税率，对16种商品开征了出口关税，旨在限制某些机电产品和高档消费品的进口和某些资源产品的出口），并于1985年开征过具有特别关税性质的国营企业出口商品利润调节税和进口商品调节税（前者于开征当年停征，后者于1992年停征）。

这一时期关税的特定减税、免税，主要体现在对于特定地区、外商投资企业、技术改造进口货物的减税、免税方面。

1. 特定地区进口货物的关税减免。

（1）经济特区。根据1986年3月25日经国务院批准发布、自4月1日起实施的《中华人民共和国海关总署对进出经济特区的货物、运输工具、行李物品和邮递物品的管理规定》，用于特区建设所需的机器设备和建筑材料，特区企业所需进口的生产管理设备和建筑材料、燃料，旅游、饮食业营业用的餐料，行政机关、企业和事业等单位自用的、数量合理的办公用品和交通工具，进料加工实际复出口的产品所含的进口原材料、零部件，加工装配供特区企业生产、营业自用和特区行政机关、事业单位自用并享受免税的设备、物品所需的进口料件，可以免征关税。在国家对经济特区每年供特区内市场销售的物资审定的外汇额度以内进口的规定商品，可以减半征收关税。

（2）沿海开放城市和开放区。根据1989年2月15日发布、自4月1日起实施的《中华人民共和国海关对沿海开放区进出境货物的管理规定》，沿海开放城市和开放区的外商投资企业进口自用的交通工具和办公用品，投资的外商和来自国外的技术人员、职工进口的安家物品和自用的交通工具（限合理数量），可以免征关税。为现有企业技术改造而进口的国内暂不能生产或者不能保证供应的关键设备、仪器仪表和其他必需器材，不论外汇来源，在1993年以前都可以免征关税。沿海经济开放区规定范围内开放市、县所辖农村为安排发展农产品加工项目所需进口的种子、种苗、种畜，饲料和动植物保护药物，耕作、种植、养殖和农产品加工机具和其他必需的技术、装备，不论外汇来源，在1993年以前也可以免征关税。

（3）经济技术开发区。根据1984年5月4日中共中央、国务院转发的《沿海部分城市座谈会纪要》，建设经济技术开发区基础设施所需进口的机器、设备和其他基建物资，不分外汇来源，在1990年以前可以免征关税。区本身和区内企业自用的建筑材料、生产设备、原材料、零部件、元器件、交通工具、办公用品的进口和产品的出口、内销，也执行经济特区的优惠政策和管理办法。

根据1988年4月26日发布、自5月15日起实施的《中华人民共和国海关对经济技术开发区进出境货物的管理规定》，经济技术开发区（以下简称开发区）内的企业和机构，经国家规定的主管部门批准，进口供本开发区内使用货物，其关税、进口调节税和工商统一税（产品税、增值税）按照以下规定办理：建设开发区基础设施所需进口的机器、设备和其他基建物资，免税；区内企业进口自用的建筑材料、生产和管理设备、生产用燃料，合理数量的生产用车辆、交通工具、办公用品和上述机器设备、车辆所需进口的维修零配件，免税；

开发区内的行政机关、事业单位等机构进口自用合理数量的建筑材料、交通工具、办公用品和管理设备，比照上述规定办理；区内企业进口专为生产出口产品所实际耗用的原材料、零配件、元器件和包装物料，旅游饮食业营业用的餐料，利用外资养殖出口产品所需进口的饲料，免税。

1991年3月8日，国务院就延长沿海开放城市和地区、经济技术开发区部分税收优惠政策执行期限问题批复海关总署、国家税务局等5个部门，同意沿海开放城市、开放地区技术改造项目（国家产业政策限制发展者除外）所需的进口设备，沿海开放地区所辖农村为发展出口农业而进口的加工设备等，从1991年到1993年继续免征进口关税、产品税、增值税；经济技术开发区基础设施建设所需的经批准进口的机器设备和其他基本建设物资，从1991年到1995年继续免征进口关税、产品税、增值税。

（4）新技术产业开发试验区。根据1988年5月10日国务院批准、即日起实施的《北京市新技术产业开发试验区暂行条例》，经海关批准，在试验区内可以设立保税仓库、保税工厂，海关按照进料加工监管进口的原材料和零部件；按照实际加工出口数量免征进口关税和进口环节产品税、增值税。出口产品免征出口关税。保税货物转为内销，必须经原审批部门批准和海关许可，并照章纳税。新技术企业用于新技术开发，进口国内不能生产的仪器和设备，凭审批部门的批准文件，经海关审核以后，5年以内可以免征关税。

1988年8月22日发布的《国务院批准国家科学技术委员会关于动员和组织科技力量为沿海地区经济发展战略服务的决定》中规定，凡经国务院批准的新技术开发区，可以参照《北京市新技术产业开发区试验暂行条例》和有关优惠政策试行。凡由国家科学技术委员会或者各地政府批准的新技术开发区，可以根据本地的情况和职权范围，制定相应的优惠政策。海关总署规定：凡经国务院批准的新技术开发区，按照国务院的批准文件执行有关关税政策；凡经国家科学技术委员会和各地政府批准的新技术开发区，海关从管理上采取灵活措施，但是关税的减免不能超出上述规定的范围。

2. 外商投资企业进口货物的关税减免。根据全国人民代表大会通过的中外合资经营企业法、中外合作经营企业法和外资企业法及其实施细则，1984年1月30日、4月30日，海关总署、财政部和对外经济贸易部先后联合发布《关于中外合资经营企业进出口货物的监管和征免税规定》、《关于中外合作经营企业进出口货物的监管和征免税规定》等文件，具体规定了外商投资企业进出口货物的免税办法。

外商投资企业的关税减免，与中国对外开放的格局相适应，按其投资地区的不同而有所区别。外商在经济特区和经济技术开发区投资办企业，进出口货物享受本区域的关税优惠政策。外商在内地和开放地区投资办企业，进出口货物的关税减免按照下列规定办理：

（1）内地。中外合资经营企业、外资企业用企业投资额度以内的资金和追加投资的资金进口的货物，中外合作经营企业经营国家鼓励发展的项目（包括能源开发、铁路、公路、港口基本建设、工业、农业、林业、牧业、养殖业、深海捕捞、科学研究、教育和医疗卫生等），进口货物依其是否产品出口型企业和先进技术型企业给予不同的关税优惠。下列项目可以免征关税：非产品出口型和非先进技术型企业生产和管理必须进口的机器设备、货运车辆，企业建厂（场）和安装、加固机器必须进口的材料，进料加工实际复出口产品所需进口的原材料、零部件、元器件、辅料和包装物料；产品出口型企业和先进技术型企业除了享受以上关税优惠以外，根据实际需要，经主管部门批准进口合理数量的交通工具；企业在办公室内进行公务活动，进口用于处理行政和业务事务所必需的机器设备、工具和办公用品；中外合作经营的旅游饭店所需的设备、材料，由于国内暂不能生产供应，或者因技术、工艺、数量和交货时间不能保证等原因而进口的。

（2）开放地区。外商在14个沿海开放城市和沿海经济开放区投资兴办的各类企业，无论是否产品出口型企业和先进技术型企业，在企业投资额度以内的资金和追加投资的资金进口的货物，一般都可以享受内地产品出口型企业和先进技术型企业的关税优惠政策。可以免征关税的主要项目是：机器设备、零部件、建筑材料、进料加工实际复出口的产品所含的进口原材料、零部件、元器件、辅料和包装物料，企业自用的交通工具和办公用品，投资的外商和境外技职人员进口自用的合理数量的安家物品和自用的小汽车。

3. 技术改造进口货物的关税减免。根据国务院的有关决定，1983年1月国家经济委员会、海关总署和财政部规定：现有企业技术改造单纯进口的机器设备，可以按照法定税率减半征收关税；技术转让合同随同进口的机器设备，其价值在引进技术金额50%以下的，可以免征关税。同月，财政部、海关总署发出《关于国外引进技术改造项目的技术、设备减、免关税和工商（统一）税问题的通知》。自1984年6月起，先后规定14个沿海开放城市和沿海经济开放区现有企业技术改造进口的机器设备在1990年年底以前可以免征关税。

1990年4月1日，经国务院批准，海关总署、国家计划委员会和国家税务局发布《关于运用税收优惠促进小轿车国产化的暂行规定》，自1992年1月起实施。这个文件中规定：对于经国家批准定点生产小轿车企业在国产化程度不同阶段所需进口的零件、部件，按照国产化程度高、进口税率低，国产化程度低、进口税率较高的原则，给予下列税收优惠：

（1）在国产化率达到40%—60%的时候，在1年以内再进口的零件、部件，可以减按进出口关税税则规定税率的75%计征；进出口关税税则对其中的零件、部件设有单列税率而且低于上述税率的，可以直接按照零件、部件的税率计征。上述零件、部件的进口环节增值税，可以减按应纳税额的50%计征。

（2）国产化率达到60%—80%时，在1年以内再进口的零件、部件，可以减按进出口关税税则规定税率的60%计征；进出口关税税则对其中的零件、部件设有单列税率而且低于上述税率的，可以减按单列税率的80%计征。上述零件、部件的进口环节增值税，可以减按应纳税额的50%计征。

（3）国产化率达到80%以上时，在1年以内再进口的零件、部件，可以减按进出口关税税则规定税率的40%计征；进出口关税税则对其中的零件、部件设有单列税率而且低于上述税率的，可以减按单列税率的60%计征。上述零件、部件的进口环节增值税，可以减按应纳税额的50%计征。

为了适应中国对外经济贸易和国外关税制度发展、完善中国关税制度、申请恢复国际关税和贸易总协定席位的需要，从1988年起，中国海关开始研究国际上新采用的《商品分类及编码协调制度》（以下简称协调制度），为中国海关税则的分类目录从《海关合作理事会商品分类目录》向协调制度转换做准备。经国务院批准，自1992年1月1日起，以协调制度为基础重新编排的海关进出口税则正式实施。这部税则是新中国成立以来制定的第三部关税税则，它是1985年关税税则的升级版，商品分类目录作了较大范围的改动，税目总数增至6250个，比过去增加2208个；但是税率基本上没有变化，进口关税的算术平均税率为42.5%。

1992年12月4日，为了深化对外贸易体制改革，扩大对外贸易，保护国家的经济利益，恢复中国的国际关税和贸易总协定缔约国地位，经国务院批准，国务院关税税则委员会决定，自12月31日起，降低3371个税目商品的进口关税税率，降低税率的税目占进口税则税目总数的53.9%；进口关税的算术平均税率从43.2%下降到39.9%，降低3.3个百分点，降幅为7.6%。这次降低税率涉及的主要商品是国内不能生产的先进技术产品、国内需要长期进口的原材料、中美市场准入谈判中承诺不迟于1992年年底降低税率的口香糖等4种产品和其他中国已经具有较强竞争能力或者大量出口的商品。

## 四、调整税收政策的主要举措

从1983年到1993年，中国除了推行以国营企业“利改税”为中心的税制改革以外，为了适应国家经济迅速发展、经济体制改革全面展开、对外开放逐步扩大的新形势，加强税收管理，更好地发挥税收的职能作用，积极完善税收政策，采取了一系列的重要措施，主要有下列几个方面：

### （一）配合贯彻产业政策

1. 促进农业和农村经济发展。随着中国农村经济政策的贯彻落实，农村经济日趋活跃，各种形式的专业户不断涌现。为此，财政部根据现行税法的规定，于1983年2月23日发出《关于对农村专业户征收工商税问题的通知》。通知中规定：对于农村专业户经营工业、商业、交通运输、建筑安装、修理、饮食和服务业务取得的收入，都应当按照工商税条例（草案）的规定征收工商税。农村专业户生产、销售的农业、林业、牧业和渔业产品，属于工商税条例（草案）列举征税的，收购部门收购的，由收购部门纳税；专业户自销的，由专业户纳税。

同年9月3日，为了贯彻集中资金，保证重点建设的方针，促进企业加强成本核算，提高经济效益，平衡农村社队企业之间以及社队企业同其他集体企业之间的税收负担，以利于它们在同等纳税的条件下开展竞争，经国务院批准，国务院办公厅转发《财政部关于调整农村社队企业和基层供销社缴纳工商所得税税率的规定》，自1984年1月1日起执行，其中规定：

（1）农村社队企业一律按照8级超额累进税率征收工商所得税，取消原来实行的20%的比例税率和3000元起征点的规定，原来比照农村社队企业征税的其他企业单位也照此办理。

（2）基层供销社也改按8级超额累进税率征收工商所得税，取消原来实行的39%的比例税率。

（3）农村社队企业改按8级超额累进税率征收工商所得税以后，在计算应纳税所得额的时候，其费用列支范围比照城镇集体企业的有关规定执行。

（4）对于同大工业争原材料的社队企业和其他企业单位，一律不予减征、免征工商所得税。其他需要减征、免征工商所得税的企业，由省级人民政府按照下列规定办理：

①农村新办的社队企业，在开办初期经营有困难的，可以免税1年。

②农村社队企业和基层供销社，按照8级超额累进税率纳税确有困难的，可以定期减税。

③对于经营农产品初加工、小水电、小火电和开矿的企业，纳税确有困难，需要在税收上支持的，可以定期减税。

④灾区社队从事自救性生产，可以在一定期限以内减税、免税。

⑤革命老根据地、少数民族地区和边境地区的社队企业纳税确有困难的，可以定期减税。

1983年12月31日，根据全国农村工作会议的要求和国务院的指示，财政部发出《对农村饲养、养殖业暂不征收工商税的通知》。通知中规定：对于饲养业、养殖业暂不征收工商税。对于农村集体企业和个体经营的工业、商业、交通运输、建筑安装、修理、饮食、服务业务取得的收入和生产、销售列举征税的农业、林业、牧业和渔业产品，仍然按照现行规定征收工商税。对于应当征收所得税的，要按照规定征收所得税。

1984年3月1日，中共中央、国务院批转农牧渔业部报送的《关于开创社队企业新局面的报告》。报告中提出：社队企业缴纳所得税有困难的，可以酌情适当减免，减免范围由县级人民政府按照国家税税法规定精神掌握。同年3月29日，财政部据此发出《关于对乡镇企业进一步减免工商所得税的通知》，自同年1月1日起执行，其中规定：

（1）对于不与大工业争原料，缴纳工商所得税确有困难，需要减税的乡镇企业，省级人民政府可以确定具体的减税原则，由县（市）税务局审查核实，报县（市）人民政府批准，定期减税。

（2）为了促进边境地区和少数民族地区农村经济的发展，从1984—1985年，边境县、民族自治县（旗）的乡镇企业，全年所得额不满3000元的，可以免征工商所得税。

（3）乡镇企业利用本企业的“三废”作为主要原料生产产品的利润，可以从投产之日起免征工商所得税5年。

（4）乡镇企业、农村社队和农民个人从1984年1月1日以后新建的、独立核算的冷库、仓库取得的收入，可以从库房投入使用之日起免征工商所得税2年到3年。

同年6月19日，根据中共中央、国务院上述文件的要求，为了支持基层供销社的体制改革和业务发展，财政部发出《关于对基层供销社放宽减税免税规定的通知》，自同年1月1日起执行，其中规定：

（1）对于按照8级超额累进税率计算缴纳工商所得税确有困难，需要减税的基层供销社，省级人民政府可以确定具体的减税原则，由县（市）税务局审核，报县（市）人民政府批准，定期减税。

（2）基层供销社从1984年1月1日以后兴建的独立核算的冷库、仓库取得的收入，可以从库房投产使用之日起免征工商所得税2年到3年。

（3）为了鼓励兴办农村商品流通基础设施，基层供销社用自筹资金安排的基本建设，可以免征建筑税。

同年9月29日，中共中央、国务院发出《关于帮助贫困地区尽快改变面貌的通知》。通知中规定：鼓励外地到贫困地区兴办开发性企业（林场、畜牧场、电站、采矿和工厂等），5年以内可以免征所得税；乡镇企业、农民联办企业、家庭工厂和个体商贩的所得税是否减免、减免的幅度和时间，由县人民政府自定。

1985年1月1日，中共中央、国务院发布《关于进一步活跃农村经济的十项政策》。这个文件中规定：对乡镇企业实行税收优惠。按照税法规定，对新办乡镇企业定期免征所得税，期满以后仍然有困难的，可以继续定期减税、免税。乡镇企业用于补助社会性开支的费用，可以按照利润的10%在所得税前列支。

同年1月25日，财政部发出《关于对农村乡镇企业和农民个人征免产品税、增值税和营业税通知》，自3月1日起执行，其中规定：

（1）在农村新办的乡镇集体工业企业生产、销售的产品，除了税法明确规定不能减免税的产品和酒、焚化品、电度表以及各省、自治区、直辖市增列的不能减免税的产品以外，在开办初期按照规定纳税有困难的，可以由省级税务机关确定，给予1年以内的减税、免税照顾。

（2）下列产品可以由省级税务机关确定定期减征、免征产品税或者增值税：集体、个人兴修小电站生产、销售的电力，乡镇集体企业生产、销售直接为农业生产服务的化肥、农药、兽药和小农具等产品（由省级税务机关列举）。

（3）乡镇企业、农民个人简单加工的农副产品（如干菜、咸蛋、柿饼等）和农民以竹、草、条等为原料从事家庭副业生产的编织品，可以免征产品税；生产规模比较大，免税对专业厂生产有影响的，应当按照规定征税，具体的征免范围由省级税务机关确定。

（4）下列经营业务可以由省级税务机关确定定期减征、免征营业税：

①乡镇企业、农民个人从事农业机械、农具修理、修配和为农民加工粮、棉、油取得的收入；从事其他修理、修配业务的乡镇企业，开办初期纳税有困难的，可以给予1年以内的减税、免税照顾。

②泥瓦匠、石匠、木匠、铁匠和磨刀、补锅、修鞋、理发等在农村走乡串户、上门服务的个体手工艺匠取得的收入，从事拆洗、筛选、晾晒等劳务取得的收入。

③农民贩运仔猪、羊羔、仔禽、秧苗和柴草等。

（5）农民贩运粮食应纳的临时经营营业税税率减为3%。

（6）对于灾区从事自救性的生产、经营和少数民族地区、经济比较落后地区的乡镇企业和农民个人，需要定期减征、征产品税、增值税和营业税的，由省级税务机关确定。

同年10月26日，财政部发布《集体企业所得税的若干政策规定》，其中规定：

（1）基层供销社、乡镇集体企业新建独立核算的冷库、仓库的收入，可以从库房投产使用之日起免征所得税2年到3年。

（2）基层供销社专门经营饮食、服务和修理行业，按照规定纳税有困难的，可以由省级税务机关适当减征所得税。

（3）新办的乡镇集体饲料工业企业，可以免征所得税3年。

（4）经营农产品初加工、小水电、小火电和开矿的乡镇集体企业，缴纳所得税确有困难，需要在税收上加以支持的，经过批准，可以定期减征所得税。

（5）灾区乡镇从事自救性生产，可以定期减征、免征所得税。

1986年1月1日，中共中央、国务院发布《关于1986年农村工作的部署》。这个文件中规定：从乡镇企业所得税和工商税的增长中，要拿出一部分用于扶持农业；对有困难的小化肥厂减免税收，以便降低化肥销售价格；为提高农民扩大资金积累的能力，对农民的税收要控制在合理的水平上。

1987年1月22日，中共中央政治局通过《把农村改革引向深入》。这个文件中提出：有关部门应当改进税收制度和缴费制度，鼓励乡镇企业扩大生产能力，提高生产技术。目前大量涌现的农户组成的小型经济联合体是发展商品生产的一种尝试，应当鼓励。凡是履行登记、符合条件的，要在税收、信贷上给以适当优惠。各个有关部门应当尽快对私人企业的经营范围作出规定，明确企业登记制度，制定调节分配、鼓励扩大生产的税则税法，提出劳动保护和保证各方合法权益的办法。这些制度和规定，应当按照法定程序批准以后公布实施。各省、自治区和直辖市也可以根据当地的实际情况，先行拟定暂行办法。上述对待个体经济和私人企业的方针，原则上也适用于城镇。

1989年11月27日，国务院发布《关于依靠科技进步振兴农业加强农业科技成果推广工作的决定》。决定中规定：对于技农（工）贸一体化的经济技术实体要给予减税、免税照顾。

1991年4月15日，经国务院批准，国务院办公厅转发国务院贫困地区经济开发领导小组报送的《关于“八五”期间扶贫开发工作部署的报告》，其中提出贫困地区新办的开发性企业免征所得税。

同年10月28日，国务院发出《关于加强农村社会化服务体系建设的通知》。通知中规定：税务部门对经营有困难和新开办的服务实体，乡、村集体服务组织为解决经费开支、减轻农民负担而创办的企业，要在税收上给予优惠。1992年7月13日，国家税务局据此发出《关于农村社会化服务体系若干税收政策的通知》，其中规定：

（1）科研单位、大专院校服务于农业生产方面的技术成果转让及其有关的技术培训、技术咨询、技术服务和技术承包等技术性服务收入，可以暂免征收所得税。

（2）乡级农业技术推广站、植物保护站、水源管理（保护）站、林业站、畜牧兽医站、水产站、种子站、农机站和气象站等单位提供的以技术推广、良种供应、植物保护、配种、机械耕作、排灌、疫病防治、病虫害防治、气象信息和科学管理为内容的有偿技术服务取得的收入，从1991—1995年可以免征营业税和所得税。

（3）乡级农业技术推广站结合技术服务，按照规定销售给农户的农药、化肥和农用塑料薄膜取得的收入，可以暂免征收营业税，从1991年到1995年可以减半征收所得税。

（4）村办农民专业技术协会、专业合作社等集体经济服务组织开展的统一供种、机耕、排灌、植保、推广种养技术、收割、田间运送等技术和劳务收入，从1991年到1995年可以免征营业税和所得税。农村个体专业户开展上述服务取得的收入，由省级税务机关确定，从1991年到1995年可以减征、免征营业税和所得税。

1991年10月28日，国务院发出《关于进一步搞活农产品流通的通知》。通知中规定：对按照统一规划建设的农产品批发市场的固定资产投资，税收上要给予优惠。为了支持供销合作社和经营农产品的国营商业尽快改变流通设施陈旧和不足的状况，对其投资新建和改建的流通设施，在贷款利率和税收方面给予优惠。

同年11月29日，中共中央发布《关于进一步加强农业和农村工作的决定》。决定中提出：各级党委和政府要做好发展和健全农业社会化服务体系的组织工作，并予以适当的税收优惠。对贫困县继续实行扶持政策，予以税收优惠。

同年12月7日，国家税务局发出《关于对治沙和合理开发利用沙漠资源给予税收优惠的通知》。通知中规定：凡治沙地区为治沙举办的企业生产的产品，除了国家规定严格控制减免税的产品和行业以外，经营发生困难的，按照规定报经税务机关批准以后，可以定期减征、免征产品税、增值税；治沙地区的农机站、排灌站的机耕、排灌收入可以免征营业税；企业、事业单位、个人转让自行研制并经有关部门鉴定认可的治沙科学技术研究成果和科研单位提供技术咨询、技术培训和技术服务取得的收入，可以暂免征收营业税和所得税；通过治理沙漠举办的种植业、养殖业取得的收入，可以暂免征收所得税；为综合开发、加工利用治沙资源所办的乡镇集体企业，在开办初期缴纳所得税有困难的，可以酌情适当减税、免税；城市、县城和建制镇以外为治沙而建设的房产，可以免征房产税；经治理沙漠形成的土地，用于农业、牧业和林业生产的，可以免征城镇土地使用税。

1992年3月18日，国务院批转农业部报送的《关于促进乡镇企业持续健康发展的报告》。报告中提出：对为国营大中型企业配套、农产品加工和生产名特优新产品、出口创汇产品和劳动密集型的企业，有关部门在资金、税收、能源、原材料、运输、人才和技术等方面应当继续给予必要的扶持。

同年9月25日，国务院发布《关于发展高产优质高效农业的决定》。决定中规定：为扶持农产品加工、贮存、保鲜和运销等延伸环节的发展，对新办的从事这类经营活动的企业，实行优惠的税收、信贷政策。1993年5月31日，国家税务局据此发出《关于发展高产优质高效农业有关税收问题暂行规定的通知》，其中规定：

（1）科研机构、大专院校服务于农产品生产加工、贮存和保鲜等企业的技术转让、技术咨询、技术服务、技术培训和技术承包所得收入，可以暂免征收所得税。

（2）农业社会化服务体系组织中的县、乡级农技推广站、值保站、水管站、林业站、畜牧兽医站、水产站、种子站、农机站和气象站在支持发展高产优质高效农业的过程中所提供的技术服务收入，可以暂免征收所得税。

（3）新办的从事农产品加工、贮存、保鲜和运销等贸工农、产供销一体化的集体企业，开业之初纳税有困难的，经过批准，可以酌情给予1年以内的减征、免征所得税的照顾。

（4）农村集体经济组织、农民或者个人等农业生产单位利用自己生产的农副产品连续进行深度开发加工、保鲜和贮运销售经营的，“绿色食品”生产企业，生产、经营确实困难的，除了国家规定不许减免税的产品和企业以外，可以按照规定向当地税务部门申请减免产品税、增值税，由当地税务部门酌情适当照顾。

1992年10月14日，国家税务局发出《关于农业生产者销售自产农产品不征收营业税的通知》。通知中规定：农业生产者销售自产农产品的行为不属于营业税的征税范围。上述农业，包括林业、牧业和渔业在内。农产品的具体范围由各省、自治区、直辖市和计划单列市税务局根据本地区的实际情况自行确定。

同年10月25日，国务院发出《关于加强化肥、农药、农膜经营管理的通知》。通知中规定：中央计划进口的化肥、农药（包括原料和中间体）、农膜、化肥包装原料和农用水利灌溉管原料，可以继续减征、免征关税、产品税和增值税。农资公司（供销社）、农垦系统、农技推广部门经营、有偿转让的化肥、农药、农膜（料）和水利灌溉管（料），可以免征营业税。

1993年2月14日，国务院发布《关于加快发展中西部地区乡镇企业的决定》。决定中规定：中西部地区发展乡镇企业，只要产品质量高，销路好，又有治理污染和保护资源、环境的可靠措施，项目规模大小不受限制，并可以免征固定资产投资方向调节税。税务部门要对中西部乡镇企业实行优惠的税收政策，“放水养鱼”，培育税源。

同年2月20日，国务院发出《关于加强农业生产资料价格管理以及对其主要品种实行最高限价的通知》。通知中规定：各地为支持农业生产资料的生产和经营，在价格、税收和贷款等方面采取的优惠措施不要取消，有条件的地方可以考虑增加。由于原材料、燃料及动力等涨价因素的影响，使农业生产资料生产成本上升，而最高限价又不能及时调整，生产企业因执行最高限价发生的亏损，按照企业隶属关系由财政部门通过减免税利、财政补贴等办法解决。

同年4月21日，根据中共中央、国务院关于加快发展第三产业的决定，国家税务局规定：农村的为农业生产的产前、产中和产后服务的行业，即乡、村的农技推广站、植保站、水管站、林业站、畜牧兽医站、水产站、种子站、农机站和气象站，农民专业技术协会、专业合作社，提供的技术服务、劳务取得的收入，城镇其他各类事业单位开展上述技术服务、劳务取得的收入，可以暂免征收所得税。

同年7月2日，第八届全国人民代表大会常务委员会第二次会议通过《中华人民共和国农业法》。该法中规定：国家运用税收、价格和信贷等手段，鼓励和引导农业生产经营组织和农业劳动者增加农业投入。国家采取税收、信贷等手段鼓励和扶持农用生产资料工业的发展，适应农业生产对化肥、农药、兽药、农用薄膜和农业机械等农业生产资料的需求。对于农业技术推广机构、农业科研单位和有关学校举办的为农业服务的企业，国家在税收、信贷等方面给予优惠。

同年11月4日，国务院印发《90年代中国农业发展纲要》。纲要中提出：要在资金上扶持农业社会化服务体系建设，落实有关科技部门兴办服务实体在工商管理、税收等方面的优惠政策。

此外，财政部、国家税务局多次发出文件，对农村供销社经营化肥、农药、农用塑料薄膜、农机具及其零配件、柴油、汽油、润滑油等生产资料减征、免征营业税，对有关农业生产资料生产企业减征、免征产品税、增值税，对农村信用社减征、免征营业税、所得税。

在农业税方面，这一时期主要采取了停止执行农业税起征点办法，对农林特产收入统一征收农业税和对贫困地区减征、免征农业税等措施。

（1）停止执行农业税起征点办法。从1979年起实行对人均口粮和收入在起征点以下的生产队免征农业税的办法以后，对于帮助农民休养生息，促进农业生产的恢复和发展，起到了积极的作用。鉴于农村的经济情况已经比以前有了很大的改善，原来一些低产贫困地区享受免税照顾的社队，绝大部分农民的温饱问题已经解决；加之农村实行家庭承包责任制，农业税由农户缴纳以后，再对各农户的口粮和收入加以核定，在实际执行中也有困难；1980年实行的免税一定3年不变的规定已经到期，为了平衡税负，适当增加财政收入，报经中共中央、国务院批准，1983年8月18日，财政部发出《关于停止执行农业税起征点的通知》，规定从1983年起停止执行农业税起征点办法，并相应恢复因实行这一办法而核减的各省、自治区和直辖市的农业税征收任务。

（2）对农林特产收入统一征收农业税。为了平衡农村各种作物的税收负担，促进农业生产的全面发展，根据农业税条例关于园艺作物收入、其他经济作物收入和国务院规定或者批准征收农业税的其他收入都应当依法纳税的原则，1983年11月12日，国务院发布《关于对农林特产收入征收农业税的若干规定》。这个文件中规定：园艺收入、林木收入、水产收入和省级人民政府认为应当征收农业税的其他农林特产收入均属于农业税的征税范围；从事应税农林特产品生产，取得农林特产收入的单位和个人为农业税的纳税人；以农林特产品的收入为计税依据；各种农林特产收入的核算方法和具体征税办法由省级人民政府根据本地区的实际情况自行制定；农林特产农业税的税率一般定为5%到10%，具体适用税率由省级人民政府规定（原则是不低于粮田的实际税负水平）。对于少数获利大的产品可以适当提高税率，但是最高不得超过15%。对于某些处于发展初期，或者比较零星分散以及恢复比较慢的农林特产，征税暂有困难的，经当地省级人民政府批准，可以适当减税、免税。

1989年3月12日，国务院发出《关于进一步做好农林特产农业税征收工作的通知》，规定从1989年起全面征收农林特产农业税，并对征税办法作了若干改进。通知中规定：

第一，要提高对征收农林特产农业税意义的认识，把全面征收这项税收作为合理调整农业生产结构，进一步理顺农业收入分配关系的一项重要措施，抓紧抓好。

第二，凡属规定的应税产品收入，必须依法全面征税。除了经过国务院和财政部批准以外，任何单位和个人一律不得擅自决定减税、免税和暂缓征税。尚未开征的地区要立即组织征税。已经开征的地区要对过去的减税、免税和暂缓征税认真清理，凡是不符合规定的，应当立即恢复征税。

第三，扩大征税范围，将果用瓜和海水养殖产品列入征税项目。

第四，改进计税办法，按照产品的实际收入计算征税。过去税负偏低的，要按照实际收入重新核定。

第五，对于大宗农业特产收入实行统一税率。从1989年起，对于下列农林特产收入实行全国统一税率：海淡水养殖收入税率为10%，其中水珍品收入税率为15%；水果收入税率为10%，其中柑、香蕉、荔枝和苹果收入税率为15%；果用瓜收入税率为10%；原木收入税率为8%，对森林工业暂缓征税。其他应税产品收入的税率不得低于5%。对于少数获利大、挤占粮田的产品收入，各地可以适当提高税率，但是最高不超过30%。经省级人民政府决定，还可以随同农林特产农业税征收不超过应纳税额10%的地方附加。

第六，对农林特产农业税单独分配征收任务，列入地方预算。在保证完成中央核定的农业税征收任务的前提下，农林特产农业税新增收入全部留给地方。

第七，要切实加强农林特产农业税的征收管理工作。

1993年2月20日，国务院发出《关于调整农林特产税税率的通知》。通知中规定：海淡水养殖收入税率一律降低到8%，柑桔、香蕉、荔枝和苹果收入税率降低到12%，果用瓜收入税率降低到8%，原木收入税率降低到7%，由省级人民政府规定的应税品种的税率上限从30%降低到20%。同时规定：新开发荒山、荒地、滩涂和水面从事农林特产生产的，可以免税1年到3年；农业科研单位和院校从事科学实验所取得的农林特产收入，经县级以上人民政府批准，可以免税；农村特别是革命老根据地、少数民族地区、边远地区和贫困地区的贫困户，纳税确有困难的，可以适当减税、免税。

（3）对贫困地区减征、免征农业税。1984年9月29日，中共中央、国务院发出《关于帮助贫困地区尽快改变面貌的通知》。通知中规定：从1985年起分别情况减免农业税，最困难的可以免征5年，困难比较轻的可以酌量减征1年到3年。1985年2月28日，财政部据此印发《关于贫困地区减免农业税问题的意见》。意见中提出：对于少数因自然和经营条件很差，解决温饱问题需要一定时间的最困难农户，可以从1985年起免征农业税3—5年。对于生产和生活水平暂时下降，困难较轻的农户，可以根据当年实际情况适当减征、免征农业税。从1985—1989年，全国共计减免农业税72.1亿斤，折金额16.3亿元，从而使农村的贫困人口大幅度减少。

1990年2月23日，国务院批转国务院贫困地区经济开发领导小组报送的《关于90年代进一步加强扶贫开发工作的请示》。请示中提出：对温饱问题尚未解决的贫困户继续减征、免征农业税、牧业税。5月18日，财政部据此发出通知。

1991年4月15日国务院办公厅转发国务院贫困地区经济开发领导小组报送的《关于"八五"期间扶贫开发工作部署的报告》中提出：对温饱问题尚未解决的贫困户继续减征、免征农业税。

1993年11月4日国务院印发的《90年代中国农业发展纲要》中提出："七五"期间对农业综合开发区实行的政策，如新开垦的耕地5年以内免征农业税等，20世纪90年代要继续执行，稳定不变。

2. 促进能源、交通和通信事业发展。

（1）电力工业。1986年11月15日，财政部、水电部发出《关于对电力工业企业减免产品税归还贷款的通知》。通知中规定：从1986年7月1日到1990年12月31日，对电力工业企业利用银行贷款新建电厂、增新机组，在还贷期间用新增利润、新增折旧归还贷款不足的，允许对于新增电量减免产品税，用以归还到期的贷款。1991年1月28日，国家税务局发出《关于电力企业在"八五"期间继续减免产品税归还贷款的通知》。

1987年12月21日，国务院批转国家计划委员会报送的《关于征收电力建设资金的暂行规定》。这个文件中规定：电力建设资金免征各项税收。

经国务院批准，自1988年起，全国每千瓦时电价以外征收2分钱，作为地方电力基本建设的专项资金；自1992年起，全国每千瓦时电价以外征收3厘钱，作为三峡工程建设基金；上述收入可以免缴各种税费。

此外，国家对于煤炭、石油等行业也给予了许多税收优惠。

（2）铁路运输业。为了配合铁道部进行铁路经济体制改革，促进铁路事业的发展，财政部于1985年10月30日发出通知，规定从1986年起将铁道部直属铁路局运营业务的营业税税率从15%降低到7.5%。

1986年3月31日，国务院批转国家计划委员会、财政部和铁道部等5个部门报送的《关于铁道部实行经济承包制的方案》。方案中提出：运输企业的营业税按照5%的税率缴纳，今后新增税种准予免缴或者从营业税中抵扣，所得税和税后利润留给铁道部使用。6月2日，财政部据此发出《关于对铁道部直属铁路局征收营业税问题的通知》。

此外，国家对铁道部所属单位在房产税、车船使用税、城镇土地使用税和印花税等方面给予了许多优惠。

1992年8月11日，国务院批转国家计划委员会、铁道部报送的《关于发展中央和地方合资建设铁路的意见》。意见中提出：合资铁路在建设和运营初期可以适当减免税收。11月24日，国家税务局据此发出《关于合资铁路征税办法的通知》，规定新建合资铁路运营业务按照3%的税率征收营业税。

1993年3月20日，根据国务院的决定，国家税务局发出《关于铁路建设基金免征营业税的通知》。

（2）海洋运输业。1984年7月23日，为了扶持造船工业的发展，促进船舶出口，财政部发出《关于对出口船舶免征增值税的通知》。

同年11月3日，国务院发出《关于改革我国国际海洋运输管理工作的通知》。通知中规定：鼓励国内轮船打入国际航运市场，其收入可以免征营业税。为了鼓励发展中国的海运事业，造船、买船可以适当减免关税。1985年4月11日，财政部据此发出《关于海洋运输企业免征营业税的通知》。通知中规定：各运输企业承揽的运输业务，凡起运地在国外的，其收入不征营业税；各运输企业向外国出租船舶（指期租）所取得的收入，自同年1月1日起可以免征营业税。

1985年9月30日，国务院发布《关于中外合资建设港口码头优惠待遇的暂行规定》，其中作出了有关税收的规定，包括免征、减征关税、工商统一税、企业所得税和再投资退税等内容。

1992年11月10日，国务院发出《关于进一步改革国际海洋运输管理工作的通知》。通知中规定：交通部、对外经济贸易部和其他有关部门要尽快研究制定国有船代、货代企业和船公司与外资、合资船代、货代企业和船公司在税收和经营上平等竞争的具体政策，报国务院批准以后执行。

（3）航空运输业。为了支持民航管理体制的改革，1988年2月2日、1989年12月19日，财政部税务总局、国家税务局先后发出通知，规定民航企业、事业单位的地面服务费代理售票手续费收入在1989年年底以前、1990年6月30日以前可以免征营业税。

（4）新办企业。1993年4月21日，根据中共中央、国务院关于加快发展第三产业的决定，国家税务局规定：新办的独立核算的从事交通运输业、邮电通讯业的企业、经营单位，可以从开业之日起第一年免征所得税，第二年减半征收所得税。

此外，1985年4月19日，国务院批转城乡建设环境保护部报送的《关于改革城市公共交通工作的报告》，报告中提出：城市公共交通车辆的折旧率可以适当提高。城市公共交通企业按照规定缴纳所得税、调节税有困难的，经过批准可以优惠。

3. 促进对外贸易发展。1983年7月9日，财政部发出《关于钟、表等17种产品实行出口退（免）税和进口征税的通知》。通知中规定：从9月1日起，对钟、表、自行车、缝纫机、照相机、电风扇、洗衣机、电冰箱、收音机、收录机、录像机、电视机、袖珍电子计算器、空调机、金笔、铱金笔和圆珠笔17种产品及其零部件实行出口退（免）税（其中，外贸企业出口者退税，生产企业直接出口者免税），进口征税。

1984年12月20日，经国务院批准，对外经济贸易部发布《边境小额贸易暂行管理办法》。办法中规定：边境城镇之间的小额贸易，应当照章征收关税、产品税和增值税。边民互市贸易的商品，在限额以内的免征关税、产品税和增值税。

1985年1月8日，国务院发出《关于纺织品进出口若干问题的规定》。这个文件中规定：各类工贸结合的公司、生产出口纺织品的企业，实行进口原料按照国际价格水平结算原则，进口的时候照章缴纳关税、产品税，产品出口以后可以按照年度已经出口产品实际用料数量退还已经缴纳的进口关税、产品税，同时退还生产环节的产品税、增值税。5月20日，海关总署据此商财政部以后发布《关于对工贸结合经营纺织品进料加工业务实行进口原料征税、出口成品退税的办法》。

为了适应对外贸易发展和外贸体制改革的需要，根据国务院领导的指示，财政部经与对外经济贸易部、海关总署、中国人民银行研究，于1985年3月12日向国务院报送《关于对进出口产品征、退产品税或增值税的报告》和《财政部关于对进出口产品征、退产品税或增值税的规定》。上述报告中提出，对于中央、地方外贸企业和工业主管部门、工业企业经营出口的产品，除了原油、成品油以外，在出口以后退（免）各生产环节已经缴纳的增值税和最后生产环节已经缴纳的产品税。对于外贸企业和其他单位进口的产品，除了规定免税的项目（包括经国家批准进口的粮食、原糖、化肥和农药，直接用于科学研究、科学实验和教学的仪器、设备，外国政府、国际组织无偿援助的物资和设备，来料加工、来件装配和补偿贸易所需进口的设备、原材料、零部件等）和特案批准免税的项目以外，一律征收进口环节产品税、增值税。

同年3月22日，国务院发出通知，批准财政部报送的上述报告和规定，并将其转发各省、自治区、直辖市人民政府和国务院各部门，自4月1日起执行。4月17日，财政部、海关总署据此发布《关于进出口产品征、退产品税或增值税的具体规定》。

同年12月31日，财政部、海关总署发出通知，对出口产品退、免产品税、增值税的办法作了改进，以简化出口退税手续，促进出口贸易发展。

根据上述国务院1985年3月22日通知和1987年9月26日国务院批转对外经济贸易部报送的《1988年外贸体制改革方案》中关于出口产品退税的要求，1987年12月31日，财政部发布《关于出口产品退税若干问题的规定》，其中规定了出口产品退税征多少，退多少，未征不退，彻底退税的基本原则和若干具体原则，并规定了出口产品退税的管理方法。

1985年10月19日，国务院批转国家计划委员会等8个部门报送的《关于扩大机电产品出口报告》。报告中提出：为了鼓励企业出口，财政、税务部门应当根据企业出口收益要略高于内销收益的原则，具体掌握减免调节税和所得税。

1991年3月21日，国务院批转国务院机电产品出口办公室报送的《关于“八五”期间进一步扩大机电产品出口的意见》。意见中提出：继续采取积极有效的政策措施，扶植鼓励机电产品出口。各地方、各有关部门要继续扩大机电产品出口，保持机电产品出口政策的连续性和稳定性。出口所用进口料件免征关税和产品税、增值税。

同年4月19日，经国务院批准，国务院办公厅转发对外经济贸易合作部、国家税务局等6个单位报送的《关于积极发展边境贸易和经济合作促进边疆繁荣稳定的意见》。意见中提出：国家对边境贸易实行下列税收优惠政策，另有规定者除外：

（1）在1995年年底以前，对外经济贸易部批准的边贸公司通过指定口岸进口的商品，除了国家限制进口的机电产品和烟、酒、化妆品等商品外，可以减半征收进口关税、产品税和增值税。通过边贸公司代理进口商品，不得享受上述优惠政策。边贸进口货物销往边境省、自治区外的，应当补缴减征的进口关税、产品税和增值税。

（2）边境居民互市进口的商品，不超过人民币300元的，可以免征进口关税、产品税和增值税；超过人民币300元的，超过部分依法征收进口关税、产品税和增值税。烟、酒和化妆品一律照章征税。

1993年2月11日，国务院批转国务院机电产品出口办公室报送的《关于进一步推动机电产品出口的意见》。意见中提出：要及时、足额退还出口机电产品在国内各环节缴纳的增值税和产品税。出口退税要简化手续，方便出口企业，又要加强管理，打击骗取退税行为。对外贸和工贸企业继续贯彻“征多少、退多少”的原则。企业出口退税按照实际退付，如果由于出口增加，退税指标不足，财政、税务部门应当及时追加。按照规定由地方财政承担的退税部分，地方财政应当及时足额退付。

同年4月21日，根据中共中央、国务院关于加快发展第三产业的决定，国家税务局规定：新办的独立核算的从事对外贸易业的企业、经营单位，开业之初纳税有困难的，经过批准，可以酌情给予1年以内的减征、免征所得税的照顾。

同年5月12日，国务院发出《关于促进生产企业搞好自营进出口工作的通知》。通知中规定：对自营企业要实行与外贸企业统一的出口退税办法，按照“征多少，退多少”的原则及时、足额退税。

4. 促进发展第三产业。1983年3月5日，中共中央、国务院发出《关于发展城乡零售商业、服务业的指示》。指示中规定：对于现行收费标准偏低的理发、浴池和某些修理项目，各省、自治区和直辖市可以有计划地、分批地适当调整价格；确有困难的，可以向财税部门申请酌情减免税收。集体和个体零售商业、服务业的经营原则，应当是自主经营，自负盈亏，国家征税，不搞统负盈亏。国营零售商业、服务业，大型店和中型店当前可以实行征税和利润递增包干上缴相结合的办法，也可以参照有关规定实行“利改税”；小型店可以实行国家所有，集体经营，国家征税，自负盈亏。

同年10月29日，国务院发出通知，批转财政部报送的《关于对商品批发业务收入征收工商税的报告》。报告中提出：对一切经营商品批发业务的单位统一征税，有利于贯彻平衡税负、合理负担的政策，维护税税法的统一性和严肃性。随通知附发的《财政部关于对商品批发业务收入征收工商税的规定》中规定：

（1）对商品批发业务收入征收工商税，以销售商品与购进商品的差价收入为计税依据，税率为10%。

（2）工业企业自销产品，除了按照规定征收工业环节的工商税以外，不论批发和零售，一律按照销售收入和3%的税率征收商业环节的工商税。

（3）个体工商户销售商品，不论批发和零售，一律按照销售收入和3%的税率征收工商税。

（4）国营商业、物资部门和外贸部门经营规定的商品批发业务（包括按照计划调拨粮、油，按照规定价格经营肉、禽、蛋、水产品和蔬菜，按照计划和规定价格调拨物资，外贸系统内部调拨出口商品）收入，可以暂免征收批发环节的工商税。

1984年4月17日，财政部发出《关于对保险业务收入征收工商税的通知》，自同年4月1日起执行。通知中规定：对保险业务收入征收工商税的计税依据为保险公司经营的直接保险业务的保费收入，税率为5%。保险期满时须连本带利退还投保人的保费收入、养老金保险、中国保险公司从国外分入的分保费收入和农牧保险的保费收入，可以暂免征税。1987年12月26日，财政部税务总局规定：保险公司取得的存款利息、追偿款和转回未到期责任准备金，可以免征营业税。

1985年8月16日，国务院批转商业部、农牧渔业部和国家物价局报送的《关于做好城市蔬菜产销工作的报告》。报告中提出：蔬菜放开以后，有些国营零售企业经营量下降，离退休人员多，经济负担重。按照规定纳税有困难的，可以由企业向当地税务部门申请，适当减税、免税。9月10日，财政部通知各地税务机关照此办理。

同年10月26日财政部发布的《集体企业所得税的若干政策规定》中规定：合作商店

专门经营饮食、服务和修理行业，按照规定纳税有困难的，可以由省级税务机关适当减征所得税。

同年12月10日，财政部发出《关于理发、浴池企业征免税问题的通知》。通知中规定：新办的理发、浴池企业，其经营本业的收入在1987年年底以前可以免征营业税。其中，新办国营理发、浴池企业的经营所得在1987年年底以前可以免征国营企业所得税。原有的理发、浴池企业纳税确有困难的，对于其经营本业收入，可以由各地省级税务机关确定，在1986年年底以前减征、免征营业税；经营仍然有困难的，经过批准也可以在1986年年底以前减征、免征国营企业所得税。商业服务系统新建为社会服务、独立核算的理发、浴池企业的自筹建设投资，从1986年到1987年可以免征建筑税。1986年12月13日，财政部发出通知，规定从1987年起，原有理发、浴池企业缴纳营业税有困难的，各地省级税务机关可以继续定期减税、免税。

1986年1月14日、12月20日和12月26日，财政部税务总局先后规定：律师事务所（法律顾问处）从事法律咨询、代写法律文书、代理诉讼、委派法律顾问取得的收入和专利代理机构从事专利咨询、代办专利申请等业务取得的收入，从1986年到1988年可以免征营业税。1989年，国家税务局批准律师事务所（法律顾问处）的上述收入继续免征营业税1年。

1989年11月7日，国家税务局发出《关于对律师、会计、税务和审计事务所征免税问题的通知》。通知中规定：律师、会计、税务和审计事务所应当依法缴纳营业税。上述事务所暂适用35%的比例税率缴纳所得税。考虑到这些事务所正处于起步阶段，从1989年到1991年可以减半征收所得税。按照上述规定纳税确有困难的，经过批准，可以适当减免营业税、所得税。

同年12月13日，为了支持律师制度的改革，国家税务局规定：实行全额预算管理和差额预算管理的律师事务所，可以暂免征收所得税。实行自收自支管理的律师事务所，1989年可以暂缓征收所得税。

1991年11月15日，国家税务局规定：司法部门所属的律师事务所在1993年年底以前可以免征所得税。

1992年3月13日，国家税务局发出《关于律师事务所减免营业税的通知》。通知中规定：律师事务所从事非诉讼法律事务、法律咨询和担任法律顾问取得的业务收入，按照“服务业”税目中的“咨询”、“其他服务”征税项目和3%的税率征收营业税。从事刑事辩护、民事代理和代写法律文书等代理业务所取得的收入，按照“服务业”税目中的“代理服务”征税项目和10%的税率征收营业税。自同年1月1日起，律师事务所的代理业务可以暂减按3%的税率征收营业税。县（市）律师事务所和县合作制律师事务所开展法律业务所得业务收入，从1992年到1994年可以暂免征收营业税。

1992年6月16日，中共中央、国务院发布《关于加快发展第三产业的决定》。决定中规定：利用金融和税收等经济手段扶持第三产业发展。对一些新办的第三产业企业，确有必要时可以按照产业政策在一定时期以内缓征、减征所得税。12月31日，国家税务局据此发出《关于机关、事业单位后勤服务社会化给予税收优惠的通知》，其中规定：

（1）党政机关、社会团体、事业单位的后勤部门面向社会经营的属于营业税“服务业”税目范围内的业务（招待所、宾馆除外）和运输业务，从1993年以后取得第一笔经营收入之日起，可以免征营业税2年。

（2）现有的后勤部门与其隶属单位脱钩，自主经营、独立核算以后，为其原隶属单位提供上述服务，可以免征营业税。

1992年7月23日，国务院发布《全民所有制工业企业转换经营机制条例》。条例中规定：为安置富余职工兴办的独立核算、从事第三产业的企业，可以从开业之日起2年免征所得税，3年减半征收所得税。1993年4月13日，国家税务局、财政部等4个部门据此发出《关于全民所有制工业企业为安置富余职工兴办的第三产业免征、减征所得税的规定》。

1993年3月12日，国务院批转国家计划委员会报送的《全国第三产业发展规划基本思路》，其中提出：

（1）积极鼓励政府机构改革中分流出来的人员从事第三产业，特别是充实会计、审计、统计、律师和工商咨询、税务咨询等各类信息和咨询以及为市场服务的队伍。

（2）税收政策应当对第三产业发展给予扶持，对国家政策鼓励发展的新开办企业给予适当的税收优惠。

（3）工业企业新办的第三产业单位，应当自主经营，自负盈亏，并创造条件成为独立的经济实体，享受《全民所有制工业企业转换经营机制条例》规定的减免税政策。

（4）强化工商管理、税务和审计等部门的执法、监督职能，提高执法人员的素质，适当增加这些方面的人员。

同年4月20日，国务院发布《国有企业富余职工安置规定》。这个文件中规定：企业为了安排富余职工兴办的从事第三产业的独立核算企业，可以从开业之日起2年免征所得税，3年减半征收所得税。

同年4月21日，根据中共中央、国务院关于加快发展第三产业的决定，国家税务局发出《关于促进第三产业发展有关所得税问题的暂行规定》，其中规定：

（1）农村的为农业生产的产前、产中和产后服务的行业，即乡、村的农技推广站、植保站、水管站、林业站、畜牧兽医站、水产站、种子站、农机站和气象站，农民专业技术协会、专业合作社，提供的技术服务或者劳务取得的收入，城镇其他各类事业单位开展上述技术服务或者劳务所取得的收入，可以暂免征收所得税。

（2）科研单位和大专院校服务于各业的技术成果转让、技术培训、技术咨询、技术服务和技术承包取得的技术性服务收入，可以暂免征收所得税。

（3）新办的独立核算的从事咨询（包括科技、法律、会计、审计和税务等咨询业），信息业，技术服务业的企业或者经营单位，可以从开业之日起2年免征所得税。

（4）新办的独立核算的从事交通运输业、邮电通讯业的企业、经营单位，可以从开业之日起第一年免征所得税，第二年减半征收所得税。

（5）新办的独立核算的从事公用事业、商业、物资业、对外贸易业、旅游业、仓储业、居民服务业、饮食业、教育文化事业和卫生事业的企业或者经营单位，开业之初纳税有困难的，经过批准，可以酌情给予1年以内的减征、免征所得税的照顾。

5. 某些特定产品、行业、企业的税率调整和税收优惠。1983年4月20日，为了扩大茶叶的国内销售和出口，经国务院批准，商业部、财政部和国家物价局发出《关于调整茶叶工商税税率和价格等问题的通知》，规定同时降低茶叶的工商税税率和零售价格。

1984年8月3日，国务院批转国家经济委员会、商业部和财政部报送的《关于大力发展商办工业的报告》。报告中提出：在1990年以前，对商办工业实行下列税收优惠政策：

（1）肉联厂、粮油加工厂、糖果糕点厂和中药加工厂，在按照规定缴纳所得税以后，可以不再缴纳调节税。

（2）专门生产酱油、醋、豆制品、腌腊制品、酱、酱腌菜、糖制小食品、儿童食品、小糕点、果脯蜜饯、果汁果酱、干菜调料（不包括味精）和饲料加工等企业，可以减半征收所得税。

（3）对于废旧物资加工企业，可以根据不同情况减征所得税。

（4）新办的饲料工业可以免征所得税3年，某些新办的食品工业可以免征所得税1年；免税期满以后纳税仍然有困难的，经过批准，可以定期减税。

同年10月1日国营企业“利改税”第二步改革实施以后，上述所得税优惠基本保留。

1985年2月25日，国务院批转国家经济委员会报送的《关于加快发展散装水泥的意见》。意见中提出：提高袋装水泥的产品税税率，降低散装水泥的产品税税率。7月1日，财政部据此发出《关于调整水泥产品税税率问题的通知》。

同年6月25日，根据国务院的有关文件，财政部发出《关于以煤、焦为原料的化肥减免税问题的通知》。通知中规定：煤炭价格调整以后，以煤、焦为原料的化肥生产企业生产的化肥，按照规定纳税确有困难的，可以由各地省级税务机关批准，适当减征、免征产品税。

1986年3月26日，国务院批转国家经济委员会、财政部等5个单位报送的《关于改善纺织、丝绸工人工资待遇的请示》。请示中提出：适当提高纺织、丝绸行业固定资产折旧率，减征、免征部分企业的调节税。

同年12月30日，国务院发布《关于加快发展黄金生产的决定》。决定中规定：对金矿产品继续免征产品税。

1990年8月24日，国务院发出《关于进一步做好城市副食品工作的通知》。通知中规定：1986—1990年期间扶持副食品生产和供应的各项政策，在1991—1995年期间稳定不变，现行对副食品生产、经营和饲料工业减免税收的优惠政策继续执行。1991年1月10日，国家税务局据此发出《关于“八五”期间继续给予生产副食品的企业税收优惠政策的通知》。

### （二）促进经济结构调整、经济体制改革和社会稳定

1. 促进企业之间的横向经济联合。1986年3月23日，国务院发布《关于进一步推动横向经济联合若干问题的规定》，即日起施行。这个文件中规定：要调整征税办法，对经济联合组织不要重复征税。凡实行统一核算的经济联合组织，内部各单位之间相互提供的协作产品，不缴纳产品税。不实行统一核算的经济联合组织的产品，除了烟、酒和化妆品等高税率产品以外，可以实行增值税。没有条件实行增值税的协作产品，可以按照财政部税务总局制定的减免税规定执行。经济联合组织和参加各种形式联合的企业，利润分配实行“先分后税”。全民所有制企业从联合中新分得的利润，可以免征调节税。企业和单位向能源、交通设施和革命老根据地、少数民族地区、边远地区和贫困地区投资分得的利润，可以减半征收所得税5年。投资者从联合中分得的利润再投资于上述行业和地区的，可以免征所得税。联合集资办电（柴油发电除外），新增的售电量可以定期减征、免征产品税。经济联合组织开发的新产品，可以按照规定减征、免征产品税、增值税。企业的技术转让收入，年收入在

30万元以下的，可以暂免征收所得税。据此，3月27日和7月8日，财政部先后发布《关于促进横向经济联合若干税收问题的暂行办法》和《关于集体企业、个体工商业户参加联营企业有关财务、税收问题的补充规定》。

2. 支持搞好国营大中型企业。根据1991年9月召开的中央工作会议关于进一步搞好国营大中型企业的要求，1991年10月18日，国家税务局发出《关于贯彻中央工作会议精神，进一步支持搞好国营大中型企业的通知》。通知中提出：税务部门要全面检查落实国家关于国营大中型企业的各项税收优惠政策，并研究解决执行中出现的新情况、新问题；把税务促产增收的重点放到搞好国营大中型企业上来；积极与有关部门研究降低国营大中型企业所得税税率的实施方案；加强与有关部门的配合，共同研究搞好国营大中型企业的措施，当好政府宏观经济决策的参谋。特别要积极支持、鼓励企业集团的发展。为此，要积极推行增值税。对于经国务院主管部门批准的统一核算的集团公司一时没有条件试行增值税的，对于公司内部各单位互相提供的产品不征产品税；非统一核算的集团公司中各工业企业委托其他企业加工的产品，收回以后用于本企业连续生产的，除了烟、酒以外，不征产品税；集团公司中工业企业连续深加工的已税产品，凡加工改制以后的产品与原来已税产品同属于一个税目、税率的，除了烟、酒以外，可以减按5%的税率从低征收产品税。集团公司的成员以企业独立核算的所得税纳税人为单位，分别按照规定享受国家给予的原所得税方面的优惠政策不变。

3. 促进有关经济体制改革。

（1）促进住房制度改革。1988年2月25日，国务院印发国务院住房制度改革领导小组报送的《关于在全国城镇分期分批推行住房制度改革的实施方案》。方案中提出：经营单位向职工个人出售的商品住房，可以免缴建筑税、营业税。职工个人第一次购买公有住房，可以免缴契税。

1991年6月7日，国务院发出《关于继续积极稳妥地进行城镇住房制度改革的通知》。通知中规定：住房建设应推行国家、集体和个人三方共同投资体制，积极组织集资建房和合作建房，大力发展经济实用的商品住房，优先解决无房户和住房困难户的住房问题，各级人民政府要在用地、规划、计划、材料、信贷和税收等方面给予扶持，国务院住房制度改革领导小组要会同体改、建设、财政、计划、金融、劳动、人事、工商、税务、物价、土地和国有资产管理等部门抓紧制定配套改革措施和实施细则。据此，11月23日，经国务院批准，国务院办公厅转发国务院住房制度改革领导小组报送的《关于全国推进城镇住房制度改革的意见》。意见中提出：要通过财政、税收、工资、金融、物价、房产管理和土地使用制度等方面的配套改革，在理顺目前围绕住房所发生的各种资金渠道的基础上建立住房基金，逐步形成能够实现住房资金良性循环的运行机制。在住房金融管理体制上，要区别政策性信贷和经营信贷。政策性业务要划分出专项资金来源，建立房改信贷基金，单独核算，自主经营，自负盈亏，自求平衡，就地完税，国家在计划安排、信贷规模、利率和税收等方面给予优惠。计划、金融、财政、税收、城建、规划和土地等部门应该积极配合、支持，通过减免税费等支持政策，努力降低建房造价。

1992年6月11日，根据上述国务院及其办公厅的文件，财政部发布《关于住房制度改革中财政税收政策的若干规定》，即日起执行，其中规定：

①各企业、行政事业单位和房产经营单位按照标准价出售新、旧住房取得的收入；住房

建设单位按照标准价向集资、合作单位和个人销售住房取得的收入，可以免征营业税。

②自当地房改之日起，各企业、行政事业单位和住房合作社新建成投入使用的公有住房，以标准价向个人出售，其个人出资部分；房产经营公司向个人出售的商品住房部分，在计征固定资产投资方向调节税的时候适用零税率。房产经营公司向单位出售的职工住房，按照5%的税率计征固定资产投资方向调节税。

③个人以标准价从单位购买公有住房，通过集资、合作建房等形式取得住房，用于自住的，可以免征该住房个人出资部分的房产税；单位出资部分，个人按照标准价购买住房不用于自住的，按照规定计征房产税。

④单位向个人出售公有住房以后，其土地使用权仍归单位所有的，按照规定计征或者免征城镇土地使用税；其土地使用权归个人所有并用于自住的，可以从当地房改之日起3年免征城镇土地使用税。

⑤全民所有制单位、城镇集体所有制单位的职工按照标准价第一次购买公有住房，可以免缴契税，但是每户只能享受一次免税照顾。

（2）促进股份制企业试点。1992年6月12日，国家税务局、国家经济体制改革委员会发布《股份制试点企业有关税收问题的暂行规定》，自同年1月1日起执行，其中规定：

①股份制试点企业的所得税按照法人就地征收，税率为33%（国家另有规定者除外）。

②所得税税前列支项目和标准按照国家税收规定执行，目前可以暂按《股份制试点企业财务管理若干问题的暂行规定》试行。归还的各种借款和分配给股东的股利不得在税前扣除。

③股份制试点企业发生年度亏损的时候，可以用下一年度的所得弥补；下一年度的所得不足弥补的，可以逐年延续弥补，但是最长不得超过3年。

④股份制试点企业向社会公开发行的股票，因购买、继承和赠与书立的股权转让书据，均依照书立时证券市场当日实际成交价格计算的金额，由立据双方当事人分别按照3‰的税率缴纳印花税。

（3）支持粮食经营管理体制改革

1985年6月25日，根据国务院的有关文件，财政部发出《关于对粮食企业按比例收购价销售粮油的收入免征营业税问题的通知》。通知中规定：自7月1日起，粮食企业按照根据规定的比例收购价向农村销售的粮食和食油，可以暂免征收零售环节的营业税。

1992年11月11日，国家税务局发出《关于商业企业经营大众方便食品免征营业税的通知》。通知中规定：国营粮食商业企业（粮店、粮站和粮油食品店，下同）加工销售大众方便食品（如切面、挂面、馄饨皮、饺子皮、馒头、花卷、烙饼、烧饼、油条、油饼和炸糕等）的业务可以免征营业税1—3年，具体免税期限由各省、自治区、直辖市和计划单列市税务局根据当地实际情况确定。国营粮食商业企业将上述业务承包给个人经营的，不得享受此项免税优惠，但是国营粮食商业企业收取的承包费可以免征营业税。

1993年2月15日，国务院发出《关于加快粮食流通体制改革的通知》。通知中规定：除了1991—1995年期间粮油加工企业继续享受国家有关减免税收等优惠政策以外，各级政府可以因地制宜地制定一些政策予以支持。放开价格和经营的地区，国有粮油商业企业过去享受的减免税办法，1991—1995年期间要继续执行。国有粮食企业新开办的多种经营，在开办初期确有困难的，可以按照税收管理体制的规定申请减税、免税。7月2日，国家税务总局据此发出《关于粮油价格放开后国有粮油商业企业免征营业税的通知》。

（4）支持勘察设计单位、建筑企业改革。1984 年 9 月 18 日，国务院发布《关于改革建筑企业和基本建设管理体制若干问题的规定》。这个文件中规定：新组建的工程承包公司、综合开发公司的收入，3 年以内可以免征所得税。据此，财税部门主要采取了下列措施：

①1985 年 11 月 18 日，财政部税务总局发出《关于对城市综合开发公司征收国营企业所得税问题的通知》。通知中规定：经县以上建委批准新组建的具有法人地位，独立经营，自负盈亏，并专门从事对城市土地、房屋实行综合开发的城市综合开发公司，可以从办理工商营业执照之日起，3 年以内免征规定的各项业务收入的国营企业所得税。

②1986 年 6 月 10 日，财政部发出《关于对工程承包公司征收国营企业所得税问题的规定》。这个文件中规定：新组建的工程承包公司经营规定的各项业务收入，可以从经营之日起 3 年以内免征所得税。凡是按照国家计划委员会、财政部和劳动人事部有关文件规定实行技术经济责任制的勘察设计单位，包括改名为工程公司，仍然以勘察设计任务为主，其性质又是事业单位的，在开展工程承包试点期间，其工程承包的收入仍然纳入单位总收入，按照技术经济责任制的办法上交与分成，其工程承包的收入可以暂免征收所得税。

为了帮助勘察设计单位在改革初期遇到的困难，财政部于 1985 年 12 月 31 日规定：从 1986 年起，勘察设计单位可以暂免征收所得税。1989 年 9 月 8 日，财政部规定：勘察设计单位的勘察设计所得和其他经营所得，从 1989 年第四季度起到 1991 年，可以暂减按 15% 的税率征收国营企业所得税。年人均盈余不足 12000 元的勘察设计单位，纳税确有困难的，经税务部门批准，可以在 1991 年以前按年免征国营企业所得税。1992 年 7 月 3 日国家税务局规定：上述税收优惠可以继续执行到 1993 年。同时规定：由勘察设计单位改为工程承包公司或者承包部，仍然以勘察设计任务为主，其工程承包项目收入不超过单位总收入 30% 的，可以比照上述规定执行。

（5）支持军工企业改革。1984 年 1 月 8 日，国务院、中央军委批转国家计划委员会、国家经济委员会和国防科学技术工业委员会报送的《关于军民结合发展民品工作会议的报告》和《国防科技工业民品生产科研管理办法》。上述办法中提出：为了扶持军工企业发展民品生产，新投产的民品，由于成本高、按照规定纳税发生亏损的，经税务部门批准，可以定期减税、免税。

（6）支持水利工程管理单位开展综合经营。1985 年 7 月 31 日，根据国务院办公厅的有关文件，财政部发出《关于水利工程管理单位开展综合经营免税问题的通知》。通知中规定：水利工程管理单位开展综合经营生产销售的产品，除了税法规定不能减免税的产品和烟、酒、糖、焚化品不能减免税以外，其余产品可以从同年 7 月 1 日起免征产品税、增值税 2 年到 3 年，具体免税期限由各地省级税务机关根据当地的实际情况确定。已经开展综合经营的水利工程管理单位取得的收入，凡经财政部门商水利部门核定抵项预算支出的部分不征收所得税以外，其余部分可以从当年起免征所得税 3 年。新建的水利工程，从验收交付使用之日起，开展综合经营取得的收入，也可以免征所得税 3 年。

1986 年 6 月 26 日，经国务院领导批准，国务院办公厅转发《关于听取农村水利工作座谈会汇报的会议纪要》。纪要中提出：水利部门开展综合经营，经过批准，免税年限可以适当放宽。

1988 年 8 月 16 日，国家税务局发出《关于水利工程管理单位开展综合经营征免税问题的通知》。通知中规定：水利工程管理单位开展综合经营自产自销的农、林、牧、水产品，在1990年年底以前可以免征产品税。水利工程管理单位用本身拥有的自然资源从事种植业、养殖业、旅游业（不包括宾馆、饭店和商店）取得的所得，从事饲料加工、磨面、碾米、榨油等农产品加工业和小水电取得的所得，在1990年年底以前可以免征国营企业所得税和集体企业所得税。水利工程管理单位开展的其他综合经营项目，免税期满的应当恢复征税；按照规定纳税有困难的，经过批准可以适当减税、免税。

1991年10月30日，国家税务局发出《关于水利工程管理单位免征所得税问题的通知》。通知中规定：水利工程管理单位利用自身拥有的自然资源从事种植业、养殖业、旅游业（不包括独立核算的宾馆、饭店和商店）取得的所得，从事农产品加工取得的所得和服务于水利工程自身的建筑业所得，从1991年到1995年可以继续免征国营企业所得税。水利工程管理单位开展的其他综合经营项目按照规定纳税有困难的，经过批准可以适当减税、免税。

（7）支持国营华侨农场改革。1984年5月10日，财政部发出《关于对国营华侨农场、工厂免征工商税和农业税的通知》。通知中规定：国营华侨农场、工厂生产销售的工业产品（烟、酒除外），手工业产品，应税农、林、牧、渔产品，开办商业饮食、服务交通运输业取得的收入，可以从6月1日起5年免征工商税。国营华侨农场购买自用大牲畜的牲畜交易税和食堂自养、自宰、自食的猪、牛、羊等牲畜的屠宰税，可以由省级人民政府定期免税。国营华侨农场的农业收入，可以从当年起5年免征农业税。

1985年12月19日，中共中央、国务院发布《关于国营华侨农场经济体制改革的决定》。决定中规定：华侨农场、工厂，除了国家能源交通重点建设基金和建筑税以外，其他税收从1985年起5年以内一律免征。归侨、难侨自办的集体和个体企业，可以从开业之日起3年免征所得税、产品税和营业税。乡镇企业安置归侨、难侨以后，按照规定纳税有困难的，可以申请减征、免征所得税、产品税和营业税。归侨、难侨接受国外亲人赠送进口自用的生产工具和机器设备等生产资料，可以免征关税和进口环节产品税（增值税）。1986年3月3日，财政部据此发出《关于对国营华侨农（林）场、工厂等减免税问题的通知》，其中规定：

①国营华侨农（林）场、工厂，除了按照国家规定征收国家能源交通重点建设基金和建筑税以外，从1985年起，5年以内可以免征产品税（烟、酒除外），增值税，营业税，奖金税，所得税，地方各税和农业税。

②国营华侨农（林）场的归侨、难侨在本场自办的集体和个体企业，可以从开业之日起3年免征产品税（烟、酒除外），增值税，营业税，奖金税，所得税。1986年、1987年从国营华侨农（林）场、工厂调整安置到本农（林）场、工厂范围以外地区（包括投亲靠友自谋职业）的归侨、难侨自办的集体和个体企业，经过省侨务办公室的证明，也可以享受上述免税照顾。

③安置归侨、难侨以后按照规定纳税有困难的乡镇企业，经省级税务机关批准，可以定期减税、免税。

④国营华侨农（林）场的归侨、难侨和上述从国营华侨农（林）场、工厂调整安置到本农（林）场、工厂以外地区（包括投亲靠友自谋职业）的归侨、难侨接受国外亲友赠送进口自用的生产工具和机器设备等生产资料（各种车辆除外），可以免征进口环节产品税、

增值税。

1990年5月18日，财政部发出关于国营华侨农场农业税问题的通知。通知中规定：国营华侨农场免征农业税期限已满，其经济状况有所改善，应当从1990年起恢复征收农业税。少数因遭受自然灾害或者其他原因纳税确有困难的，由纳税人申请，按照规定审核批准以后可以减征、免征农业税。

同年5月27日，经国务院批准，国务院办公厅转发国务院华侨事务办公室、国家税务局等4个部门报送的《关于继续给华侨农场以政策支持的请示》。请示中提出：华侨农场5年免税期满以后，应当恢复征税。对于按照规定纳税确有困难的农场，可以在当地政府的统一领导下，由各有关省、自治区财政厅、税务局根据实际情况定期减税、免税。

4. 安置城镇待业青年集体企业税收政策的调整。1983年4月14日，国务院发布《关于城镇集体所有制经济若干问题的暂行规定》。这个文件中规定：以安置城镇青年就业为主的集体企业，可以按照财政部的规定享受定期免税、减税的照顾。少数集体企业缴纳工商税确有困难的，可以按照税收管理体制的规定适当减税或者免税。减免的税款要用于发展生产，不得作为盈余分配和其他开支。9月19日，财政部税务总局据此发出《关于城镇集体企业减、免的工商税额暂不征收所得税的通知》。

1984年10月26日，财政部税务总局发出《关于安置待业知识青年的城镇集体企业定期减免营业税的通知》，自同年10月1日起执行。通知中规定：安置待业知识青年新办的城镇集体企业，凡从事旅店、饮食、修理、修配、加工、浴池、理发和缝纫等服务性业务，从事装卸搬运、建筑安装和修缮等业务的，可以从经营之日起免征营业税2年。经营上述业务的原有城镇集体企业，当年新安置待业知识青年达到企业总人数60%的，也可以免征营业税2年。当年新安置待业知识青年不足企业总人数60%，纳税有困难的，可以由省级税务机关批准，定期减征、免征营业税，但是减税、免税期限最长不得超过2年。

为了正确贯彻执行安置城镇待业知识青年就业的税收政策，确保国家财政收入，针对一些企业弄虚作假，骗取减免税的问题，1987年6月12日，财政部发出《关于对安置城镇待业知青的集体企业减免税情况进行清理整顿的通知》。

同年10月10日，在对安置城镇待业知识青年的集体企业的减免税情况进行清理整顿的基础上，财政部发出《关于调整安置“知青”企业税收政策的通知》，其中规定：

（1）安置城镇待业青年新办的集体企业或者街道企业当年安置待业青年超过企业职工总数60%的，经税务机关批准，可以免征所得税2—3年。其中，从事旅店、饮食、修理、修配、加工、浴池、理发、缝纫、装卸、搬运、建筑安装和修缮业务的，可以免征营业税2年。

（2）对于要求按照安置待业青年企业给予减免税照顾的，税务部门要严格审查。凡季度达不到规定比例的，可以预征税款。从事商业批发业务，虽然免税期限未到，但是已经具有纳税能力的，也应当立即恢复征税。

（3）安置待业青年企业享受税收优惠免征的税款，应当按照规定转为生产发展基金，不得挪作他用，否则税务部门有权追缴。

1990年4月27日，国务院发出《关于做好劳动就业工作的通知》。通知中规定：对积极安置待业人员的城镇集体企业，特别是其中安置待业人员任务较重，确有困难又符合国家产业政策的，财政、税务、银行、物资、工商和城建等部门要在资金、税收、物资和场地等方面制定政策，作出规定，给予支持和照顾。6月2日，国家税务局据此发出《关于继续对安置待业青年的企业实行减免税政策的通知》，其中规定：

（1）对安置待业青年的企业继续实行1987年规定的税收优惠政策，但是不包括国家限制生产的30种产品和8类小型企业，营业税的免税规定不再适用于建筑安装和修缮业务。

（2）从1990年起3年以内，按照上述规定减税、免税期满以后当年新安置待业青年占企业职工总数30%以上的企业，经过当地税务机关批准，可以减半征收所得税。

（3）安置城镇待业青年达不到规定的比例，不符合上述减税、免税条件的城镇集体企业，纳税确有困难的，经税务机关批准，给予不超过1年的减征、免征所得税的照顾。

同年11月22日，国务院发布《劳动就业服务企业管理规定》。这个文件中规定：新开办的劳动就业服务企业可以免征所得税2年到3年；免税期满以后继续承担安置城镇待业人员任务并达到一定比例的，享受相应的减免税优惠；适当调低劳动就业服务企业所得税的税率。1992年1月6日，国家税务局据此发出《关于劳动就业服务企业若干税收政策问题的通知》，自同年1月1日起执行，其中规定：

（1）新办的城镇集体劳动就业服务企业，当年安置待业人员（包括待业青年、农转非人员和劳改、劳教释放人员）超过企业从业人员总数60%的，经过税务机关批准，可以免征企业所得税2年到3年；从事旅店、饮食、修理、修配、加工、浴池、理发、缝纫和装卸搬运业务的，经税务机关批准，可以免征营业税2年。

（2）从1991年到1995年，按照上述规定免税期满以后，当年新安置待业人员占企业原从业人员30%以上的，经税务机关批准，可以减半征收企业所得税2年。

（3）不符合上述规定的减免税条件而纳税确有困难的企业，可以按照税收管理体制的规定，经税务机关批准，减征、免征企业所得税1年。

（4）劳动就业服务企业的所得税负担率超过35%的，其超额部分的应征税款可以减半征收。

（5）为了体现国家的产业政策，对于生产国家控制类产品的企业不得减税、免税。

（6）劳动就业服务企业享受的减免税款必须按照规定的用途使用，即主要用于发展生产和技术改造。对于不按照规定擅自改变减免税款用途的企业，税务机关有权停止对其减免税，并收回已经减免的税款。

5. 社会福利生产单位和残疾人员的税收优惠。1984年10月10日，财政部发出《关于对民政部门举办的社会福利生产单位征免税问题的通知》，自同年10月1日起执行，其中规定：

（1）凡安置残疾人员占生产人员总数35%以上的单位，其从事劳务、修理和服务性业务取得的收入，可以免征营业税。

（2）凡安置残疾人员占生产人员总数50%以上的单位，其生产、销售产品取得的收入，可以免征产品税、增值税；残疾人员占生产人员总数35%以上的单位，如果发生亏损或者利润低微，也可以免征产品税、增值税。

（3）民政部门所属工厂生产的供残疾人专用的产品（如轮椅、假肢等），可以免征产品税。

（4）街道、乡镇举办的福利生产单位，可以比照民政部门举办的福利生产单位享受上述税收优惠。

针对社会福利生产单位税收优惠政策执行中存在的一些比较严重的问题（如为了享受税收优惠，有些地方将一些高税利企业转为社会福利企业，有些企业将非残疾人员列为残疾人员等），为了正确体现国家对残疾人就业的扶持政策，使福利生产事业健康发展，堵塞漏洞，确保国家财政收入，1985年8月20日，财政部、民政部发出《关于严格掌握对社会福利生产单位减免税问题的通知》。

同年10月26日，财政部发布的《集体企业所得税的若干政策规定》中规定：民政部门办的集体福利工厂、街道新办的集体性质的社会福利生产单位，安排盲、聋、哑、残人员占生产人员总数35%以上的，可以免征集体企业所得税；安排盲、聋、哑、残人员占生产人员总数超过10%—35%的，可以减半征收集体企业所得税。

为了贯彻执行治理整顿、深化改革的方针，落实国家对社会福利生产扶持保护的政策，促进社会福利企业的健康发展，解决有关税收政策执行中存在的一些问题，1990年8月29日，国家税务局发出《关于民政部门举办的社会福利生产单位征免税问题的通知》。通知中规定：为了贯彻执行国家的产业政策，对于国家规定严格控制的30种特殊消费品、长线产品和8类小型企业，凡是1989年以后建成投产的，一律不再享受减税、免税照顾。1989年以前建成投产的，可以从1989年起按照原规定在3年以内减征、免征所得税；缴纳产品税、增值税确有困难的，可以按照规定报批。

为了鼓励残疾人员自谋职业，减轻国家负担，1984年12月21日，财政部税务总局发出《关于对残疾人员个体开业给予免征营业税照顾的通知》。通知中规定：残疾人员个人从事劳务、修理和服务性业务取得的收入，可以免征营业税；上述个人从事商业经营的，如果营业额较小，纳税以后生活有困难的，可以由省级税务机关定期减税、免税。

1985年2月7日，经商财政部、民政部和中国残疾人福利基金会，海关总署发出《关于残疾人组织和个人所需的进出口货物和物品予以税收优惠的通知》。通知中规定：由残疾人组织直接进口供残疾人组织、个人专用的物品（包括治疗仪器、功能训练设备、功能恢复测试设备、残疾人生活用具、康复工程设备、医药和药品分析仪器、供残疾人专用的交通设备），可以免征进口关税和产品税、增值税；为安排残疾人就业专门设立的生产企业所进口的机器设备可以免税；残疾人企业生产出口应征出口关税的商品可以免征出口关税。

1988年9月3日，国务院批转国家计划委员会、中国残疾人联合会等7个单位报送的《中国残疾人事业5年工作纲要（1988年—1992年）》。纲要中提出：近年来，国务院和有关部门相继就残疾人劳动就业、福利企业的税收、进出口货物和物品的关税等作出了政策规定，各地应当认真执行。随着残疾人事业的发展，有些政策规定需要进一步完善；同时，要制定新的政策，为残疾人事业注入活力。要严格执行已经制定的残疾人劳动就业政策，如对福利企业的税收优惠、自筹生产性建设投资免征建筑税的规定，对农村残疾人贫困户减免农业税，个体、集体从事工业、商业、运输业和建筑业的税收减免，对残疾人个体开业免征营业税的规定。在进一步完善这些规定的同时，研究、制定有利于残疾人劳动就业的措施和对农村残疾人体现优惠的政策。

1990年12月28日，第七届全国人民代表大会常务委员会第十七次会议通过《中华人民共和国残疾人保障法》。该法中规定：国家对残疾人福利性企业事业组织和城乡残疾人个体劳动者实行税收减免政策。

1992年12月7日，根据1991年12月29日国务院批转的《中国残疾人事业“八五”

计划纲要》，经与中国残疾人联合会共同研究，国家税务局发出《关于生产和经营残疾人用品用具给予减税免税的通知》。通知中规定：隶属中国残疾人联合会和各省、自治区、直辖市、计划单列市残疾人联合会的残疾人用品用具供应总站（站、部），在开办初期可以免征所得税 3 年到 5 年；缴纳营业税确有困难的，可以按照规定向税务机关申请减税、免税。对于生产供残疾人专用的辅助用具、特殊用品的定点企业，税收上要给予照顾。定点企业的确定，由中国残疾人联合会本着以福利企业为主、其他行业为辅的原则择优选择提出方案，经国家税务局批准以后下达各地，免征产品税、增值税。

6. 支持少数民族地区经济发展和民族贸易、民族用品生产。1985 年 7 月 1 日，经国务院批准，国务院办公厅转发商业部报送的《关于进一步发展少数民族地区商业若干问题的报告》。报告其中提出：在规定的少数民族地区，从 1985 年起，商业设施建设继续免征建筑税 3 年（不包括“楼、堂、馆、所”）。基层供销社继续按照财政部 1981 年的规定减征所得税，国营商业按照“利改税”的规定继续定期减免所得税，产品税、增值税和营业税按照税收管理体制减免，奖金税可以由省、自治区人民政府作出规定。少数民族聚居地区生产民族特需商品按照规定纳税有困难的企业，经过批准可以定期减免所得税。8 月 24 日，财政部据此发出《关于“三项照顾”地区基层供销社减征所得税问题的通知》。

1989 年 8 月 28 日，国务院批转国家民族事务委员会、国务院贫困地区经济开发领导小组报送的《关于少数民族地区扶贫工作有关政策问题的请示》，其中提出继续减征、免征贫困户的农业税、牧业税。

1991 年 3 月 25 日，国务院批转国家民族事务委员会、商业部等 4 个部门报送的《关于加强民族贸易和民族用品生产供应工作的意见》。意见中提出：对县以下民族贸易企业给予减免营业税、所得税的照顾，具体办法由省（自治区）税务局提出，报省（自治区）人民政府批准。对省（自治区），地（自治州、盟）民贸公司，现有的民族用品商店，各地可以根据实际情况适当给予照顾。国家税务局据此采取了下列措施：

（1）同年 7 月 8 日，发出《国家税务局关于民族贸易企业征免营业税、所得税问题的通知》。通知中规定：对民族贸易县的县和县以下民族贸易企业，可以减征、免征营业税、所得税，具体办法由省级税务机关提出，报省（自治区）人民政府批准执行。省（自治区）和地区（自治州、盟）民族贸易公司、现有的民族用品商店按照规定纳税确有困难的，各地可以按照规定适当照顾。

（2）同年 10 月 18 日，发出《关于民族用品定点生产企业减免税的通知》。通知中规定：江苏省、山东省、北京市、天津市、上海市和南京市的定点企业生产销售的民族用品，如果经营有困难，经过批准，可以适当减征产品税、增值税和所得税。其他地区的定点企业生产销售的民族用品，可以减征、免征产品税、增值税，减半征收所得税。产品税、增值税的减征、免征幅度由各省、自治区、直辖市和计划单列市税务局根据企业的生产、经营情况审批。

7. 支持建材工业发展。1985 年 12 月 31 日，根据同年 10 月 21 日国务院办公厅转发的国家建筑材料工业局报送、经国务院原则批准的《建材工业发展纲要》，财政部税务总局发出通知，规定从 1986 年 1 月 1 日起对建材工业给予下列税收优惠：

（1）为支持各部门、各地区办好农房建材成套供应公司，各地政府可以参照国务院给中国农房建材成套公司的优惠政策，根据具体情况决定是否定期减征、免征国营企业所得税。

（2）生产各种新型建材纳税确有困难的企业，经过省级税务机关批准，可以定期减征、免征所得税。投产初期的新型建材公司生产的新型建材产品，可以由省级税务机关确定减征、免征产品税1—2年。

（3）国营企业利用工业废渣生产建筑材料的利废项目，投产以后可以免征所得税5年；以煤矸石、石煤和粉煤灰等为主要原料生产的建材产品，可以暂免征收产品税5年。

（4）开采石膏、滑石、石棉、石墨和瓷土的企业，缴纳产品税确有困难的，经省级税务机关批准，可以定期减税、免税。

1988年建材产品改征增值税以后，部分产品继续享受减税、免税待遇。

### （三）促进科技进步、资源利用、节能和环境保护

1. 促进技术转让。1985年1月10日，国务院发布《关于技术转让的暂行规定》。这个文件中规定：全民所有制单位和集体所有制单位的技术转让年净收入不超过10万元的部分，可以免征所得税；大专院校、科研单位和其他全民所有制单位的技术转让收入，3年以内可以免征所得税。2月13日，财政部据此发布《关于对技术转让费的计算、支付和技术转让收入征税的暂行办法》，自同年1月1日起执行。

同年2月8日，国务院批转国家经济委员会报送的《关于改进技术进步工作的报告》。报告中提出：要进一步研究利用价格、税收、利率等经济杠杆促进技术进步的政策。

同年3月13日，中共中央发布《关于科学技术体制改革的决定》。决定提出：转让科技成果的收入，近期一律免税。新产品可以在一定期限以内享受减免税收的优惠。1986年2月25日，财政部据此发出《关于对各企业事业单位转让技术成果的收入免征营业税的通知》。通知中规定：自同年1月1日起，除了科研单位可以继续享受原有的税收优惠以外，其他企业、事业单位和个人转让技术成果的收入也可以暂免征收营业税。

1986年3月27日财政部发布的《关于促进横向经济联合若干税收问题的暂行办法》中对于技术转让收入再次作出明确的规定：

（1）全民所有制企业和集体所有制企业进行技术转让（包括技术咨询、技术服务和技术培训等），年净收入在30万元以下的部分；大专院校、科研单位和其他全民所有制单位进行技术转让所得的净收入，可以暂免征收所得税。

（2）各企业、事业单位和个人的技术转让收入，可以暂免征收营业税。

1992年3月8日，国务院发布《国家中长期科学技术发展纲领》。纲领中规定：免征技术咨询、技术转让、技术服务和技术开发等技术性收入的营业税。据此，经国务院办公厅批准，国家税务局于同年6月16日发出通知，规定自同年3月1日起，全民所有制独立核算的科研机构从事技术咨询、技术转让、技术服务和技术开发的收入可以暂免征收营业税，其他单位和个人从事技术转让的收入也可以暂免征收营业税，从事技术出口业务取得的收入可以免征营业税。

1993年4月21日，根据中共中央、国务院关于加快发展第三产业的决定，国家税务局规定：科研单位和大专院校服务于各业的技术成果转让、技术培训、技术咨询、技术服务和技术承包取得的技术性服务收入，可以暂免征收所得税。

2. 鼓励引进国外先进技术、设备、人才和国内技术出口。1983年1月27日，财政部、海关总署发出《关于从国外引进技术改造项目的技术、设备减、免关税和工商（统一）税

问题的通知》，自3月1日起执行。通知中规定：企业为进行技术改造而引进的先进技术和按照技术转让合同必须随附的仪器、设备，可以免征进口关税、工商税和工商统一税。企业为进行技术改造，生产、制造新设备、新产品所必须引进的关键仪器和设备，可以减半征收进口关税、工商税和工商统一税。同年10月8日，根据同年8月5日国务院批转对外经济贸易部报送的《关于大力扩大机电产品出口问题的报告》，海关总署、财政部发出《关于为扩大出口机电产品而引进的技术、关键设备可予减免税的通知》。

同年4月14日，财政部发布《关于进口图书、资料征免工商税（工商统一税）问题的规定》。这个文件中规定，各机关团体和企业、事业等单位，经各部委和省级主管部门批准进口的下列图书、资料，可以免征进口环节工商税、工商统一税：

（1）接受外国厂商、文化艺术和体育团体、港澳企业和友好人士赠送或者向其购买、交换作为内部使用的图书、资料；

（2）将编辑的图书、资料和宣传品委托外国厂商或者港澳企业印制以后进口，对外赠送，委托外国厂商或者港澳企业印刷发行的报刊、图书和资料首刊回赠的样本、样书；

（3）为引进专有技术或者进口先进生产设备而带进的与其有关的技术资料。

1983年9月26日，国务院发布《关于引进外国人才工作的暂行规定》。这个文件中规定：对于来华定居和工作1年以上的专家，携带的安家物品，包括家具、家用电器和自用小轿车1辆，都可以免税放行。

1985年2月8日，国务院批转国家经济委员会、财政部和中国人民银行报送的《关于推动国营企业技术进步若干政策的暂行规定》。这个文件中规定：技贸结合需要进口的整套散件，经国家经济委员会批准以后，可以按照规定减征关税和其他进口税收。企业为产品创优、技术开发、技术改造和技术引进所需进口的机器设备、仪器仪表，可以按照规定减免进口关税和产品税、增值税。通信、港口、铁路、公路和机场引进的技术、设备（飞机、车辆和船舶除外）也可以享受技术改造的税收优惠待遇。5月16日，海关总署、国家经济委员会和财政部据此发出通知，其中规定：

（1）技贸结合需进口的整套散件，经国家经济委员会批准以后，成套散件进口关税可以减按零、部件税率征税；零、部件在税则中未单列税率的，可以减按整机税率的三分之二计征；进口环节产品税、增值税可以减按整机应纳税款的60%计征。

（2）现有企业为产品创优、技术开发、技术改造和技术引进所需进口的机器设备、仪器仪表，如该项目已经主管部门按照规定批准为技术改造项目，在14个沿海港口城市，长江、珠江三角洲和闽南三角地区经济开放区的市区、县的城关区，经省、直辖市人民政府批准的重点工业卫星镇，海南行政区的，可以免征进口关税和产品税、增值税；在其他地区的，可以按照规定税率减半征税。其他地区的企业为引进技术所需进口的机器设备、仪器仪表，占引进技术总金额的50%以下，也可以一并免税。通信、港口、铁路、公路和机场引进的技术、设备（飞机、车辆和船舶除外），需经国家经济委员会审批，海关凭国家经济委员会的批准文件可以按照上述规定减免关税和产品税、增值税。

1987年3月18日，根据国务院常务会议的决定，海关总署、财政部发出《关于“七五”期间集成电路等工业等重大引进工程项目免征进口税的通知》。通知中规定：从1987年2月15日到1990年年底，集成电路、计算机、软件和程控交换机行业重大引进工程项目进口的机器设备、仪器仪表和特殊材料，免征关税和产品税、增值税。

同年5月11日，根据国务院领导批准的有关文件，海关总署、财政部发出《关于国家重大技术装备项目所需进口货物的税收优惠问题的通知》，其中规定：

（1）与国外合作制造的产品需要进口的零部件、元器件和重大技术装备所需引进的样机、特殊工具、关键元器件，按照法定税率减半征收关税和增值税、产品税。

（2）开展技贸结合需要进口的元器件、零部件，可以比照技贸结合进口成套散件减税的规定，减按法定税率的三分之二计征关税和增值税、产品税。

（3）进口特殊材料，有特殊困难的，可以申请临时减税。

同年8月6日，经国务院批准，国务院办公厅转发对外经济贸易部和国家科学技术委员会制定的《关于鼓励技术出口的暂行办法》。办法中规定：国营企业、事业单位出口软件所得收入，从同年7月1日到1989年6月30日可以暂免征收所得税。1987年11月13日，财政部据此发出《关于对技术出口收入征免所得税问题的通知》。

1991年10月25日，根据国务院的有关文件，国务院关税税则委员会、财政部和国家税务局等4个部门发布《关于运用税收优惠推动技术引进结构优化的暂行规定》。这个文件中规定：从11月1日起，现有企业为引进国家鼓励发展的新技术以生产新产品和改进原有产品而引进的产品开发、设计、制造、工艺、生产管理等方面的技术软件，为消化上述引进技术软件必须随附进口的机器、仪器设备（以下简称硬件），可以享受下列税收优惠：免征软件的关税和进口环节增值税；硬件部分的价值占软件、硬件进口总值33%以下的，免征硬件部分的关税和进口环节增值税；硬件部分的价值超过软件、硬件进口总值的33%到50%的，硬件部分的关税和进口环节增值税减按法定税率的三分之一征收；硬件部分的价值超过软件、硬件进口总值50%的，硬件部分的关税和进口环节增值税减按法定税率的二分之一征收。

1992年3月8日，国家税务局规定：从事技术出口业务取得的收入可以免征营业税。

3. 支持开发高新技术产品。1985年2月8日国务院批转国家经济委员会、财政部和中国人民银行报送的《关于推动国营企业技术进步若干政策的暂行规定》中规定：为使企业具有不断进行技术开发的能力，凡在全国范围内第一次试制并列入国家科学技术委员会、国家经济委员会试制计划或者经上述部门鉴定确认的新产品，可以从试制品销售之日起免征产品税、增值税3年；列入国务院各部和各省、自治区、直辖市试制计划的新产品，在试制期间销售的，应当区别不同情况，免征产品税、增值税1年到2年。

1986年12月10日，经国务院原则批准，国务院办公厅转发电子振兴领导小组报送的《关于搞好我国计算机推广应用工作的汇报提纲》。提纲中提出：企业购置微型计算机的安装调试费用可以在成本中列支。国营企业向银行贷款搞计算机应用，可以用项目完成以后增加的利润在税前归还本息。企业为开发新技术和研究新产品购置微型机，单个系统在5万元以下的，可以摊入当年的生产成本；累计数额较大的和微利企业，可以在3年以内摊入生产成本。加速计算机折旧：微型计算机的折旧年限定为6年，小型计算机系统的折旧年限定为7年，大、中型计算机系统的折旧年限定为9年。经国家经济委员会、国家科学技术委员会认定的新产品，从销售之日起3年免征产品税、增值税。经国务院其他部门和各省、自治区、直辖市认定的新产品，在试制期间销售的，可以酌情免征产品税、增值税1年到2年。进口成套散件，可以按照规定减征关税、产品税和增值税。进口样机和少量关键配套零部件，可以按照规定减征、免征关税、产品税和增值税。

1987年8月19日，根据国务院常务会议的要求，财政部发出《关于集成电路、电子计算机、软件、程控交换机4种产品实行减免税和提取研究开发费优惠政策的通知》。通知中规定：在一定时期以内，列名单位生产的集成电路、电子计算机和程控交换机可以免征增值税，软件可以免征营业税，上述4种产品可以减半征收所得税，并允许盈利的生产单位按照不超过销售收入10%的比例提取研究开发费。1991年2月4日，国家税务局发出通知，上述免税、减税规定在1991年至1995年期间继续实行，并根据择优扶持、优胜劣汰的原则，实行动态管理，每年调整下达享受优惠政策的单位名单和产品目录。

1988年8月28日，国家税务局发出《关于对属于“火炬”计划开发范围内的高技术、新技术产品给予减征或免征产品税、增值税优惠的通知》。通知中规定：属于国家科学技术委员会“火炬”计划开发范围以内的高技术、新技术产品，在全国范围以内第一次试制并列入国家科学技术委员会新产品试制计划的项目，经国家税务局批准，从试制品第一次销售之日起，3年以内可以减征、免征产品税、增值税；在全省（自治区、直辖市）范围以内第一次试制并列入省级科学技术委员会新产品试制计划的项目，经省级税务机关批准，自试制品第一次销售之日起，2年以内可以减征、免征产品税、增值税。按照上述规定减税、免税期满以后，对于其中确有困难，需要继续加以扶持的项目，经省级税务机关批准，可以继续适当减税、免税。

1991年5月10日，国务院发出《关于鼓励生产和使用国产先进技术产品若干问题的通知》。通知中规定：符合新产品减税、免税条件的国家鼓励生产和使用的国产先进技术产品，可以优先享受减税、免税优惠。

4. 促进资源综合利用、节约能源和环境保护。1983年2月6日，国务院发布《关于结合技术改造防止工业污染的几项规定》。这个文件中规定：国家对工矿企业开展综合利用、防治污染实行奖励的政策，各地区、各部门应当按照规定给予企业减免税收的鼓励。

1984年5月8日，国务院发布《关于环境保护工作的决定》。决定中规定：工矿企业为防治污染、开展综合利用所生产的产品利润可以5年不上缴，留给企业继续治理污染，开展综合利用。这项规定在实行“利改税”以后不变。工矿企业用自筹资金和环境保护补助资金治理污染的工程项目，因污染搬迁另建的项目，可以免征建筑税。此前，根据中央财经领导小组办公室会议的决定，财政部已经于同年1月30日发出《关于治理污染的建设项目免征建筑税问题的通知》。

1985年9月30日，国务院批转国家经济委员会报送的《关于开展资源综合利用若干问题的暂行规定》。这个文件中规定：国家鼓励企业积极开展资源综合利用，对综合利用资源的生产和建设实行优惠政策。由企业自筹资金建设的综合利用项目生产的产品，在《资源综合利用目录》范围以内，可以按照依法减征、免征产品税。项目投产以后，具备独立核算条件，独立计算盈亏的车间、分厂，5年以内可以免征所得税、调节税。综合利用的技术引进项目和进口设备、配件，可以视同技术改造项目，享受减税、免税等优惠。同年12月10日，财政部据此发出《关于开展资源综合利用有关税收问题的通知》，自同年10月1日起执行。

1986年1月12日，国务院发布《节约能源管理暂行条例》。条例中规定：对于国家信贷计划以内的节能贷款，允许贷款企业在缴纳所得税以前以新增收益归还；经有关部门鉴定批准的节能新产品，可以按照规定在一定时期以内免征产品税、增值税；企业技术改造所需引进的节能机器设备、测试仪器仪表等，按照税法规定减征、免征进口关税、产品税和增值税。3月12日，财政部据此发出《对节约能源管理有关税收问题的通知》，自4月1日起执行，其中规定：

（1）锅炉和工业窑炉燃烧用的原油和重油，除了出口原油转供国内烧用和按照国际价格结算的以外，均应当依法征收烧油特别税。

（2）国家信贷计划内的节能贷款，允许贷款企业在缴纳所得税以前用新增收益归还，这部分贷款可以免征国家能源交通重点建设基金。

（3）经有关部门鉴定批准的节能新产品，凡符合税法对新产品的有关规定的，可以按照规定减征、免征产品税、增值税。

（4）企业技术改造所需引进的节能机器设备、测试仪器仪表等，可以按照规定减征、免征进口环节产品税、增值税。

（5）按照财政部的规定提取和发放的节约能源奖金，可以免征奖金税。

同年6月27日，财政部发出《关于集体企业综合利用资源的税收问题的通知》，自同年1月1日起执行。通知中规定：集体企业建设的资源综合利用项目生产的产品，可以按照规定减征、免征产品税。集体企业的原设计规定的产品以外，综合利用本企业生产过程中产生的，在《资源综合利用目录》内的资源作主要原料生产的产品，其实现的利润可以免征所得税5年。利用本企业以外的大宗煤矸石、炉渣和粉煤灰作主要原料，生产建材产品实现的利润也可以免征所得税5年。为处理利用其他企业废弃的在《资源综合利用目录》内的资源新办的集体企业，纳税有困难的，经当地税务机关批准，可以定期减税、免税。

1987年11月28日，经国务院批准，国务院办公厅转发林业部报送的《关于发展林产工业问题的报告》。报告中提出：利用木材采伐、加工和抚育间伐剩余物等资源生产的工业产品，税务部门可以按照规定减免产品税。

1988年2月12日，根据国务院的指示，财政部发出《关于对林区剩余物生产的木片免征增值税的通知》。

1991年6月7日，根据国务院的指示，国家税务局发出《关于东北、内蒙古国有林区森工企业综合利用等产品免征产品税、增值税的通知》。通知中规定：从1991年1月到1993年12月，东北、内蒙古国有林区森工企业以采伐、选材和加工剩余物（以下简称“三剩物”）为原料生产加工的综合利用产品和部分原木产品免征产品税、增值税。

同年8月29日，经国务院批准，国务院办公厅转发全国绿化委员会、林业部报送的《关于治沙工作若干政策的意见》。意见中提出：国家在税收等方面对治沙和合理开发利用沙区资源给予优惠。12月7日，国家税务局发出《关于对治沙和合理开发利用沙漠资源给予税收优惠的通知》。

同年12月26日，国务院发出《关于加强再生资源回收利用管理工作的通知》。通知中规定：供销社批发、调拨的再生资源，按照规定应当征收批发环节的营业税。企业纳税确有困难的，可以继续向有关省级税务机关申请减税、免税。供销社、物资系统能独立核算的再生资源企业回收、加工再生资源所得的纯收入，有关省级税务机关也可以按照税收管理权限，根据企业的实际困难，从1992年起，3年以内适当减征所得税。上述企业用回收的废旧物资加工生产的产品按照规定纳税有困难的，可以由省级税务机关按照规定适当减征产品税、增值税。

1992 年 11 月 9 日，国务院批转国家建材局等部门报送的《关于加快墙体材料革新和推广节能建筑的意见》。意见中提出：新型墙体材料（包括利废材料）产品可以继续免征增值税，实心粘土砖一律不得减税、免税；对生产新型墙体材料的企业可以视具体情况定期减征、免征城镇土地使用税，对生产实心粘土砖企业应当征收城镇土地使用税；北方节能住宅和新型墙体材料项目的固定资产投资方向调节税，按照规定执行零税率。

1993 年 2 月 15 日，经国务院原则批准，国务院办公厅印发国家土地局编制的《全国土地利用总体规划纲要（草案）》。纲要（草案）中提出：要通过征收土地使用税（似应为城镇土地使用税——笔者注）、耕地占用税和其他经济手段，调整各方面的用地需求，使之符合纲要（草案）的要求。

5. 科研机构和专家、学者、技术人员的税收优惠。根据中共中央 1985 年 3 月 13 日发布的《关于科学技术体制改革的决定》，1986 年 4 月 1 日，财政部发布《关于对科学技术研究机构收入征税的暂行规定》。这个文件中对全民所有制独立核算的科研机构（不包括企业所属的研究所和各类技术开发、咨询、服务中介组织）规定了下列税收优惠政策：

（1）科研单位的技术转让、技术咨询、技术服务、技术培训、技术承包、技术出口等收入和所得，可以暂免征收营业税和所得税。技术入股所得也可以暂免征收所得税。

（2）科研单位研制的新产品，可以依法定期减征、免征产品税、增值税；减免的税款可以专项用于技术开发，不计征所得税。试销新产品和中试产品的所得，如果按照规定缴纳所得税确有困难，经税务机关批准，可以定期减征所得税。

（3）科研单位利用闲置仪器和设备开展租赁业务的所得，可以暂不征收所得税，其所得留给科研单位专项用于固定资产的更新改造。

（4）科研单位向能源、交通设施和革命老根据地、少数民族地区、边远地区、贫困地区投资分得的所得，5 年以内可以减半征收所得税；以分得的所得再投资于上述行业和地区的，可以暂免征收所得税。

（5）科研单位经费自立以后 3 年之内，可以按照全部技术所得提取 20% 的技术开发基金，从应纳税所得额中扣除。

同年 4 月 19 日，国务院发布《关于扩大科学技术研究机构自主权的暂行规定》。这个文件中规定：研究所的技术性收入暂免征收所得税，新产品、中试产品按照有关规定减税、免税。

1987 年 1 月 20 日，国务院发布《关于进一步推进科技体制改革的若干规定》。这个文件中规定：各有关单位要有计划地组织科技人员，或者支持和鼓励部分科技人员以调离、停薪留职、辞职等方式，走出科研机构、高等学校和政府机构，到城镇和农村承包、承租全民所有制中小企业，承包或者领办集体乡镇企业，兴办经营各种所有制形式的技术开发、技术服务和技术贸易机构，创办各类中小型合资企业、股份公司等。各级政府和有关部门应当在工资、福利、技术职务、户籍和组织关系等方面实行宽松政策，并在信贷、风险投资、股份集资和税收等方面予以扶植和支持。

同日，国务院发布《关于推进科研设计单位进入大中型工业企业的规定》。这个文件中规定：支持大中型企业、企业集团的技术开发机构建立和加强中间试验基地，这些中间试验基地从事中间试验取得的收入免征所得税。进入大中型工业企业的科研、设计单位继续享受原来的税收待遇，技术所得暂免征收所得税；这类企业的技术开发机构转让技术成果也暂免征收所得税。

1988 年 5 月 3 日，国务院发布《关于深化科技体制改革若干问题的决定》。决定中规定：要积极组织计划、经济、科技、财政、金融、税收、工商和人事等部门，研究和制定支持政策、充分利用税收、信贷等经济杠杆，促进科技与经济的紧密结合，为科技事业的发展创造良好的社会环境。

1989 年 12 月 23 日，国家税务局、国家科学技术委员会发布《关于科研单位中试产品免征所得税问题的若干规定》。

1991 年 6 月 9 日，中共中央、国务院发出《关于给做出突出贡献的专家、学者、技术人员发放政府特殊津贴的通知》，其中作出了有关免税的规定。8 月 13 日，国家税务局据此发出《关于给做出突出贡献的专家、学者、技术人员发放政府特殊津贴免税的通知》。通知中规定：做出突出贡献的专家、学者和技术人员按照规定享受的政府特殊津贴，免征工资调节税、奖金税和个人收入调节税。

1993 年 4 月 21 日，根据中共中央、国务院关于加快发展第三产业的决定，国家税务局规定：科研单位服务于各业的技术成果转让、技术培训、技术咨询、技术服务和技术承包取得的技术性服务收入，可以暂免征收所得税。

6. 国家高新技术产业开发区的税收优惠。为了促进高新技术产业的健康发展，进一步推动高新技术产业开发区（以下简称开发区）建设，1991 年 3 月 6 日，国务院发布《国家高新技术产业开发区税收政策的规定》，即日起执行，其中规定开发区内被认定的高新技术企业（以下简称开发区企业）可以享受下列特殊税收优惠：

（1）开发区企业可以从认定之日起减按 15% 的税率征收所得税，企业的贷款一律在所得税后归还。

（2）开发区企业出口产品的产值达到本企业当年总产值 70% 以上的，经税务机关核定，可以减按 10% 的税率征收所得税。

（3）新办的开发区企业，经税务机关批准，可以从投产年度起 2 年免征所得税。其中，合营期在 10 年以上的中外合资经营企业，可以从开始获利的年度起 2 年免征所得税。

（4）开发区企业属于“火炬”计划开发范围以内的高新技术产品减免的产品税、增值税税款，可以专项用于技术开发，不计征所得税。

### （四）促进发展教育、宣传、文化、卫生和体育事业

1. 支持发展教育事业。1984 年 8 月 20 日，根据国务院领导的指示，财政部发出《关于各级各类（含全日制和业余的）学校免征国家能源交通重点建设基金和有关征税问题的通知》。通知中规定：校办工厂生产产品对外销售取得的收入，缴纳工商税有困难的，可以由省级税务机关定期减税、免税。学校用自筹资金安排的基本建设项目投资，用于学校教学设施的，可以免征建筑税。

1989 年 1 月 15 日，国务院批转国家教育委员会、国家税务局等 4 个部门报送的《关于进一步发展中小学勤工俭学若干问题的意见》。意见中提出：对中小学开展勤工俭学兴办的各类企业，除了按照原有规定免征校办工业、农业的所得税和国家能源交通重点建设基金以外，属于下列情况的，在税收上要给予优惠：

（1）小学校办企业，除了生产销售全国统一规定不许减免税的产品需按照规定征收产

品税、增值税以外，对生产销售的其他产品和兴办的服务性企业原则上可以定期减免产品税、增值税和营业税，此事由省级税务机关确定。兴办的商业企业，按照规定征收营业税；纳税有困难的，可以由税务机关批准，定期减税、免税。

（2）中学校办企业生产的产品和提供的劳务，凡为本校教学、科研服务的，可以免征产品税、增值税和营业税。非为本校教学、科研服务的和商业、服务业等第三产业，照章征收产品税、增值税和营业税；纳税有困难的，可以由税务机关批准，定期减税、免税。

（3）中小学兴办的商业、服务业等第三产业，在所得税上需要定期减税、免税的，属中央管的学校由国家税务局批准，属地方管的学校由省级税务机关批准。

（4）中小学举办各类进修班、培训班等所得的收入，可以暂免征收营业税、所得税。

（5）中小学生从事勤工俭学的服务、劳务等收入，可以免征营业税。

（6）中小学在原校办工厂、农场基础上吸收外单位投资联合兴办的企业，实行税前分利，各自纳税的办法，学校所得部分仍然执行勤工俭学免税待遇。

同年4月14日，国家税务局就贯彻上述文件的有关税收问题发出通知。

同年1月15日，国务院批转国家教育委员会、国家税务局等4个部门报送的《关于高等学校开展社会服务有关问题的意见》，其中提出：

（1）高等学校校办工厂生产的应税产品，凡用于本校教学、科研方面的，可以免征产品税、增值税；其营业所得可以免征所得税。高等学校举办的为本校教职工和学生服务的服务性企业（不包括商店、宾馆和对外营业的招待所），可以免征营业税、所得税。

（2）高等学校举办的各类进修班、培训班的收入，可以免征营业税、所得税。

（3）高等学校进行技术转让、技术咨询、技术服务、技术培训、技术承包和技术出口的所得，可以免征所得税。

（4）高等学校以技术入股形式与外单位联营分得的利润，可以免征所得税；以其他形式与外单位联营分得的利润，可以3年减半征收所得税。

（5）高等学校自用的房产、土地，可以免征房产税、城镇土地使用税。

同年5月30日，国家税务局就贯彻上述文件的有关税收问题发出通知。

1993年1月12日，国务院批转国家教育委员会报送的《关于加快改革和积极发展普通高等教育的意见》。意见中提出：积极发展以高新技术产业为主的校办产业，国家要增加用于支持校办产业发展的贷款规模，并在税率上予以优惠。

1993年4月21日，根据中共中央、国务院关于加快发展第三产业的决定，国家税务局规定：新办的独立核算的从事教育事业的企业、经营单位，开业之初纳税有困难的，经过批准，可以酌情给予1年以内减征、免征所得税的照顾。大专院校服务于各业的技术成果转让、技术培训、技术咨询、技术服务和技术承包取得的技术性服务收入，可以暂免征收所得税。

2. 促进发展宣传、文化事业。1988年5月30日，财政部税务总局发出《关于对出版物征收增值税的若干问题的通知》，自7月1日起执行，其中规定对下列出版物暂免征收增值税：中国共产党、各民主党派、人民政府、人民代表大会、政治协商会议、妇女联合会、工会、共产主义青年团和军事部门的机关报刊，大学、中学和小学的学生课本，专为少年儿童出版发行的报刊，科技图书。

1992年9月3日，中共中央发布《关于加强和改进宣传思想工作，更好地为经济建设和改革开放服务的意见》。意见中提出：国务院财经部门要研究解决宣传文化单位税赋过重、收费项目繁多的问题。国家对精神产品要实行差别税率。宣传文化系统的税收和上缴利润原则上要返还该系统，用于发展宣传文化事业。财政、税收和物价部门应当主动会同宣传文化部门研究完善文化经济政策。1993年3月22日，国家税务局据此发出《关于进一步支持宣传文化事业的通知》，其中规定：

（1）中共中央宣传部、文化部和广播电影电视部系统各单位所办企业生产的产品和提供的劳务，凡为本单位宣传文化事业服务的，除了国家统一规定不准减免税的产品以外，可以免征产品税、增值税和营业税。不是为本单位宣传文化事业服务的，应当照章征收产品税、增值税和营业税；纳税有困难的，可以按照规定由省级税务机关批准定期减征、免征产品税、增值税和营业税。

（2）纪念馆、博物馆、文化馆（站）、美术馆、书画院、图书馆和文物保护单位等文化艺术单位举办文化艺术活动所售门票收入，可以免征营业税。

（3）文艺演出团体从事文艺演出纳税有困难的，可以按照规定由省级税务机关批准定期减征、免征营业税。

（4）个人转让著作权益，可以免征营业税。

（5）对出版业只征收增值税，不再征收营业税。

（6）下列出版物免征增值税：中国共产党、各民主党派、人民政府、人民代表大会、政治协商会议、妇女联合会、工会、共产主义青年团和军事部门的机关报刊，大学、中学和小学的学生课本，专为少年儿童出版发行的报刊，科技图书。出版其他出版物纳税有困难的，可以按照规定由省级税务机关批准定期减征、免征增值税。

（7）全国县以下新华书店和农村供销社的出版物销售业务可以免征营业税到1995年年底。

（8）新建出版物发行单位的出版物销售业务，从开业之日起1年以内可以免征营业税。

（9）少数民族地区的出版物销售业务，可以由省级税务机关定期减征、免征营业税。

（10）古旧书店销售古旧图书的业务，可以免征营业税、所得税。

（11）电影制片厂的制片收入，只征收增值税，不再征收营业税。制作科技影片、儿童影片、新闻影片和美术影片，可以免征增值税。电影制片厂可以减按33%的税率征收所得税，并实行税利分流、税后还贷。

（12）按照“利改税”办法核定的文教企业（如出版社等），可以减按33%的税率征收所得税，并实行税利分流、税后还贷。

（13）专业剧团排练和舞美用房，与当地民用建筑标准相当的文化馆（站）、群众艺术馆、图书馆、档案馆、文物保护设施和图书发行网点，省级以上电视台和省辖市以上广播台及其传输转发系统，新闻、儿童、科教和美术电影厂，单纯设备购置，固定资产投资方向调节税适用零税率。与当地民用建筑标准相当的博物馆，全国定点书、刊、报印刷厂和全国定点出版社、报社、杂志社，固定资产投资方向调节税适用5%的税率。故事片电影制片厂和生产唱片的工厂技改项目，仅就建筑工程投资按照10%的税率征收固定资产投资方向调节税。

（14）财政部门拨付事业经费的宣传、文化事业单位，可以免征房产税、车船使用税和城镇土地使用税。

1993 年 4 月 21 日，根据中共中央、国务院关于加快发展第三产业的决定，国家税务局规定：新办的独立核算的从事文化事业的企业、经营单位，开业之初纳税有困难的，经过批准，可以酌情给予 1 年以内减征、免征所得税的照顾。

3. 促进发展卫生、体育事业。1983 年 10 月 28 日，国务院批转国家体育运动委员会报送的《关于进一步开创体育新局面的请示》。请示中提出：国家队进口器材和测试仪器已经免税，希望包括地方优秀运动队所需进口的器材、体育用品等都能按照科教用品免税办法实施。12 月 16 日，海关总署、财政部据此发出《关于中央和省、市、自治区体委所属专业队进口体育器材免税问题的通知》。

1986 年 7 月 29 日，为了支持发展中药事业，财政部税务总局发出《关于加工、生产中药饮片免税问题的通知》。通知中规定：医药生产企业加工生产中药饮片的销售收入，可以暂免征收产品税；加工中药饮片取得的加工费收入，可以暂免征收营业税；独立核算的专业中药饮片加工厂，可以从 1986 年起免征所得税 5 年。1987 年中药饮片改征增值税以后，财政部税务总局、国家税务局先后于 1987 年 12 月 26 日、1991 年 9 月 23 日发出通知，分别规定在 1990 年年底以前和 1992 年年底以前对医药生产企业加工生产销售的中药饮片减半征收增值税。

1989 年 1 月 15 日，国务院批转卫生部、国家税务局等 5 个部门报送的《关于扩大医疗卫生服务有关问题的意见》。意见中提出：医疗卫生事业单位实行“以副补主”，组织多余人员举办直接为医疗卫生工作服务的第三产业或小型工副业，应当办理工商登记，内部实行独立核算、自负盈亏。其中，全民所有制企业或者经营单位，从 1988 年到 1990 年可以暂免征收所得税；集体所有制企业、经营单位，需要在税收上予以照顾的，可以由纳税人提出申请，由税务部门酌情减征、免征所得税。5 月 30 日，国家税务局就贯彻上述文件的有关税收问题发出通知。

1993 年 4 月 21 日，根据中共中央、国务院关于加快发展第三产业的决定，国家税务局规定：新办的独立核算的从事卫生事业的企业、经营单位，开业之初纳税有困难的，经过批准，可以酌情给予 1 年以内减征、免征所得税的照顾。

同年 10 月 31 日，第八届全国人民代表大会常务委员会第四次会议通过《中华人民共和国红十字会法》。该法中规定：红十字会接受用于救助和公益事业的捐赠物资，按照国家有关规定享受减税、免税的优惠待遇。

1991 年以前，体育馆（场）举办体育比赛取得的售票收入可以减半征收营业税。从 1992 年到 1993 年，上述收入可以免征营业税。

### （五）促进对外开放

在这一时期，中国加快了对外开放的步伐。1983 年 9 月 3 日，中共中央、国务院发布《关于加强利用外资工作的指示》。指示中规定：为了积极有效地利用外资、引进先进技术，在平等互利的原则下，有些政策要放宽，并抓紧完成立法工作。

关于放宽税收政策问题，指示中规定：除了国家已经公布的优惠政策应当认真贯彻执行以外，合营期在 10 年以上的中外合营企业，可以从开始获利的年度起，第一年和第二年免征所得税，从第三年起减半征收所得税 3 年。已经开办的中外合资经营企业，按照原规定免税期未满的，可以延长免税期 1 年；减税期未满的，可以延长减税期 1 年。对于农业、林业等利润较低的中外合资经营企业和在经济不发达的边远地区开办的中外合资经营企业，在头5年免征、减征所得税期满以后，还可以在以后的10年中继续减征所得税15%至30%。对中外合资经营企业征收的工商统一税，凡是税率高于国内企业工商税税率的，都可以按照国内企业工商税的税率征收。中外合资经营企业按照合同规定以投资（包括贷款投资）进口的机器设备、零部件、其他必要物资和用追加投资进口国内不能保证供应的机器设备，一律免征关税和进口环节工商统一税。中外合资经营企业生产的出口产品，除了国家经济委员会和对外经济贸易部列出的应当限制出口的商品以外，都可以免征关税和工商统一税。中外合资经营企业生产的内销产品，在开办初期纳税有困难的，可以申请定期减征、免征工商统一税。利用外国政府中低利贷款进口的设备、材料，一律免征关税和进口环节工商税。

指示中还要求抓紧同有关国家谈判签订避免双重征税协定，以利于外商向中国投资和提供技术。

为了适应对外开放的新形势，中国在此期间采取了减征、免征工商统一税、关税、企业所得税和个人所得税，实施区域性的税收优惠政策，积极同有关国家谈判签订关于避免对所得双重征税和防止偷漏税的协定，鼓励华侨和香港、澳门、台湾同胞在内地投资等一系列重要措施，并始终坚持在利用外资中严格执行国家税法的原则。

1. 减免工商统一税和关税。1983年6月2日，根据同年3月16日国务院批转的《国家经济委员会、对外经济贸易部关于进一步办好中外合资经营企业的报告》，财政部发出《关于对中外合资经营企业、合作生产经营企业和外商独资企业征收工商统一税问题的通知》。通知中重申：外国公司、企业和其他经济组织同中国公司、企业合资经营企业、合作生产经营企业和独资开办企业，在中国境内从事工业生产、农产品采购、外货进口、商业零售、交通运输和服务性业务，都应当按照规定缴纳工商统一税。同时规定，为了适当放宽政策，鼓励投资，上述企业缴纳工商统一税的税率，凡是高于工商税现行税率的，可以采用减税的办法，减低到与工商税现行税率相同的水平征税。

1984年1月21日，财政部发出《关于对合营企业、合作生产企业生产的出口产品征免工商统一税问题的通知》。通知中规定：中外合资经营企业、中外合作生产经营企业生产的出口产品，凡是国家没有列入实行出口许可证商品一览表的，除了另有规定者以外，都可以免征工商统一税。按照规定应当征收工商统一税，需要减税、免税的，应当由企业报财政部批准。

同年1月31日、4月30日，海关总署、财政部和对外经济贸易部先后联合发布《关于中外合作经营企业进出口货物的监管和征免税规定》和《关于中外合资经营企业进出口货物的监管和征免税规定》，分别自2月1日和5月1日起执行。

上述第一个文件中规定：

（1）中外合作经营企业按照批准的合同作为外商投资或追加投资进口的物资，按照下列法规征免税：中外合作为开采海洋石油进口直接用于勘探、开发作业的机器、设备、备件和材料，为制造开采作业用的机器、设备所需进口的零部件和材料，可以按照国务院批准的《关于中外合作开采海洋石油进出口货物征免关税和工商统一税的规定》免征进口关税和工商统一税。凡属能源开发，铁路、公路和港口的基本建设，工业，农业，林业，牧业，养殖业，深海渔业捕捞，科学研究，教育和医疗卫生方面的中外合作经营企业，按照合同法规进口先进的、国内不能供应的机器设备以及建厂（场）和安装、加固机器设备所需材料，可以免征进口关税和工商统一税。中外合作建造的旅游旅馆进口的建筑材料、建馆的附属设备、作为建筑工程一部分的室内电器设备和其他必需用品，可以按照经国务院批准的《关于吸收侨资、外资建设旅游旅馆进口物资征免税的规定》免征、减征进口关税和工商统一税。

（2）中外合作经营企业专为加工外销产品而从国外进口的原材料、元器件、零部件、辅料和包装物料，可以免征进口关税和工商统一税。

上述第二个文件中规定：

（1）合资经营企业进口下列货物，可以免征进口关税和工商统一税：按照合同规定作为外国合营者出资的机器设备、零部件和其他物料，合资经营企业以投资总额以内的资金进口的机器设备、零部件和其他物料；合资经营企业以增加资本所进口的国内不能保证生产供应的机器设备、零部件和其他物料。

（2）合资经营企业专为加工外销产品而从国外进口原材料、元器件、零部件、辅料和包装物料，可以免征进口关税和工商统一税。

（3）合资经营企业出口属于应征出口关税的产品，除了国家限制出口的品种以外，都可以免征出口关税。

1985 年 4 月 29 日，财政部发出《关于对中外合资经营企业、合作生产、合作经营企业和客商独立经营企业征收工商统一税问题的通知》。通知中规定：国营企业“利改税”以后，中外合资经营企业，中外合作生产、合作经营企业和客商独立经营企业及其设立的机构，仍然应当按照工商统一税条例（草案）规定的税率纳税。在接到本通知以前已经按照上述 1983 年财政部通知减低税率征税的企业，可以暂不变动。此后，财政、税务部门陆续作出了一些减征、免征工商统一税的规定。

1986 年 7 月 30 日，财政部发出《关于对中外合资经营企业、合作经营企业和外商独资经营企业生产的出口产品征免工商统一税问题的通知》。通知中规定：自 8 月 1 日起，中外合资经营企业、中外合作经营企业和外商独资经营企业生产的出口产品，除了原油、成品油等产品和国家另有规定者以外，一律免征工商统一税。

2. 减免企业所得税

1983 年 1 月 7 日，财政部发布《关于外商从我国所得的利息有关减免所得税的暂行规定》，自同年 1 月 1 日起执行，其中规定：

（1）外国公司、企业和其他经济组织，在 1983—1985 年期间同中国公司、企业签订信贷合同或者贸易合同，提供贷款、垫付款和延期付款所取得的利息，在合同有效期以内可以减按 10% 的税率缴纳所得税。

（2）除外国企业所得税法及其施行细则中已经规定免税的项目以外，下列各项利息所得也可以暂免缴纳所得税：外国银行按照国际银行同业间拆放利率贷给中国国家银行的贷款利息所得（经国务院或者国务院授权单位批准对外经营外汇业务的信托投资公司可以比照此项规定办理）；外国银行按照不高于银行间拆放利率贷给中国海洋石油总公司的贷款利息所得；中国公司、企业和事业单位购进技术、设备和商品，由对方国家银行提供卖方信贷，中方按照不高于其买方信贷利率延期付款所付给卖方转收的利息；外国银行和个人在中国国家银行存款，存款利率低于存款银行或者存款人所在国存款利率的利息；向中国公司、企业提供设备和技术，由中方用产品返销、交付产品等供货方式偿还价款的本息，或者用来料加工装配工缴费抵付价款的本息。

（3）外国租赁公司，在1983—1985年期间以租赁贸易方式提供给中国公司、企业的设备物件，其取得的扣除设备价款以后的租赁费，在所签合同有效期以内可以减按10%的税率缴纳所得税。租赁费中包含的利息，可以按照规定扣除。用产品返销或者交付产品等供货方式取得的租赁费，可以免缴所得税。

（4）经过批准在中国境内设有常驻代表机构的外国银行，由常驻代表机构直接同中国公司、企业签订合同提供贷款取得的利息，可以扣除有关的成本、费用。为了便于计算，可以暂按利息收入的15%作为应纳税所得，并按照外国企业所得税法规定的五级超额累进税率缴纳企业所得税，另按应纳税所得缴纳10%的地方所得税。

1986年和1990年，财政部、国家税务局先后发出文件，分别将上述文件规定的有关税收优惠的期限延长到1990年年底和1995年年底。

为了进一步鼓励中外合资经营企业的发展，1983年9月2日，第六届全国人民代表大会常务委员会第二次会议通过《关于修改〈中华人民共和国中外合资经营企业所得税法〉的决定》。决定将中外合资经营企业所得税的免税、减税期限由从开始获利的年度起，第一年免征所得税，第二年和第三年减半征收所得税，改为从开始获利的年度起，第一年和第二年免征所得税，第三年至第五年减半征收所得税。

1985年9月30日，国务院发布《关于中外合资建设港口码头优惠待遇的暂行规定》，即日起施行，其中规定：

（1）经合营企业申请，当地税务机关审核，财政部批准，企业可以采取固定资产加速折旧的办法回收投资。

（2）合营企业以投资总额以内的资金进口建设码头必需的原材料、装卸设备、运输工具和其他生产设施，可以免征进口关税和工商统一税。

（3）合营企业按照15%的税率缴纳企业所得税。新办的合营企业，合营期在15年以上的，经企业所在地的省级税务机关批准，可以从开始获利的年度起，第一年至第五年免征企业所得税，第六年至第十年减半征收企业所得税。合营企业按照上述规定免税、减税期满以后，纳税仍然有困难的，经财政部批准，可以适当延长免税、减税的年限。对合营企业征收的地方所得税，需要减征、免征的，由合营企业所在地的省级人民政府决定。合营企业的外国合营者将从企业分得的利润汇出境外，可以免征所得税。

（4）合营企业的外国合营者将从企业分得的利润再投资合营建设新的泊位、码头，期限不少于5年的，经税务机关批准，可以退还再投资部分已经缴纳企业所得税的40%。

（5）香港、澳门地区的公司、企业和个人投资兴办合营企业建设港口码头的，可以比照上述规定办理。

1986年10月11日，国务院发布《关于鼓励外商投资的规定》，即日起施行，其中规定：

（1）产品出口企业和先进技术企业的外国投资者将其从企业分得的利润汇出境外时，可以免征汇出额的所得税。

（2）产品出口企业按照国家规定免征、减征企业所得税期满以后，凡是当年企业出口产品产值达到企业产品产值70%以上的，可以按照现行税率减半征收企业所得税。

（3）先进技术企业按照国家规定免征、减征企业所得税期满以后，可以延长3年减半征收企业所得税。

(4) 外国投资者将其从企业分得的利润在中国境内再投资举办、扩建产品出口企业或者先进技术企业，经营期不少于5年的，经税务机关批准，可以全部退还再投资部分已经缴纳的企业所得税。

1987年1月23日，财政部据此发布有关税收措施的实施办法。

3. 减征个人所得税。1987年8月8日，国务院发布《关于对来华工作的外籍人员工资、薪金所得减征个人所得税的暂行规定》，自同年8月1日起施行。这个文件中规定：在中国境内设立的中外合资经营企业、中外合作经营企业和外资企业中工作的外籍人员，其他来华工作的外籍人员，取得的工资、薪金所得，可以减半征收个人所得税。

4. 经济特区和沿海地区的税收优惠。根据1984年5月4日中共中央、国务院发出的《关于批转〈沿海部分城市座谈会纪要〉的通知》和第六届全国人民代表大会第二次会议通过的《政府工作报告》中关于涉外税收的要求，1984年11月15日，国务院发布《关于经济特区和沿海14个港口城市减征、免征企业所得税和工商统一税的暂行规定》。这个文件中规定：在深圳、珠海、厦门和汕头4个经济特区内开办的中外合资经营企业、中外合作经营企业和外商独立经营企业（以下统称特区企业），可以享受下列税收优惠：

(1) 特区企业取得的生产、经营所得和其他所得，可以减按15%的税率征收企业所得税，并可以按照规定定期免税、减税。

(2) 对特区企业征收的地方所得税，需要减税、免税的，由特区人民政府决定。

(3) 特区中外合资经营企业的客商将从企业分得的利润汇出境外，可以免征所得税。

(4) 客商没有在中国境内设立机构而有来源于特区的股息、利息、租金、特许权使用费和其他所得，除了依法免征所得税的以外，都可以减按10%的税率征收所得税。其中，提供资金、设备的条件优惠，转让的技术先进，需要给予更多减税、免税的，可以由特区人民政府决定。

(5) 特区企业进口的货物，应当征收工商统一税的，在特区管理线建成以前，属于生产必需的机器设备、原材料、零配件、交通工具和其他生产资料，可以免征工商统一税；进口各种矿物油、烟、酒和其他生活用品，可以按照法定税率减半征收工商统一税。在特区管理线建成以后，进口各种矿物油、烟、酒和其他各种生活用品，可以继续减半征收工商统一税，其他进口货物都可以免征工商统一税。

(6) 特区企业生产的出口产品，除了国家限制出口或者另有规定的少数产品以外，都可以免征工商统一税。

(7) 特区企业生产的产品，在本特区内销售的，各种矿物油、烟和酒等可以按照规定税率减半征收工商统一税。特区人民政府也可以自行确定对少数产品照征或者减征工商统一税，其他产品都不再征收工商统一税。

(8) 特区企业将减征、免征工商统一税的进口货物或者在特区生产的产品运往内地，应当在进入内地时依法补征工商统一税。

(9) 特区企业从事商业、交通运输业和服务性业务取得的收入，应当按照法定税率征收工商统一税；从事金融、保险业取得的收入，可以按照3%的税率征收工商统一税。上述企业在开办初期需要定期减征、免征工商统一税的，可以由特区人民政府决定。

(10) 在广东省海南行政区开办的中外合资经营企业、中外合作经营企业和客商独立经营企业，其企业所得税和工商统一税的减税、免征，可以比照特区的有关规定办理。

在大连、秦皇岛、天津、烟台、青岛、连云港、南通、上海、宁波、温州、福州、广州、湛江和北海沿海14个港口城市的经济技术开发区（以下简称开发区）内开办的中外合资经营、中外合作经营、客商独立经营的生产性企业（以下统称开发区企业），可以享受以下税收优惠：

（1）开发区企业取得的生产、经营所得和其他所得，可以减按15%的税率征收企业所得税。

（2）开发区企业的地方所得税，开发区中外合资经营企业的客商将分得的利润汇出境外，客商没有在中国境内设立机构而有来源于开发区的股息、利息、租金、特许权使用费和其他所得，其税收优惠同特区企业。

（3）开发区企业进口自用的建筑材料、生产设备、原材料、零配件、元器件、交通工具和办公用品，可以免征工商统一税。开发区企业用进口的免税原材料、零配件和元器件加工的产品转为内销的，对其所用的进口料、件补征工商统一税。

（4）开发区企业生产的出口产品，除了国家限制出口的以外，都可以免征工商统一税；内销产品照章征税。

在沿海14个港口城市的老市区和汕头、珠海、厦门市市区（以下统称老市区）内开办的中外合资经营、中外合作经营和客商独立经营的生产性企业（以下统称老市区企业），可以享受下列税收优惠：

（1）老市区企业，凡属技术密集、知识密集型的项目，客商投资在3000万美元以上、投资回收期长的项目，属于能源、交通和港口建设的项目，经财政部批准，可以减按15%的税率征收企业所得税。对于不具备上述条件，但是属于下列行业的老市区企业，经财政部批准，可以按照法定税率打八折征收企业所得税：机械制造、电子工业、冶金、化学、建材工业、轻工、纺织、包装工业、医疗器械、制药工业、农业、林业、牧业、养殖业及其加工工业、建筑业。

（2）老市区企业的地方所得税，客商没有在中国境内设立机构而有来源于老市区的股息、利息、租金、特许权使用费和其他所得，老市区企业生产的出口产品，其税收优惠同开发区企业。

（3）老市区企业作为投资进口、追加投资进口的本企业生产用设备、营业用设备、建筑用材料和企业自用的交通工具、办公用品，可以免征工商统一税。

（4）老市区企业进口的原材料、零配件、元器件和包装物料等，用于生产出口产品的部分可以免征工商统一税，用于生产内销产品的部分照章征税。

上述规定中有关所得税的减征、免征，自1984年度起施行；有关工商统一税的减征、免征，自1984年12月1日起施行。

1985年5月15日，财政部发布《关于对深圳经济特区内资企业征税问题的暂行规定》，其中规定：

（1）特区内资企业生产并在本特区内销售的产品，各种矿物油、烟和酒，可以按照法定税率减半征收产品税：其他产品，可以由特区人民政府自行确定征收或者减征、免征产品税、增值税。

（2）特区内资企业进口的各种矿物油、烟和酒，可以按照税定税率减半征收产品税；

进口的其他产品，可以由特区人民政府确定征收或者免征产品税、增值税。

（3）特区内资企业出口的产品，除了国家限制出口、另有规定的少数产品以外，可以免征或者退还产品税、增值税。

（4）特区内资企业将减征、免征产品税、增值税的进口、生产的产品运往内地，应当依税缴纳或者补缴产品税、增值税。

（5）特区内资企业从事商业、物资供销、交通运输、建筑安装、金融保险、邮政电讯、公用事业、出版业、娱乐业、加工修理业和其他各种服务业取得的收入，应当按照税法的规定征收营业税。为了适应特区的情况，需要简化征收而调整税率、增加征税项目的，可以由特区人民政府确定。

（6）特区内资企业，不论经济性质和隶属关系，一律先按15%的比例税率就地缴纳所得税，税后利润分别按照下列规定处理：在特区经营的中央、省级和其他国营内地企业、内联企业税后分得的利润，按照隶属关系回原地连同本企业的利润一并计算缴纳所得税（可以扣除已经在特区缴纳的所得税）、调节税；特区所属的地方国营企业缴纳所得税以后的利润，由财政部门核定企业留利比例，剩余利润采取上缴利润或者征收调节税办法，可以由特区人民政府自行规定；在特区经营的集体企业缴纳所得税以后是否再征一道地方附加，可以由特区人民政府自行规定。

（7）特区内资企业归还各种借款，应当由企业用税后利润和自有资金归还。

（8）各种地方税的税率、税额的确定和调整，开征、停征的时间，可以由特区人民政府决定。

1988年3月23日，国务院发布《关于沿海地区发展外向型经济的若干补充规定》，这个文件中规定：沿海地区企业进料加工出口使用的原材料、零部件等，可以按照实际加工出口的数量免征进口关税和进口环节产品税、增值税；加工的产品出口，免征出口关税。

同年6月15日，财政部发布《关于沿海经济开放区鼓励外商投资减征、免征企业所得税和工商统一税的暂行规定》，其中规定：

（1）外商在沿海经济开放区投资开办的生产性企业（以下统称经济开放区企业），凡属技术密集、知识密集型项目，外商投资额在3000万美元以上、回收投资时间长的项目，属于能源、交通和港口建设的项目，经财政部批准，可以减按15%的税率征收企业所得税。对于不具备上述减征条件，但是属于下列行业（包括科研项目）的经济开放区企业，经财政部批准，可以按照法定税率打八折征收企业所得税：机械制造、电子工业，冶金、化学、建材工业，轻工、纺织、包装工业，医疗器械、制药工业，农业、林业、牧业、养殖业和这些行业的加工工业，建筑业。

（2）对经济开放区企业征收的地方所得税，需要给予减征、免征优惠的，可以由省级人民政府决定。

（3）外商在中国境内没有设立机构而有来源于经济开放区的股息、利息、租金、特许权使用费和其他所得，除了依法免征所得税的以外，都可以减按10%的税率征收所得税。其中提供资金、设备的条件优惠，转让的技术先进，需要给予更多减征、免征优惠的，可以由省级人民政府决定。

（4）经济开放区企业作为投资进口、追加投资进口的本企业生产用设备、营业用设备、建筑用材料和企业自用的交通工具、办公用品，可以免征工商统一税。

（5）经济开放区企业生产的出口产品，除了原油、成品油和国家另有规定的以外，都可以免征工商统一税。

（6）经济开放区企业进口的原材料、零配件、元器件和包装物料等，用于生产出口产品的部分，可以免征工商统一税。

（7）在经济开放区企业中工作、居住的外籍人员，携带进口自用的安家物品和自用的交通工具，凭省辖市及其以上人民政府的主管部门出具的证明文件，在合理数量以内可以免征工商统一税。

（8）为了在引进优良品种的同时利于中国的动植物检疫工作，广东、福建、浙江、江苏和山东5个省可以选择一两个海岛或者江心沙地举办试验农场，对引进的良种、良畜等进行试种、试养，从获利年度起5年以内可以豁免一切税收。

1990年9月7日，国务院批准财政部报送的《关于上海浦东新区鼓励外商投资减征、免征企业所得税和工商统一税的规定》，自10月1日起施行，其中规定：

（1）在浦东新区内开办的中外合资经营、中外合作经营和外商独资经营的生产性企业，从事生产、经营所得和其他所得，可以减按15%的税率征收企业所得税。其中，经营期在10年以上的，经税务机关批准，可以从开始获利的年度起第一年和第二年免征企业所得税，第三年至第五年减半征收企业所得税。

（2）产品出口企业按照国家规定减免企业所得税期满以后，凡当年企业出口产品的产值达到当年企业产品产值的70%以上的，可以减按10%的税率征收企业所得税。先进技术企业按照国家规定减免企业所得税期满以后，可以延长3年减按10%的税率征收企业所得税。

（3）从事机场、港口、铁路、公路和电站等能源、交通建设项目的外商投资企业，可以减按15%的税率征收企业所得税。其中，经营期在15年以上的，经税务机关批准，可以从开始获利的年度起，第一年至第五年免征企业所得税，第六年至第十年减半征收企业所得税。

（4）带项目在成片土地上从事基础设施建设的外商投资企业，经税务机关批准，可以按照上述生产性企业给予税收优惠待遇。

（5）外资银行、外资银行分行、中外合资银行和财务公司等金融机构，外国投资者投入资本或者分行由总行拨入营运资金超过1000万美元、经营期限在10年以上的，经税务机关批准，其经营业务所得可以减按15%的税率缴纳企业所得税，并可以从开始获利的年度起，第一年免征企业所得税，第二年和第三年减半征收企业所得税。

（6）外资银行、外资银行分行、中外合资银行和财务公司等金融机构从事贷款业务取得的收入，按照3%的税率征收工商统一税，从事其他金融业务取得的收入，按照5%的税率征收工商统一税。

（7）外国投资者将其从企业分得的利润再投资于本企业或者其他外商投资企业，或者举办新的外商投资企业，经营期不少于5年的，经税务机关批准，可以退还其再投资部分已经缴纳企业所得税的40%；再投资举办，扩建产品出口企业或者先进技术企业，经营期不少于5年的，可以退还其再投资部分已经缴纳的全部企业所得税。

（8）中外合资经营企业的外国投资者将从企业分得的利润汇出境外，可以免征汇出额的所得税。

(9) 外商没有在中国境内设立机构，取得来源于浦东新区的股息、利息、租金、特许权使用费和其他所得，除了依法免征所得税的以外，都可以减按10%的税率征收所得税。其中，提供资金、设备条件优惠，转让技术先进、需要给予更多的减征或者免征所得税的，可以由上海市人民政府决定。

(10) 外商投资企业生产的出口产品，除了原油、成品油和国家另外规定的产品以外，都可以免征工商统一税。

(11) 外商投资企业进口自用建筑材料、生产的管理设备及其零配件、交通工具、办公用品和生产用的原材料、辅助材料，可以免征工商统一税。

(12) 在浦东新区的企业中工作、居住的外籍人员携带进口自用的安家物品和交通工具，在合理数量以内可以免征工商统一税。

(13) 对外商投资企业征收的地方所得税和对其自建、购置的自用新建房屋征收的房产税，需要减税、免税的，可以由上海市人民政府决定。

1991年3月8日，国务院对海关总署、国家税务局等5个部门报送的《关于1990年到期的沿海开放城市和地区部分税收优惠政策拟予适当延长的请示》作出批复，其主要内容是：

(1) 沿海开放城市和开放地区技术改造项目所需进口设备的进口关税和产品税（增值税）优惠政策在1991年至1993年期间可以继续执行，但是国家产业政策限制发展的项目除外。

(2) 沿海开放地区所辖农村为发展出口农业进口的加工设备等，在1991—1993年期间可以继续免征进口关税和产品税、增值税，但是国内已经能够满足供应的设备除外。

(3) 在1991—1995年期间，经济技术开发区基础设施建设所需要的经审批同意进口的机器设备和其他基建物资，可以继续免征进口关税和产品税、增值税。

5. 长江、珠江三角洲和闽南厦漳泉三角地区的税收优惠。1985年2月18日，中共中央、国务院批转《长江、珠江三角洲和闽南厦漳泉三角地区座谈会纪要》，其中提出了下列税收的措施：

(1) 这些城市的市区、县的城关区和经省、直辖市人民政府批准的重点工业卫星镇，为进行现有企业技术改造，进口国内暂不能生产或者不能保证供应的关键设备，仪器仪表和其他必需器材；在这些市、县所辖农村，为安排发展出口农业产品加工项目所进口的种子、种苗、种畜、饲料和动植物保护药物，耕作、种植、养殖、农产品加工机具和其他必需的技术装备，在1990年以前，不论外汇来源，一律免征关税和进口产品税、增值税。

(2) 在这些城市的市区、县的城关区和经省、直辖市人民政府批准的重点工业卫星镇举办的中外合资经营企业、中外合作经营企业和外商独资经营企业，属于生产性项目和科研项目的，其企业所得税可以按照法定税率打八折征收，地方所得税是否减免可以由省、直辖市人民政府决定。在这些市、县所辖农村中的以发展出口为目标的，利用外商直接投资举办的农业、林业、牧业、养殖业和这些行业的加工工业项目，也可以按照以上规定征收企业所得税，并按照国家其他有关规定享受优惠待遇。利用外商直接投资举办的能源，交通，港口项目和技术、知识密集型项目，外商投资额在3000万美元以上、回收投资时间长的生产项目，经财政部批准，其企业所得税可以按照15%的税率征收，外商分得的合法利润汇出境外时可以免征汇出税。

（3）这些地区内的中外合资经营企业、中外合作经营企业和外商独资经营企业，外商作为投资进口的用于本企业生产和管理的设备、建筑器材，为生产出口产品进口的原材料、元器件、零部件和包装物料等，企业进口自用的交通工具、办公用品（限合理数量），投资的外商和国外技职人员进口安家物品和自用的交通工具（限合理数量），凭省、直辖市或者省辖市人民政府主管部门的证明文件，可以免征关税和进口产品税、增值税（此处所说的产品税、增值税似应为工商统一税——笔者注）。这类企业的产品出口（国家限制出口的产品除外）时，可以免征出口关税和生产环节工商统一税。

（4）为了发展沿海经济开放区出口商品的生产，中国银行对那些具有发展前途和创汇能力的项目，提供优惠的外汇贷款。使用上列外汇贷款的全民所有制企业，该项目新增收的利润可以先还贷，后缴企业所得税。

（5）为了在引进优良品种的同时利于中国的动植物检疫工作，广东、福建、浙江和江苏4个省可以选择一两个海岛或者江心沙地开辟为隔离区，举办试验农场，试种、试养引进的良种、良畜等，待确有把握以后推广。这类试种、试养项目属于科研性质，从获利年度起5年以内可以豁免一切税收。

6. 海南的税收优惠。1983年4月1日，中共中央、国务院批转《关于加快海南岛开发建设问题讨论纪要》，其中提出了下列税收措施：

（1）海南行政区内的中外合资经营企业、中外合作经营企业和外商独资企业，从获利年度起，第一年和第二年免征所得税，第三年起减按15%的税率征收所得税；企业投产以后3年之内缴纳工商统一税有困难的，授权海南行政区审批减免。外商没有在海南行政区设立机构取得的股息、利息、租金和特许权使用费，减按10%的税率征收所得税；从合营企业分得的利润汇往国外时，免征汇出利润的所得税。

（2）海南行政区内的全民所有制企业直接借用外资贷款项目和补偿贸易项目，实行"利改税"的企业，先还贷款再缴税。

（3）海南行政区根据需要进口工农业生产资料和使用地方留成外汇进口本地市场短缺的消费品，关税和工商统一税，生产资料5年以内免征；供应旅游、侨汇的商品按照海关的规定执行；国家控制进口的商品和烟、酒照征；其他商品试行减半征收。

（4）同外商合资、合资经营的旅游项目，进口建筑器材和营业用的设备、物品，免征关税。

1988年4月14日，国务院批转《关于海南岛进一步对外开放加快经济开发建设的座谈会纪要》，其中提出了有关税收的措施。5月3日，国务院发布《关于鼓励投资开发海南岛的规定》，即日起施行，其中规定：

（1）在海南岛举办的企业（国家银行和保险公司除外），从事生产、经营所得和其他所得，都可以按照15%的税率征收企业所得税，另按应纳税额附征10%的地方所得税。其中：从事港口、码头、机场、公路、铁路、电站、煤矿和水利等基础设施开发经营的企业和从事农业开发经营的企业，经营期限在15年以上的，可以从开始获利的年度起，第一年至第五年免征企业所得税，第六年至第十年减半征收企业所得税。从事工业、交通运输业等生产性行业的企业，经营期限在10年以上的，可以从开始获利的年度起，第一年和第二年免征企业所得税，第三年至第五年减半征收企业所得税；其中被海南省人民政府确认为先进技术企业的，第六年至第八年可以减半征收企业所得税。从事工业、农业等生产性行业的企业，在按照规定减免企业所得税期满以后，凡当年企业出口产品产值达到当年企业产品产值70%以上的，当年可以减按10%的税率征收企业所得税。从事服务性行业的企业，投资总额超过500万美元或者2000万元人民币，经营期限在10年以上的，可以从开始获利的年度起，第一年免征企业所得税，第二年和第三年减半征收企业所得税。

（2）对海南岛内的企业征收的地方所得税，需要减征、免征的，可以由海南省人民政府决定。

（3）境外投资者没有在海南岛设立机构，取得来源于海南岛的股息、利息、租金、特许权使用费和其他所得，除了依法免征所得税者以外，都可以减按10%的税率征收所得税。需要进一步减征、免征的，可以由海南省人民政府决定。

（4）海南岛内的企业进口本企业建设、生产所必需的机器设备、原材料、零配件、交通运输工具、其他物料和办公用品，可以免征关税、产品税和增值税。

（5）海南岛内的企业进口供岛内市场销售的货物，可以减半征收关税、产品税和增值税。

（6）海南岛内的企业生产的出口产品可以免征出口关税，除了原油、成品油和国家另有规定的少数产品以外，退还已经征收的产品税、增值税。

（7）海南岛内的企业生产的产品在岛内市场销售的，除了矿物油、烟、酒和海南省人民政府规定的其他少数产品减半征收产品税、增值税以外，其余可以免征产品税、增值税。含有进口料件的，按照规定免征或者补征进口料件的关税、产品税和增值税。

（8）境外投资者从在海南岛投资举办的企业获得的利润可以从企业的外汇存款账户自由汇往境外，免征汇出额的所得税。

（9）境外投资者将从海南岛内的企业获得的利润在境内再投资，期限不少于5年的，可以退还其再投资部分已经缴纳企业所得税的40%。如果投资用于海南岛内的基础设施建设和农业开发企业、产品出口企业和先进技术企业，可以全部退还其再投资部分已经缴纳的企业所得税。

（10）境内投资者从海南岛内的企业获得的利润，可以自由汇往境内其他地区。汇往境内其他地区的利润，从开始获利的年度起10年以内不再补征所得税。

同年7月13日，国家税务局就贯彻执行国务院上述规定中有关税收问题发出通知，其中作出了下列重要补充：

（1）在海南岛举办的企业，一律不准以税还款和用缴纳所得税前的利润偿还贷款。对原有企业经批准以税还贷、用税前利润偿还贷款的，可以继续执行到批准的期限期满为止。

（2）对海南岛内的企业按照商品和非商品流转额征收的税收，一律适用产品税、增值税和营业税等税收条例。

海南岛内原有的从事商业、服务业和交通运输业等行业的外商投资企业，在改征营业税以后如果营业税的税率高于原征收的工商统一税税率，可以维持原税负不变，直至经批准的经营期（不包括延长期）期满为止。

海南岛内的企业需要减征、免征营业税的，由海南省人民政府决定。

（3）海南岛内企业生产的出口产品，除了原油、成品油和国家另有规定的少数产品，应当照章征收产品税、增值税并且出口的时候不予退税以外，其余产品都应当于报关离境以后按照“征多少，退多少”的原则退还已经征收的产品税、增值税。

（4）海南省内的自筹建设投资，在1988—1995年期间可以免征建筑税。

7. 其他地区的税收优惠。1992年8月17日，国务院发出《关于试办国家旅游度假区有关问题的通知》，其中规定：

（1）在区内兴办的外商投资企业，其所得税减按24%的税率征收。其中，生产性外商投资企业，经营期在10年以上的，可以从获利的年度起，第一年和第二年免征企业所得税，第三年至第五年减半征收企业所得税。

（2）区内的外商投资企业在投资总额以内进口自用的建筑材料、生产经营设备、交通工具和办公用品；常驻的境外客商、技职人员进口的安家物品和自用交通工具，在合理数量范围以内可以免征进口关税和工商统一税。为生产出口旅游商品进口的原材料、零部件、元器件、配套件、辅料和包装物料，海关按照保税货物的有关规定办理。

（3）建设度假区基础设施所需进口的机器、设备和其他基建物资，可以免征进口关税和产品税、增值税。

（4）区内可以开办使用国产车的中外合资经营的旅游汽车公司。对其购置的国产车，在核定的数量以内，可以免征特别消费税。国内企业在区内开办的旅游汽车公司，可以比照上述规定执行。

同年11月10日，国家税务局根据国务院的上述通知发出《关于国家旅游度假区有关税收问题的通知》，规定上述企业所得税的减征、免征自1992年度起执行，工商统一税、产品税、增值税和特别消费税的减征、免征自1992年9月1日起执行。

1992年9月18日，根据国务院关于对外开放乌鲁木齐、南宁、昆明、哈尔滨、长春、呼和浩特、石家庄、太原、合肥、南昌、郑州、长沙、成都、贵阳、西安、兰州、西宁和银川18个边境、沿海和内陆地区省会（首府）城市，重庆、岳阳、武汉、九江和芜湖5个长江沿岸城市，实行沿海开放城市政策的决定，国家税务局发出《关于进一步对外开放的边境、沿海和内陆省会城市、沿江城市有关涉外税收政策问题的通知》，其中规定：

（1）在乌鲁木齐等18个边境、沿海、内陆地区省会（首府）城市和重庆等5个长江沿岸城市市区投资兴办的外商投资企业（以下简称市区企业），凡属生产性的，可以减按24%的税率征收企业所得税。但是从事下列项目的生产性外商投资企业，经国家税务局批准，可以减按15%税率征收企业所得税：技术密集、知识密集型的项目，外商投资额在3000万美元以上、回收投资时间长的项目，能源、交通和港口建设的项目。

（2）对市区企业征收的地方所得税，需要减税、免税的，可以由市人民政府决定。

（3）外商没有在中国境内设立机构，取得来源于开放城市市区的股息、利息、租金、特许权使用费和其他所得，除了免征所得税的以外，都可以减按10%的税率征收所得税。其中提供的资金、设备条件优惠，转让的技术先进，需要给予更多减税、免税的，可以由市人民政府决定。

（4）市区企业作为投资进口、追加投资进口的本企业生产用设备、营业用设备、建筑用材料，企业自用的交通工具和办公用品，可以免征工商统一税。

（5）市区企业生产的出口产品，除了原油、成品油和国家另有规定的以外，都可以免征工商统一税。

（6）市区企业进口的原材料、零配件、元器件和包装物料等，用于生产出口产品的部分，可以免征工商统一税。

（7）在市区企业中工作、居住的外国人，携带进口自用的安家物品和交通工具，凭市人民政府主管部门的证明文件，在合理数量以内可以免征工商统一税。

上述企业所得税的减征、免征自1992年度起执行，股息、利息、租金、特许权使用费所得税和工商统一税的减征、免征自1992年9月1日起执行。

1992年10月5日，根据同年国务院发出的《关于进一步对外开放黑河等4个边境城市的通知》、《关于新疆维吾尔自治区进一步扩大对外开放问题的批复》和《关于进一步对外开放南宁、昆明市及凭祥等5个边境城镇的通知》，国家税务局发出《关于明确黑河等12个边境城市执行外商投资企业税收政策问题的通知》，规定在黑龙江省黑河市、绥芬河市，吉林省浑春市，内蒙古自治区满洲里市，新疆维吾尔自治区伊宁市、博乐市、塔城市，广西壮族自治区凭祥市、东兴镇，云南省碗町市、瑞丽县、河口县12个边境城市（县、镇）设立的生产性外商投资企业，可以减按24%的税率缴纳企业所得税。

8. 签订国际税收协定。随着中国吸引外资、引进先进技术的规模不断扩大，对外经济技术合作不断发展，中国涉外税制的逐步建立和完善，为了协调中国政府与外国政府之间的税收管辖权，从法律上避免或者消除国际间的重复征税，中国政府从20世纪80年代初期开始同有关国家政府通过谈判签订关于避免对所得双重征税和防止偷漏税的协定（以下简称避免双重征税协定）。

1983年9月3日中共中央、国务院发出的《关于加强利用外资工作的指示》中提出：要抓紧同有关国家谈判签订避免双重征税协定，以利于外商向中国投资和提供技术。

同年9月6日，中国政府与日本政府签订关于避免对所得双重征税的协定，这是中国政府对外谈判和签订的第一个关于避免对所得双重征税的协定。

到1993年年底，中国政府已经先后同日本、美国、法国、英国、比利时、原联邦德国、马来西亚、挪威、丹麦、新加坡、芬兰、加拿大、瑞典、新西兰、泰国、意大利、荷兰、原民主德国、原捷克斯洛伐克、波兰、澳大利亚、原南斯拉夫、保加利亚、巴基斯坦、科威特、瑞士、原苏联、塞浦路斯、西班牙、罗马尼亚、奥地利、巴西、蒙古、匈牙利、马耳他和阿拉伯联合酋长国等36个国家签订了关于避免对所得双重征税的协定（1990年德国统一以后，中国与前联邦德国签订的协定继续适用于统一以后的德国；1993年原捷克斯洛伐克分解为捷克、斯洛伐克两个国家以后，中国与前捷克斯洛伐克签订的协定继续适用于捷克、斯洛伐克两个国家）。

此外，中国政府通过与外国政府签订海洋运输协定，空中运输协定，政府贸易协定，互免国际运输收入有关税收的专门协定，互免海运、空运税收换文，避免双重征税协定等形式，解决了与中国有陆、海、空运输国际业务联系的国家之间有关国际运输收入税收和办事处个人税收的问题。

9. 鼓励华侨和香港、澳门、台湾同胞投资内地。1985年4月2日，国务院发布《关于华侨投资优惠的暂行规定》，即日起施行。这个文件中规定：华侨在经济特区和经济技术开发区以外投资举办的企业，除了按照中国有关法律、法规执行以外，还可以享受以下税收优惠：

（1）可以从开始获利的年度起3年免征所得税，从第四年起4年减半征收所得税。上述减税、免税期满以后的年度，其所得税税率可以按照中国现行税率减征20%。

（2）属于国家急需的、缺门短线项目，知识密集、技术密集型工业，开发性项目，在边远地区兴办的企业，在规定的减税、免税期满以后，可以减按15%的税率征收所得税。

（3）华侨投资者从企业分得的税后利润汇出境外的时候，可以免征所得税。上述利润继续在国内投资，期限在5年以上的，经过税务机关审查批准，可以退还已经缴纳企业所得税的50%。

（4）经省级税务机关批准，可以实行固定资产快速折旧。

（5）企业在其投资（包括增资）额度以内进口企业需要的先进设备和建厂（场）所需材料的关税、工商统一税，可以按照有关规定给予优惠。

香港、澳门、台湾同胞在内地的各种形式的投资，可以按照上述规定执行。

1987年5月25日，为了促进中国大陆与台湾地区的通邮、通商和通航（以下简称“三通”），财政部发出《关于对“三通”船舶免征工商统一税和外国企业所得税的通知》。

1988年7月3日，国务院发布《关于鼓励台湾同胞投资的规定》。这个文件中规定：台湾投资者举办的拥有全部资本的企业、合资经营企业和合作经营企业，分别参照中国的外资企业法、中外合资经营企业法和中外合作经营企业法，并享受相应的外商投资企业待遇。

1990年8月19日，国务院发布《关于鼓励华侨和香港、澳门同胞投资的规定》。这个文件中规定：华侨和香港、澳门投资者在内地投资举办拥有全部资本的企业、合资经营企业和合作经营企业，在内地进行其他形式的投资，以及没有在内地设立营业机构而有来源于境内的股息、利息、租金、特许权使用费和其他所得，可以参照执行中国有关涉外经济法律、法规的规定，享受相应的外商投资企业待遇。

10. 在利用外资中严格执行国家税法。1988年9月3日，国家税务局发出《关于认真贯彻国务院通知精神在利用外资工作中严格执行国家税法的通知》。通知中说：最近，国务院在关于利用外资工作中严格执行国家税法的通知中指出，今年以来，有些地方超越权限，未经批准擅自决定建立或者扩大经济技术开发区、对外经济开放区和对外出口加工区等，并给予减免国家统一管理的税收等优惠，对此，必须坚决予以纠正。

国务院指出：为了鼓励外商直接投资，引导外资投向，国家已经制定了一系列的税收优惠政策。当前各地的工作主要是贯彻落实好这些政策，不能擅自开新的口子。要把改善外商投资环境的重点，放在简化办事等程序，提高工作效率，提供优质服务上，而不是放在减税让利上。

国务院规定：凡属于国家统一管理的企业所得税、工商统一税（产品税、增值税、营业税）和关税的计征与减免，各地要严格执行国家的税法和有关规定，不得越权自行规定减免办法。如个别项目需要在国家现行规定之外予以特殊优惠的，必须报经国务院主管部门批准。凡未经批准自行越权制定的办法一律无效。各地要对本地已经公布的有关办法开展一次检查，不符合国家规定的要立即改正过来。未经国务院批准，各地一律不得自行批准建立和扩大经济技术开发区、对外经济开放区和对外出口加工区，不得自行决定实行经济技术开发区和沿海经济开放区的政策。国务院批准举办的经济技术开发区享受的优惠政策，也不得延伸到区外实行。

国家税务局指出：国务院的上述通知是当前加强涉外税收法制的一项重要措施，对于坚持和维护税收法律规定的统一性和严肃性具有重要意义。各地都要认真领会，采取有力措施，切实贯彻执行。今后，凡是有超越权限擅自决定减税、免税的，当地税务机关都要严格把关，有权抵制执行，并将情况及时上报。

1992年8月10日，针对近一个时期有些地方制定的一些优惠政策超越了权限，违反了国家涉外税收法律、行政法规的有关规定，为严肃国家涉外税收法律、法规，正确贯彻实施对外开放的方针政策，更好地推动对外开放的健康发展，国务院办公厅发出《关于严格执行国家涉外税收法律、行政法规的通知》，其中规定：

（1）要严格遵守和正确施行国家涉外税收法律、行政法规，坚持“税法统一，税权集中”的原则。各地区、各部门要增强法制观念，严格执行国家涉外税收法律、行政法规，自觉维护涉外税法的统一性、严肃性，不得超越税法规定，自定优惠政策。

（2）要认真贯彻落实国家规定的各项税收优惠政策，建立良好的涉外税收秩序。现行涉外税法充分体现了维护国家权益，服务于对外开放，尊重国际税收惯例的原则，优惠已经不少，各级人民政府和各部门在扩大对外开放、加快经济发展中，关键是要把现行规定的各项税收优惠政策落到实处。要在解放思想，转变观念，深化改革，努力提高经济效益上下工夫，而不要在减税让利方面做文章。要大力加强涉外税收征管工作，采取有效措施，防止和遏制偷税、漏税。

（3）要做好涉外税收的宣传工作。目前一些地区把自行规定的不适当的税收优惠政策通过新闻媒介宣传报道，已经引起外界的种种疑虑和猜测，产生了不良影响。今后，各新闻宣传单位在宣传报道涉及涉外税收政策时，应当以现行涉外税收法律、行政法规为准，对任何超越权限自定的涉外税收优惠政策，都不得宣传报道。

（4）要认真研究扩大对外开放中出现的新情况、新问题。对需要调整的政策，各地应当逐级报告，由国务院统一规定，对外公布，以进一步完善涉外税收法规，适应改革开放新形势的需要。

同年8月26日，国家税务局就贯彻国务院办公厅的上述通知发出通知，提出具体要求。

同年12月6日，国务院发出《关于进一步加强外商投资管理工作若干问题的通知》。通知中规定：各级经贸管理部门要会同工商行政管理部门和税务部门，加强对外商投资企业合同执行情况和经营的管理，尤其是对出资和纳税情况要加强监督和检查，防止外商转移利润和逃漏税款。

从1983年到1993年的11年中，随着经济的发展和改革的深入，中国的税制进行了全面的改革，取得了明显的成效，初步建成了一套适应有计划的社会主义商品经济的要求的，内外有别的，以货物和劳务税、所得税为主体，财产税和其他税收相配合的新税制体系。这个体系由4类税收、37个税种组成：

1. 货物和劳务税。包括产品税、增值税、盐税、特别消费税、烧油特别税、营业税、工商统一税和关税8种税。

2. 所得税。包括国营企业所得税、国营企业调节税、集体企业所得税、私营企业所得税、外商投资企业和外国企业所得税、个人所得税、城乡个体工商业户所得税、个人收入调节税、国营企业奖金税、集体企业奖金税、事业单位奖金税、国营企业工资调节税12种税。

3. 财产税。包括房产税、城市房地产税、城镇土地使用税、耕地占用税、契税、资源税、车船使用税、车船使用牌照税8种税。

4. 其他税收。包括印花税、城市维护建设税、固定资产投资方向调节税、屠宰税、筵席税、牲畜交易税、集市交易税、农业税和牧业税9种税。

11年税制改革的成效主要表现在以下5个方面：

第一，重新建立了多种税、多环节征收的复合税制体系，初步适应了中国改革开放以后多种经济成分、多种经营方式、多种流通渠道、多种分配方式并存的经济状况，税收已经深入到社会再生产的绝大部分环节，可以对社会生产和生活进行较为广泛的、有效的调节。

第二，通过推行“利改税”，建立了国营企业所得税制度，突破30多年来国营企业只能向国家上缴利润而不能缴纳所得税的禁区，促使国营企业向着独立的商品生产者和经营者的方向迈出了重要的一步，配合了国营企业的改革。

第三，货物和劳务税发挥了重要的经济杠杆作用。实行增值税，有利于避免商品流通环节中重复征税，促进专业化协作生产。调整税目、税率，有利于适当地调节企业的利润水平，在一定程度上缓解某些由于价格不合理而引起的矛盾。

第四，地方税得到恢复和加强，不仅有利于加强地方财政，也有利于国家税收制度的完善和加强中央财政。

第五，税收的职能作用得到了较为充分的发挥：税收收入逐年持续快速增长，宏观调控能力明显增强，对于贯彻国家的经济政策，调节生产、分配和消费，起到了积极的促进作用，同时成为国家监督和引导微观经济活动的有力手段。

总之，这套税制的建立，从理论上、实践上突破了长期以来封闭型税制的约束，转向开放型税制；突破了统收统支的财力分配的关系，重新确立了国家与企业的分配关系；突破了以往税制改革片面强调简化税制的框子，注重多环节、多层次和多方面地发挥税收的经济杠杆作用，复合税制逐步完善。这些突破使中国的税制建设开始进入健康发展的新轨道，与国家经济体制、财政体制改革的总体进程协调一致，并为下一步的税制改革打下了良好的基础。

同时，由于各种因素的制约，这一时期的税制改革也难免存在一些不足：一是由于所有制改革的理论与实践不足，所以在税制、特别是所得税制度设计上对于不同所有制的纳税人给予不同的待遇，非公有制的纳税人负担偏重；二是国家与国营企业分配关系改革的理论与实践不足，税收、利润概念不清，因而了提出“以税挤利”、“以税代利”之类的主张，制定了很高的企业所得税税率，并对部分大中型企业缴纳企业所得税以后的利润加征调节税；三是为了保证财政收入，许多税种、特别是各种所得税的税率定得很高，税基比较严，法定税负很重，在执行中不得不采取大量减税、免税措施以缓解矛盾；四是存在一些过分夸大税收职能作用的倾向，试图通过税收解决一些税收无法解决或者很难解决的问题，如控制固定资产投资，限制奖金发放，减少大吃大喝等等。

1993年，中国的国内生产总值为35333.9亿元，比1983年（国营企业“利改税”的第一年）增长4.9倍，年平均增长率为19.5%（均按照现价计算，下同）；全社会固定资产投资额为13072.3亿元，比1983年的增长8.1倍，年平均增长率为24.8%；全社会消费品零售总额为14270.4亿元，比1983年增长5倍，年平均增长率为17.5%；货物进出口总额为1957亿美元，比1983年增长3.5倍，年平均增长率为16.2%；年末国家外汇储备额为212亿美元，比1983年年末增长1.4倍；外商直接投资额为275.2亿美元，比1983年增长42倍；城镇居民家庭人均可支配收入为2577.4元，比1983年增长3.6倍，年平均增长率为16.4%；农村居民家庭人均纯收入为921.6元，比1983年增长2倍，年平均增长率为11.5%；年末城乡居民人民币储蓄存款余额为15203.5亿元，比1983年年末增长16倍，年平均增长率为32.8%；税收收入为4255.3亿元，比1983年增长2.6倍，年平均增长率为

13.6%；税收收入占财政收入的比重上升到97.8%，比1982年（国营企业“利改税”的前一年）提高40.1个百分点，比1983年提高10.9个百分点；税收收入占国内生产总值的比重下降到12.0%，比1982年降低1.1个百分点，比1983年降低7.9个百分点；中央税收收入占全国税收收入的比重仅为20.8%。

从税制结构方面来看，由于国营企业“利改税”的推行、非国有经济的发展和对个人所得征税工作的加强，所得税收入一度大幅度增长，所得税收入占全国税收收入的比重随之大幅度上升，随后逐年下降，货物和劳务税收入占全国税收收入的比重则先降后升。1993年的各类税收收入情况如下：

1. 货物和劳务税收入为3054.9亿元，比1982年增长3.9倍，比1983年增长3.5倍；此类税收占全国税收收入的71.4%，比1982年降低17.0个百分点，但是比1983年提高14.4个百分点。

2. 所得税收入为756.7亿元，比1982年增长14.6倍，比1983年增长59.9%；此类税收占全国税收收入的17.5%，比1982年提高10.6个百分点，但是比1983年降低22.3个百分点。

3. 财产税收入为150.7亿元，占全国税收收入的3.4%，比1982年提高3.3个百分点。

此外，1993年的农业税、牧业税收入为90.2亿元，比1982年增长2.1倍，比1983年增长1.8倍；此类税收占全国税收收入的比重下降到2.1%，比1982年降低2.1个百分点，比1983年降低0.7个百分点。

# 第五章
# 1994年税制改革——建立社会主义市场经济体制的重大举措（1994—2000年）

经过10年的酝酿和准备，中国于1994年成功地实行了从1949年以来最大的一次税制改革，初步建立了适应社会主义市场经济体制需要的税制框架，有力地促进了改革开放和经济发展。

## 一、深化税制改革的初步探索

中国从1984年实行国营企业“利改税”第二步改革和工商税制的全面改革以后，就开始酝酿进一步改革和完善税制。这项工作随着中国经济体制改革的深入而逐步开展，并日益显示出其重要性，中共中央、国务院和全国人民代表大会对此都很重视。

1984年10月20日，中国共产党第十二届中央委员会第三次全体会议通过《中共中央关于经济体制改革的决定》。决定中提出：“要进一步完善税收制度。”“越是搞活经济，越要重视宏观调节，越要善于在及时掌握经济动态的基础上综合运用价格、税收、信贷等经济杠杆，以利于调节社会供应总量和需求量、积累和消费等重大比例关系，调节财力、物力、人力的流向，调节产业结构和生产力的布局，调节市场供求，调节对外经济往来等等。我们过去习惯于用行政手段推动经济运行，而长期忽视运用经济杠杆进行调节。学会运用经济杠杆，并且把领导经济工作的重点放到这一方面来，应该成为各级经济部门特别是综合经济部门的重要任务。”

1985年4月5日，国务院总理赵紫阳在国务院常务会议上的讲话中充分肯定了国营企业“利改税”第一步、第二步改革取得的成绩，同时指出上述改革还不够彻底，要准备实施“利改税”的第三步改革。

同年7月23日，财政部税务总局局长金鑫在全国税务工作会议上的讲话中，在充分肯定国营企业“利改税”第二步改革和工商税制改革取得的成效的同时指出，上述改革无论在深度上还是在广度上都还不够完善。新建立的税种许多还是试行条例，需要在实践的基础上总结完善，完成立法。有的税种还有一个按对象分立税种逐步过渡到统一设立税种的过程等等。特别是中共十二届三中全会通过的关于经济体制改革的决定给税制建设提出了更高的要求，而现行税制与这些要求还不完全适应。因此，必须继续努力，争取早日建立一套更加完善、更加适应中国经济体制改革要求的社会主义税制体系。

同年9月23日，中国共产党全国代表会议通过《中共中央关于制定国民经济和社会发展第七个五年计划的建议》。建议中提出："必须改革和完善财政税收体制。正确发挥财政政策的作用，保证国家有稳定而充足的财政收入，同时做到公平税负和鼓励竞争，以促进效益的提高和经济的稳定发展。要通过调整财政收支总规模和收支结构，正确调节和控制社会需求的总量和结构，实现财政收支平衡。我国的税收制度经过前几年的改革已初步进入新的轨道，今后要在这个基础上进一步完善，合理设置税种和调整税率，引导各类产业、事业发展符合扬长避短的原则和适应社会的需求，合理调节国家、集体和个人收入的分配。要逐步地适当提高全民所有制企业的税后留利水平，增强企业自我改造和自我发展的能力。要按税种划分中央税、地方税、中央地方共享税，同时明确划分中央、地方的财政支出范围，做好财政的分级管理。"

1986年3月25日，国务院总理赵紫阳在第六届全国人民代表大会第四次会议上所作的《关于第七个五年计划的报告》中谈到中国第七个五年计划期间（1986—1990年）的经济体制改革时提出：国家对企业的管理逐步由直接控制为主转向间接控制为主，建立新的社会主义宏观经济管理制度。要逐步完善各种经济手段和法律手段，辅之以必要的行政手段，来控制和调节经济的运行。要进一步完善财政、税收制度，按照税种划分中央、地方的财政收入，明确中央、地方的财政支出范围。会议批准了上述报告。

同年4月12日，第六届全国人民代表大会第四次会议通过《中华人民共和国国民经济和社会发展第七个五年计划》。计划中提出：要进一步完善税制，合理设置税种和调整税率，逐步过渡到按照税种划分中央税、地方税和中央地方共享税的体制。税种的设置和税率的调整，要为合理地调整产业结构服务，为企业平等竞争创造条件。

1987年10月25日，中共中央代总书记赵紫阳在中国共产党第十三次全国代表大会上所作的报告中提出：要逐步健全以间接管理为主的宏观经济调节体系，改革财政税收体制，根据公平税负、促进竞争和体现产业政策的原则，合理设置税种，确定税率，在合理划分中央和地方财政收支范围的前提下实行分税制，正确处理中央和地方，国家、企业和个人的经济利益关系。

同年12月5日，财政部税务总局局长金鑫在全国税务局长座谈会上的讲话中谈到1988年和以后的税制改革时，提出了下列主要任务：

1. 进一步理顺国家与企业的分配关系。按照配套改革方案，在四川省重庆市、辽宁省沈阳市等地进行"税利分流"的试点。各省、市有条件的，也可以选择一些地区进行试点。

2. 完善增值税制度。

3. 进一步研究涉外税制和国内税制统一的问题（包括流转税和所得税）。

4. 研究修订个人所得税法，在适当时机将个人收入调节税并入个人所得税。

5. 研究私营企业所得税问题，并对开征遗产税、赠与税等税种的可行性进行调查研究和论证。

1988年3月25日，国务院代总理李鹏在第七届全国人民代表大会第一次会议上所作的《政府工作报告》中谈到今后5年建设、改革的目标、方针和任务时提出：要逐步完善税制，适当调整税种、税率，积极创造条件，向分税制和税后还贷制过渡。会议批准了上述报告。

同年5月3日，国务院公布改革以后的国务院直属机构系列。根据税收工作发展的需要，为了加强税务机构，将财政部税务总局升格为国家税务局，由财政部归口管理，财政部原税务总局局长金鑫任局长。

同年7月2日，国家税务局局长金鑫在全国税务工作会议上的讲话中专门论述了贯彻中共十三大和七届全国人大一次会议精神，深化税制改革的问题。金鑫局长首先指出，前几年的税制改革是作为城市经济体制改革的突破口率先进行的，缺乏经验，加之其他改革没有及时配套进行，不能不影响改革的深度。随着改革的不断深化，出现了现行税制同经济发展不相适应的一些问题，其主要表现是：

1. 现行所得税制按照不同经济成分设立税种，有的实行累进税率，有的实行比例税率，税负高低不一，不利于各种经济成分之间开展竞争。由于在“利改税”的时候把国营企业上缴的利润全部改为税收，不利于实行所有权与经营权分离，税利分流。所得税前归还银行贷款的办法，实际上形成了投资的“大锅饭”，不利于控制基本建设规模，加重了国家财政的负担。同时，缺乏严格的监督管理，所得税制度软化。

2. 现行产品税、增值税互不交叉的流转税制度，不能完全适应调整产业结构和消费结构的需要。增值税还没有在工业环节全面推行，没有实行增值税的行业仍然存在着重复征税的问题，现行增值税本身也存在着不完善、不规范的问题。产品税、增值税税率是在价格扭曲的情况下制订的，当时对于缓解价格方面的矛盾起了一定的作用，但是不能充分地体现产业政策，还存在着一些税负不合理的问题。

3. 现行涉外税制的流转税、所得税和某些地方税，都实行与国内不一致的税法；中外合资企业和外商独资企业的所得税也实行两套办法，不适应进一步对外开放和沿海地区经济发展战略的要求。

根据中共十三大关于税制改革的精神，金鑫局长指出，下一步中国税制改革的方向和目标是：

1. 自觉运用价值规律，造成必要的利益诱导和市场压力，促使企业决策与宏观发展目标相衔接。按照所有权与经营权分离的原则，通过“税利分流”，进一步理顺国家、企业和个人三者的分配关系。增强企业自我改造和自我发展的能力，切实保护企业的合法利益，使企业真正做到自主经营，自负盈亏。

2. 造成有利于企业平等竞争的市场环境。对影响企业盈利的客观因素，要运用税收杠杆进行适当调节，做到公平税负，使各个企业大致处在同一起跑线上开展竞争，建立起既有激励、又有制约的企业经营机制。

3. 强化税收的调控功能，加强监督和管理，防止消费基金和基本建设投资失控。近几年，国民收入平均增长率为10%左右，而城乡居民生活消费的增长率却达15%以上；投资增长率也居高不下，这种态势是难以为继的。因此，除了宏观上控制社会总供给与总需求的平衡，合理分配国民收入，控制货币发行量和信贷总规模以外，还必须强化税收的调控功能，合理设置税种，确定税率，促进产业结构和企业结构合理化，达到资源的优化配置，控制基本建设规模和消费基金的过分膨胀。

4. 健全地方税体系，扩大地方收入规模，调整和开征一些新的地方税种，扩大地方的税收管理权限，深入研究和探索建立分税制的办法，为实行分税制的财政税收体制积极创造条件。

5. 适应进一步对外开放的形势，改革和完善涉外税制，以切实保护外商投资者的合法利益，进一步改善投资环境。要充分发挥税收的作用，为扩大出口，增加创汇，开拓国际市场和实现沿海地区经济发展战略作出新的努力。

6. 健全税收法制，增强税收的刚性。对于各项法令、条例和规定，要力求做到合理、统一、效能和简化，保持税法的相对稳定性和严肃性。

根据上述目标和原则，金鑫局长提出了今后几年税制改革的设想：

1. 所得税系列改革。这方面的改革拟分为两步走：第一步，尽快将国内企业所得税条例合并，统一国内企业所得税制，适当降低税率，实行比例税率，取消国营企业调节税，改所得税前归还银行贷款为税后还贷，实行统一的计税标准。实行“税利分流”，企业实现利润的分配，国家作为管理者首先征收所得税，然后作为资产所有者同经营者对企业缴纳所得税以后的利润进行分配。同时，将涉外的两部企业所得税法合并，统一涉外企业所得税制。个人所得税、个人收入调节税和城乡个体工商业户所得税也要适当调整和完善。第二步，待条件成熟以后，将国内、涉外两套所得税法合并，建立统一的企业所得税制度和个人所得税制度。

2. 流转税系列改革。建立增值税和产品税（消费税）两个层次调节的流转税制。进一步改革和完善增值税制度。在全面征收增值税，进行普遍调节以后，对国家政策和宏观经济需要进行特殊调节的产品，再征收一道产品税（消费税），充分发挥税收调节产业结构和消费结构的作用。在国内流转税制改革、完善的过程中，将涉外企业实行的工商统一税同国内企业实行的流转税制度统一起来。

3. 地方税系列改革。要健全地方税体系，扩大地方税收入规模，为实行分税制的财政、税收体制创造条件。土地资源是一笔巨大的财富，应当积极研究对土地征税的问题。除了尽快开征土地使用税以外，还应当对土地转让和土地经营的征税问题加快研究制定办法，尽早开征。还要研究开征筵席税、遗产税和赠与税等新的地方税种，并研究将涉外企业实行的城市房地产税、车船使用牌照税与国内企业实行的房产税、车船使用税和土地使用税统一起来，建立内外统一的地方税制。

此外，要积极扩大资源税的开征范围，改进盐税的征收办法，并根据形势发展的需要对现行某些地方税和特别税进行适当的调整和简并。

金鑫局长在论述新时期的治税思想时明确地提出：要坚持公平税负、促进竞争和体现产业政策的原则。按照发展有计划商品经济的要求，公平税负，不仅同一行业、同一产品要平等纳税，而且各类经济组织都要平等纳税。

自 1988 年秋中国进入治理经济环境、整顿经济秩序时期以后，税制改革的准备工作继续进行。1989 年 8 月 30 日，国家税务局局长金鑫在全国税务工作会议上的讲话中提出，各级税务机关在治理整顿中要用心研究和适时推进税制改革。下一步税制改革的基本思路是：通过税制改革，逐步提高财政收入占国民收入的比重；根据国家制定的产业政策对现行税目、税率进行必要的调整；充分发挥税收调节社会分配不公的作用；为实行分税制的财政管理体制创造条件；国营企业实行“税利分流”改革；与其他改革配套进行，增强税收的宏观调控功能。近期税制改革的主要任务是：

1. 制定第八个五年计划期间（1991—1995 年）税制改革的总体设想，以便有计划、有步骤地推进税制改革。

2. 根据产业政策和治理整顿的要求，对部分税目、税率进行必要的调整。

3. 改进国营企业所得税制，为实行“税利分流”做好准备。与此同时，统一国内企业所得税制度。

4. 扩大增值税“价税分流购进扣税法”的试点，搞好增值税征收办法的改革。

5. 改进个人收入调节税、工资调节税和奖金税的征收办法。调整建筑税税率，扩大征收范围。同时，积极研究把建筑税改为投资方向调节税的可行性。探讨扩大资源税征收范围和改革盐税征收办法，以及配合分税制试点，调整税收管理权限等。

金鑫局长强调，深化税制改革必然会涉及许多现行利益关系的调整，政策性很强。因此，孤军深入是不行的，必须与各方面的改革相互配套进行。尤其是当前与企业承包、财政包干、行业承包和外贸外汇承包的关系，需要进一步理顺。要提高认识，统一思想，为税制改革和其他方面的改革创造一个共同的思想基础。

根据这次会议对国家税务局提出的《“八五”期间和今明两年改革工商税制的总体设想（征求意见稿）》讨论的意见，经过进一步修改，国家税务局正式提出了《关于今后十年间工商税制改革的总体设想》（以下简称总体设想）。总体设想中充分肯定了中共十一届三中全会以来中国税制改革取得的成就，同时指出现行税制存在下列主要问题：

1. 税制结构不尽合理。税种较多，有些税种重复设置，有些税种已经同当前经济发展不相适应，有些该设置的税种还没有设置。企业所得税按照经济成分设置税种，6种企业所得税并存，税负不平，不利于企业之间的联合和竞争。特别是对国营企业所得税实行承包办法，不利于承包经营责任制的健康发展，也是国民收入过分向企业和个人倾斜的一个重要原因。流转税实行产品税、增值税和营业税并立、互不交叉征收的办法，不能更好地体现国家的产业政策，发挥税收的经济杠杆作用。

2. 普遍存在着名义税率高、实际税负低的问题，不仅所得税由于税前还贷和扣除项目多使税基大为缩小，而且流转税和其他税类也存在着宽减免、多优惠和不利于控管的问题。

3. 在税收管理体制上，该集中的权限没有集中，该下放的权限没有下放，越权减税、免税现象屡禁不止。地方税收入规模较小，不利于调动地方政府管理税收的积极性，也不利于财政管理体制向分税制过渡。

4. 税收调控的范围与经济发展的要求不相适应。在投资环节征税范围较小，不利于调控投资；在生产环节，某些行业、产品的税率与国家的产业政策不相适应；流通环节税负偏轻，不利于筹集财政资金；消费环节征税办法不够完善，未能充分发挥税收对消费的调控作用。

5. 偷漏税问题没有得到有效的控制。税收征收管理制度不够科学、严密，缺乏强硬的控管、处罚手段，对纳税人难以进行有效的监督管理。

总体设想中提出今后一段时间中国税制改革的指导思想是：紧紧围绕治理整顿，深化改革，促进国民经济持续、稳定、协调发展的中心任务，继续坚持以法治税，治理税收环境，整顿税收秩序。在现行税制结构不作大的变动的前提下，统一税政，集中税权，公平税负，简化税制，强化税收的组织收入和宏观调控功能。逐步理顺国家、企业和个人之间的分配关系，提高税收收入占国民收入的比重；充分发挥税收的经济杠杆和监督手段作用，配合控制投资需求和消费需求，体现国家的产业政策，促进竞争，发挥国营大中型企业的骨干作用，促进社会生产力发展。据此，税制改革要遵循下列原则：

1. 更好地发挥税收筹集财政资金的作用，提高税收收入占国民收入的比重，为逐步消灭财政赤字创造条件。这一目标主要应当通过完善税制、加强管理、整顿优惠和扩大税基等办法实现。同时，要简化税制，使之便于征收管理，有利于堵塞漏洞和降低征收成本。

2. 体现国家的产业政策，促进产业结构的调整。确定税率和税收政策都要以国家产业发展序列为依据，促进农业、能源、交通和原材料等基础产业和科学技术的优先发展。配合调整产业结构，引导资源的合理配置和生产要素的合理流动，促进国民经济持续、稳定和协调发展。

3. 坚持公平税负，为企业创造平等竞争的外部环境。通过统一所得税制和完善流转税制，使各类企业之间税负大致公平，促进企业转换经营机制和提高经济效益。

4. 根据对外开放政策和发展对外贸易的需要，税制改革要继续有利于吸引外资和引进先进技术、设备，鼓励扩大出口。

5. 充分调动中央和地方组织收入的积极性。在统一税政、集中税权的前提下，逐步扩大地方税收入规模，建立地方税体系，同时赋予地方相应的税收管理权限，为实现分税制创造条件。

6. 税制改革要与各项经济体制改革（如财政改革、价格改革和企业改革等）相互配套。要通过税制的合理化和规范化为其他改革创造条件，防止在经济体制改革中出现相互掣肘的现象。

税制改革的目标，是要逐步建立起一个具有中国特色的、符合有计划商品经济要求的社会主义税制体系。着重于强化流转税和所得税主体税种，并使税制结构日趋合理，进一步增强税收的聚财和调控功能，适当提高税收收入占国民收入的比重，并使税收收入能够持续稳步增长。

关于工商税制改革的总体框架，总体设想中提出了下列内容：

1. 改革流转税，实行增值税、产品税双层调节的税收制度，进一步体现国家的产业政策，增强筹集财政资金和调节经济的功能。

（1）从工业生产、商业批发到零售环节全面推行增值税制度（另一种意见是，增值税只延伸到商业批发环节）。增值税要简并税率，简化计算办法，统一扣税范围，实行凭发票注明税款扣税制度，并专门制定对小型企业征税的简易办法。充分发挥增值税公平税负和保证财政收入的作用。

（2）改革产品税，增强其宏观调控功能。在普遍征收增值税的基础上，对国家宏观经济政策需要调节的产品再征收一道产品税，确保财政收入，促进产业结构和消费结构的调整。

（3）适当扩大营业税的征收范围，调整某些行业的营业税税率。

（4）改进出口退税制度。

（5）在国内流转税改革和完善的基础上，把对外资企业征收的工商统一税改为征收增值税、产品税和营业税，建立统一的流转税制度。

2. 改革企业所得税，公平税负，促进竞争；适应深化企业改革和完善承包经营责任制的要求，理顺国家与企业的分配关系。

（1）改变对国营企业所得税实行承包的办法，重新确立企业所得税在处理国家与企业分配关系方面应当发挥的作用。实行税利分流，税后还贷、税后承包。

（2）统一内资企业所得税制度。将不同经济成分的企业所得税统一起来，降低税率，实行统一的35%的比例税率，对小企业采取适当照顾的措施。取消国营企业调节税，改税前还贷为税后还贷，统一税前列支标准，严格成本管理。

（3）将两部涉外企业所得税法合并为统一的外商投资企业和外国企业所得税法，并在适当的时机合并内资企业所得税和外资企业所得税，建立统一的企业所得税制度。

3. 改革有关调节消费基金和固定资产投资的税种，增强税收的宏观调控功能，缓解社会分配不公的矛盾，调节投资的规模与结构。

（1）改进个人收入调节税征收办法，实行分项按次计征，加强源泉控制，严格代扣代缴，建立健全个人应税收入申报制度。

（2）将现行对国营企业、集体企业和事业单位分别征收的奖金税、工资调节税合并为企业事业单位工资调节税，按照企事业单位发放的工资性支出计征，实行超额累进税率，基本维持原税负。

（3）开征固定资产投资方向调节税，取消现行建筑税。扩大税基，除了有特殊规定的投资以外，各项固定资产投资都要纳入征税范围；按照国家的产业政策和资金投向分档设计税率；实行源泉控制的办法，在批准项目投资的同时办理征税手续。

（4）合并个人所得税和个人收入调节税，建立统一的个人所得税制度。

（5）开征遗产税和赠与税。

4. 改革资源税，体现国有资源的价值实体，促进资源的合理配置。

（1）逐步扩大资源税的征税范围，有计划、有步骤地将金属矿产品、非金属矿产品、森林和水资源纳入征税范围，并将盐税并入资源税。

（2）实行普遍征收和调节级差收入相结合的资源税制度，按价分档确定税额，从量计征，简化征税办法。

（3）在当前价格体系尚不完全合理，初级产品价格偏低，资源级差收入大部分反映在加工企业的情况下，对国营企业暂实行价外征税办法，税负由使用单位负担；在价格改革的时候将资源税作为价格的组成部分，通过流转税改革将某些行业的税负转移到资源税。

5. 配合社会保障制度的建立，开征社会保险税。此税按照职工标准工资的一定比例计征，由企业单位和个人分别缴纳，大部分由前者负担。

6. 改革税收管理体制，建立地方税体系，按照统一税法、集中税权和分级管理的原则，调动中央和地方两个方面的积极性。

（1）税收法律的制定权集中在全国人民代表大会或者其常务委员会，税收行政法规的制定权集中在国务院。

（2）扩大地方税收入规模，为实行分税制财政管理体制改革创造条件。把对全国宏观经济影响较小，与地方经济发展关系密切，经过努力和提高管理水平可以增加收入，又宜于由地方征收管理的税收划归地方管理。地方税体系应当包括个体税收、乡镇企业和私营企业税收、部分行业的营业税、农林牧水产品的产品税、城镇土地使用税、城市维护建设税、房产税、车船使用税、印花税、筵席税、工资调节税、屠宰税、牲畜交易税、集市交易税、个人收入调节税和部分资源税。企业所得税规定一定比例的地方税率。

（3）简并某些地方税种。把集市交易税、牲畜交易税、屠宰税和筵席税分别并入相关的税种，把按照流转税税额征收的城市维护建设税改为税收附加。按照责、权、利相结合的原则，地方税收入作为地方财政的固定收入，并赋予地方政府相应的税收管理权限。

（4）适应分税制的需要，划分中央税和中央地方共享税。属于中央税和中央地方共享税的税种，其开征、停征、调整税率和减免税等管理权集中在国务院、财政部和国家税务局。

（5）根据民族区域自治法的规定，民族自治地区享有相应的税收管理权。经济特区的税收管理权按照全国人民代表大会和国务院的有关规定办理。

7. 改革税收征收管理制度，建立科学、严密的税收征管体系。关于下一步税制改革的实施步骤，总体设想中提出分三步走：

第一步，在1992年以前，以贯彻治理整顿方针为中心，对税制进行一些改革和调整，主要内容是：

（1）继续深入贯彻国务院关于加强税收工作的有关文件，大力整顿税收秩序，强化税收管理，进一步清理越权减免税，制止偷漏税。

（2）把建筑税改为固定资产投资方向调节税，改进个人收入调节税，合并奖金税和工资调节税，开征遗产税和赠与税，全面推行税收征管改革。

（3）搞好全面推行增值税和流转税配套改革的准备工作。

（4）搞好国营企业"税利分流"改革试点，积极探索这一轮承包到期以后完善国家与企业分配关系的办法。

（5）统一外资企业所得税法；调整个人所得税负担；取消外资企业实行的城市房地产税和车船使用牌照税，统一实行房产税和车船使用税。

第二步，从1993—1995年，在治理整顿取得成效的基础上，全面深化主体税种的改革，理顺国家与企业的分配关系，主要内容是：

（1）在这一轮企业承包到期以后，适时地全面推行国营企业"税利分流"改革，同时建立统一的内资企业所得税制度。

（2）全面推行增值税，对需要进行特殊调节的产品征收产品税，调整某些行业的营业税税率，对资源税进行配套改革。

（3）建立地方税体系，扩大地方税收入规模，相应改革税收管理体制。

（4）适时逐步统一内资企业和外资企业的流转税、所得税制度。

（5）开征社会保险税。

第三步，从1996—2000年，进一步完善税制，主要内容是：完善流转税制，使之规范化、科学化；建立统一的个人所得税制度；简化税制，合并税种，改革征税办法；采取各种填平补齐配套改革措施，进一步完善税制。

总体设想中还提出为了保证下一步税制改革的顺利实施而必须采取的主要配套措施：必须重新认识和处理国家与企业的分配关系，重新确立企业所得税在中国税制中的重要地位；加强税收法制建设，强化以法治税；进一步加强税务机构，逐步完善税务系统的管理体制；成立国务院税制改革委员会，实行强有力的领导；改革财政管理体制，实行分税制。

总体设想是国家税务局在20世纪80年代末对中国改革开放十多年来税制改革的成功经验与不足之处进行认真总结以后提出的关于下一步税制改革的第一个框架性总体方案，它对于20世纪90年代中国税制改革正式方案的逐步形成与最终实施，具有奠基性的重要历史意义。1990年4月2日，国务委员兼财政部部长王丙乾对总体设想予以批示肯定："改革思路对头。"

1990年12月30日，中国共产党第十三届中央委员会第七次全体会议通过《中共中央关于制定国民经济和社会发展十年规划和“八五”计划的建议》，其中关于税制改革方面的建议是：在“八五”期间，在完善和发展企业承包经营责任制的同时，继续进行税利分流，税后还贷，税后承包的试点，积累经验，并根据现实条件和不同企业的情况，逐步过渡，分期实行；在继续稳定和完善财政包干体制的同时，进行分税制的试点；对过高收入要通过税收（包括个人收入调节税、遗产税和赠与税等）进行必要的调节；逐步理顺税制结构，强化税收管理，严格以法治税，充分发挥税收在增加财政收入和宏观经济调控中的职能作用。

中共中央上述建议的基本精神，分别为1991年3月25日国务院总理李鹏在第七届全国人民代表大会第四次会议上所作的《关于国民经济和社会发展十年规划和第八个五年计划纲要的报告》和4月9日七届全国人大四次会议批准的《中华人民共和国国民经济和社会发展十年规划和第八个五年计划纲要》所采纳。

根据上述中共中央、国务院和全国人民代表大会文件的精神，国家税务局在1991年7月下旬召开的全国税务工作会议上，将包括税制改革内容在内的《税收工作十年规划和“八五”时期计划纲要（讨论稿）》提交会议讨论。

经过研究和修改，1992年2月25日，国家税务局印发《税收工作十年规划和“八五”时期计划纲要》。纲要中提出，今后10年中国税制改革的任务是：按照统一税法、集中税权、公平税负和简化税制的要求，建立一个具有中国特色的、符合有计划商品经济要求的社会主义税制体系。强化税收的组织收入、宏观调控和微观监督功能，进一步理顺国家、企业和个人之间的分配关系，支持搞好国营大中型企业，体现国家的产业政策，促进竞争，推动社会生产力的发展。改革的重点是：完善流转税制，普遍征收增值税，有选择地征收产品税，实行双层次调节的流转税制；统一所得税制度，在“税利分流”试点的基础上，完善国营企业所得税，进而建立统一的企业所得税制度；扩大地方税收入规模，建立地方税体系；改革、调整税收管理体制。

关于“八五”期间的税制改革，纲要中提出了下列任务：

1. 改革流转税。包括改革增值税、产品税、营业税和出口退税制度，并完成对内、对外两套流转税制度的统一。

2. 改革所得税。包括分别统一内资企业所得税和外资企业所得税，并积极创造条件将这两套企业所得税合并起来。

3. 改革调节投资和消费的税种。包括将各类奖金税和国营企业工资调节税合并为企事业单位工资调节税，以固定资产投资方向调节税取代建筑税，改进、完善个人收入调节税征收办法，适时合并个人所得税和个人收入调节税，研究开征遗产税和赠与税。

4. 改革资源税。包括逐步扩大征税范围和改进征税方法。

5. 改革、调整税收管理体制，建立地方税体系。包括划分中央税、地方税、中央地方共享税，确定税收立法体制和管理权限，建立地方税体系，扩大地方税收入规模等。

## 二、税制改革任务的正式提出

从1992年春邓小平视察中国南方发表重要谈话，1992年秋中国共产党第十四次全国代表大会召开以后，中国改革开放的步伐再次加快，税制改革的方向和任务进一步明确。

### （一）1992年邓小平重要谈话发表后加快税制改革的提出

1992年春邓小平视察中国南方发表重要谈话，中共中央政治局为此召开全体会议以后，中共中央、国务院作出了关于加快改革开放和经济发展的一系列重要决定，国民经济持续、稳定、快速发展，经济体制改革逐步深入，税制改革的重要性也日益受到各方面特别是中共中央、国务院和全国人民代表大会的重视。

1992年3月20日，国务院总理李鹏在第七届全国人民代表大会第五次会议上所作的《政府工作报告》中提出：要加快分税制和“税利分流”改革的步伐，探索理顺中央和地方、国家和企业分配关系的途径。国务委员兼财政部部长王丙乾在这次会议上所作的《关于1991年国家预算执行情况和1992年国家预算草案的报告》中也提出，要加快财税改革。会议批准了上述两个报告。

同年5月16日，中共中央发出《关于加快改革、扩大开放、力争经济更快更好地上一个新台阶的意见》。意见中提出：实行“税利分流”是改革国家与企业分配关系的方向，在第八个五年计划期间要搞好试点并部分推行。要进一步改革和完善税制。要根据国家产业政策和消费政策适时调整流转税的税率，积极创造条件制定统一的所得税税法。

同年3月至5月期间，国家税务局多次召开会议，学习邓小平谈话和中共中央政治局会议精神，研究深化税制改革等问题，以便更好地服从于、服务于深化改革、扩大开放，并提出税制改革的总体思路是“简化税制，扩大税基，调整税率，强化征管”，还就税制改革的原则和目标、企业所得税改革、流转税改革、个人所得税改革、奖金税改革以及税收征收管理改革等问题提出了框架性的设想。这些意见被提交中共财政部党组会议讨论，并得到原则同意。

同年6月26日，国家税务局决定成立税制改革领导小组，金鑫局长任组长，杨崇春副局长和牛立成顾问（牛立成同志为国家税务局原副局长）任副组长。

同年7月，国家税务局召开全国税务工作会议，重点研究税制改革问题。国家税务局局长金鑫在这次会议上的讲话中谈到税制改革问题时指出：当前中国的改革已经进行到深层次阶段，经济生活中一些深层次的矛盾已经不是再用放权让利的办法可以解决的。这就要求加快税制改革的步伐，建立一套规范性机制，使之在解决深层次矛盾方面发挥更大的作用。

金鑫局长还提出，应当承认，税制改革政策性强，涉及到现有利益格局的调整，随着深化改革力度的增强，难度是很大的，需要我们作出艰苦细致的努力。但是要看到，目前的形势为我们加快税制改革步伐提供了良好的机遇，改革的有利条件很多：一是邓小平谈话发表和中共中央政治局会议召开以后，在一些重要理论问题和思想认识方面取得了新的共识，中国改革开放出现了前所未有的新局面，改革开放的步伐大大加快。二是当前中国政治、社会稳定，经济进一步朝好的方向发展，改革的环境比较宽松，有条件适当加大改革分量。三是加快改革开放步伐，民心所向，得到社会各界的广泛拥护和支持，各方面的承受能力显著增强，改革开放具备了良好的社会基础。四是我们在以往的税制改革中积累了一些经验，近几年对于进一步搞好税制改革作了必要的理论准备和大量的基础工作，有的已经形成初步方案。可以说，加快税收改革步伐条件具备，时机成熟。只要我们抓住机遇，解放思想，勇于跳出现有框框，大胆探索，就可以不断推进税制改革的进程。

在这次会议上，重点研究了国家税务局起草的《关于近期税制改革的基本思路（讨论稿)》。

1. 基本思路（讨论稿）首先提出了税制改革的必要性和紧迫性。从深化改革的要求来看，现行税制存在着下列迫切需要解决的问题：

（1）税制结构不尽合理，不适应国民收入分配格局的变化，制约着税制整体效率的发挥：一是税制不合理，一些税种重复设置，一些税种与当前的经济发展已经不适应，一些该设置的税种没有设置。二是流转税税种的配合运用不够合理，不利于充分发挥其组织财政收入、调节经济的作用，并且内资企业和外资企业执行两套税制的矛盾日益突出。三是企业所得税按照不同所有制性质分别设置，很难适应企业面向市场、公平竞争和转变经营机制的要求。四是地方税的现状不利于分税制财政管理体制的实行。

（2）名义税率高，实际税负低；国营大中型企业负担偏重，缺乏自我改造、自我发展的能力。

（3）在税收管理体制上，权限划分不合理，不利于调动中央和地方两个积极性，越权减免税的问题屡禁不止。地方税收入规模较小，不利于实行分税制财政管理体制。

（4）税收调控的范围和程度需要调整。

2. 关于税制改革的指导思想、原则和目标，基本思路（讨论稿）提出，近期税制改革的指导思想是：按照搞好国营大中型企业，调整经济结构和提高经济效益的要求，以现行税制为基础，统一税法，集中税权，公平税负，简化税制，规范分配方式，理顺分配关系，强化税收的组织收入和宏观调控功能，促进经济运行机制、企业经营机制的转换和完善，促进社会生产力的发展。据此，税制改革应当遵循下列原则：

（1）把企业推向市场，使之真正成为独立的商品生产者和经营者。用统一的所得税规范国家与企业的分配关系，合理调整税负，废除税前还贷，逐步取消税后征集的国家能源交通重点建设基金和国家预算调节基金。

（2）体现国家产业政策的要求，促进产业结构的调整。设置税种、确定税率和税收政策要以国家产业发展序列为依据。

（3）坚持公平税负，为企业创造平等竞争的外部环境。通过统一所得税制和完善流转税制，各类企业之间税负大致公平。

（4）充分调动中央和地方组织收入的积极性。在保证统一税法、集中税权的前提下，逐步扩大地方税收入规模，建立地方税体系，同时赋予地方相应的税收管理权限，为实行分税制财政管理体制创造条件。

（5）税制改革要与经济改革的总体进程衔接，与财政改革、价格改革和企业改革等协调配套，相互促进。通过税制的合理化和规范化为其他改革创造条件，防止在经济体制改革中出现相互掣肘的现象。

（6）在税制改革的战略上，要有花一点代价换取一个合理的新机制的决心。同时，要兼顾财政和企业的承受能力。

税制改革的目标是，在中国逐步建立一个具有本国特色的、符合有计划商品经济要求的社会主义税制体系。强化流转税和所得税，完善地方税，并使其他税种的功能充分发挥，以规范化的税制增强税收的聚财和调控功能，使税收收入随着经济的增长而持续增长。实现这一目标，必须改革和完善某些现有的税种，较大幅度地撤并一些重复和过时的税种，根据经济发展的要求设立少量新的税种，将税种数量控制在20个左右，实现税制的简化和高效。

3. 关于税制改革的主要内容，基本思路（讨论稿）提出了下列5个方面：

（1）企业所得税制的改革。

①原定3年以内实现的国营大中型企业所得税税率从55%降为33%的改革，1993年一步到位。

②与此同步，建立统一的内资企业所得税制度。内资企业所得税实行33%的比例税率，再设两档低税率，以免增加一些微利企业的税负。

③内资企业所得税的征税范围包括全民所有制企业、集体所有制企业、私营企业、联营企业、股份制企业和其他经营单位。原来实行特殊政策，没有征收所得税的国营企业和经营单位，也要纳入征税范围。

④统一、规范税前扣除项目和列支标准，税前扣除以税法规定为准。

⑤在新税制实施的同时，企业的贷款一律改在所得税后归还。

⑥对于老贷款的余额进行清理，分别处理："拨改贷"的贷款余额全部挂账停息，可以考虑将其改为国家投资，再进一步可以研究是否改变"拨改贷"办法。亏损企业的老贷款允许挂账，待转亏为盈以后偿还；破产企业的老贷款由银行作为坏账处理。

企业还贷的资金来源是：取消国营企业调节税、降低企业所得税税率以后增加的税后利润，减征、免征的国家能源交通重点建设基金和国家预算调节基金，其他企业自有资金。

⑦1993年全部取消从企业折旧中征集的国家能源交通重点建设基金和国家预算调节基金，对其他项目征收的上述两项基金也应当取消，但是考虑到国家财政的承受能力，可以从1993年起分3年逐步到位。

⑧国营企业所得税后的利润，国家作为资产所有者有权分享。考虑到当前企业的实际情况，企业上缴利润几年以内可以限制在一些利润水平较高的行业和企业之内。对于需要鼓励发展和归还老贷款数额大而有困难的企业，税后利润可以少缴或者免缴。

⑨到1995年，要基本取消企业亏损补贴。经营性亏损一律不再给予财政补贴，政策性亏损补贴也要降到最低限度并严格控制在极少数行业。

在抓紧统一内资企业所得税的同时，要积极研究统一内资企业所得税和外资企业所得税的可行性。

（2）流转税的改革。

改革的目标是：建立增值税、产品税和营业税并立，双层次调节的新的流转税制，增值税在工业生产和流通领域普遍调节，产品税进行特殊调节，非商品经营实行营业税。在保证财政收入、贯彻产业政策的前提下，调整某些行业、产品的税率。

①先在工业生产环节，后在批发、零售环节，全面实行增值税。

②逐步简并增值税的税率档次，最后简并为一档或者两档税率。

③统一增值税的扣税范围。

④简化增值税的计征方法。实行购进扣税法，研究实行发票注明税款、凭发票扣税的制度。

⑤在改革增值税的同时，配套改革产品税，重新确定其征收范围、纳税环节和税率。在全面推行增值税的初期，产品税的征税面不应当过小。对某些产品可以定额征税。

⑥加快统一内资企业和外资企业流转税的步伐。

⑦适应第三产业发展的形势，调整营业税的税目、税率。

⑧解决目前对一些农、林、牧、水产品重复征收产品税和农林特产农业税的问题。属于工业加工性质的，继续征收流转税，其他归入农业税的征税范围。

⑨缩小流转税名义税率与实际税负的差距，取消企业直接从销售收入中提取各种基金和以产品税归还贷款的做法。

（3）个人所得税的改革。

①合并个人所得税、个人收入调节税和城乡个体工商业户所得税，建立统一的个人所得税制度。

②所有纳税人适用相同的费用扣除标准和税率，对外籍纳税人可以采用加计扣除的办法。初步设想，统一的费用扣除标准为400元，外籍人员的费用扣除标准加计到3000元。

③统一征税项目。除现行税法已有规定者外，还包括个人经营所得、个人储蓄存款和各种债券利息所得（利息所得税率为5%）、中国公民来源于境外的所得。

④考虑到国外个人所得税的一般负担水平、中国纳税人的负担能力和有关政策精神，统一以后的个人所得税的负担水平应当略低于现行税法的规定，但是对于个人经营所得过高者应当通过加成征收加以调节。

⑤个人所得税法在对费用扣除、加计扣除和加成征收等标准作出一般规定以后，全国人民代表大会通过的税法中要授权国务院根据物价变动等情况对其加以适当调整，以兼顾法律的稳定性和法律规定的适应性。

⑥个人所得税根据征税项目的不同，除了个人经营所得按年计征，分期预缴以外，可以分别采取按月、按次计征的办法，年终不再汇算清缴。

（4）其他税种的改革。

①改革资源税。扩大征税范围，近期考虑对所有石油开采普遍征收资源税，然后逐步对目前尚未开征资源税的其他金属矿产品、森林和水资源征税。为配合增值税简并税率，适当调整某些产品资源税的税负水平。

②改革城市维护建设税名为独立税种、实为流转税附加的做法，重新研究其计税依据和计征办法。

③将国营企业奖金税、集体企业奖金税和事业单位奖金税与国营企业工资调节税合并为企事业单位工资调节税。

④将特别消费税并入产品税，将牲畜交易税和屠宰税并入农业税收。

⑤取消对外资企业和外籍人员征收的城市房地产税和车船使用牌照税，统一实行房产税和车船使用税。

⑥取消集市交易税和筵席税。

⑦抓紧研究开征社会保险税的可行性。

⑧在适当的时机开征遗产和赠与税。

⑨结合能源产品价格调整和工资制度改革，适时取消烧油特别税和工资调节税。

（5）调整、改革税收管理体制，建立地方税体系。

①适应分税制财政管理体制改革的需要，划分中央税、地方税、中央地方共享税。

②扩大地方税收入规模，建立地方税体系。根据事权划分，把对宏观经济影响较小、与

地方经济发展关系密切、宜于由地方征收管理的税收划归地方，作为地方财政的固定收入。

③中央税、中央与地方共享税和需要全国统一执行的地方税，其立法权集中在全国人民代表大会或者国务院。

④地方税由地方政府管理，地方政府有权决定地方税种的开征、停征、调整税率和减税、免税。

⑤各省、自治区和直辖市还可以根据当地的实际情况和有利于发展地方经济的需要，在不影响大的分配格局，不过分增加企业和群众负担的前提下，决定在本地区或者局部地区开征一些新的地方税种，并报全国人民代表大会和国务院备案。

经过上述改革，中国工商税制（包括暂时保留的税种）基本格局由6个类别、18种税种构成：

（1）流转税类。包括增值税、产品税、营业税3种税。

（2）所得税类。包括内资企业所得税、外商投资企业和外国企业所得税、个人所得税3种税。

（3）资源税类。包括资源税、城镇土地使用税、盐税3种税。

（4）特定目的税类。包括烧油特别税、固定资产投资方向调节税、企事业单位工资调节税、城市维护建设税、社会保险税5种税。

（5）财产税类。包括房产税、遗产和赠与税2种税。

（6）行为税类。包括车船使用税、印花税2种税。

4. 关于税制改革的阶段目标，基本思路（讨论稿）提出分三个阶段实现：

（1）到1993年，要统一个人所得税制和内资企业所得税制；在工业生产环节全面推行增值税，配套改革产品税和资源税；对外资企业改征与内资企业相同的产品税、增值税、营业税、房产税和车船使用税。统一实行企事业单位工资调节税。

（2）到1995年，要统一内外两套企业所得税制，基本停止对经营性亏损企业给予亏损补贴，停止征收国家能源交通重点建设基金和国家预算调节基金，在商品流通环节实行增值税，完成地方税种的简并和调整，开征社会保险税、遗产和赠与税。

（3）到2000年，国营企业税后利润分配办法到位，国家与企业分配关系的新机制全部到位。

5. 关于实施税制改革的组织保障，基本思路（讨论稿）提出：由于税制的每一项改革都要涉及现行利益格局的调整，难度很大，仅仅依靠财税部门推进这一改革相当困难。因此，有必要成立国家税制改革委员会，由国务院主要领导挂帅，有关部门领导和专家学者组成。该委员会的职能，一是协调各部门、各地区在税制改革中的利益分配关系；二是设计税制改革的总体方案和实施步骤；三是处理税制改革与其他改革的协调配套关系。

### （二）中共十四大以后税制改革新思路的提出

1992年秋中国共产党第十四届全国代表大会的召开，标志着中国的改革开放进入了一个新的历史发展阶段，中国的税制建设迎来了一个新的黄金时代。

1992年10月12日，中共中央总书记江泽民在中共十四大上所作的报告中明确提出："中国经济体制改革的目标是建立社会主义市场经济体制，以利于进一步解放和发展生产力。"他还提出，要围绕社会主义市场经济体制的建立，加快经济改革的步伐。要深化分配制度的改革，统筹兼顾国家、集体和个人三者利益，理顺国家与企业、中央与地方的分配关系，逐步实行“税利分流”和分税制。

建立社会主义市场经济体制战略目标的确定，给中国的经济发展和经济体制改革指明了方向，也给税制改革提出了新的任务，并带来了新的机遇。

1992年12月28日，国家税务局局长金鑫在全国税务局长会议上的讲话中，就贯彻中共十四大精神，正确认识社会主义市场经济与税收的关系和深化税制改革问题发表了重要意见。

金鑫局长认为，与税收紧密相关的市场经济的几个特征：一是市场的统一性；二是市场的开放性；三是市场的竞争性；四是将市场调节与国家的宏观调控有机结合的必要性与可能性。在社会主义市场经济条件下，税收既是国家参与社会产品分配、组织财政收入的手段，又是国家直接掌握的调节社会再生产各个环节的经济杠杆，其地位和作用是其他任何行政手段和经济杠杆所无法取代的。其主要作用是：第一，体现公平税负、促进竞争的原则。第二，体现国家产业政策，促进经济结构调整。第三，调节分配，理顺国家与企业、中央与地方的分配关系，促进共同富裕目标的实现。第四，体现发挥市场调节作用与加强宏观调控的一致性。第五，为国家聚积财政资金。总之，税收在社会主义市场经济中具有保证市场经济健康运行，促进市场机制的形成和完善，调节社会分配以达到共同富裕以及限制市场经济所带来的某些消极因素等方面的作用。市场运行要求有一个健全的法制基础，所以，坚持依法治税的原则在任何时候都不能动摇；市场是统一的，因而税法也必须是统一的；市场是开放的，税制结构、税收征管必须适应开放的要求，并逐步与国际税收惯例对接；市场是竞争的，税收就要体现公平税负的原则；市场是按照经济规律运行的，税收应当在加强宏观调控和促进微观搞活上发挥更大的作用。因此，建立和发展社会主义市场经济，税收的地位和职能作用只能强化，不能弱化。

关于税制问题，金鑫局长提出，按照社会主义市场经济的要求，总结中共十一届三中全会以来中国税制改革的经验和教训，同时考虑到中国税制的沿革和今后一段时期的客观条件，进一步改革以后的税制有下列特点需要注意把握：

1. 坚持实行流转税、所得税双主体的模式，在相当长的时期内，流转税在税收总额中所占的比例将居第一位。这一模式是符合中国国情的。

2. 所有内资企业执行统一的企业所得税法。

3. 内资企业、外资企业实行相同的流转税法，中国人、外国人实行统一的个人所得税法，内资企业、外资企业最终实行统一的企业所得税法。

4. 用所得税规范国家与企业的分配关系。目前的承包制是过渡性的。

5. 流转税采用价内税，这是多年来形成的符合中国国情的做法。

6. 企业所得税实行比例税，个人所得税实行超额累进税率，前者有利于平等竞争，后者可以调节分配不公，这也是国际上通常的做法。

7. 全面推行增值税，对部分产品交叉征收产品税。以中性化的增值税实施普遍调节，以产品税实施特殊调节。

8. 扩大税基，税基不受侵蚀，一切应税收入都应当依率计征，照章纳税。

9. 根据市场经济的要求及时调整税率，缩小名义税率与实际税负的差距，以便进一步发挥税收的调控功能，使纳税人合理负担税收。

10. 简化税制，减少税种，将现行的30多种工商税收减少到20种左右。

金鑫局长还说：中共中央、国务院希望几年之内理顺税收分配关系，初步建立起一套有利于市场经济发展的税收制度。税制改革是一项非常复杂的系统工程，涉及各方面利益的再分配、再调整。在改革的过程中，一些地方、企业可能因此而得到一些好处，另一些地方、企业则可能受到一些损失，这是转换分配机制必然的影响。要通过宣传，统一认识，让绝大多数地区、企业能够认识到这一步改革非走不可，用全局观念看待利益得失。同时，在改革方案的设计上要力求做到使绝大多数企业不致因此而受到损失。要完成我们的目标，必须加倍努力工作。要充分调查研究，缜密论证测算，多方听取各种意见，认真研究借鉴国际经验，精心设计，既要有总体安排，又要有具体步骤，成熟一个，出台一个。当前税制改革的侧重点是争取个人所得税尽快出台，尽快完成统一内资企业所得税法的方案设计，尽快拿出流转税改革的方案。

1992年12月29日，中共中央政治局常委、国务院总理李鹏在全国财政会议上的讲话中指出：财税改革是整个经济体制改革的重要组成部分，其核心是按照社会主义市场经济的要求，正确处理国家与企业、中央与地方的利益分配关系，为市场发育和企业之间的公平竞争创造良好的外部条件，改进和加强宏观调控。因此，改革要加快进行。要逐步统一、规范内资企业所得税，以利于企业之间的公平竞争。要以大幅度放开、调整生产资料价格为契机，首先在工业环节，并择机在批发、零售环节全面推行增值税。

1993年1月，中共中央政治局提出：要以加快价格改革为契机，大力发展和培育各类市场，配套改革计划、税收、财政、金融和外贸体制。

同年3月7日，中国共产党第十四届中央委员会第二次全体会议通过《中共中央关于调整“八五”计划若干指标的建议》。建议中提出：在“八五”计划实施的后3年，要加快财政改革和发展的步伐，逐步扭转国家财政困难的局面。要加快“税利分流”和分税制的试点，逐步理顺国家与企业、中央与地方的分配关系。要采取有力措施，进一步完善税制，加强税收征管，严肃财经法纪，使财政收入的增长随着经济的增长而相应增加。

同年3月8日，国务院批转国家经济体制改革委员会报送的《1993年经济体制改革要点》，其中提出下列税制改革措施：

1. 进一步规范国家与企业的分配关系。在承包到期的企业中积极推行“税利分流，税后还贷，税后分利”的改革。同时，结合统一所得税税率，减轻企业税后负担，研究制定促进企业还贷机制转换的配套措施。

2. 以大幅度调整、放开生产资料价格为契机，首先在工业生产环节，并择机在批发、零售环节全面推行增值税，统一扣税范围，简并税率档次，简化计征办法。同时，对产品税的征收范围和计征办法进行配套改革。

3. 建立统一的内资企业所得税制，各类内资企业逐步统一执行基本税率为33%的所得税税率；统一、规范企业所得税税前扣除项目和列支标准，保护税基不受侵蚀；分步取消从企业折旧中征集的两项基金；在取消税前还贷的基础上，分步取消对税后利润征集两项基金的办法。

4. 合并现行的个人所得税、个人收入调节税和城乡个体工商业户所得税，建立统一的个人所得税制。根据经济发展和居民收入增长的情况，参照国际惯例，有计划地扩大个人所得税的征收范围。

5. 扩大资源税的征收范围和项目；研究废止和取消某些不合理的税种。

6. 抓紧起草企业所得税法（条例），尽快修订个人所得税法。

同年3月16日，国务院总理李鹏在第八届全国人民代表大会第一次会议上所作的《政府工作报告》中提出：要积极改革和健全税制，改革财税体制，理顺中央与地方、国家与企业的分配关系。改革的方向是实行中央与地方的分税制和国有企业“税利分流”。会议批准了上述报告。

江泽民、李鹏、朱镕基等党和国家领导人还多次在其他许多重要会议上反复强调，要加快税制改革，充分发挥税收职能作用，通过税制改革和其他改革解决当前经济中存在的突出问题。

为了在新的形势下进一步提高税收的地位，更好地发挥税收的职能作用，加强对税收工作的领导，1993年4月19日，国务院在机构改革中将国家税务局改名为国家税务总局，并升格为国务院直属机构，原国家税务局局长金鑫继续担任局长。

中共中央、国务院和全国人民代表大会关于税收工作的一系列重要指示和采取的各项有力措施，指明了税制改革的方向，对于税制改革起到了巨大的推动作用。根据形势发展的要求，国家税务总局在经过几年深入调查研究、反复论证以后提出的税制改革的基本思路的基础上，重新对于税制改革问题作了认真的研究，并广泛地听取了各方面的意见，逐步形成了关于全面深化税制改革的新的指导思想和基本方案。

1993年4月23日、29日，中共中央总书记江泽民先后两次主持召开中央财经领导小组会议，研究税制改革工作，还于4月28日专门听取了国家税务总局局长金鑫、副局长杨崇春关于税收工作的汇报。

金鑫局长在上述4月23日会议上所作的汇报中指出：现行税制不适应发展社会主义市场经济需要的主要表现是：企业所得税按照不同所有制分别设置税种，税负不平，不利于企业公平竞争：名义税率高，实际税负低；国有大中型企业总体负担偏重，企业缺乏自我创造、自我发展的能力；国家与企业的分配关系犬牙交错，很不规范；税收调控的范围和程度还不能适应生产要素全面进入市场的要求；流转税税率档次过多，高低差距很大，不利于公平竞争，需要简化；地方税收入规模过小，不利于实行分税制；内资企业和外资企业实行两套税制的矛盾日益突出；对个人所得课税的法规不规范，对缓解社会分配不公的调节不力；股份制的出现迫切要求统一企业所得税；房地产业、证券业等新兴行业的发展，需要有相应的税收对策。

关于税制改革的基本设想，金鑫局长提出，近期税制改革的指导思想是：统一税法，公平税负，简化税制，合理分权，规范分配方式，理顺分配关系。税制改革的主要内容是：

1. 企业所得税改革。目标是调整、规范国家与企业的分配关系，促进企业经营机制转换，实现公平竞争。第一步，统一内资企业所得税。实行33%的比例税率，或者基本税率为30%，再加3%的地方所得税，微利企业实行两档低税率。取消国营企业调节税、国家能源交通重点建设基金和国家预算调节基金，国家作为资产所有者参与企业税后利润的分配。取消所得税前还贷，并为其创造条件，老贷款的余额分别情况妥善处理。这一步改革争取1994年1月1日一步到位。第二步，统一内资企业所得税和外资企业所得税。

2. 个人所得税改革。将个人所得税、个人收入调节税和城乡个体工商业户所得税合并为统一的个人所得税。实行累进税率，结合中国实际，参照发展中国家和周边国家的情况，确定税负水平。对于个人经营所得过高者适当加成征税，以实现有效调节。中外纳税人实行不同的费用扣除标准。这项改革计划在1993年完成立法。

3. 流转税改革。在商品生产和流通过程中全面推行规范化的增值税，将税率简并为一档或者两档，最多三档，调整税负，简化计税办法。用产品税对某些消费品进行特殊调节，在非商品经营领域实行营业税。统一内外两套流转税制。这项改革争取在1995年出台。

4. 地方税改革。合理调整税制结构，建立地方税体系，较大幅度地提高地方税的比重。除现有地方性税种以外，将营业税基本划为地方税；扩大资源税的征收范围和收入规模，并将此税划为地方税；将对财产、土地征收的税收划为地方税。以集中必要的宏观调控权为前提，将地方税的管理权限大部分下放给地方。除了必须全国统一者以外，地方税的立法权应当下放给省、自治区和直辖市。

5. 改革其他税种，优化税制结构，包括研究开征土地增值税、证券交易税、社会保险税、遗产税和赠与税等，废止一些过时的税种，将特别消费税、牲畜交易税并入相关的税种，取消集市交易税和筵席税，把国营企业奖金税、集体企业奖金税和事业单位奖金税与国营企业工资调节税合并为企事业单位工资调节税。

上述第四项、第五项改革拟用3年左右的时间逐步完成。

关于税制改革的效果，金鑫局长认为，上述改革基本到位以后，可以达到以下几个目的：全面实行增值税和统一企业所得税将基本实现公平税负，为社会主义市场经济的发展提供必不可少的条件；减轻国有大中型企业的负担，增强其自我改造、自我发展的能力，不仅具有经济意义，而且具有极大的政治意义；取消税前还贷，政府将不再为企业的决策承担风险，可以促进企业自我约束机制和银行风险机制的形成；扩大地方税规模和相应下放地方税的立法权、管理权，有利于形成地方政府的自我约束机制；个人所得税的改革有助于缓解个人收入差距过大矛盾。

关于税制改革的得失与难点，金鑫局长也作了分析。他提出：在战略上，要树立宁愿花一点代价也要换取一个合理的新机制的决心；在方案设计上，要兼顾财政和企业各自的承受能力。如果静态地算账，在国家与企业分配关系改革的初期，财政收入会减少一些。但是，当转换机制、提高经济效益的目标实现以后，企业收入和财政收入都将水涨船高。权衡之下，即使财政收入暂时有一定的损失，从长远看也是有利的。扩大地方税的收入规模，并不减少税收总量，主要是调整税制结构，为分税制创造条件。某些税制改革措施可能会在一定程度上引起物价波动，但是影响不会很大。企业所得税改革、流转税改革对广大职工群众的利益基本上不会产生影响。尽管如此，也要选择好时机，慎重对待。由于税制改革涉及宏观分配体制和分配格局的重大调整，难度很大。因此，在改革步骤上要有先有后，在方案设计上要有进有退，在利益调整上要有得有失。预计的主要难点，首先是企业所得税改革与现行承包制的关系。应该因势利导，用一个规范的、税负合理的、为多数企业所能接受的所得税制取代承包制。其次，税制改革必然要引起部门、地区、企业之间的利益转移，在制订方案的时候要采取一定的政策措施，尽量减轻震动。但是，一切都要保护既得利益是不可能的，否则改革将无法推进。另外，税制改革是一个一揽子方案，不能“择其善者而从之”。金鑫再次建议成立国务院税制改革领导小组，由国务院主要领导人挂帅，作为税制改革的最高决策机构。

中央财经领导小组在听取了上述汇报以后，充分肯定了中国改革开放以来税制改革取得的明显进展和税收工作发挥的重要作用。同时指出：现行税制已经不适应经济发展的需要，对于理顺中央与地方以及国家、企业、个人的分配关系，难以起到有效的调节作用。因此，必须加快税制改革。

会议同意国家税务总局提出的关于税制改革的原则，并提出了许多重要意见。中央领导指出：当前，进一步推进税制改革，已经到了一个关键时期。从目前存在的实际问题看，必须加快税制改革的进程：一是税制不合理，税收流失严重，税收占国民生产总值的比重不断下降，造成财政特别是中央财政困难；二是在税制方面还没有为企业创造公平竞争的环境，影响国有大中型企业的活力；三是税收在调节地区发展和个人收入分配方面还没有发挥应有的作用；四是一些地区越权减免税收或者变相增加税收，使税法的严肃性和税制的统一性受到损害。如果这些问题不能得到及时的解决，必然削弱公有制的基础地位和中央政府的调控能力，加剧分配不公的矛盾，影响经济的发展和社会的安定。

中共中央总书记江泽民在上述4月29日会议上的讲话中就税收工作提出下列重要意见：

1. 要抓住时机，积极推进税制改革。必须充分认识新形势下进一步推进税制改革的必要性和紧迫性，不失时机地推进税制改革，更好地发挥税收的应有作用，促进经济发展，促进共同富裕，促进综合国力的提高。

2. 要坚持税制改革的正确原则，努力建立具有中国特色社会主义的税收体系。一是体现公平税负，促进平等竞争；二是合理调节分配，促进共同富裕；三是体现国家产业政策，促进结构调整；四是合理分权，理顺中央和地方分配关系；五是健全和完善涉外税制，促进对外开放。

3. 要加强税收征管，切实改进税收工作。一是要坚持依法治税，维护国家税收政策和法律的严肃性；二是要改进和加强税收征管手段，提高税收工作的现代化水平；三是要加强税务队伍建设，提高干部素质；四是要加强宣传，增强纳税人的纳税意识。

会议的决议中提出：为了适应社会主义市场经济发展的需要，必须加快税制改革和有关配套改革。税制改革涉及面广，影响大，既要积极，又要稳妥；要同投资体制、企业体制、财政体制等方面的改革协调配套进行。为了加强对财税体制改革的领导，同意由中共中央政治局常委、国务院副总理朱镕基负责，研究制定改革的具体方案和步骤。在改革中，要注意把握下列原则：

1. 税制改革要有利于加强中央的宏观调控能力。在明确中央与地方政府事权的基础上，调整税制结构，合理划分税种和确定税率，实行分税制财政管理体制，理顺中央与地方的分配关系，调动中央和地方两个方面的积极性。通过税制改革，要提高税收收入占国民生产总值的比重，提高中央财政收入占全国财政收入的比重。

2. 税制改革要有利于发挥税收在调节个人收入和地区经济发展差距方面的作用，促进协调发展，实现共同富裕。

3. 税制改革要体现公平税负，促进平等竞争。要逐步解决目前按照不同所有制、不同地区设置税种、税率的问题。

4. 税制改革要体现国家产业政策，促进经济结构的有效调整。

会议以后，国家税务总局和有关部门根据中共中央、国务院的指示，抓紧了全面税制改革的研究、准备工作。

## 三、税制改革方案的出台

1993年夏，根据经济发展的需要，中共中央、国务院果断地作出了加快实施税制改革的决策，并从1994年起全面推行。

### （一）税制改革实施方案（要点）的制订

1993年上半年，中国经济在快速发展的同时，也出现了某些宏观调节失控，经济秩序混乱的问题，危及改革开放和经济发展。为此，中共中央、国务院于6月24日发出《关于当前经济情况和加强宏观调控的意见》，提出了关于加强宏观调控的一系列重要措施，其中包括加快财税体制改革。

同年7月22日，国务院总理办公会议决定：为了保持中国经济的持续、快速和健康发展，要加快实施财税体制改革的步伐，将原定分步实施的改革设想改为一步到位，自1994年1月1日起施行。

同年7月23日，中共中央政治局常委、国务院副总理朱镕基在全国财政、税务工作会议上的讲话中就财税改革问题作了明确的部署。他提出：解决当前财税工作中突出问题的根本出路在于深化财税改革。要按照邓小平建设有中国特色社会主义的理论，总结改革开放的实践，尽快建立适应社会主义市场经济要求的财政税收体制。如果现在不开始进行财税改革，明年的日子就很难过下去。他强调：一定要全面进行改革，财税体制改革在一个省里搞试点是搞不下去的，要改革就全国推行。要充分认识加快财税改革的必要性和紧迫性，加快改革的进程，1994年1月1日在全国推行。

同年7月下旬至8月中旬，根据国务院的部署，国家税务总局起草了《关于税制改革的实施方案（要点）》，并上报国务院。8月下旬至9月上旬，国务院常务会议和中共中央政治局常委会议先后听取了国家税务总局关于税制改革问题的汇报，审议并通过了上述实施方案（要点）。上述实施方案（要点）的主要内容如下：

1. 税制改革的指导思想和基本原则。税制改革的指导思想是：统一税法，公平税负，简化税制，合理分权，理顺分配关系，保障财政收入，建立符合社会主义市场经济要求的税制体系。

税制改革必须遵循的基本原则是：要有利于加强中央的宏观调控能力；有利于发挥税收调节个人收入差距和地区间经济发展差距的作用；体现公平税负，促进平等竞争；体现国家产业政策，促进经济结构的有效调整和国民经济总体效益的提高；简化、规范税制。

2. 企业所得税改革。企业所得税改革拟分为两步走：第一步，从1994年起统一内资企业所得税，实行33%的比例税率，对部分微利企业增设27%和18%两档优惠税率，取消国营企业调节税和国家能源交通重点建设基金、国家预算调节基金，用税法规范税前列支项目和标准，建立新的规范化的企业还贷制度。第二步，统一内资企业所得税和外资企业所得税。

3. 个人所得税改革。立法原则主要是调节个人收入差距，缓解社会分配不公的矛盾。工资、薪金所得的月扣除额为800元，对外国人采取加计扣除的办法，并根据物价、职工收入、汇率等情况的变化适时调整。工资、薪金所得实行5%至45%的超额累进税率，生产、经营所得实行5%至40%的超额累进税率。（国务院于同年8月向全国人民代表大会常务委员会提交了关于修改个人所得税法的议案——笔者注。）

4. 流转税改革。实行内外统一的增值税、消费税和营业税，取消工商统一税。对商品的生产、批发、零售和进口全面实行增值税，价外计征，基本税率为16%，低税率为13%，实行发票扣税制。对小型纳税人实行简便征税办法。对需要进行特殊调节的部分最终消费品交叉征收消费税，对不实行增值税的劳务交易和第三产业征收营业税。

5. 其他税种的改革。

（1）开征房地产增值税，实行30%至60%的累进税率，以对房地产交易中的过高利润进行适当调节。

（2）将现行对股票交易征收印花税的办法改为征收证券交易税，对买卖双方各按3‰的税率征税，最高税率可以上浮到10‰。

（3）开征遗产和赠与税。

（4）改革城市维护建设税，体现享用市政设施与纳税义务相对应的原则，以销售收入为计税依据，实行0.5%至1%的幅度税率，将外资企业纳入征税范围。

（5）其他税种的调整包括：取消或者合并盐税、筵席税、集市交易税、牲畜交易税、特别消费税、烧油特别税、国营企业奖金税、集体企业奖金税、事业单位奖金税和国营企业工资调节税；取消对外资企业和外国人征收的城市房地产税和车船使用牌照税，统一实行房产税和车船使用税，并适当调整税率；调高城镇土地使用税的税额；下放屠宰税。

经过上述改革，中国工商税制的税种将从原来的32种减少为17种，即增值税、消费税、营业税、资源税、城镇土地使用税、内资企业所得税、外商投资企业和外国企业所得税、个人所得税、城市维护建设税、固定资产投资方向调节税、房地产增值税、房产税、车船使用税、遗产和赠与税、印花税、证券交易税和屠宰税。按照1992年的有关数据测算，税制改革以后的工商税收（包括国营企业所得税）收入约为3411亿元，比1992年实际征收数3240亿元多出171亿元（如果考虑到《企业财务通则》、《企业会计准则》出台等因素，实际上可以增收291亿元）。

6. 税收征收管理制度的改革。税收征收管理制度改革的主要内容是：普遍建立纳税申报制度；积极推行税务代理制度；加速推进税收征管计算机化的进程；建立严格的税务稽核制度；适应实行分税制财政管理制度的需要，组建中央、地方两套税务机构；确立适应社会主义市场经济需要的税收基本规范。

为了做好税制改革方案实施以前的各项准备工作，1993年10月中旬，国家税务总局召开全国税制改革工作会议，进一步研究改革方案和即将出台的一系列新的税收法规草案或者讨论稿，包括税制改革实施方案（要点），增值税、消费税、营业税、企业所得税、资源税和土地增值税等税收暂行条例及其实施细则，个人所得税法实施条例和城乡维护建设税、车船税暂行条例，发票管理办法及其实施细则，增值税专用发票管理办法和增值税纳税人登记管理办法，关于深化税收征管改革的方案，税务代理暂行办法，关于外商投资企业执行统一流转税的意见等等。

同年10月31日，第八届全国人民代表大会常务委员会第四次会议通过《关于修改〈中华人民共和国个人所得税法〉的决定》，同日中华人民共和国主席令公布，自1994年1

月1日起施行，同时废止国务院1986年发布的《中华人民共和国城乡个体工商业户所得税暂行条例》和《中华人民共和国个人收入调节税暂行条例》。1994年1月28日，国务院发布《中华人民共和国个人所得税法实施条例》。至此，统一个人所得税制的改革顺利完成。

新的个人所得税的纳税人为在中国境内有住所，或者无住所而在中国境内居住满1年，从中国境内外取得所得的个人和在中国境内无住所又不居住或者无住所而在中国境内居住不满1年，从中国境内取得所得的个人；征税项目为工资、薪金所得，个体工商户的生产、经营所得，对企业、事业单位的承包经营、承租经营所得，劳务报酬所得，稿酬所得，特许权使用费所得，利息、股息和红利所得，财产租赁所得，财产转让所得，偶然所得和其他所得；工资、薪金所得适用5%至45%的九级超额累进税率，个体工商户的生产、经营所得和对企业、事业单位的承包经营、承租经营所得适用5%至35%的五级超额累进税率，其余八类所得均适用20%的比例税率。省、部、军级以上单位和外国组织、国际组织颁发的科技、教育、文化、卫生、体育和环境保护等方面的奖金，储蓄存款利息、国债和国家发行的金融债券的利息，按照国家统一规定发给的补贴、津贴，福利费、抚恤金和救济金，保险赔款，军人的转业费、复员费，按照国家统一规定发给干部、职工的安家费、退职费、退休费、离休工资和离休生活补助费，按照中国有关法律规定应予免税的外国驻华使馆、领事馆的外交代表、领事官员和其他人员的所得，中国政府参加的国际公约、签订的协议中规定免税的所得，经国务院财政部门批准免税的所得，可以免征个人所得税。残疾、孤老人员和烈属的所得，因严重自然灾害造成重大损失的，其他经国务院财政部门批准减税的，经过批准，可以减征个人所得税。

### （二）工商税制改革实施方案的出台

1993年11月14日，中国共产党第十四届中央委员会第三次全体会议通过《中共中央关于建立社会主义市场经济体制若干问题的决定》。决定中提出：社会主义市场经济必须有健全的宏观调控体系。宏观调控主要采用经济办法，近期要在财税、金融、投资和计划体制的改革方面迈出重大步伐。财政运用预算和税收手段，着重调节经济结构和社会分配。要积极推进财税体制改革。近期改革的重点之一，就是要按照统一税法、公平税负、简化税制和合理分权的原则，改革和完善税收制度。推行以增值税为主体的流转税制度，对少数商品征收消费税，对大部分非商品经营继续征收营业税。在降低国有企业所得税税率，取消国家能源交通重点建设基金和国家预算调节基金的基础上，企业依法纳税，理顺国家与国有企业的利润分配关系。统一企业所得税和个人所得税，规范税率，扩大税基。开征和调整某些税种，清理税收减免，严格税收征管，堵塞税收流失。近期改革的另一个重点是将现行的地方财政包干制改为在合理划分中央与地方事权基础上的分税制，建立中央税收和地方税收体系。维护国家权益和实施宏观调控所必需的税种列为中央税；同经济发展直接相关的主要税种列为共享税；充实地方税税种，增加地方税收入。通过发展经济，提高效益，扩大税源，逐步提高财政收入在国民生产总值中的比重，合理确定中央财政收入和地方财政收入的比例。实行中央财政对地方的返还和转移支付制度，以调节分配结构和地区结构。在论及建立合理的个人收入分配制度的时候，决定中提出，要适时开征遗产税和赠与税。在论及规范和发展房地产市场的时候，决定中提出，要通过开征和调整房地产税费等措施，防止在房地产交易中获取暴利和国家利益的流失。上述决定的发布，为建立适应社会主义市场经济体制需要的新税制和财政管理体制进一步指明了方向。

同日，中共中央总书记江泽民在上述会议上的讲话中指出：今年加强和改善宏观调控的一个重要特点，是通过深化改革来解决前进中出现的矛盾和问题，主要采取经济手段和法律手段，当然也辅之以必要的行政手段，实践证明是成功的。这给我们提供了宝贵的经验，说明解决国民经济和社会发展中的深层次矛盾，根本出路在于深化改革。这次会议通过的决定对财税体制的改革规定了原则和方向，是充分考虑到中国的现实情况和地方工作的。实行分税制，合理划分中央和地方的事权，合理确定中央和地方的收支比例，目的是理顺经济关系，使经济活动规范化。这一改革是发展社会主义市场经济的要求，既符合国际上的通常做法，也考虑了中国的特点和具体情况。这样做，有利于发挥中央和地方两个积极性，把经济建设搞得更好，实现国民经济和社会的协调发展。在处理中央和地方的关系时，中央要考虑地方的困难，地方则要树立全局观念，全局照顾局部，局部服从全局。财税体制改革方案，通过讨论协调获得共识，说明大家是顾全大局，有全局观念的。要充分理解这项改革的深远意义，同心同德，共同努力，完成改革任务。

同年11月25日、26日，国务院总理办公会议、国务院常务会议先后审议并原则通过了国家税务总局报送的《工商税制改革实施方案》和增值税、消费税、营业税、企业所得税、资源税、土地增值税等6个税收暂行条例的草案。

同年12月1日，中共中央政治局常委、国务院总理李鹏在全国经济工作会议上的讲话中谈到1994年的税制改革和分税制财政管理体制改革时说：这些改革都是建立社会主义市场经济体制的重要内容，是关系整个经济体制改革的重大措施。改革方案的设计，既参照了发达市场经济国家的普遍做法，也考虑了中国的国情；既注意到逐步增加中央财力的需要，也充分照顾了地方的需要和企业的经营状况。各级党政领导要充分认识改革的重要意义，认真做好各方面的思想工作，把财税改革作为一件大事来抓，确保各项改革措施顺利出台并取得预期效果。

李鹏总理还说：这次财税改革主要是转换机制，同时涉及利益分配格局的调整。为了顺利推进改革，在方案设计中，听取了各方面的意见，力求积极稳妥、切合实际。尽管如此，现在确定的方案可能还有不够完善的地方。因此，在改革方案出台以后，要密切注意新情况，及时解决运行中的新问题，使改革措施不断完善。

同年12月25日，国务院批准国家税务总局报送的《工商税制改革实施方案》，并发出通知，将其转发各省、自治区、直辖市人民政府和国务院各部门贯彻执行。国务院在通知中指出："这次工商税制改革是建国以来规模最大、范围最广泛、内容最深刻的一次税制改革，其目的是为了适应建立社会主义市场经济体制的需要。这次改革必将有力地促进我国社会主义经济的持续、快速、健康发展。为此，各省、自治区和直辖市人民政府要高度重视，加强领导，切实抓好《工商税制改革实施方案》的组织实施。"上述实施方案的主要内容如下：

1. 关于现行税制的评价，实施方案中指出：中国现行工商税制突破了原计划经济体制下统收统支的分配格局，强化了税收组织财政收入和宏观调控的功能，基本上适应了10年来中国经济发展和经济体制改革的需要。但是，它仍然存在着一些不完善之处，特别是与中国发展社会主义市场经济的要求不相适应，在处理国家与企业、个人的分配关系和中央与地方的分配关系方面难以发挥应有的调节作用，其主要表现是：

（1）税负不平，不利于企业平等竞争。企业所得税按照不同所有制分别设置税种，税率不一，优惠各异，地区之间政策也有差别，造成税负不平。流转税税率是在计划价格为主的条件下为缓解价格不合理的矛盾设计的，档次过多，高低差距很大，在价格已经大部分放开的情况下，如果不加以简并、调整，不利于企业公平竞争。

（2）国家与企业的分配关系犬牙交错，很不规范。一些过高的税率使企业难以承受，名目繁多的优惠政策又导致财政难以承受。地方政府和主管部门也用多种名义从企业征收数量可观的管理费、基金和提留等。企业总体负担偏重。

（3）中央与地方在税收收入和税收管理权限的划分上不能适应彻底实行分税制财政管理制度的需要。

（4）税收调控的范围和程度不能适应生产要素全面进入市场的要求，税收对土地市场和资金市场等领域的调节远远没有到位。

（5）内资企业和外资企业实行两套税制，矛盾日益突出。

（6）税收征收管理制度不严，征管手段落后，税收流失较为严重。

（7）税收法制体系不健全，没有形成税收立法、司法相互独立、相互制约的机制。

2. 关于工商税制改革的指导思想和基本原则，方案中提出，工商税制改革的指导思想是：统一税法，公平税负，简化税制，合理分权，理顺分配关系，保障财政收入，建立符合社会主义市场经济要求的税制体系。

深化工商税制改革的基本原则是：

（1）要有利于调动中央、地方两个方面的积极性和加强中央的宏观调控能力。要调整税制结构，合理划分税种和确定税率，为实行分税制，理顺中央与地方的分配关系奠定基础。通过税制改革，逐步提高税收收入占国民生产总值的比重，合理确定中央财政收入和地方财政收入的分配比例。

（2）要有利于发挥税收调节个人收入和地区经济发展的作用，促进经济和社会的协调发展，实现共同富裕。

（3）要有利于实现公平税负，促进平等竞争。要逐步解决目前按照不同所有制、不同地区设置税种、税率的问题，通过统一企业所得税和完善流转税，使各类企业之间税负大致公平，为企业在市场中平等竞争创造条件。

（4）要有利于体现国家的产业政策，促进经济结构调整，促进国民经济的持续、快速、健康发展和整体效益的提高。

（5）要有利于税种的简化、规范化。要取消与经济发展不相适应的税种，合并重复设置的税种，开征一些确有必要的税种，实现税制的简化和高效。在处理分配关系上，要重视参照国际惯例，尽量采用较为规范的税收方式，保护税制的完整，以利于维护税法的统一性和严肃性。

3. 关于企业所得税制的改革，方案中提出的改革目标是：调整、规范国家与企业的分配关系，促进企业转换经营机制，实现公平竞争。改革的主要内容是：

（1）从1994年1月1日起统一内资企业所得税，下一步再将内资企业所得税和外资企业所得税统一起来。

（2）内资企业所得税实行33%的比例税率。考虑到部分企业盈利水平低的实际情况，可以采取某些过渡性的照顾措施。金融业、保险业的所得税征税办法仍然按照原来的规定办理。

（3）用税法规范税前列支项目和标准，改变目前应纳税所得额的确定从属于企业财务制度的状况，稳定和拓宽税基，硬化企业所得税。

（4）取消国营企业调节税和向国有企业征收的国家能源交通重点建设基金、国家预算调节基金。

（5）《企业财务通则》和《企业会计准则》施行以后，企业贷款利息进入成本，折旧加速，加上其他一些政策，使企业税后还贷能力大为增加。为此，要在统一企业所得税的同时建立新的规范化的企业还贷制度。

（6）统一企业所得税以后，应当改变现行承包企业所得税的做法。

4. 关于个人所得税的改革，个人所得税法修正案已经于1993年10月31日经第八届全国人民代表大会常务委员会第四次会议审议通过，自1994年1月1日起施行。

5. 关于流转税的改革，方案中提出，改革以后的流转税由增值税、消费税和营业税组成。在工业生产领域和批发、零售商业普遍征收增值税，对少量消费品征收消费税，对不实行增值税的劳务和销售不动产征收营业税。新的流转税制度统一适用于内资企业和外资企业，取消对外资企业征收的工商统一税。原来征收产品税的农、林、牧、水产品改为征收农业特产税和屠宰税。流转税的改革要体现公平、中性、透明和普遍的原则，总体税收负担基本保持现有水平。

增值税改革的要点是：

（1）对商品的生产、批发、零售和进口全面实行增值税，对绝大部分劳务和销售不动产暂不实行增值税。

（2）采取基本税率、低税率和零税率三档税率。基本税率为17%；低税率为13%，适用于基本食品和农业生产资料等；出口商品一般适用零税率。

（3）实行价外计征的办法，即按照不含增值税税金的商品价格和规定的税率计算征收增值税。

（4）实行根据发票注明税金抵扣税款的制度。零售以前各环节销售商品的时候，必须在发票上分别注明不含增值税的价格和增值税税金。为了适应中国消费者的习惯，在商品零售环节实行价内税，不在发票上单独注明税金。

（5）对于年销售额较小，会计核算不健全的小型纳税人，实行按照销售收入金额和规定的征收率计征增值税的简便办法。

（6）改革增值税纳税制度。对增值税的纳税人进行专门的税务登记，使用增值税专用发票，建立对购销双方交叉审计的稽查体系和防止偷漏税、减免税的内在机制。

消费税改革的要点是：原来征收产品税的产品全部改为征收增值税以后，将有不少产品的税负大幅度下降。为了保证财政收入，体现基本保持原税负的原则，同时考虑对于一些消费品进行特殊调节，将选择少数消费品在征收增值税的基础上再征收一道消费税。消费税的税目设有11个，主要包括烟、酒、化妆品、贵重首饰、摩托车、小汽车、汽油和柴油等。消费税采用从价定率征收和从量定额征收两种办法。从价征收的，按照不含增值税税金而包含消费税税金在内的价格和规定的税率计算征收消费税。

改革以后的营业税的征税范围包括提供劳务、转让无形资产和销售不动产。交通运输业、建筑业、邮电通信业和文化体育业，税率为3%；金融保险业、服务业、转让无形资产和销售不动产，税率为5%；娱乐业的税率为5%—20%。从事上述营业、转让、销售活动的单位和个人，应当按照其营业额和规定的税率计算缴纳营业税。

流转税改革以后，外资企业的税负将会变化。为了保证中国对外开放政策和涉外税收政策的连续性、稳定性，对于部分外资企业税负提高的问题，要采取妥善办法解决。具体办法是，凡是按照改革以后的税制计算缴纳的税款比改革以前增加的部分，经过税务机关审核以后，采取年终一次返还或者全年分次返还的办法。照顾时间以合同期为限，但是最长不得超过 1998 年。1994 年 1 月 1 日以后批准设立的外资企业一律按照新税法纳税。

6. 关于其他税种的改革，方案中提出了以下措施：

（1）资源税。针对现行资源税征税范围窄，税负偏低的问题，改革以后的资源税的征税范围将包括所有矿产资源，征税品目有煤炭、石油、天然气、铁矿石和其他黑色金属矿原矿、铝土矿和其他有色金属矿原矿、非金属矿原矿和盐。还要配合增值税的改革，适当调整资源税的税负。资源税实行分产品类别从量定额计算征税的办法，设置有上下限的幅度税额。同类资源产品开采条件不同的，税额也不同。

（2）土地增值税。通过开征此税，适当调节房地产交易中的过高利润。此税在房地产的交易环节对交易收入的增值部分征收。房地产增值额为纳税人转让房地产所取得的收入减去规定的扣除项目以后的余额。此税按照房地产增值税额超过扣除项目金额的比例实行超率累进税率，税率从 30%—60% 不等。

（3）证券交易税。将现行对股票交易征收印花税的办法改为征收证券交易税。由于全国人民代表大会常务委员会正在审议《中华人民共和国证券法》，为了便于与该法衔接，此税拟缓一步出台。

（4）城乡维护建设税。为了体现享用市政设施与纳税义务相对应的原则，城乡维护建设税不再采用城市维护建设税按照流转税税额附征的办法，改为以销售收入为计税依据，税率从 0.2%—0.6% 不等，并将外资企业纳入纳税人的范围。此税要成为地方税体系中的骨干税种之一。

（5）土地使用税。适当提高税额标准，扩大征收范围，适当下放管理权限。

（6）其他税种的调整。

①取消集市交易税、牲畜交易税、烧油特别税、奖金税和工资调节税。

②将特别消费税并入消费税，将盐税并入资源税。取消对外资企业、外国人征收的城市房地产税和车船使用牌照税，统一实行房产税和车船使用税，并将目前偏低的税率和税额标准适当提高。

③将屠宰税、筵席税下放给地方。

④开征遗产税。

经过上述改革，中国工商税制中的税种由 32 个减少到 18 个，即增值税、消费税、营业税、企业所得税、外商投资企业和外国企业所得税、个人所得税、土地增值税、房产税、遗产税、城镇土地使用税、资源税、车船使用税、印花税、证券交易税、城乡维护建设税、固定资产投资方向调节税、屠宰税和筵席税。税制结构趋于合理，并初步实现高效和简化。适应社会主义市场经济体制要求的税制体系将初步形成。

方案中还提出，在改革税制的同时，必须推进税收征收管理制度的改革，彻底改变目前征管制度不严密、征管手段落后的局面，从根本上提高税收征管水平，建立科学、严密的税收征管体系，以保证税法的贯彻实施，建立正常的税收秩序。税收征管制度改革的主要内容是：普遍建立纳税申报制度，积极推行税务代理制度，加速推行税收征管计算机化的进程，建立严格的税务稽查制度，组建中央、地方两套税务机构以适应实行分税制财政管理体制的需要，确立适应社会主义市场经济需要的税收基本规范，中央税和全国统一实行的地方税立法权集中在中央（这一提法与国务院于10天以前即1993年12月15日发布的《关于实行分税制财政管理体制的决定》中关于中央税、共享税和地方税的立法权都要集中在中央的提法不同，似乎是不应当出现的差异；没有关于地方税、中央与地方共享税的规定似乎是不应当出现的疏漏——笔者注），加强税收法制建设。

上述方案自1994年1月1日起在全国施行。

1993年12月13日，国务院发布《中华人民共和国增值税暂行条例》、《中华人民共和国消费税暂行条例》、《中华人民共和国营业税暂行条例》、《中华人民共和国企业所得税暂行条例》和《中华人民共和国土地增值税暂行条例》。12月25日，国务院发布《中华人民共和国资源税暂行条例》。以上6个税收暂行条例均自1994年1月1日起施行，同时废止《中华人民共和国产品税条例（草案）》、《中华人民共和国增值税条例（草案）》、《中华人民共和国营业税条例（草案）》、《中华人民共和国资源税条例（草案）》、《中华人民共和国盐税条例（草案）》、《中华人民共和国国营企业所得税条例（草案）》、《国营企业调节税征收办法》、《中华人民共和国集体企业所得税暂行条例》、《中华人民共和国私营企业所得税暂行条例》和国务院关于征收特别消费税的规定。

根据上述税收暂行条例，财政部于同年12月25日发布《中华人民共和国增值税暂行条例实施细则》、《中华人民共和国消费税暂行条例实施细则》和《中华人民共和国营业税暂行条例实施细则》，12月30日发布《中华人民共和国资源税暂行条例实施细则》；1994年2月4日发布《中华人民共和国企业所得税暂行条例实施细则》；1995年1月27日发布《中华人民共和国土地增值税暂行条例实施细则》。

1. 增值税。纳税人为在中国境内销售、进口货物，提供加工、修理和修配劳务的各类企业、单位、个体经营者和其他个人，基本税率为17%，低税率为13%，出口货物一般适用零税率。一般纳税人以销项税额扣除进项税额以后余额为应纳税额，小规模纳税人按照销售额和规定的征收率计算应纳税额。农业生产者销售的自产农业产品，避孕药品和用具，古旧图书，直接用于科学研究、科学实验和教学用的进口仪器、设备，外国政府、国际组织无偿援助的进口物资和设备，来料加工、来件装配和补偿贸易所需进口的设备，由残疾人组织直接进口供残疾人专用的物品等，可以免征增值税。

2. 消费税。纳税人为在中国境内生产、委托加工和进口应税消费品的各类企业、单位、个体经营者和其他个人；征税对象为规定的消费品；税目有烟、酒和酒精、化妆品、护肤护发品、贵重首饰和珠宝玉石、鞭炮焰火、汽油、柴油、汽车轮胎、摩托车、小汽车11个；大部分应税消费品的计税依据为销售收入或者进口时的组成计税价格，税率从3%到45%不等；小部分应税消费品的计税依据为销售数量或者进口数量；采用固定税额标准（如汽油每升0.2元）；一般出口应税消费品可以免征消费税。

3. 营业税。纳税人为在中国境内提供应税劳务、转让无形资产和销售不动产的各类企业、单位、个体经营者和其他个人，税目有交通运输、建筑业、金融保险业、邮电通信业、文化体育业、娱乐业、服务业、转让无形资产和销售不动产9个，计税依据为营业额，税率一般为3%或者5%。托儿所、幼儿园、养老院和残疾人福利机构提供的育养服务，婚姻介绍，殡葬服务；残疾人员个人提供的劳务；医院、诊所和其他医疗机构提供的医疗服务；学校和其他教育机构提供的教育劳务，学生勤工俭学提供的劳务；农业机耕、排灌、病虫害防治、植物保护、农牧业保险和相关的技术培训业务，家禽、牲畜、水生动物的配种和疾病防治；纪念馆、博物馆、文化馆、美术馆、展览馆、书画院、图书馆和文物保护单位举办文化活动的门票收入，宗教场所举办文化、宗教活动的门票收入，可以免征营业税。

4. 企业所得税。纳税人为中国境内的国有企业、集体企业、私营企业、联营企业、股份制企业和其他组织；征税对象为纳税人来源于中国境内、境外的生产、经营所得和其他所得；计税依据为应纳税所得额，即纳税人每个纳税年度的收入总额减去准予扣除项目金额以后的余额；一般企业适用33%的税率，微利企业暂时适用27%或者18%的税率；中国工商银行、中国农业银行、中国银行、中国人民建设银行、中国投资银行、国家开发银行、中国农业发展银行、中国进出口银行和中国人民保险公司适用55%的税率，其他金融、保险企业适用33%的税率；符合国家有关规定的某些企业和经营单位可以享受一定的免征或者减征企业所得税待遇。纳税人发生年度亏损的，可以用下一纳税年度的所得弥补；下一纳税年度的所得不足弥补的，可以逐年延续弥补，但是最长不得超过5年。

5. 资源税。纳税人为在中国境内开采应税矿产品和生产盐的各类企业、单位、个体经营者和其他个人；税目有原油、天然气、煤炭、其他非金属矿原矿、黑色金属矿原矿、有色金属矿原矿和盐7个；计税依据为应税产品的销售数量和自用数量；实行幅度税额标准（例如，原油的税额标准为每吨8—30元，煤炭的税额标准为每吨0.30—5元）。开采原油过程中用于加热、修井的原油，可以免征资源税。纳税人在开采或者生产应税产品过程中由于意外事故、自然灾害等原因遭受重大损失的，可以酌情免征或者减征资源税。

6. 土地增值税。纳税人为出售或者其他方式有偿转让国有土地使用权、地上建筑物及其附着物（以下简称转让房地产）并取得收入各类企业、单位、个体经营者和其他个人，征税对象为纳税人转让房地产取得的增值额，计税依据为纳税人转让房地产取得的收入减除规定扣除项目金额以后的余额，实行30%至60%的四级超率累进税率。建造普通标准住宅出售，增值额不超过扣除项目金额20%的；由于城市实施规划、国家建设需要依法征用、收回的房地产，可以免征土地增值税。

为了统一税制，公平税负，改善中国的投资环境，适应建立和发展社会主义市场经济的需要，1993年12月29日，第八届全国人民代表大会常务委员会第五次会议在审议国务院关于提请审议外商投资企业和外国企业适用增值税、消费税、营业税等税收暂行条例的议案以后，通过《全国人民代表大会常务委员会关于外商投资企业和外国企业适用增值税、消费税、营业税等税收暂行条例的决定》，同日中华人民共和国主席令公布施行。上述决定的主要内容如下：

1. 在有关税收法律制定以前，外商投资企业和外国企业自1994年1月1日起适用增值税暂行条例、消费税暂行条例和营业税暂行条例，同时废止工商统一税条例（草案）。

2. 1993年12月31日以前已经批准设立的外商投资企业，由于按照上述规定改征增值税、消费税和营业税而增加税收负担的，经税务机关批准，在已经批准的经营期限以内，最长不超过5年，退还其由于税负增加而多缴纳的税款。具体办法由国务院规定。

3. 除了增值税、消费税和营业税以外，其他税种对外商投资企业和外国企业的适用，法律有规定的，按照法律的规定执行，法律未作规定的，按照国务院的规定执行。

根据全国人民代表大会常务委员会的上述决定，1994年2月22日，国务院发布《关于外商投资企业和外国企业适用增值税、消费税、营业税等税收暂行条例有关问题的通知》。通知中规定：外商投资企业和外国企业除了适用《中华人民共和国增值税暂行条例》、《中华人民共和国消费税暂行条例》、《中华人民共和国营业税暂行条例》和《中华人民共和国外商投资企业和外国企业所得税法》以外，还应当适用下列税收暂行条例：

1. 国务院1993年12月13日发布的《中华人民共和国土地增值税暂行条例》；
2. 国务院1993年12月25日发布的《中华人民共和国资源税暂行条例》；
3. 国务院1988年8月6日发布的《中华人民共和国印花税暂行条例》；
4. 中央人民政府政务院1950年12月19日发布的《屠宰税暂行条例》；
5. 中央人民政府政务院1951年8月8日发布的《城市房地产税暂行条例》；
6. 中央人民政府政务院1951年9月13日发布的《车船使用牌照税暂行条例》；
7. 中央人民政府政务院1950年4月3日发布的《契税暂行条例》。

（外商投资企业和外国企业除了适用上述税收暂行条例以外，还应当适用国务院1992年3月18日发布的《中华人民共和国关税条例》——笔者注）

在税制改革中，国务院还将陆续修订和制定新的税收暂行条例，外商投资企业和外国企业应当相应依据有关条例执行。

关于外商投资企业改征增值税、消费税、营业税以后增加的税收负担处理问题，通知中规定：

1. 在1993年12月31日以前已经批准设立的外商投资企业，由于改征增值税、消费税而增加税负的，由企业提出申请，税务机关审批，在已经批准的经营期限以内，准予退还由于税负增加而多缴纳税款，但是最长不得超过5年；没有经营期限的，在最长不超过5年的期限以内，退还上述多缴的税款。

2. 外商投资企业既缴纳增值税、又缴纳消费税的，所缴税款超过原税负的部分，按照所缴增值税、消费税的比例，分别退还增值税、消费税。

3. 外商投资企业生产的产品直接出口或者销售给出口企业出口的，按照增值税暂行条例的规定，凭出口报关单和已纳税凭证，一次办理退税。

4. 外商投资企业因税负增加而申请的退税，原则上在年终一次办理；税负增加较多的，可以按照季度申请预退，年度终了后清算。

5. 营业税的退税问题由省级人民政府规定。

1994年1月23日，国务院发出《关于取消集市交易税、牲畜交易税、烧油特别税、奖金税、工资调节税和将屠宰税、筵席税下放给地方管理的通知》，决定自同年1月1日起取消集市交易税、牲畜交易税、烧油特别税、奖金税和工资调节税，废止《集市交易税试行规定》、《牲畜交易税暂行条例》、《关于征收烧油特别税的试行规定》、《国营企业奖金税暂行规定》、《国营企业工资调节税暂行规定》、《集体企业奖金税暂行规定》和《事业单位奖金税暂行规定》，并将屠宰税和筵席税下放给地方管理。

屠宰税和筵席税下放给地方管理以后，各省、自治区和直辖市人民政府可以根据本地区经济发展的实际情况，自行决定是否继续征收。继续征收的地区，省级人民政府可以根据政务院、国务院发布的屠宰税暂行条例和筵席税暂行条例的规定，制定具体征收办法，并报国务院备案（在实际执行中，绝大多数地区继续征收屠宰税；只有少数地区继续征收筵席税，后来陆续停征——笔者注)。

1994 年 3 月 10 日，国家税务总局发出《关于屠宰税征收问题的通知》。通知中规定：各地可以参照原政务院和财政部关于征收屠宰税的规定，依照改革的要求和基本维持原税负的原则，结合当地的实际情况，自行制定征收屠宰税的办法，征收范围应当包括原来缴纳产品税的食用生猪、菜牛和菜羊。各地制定的征收办法，要报国家税务总局备案。此后，除了不征收屠宰税的西藏自治区以外，各省、自治区和直辖市都结合当地的情况制定了本地区的屠宰税征收办法，并陆续公布施行。

至此，中国 1994 年税制改革的主体工程完成，新税制初步建立。这时，中国的税收制度一共设 25 种税收，它们是：增值税、消费税、营业税、关税、企业所得税、外商投资企业和外国企业所得税、个人所得税、土地增值税、房产税、城市房地产税、遗产税、城镇土地使用税、耕地占用税、契税、资源税、车船使用税、车船使用牌照税、印花税、证券交易税、城市维护建设税、固定资产投资方向调节税、屠宰税、筵席税、农业税和牧业税。

根据税制改革和实行分税制财政管理体制以后税务机构管理体制改革的需要，为了进一步加强税收工作的领导，充分发挥税收在建立社会主义市场经济体制中的重要作用，1993 年 12 月 22 日，国务院决定将国家税务总局升格为正部级机构。1994 年 1 月 27 日，中共中央任命金鑫为中共国家税务总局党组书记（部长级）。2 月 5 日，国务院任命财政部部长刘仲藜兼任国家税务总局局长，金鑫、杨崇春任副局长。

### （三）分税制财政管理体制的建立

在改革税制的同时，中国还对财政管理体制实施了重大的改革，建立了分税制财政管理体制。

1979 年 4 月 5 日，中共中央副主席、国务院副总理李先念在中央工作会议上的讲话中指出：中国的经济管理体制总的来看是集中过多，计划搞得过死，财政上统收统支，物资上统购包销，外贸上统进统出，“吃大锅饭”的思想盛行，不讲经济效果。这种情况必须坚决加以改变。要按照统一领导、分级管理的原则，明确中央和地方的管理权限。关系到国民经济全局的大事，全国性政策法令的制定和颁布，权力必须集中在中央。同时，在计划、财政、基建、物资和劳动等方面，要给地方以更多的权力。

同年 10 月 4 日，中共中央副主席、国务院副总理邓小平在中共省、市、自治区委员会第一书记座谈会上的讲话指出：总的来说，中国的财政体制比较集中，有些财权需要下放给地方，使地方财权多一点，活动余地大一点，总的方针应该是这样。但是也有集中不够的。

20 世纪 80 年代初期，中国的财税部门在总结新中国成立 30 多年来财政管理体制改革的经验和借鉴外国财政管理体制经验的基础上，提出了实行分税制财政管理体制的初步构想。1981 年 9 月 5 日国务院批转的财政部报送的《关于改革工商税制的设想》中提出，将各项工商税制划分为中央税、地方税、中央和地方共享税，使中央政府和地方政府都有相应的财政、税收管理权。

20 世纪 80 年代中期，随着中国经济体制改革的深化，对于分税制问题的认识也逐步趋于成熟：

在 1983—1984 年推行国营企业“利改税”的过程中，财税部门明确地提出了实行按照税种划分中央收入、地方收入、中央与地方共享收入的新型财政管理体制的主张，并得到了中共中央、国务院的肯定，在全国人民代表大会上得到通过。

1985年9月23日中国共产党全国代表会议通过的《中共中央关于制定国民经济和社会发展第七个五年计划的建议》中提出：要按税种划分中央税、地方税、中央地方共享税，同时明确划分中央、地方的财政支出范围，做好财政的分级管理。

同年3月21日，国务院发布《关于实行“划分税种、核定收支、分级包干”财政管理体制的规定》，决定从当年起，除了广东、福建两省继续实行财政大包干办法以外，对其他各省、自治区和直辖市一律实行“划分税种、核定收支、分级包干”的新的财政管理体制。该体制的特点是基本上按照国营企业“利改税”第二步改革和工商税制改革以后的税种设置划分中央和地方的财政收入，已经具有一些分税制的雏形：中央国营企业缴纳的所得税、调节税，铁道部、各银行总行和保险公司缴纳的营业税，烧油特别税，关税和海关代征的产品税、增值税，专项调节税，海洋石油外资企业、中外合资企业缴纳的工商统一税、所得税，石油部、电力部、中国石油化学工业总公司和中国有色金属工业总公司所属企业缴纳的产品税、增值税和营业税的70%，列为中央固定收入；地方国营企业缴纳的所得税、调节税，集体企业缴纳的所得税，农业税，牧业税，车船使用牌照税，城市房地产税，屠宰税，牲畜交易税，集市交易税，契税，城市维护建设税，石油部、电力部、中国石油化学工业总公司和中国有色金属工业总公司所属企业缴纳的产品税、增值税和营业税的30%，待开征的土地使用税、房产税、车船使用税，列为地方固定收入；产品税、增值税和营业税（不包括上述划为中央和地方固定收入的部分），资源税，建筑税，盐税，个人所得税，国营企业奖金税，外资企业、中外合资企业缴纳的工商统一税、所得税（不包括海洋石油企业缴纳的部分），列为中央与地方共享收入。凡是地方固定收入大于地方支出的，定额上缴中央；地方固定收入小于地方支出的，从中央与地方共享收入中确定一个分成比例；地方固定收入和中央与地方共享收入全部留给地方仍然收不抵支的，由中央定额补助。收入分成比例和上缴、补助数额确定以后，一定5年不变（但是这种体制实际上只实行了3年，从1988年以后改为实行包干办法——笔者注）。

1986年3月25日，国务院总理赵紫阳在第六届全国人民代表大会第四次会议上所作的《关于第七个五年计划的报告》中谈到中国“七五”期间的经济体制改革时提出：要进一步完善财政、税收制度，按照税种划分中央、地方的财政收入，明确中央、地方的财政支出范围。会议批准了上述报告。上述会议通过的《中华人民共和国国民经济和社会发展第七个五年计划》中提出：要进一步完善税制，逐步过渡到按税种划分中央税、地方税和中央地方共享税的体制。

1987年10月25日，中共中央代总书记赵紫阳在中国共产党第十三次全国代表大会上所作的报告中提出：要改革财政税收体制，在合理划分中央和地方财政收支范围的前提下实行分税制，正确处理中央和地方的经济利益关系。

1988年3月25日，国务院代总理李鹏在第七届全国人民代表大会第一次会议上所作的《政府工作报告》中提出：要逐步完善税制，积极创造条件，向分税制过渡。会议批准了上述报告。

1990年12月30日中国共产党第十三届中央委员会第七次会议全体会议通过的《关于制定国民经济和社会发展十年规划和“八五”计划的建议》中提出：要在继续稳定和完善财政包干体制的同时开展分税制的试点。上述建议分别为1991年3月25日国务院总理李鹏在第七届全国人民代表大会第四次会议上所作的《关于国民经济和社会发展十年规划和第八个五年计划纲要的报告》和4月9日上述会议批准的《中华人民共和国国民经济和社会发展十年规划和第八个五年计划纲要》所采纳。

1992年10月12日，中共中央总书记江泽民在中国共产党第十四次全国代表大会上所作的报告中提出：要深化分配制度的改革，理顺中央与地方的分配关系，逐步实行分税制。

根据中共中央、全国人民代表大会和国务院的上述文件，财政、税务部门对于分税制财政管理体制问题做了大量的调查研究工作，提出了许多重要的意见，见诸这一时期财税部门负责人的许多重要讲话和其他重要文件。例如国家税务局局长金鑫曾经在多次重要会议上的讲话中提出，税制改革要积极地为建立分税制财政管理体制创造有利的条件。1992年6月5日，经国务院批准，财政部发布《关于实行"分税制"财政体制试点办法》，选择天津市、辽宁省、浙江省、新疆维吾尔自治区、辽宁省沈阳市和大连市、山东省青岛市、湖北省武汉市、四川省重庆市等9个省、市和自治区进行了分税制财政管理体制改革的试点。尽管由于当时各方面的条件所限，这些研究工作只是初步的，改革试点也没有能够彻底突破财政包干体制的框架，但这毕竟是对分税制财政管理体制改革的积极探索，并为下一步改革提供了一定的经验。

1993年3月7日中国共产党第十四届中央委员会第二次全体会议通过的《中共中央关于调整"八五"计划若干指标的建议》中提出：要加快分税制的试点，逐步理顺中央与地方的分配关系。

同年3月15日，国务院总理李鹏在第八届全国人民代表大会第一次会议上所作的《政府工作报告》中提出：要改革财税体制，理顺中央与地方的分配关系，改革的方向是实行中央与地方的分税制。会议批准了上述报告。

同年4月下旬，中共中央总书记江泽民两次主持召开中央财经领导小组会议，研究财税改革问题，确定了实行分税制财政管理体制，理顺中央与地方的分配关系，调动中央和地方两个方面积极性的原则。

同年6月下旬，为了配合加强宏观调控，保持中国经济的持续、快速、健康发展，中共中央、国务院决定加快财税体制改革步伐。据此，财政部及时起草了关于分税制财政管理体制改革的实施方案，并先后报经国务院总理办公会议、国务院常务会议和中共中央政治局常务委员会会议审议通过。

同年11月14日中国共产党第十四届中央委员会第三次全体会议通过的《中共中央关于建立社会主义市场经济体制若干问题的决定》中提出：近期改革的重点之一，就是将现行的地方财政包干制改为在合理划分中央与地方事权基础上的分税制。中共中央总书记江泽民在这次会议上的讲话中指出：实行分税制，合理划分中央和地方的事权，合理确定中央和地方的收支比例，目的是理顺经济关系，使经济活动规范化。这是发展社会主义市场经济的要求，既符合国际上的通常做法，也考虑到中国的特点和具体情况。这样做，有利于发挥中央和地方两个积极性，把经济建设搞得更好，实现国民经济和社会的协调发展。

同年12月15日，国务院发布《关于实行分税制财政管理体制的决定》，决定从1994年1月1日起改革现行地方包干体制，对各省、自治区、直辖市和计划单列市实行分税制财政管理体制。这一改革的原则和主要内容是：按照中央与地方政府的事权划分，合理确定各级财政的支出范围；根据事权与财权相结合的原则，将税种统一划分为中央税、地方税和中央与地方共享税，中央税、地方税和中央与地方共享税的立法权都要集中在中央（这一提法与国务院10天以后即1993年12月25日发布的《工商税制改革实施方案》中关于中央税和全国统一实行的地方税立法权集中在中央的提法不同，似乎是不应当出现的差异。应当说，后一种提法中关于地方税的提法比前一种提法更为科学、可行，但是没有关于中央与地方共享税的规定似乎是不应当出现的疏漏——笔者注），并建立中央税收和地方税收体系，分设中央、地方两套税务机构分别征管；科学核定地方收支数额，逐步实行比较规范的中央财政对地方的税收返还和转移支付制度；建立、健全分级预算制度，硬化各级预算约束。

在中央收入与地方收入的划分上，国务院规定：维护国家权益、实施宏观调控所必需的税种划分为中央税；同经济发展直接相关的主要税种划分为中央与地方共享税；适合地方征收管理的税种划分为地方税，要充实地方税税种，增加地方税收入。具体划分情况如下：

1. 中央政府固定收入。关税，海关代征的增值税，消费税，中央企业缴纳的企业所得税，地方银行、外资银行和非银行金融机构缴纳的企业所得税，铁道部门、各银行总行和各保险总公司等集中缴纳的收入（包括营业税、企业所得税、利润和城市维护建设税），中央企业上缴利润等。外贸企业的出口退税全部由中央财政负担。

2. 地方政府固定收入。营业税、地方企业缴纳的企业所得税、城市维护建设税（以上3项均不包括上述划为中央收入的部分），地方企业上缴利润，个人所得税，城镇土地使用税，固定资产投资方向调节税，房产税，车船使用税，印花税，屠宰税，农业税，牧业税，耕地占用税，契税，遗产和赠与税，土地增值税，国有土地有偿使用收入等。

3. 中央政府与地方政府共享收入。增值税（不包括上述划为中央收入的部分）收入中央分享75%，地方分享25%；资源税收入按照资源品种划分，大部分资源税收入作为地方收入，海洋石油资源税收入作为中央收入；证券交易税收入中央与地方各分享50%。

（在上述收入划分的规定中，没有关于外商投资企业和外国企业所得税、筵席税两个税种收入归属的规定，似乎是不应当出现的疏漏——笔者注。）

1994年3月10日，国务院总理李鹏在第八届全国人民代表大会第二次会议上所作的《政府工作报告》中谈到中国改革开放取得的新进展时说：财税体制、金融体制、投资体制和外贸体制等改革方案已经基本出台，进展比较顺利，这标志着中国向建立社会主义市场经济体制迈出了重要步伐。要认真实施财税改革方案，理顺中央与地方、国家与企业的分配关系。

同年3月22日第八届全国人民代表大会第二次会议通过的《中华人民共和国预算法》第八条规定："国家实行中央和地方分税制。"从而进一步奠定了分税制财政管理体制的法律地位。

根据实行分税制财政管理体制的需要，国务院决定从1994年起将省以下税务机构分设为国家税务局和地方税务局两个系统，其中国家税务局系统实行国家税务总局垂直领导的管理体制；地方税务局系统实行地方人民政府和国家税务总局双重领导，以地方政府领导为主的管理体制。

在实际执行中，中国的分税制财政管理体制也陆续作了一些局部的调整，主要项目如下：

1. 印花税。在证券交易税开征以前，对证券交易印花税收入实行中央政府与地方政府共享，1994年的分享比例是中央政府和地方政府各得50%；1997年中央政府的分享比例提高到88%，地方政府的分享比例降低到12%；从2000年到2002年，中央政府的分享比例逐年提高到91%、94%和97%，地方政府的分享比例逐年降低到9%、6%和3%。

2. 营业税。在1997—2002年金融保险业营业税税率提高期间，按照提高税率部分征收的营业税收入归中央政府。

3. 企业所得税和个人所得税。从1999年11月1日到2008年10月8日对储蓄存款利息征收个人所得税期间，这部分收入归中央政府。从2002年起，除了少数特殊行业、企业缴纳的企业所得税归中央政府以外，其他企业所得税收入和个人所得税收入（不包括上述划归中央政府的部分）实行中央与地方按比例分享，2002年的分享比例是中央政府和地方政府各得50%；从2003年起，中央政府的分享比例提高到60%，地方政府的分享比例降低到40%。

4. 车辆购置税。此税从2001年起开征，所得收入全部归中央政府。

5. 船舶吨税。此税从2001年起重新纳入预算管理，所得收入全部归中央政府。

6. 固定资产投资方向调节税从2000年起停止征收。

7. 出口退税。从2004年起，以2003年出口退税实退数额为基数，超基数部分的应退税额由中央政府和地方政府按照75∶25的比例分别负担。从2005年起，上述比例改为92.5∶7.5。

此外，海洋石油资源税、遗产和赠与税没有开征。

## 四、进一步完善税制

1994年税制改革出台以后，为了保证新税制的顺利实施，适应经济发展、各项改革深化、贯彻国家的产业政策和某些特定的经济、社会政策的需要，中国陆续采取了一系列完善税制和税收政策的措施，并取得了积极的成效。

### （一）增值税

完善增值税的主要措施是：对一般纳税人的适用税率、进项税额扣除范围和扣除率，小规模纳税人的征收率，出口退税率，税收优惠等作了一些必要的调整。

1. 调整税率。从1994年5月1日起，各类农业产品均改按13%的低税率征收增值税。上述农业产品包括粮食、蔬菜、烟叶、茶叶、园艺植物、药用植物、油料植物、纤维植物、糖料植物、林业产品、其他植物、水产品、畜牧产品、动物皮张、动物绒毛和其他动物组织等。

从1994年5月1日起，金属矿采选产品、非金属矿采选产品和煤炭改按13%的低税率征收增值税。

2. 调整进项税额扣除项目和扣除率。从1994年5月1日起，增值税一般纳税人外购货物（不包括固定资产）所支付的运输费用，可以根据运费结算单据（普通发票）所列运费金额和10%的扣除率计算进项税额。自1998年7月1日起，根据实际税负情况，上述扣除率降为7%。

从1994年5月1日起，从事废旧物资经营的增值税一般纳税人收购的废旧物资不能取得增值税专用发票的，可以按照经税务机关批准使用的收购凭证上注明的收购金额和10%的扣除率计算进项税额。

从1999年8月1日起，增值税一般纳税人从农业生产者购进的免税棉花和从国有粮食购销企业购进的免税粮食，可以分别按照收购凭证、销售发票所列金额和13%的扣除率计算进项税额。

3. 降低小规模纳税人征收率。为了适当平衡增值税小规模纳税人和一般纳税人的增值税负担，从1998年7月1日起，从事商业经营的增值税小规模纳税人的增值税征收率从6%降为4%。同时，对于允许某些小规模纳税人按照一般纳税人计算缴纳增值税的条件作出进一步的限制，即仅限于会计核算健全，年应税销售额在30万元以上，从事货物生产或者提供应税劳务和以从事货物生产或提供应税劳务为主，兼营货物批发或者零售的小规模纳税人。

在降低上述小规模纳税人增值税征收率的同时，寄售商店代销寄售物品、典当业销售死当物品、销售旧货和经批准的免税商店零售免税货物，增值税征收率也降为4%。

4. 调整税收优惠。经过国务院批准，财政部、国家税务总局陆续规定了下列主要免税项目：

（1）来料加工复出口的货物。

（2）下列企业（项目）进口的规定的自用设备和按照合同随同设备进口的技术及配套件、备件：

①国家鼓励、支持发展的外商投资项目和国内投资项目在投资总额以内进口的；

②企业为生产中国科学技术部制定的《国家高新技术产品目录》中所列的产品而进口的；

③软件企业进口的；

④已经设立的鼓励类和限制乙类外商投资企业、外商投资研究开发中心、先进技术型和产品出口型外商投资企业的技术改造，在批准的生产、经营范围以内，利用投资总额以外的自有资金进口的；

⑤外商投资设立的研究开发中心在投资总额以内进口的；

⑥符合中西部省、自治区和直辖市利用外资优势产业和优势项目目录的项目，在投资总额以内进口的（在投资总额以外利用自有资金进口者也可以享受一定的税收优惠）。

（3）集成电路生产企业引进集成电路技术和成套生产设备，单项进口集成电路专用设备和仪器，符合国家规定的，以及符合国家规定的集成电路生产企业进口自用的原材料、消耗品。

（4）企业为引进上述《国家高新技术产品目录》中所列的先进技术向境外支付的软件费。

（5）利用外国政府贷款和国际金融组织贷款项目进口的设备。

（6）中国境外的自然人、法人和其他组织按照规定无偿向受赠人捐赠进口的直接用于扶贫、慈善事业的物资。

（7）军事工业企业、军队和公安、司法等部门所属企业生产的规定的军、警用品。

（8）专供残疾人使用的假肢、轮椅和矫形器。

（9）个体残疾劳动者提供的加工、修理和修配劳务。

（10）符合国家规定的利用废渣生产的建材产品。

（11）承担粮食收储任务的国有粮食购销企业销售的粮食，其他粮食企业经营的军队用粮、救灾救济粮和水库移民口粮，销售政府储备食用植物油。

（12）血站供给医疗机构的临床用血。

（13）非营利性医疗机构自产自用的制剂。营利性医疗机构取得的收入直接用于改善医疗卫生条件的，自其取得执业登记之日起3年以内，自产自用的制剂也可以免征增值税。

（14）校办企业生产的应税货物用于本校教学、科研方面的。

（15）小规模纳税人出口的自产货物。

（16）经国务院批准成立的电影制片厂销售的电影拷贝。

（17）种子、种苗、农用塑料薄膜和规定的农业机械、化肥、农药、饲料等农业生产资料。

（18）国家定点企业生产和经销单位经销的边销茶。

（19）边境居民通过互市贸易进口的生活用品，每人每日价值在限额以下的部分，可以免征进口环节增值税。

此外，国家规定的若干类宣传、文化出版物（如中国共产党和民主党派、政府、人民代表大会、人民政治协商会议、工会、共产主义青年团、妇女联合会、新华社、军队的机关报刊，大学、中学、小学学生课本，专门为少年儿童出版发行的报刊，科学技术类书、报、刊和音像制品，县以下新华书店和农村供销社销售的出版物等），增值税一般纳税人销售自行开发生产的计算机软件产品、自产的集成电路产品，黄金、铂金，抗艾滋病病毒药品，民政福利生产企业，民族贸易企业，废旧物资回收经营企业等等，在增值税方面也可以享受一定的优惠（如定期减税、免税或者即征即退、先征后返等）。

还有一些税收优惠项目实行了定期的照顾，期满以后即恢复征税。例如国家级新产品免征增值税的规定在1994年至1995年期间继续执行，从1996年起恢复征税；校办企业增值税先征后返的规定执行到1999年；国有、集体商业企业批发销售肉、禽、蛋、水产品、蔬菜增值税先征后返的规定执行到2000年，等等。

5. 出口退税。

（1）调整退税范围。出口货物增值税不实行零税率的范围，1994年规定为原油、援外出口货物、糖和国家禁止出口的货物（包括天然牛黄、麝香、铜、铜基合金和白金等），执行中增加了柴油和新闻纸2项，后来新闻纸、糖、原油和柴油4项陆续取消。

（2）调整退税率。出口货物退税起初分别按照17%、13%的征税率退增值税。由于退税规模增长过猛，退税的增长大大超过征税和出口的增长，骗取退税的问题十分严重，国务院决定从1995年7月1日起降低出口退税率：农产品、煤炭，退税率降为3%；以农产品为原料加工生产的工业品和适用13%增值税税率的其他货物，退税率降为10%；适用17%增值税税率的货物，退税率降为14%。从1996年1月1日起，国务院再次降低部分出口产品的退税率：以农产品为原料加工的工业品和按照13%的税率征收增值税的其他货物，退税率降为6%；按照17%的税率征收增值税的其他货物，退税率降为9%。

1998年，为了适应国际经济形势的变化，鼓励出口，陆续提高了纺织原料及制品、纺织机械、煤炭、钢材、水泥、船舶、通信设备7类机电产品，自行车等5类轻工产品和铝、锌、铅的出口退税率。1999年，两次比较普遍地、大幅度地提高了出口退税率，并规定对于高新技术产品的出口实行零税率。

（3）施行“免、抵、退”税办法。为了进一步搞活国有大中型企业，扩大外贸出口，推行代理制，1997 年 2 月 25 日，国务院发出《关于对生产企业自营出口或委托代理出口货物实行“免、抵、退”税办法的通知》。通知中规定：凡有进出口经营权的各类生产企业自营出口、委托外贸企业代理出口的货物，除了另有规定者以外，一律实行“免、抵、退”税的办法。“免”税，指对上述货物免征本企业生产销售环节的增值税；“抵”税，指上述货物应当免征或者退还的所耗用的原材料、零部件等已经缴纳的增值税税款，抵顶内销货物应纳的增值税税款；“退”税，指上述货物占本企业当期全部货物销售额 50% 以上的，在一个季度以内，由于应当抵顶的增值税税额大于应纳增值税税额而没有抵顶完的时候，经过税务机关批准，对没有抵顶完的增值税税额予以退税。

此外，特准退还、免征增值税的项目主要有：对外承包工程公司运出境外，用于对外承包项目的货物；企业在国内采购以后运出境外，作为在境外投资的货物；境外带料加工装配业务使用的出境设备、原材料和散件；利用中国政府的援外优惠贷款和援外合资合作项目基金方式出口的货物；外轮供应公司、远洋运输供应公司销售给外轮和远洋国轮，并收取外汇的货物；出境口岸免税店销售的货物；出口企业从小规模纳税人购进并且持普通发票的特殊货物；保税区内的企业从区外国内购进货物，用于出口或者加工以后出口的；出口加工区外的企业销售给出口加工区内的企业，并运入出口加工区供区内企业使用的国产设备、原材料和零部件等；外商投资企业在投资总额以内采购国家规定的免税范围内的国产设备；经国务院批准设立、享有进出口经营权的中外合资商业企业收购自营出口的国产货物；外贸企业承接国外修理、修配业务；外国驻华使馆、领事馆等机构和外交代表、领事官员等人员在中国境内购买的货物和劳务。

6. 其他税政措施。为了适应经济的发展和完善税制的需要，在增值税方面还采取了其他许多税政措施。例如，国家税务总局陆续发布《电力产品征收增值税的具体规定》、《货物期货征收增值税具体办法》、《关于拍卖行取得的拍卖收入征收增值税、营业税有关问题的通知》，等等。

### （二）消费税

完善消费税的主要措施是对部分税目的税率和计税方法作了一些必要的调整，增加了一些免税、减税和退税规定。

1. 调整烟类产品税率和计税方法。考虑到实行新税制以后的卷烟的税负有所上升，而卷烟生产企业仍然比较困难的实际情况，从 1994 年 1 月 1 日起，对甲类卷烟暂减按 40% 的税率征收消费税（法定税率为 45%）。

从 1998 年 7 月 1 日起，再次调整烟类产品的税率：一是将原来的甲类卷烟和乙类卷烟两个子目改为甲类卷烟、乙类卷烟和丙类卷烟三个子目；二是重新制定了划分卷烟类别的标准：甲类卷烟的标准由每标准箱（5 万支）销售价格在 780 元以上提高为 6410 元以上，乙类卷烟的标准由每标准箱销售价格不足 780 元提高为 2137 元以上、不足 6410 元，丙类卷烟的标准为每标准箱销售价格不足 2137 元；三是重新制定了各类卷烟的税率：甲类卷烟的税率从 45% 提高到 50%，乙类卷烟的税率仍为 40%，丙类卷烟的税率定为 25%；四是将雪茄烟的税率从 40% 降为 25%。

2. 调减护肤护发品税率。考虑到实行新税制以后香皂的税负有所上升，而香皂生产企业比较困难的实际情况，从1994年1月1日起，对香皂暂减按5%的税率征收消费税（法定税率为17%）。

鉴于其他护肤护发品的消费税负担也偏重的实际情况，从1999年1月1日起，将除香皂以外的其他护肤护发品的消费税税率从17%降低到8%。

3. 调整金银首饰的税率和征税环节。从1994年1月1日起，金银首饰的消费税减按5%的税率征收（贵重首饰类消费品的法定税率为10%），从生产销售、进口环节征收改为零售环节征收。

4. 调整汽油税目和税额标准。为了配合贯彻国家的环境保护政策，鼓励使用无铅汽油，限制使用含铅汽油，从1999年1月1日起，在汽油税目之下分设无铅汽油和含铅汽油两个子目，前者的税额标准不变，仍然为每升0.2元；后者的税额标准提高到每升0.28元。

5. 免税、减税和退税。

（1）来料加工复出口的应税消费品，可以免征消费税。

（2）外商投资企业以来料加工、进料加工贸易方式进口的应税消费品，可以免征进口环节消费税。加工应税消费品出口以后，可以免征加工、委托加工应税消费品和工缴费的消费税。

（3）特准退还、免征消费税的消费品主要有：对外承包工程公司运出境外，用于对外承包项目的；企业在国内采购以后运出中国境外，作为境外投资的；利用中国政府的援外优惠贷款和援外合资合作项目基金方式出口的；对外补偿贸易、易货贸易和小额贸易出口的；外轮供应公司、远洋运输供应公司销售给外轮和远洋国轮，并收取外汇的；对外承接修理、修配业务的企业用于所承接的修理、修配业务的；保税区内的企业从保税区外有进出口经营权的企业购进应税消费品，用于出口、加工以后出口的；经国务院批准设立，享有进出口经营权的中外合资商业企业收购自营出口的国产应税消费品。

（4）从2000年1月1日起，企业生产销售达到低污染排放限值标准（相当于欧洲Ⅱ标准）的小轿车、越野车和小客车，可以减征30%的消费税。

（5）子午线轮胎可以免征消费税，翻新轮胎不征收消费税。

（6）边境居民通过互市贸易进口的生活用品，每人每日价值在限额以下的部分，可以免征进口环节消费税。

此外，为了避免重复征税，规定纳税人用外购、委托加工的已税消费品连续生产的某些应税消费品（如卷烟、化妆品等），在计征消费税的时候可以扣除外购、委托加工的应税消费品已经缴纳的消费税。

### （三）营业税

完善营业税的主要措施，一是调整了金融保险业等行业的营业税税率，二是调整了营业税的征收范围和计税依据，三是实施了大量税收优惠政策。

1. 调整金融保险业等行业的营业税税率。1997年2月19日，国务院发出《关于调整金融保险业税收政策有关问题的通知》，自同年1月1日起执行，其中规定：

（1）修订营业税暂行条例中有关金融保险业营业税税率的规定，将金融保险业营业税的税率从5%提高到8%。提高营业税税率以后，除了各银行总行、保险总公司缴纳的营业税仍然全部归中央财政收入以外，其余金融、保险企业缴纳的营业税，按照原 5% 税率征收的部分归地方财政收入，按照提高 3% 税率征收的部分归中央财政收入。

（2）对经济特区（包括上海浦东新区和苏州工业园区，下同）设立的外商投资和外国金融企业，凡来源于特区内的营业收入，继续执行自注册登记之日起 5 年以内免征营业税的优惠政策（此项规定实际执行到 2000 年年底——笔者注）。

对 1996 年年底以前在特区外设立的外商投资和外国金融、保险企业，在 1998 年年底以前，营业税减按 5% 的税率征收，仍然作为地方财政收入。

提高金融保险业营业税的税率以后，对国家政策性银行减按 5% 的税率征收。政策性银行缴纳的营业税仍然作为国家资本金投资返还给政策性银行。政策性银行资本金达到国务院规定金额之日起，返还政策停止执行。

提高金融保险业营业税的税率以后，农村信用社营业税在 1997 年 12 月 31 日以前减按 5% 的税率征收，仍然作为地方财政收入；从 1998 年 1 月 1 日起按照 8% 的税率征收（实际改为减按 6% 的税率征收——笔者注）。

从 2000 年 7 月 1 日起，电子游戏厅一律按照 20% 的税率征收营业税。

2. 调整征收范围和计税依据。

（1）调整征收范围。中国人民银行对金融机构的贷款业务，金融机构之间相互占用、拆借资金取得的利息收入，单位、个人将资金存入金融机构取得的利息收入，经批准的金融、保险企业办理的出口信用保险，非金融机构和个人买卖外汇、有价证券和非货物期货，经中央和省级财政部门批准纳入预算管理或者财政专户管理的行政事业性收费、基金（国务院有专门规定者除外），不征收营业税。

（2）调整计税依据。转贷业务按照利差征税的规定仅限于金融企业经营的部分转贷外汇业务。

分保险业务一般由初保人按照全部保费收入纳税，分保人不再纳税。

3. 税收优惠。1994 年税制改革以后营业税方面规定的免税项目主要有：

（1）保险公司开展的一年期以上、到期返还本利的普通人寿保险、养老年金保险和健康保险，个人投资分红保险等保险业务的保费收入。

（2）个人转让著作权收入。

（3）单位和个人从事技术转让、技术开发业务和与之相关的技术咨询、技术服务业务取得的收入，外国企业和外国人从境外向中国境内转让技术的。

（4）将土地使用权转让给农业生产者用于农业生产的。

（5）经过中央和省级财政部门批准，纳入财政预算管理或者财政专户管理的行政事业性收费和基金。

（6）专项国债转贷和国家助学贷款利息。

（7）金融企业联行之间、金融企业与人民银行及同业之间的资金往来，暂不征收营业税。

（8）学校举办的企业为本校教学、科研提供的应税劳务（不包括旅店业、饮食业和娱乐业），可以暂免征收营业税。

（9）从事服务业（不包括广告业）的民政福利企业，安置残疾人员占企业生产人员 35% 以上的，可以暂免征收营业税。

（10）下岗职工、个体工商户和下岗职工人数占企业人数60%以上的企业从事社区居民服务业取得的营业收入，可以定期免征营业税。

（11）个人购买并居住超过1年的普通住宅，销售时可以免征营业税；个人购买并居住不超过1年的普通住宅，销售时可以按照销售价格减去购入原价以后的差额计征营业税；个人自建自用的住房，销售时可以免征营业税；企业、事业单位、行政单位按照房改成本价、标准价出售住房的收入，可以暂免征收营业税。

（12）按照政府规定价格出租的公有住房和廉租住房，可以暂免征收营业税；个人按照市场价格出租的居民住房，营业税可以暂减按3%的税率征收。

（13）非营利性医疗机构按照国家规定的价格取得的医疗服务收入，可以免征营业税。

（14）在2000年年底以前，在经济特区内设立的外商投资和外国金融企业来源于特区内的营业收入，可以从注册之日起免征营业税5年。

此外，电影发行单位向放映单位收取的发行收入可以定期免征营业税；农村信用社可以减低税率征收营业税；对民航机场管理建设费征收的营业税可以先征后返，用于机场建设。

### （四）企业所得税

完善企业所得税的主要措施，一是进一步规范了税基；二是调整了个别行业的税率；三是实施了大量的税收优惠政策；四是采取了一些适应企业改组的措施。

1. 规范税基。在规范税基方面采取的主要措施：一是促进企业的技术进步；二是逐步规范税前扣除；三是规范企业收取、缴纳的各类基金、收费的管理。

（1）为了促进国有工业企业和集体工业企业的技术进步，规定盈利的上述类型企业研究开发新产品、新技术和新工艺所发生的各项费用比上年实际发生额增长10%以上的，除了按照规定据实列支以外，年终经税务机关审批以后，可以再按照其实际发生额的50%直接抵扣当年的应纳税所得额（后来，对于国有企业、集体企业控股并从事工业生产、经营的股份制企业、联营企业和外商投资企业、外国企业也先后实行了这一规定）。企业为了开发新技术、研制新产品而购置的试制用关键设备、测试仪器，单台价值在10万元以下的，可以一次或者分次摊入管理费用。经过批准，企业的中间试验设备可以适当加速折旧。

（2）为了推进国有工业企业和集体工业企业机器设备的更新，规定在国民经济中具有重要地位、技术进步快的国有、集体电子生产企业、船舶工业企业、生产“母机”的机械企业、飞机制造企业、汽车制造企业、化工生产企业、医药生产企业和财政部批准的其他企业，其机器设备可以采用双倍余额递减法或者年数总和法计算提取折旧。其他国有企业、集体工业企业的某些特殊机器设备也可以照此办理。按照规定清产核资的国有、集体工业企业，在综合考虑企业承受能力和技术进步状况的基础上，可以按照重估以后的固定资产计提折旧。

（3）计税工资扣除的上限从每人每月600元逐步提高到960元，软件生产企业的工资支出可以据实扣除。

（4）纳税人按照财政部有关规定支出的与生产、经营有关的业务招待费，由纳税人提供确实记录或者单据，经过税务机关核准，可以扣除。起初的扣除标准是：纳税人全年营业收入不足1500万元的，不能超过全年营业收入的5‰；全年营业收入在1500万元以上，不足5000万元的部分，不能超过该部分营业收入的3‰；全年营业收入在5000万元以上，不足1亿元的部分，不能超过该部分营业收入的2‰；全年营业收入在1亿元以上的部分，不能超过该部分营业收入的1‰。

从2000年起，内资企业的业务招待费扣除标准改为与外资企业相同，即全年销售（营业）收入净额不超过1500万元的，不超过全年销售（营业）收入净额的5‰；全年销售（营业）收入净额超过1500万元的部分，不能超过该部分收入的3‰。

（5）纳税人每一纳税年度发生的广告费支出不超过销售（营业）收入2%的，可以据实扣除；超过部分可以无限期向以后纳税年度结转。符合国家规定的部分企业（如药品制造、食品制造、软件开发和集成电路制造企业）的广告费支出可以适当提高扣除比例，或者定期据实扣除。粮食类白酒的广告费不能扣除。纳税人由于行业特点等特殊原因需要提高广告费扣除比例的，必须报经国家税务总局批准。

（6）为了配合养老、医疗、就业和住房等项改革，纳税人按照国家有关规定为雇员提取并缴纳的基本养老保险费、基本医疗保险费、失业保险费和住房公积金，按照省级人民政府批准的办法发放的住房补贴、住房提租补贴和住房困难补贴，按照省级税务机关确认的标准缴纳的残疾人就业保障金，对某些职工内部退养支付的一次性生活补贴、支付给解除劳动合同职工的一次性补偿金，可以扣除。

（7）增加有关捐赠扣除：按照规定向宣传文化事业（如某些艺术表演团体、图书馆、博物馆、科技馆、美术馆、纪念馆和文物保护单位等）捐赠的，在本年度应纳税所得额3%以内的部分可以扣除；向红十字事业、公益性青少年活动场所和非营利性的老年服务机构捐赠的，可以全额扣除。

纳税人通过中国境内非营利的社会团体和国家机关资助非关联的科研机构、高等学校研究开发新产品、新技术和新工艺发生的研究开发经费，经过税务机关审核，也可以全额扣除。

为了规范企业所得税税前扣除，加强企业所得税的管理，2000年5月16日，国家税务总局发布《企业所得税税前扣除办法》，自同年1月1日起执行。

（8）为了配合加强财政预算管理，企业收取和交纳的各种价内外基金（资金、附加、收费），属于国务院、财政部、财政部会同有关部门批准和省级人民政府批准，并按照规定纳入同级财政预算内或者预算外资金财政专户，实行收支分别管理的，不征收所得税。

此外，为了加强对事业单位和社会团体的所得税管理，财政部、国家税务总局于1997年10月21日发出《关于事业单位、社会团体征收企业所得税有关问题的通知》，自同年1月1日起执行。通知中规定：凡经国家有关部门批准成立的事业单位和社会团体取得的生产、经营所得和其他所得，都应当依法征收企业所得税，同时规定了一些免税项目。

2. 调整税率。从1996年起，农村信用合作社可以按照微利企业适用的18%、27%的税率缴纳企业所得税。

从1997年起，金融、保险企业的所得税税率从55%、33%两档统一为33%（按照减低税率征税的微利农村信用社除外）。

3. 税收优惠。1994年税制改革以后企业所得税方面规定的免税项目主要有：

（1）符合国家有关规定的企业和经营单位，可以减征、免征企业所得税：

国务院批准的高新技术产业开发区内的高新技术企业，符合国家规定的集成电路生产企业，可以减按15%的税率征收企业所得税。在上述开发区内新建的高新技术企业，可以从开始生产、经营之日起免征企业所得税 2 年。

在中国境内新创办的软件企业，可以从获利的年度起，第一年和第二年免征企业所得税，第三年至第五年减半征收企业所得税。

符合国家规定的从事第三产业的企业、经营单位，可以享受一定的免征、减征企业所得税待遇：

①农村的农业技术推广站、植物保护站、水利管理站、林业站、畜牧兽医站、水产站、种子站、农业机械站和气象站等提供技术服务或者劳务取得的收入，可以暂免征收企业所得税。

②科研单位和大专院校开展技术成果转让、技术培训、技术咨询、技术服务和技术承包取得的技术性服务收入，可以暂免征收企业所得税。

③非营利性科研机构从事技术开发、技术转让业务和相关的技术咨询、技术服务所得的收入，可以按照规定免征企业所得税。上述机构从事与其科研业务无关的活动取得的收入用于改善研究开发条件的投资部分，经过税务机关审批，可以抵扣其企业所得税应纳税所得额。

④新办的从事咨询业（包括科技、法律、会计、审计和税务等咨询业）；信息业（包括统计、科技、经济信息的收集、传播和处理，广告，计算机应用服务等）；技术服务业的企业和经营单位，可以自开始生产、经营之日起免征企业所得税 2 年。

⑤新办的从事交通运输业、邮电通信业的企业和经营单位，可以从开始生产、经营之日起，第一年免征企业所得税，第二年减半征收企业所得税。

⑥新办的从事公用事业、商业、物资业、对外贸易业、旅游业、仓储业、居民服务业、饮食业、教育文化事业、卫生事业的企业和经营单位，经税务机关批准，可以从开始生产、经营之日起减征、免征企业所得税 1 年。

（2）企业、事业单位转让技术和在技术转让过程中发生的有关的技术咨询、技术服务、技术培训所得，年净收入在 30 万元以下的部分，可以暂免征收企业所得税。

（3）企业以废水、废气和废渣等为主要原料从事生产的，可以从开始生产、经营之日起 5 年以内减征、免征企业所得税。

（4）在国家确定的革命老根据地、少数民族地区、边远地区和贫困地区新办的企业，经税务机关批准，可以从开始生产、经营之日起减征、免征企业所得税 3 年。

（5）企业遇有风、火、水、震等严重自然灾害，可以减征、免征企业所得税 1 年。

（6）新办的城镇劳动就业服务企业，当年安置城镇待业人员超过企业从业人员总数的 60% 的，经税务机关批准，可以从开始生产、经营之日起免征企业所得税 3 年。

（7）教育部门所属的高等学校、中学和小学举办的工厂、农场的生产、经营所得，上述学校举办各类进修班、培训班的所得，可以暂免征收企业所得税。

（8）民政部门举办的福利工厂和街道举办的社会福利生产单位，凡安置残疾人员占生产人员的比例超过 10%，不足 35% 的，可以减半征收企业所得税；上述比例达到 35% 以上的，可以暂免征收企业所得税。

（9）国有农口企业、事业单位（包括农业、农垦、农牧、渔业、林业、水利、气象和华侨农场等企业、事业单位）从事种植业、养殖业和农林产品初加工业取得的所得，可以暂免征收企业所得税。

（10）农业产业化经营重点龙头企业从事种植业、养殖业和农林产品初加工业取得的所得，可以暂免征收企业所得税。

（11）纳入财政预算管理的养路费、铁路建设基金、民航基础设施建设基金、电力建设基金等若干项政府性的基金和收费，可以免征企业所得税。

（12）国家确定的贫困县的农村信用社，可以定期免征企业所得税。其他地区的微利农村信用社，可以按照一般微利企业适用的低税率（18%、27%）征收企业所得税。

（13）公益性青少年活动场所，可以暂免征收企业所得税。

（14）政府部门和企业、事业单位、社会团体、个人投资兴办的福利性、非营利性老年服务机构，可以暂免征收企业所得税。

（15）非营利性医疗机构按照国家规定的价格取得的医疗服务收入，可以免征企业所得税。非营利性医疗机构将取得的非医疗服务收入直接用于改善医疗服务条件的部分，可以抵扣其应纳税所得额。

（16）在中国境内投资于符合国家产业政策的技术改造项目的内资企业，其项目所需国产设备投资的40%可以抵免企业所得税。但是，企业每个纳税年度发生的上述投资可以抵免的企业所得税税额，不得超过投资当年比上年新增的企业所得税税额。当年新增税额不足抵免的，其余额可以用以后年度的新增税额延续抵免，但是抵免期限最长不得超过5年。

（17）乡镇企业可以按照应纳所得税税款减征10%，用于补助社会性开支。

4. 适应企业改组的所得税措施。联营企业取得的生产、经营所得，一律先就地缴纳企业所得税，然后再分配。联营企业发生的亏损，由联营企业就地弥补。

联营企业投资方从联营企业分回的税后利润，如果投资方企业发生亏损，应当先弥补亏损；弥补亏损以后有盈利的，应当缴纳企业所得税。如果投资方企业的所得税税率低于联营企业的所得税税率，不退还差额部分的所得税；反之，投资方分回的税后利润应当按照规定补缴所得税。如果联营企业和投资方企业的所得税税率相同，但是联营企业因享受税收优惠所得税实际税率低于投资方企业，则不用补缴所得税。

企业对外投资取得的股息、红利，暂比照上述方法进行纳税调整。

为了适应企业改组、改造的需要，国家税务总局于1998年6月24日发布《企业改组改制中若干所得税业务问题的暂行规定》，其中规定：

（1）企业依法合并、兼并以后，有关所得税事项按照下列规定处理：

被吸收、兼并的企业和存续企业符合企业所得税纳税人条件的，分别以被吸收、兼并的企业和存续企业为纳税人；被吸收、兼并的企业已经不符合企业所得税纳税人条件的，应当以存续企业为纳税人，被吸收、兼并企业的未了税务事宜，应当由存续企业承继。

企业以新设合并方式合并以后，新设企业符合企业所得税纳税人条件的，以新设企业为纳税人。合并前企业的未了税务事宜，应当由新设企业承继。

企业合并、兼并以后的各项资产，缴纳企业所得税时不能以企业为实现合并、兼并而对有关资产等评估的价值计价并计提折旧，而应当按照合并、兼并以前资产的账面历史成本计价，并在剩余折旧期限以内按照该资产的净值计提折旧。凡合并、兼并以后的企业在会计损益核算中按照评估价调整有关资产的账面价值并据此计提折旧的，应当在计算应纳税所得额的时候调整，多计的部分不得在所得税前扣除。

企业无论采取何种方式合并、兼并，都不是新办企业，不应当享受新办企业的税收优惠。

合并、兼并以前各企业应当享受的定期减税、免税，已经享受期满的，合并、兼并以后的企业不再享受上述优惠。

合并、兼并以前各企业应当享受的定期减税、免税，尚未享受期满，且剩余期限一致的，经税务机关审批，合并、兼并以后的企业可以继续享受上述优惠至期满；剩余期限不一致的，应当分别计算相应的应纳税所得额，分别按照税法规定继续享受上述优惠至期满。合并、兼并以后不符合减税、免税规定的，应当照章纳税。

企业以吸收合并、兼并方式改组，被吸收、兼并的企业和存续企业符合企业所得税纳税人条件的，应当分别弥补亏损。合并、兼并以前未弥补的亏损，分别用其以后年度的经营所得弥补，但是被吸收、兼并的企业不得用存续企业的所得弥补亏损，存续企业也不得用被吸收、兼并企业的所得弥补亏损。

企业以新设合并方式、吸收合并方式和兼并方式合并，且被吸收、兼并企业不具备纳税人资格的，企业合并、兼并以前未弥补的经营亏损，可以在税法规定的弥补期限的剩余期限以内，由合并、兼并以后的企业逐年延续弥补。

（2）企业分立以后，有关所得税事项按照下列规定处理：

分立以后各企业符合企业所得税纳税人条件的，以各企业为纳税人。分立以前企业的未了税务事宜，由分立以后的企业承继。

企业分立以后的各项资产，缴纳企业所得税时不能以企业为实现分立而对有关资产等评估的价值计价并计提折旧，而应当按照分立以前企业资产的账面历史成本计价，并在剩余折旧期以内按照该资产的净值计提折旧。凡分立以后的企业在会计损益核算中按照评估价调整有关资产的账面价值并据此计提折旧的，应当在计算应纳税所得额的时候调整，多计的部分不得在所得税前扣除。

企业分立不能视为新办企业，不得享受新办企业的税收优惠。

分立以前享受有关税收优惠未期满，分立以后的企业符合税法规定的减税、免税条件的，可以继续享受规定的减税、免税至期满。

分立以前的企业符合税法规定的减税、免税条件，分立以后不再符合上述条件的，不得继续享受有关税收优惠。

分立以前企业未弥补的经营亏损，由分立以后的各企业分担的数额，经过税务机关审核认定以后，可以在税法规定的亏损弥补年限的剩余期限以内，由分立以后的各企业弥补。

（3）企业股权重组以后，有关所得税事项按照下列规定处理：

股票发行溢价是企业的股东权益，不作为营业利润征收企业所得税，企业清算时也不计入清算所得。

企业股权重组以后的各项资产，缴纳企业所得税的时候不能以企业为实现股权重组而对有关资产等评估的价值计价并计提折旧，而应当按照股权重组以前企业资产的账面历史成本计价和计提折旧。凡股权重组以后的企业在会计损益核算中按照评估价调整有关资产的账面价值并据此计提折旧的，应当在计算应纳税所得额的时候调整，多计的部分不得在所得税前扣除。

企业按照税法规定可以享受的税收优惠待遇，不因股权重组而改变。

企业在股权重组以前未弥补的经营亏损，可以在税法规定的亏损弥补年限的剩余期限以内，在股权重组以后延续弥补。

企业转让股权、股份的收益，应当按照税法规定计算缴纳企业所得税。转让股权、股份的损失，可以在其当期应纳税所得额中扣除。

（4）企业资产转让、受让所涉及的有关所得税事项，按照下列规定处理：

企业所得资产转让收益应当按照税法规定计算缴纳企业所得税；资产转让所发生的损失可以在当期应纳税所得额中扣除。国有资产转让净收益凡按照国家有关规定全额上缴财政部门的，不计入应纳税所得额。

企业受让的各项资产可以按照取得该项资产时的实际成本计价。

资产转让和受让双方在资产转让、受让以后，其生产、经营业务范围仍然符合税收优惠政策规定的，可以承继其原有税收待遇。但是，其中享受定期减免税优惠的，不得因资产转让而重新计算减免税期限。

资产转让和受让双方在资产转让前后发生的经营亏损，应当各自在税法规定的亏损弥补年限以内逐年弥补。不论企业转让部分资产还是全部资产，企业经营亏损均不得因资产转让和受让在双方之间相互结转。

2000年6月21日，国家税务总局发出《关于企业股权投资业务若干所得税问题的通知》和《关于企业合并分立业务有关所得税问题的通知》，对上述规定作了进一步的补充。

为了规范外商投资企业各类重组业务的所得税处理，国家税务总局于1997年4月28日发布《关于外商投资企业合并、分立、股权重组、资产转让等重组业务所得税处理的暂行规定》。

此外，为了加强企业所得税的征收管理，规范核定征收企业所得税的工作，根据税收征管法、企业所得税暂行条例及其实施细则的规定，2000年2月25日，国家税务总局发布《核定征收企业所得税暂行办法》，自同年1月1日起执行。

### （五）个人所得税

完善个人所得税的主要措施，一是扩大了征税范围；二是进一步规范了税基；三是补充了一些税收优惠规定。

1. 扩大征税范围。为了进一步扩大内需，鼓励消费和投资，增加财政收入，调节个人收入，国务院向1999年8月下旬召开的第九届全国人民代表大会常务委员会第十一次会议提交个人所得税法修正案（草案），其内容是取消现行个人所得税法中关于储蓄存款利息免税的规定，对储蓄存款利息征收个人所得税。

1999年8月30日，第九届全国人民代表大会常务委员会第十一次会议通过《全国人民代表大会常务委员会关于修改〈中华人民共和国个人所得税法〉的决定》。决定取消了个人所得税法中关于储蓄存款利息免税的规定，规定对储蓄存款利息征收个人所得税的时间和征收办法由国务院规定。

同年9月30日，国务院发布《对储蓄存款利息所得征收个人所得税的实施办法》。实施办法中规定：从11月1日起，对于从中国境内的储蓄机构取得的人民币、外币储蓄存款利息征收20%的个人所得税。教育储蓄存款的利息和国务院财政部门确定的其他专项储蓄存款或者储蓄性专项基金存款的利息，可以免征个人所得税。

2000年1月1日个人独资企业法实施以后，国务院于6月20日发出《关于个人独资企业和合伙企业征收所得税问题的通知》。通知中规定：从同年1月1日起，个人独资企业和合伙企业投资者的生产、经营所得，比照个体工商户的生产、经营所得征收个人所得税。9月19日，财政部、国家税务总局据此发布《关于个人独资企业和合伙企业投资者征收个人所得税的规定》。

2. 规范税基。在规范税基方面，最主要的措施是，为了适应对个体工商户实行查账征税的需要，1997年3月26日，国家税务总局发布《个体工商户个人所得税计税办法（试行）》，就个体工商户的收入、成本、费用和损失的计算，税前扣除项目与标准，资产处理，亏损弥补等问题作了较为全面、详细的规定，自同年1月1日起执行。

规范税基的其他主要措施有：

（1）规范征税项目：单位为个人购买的住房、汽车、电子计算机，个人认购股票等有价证券时从其雇主处取得的折扣或补贴等，按照工资、薪金所得征税；个人因担任董事职务而取得的董事费，按照劳务报酬所得征税；个人将书画作品、古玩等公开拍卖取得的收入，按照财产转让所得征税。

（2）规范税前扣除：个人从工资、薪金中提取并向指定的金融机构缴付的住房公积金、基本养老保险费、基本医疗保险费和失业保险费；公务用车和通讯补贴；个人在提供劳务过程中支付的中介费用，能够提供有效凭证的；个人在财产租赁过程中缴纳的有关税、费和支出的修缮费，能够提供有效证明的；个人向红十字事业、公益性青少年活动场所、农村义务教育和福利性、非营利性的老年服务机构捐赠的，资助非关联的科研机构和高等学校研究开发经费，可以按照规定在税前扣除。

此外，根据建立现代企业制度过程中部分地方和企业对经营者试行年薪制的需要，国家税务总局于1996年6月20日发出《关于企业经营者试行年薪制后如何计征个人所得税的通知》。通知中规定：对试行年薪制的企业经营者取得的工资、薪金所得，可以用按年计算、分月预缴的方式计征个人所得税。

对于雇主为其雇员负担个人所得税税款计征问题、个人取得的退职费征免个人所得税问题、个人因解除劳动合同取得经济补偿金计征个人所得税问题、个人取得奖金计征个人所得税问题，等等，国家税务总局也作出了若干改进规定。

3. 税收优惠。1994年税制改革以后出台的个人所得税方面的主要税收优惠措施如下：

（1）免税项目。

①教育储蓄存款（指个人按照国家规定在指定的银行开户、存入规定数额的资金、用于教育的专项储蓄）利息；国家财政部门确定的其他专项储蓄存款或者储蓄性专项基金存款（包括住房公积金、基本医疗保险金、基本养老保险金和失业保险基金等四个项目）利息。

②乡、镇以上人民政府或者经县以上人民政府主管部门批准成立的见义勇为基金会和类似组织发给见义勇为者的奖金和奖品。

③中国科学院和中国工程院院士津贴、资深院士津贴。

④单位和个人按照规定缴付的住房公积金、基本养老保险费、基本医疗保险费和失业保险费，可以免征个人所得税；个人领取原来提存的上述款项的时候，也可以免征个人所得税。

⑤下岗职工从事社区居民服务业取得的经营所得和劳务报酬所得，可以定期免征个人所得税。

⑥出售自有住房并拟在现住房出售以后1年之内按照市场价格重新购房的个人，可以根据其重新购房的价值全部或者部分免征个人所得税。

此外，股份制企业以资本公积金转增个人股本的时候，个人取得的转增股本，不作为个人所得，不征收个人所得税。

（2）暂免征税项目。

①符合国家规定的外国专家（如按照世界银行贷款协议由世界银行直接派往中国工作者，联合国组织直接派往中国工作者，援助国派往中国专为该国无偿援助项目工作者，某些来华工作而工资、薪金由外方负担的专家等）的工资、薪金所得。

②外国人的某些所得（包括以非现金形式和实报实销形式取得的住房补贴、伙食补贴、搬迁费和洗衣费；按照合理标准取得的出差补贴；取得的探亲费、语言训练费和子女教育费等，经税务机关核准为合理的部分；从外商投资企业取得的股息、红利等项目）。

③个人举报、协查各种违法、犯罪行为获得的奖金。

④个人按照规定办理代扣代缴税款手续取得的手续费。

⑤个人转让自用5年以上并且是唯一的家庭生活用房取得的所得。

⑥已经达到离休、退休年龄，由于工作需要而留任的享受政府特殊津贴的专家、学者，在缓办离休、退休期间取得的工资、薪金所得。

⑦股票、证券投资基金转让所得。

⑧科研机构、高等学校转化职务科技成果，以股份、出资比例等股权形式给予个人的奖励。

⑨个人购买社会福利有奖募捐奖券和体育彩票，一次中奖不超过1万元的。

此外，依法宣告破产的企业的职工从本企业取得的一次性安置费，个人因与用人单位解除劳动关系而取得的一次性补偿收入，下岗职工从事社区居民服务业取得的经营所得和劳务报酬所得，可以享受一定的免征个人所得税的照顾。

（3）减税项目。

①个人出租住房取得的所得可以暂减按10%的税率征税。

②残疾人员投资兴办或者参与投资兴办个人独资企业和合伙企业的，残疾人员取得的生产、经营所得，符合本省（自治区、直辖市）人民政府规定的减征个人所得税条件的，经本人申请，税务机关审核批准，可以按照本省（自治区、直辖市）人民政府规定减征的范围和幅度减征个人所得税。

### （六）其他工商税收

1. 资源税。资源税的完善主要是根据实际情况适时地调整了部分企业和部分应税产品的资源税的税额标准。例如，1994年财政部和国家税务总局规定，独立矿山的铁矿资源税减按规定税额标准的60%征收，河南石油管理局生产的原油的资源税税额标准由每吨12元暂减为8元，四川石油管理局生产的天然气的资源税税额标准由每千立方米15元暂减为12元，北方海盐的资源税税额标准由每吨25元暂减为20元。后来，陆续提高了新疆石油管理局、塔里木石油会战指挥部、吐哈石油勘探开发会战指挥部（后改为中国石油天然气股份有限公司新疆油田分公司、塔里木油田分公司和吐哈油田分公司）、中国石化新星公司西北石油局、中国石化胜利油田有限公司等单位和吉林省境内油田的原油资源税税额标准，长庆石油勘探局的天然气资源税税额标准，内蒙古自治区和陕西省榆林地区等地非统配煤矿的煤炭资源税税额标准；降低了大同矿务局的煤炭资源税税额标准；根据企业的生产、经营和组织结构变化情况对四川石油管理局生产的天然气的资源税税额标准作了有升有降的调整，并规定冶金独立矿山的铁矿石资源税减按规定税额标准的40%征收，有色金属矿的资源税减按规定税额标准的70%征收。

2. 固定资产投资方向调节税。为了完善固定资产投资方向调节税，国家税务总局会同国家计划委员会陆续下达了一些行业、部门的固定资产投资方向调节税税目注释，并根据实际情况采取了一些鼓励和限制措施。

1994年9月29日，国家税务总局发出通知，要求各地税务机关认真贯彻执行《国务院关于加快发展中西部地区乡镇企业的决定》中关于中西部地区乡镇企业只要产品质量高，销路好，又有治理污染和保护资源、环境的可靠措施，项目规模不受限制，并免征固定资产投资方向调节税的规定，全力鼓励、支持中西部地区乡镇企业的发展，自1993年度起执行。国家税务总局还规定，治理污染项目需要迁移另建的非生产性项目，不超过原建筑面积的部分，可以免征固定资产投资方向调节税。

为了防止以装修工程和中外合资项目的形式偷逃固定资产投资方向调节税，国家税务总局在1996年10月24日发出的关于加强固定资产投资方向调节税征收管理工作的通知中规定：新建项目的装饰装修工程投资，无论是否与项目主体工程同步进行，一律按照项目主体工程的适用税率征收固定资产投资方向调节税；原有建筑物的装饰装修工程投资额超过10万元的，比照更新改造项目计征固定资产投资方向调节税。外商投资企业与国内企业、事业单位联合投资的项目，外方投资部分不征收固定资产投资方向调节税，中方投资部分照章征税。

为了鼓励投资，扩大内需，推动经济发展，根据中共中央、国务院1999年7月作出的决定，固定资产投资方向调节税从7月1日起减半征收，从2000年起停止征收。

3. 土地增值税。完善土地增值税的主要措施有两个方面：第一，为了适当减轻纳税人的税负，增加了计算增值额时的扣除项目和扣除金额，即允许从事房地产开发的纳税人按照为取得土地使用权而支付的地价款、按照国家统一的规定交纳的有关费用、开发土地和新建房及配套设施的成本之和，加计20%的扣除额。第二，新规定了一些免税、减税措施。

（1）免税项目。

①由于城市实施规划、国家建设需要依法征用、收回的房地产。

②由于城市实施规划、国家建设需要而搬迁，由纳税人自行转让的房地产。

③个人之间互换自有居住用房地产的。

④个人因工作调动、改善居住条件转让原自用住房，经过税务机关批准，在原住房居住满5年的，可以免征土地增值税；居住满3年不满5年的，可以减半征收土地增值税。

（2）暂免征税项目。

①以房地产进行投资、联营，联营一方以房地产作价入股或者作为联营条件，将房地产转让到所投资、联营的企业中的。

②合作建房，一方出土地，一方出资金，建成以后按照比例分房自用的。

③企业兼并，被兼并企业将房地产转让到兼并企业中的。

④居民个人转让自有普通住宅。

4. 印花税。为了加强对股票交易市场的税收调节，国务院先后三次调整股票交易印花税的税率：1997年5月10日，从3‰提高到5‰；1998年6月12日，从5‰降低到4‰；1999年6月1日，将B股的税率从4‰降低到3‰。

此外，为了促进证券市场的发展，从1998年起，投资者买卖证券投资基金单位暂不征收印花税。

5. 契税。1997年7月7日，国务院发布《中华人民共和国契税暂行条例》，自10月1日起施行，1950年4月3日政务院公布的《契税暂行条例》同时废止。10月28日，财政部发布《中华人民共和国契税暂行条例细则》。

契税的纳税人为在中国境内转移土地、房屋权属的承受者。计税依据分为3种情况：国有土地使用权出售、房屋买卖，为成交价格；土地使用权和房屋赠与，由征收机关参照土地使用权出售、房屋买卖的市场价格核定；土地使用权和房屋交换，为所交换的土地使用权和房屋的价格的差额。税率采用3%至5%的幅度比例税率，各省、自治区和直辖市的具体适用税率由当地省级人民政府在上述幅度以内确定，并报财政部、国家税务总局备案。国家机关、事业单位、社会团体和军事单位承受土地、房屋，用于办公、教学、医疗、科研和军事设施的；城镇职工按照规定第一次购买公有住房的；承受荒山、荒沟、荒丘和荒滩土地使用权，用于农业、林业、牧业和渔业的；符合免税规定的外交机构和外交人员，可以免征契税。因不可抗力灭失住房而重新购买住房的，可以酌情免征、减征契税。

### （七）农业税

1. 农业特产农业税（农业特产税）的出台与完善。中国在1994年实施的税制改革中，为了更好地适应农业、林业、畜牧业、渔业生产发展的实际情况和税制改革、财政体制改革的需要，将农林特产农业税与产品税、工商统一税中的农、林、牧、水产品税目（不包括改征屠宰税的生猪、菜牛、菜羊）合并，改为征收农业特产农业税（简称农业特产税）。1994年1月30日，国务院发布《关于对农业特产收入征收农业税的规定》，即日起施行，同时废止国务院过去发布的关于农林特产收入征收农业税的规定和农、林、牧、水产品征税的其他有关规定。

农业特产税的纳税人为在中国境内生产农业特产品的各类集体经济组织、合作经济组织、企业、行政单位、事业单位、军事单位、社会团体、其他单位、寺庙、经营承包户和其他个人，收购规定农业特产品的各类单位和个人；征税对象为国务院和各省、自治区、直辖市人民政府规定的农业特产收入；全国统一的税目有烟叶产品、园艺产品、水产品、林木产品、牲畜产品、食用菌和贵重食品7个，税率从8%到31%不等；其他应税农业特产品的税目、税率，由省级人民政府根据不同产品的获利情况，在5%至20%的幅度以内规定；计税依据为农业特产品的实际收入和收购金额。农业科研机构和农业院校进行科学试验取得的农业特产收入；在新开发的荒地、荒山、滩涂和水面上生产农业特产品的；革命老根据地、少数民族地区、边远地区、贫困地区和其他地区中温饱问题尚未解决的贫困农户，纳税确有困难的；因自然灾害造成农业特产品歉收的，可以享受一定的减税、免税待遇。

农业特产税在执行中作了一些调整。例如根据烟叶价格、补贴调整的情况，将晾晒烟叶和烤烟叶的适用税率从31%降低到20%；将收购毛茶的纳税人的适用税率从16%降低到12%；规定对于国有森林工业企业生产、销售的原木给予一定的减税、免税照顾；单位和个人收购的猪皮暂免征税，单位和个人收购的牛皮和羊皮暂减按5%的税率征税；远洋渔业企业自捕水产品及其初加工制品定期免征农业特产税；西部地区为保护生态环境，退耕还生态林、草产出的农业特产收入，10年以内可以免征农业特产税等等。

2. 稳定农业税收政策。为了坚持中国共产党第十一届中央委员会第三次全体会议以来关于农村工作的一系列方针、政策，正确处理新时期的农民问题，维护农民的合法权益，减轻农民负担，推动农民负担监督管理工作走向法制化、规范化轨道，中共中央、国务院和财税部门采取了一系列减轻农民负担的措施，其中重要内容之一就是稳定农业税收政策。

1996年1月21日，中共中央、国务院发布《关于“九五”时期和今年农村工作的主要任务和政策措施》。这个文件中规定：一些地方按照人口平摊生猪屠宰税和按照地亩平摊农业特产税等做法，必须坚决纠正。

同年6月24日，针对个别地方出现的按照地亩、人头平均摊派农业特产税，致使税负畸重畸轻的问题，国家税务总局发出《关于正确执行政策防止和纠正平摊农业特产税问题的通知》，对各地农业税征收机关提出下列要求：

（1）要认真进行税源调查，严格按照产品实际收入征税。要掌握税源分布和变化情况，按照实际收入分配征税任务，严格按照实际收入计算征税。要坚决防止和纠正无论有无税源和税源多少，按照地亩、人头平均摊派税款的错误做法。

（2）要严格按照国务院、财政部规定的征税范围和环节征税。对于全国统一征税的品目，各地必须依法征税，任何单位和个人不得擅自决定减税、免税和暂缓征税。地方确定征税的品目必须报经省级人民政府批准以后方可开征，不得擅自扩大征税范围。收购环节的征税品目仅限于财政部规定的产品，不得任意扩大。不得将应当对收购者征收的税收平摊到土地或者农民头上。

（3）要不断完善农业特产税征收管理办法，规范执法。实行查定征收的，核定的计税收入要切合实际，公平合理。实行查验征收的，要避免重复征税，促进源头征税。委托村委会和其他部门征收的，要发给委托证书，并加强指导监督。

同年3月9日，经中共中央、国务院领导批准，中共中央办公厅、国务院办公厅转发农业部、国务院法制局等5个部门报送的《关于当前减轻农民负担的情况和今后工作的意见》，其中提出要按照有关法律、法规的规定做好灾区、贫困地区税费减免工作。

同年12月30日，中共中央、国务院发布《关于切实做好减轻农民负担工作的决定》。决定中规定：国家的农业税收政策稳定不变。第九个五年计划期间（1996—2000年）对农业生产不开征新的税种，国家规定的农业税税率不再提高。任何地方无权设立税种、提高税率，非法设立的税种和擅自提高的税率一律取消。农业特产税、屠宰税必须据实征收，不得向农民下指标，不得按人头、田亩平摊。农业税和农业特产税不得重复征收。有关部门要抓紧完善农业税收稽征办法。严禁动用专政工具和手段向农民收取钱物。减免贫困户的税费负担。要认真贯彻中央制定的对贫困地区的各项税收优惠政策。对因执行减、缓、免政策而减少的税费收入，不得分摊到其他农户。

1997年4月10日，根据中共中央、国务院的上述决定，国家税务总局发出《关于继续贯彻稳定农业税负担政策的通知》，其中规定：

（1）要提高认识，做好农业税收工作。农业税收工作是农村工作的一个重要部分，其核心问题也是农民负担问题，农业税收政策执行的好坏，影响到党和政府的农村工作的成效。实行分税制以后，在一些地方的农业税收工作中出现了重收入、轻政策的错误倾向和一些不规范做法，影响了农业税收政策的正确贯彻执行和农业税收工作秩序，应当认真加以纠正。各级地方政府和农业税收征收机关要充分认识到这一问题的重要性，正确执行政策，搞好农业税收工作。

（2）要严格执行稳定农业税负担政策。各省、自治区和直辖市的农业税细粮征收任务总额由中央控制，计税价格随国家粮食合同定购价格相应调整，地方无权随意调增农业税负担。农业税征收机关要及时掌握计税土地的增减变动情况，按照现行政策解决“有税无地”、“有地无税”及税负畸轻畸重问题，以保证稳定农业税负担政策的全面贯彻落实。

（3）要严格区分税费的政策界限，杜绝税费混征的错误做法。各地不得以农业税之名征收其他费用，农业税征收机关要依法征税，加强征管。进行农村税费改革试验的地区，要注意正确贯彻农业税收政策，把遵守国家税收法规作为改革的前提之一。

（4）要严格按照规定的税率、征税范围和环节征收农业特产税。各地对国务院规定品目以外的其他农业特产品开征农业特产税，必须报经省级人民政府批准。没有经过省级人民政府同意，擅自提高税率、扩大征税范围的，要立即纠正。要正确执行政策，不得随意扩大在收购环节征税的范围，也不能随意混淆生产和收购两个环节，将应当由收购者负担的税额转嫁到生产者头上。

（5）要搞好农业特产税的税源调查，切实做到据实征收。各地要扎实做好农业特产税的税源调查工作，建立农业特产税税源台账，形成以户建卡，以村建账，以乡建档的税源控制体系，掌握税源分布和变化情况，使税收计划切实可行。要坚决杜绝不问税源有无和税源多少，按照地亩或者人头平均摊派税款的错误做法。

（6）对农业税计税土地上生产农业特产品的，农业税照征，计算应纳农业特产税时要将农业税扣除，税款征收入库进行账务处理时要分别核算清楚，严禁两税重复征收。

（7）要加强征管，规范执法。在征收工作中要讲究工作方法，慎重采取税收保全和强制执行措施，文明执法。征收税款要实行户缴户结，完税凭证要开到户，严禁“白条”收税。在征收工作中应当公开税收政策，公开税源情况，公开征收任务，公开税款征收数，公开税款减免数，接受广大群众的监督。

同日，根据中共中央、国务院1996年10月23日发布的《关于尽快解决农村贫困人口温饱问题的决定》中对所有尚未解决温饱问题的贫困户依法减免农业税的规定，国家税务总局发出《关于做好贫困农户农业税减免工作的通知》，其中规定：

（1）各级农业税征收机关要充分认识到做好贫困农户农业税减免工作的重要意义，认真贯彻中共中央、国务院的决定，总结经验，继续做好对贫困地区的农业税减免工作，保持政策的连续性。

（2）各级农业税征收机关要加强调查研究，切实掌握贫困人口的分布情况，严格落实政策，区别情况，该减税的减税，该免税的免税，把工作做细做好。

（3）要严格按有关规定和程序办理减税、免税。没有解决温饱问题的贫困户要向当地农业税征收机关提出农业税减免申请，由农业税征收机关调查核实以后报请县人民政府批准。经批准减征、免征的税额，应当在征收以前核定到应当享受减税、免税的纳税人，尽量避免缴税以后退库。经批准退库的减征、免征税款，必须退还给应当享受减税、免税的纳税人，任何单位和个人不得以任何理由截留挪用。

（4）各级农业税征收机关要紧紧依靠当地政府，加强领导，及时研究解决执行中存在的问题，年终将减税、免税情况随同农业税收决算一并报国家税务总局。

1997年9月12日，中共中央总书记江泽民在中国共产党第十五次全国代表大会上所作的报告中提出：要尊重农民的生产、经营自主权，保护农民的合法权益，切实减轻农民负担，使广大农民从党在农村的各项政策和工作中得到实惠。

1998年7月21日，中共中央办公厅、国务院办公厅发出《关于切实做好当前减轻农民负担工作的通知》。通知中规定：要严格执行国家的农业税收政策。农业税要坚持以实计征。对少数折征代金的地方，1998年粮食定购价格调低了的，农业税征收金额应当随之减下来。农业特产税、屠宰税必须据实征收，不得按预计产量、预计出售价格计征，不得层层下达指标或者提前预收，不得按人头、田亩和牲畜存栏头数平摊。同一地块的农业特产税、农业税不得重复征收。严禁强迫农民借款、贷款缴纳各种税费。要教育农民自觉履行应尽义务，按照规定缴纳税费。严禁乡（镇）、村干部擅自以集体名义向任何单位和个人借款、贷款或者强迫农民借款、贷款用以缴纳各种税费和集资。对于没有完成上缴任务的农户，要区别不同情况正确处理。对确实无力缴纳的农户，要认真落实好减免政策；对确有缴纳能力拒不缴纳规定税费的，要按照有关法规及时追缴。中央规定的各项税费减免政策必须落实到村到户，任何部门和单位不得截留税费减免指标。因执行减免政策而减少的税费收入，一律不得分摊到其他农户。同年8月18日，国家税务总局据此发出《关于做好农业税、农业特产税、屠宰税征收工作的通知》，其中规定：

（1）要严格执行农业税稳定负担的政策，不得擅自调增农业税负担。农业税的计税价格要随着粮食定购价格的变化相应调整；折征代金的地方更要注意粮食结算价格的变化，切实保护农民的利益。要严格执行农业税减免政策规定，及时掌握农业生产及受灾情况，继续做好农业税灾歉减免、社会减免和贫困减免工作。要切实将减征、免征的税款落实到应当享受减税、免税待遇的纳税人，任何单位、个人不得截留、挪用。

（2）农业特产税要严格按照农业特产品应税实际计税收入计算征收。对于农业特产品应税实际计税收入有账可查的，要采取查账征收的征收方式；无账可查的，可以实行核定征收等征收方式。无论实行何种征收方式，都要在做好农业特产税税源普查的基础上进行，并于收获季节征税时对所定计税收入再进行认真的核实；遇有自然灾害和市价偏低等情况，要给予调减，切实做到据实征收。严禁按照人头、地亩平摊农业特产税税款，不得对没有从事农业特产品生产、经营和没有农业特产收入者征收农业特产税。对于利用农业税计税土地从事农业特产品生产的，其农业税应征税额大于农业特产税应征税额的，征收农业税；其农业特产税应征税额大于农业税应征税额的，征收农业特产税，两税不得重复征收。

（3）要严格依法规范征税。农业税、农业特产税征收要直接对纳税人实行“户缴户结”，并向纳税人开具正式的完税凭证，严禁打“白条”收税，否则纳税人有权拒缴。要严格区分税、费的政策界限，不得借税收名义征收其他费，更不得税、费混征。在征收的时候，要做到一税一票，防止并纠正一票多税，一票又税又费的错误做法，以保证国家税款及时足额入库，防止税款流失，杜绝贪污腐败现象的发生。

（4）各地农业税征收管理机关要加强领导，向纳税人做好政策的宣传解释工作。

1999年3月22日，经国务院批准，国务院办公厅发出通知，转发农业部、财政部等5个部门报送的《关于1998年农民负担执法检查情况的报告》。通知中肯定了各地区、各部门减轻农民负担取得的成效，同时指出农民负担重的问题还没有从根本上解决，部分地区的问题还相当严重。例如，有的地方平摊农业特产税、屠宰税的问题十分突出。为此，要按照中共中央、国务院有关文件的规定，加大工作力度，改革管理办法，实行标本兼治。按照土地面积、人口数量平摊农业特产税和屠宰税的错误做法，必须坚决纠正。

同年6月2日，国家税务总局印发《关于加强农业税收工作的意见》。意见中提出：必须坚持依法治税，正确执行农业税收政策。针对个别地方违反政策规定收“过头税”的问题，必须始终坚持按照任务服从政策的原则办理。对于有的地方存在的按照人头、地亩平均摊派农业特产税等现象，要坚决纠正。

同年7月11日，中共中央、国务院同意并转发国家发展计划委员会报送的《关于当前经济形势和对策建议》。建议中提出：增收首先必须减负。农业税、农业特产税必须依法征收，不得随意加重农民负担。

同年7月22日，经国务院批准，国务院办公厅转发农业部、财政部等5个部门报送的《关于做好当前减轻农民负担工作的意见》。意见中提出：要严格执行农业税收法规政策。农业税要按照夏秋两季征收，不得提前征收；在夏收作物少的地区，夏征可以推迟到秋季一并征收。农业税的征收方式要尊重农民的意愿，一律不得强行要求农民折征代金。农业税折征代金的数额，要随着粮食定购价格的调减相应调减。农业特产税要在应税农业特产品收获、出售的时候按照农业特产品的实际产量和实际价格核定收入，依据规定的税率计征，不得随意确定产量和价格，高估计税收入。在农业税计税土地上种植应税农业特产品的，农业税照征，在征收农业特产税的时候将农业税扣除。必须重申，税收的立法权在中央，地方政府不得在税法明确授予的管理权限之外擅自更改、调整、变通国家税法和税收政策，不得借税收名义征收其他费。

2000年4月22日，中共中央办公厅、国务院办公厅发出《关于做好当前农业生产工作的通知》。通知中规定：严禁违反国家税收政策向农民乱摊税赋，严禁强迫村集体和农民贷款上缴各种税费。开展农村税费改革的试点地方，要认真领会和贯彻中央的政策精神，把减轻农民负担作为改革的首要出发点，真正使农民在改革中得到实惠。

同年4月26日，经国务院批准，国务院办公厅转发农业部、国务院法制办公室等5个部门报送的《关于巩固大检查成果进一步做好减轻农民负担工作的报告》。报告中提出：要进一步落实中央关于减轻农民税费负担的政策，规范税费征管，禁止平摊农业特产税、屠宰税和其他形式的违规收税，依照有关规定继续做好贫困地区和灾区的税收减免工作。

同年9月10日，中共中央办公厅、国务院办公厅发出《关于1999年下半年至2000年上半年涉及农民负担恶性案件的情况通报》。通报中规定：要依照有关规定继续做好贫困地区和灾区的税费减免工作，禁止平摊农业特产税、屠宰税和其他任何形式的违规收税。

同年9月12日，中共中央办公厅、国务院办公厅召开全国减轻农民负担工作电视电话会议，中共中央政治局委员、中央书记处书记、国务院副总理温家宝在会议上的讲话中强调：禁止平摊农业特产税、屠宰税，要严格规范税费征收行为，对灾区实行税费减免政策，加快农村税费改革步伐。

### （八）关税

为了适应建立社会主义市场经济体制和扩大对外开放的需要，根据加入关税及贸易总协定（1995年以后改为世界贸易组织）的基本要求和中国为恢复在该组织中应有地位的承诺条件，中国必须在一定期限以内逐步地将偏高的进口关税税率降低到发展中国家的平均税率水平。中共中央、国务院和全国人民代表大会对此十分重视。

1993年11月14日中国共产党第十四届中央委员会第三次全体会议通过的《中共中央关于建立社会主义市场经济体制若干问题的决定》中提出：要降低关税总水平，合理调整关税结构，严格征收管理，打击走私。

1994年4月12日国务院印发的《90年代国家产业政策纲要》中提出：要按照国家产业政策合理调整关税税率。

1995年9月28日中国共产党第十四届中央委员会第五次全体会议通过的《中共中央关于国民经济和社会发展"九五"计划和2010年远景目标的建议》中提出：要进一步降低关税税率总水平，调整关税结构，清理税收减免。

1996年3月17日第八届全国人民代表大会第四次会议批准的《中华人民共和国国民经济和社会发展"九五"计划和2010年远景目标纲要》中提出：要分步降低关税税率，在第九个五年计划期间降到发展中国家的平均水平；调整关税结构，清理税收减免。

1997年9月12日中共中央总书记江泽民在中国共产党第十五次全国代表大会上所作的报告中再次提出：要进一步降低关税总水平，鼓励引进先进技术和关键设备。

此后，中国政府先后公开对外承诺，中国将在2000年把进口关税的算术平均税率降低到15%以下，在2005年将进口工业品的关税税率降低到10%。

从1993年年底到2000年年初，中国逐步将进口关税的算术平均税率从36.4%降低到16.4%，下降20.0个百分点，降幅为54.9%；同时，清理了大量的减税、免税规定。

从1993年12月31日起，降低2898个税目的进口关税税率，降低税率的税目占进口税则税目总数（6251个）的46.4%；进口关税的算术平均税率从39.9%降低到36.4%，下降3.5个百分点，降幅为8.8%。这次降低关税税率涉及的主要商品是中美市场准入谈判中承诺降低税率的商品，国内短缺的木材、纸张等商品，纺织品等大宗出口的商品。

1994年1月1日，小汽车的进口关税作了重大调整：取消了对外商投资企业进口的小汽车免征关税的规定，同时将进口汽车的关税税率从220%和180%降低到150%和110%。

从1995年1月1日起，停止对利用国外贷款进口的货物、办公用品、广播电视宣传专用设备和器材、为推动技术引进和结构优化进口的物资、国内电视台进口的电视节目录像制品等五类进口商品的关税减免；调整边境贸易和易货贸易等进口货物的减免税政策；调整一些针对特定企业、特定项目的政策性减税、免税；对国内已经引进技术并大量生产，能够满足国内需要的，或者国家已经大量投资，需要保护其正常发展的，以及进口税率已经基本合理的部分商品进口，一律按照法定税率征税；对经济特区等特定区域进口货物实行额度管理。从3月1日起，降低进口烟、酒、录像带和中型客车等商品的关税税率。

从1996年4月1日起，进口税则税目总数调整为6549个；降低4972个进口税则税目的关税税率，降低税率的税目占进口税则税目总数的75.9%；进口关税的算术平均税率从35.6%降低到23.2%，下降12.4个百分点，降幅为34.8%。这是自新中国成立以来降低进口关税范围最广、幅度最大的一次。同时，取消了大批进口税收优惠：新设立的外商投资企业进口的设备和原材料，新批准的国有企业技术改造项目进口的设备，国务院批准的重大项目进口设备；各类特定区域，包括经济特区、经济技术开发区、高新技术产业开发区、沿海开放城市、边境对外开放城市、边境经济合作区、享受沿海开放城市政策的沿江开放城市和内陆城市、国家旅游度假区、上海浦东新区和其他各类开发区（其中个别区域可以享受一定的过渡性照顾）进口的物资；周边国家易货贸易和经济技术合作项下的进口货物，均不再享受减征、免征进口关税的优惠。

从1997年10月1日起，进口税则税目总数调整为6333个；降低4874个进口税则税目的关税税率，降低税率的税目占进口税则税目总数的77.0%，进口关税的算术平均税率从23.2%降低到17.3%，下降5.9个百分点，降幅为25.4%。

为了鼓励外商投资和企业技术进步，对于国家鼓励发展的外商投资项目和国内投资项目在投资总额以内进口的符合规定的设备，利用外国政府贷款和国际金融组织贷款进口的设备，从1998年1月1日起免征关税。

从1999年1月1日起，进口税则税目总数调整为6940个；降低1014个进口税则税目的关税税率，降低税率的税目占进口税则税目总数的14.6%，进口关税的算术平均税率从17.3%降低到16.7%，下降0.6个百分点，降幅为3.5%。

从2000年1月1日起，进口税则税目总数调整为7062个；降低819个进口税则税目的关税税率，降低税率的税目占进口税则税目总数的11.6%；进口关税的算术平均税率从16.7%降低到16.4%。

1993年年底以来中国连续大幅度地降低进口关税税率对于本国经济的影响是多方面的，但是其积极作用是主要的，即有利于企业引进先进技术和设备，降低生产成本，增强竞争能力；有助于国内价格体制的改革；也给消费者带来了许多利益。同时，对于进口贸易没有产生明显的负面影响，也没有对于本国产业造成较大的冲击，反而促进了进出口贸易的增长。

在降低关税税率的同时，中国对于关税税率的结构和形式也作了一些调整。

在清理关税减免方面，1993年12月22日，国务院批转国务院关税税则委员会报送的《关于清理政策性关税减免文件的意见》，涉及157个文件，其中98个明显不符合社会主义市场经济要求和国际惯例的文件要求尽快分步取消。

1994年12月29日，国务院批转国务院关税税则委员会、财政部和国家税务总局报送的《关于第二步清理关税和进口环节税减免规定的意见》，从1995年起取消利用国外贷款进口的货物等五类货物的关税和进口环节税优惠，对电视机、摄像机等20种进口货物按照法定税率征税，并调整一些特定企业、特定项目和特定区域的进口税收优惠。

1995年12月26日，国务院发出《关于改革和调整进口税收政策的通知》，开始第三步进口税收优惠清理，主要是取消特定区域的进口税收优惠和周边国家易货贸易、新建外商投资企业进口设备及原材料的进口税收优惠。

2000年和2001年，为了加入世界贸易组织，再次清理进口税收优惠，只保留了法律、行政法规规定的15项进口税收优惠。至此，全面清理进口税收优惠的工作基本完成，进口税收优惠从区域优惠为主转向产业优惠为主，并逐步走向法制化和规范化。

此外，为了抵制来自某些国家的进口产品的倾销和补贴，保护本国产业，根据国际惯例，1997年3月25日，国务院发布《中华人民共和国反倾销和反补贴条例》。条例中规定：进口产品采用倾销的方式，并由此对国内已经建立的相关产业造成实质损害或者产生实质损害的威胁，或者对国内建立相关产业造成实质阻碍，可以征收反倾销税。反倾销税的纳税人为倾销产品的进口经营者。

初步裁定倾销成立，并由此对国内产业造成损害的，可以由对外贸易经济合作部提出建议，由国务院关税税则委员会决定，征收临时反倾销税。征收的税额应当与初步裁定的倾销幅度相适应。征税决定由对外贸易经济合作部公告，由海关执行。

最终裁定倾销存在，并由此对国内产业造成损害的，可以由对外贸易经济合作部提出建议，由国务院关税税则委员会决定，征收反倾销税。征税的决定由对外贸易经济合作部公告，由海关执行。

下列两种情形并存的，根据对外贸易经济合作部的建议，国务院关税税则委员会可以决定对临时反倾销税征税决定公告以前90日以内进口的倾销产品追溯征收反倾销税：一是倾销产品有对国内产品造成损害的倾销历史，或者倾销产品的进口经营者知道或者应当知道该产品的出口经营者在倾销产品，并且倾销对国内产业将造成损害的；二是倾销产品在短期内大量进口并对国内产业已经造成损害的。

补贴造成的损害、反补贴调查和反补贴措施的实施，适用倾销造成的损害、反倾销调查和反倾销措施的有关规定。

据中国对外贸易经济合作部1999年6月3日公告，由中国9家新闻纸厂提出对原产于加拿大、韩国和美国的进口新闻纸的反倾销调查已经有了最终裁定。根据中国反倾销和反补贴条例的规定，经中国国务院关税税则委员会批准，中国海关即日起对原产于加拿大、韩国和美国的进口新闻纸征收反倾销税，税率从9%至78%不等，实施期限为5年。这是中国征收反倾销税的第一个案例。这是为了维护中国的正当权益和正常的国际贸易秩序而采取的必要措施。

2000年7月8日，第九届全国人民代表大会常务委员会第十六次会议通过关于修改《中华人民共和国海关法》的决定。修正以后的海关法的第五章仍然为《关税》，其中就关税的纳税人、进出口货物的完税价格、减免税、税收强制执行措施、税收保全措施、行政复议等问题作出了进一步的明确规定，这是下一步完善中国关税制度的重要法律依据。

总的来说，自1994年以来，根据国务院提出的适应建立社会主义市场经济的要求，建立统一、公平、公正的进出口税收政策，全面清理税收减免规定，进一步降低关税水平，创造公平、合理的市场竞争环境的关税政策改革方针，通过调整税率和清理减税、免税，初步实现了关税调控由减免税调节为主向税率调节为主的转变，一方面大幅度地降低了关税税率水平，理顺了关税结构；一方面强化了关税对于进出口贸易的调节作用和增加财政收入的作用。

## 五、税收政策的重要调整

从1994年到2000年，中国为了加强宏观调控，适应国际、国内经济形势的变化，保持必要的进出口规模，扩大国内需求，增加投资，扩大消费，深化各项改革，从而保持国民经济的持续稳步发展和社会稳定，实施了积极的财政政策，在税收方面采取了一系列的重大措施，取得了明显的成效。

## （一）进出口、投资和消费

1. 调节进出口。1994 年 1 月 11 日，国务院发布《关于进一步深化对外贸易体制改革的决定》。决定中规定：完善出口退税制度，退税既要做到足额及时，简化手续，又要继续采取有力措施，有效防止骗税，严厉打击骗税的不法行为。按产业政策调整关税税率，引导进口商品结构的适时调整。为促进国内产业发展，按照关贸总协定的规则对幼稚产业实行适度保护。

同年 4 月 14 日，财政部、国家税务总局发出《关于对中国人民保险公司办理的出口信用保险业务不征营业税的通知》。后来规定，中国进出口银行办理的此类业务也不征营业税。

同年 5 月 12 日，第八届全国人民代表大会常务委员会第七次会议通过《中华人民共和国对外贸易法》。该法中规定：国家采取进出口信贷、出口退税和其他对外贸易促进措施，发展对外贸易。

同年 10 月 7 日，国务院批转国家经济贸易委员会报送的《关于继续扶持鼓励机电产品出口的意见》。意见中提出：对开展进料加工和来料加工业务，其进口直接供加工复出口的原材料、元器件，继续实行保税办法，经海关审核，对确属加工复出口部分免征进口关税和进口环节增值税。

1994 年和 1995 年，经国务院批准，财政部、国家税务总局先后规定原油、食糖、柴油和新闻纸出口不退税。从 1997 年起，经国务院批准，财政部、国家税务总局陆续取消了关于新闻纸（1997 年 10 月）、食糖（1998 年 8 月）、原油（1999 年 9 月）和柴油（1999 年 12 月）出口不退税的规定。从 2000 年 6 月 20 日起，对出口黄金不再退税。

1995 年 5 月 25 日，国务院发出《关于调低出口退税率加强出口退税管理的通知》。通知中规定：从 7 月 1 日起，按照出口货物实际税负分类设置增值税退税率：农产品、煤炭，出口退税率为 3%；以农产品为原料加工生产的工业品和适用 13% 增值税税率的其他货物，出口退税率为 10%；适用 17% 增税税率的其他货物，出口退税率为 14%。外贸企业收购出口的货物，按照上述规定的退税率退税；委托外贸企业代理出口的货物，一律在委托方免（退）税。内资生产企业和 1993 年 12 月 31 日以后批准设立的外商投资企业直接出口和委托外贸企业化理出口的货物，一律免征本环节应纳的增值税，并按照上述退税率计算出口货物的进项税额，抵减内销产品的应纳税额。因出口比重过大，在规定期限以内不足抵减的，不足部分可以按照有关规定退税。

同年 10 月 6 日，国务院发出《关于调低出口货物退税率的通知》。通知中规定：1996 年 1 月 1 日以后报关离境的出口货物按照下列退税率计算增值税退税：煤炭、农产品，出口退税率仍然为 3%；以农产品为原料加工的工业品和按照 13% 的税率征收增值税的其他货物，出口退税率从 10% 降低到 6%；按照 17% 的税率征收增值税的其他货物，出口退税率从 14% 降低到 9%。

同年 12 月 6 日，根据国务院领导的指示，国家税务总局发出《关于出口机电产品优先办理退税的通知》。

同年 12 月 26 日，国务院发出《关于改革和调整进口税收政策的通知》，规定从 1996 年 4 月 1 日起大幅度降低进口关税税率，同时对进口设备、原材料一律按照法定税率征税。

1996年1月3日，国务院发出《关于边境贸易有关问题的通知》。通知中规定：边境居民通过互市贸易进口的商品，每人每日价值在人民币1000元以下的部分，可以免征关税和进口环节税（包括增值税、消费税，笔者注）。边境小额贸易企业通过指定边境口岸进口原产于毗临国家的商品，除了烟、酒、化妆品和国家规定依法征税的其他商品以外，从1996年到1998年可以减半征收关税和进口环节税。1998年11月19日，经国务院批准，对外贸易经济合作部、海关总署发出《关于进一步发展边境贸易的补充规定的通知》。通知中规定：边境居民通过互市贸易进口的生活用品，每人每日价值在人民币3000元以下的部分，可以免征关税和进口环节增值税。边境小额贸易企业通过指定边境口岸进口原产于毗邻国家的商品，除了烟、酒、化妆品和国家规定依法征税的其他商品以外，在2000年年底以前可以继续减半征收关税和进口环节增值税。

1997年2月25日，国务院发出《关于对生产企业自营出口或者委托代理出口货物实行"免、抵、退"税办法的通知》，自同年1月1日起执行。

同日，国务院批转国家经济贸易委员会、财政部等8个部门报送的《关于"九五"期间进一步扩大机电产品出口的意见》。意见中提出：改革和完善出口退税机制，对重点机电产品出口企业继续实行优先退税。

同年12月23日，根据维也纳外交关系公约、维也纳领事关系公约和中国的外交特权与豁免条例，财政部、国家税务总局发出《关于外国驻华使（领）馆及其外交人员购买中国产物品有关退税问题的通知》。通知中规定：在互惠对等原则的基础上，对有关国家驻华使（领）馆和外交人员在中国境内购买中国产物品缴纳的增值税予以退还。

1998年4月14日，中共中央、国务院发出《关于进一步扩大对外开放、提高利用外资水平的若干意见》，其中提出要抓紧完善出口退税制度。

同年5月11日，根据国务院的决定，国家税务总局规定：自同年1月1日起，对利用外国政府和国际金融组织贷款通过国际招标由国内企业中标的机电产品恢复退税。

同年，经国务院批准，财政部、国家税务总局分期分批提高了部分出口产品的增值税退税率：2月12日，发出《关于提高纺织品原料及制品出口退税率的通知》；6月16日，发出《关于提高煤炭、钢材、水泥及船舶出口退税率的通知》和《关于提高纺织机械出口退税率的通知》；8月7日，发出《关于调高部分机电等产品出口退税率的通知》；9月23日，发出《关于提高铝、锌、铅出口退税率的通知》；12月2日，发出《关于提高船舶出口退税率的通知》。

1999年1月29日，经国务院批准，财政部、国家税务总局发出《关于提高部分货物出口退税率的通知》。通知中规定：自同年1月1日起，机械及设备、电器及电子产品、运输工具、仪器仪表4类机电产品的出口退税率提高到17%；农业机械的出口退税率提高到13%；纺织原料及制品、钟表、鞋、陶瓷、钢材及其制品、水泥的出口退税率提高到13%；有机化工原料、无机化工原料、涂料、染料、颜料、橡胶制品、玩具及运动用品、塑料制品、旅行用品及箱包的出口退税率提高到11%；目前执行6%出口退税率的货物，包括以农产品为原料加工生产的工业品及其他货物的出口退税率提高到9%；农产品的出口退税率提高到5%。同年7月1日，经国务院批准，财政部、国家税务总局规定：自同年4月1日起，将煤炭出口退税率从9%提高到13%。同年8月2日，经国务院批准，财政部、国家税务总局规定：自同年7月1日起，将服装的出口退税率提高到17%。服装以外的纺织原料及制品，机电产品中除了已经执行17%退税率的4类产品以外的其他机电产品，法定税率为17%且现行退税率为13%、11%的货物，出口退税率统一提高到15%；法定税率为17%且现行退税率为9%的其他货物，出口退税率提高到13%；农产品以外的法定税率为13%且现行退税率没有达到13%的货物，出口退税率提高到13%（上述出口退税率均为增值税退税率——笔者注）。

同年4月22日，经国务院批准，商海关总署同意，国家税务总局发出《关于援外出口货物有关税收问题的通知》。通知中规定：对利用中国政府的援外优惠贷款和合资合作项目基金方式下出口的货物，比照一般贸易出口实行出口退税。

同年8月18日，经国务院批准，国务院办公厅转发对外贸易经济部、国家税务总局等4个部门报送的《关于进一步采取措施鼓励扩大外贸出口的意见》，其中提出了进一步支持外贸出口的财税政策。

2000年4月27日，经国务院批准，财政部、国家税务总局发出《关于上海钻石交易所有关税收政策的通知》。通知中规定：从同年4月1日起，对交易所实行保税政策，即对直接进入交易所的进口钻石在进口环节不征收关税、进口环节增值税和消费税，交易所的钻石出口不退税。对在交易所内交易的钻石不征收增值税、消费税。国内钻石进入交易所视同出口，享受增值税、消费税退（免）税待遇。

同年7月8日，第九届全国人民代表大会常务委员会第十六次会议通过《关于修改〈中华人民共和国海关法〉的决定》，其中完善了关税和其他进口环节税收的规定。

同年10月26日，根据国务院的有关文件，国家税务总局发布《出口加工区税收管理暂行办法》。

此外，采取了多种退税形式（如对在国际招标中中标的国内产品视同出口予以退税，对外商投资企业在投资总额之内采购的国家规定的免税范围以内的国产设备全额退还已经缴纳的增值税等），以促进国内产品的出口。

由于税收和其他相关措施得力以及国际市场情况的好转，中国的对外贸易顶住了来自各方面的冲击，进出口总额保持了持续稳定增长的趋势。2000年，中国的货物进出口总额达到4743.0亿美元，比1993年的1957.0亿美元增长1.4倍，平均每年增长13.5%，货物进出口总额在世界上的排名从1993年的第十一位上升到2000年的第七位。由于出口额的增加、出口产品结构的变化和出口退税率的提高，2000年的出口退税额达到810.0亿元，比1993年300.0亿元增长1.7倍，平均每年增长15.2%；关税和海关代征的进口环节税收则由于打击走私力度加大和进口总额增加比较多，达到2245.7亿元，比1993年447.5亿元增长4.0倍，平均每年增长25.9%。

2. 鼓励投资的主要措施。1997年12月29日，国务院发出《关于调整进口设备税收政策的通知》。通知中规定：从1998年1月1日起，符合《外商投资产业指导目录》鼓励类和限制乙类，并转让技术的外商投资项目，在投资总额以内进口的自用设备，除了《外商投资项目不予免税的进口商品目录》所列商品以外，可以免征关税和进口环节增值税。外国政府贷款和国际金融组织贷款项目进口的自用设备、加工贸易外商提供的不作价进口设备，比照上述执行。符合《当前国家重点鼓励发展的产业、产品和技术目录》的国内投资项目，在投资总额以内进口的自用设备，除了《国内投资项目不予免税的进口商品目录》所列商品以外，可以免征关税和进口环节增值税。符合上述规定的项目，按照合同随设备进口的技术和配套件、备件，也可以免征关税和进口环节增值税。上述规定范围以外的进口设备减免税，由国务院决定。

1999年7月2日，国务院发出《关于扩大外商投资企业从事能源交通基础设施项目税收优惠规定适用范围的通知》。通知中规定：从同年1月1日起，将外商投资企业和外国企业所得税法实施细则中在沿海经济开放区和经济特区、经济技术开发区所在城市的老市区从事能源、交通和港口建设项目的外商投资企业减按15%的税率征收企业所得税的规定，扩大到全国各地区执行。

同年7月11日，中共中央、国务院同意并转发国家发展计划委员会报送的《关于当前经济形势和对策建议》。建议中提出：从同年7月1日起，固定资产方向调节税按照现行税率减半征收，2000年暂停征收；从同年7月1日起，各类企业用于符合国家产业政策的技术改造项目的国产设备投资，可以按照40%的比例抵免企业所得税。据此，同年8月17日，财政部、国家税务总局发出《关于固定资产投资方向调节税有关政策问题的通知》，规定固定资产投资应税项目下半年完成的投资额减半征收固定资产投资方向调节税；12月17日，财政部、国家税务总局和国家计划委员会发出《关于暂停征收固定资产投资方向调节税的通知》，规定固定资产投资应税项目从2000年起发生的投资额暂停征收固定资产投资方向调节税；12月8日，财政部、国家税务总局发布《技术改造国产设备投资抵免企业所得税暂行办法》。

1999年8月20日，经国务院批准，国务院办公厅转发对外贸易经济部、国家税务总局等4个部门报送的《关于当前进一步鼓励外商投资的意见》，其中提出下列税收优惠措施：

（1）对已经设立的鼓励类和限制类外商投资企业、外商投资研究开发中心、先进技术型和产品出口型外商投资企业技术改造，在原批准的生产、经营范围以内进口国内不能生产或者性能不能满足需要的自用设备及其技术、配件和备件，可以按照规定免征关税和进口环节税。

（2）外商投资设立的研究开发中心在投资总额以内进口国内不能生产或者性能不能满足需要的自用设备及其配套的技术、配件和备件，可以按照规定免征关税和进口环节税。

（3）为了进一步扩大外商投资企业的出口并鼓励其更多地使用国产料件生产出口产品，经税务机关批准，允许1993年成立的老外商投资企业出口货物，在2000年年底以前选择执行“不征不退”或者“免抵退”政策（只能选择一次）。

（4）中西部地区各省、自治区和直辖市要抓紧制定利用外资优势产业和优势项目目录，报经国家批准后实施。目录内项目可以享受《外商投资产业指导目录》中鼓励类项目政策，进口国内不能生产或者性能不满足需要的自用设备及其配套的技术、配件和备件，可以按照规定免征关税和进口环节税。

（5）对外商投资企业在投资总额以内采购国产设备，如该类进口设备属免税目录范围，可以全额退还国产设备增值税并按照规定抵免企业所得税。

（6）外商投资设立的研究开发中心转让技术，可以比照国内科研机构免征营业税。

（7）外国企业向中国境内转让技术，凡属技术先进或者条件优惠的，经国务院税务主管部门批准，可以免征营业税和企业所得税；外商投资企业取得的技术转让收入可以免征营业税。

（8）外商投资企业技术开发费比上年增长10%以上的，经税务机关批准，可以再按照技术开发费实际发生额的50%抵扣当年的应纳税所得额。

（9）设在中西部地区的国家鼓励类外商投资企业，在现行税收优惠政策执行期满以后的3年之内，可以减按15%的税率征收企业所得税。

根据国务院办公厅的上述文件，有关部门陆续发出下列文件：1999年9月17日，国家税务总局发出《关于外商投资企业技术开发费抵扣应纳税所得有关问题的通知》；9月20日，国家税务总局发布《外商投资企业采购国产设备退税管理试行办法》；11月22日，海关总署发出《关于进一步鼓励外商投资有关进口税收政策的通知》；12月8日，国家税务总局发出《关于实施对设在中西部地区的外商投资企业给予3年减按15%税率征收企业所得税的优惠的通知》；2000年1月14日，财政部、国家税务总局发出《关于外商投资企业和外国企业购买国产设备投资抵免企业所得税有关问题的通知》。

3. 鼓励投资和消费的其他措施。

（1）调整证券交易税收。根据股票市场发展的需要，国务院先后3次调整证券交易印花税的税率：1997年5月10日从3‰提高到5‰，1998年6月12日从5‰降低到4‰，1999年6月1日将B股的税率从4‰降低到3‰。

1998年8月6日，为了有利于证券投资基金制度的建立，经国务院批准，财政部、国家税务总局发出《关于证券投资基金税收问题的通知》，对中国证券监督管理委员会新批准设立的封闭式证券投资基金的营业税、印花税、企业所得税和个人所得税等问题作出规定。

此外，为了促进股票交易市场的发展，经国务院批准，从1994年到2000年，个人股票交易所得一直免征个人所得税。

（2）调整房地产市场税收政策。为了鼓励住房方面的投资和消费，经国务院批准，财政部、国家税务总局于1999年7月29日发出《关于调整房地产市场若干税收政策问题的通知》，对有关房地产市场的营业税、契税、土地增值税、个人所得税和城市房地产税作出了规定。

（3）对储蓄存款利息所得征收个人所得税。为了鼓励个人消费、投资，调节个人收入、财产方面的差距，国家发展计划委员会在1999年7月提出的关于当前经济形势的对策建议中，提出了对储蓄存款利息恢复征收个人所得税的建议，并得到了中共中央和国务院的同意。

1999年8月30日，第九届全国人民代表大会常务委员会第十一次会议通过《关于修改〈中华人民共和国个人所得税法〉的决定》，取消了个人所得税法中关于储蓄存款利息免税的规定，并授权国务院对此项所得征收个人所得税的有关问题作出具体规定。9月30日，国务院发布《对储蓄存款利息所得征收个人所得税的实施办法》，自11月1日起施行。

（4）鼓励外国企业间接投资。2000年11月18日，国务院发出《关于外国企业来源于我国境内的利息等所得减征所得税问题的通知》。通知中规定：从同年1月1日起，外国企业没有在中国境内设立机构、场所，取得来源于中国境内的利息、租金、特许权使用费和其他所得；或者虽然在中国境内设立机构、场所，但是上述所得与其在中国境内设立的机构、场所没有实际联系的，其所得税可以减按10%的税率征收。从而使享受这项税收优惠的地区从经济特区、经济技术开发区、沿海经济开放区等特定地区扩大到全国范围。这是平衡地区之间的税收负担，支持中西部地区经济发展的一项重要措施。

### （二）农业、林业、牧业和渔业

1994年3月29日，根据国务院的有关文件，财政部、国家税务总局发出《关于调整农产品增值税税率和若干项目征免增值税的通知》，自5月1日起执行。通知中规定：农业产品的增值税税率由17%调整为13%，饲料、农业塑料薄膜、农业机械、种子、种苗和规定的化肥、农药在1995年年底以前可以免征增值税。1996年2月16日，经国务院批准，财政部、国家税务总局发出《关于对若干农业生产资料征免增值税问题的通知》，其中规定在1997年年底以前对种子、种苗、化肥、农药、农业机械、农用塑料薄膜和饲料继续免征增值税。1998年5月12日，经国务院的批准，财政部、国家税务总局再次发出通知，规定在2000年年底以前对上述农业生产资料继续免征增值税。

1994年3月29日，根据企业所得税暂行条例，经国务院批准，财政部、国家税务总局发出《关于企业所得税若干优惠政策的通知》，自同年1月1日起执行。通知中规定：为农业生产服务的行业、单位提供技术服务、劳务取得的收入，可以暂免征收企业所得税；乡镇可以按照应纳企业所得税税款减征10%，用于补助社会性开支；新办的饲料工业企业在1995年年底以前可以免征企业所得税（后来规定从1996年到1997年可以减半征收企业所得税——笔者注）。

同日，根据国务院的有关文件，财政部、国家税务总局规定：将土地使用权转让给农业生产者用于农业生产，可以免征营业税。

同年9月5日，经国务院批准，财政部、国家税务总局和海关总署发出《关于进口种子（苗）、种畜（禽）和鱼种（苗）免征进口环节增值税的通知》。通知中规定：从同年8月15日到1995年年底，进口的种子（苗）、种畜（禽）和鱼种（苗）可以免征进口环节增值税。1996年8月14日，经国务院批准，财政部、国家税务总局发出《关于进口种子（苗）、种畜（禽）、鱼种（苗）和非盈利性种用野生动植物种源税收问题的通知》。通知中规定：在1997年年底以前，进口种子（苗）、种畜（禽）、鱼种（苗）和非盈利性种用野生动植物种源可以免征进口环节增值税。1998年4月7日，经国务院批准，财政部、国家税务总局规定：上述税收优惠执行到2000年年底。

1994年11月11日，根据企业所得税暂行条例及其实施细则，财政部、国家税务总局发出《关于国有农业、农垦、农牧、渔业、水利、气象等企业征收所得税问题的通知》。通知中规定：从1994年到1995年，各级农业部门所属的农技推广站、植保站、水管站、林业站、畜牧兽医站、水产站、种子站、农机站、气象站和经营管理站可以免征企业所得税。

1994年12月16日，国家税务总局发出《关于森工企业、林场、苗圃所得税征免问题的通知》。通知中规定：在1995年年底以前，国有林场、苗圃的主业收入和综合利用项目收入可以免征企业所得税。

1994年12月29日，根据中共中央农村工作领导小组关于林业工作会议的纪要，财政部发出《关于对征收原木、原竹农业特产税问题的通知》。通知中规定：对生产原木、原竹的林农、农村集体经济组织等非林业系统的单位、个人，按照8%的税率征收农业特产税。对收购上述生产者生产的原木、原竹的单位和个人，按照8%的税率征收农业特产税。对生产、销售原木、原竹的森工企业、国家林场，征收生产环节的8%和收购环节的8%的农业特产税。在“八五”期间基本维持原农林特产税和原产品税的减免政策。对国有林区138

个森工企业生产、销售的原木，生产环节与收购环节合并，减按10%计算征收农业特产税，其中对内蒙古自治区和黑龙江、吉林两省森工企业生产、销售的原木，减按5%征收农业特产税。此后，经国务院批准，财政部、国家税务总局陆续联合发出通知，规定从1996年到2000年上述国有林区森工企业的税收优惠继续执行，并补充规定：小径材（指长度在2米以下或者径级8厘米以下的木材，下同）可以免征农业特产税；东北、内蒙古国有林区森工企业生产销售薪材、次加工材发生亏损的，报经省级农业税收征收机关核准以后，可以免征农业特产税。

1994年12月30日，财政部发出《关于缓征、减征猪、牛、羊皮农业特产税问题的通知》。通知中规定：从1994年到1995年，对收购猪皮的单位和个人暂缓征收农业特产税，对收购牛、羊皮的单位和个人减按5%的税率征收农业特产税。1997年12月11日，经国务院批准，财政部、国家税务总局发出《关于免征减征猪、牛、羊皮农业特产税问题的通知》。通知中规定：从1997年到1998年，对猪皮、牛皮和羊皮继续按照上述规定免征、减征农业特产税。1998年12月24日，财政部、国家税务总局发出《关于调整猪、牛、羊皮农业特产税政策的通知》。通知中规定：从1999年起，单位、个人收购的猪皮暂停征收农业特产税，单位、个人收购的牛皮、羊皮暂按5%的税率继续征税。

1996年12月12日，根据国务院办公厅的有关文件，财政部、国家税务总局规定：从1994年到1995年，农业部直属远洋渔业企业可以免征企业所得税。地方远洋渔业企业是否参照执行，由地方政府确定。

1997年3月10日，经国务院批准，财政部、国务院关税税则委员会和国家税务总局发出《关于远洋渔业企业进口渔用设备和运回自捕水产品税收问题的通知》。通知中规定：从1996年4月1日到1998年年底，远洋渔业企业进口自用、国内不能生产的远洋渔船、轮机和甲板设备、冷冻设备等直接渔用物资，可以免征进口环节增值税。远洋渔业企业的渔船在公海或者有关协议规定的国外海域捕获并运回国内销售的水产品及其初加工制品，视同非进口的国内产品，不征收关税和进口环节增值税。

同年3月11日，中共中央、国务院转发农业部报送的《关于我国乡镇企业情况和今后改革与发展意见的报告》。报告中提出：继续按照国家规定对乡镇企业实行税收扶持。乡镇企业要严格依法纳税，及时足额缴纳税款。对于国家规定扶持乡镇企业或者适用于乡镇企业的各项税收减免政策，都要切实兑现。乡镇企业用于补农建农和补助农村社会性的开支，在应缴所得税额中相应减征。中西部地区的乡镇企业，只要产品质量高，销路好，又有治理污染和保护资源、环境的可靠措施，不受项目规模大小限制，均可以免征固定资产投资方向调节税。国家确定的老少边穷地区新办的乡镇企业，可以在一定期限之内减征、免征企业所得税，并享受税法规定的税收优惠。

同年5月8日，经国务院批准，财政部、国家税务总局发出《关于国有农口企事业单位征收企业所得税问题的通知》。通知中规定：国有农口企事业单位从事种植业、养殖业和农林产品初加工业取得的所得，边境贫困的国有农场、林场取得的生产、经营所得和其他所得，可以暂免征收企业所得税。

同年5月14日，根据同年4月15日中共中央、国务院发出的《关于进一步加强土地管理切实保护耕地的通知》，财政部、国家税务总局发出《关于进一步做好耕地占用税征管工作的通知》。

同年5月29日，根据1996年12月30日中共中央、国务院发布的《关于切实做好减轻农民负担工作的决定》，国家税务总局发出《关于开展屠宰税摊派问题专项治理的通知》。

1997年7月4日，经国务院批准，财政部、国家税务总局发出《关于对远洋渔业企业自捕水产品征免农业特产税问题的通知》。通知中规定：从1996年到2000年，远洋渔业企业自捕水产品及其初加工制品可以免征农业特产税。

1997年10月20日，根据同年1月27日国务院批转农业部报送的《关于进一步加快渔业发展的意见》，财政部、国家税务总局发出《关于对内资渔业企业从事捕捞业务征收企业所得税问题的通知》。通知中规定：从同年1月1日起，符合规定的渔业企业从事远洋、外海捕捞业务取得的所得，可以暂免征收企业所得税。

1998年8月18日国家税务总局根据同年7月21日中共中央办公厅、国务院办公厅发出的《关于切实做好当前减轻农民负担工作的通知》发出的《关于做好农业税、农业特产税、屠宰税征收工作的通知》规定：屠宰税必须据实征收。严禁人头、地亩和牲畜存栏头数搞摊派，不得以屠宰税名义搞搭车收费。在收购环节征收屠宰税的，不得把应当由收购方缴纳的屠宰税改由饲养户缴纳，不得对没有收购的应税牲畜预征屠宰税。

1999年7月29日，经国务院批准，国务院办公厅转发农业部报送的《关于当前调整农业生产结构的若干意见》。意见中提出：政府根据市场供求变化，运用价格、财税和信贷等经济杠杆，通过调整产业政策和发布信息等手段，适时进行宏观调控，引导农民生产适销对路产品，促进总量平衡。进一步规范养殖业生产税费管理，坚决制止违反现行税收法规和国务院有关规定向农民乱收、摊派生猪税费的现象。继续执行对现行的饲料产品免征增值税和进口环节增值税的政策，对远洋渔业企业在公海或者按照有关协议规定在国外海域捕获并运回国内销售的自捕水产品及其加工制品不征收关税和进口环节增值税、免征农业特产税的政策。

2000年10月8日，根据同年1月16日中共中央、国务院发布的《关于做好2000年农业和农村工作的意见》，农业部、国家税务总局等8个部门印发《关于扶持农业产业化经营重点龙头企业的意见》。意见中提出：农业产业化经营重点龙头企业从事种植业、养殖业和农林产品初加工业取得的所得，暂免征收企业所得税；企业研究开发新产品、新技术和新工艺所发生的各项费用，可以按照有关规定扣除；符合有关规定进口的农产品加工设备，进口时可以免征关税、增值税。

### （三）能源、交通和通信

1993年8月19日，国务院发布《长江三峡工程建设移民条例》。条例中规定：三峡工程建设占用耕地，在坝区和淹没区的，按照应纳税额40%征收耕地占用税。为安置农村移民开发的土地和新办的企业，在征收农业税、企业所得税等方面，可以按照规定免税、减税。三峡库区所在的县、市可以参照沿海经济开放区和沿江开放城市的优惠政策实行对外经济开放。1995年8月13日，根据上述条例和国务院的其他有关文件，财政部、国家税务总局发出《关于长江三峡库区移民开发税收政策的通知》，其中规定：

1. 三峡工程建设占用耕地，在坝区和淹没区的，可以按照应纳税额的40%征收耕地占用税。

2. 移民开垦荒地所取得的农业收入，可以从取得收入的年度起免征农业税3年到5年。

凡安置移民，属于下列地区之一的贫困农户，经省、计划单列市人民政府决定，可以减征农业税：农民的生产和生活还有困难的革命老根据地，生产落后、生活困难的少数民族地区，交通不便、生产落后和农民生活困难的贫瘠山区。

3. 在新开发的荒山、荒地、滩涂和水面上生产农业特产品的，可以从取得收入的年度起免征农业特产农业税1年到3年。革命老根据地、少数民族地区、边远地区、贫困地区和其他地区中温饱问题尚未解决的贫困农户，纳税确有困难的，可以免征农业特产农业税。

4. 在国家确定的革命老根据地、少数民族地区、边远地区和贫困地区新办的企业，经税务机关批准，可以减征、免征企业所得税3年。

5. 设在湖北省宜昌市所辖的宜昌、秭归、兴山县；恩施土家族苗族自治州所辖的巴东县；四川省万县市所辖的巫山、巫溪、奉节、云阳县和开县、忠县；黔江地区所辖的石柱县；涪陵地区所辖的丰都、武隆县；重庆市所辖的长寿、江北县和巴县、江津市等长江三峡经济开放区的生产性外商投资企业，可以减按24%的税率征收企业所得税。设在上述城市的外商投资企业，属于能源、交通、港口、码头和国家鼓励的其他项目的，可以减按15%的税率征收企业所得税。地方所得税的减征、免征，由所在省、计划单列市人民政府决定。

6. 设在宜昌市、万县市、涪陵市等沿江开放城市老区的生产性外商投资企业，可以减按24%的税率征收企业所得税。设在上述城市的老市区内开办的生产性外商投资企业，凡属于技术密集型的项目，外商投资额在3000万美元以上、回收投资时间长的项目，能源、交通和港口建设项目，经财政部批准，可以减按15%的税率征收企业所得税。外商没有在中国境内设立机构而来源于上述城市的股息、利息、租金、特许权使用费和其他所得，除了依法免征所得税的以外，都可以减按10%的税率征收所得税。如果需要给予更多优惠，由所在省人民政府决定。地方所得税的减征、免征，由所在省人民政府决定。

7. 安置移民中属于待业青年、国有企业转换经营机制的富余职工、农转非等人员新办的劳动就业服务企业，当年安置人员超过企业从业人员总数60%的，经税务机关批准，可以免征所得税3年。企业免税期满以后，当年新安置符合规定人员占企业原从业人员总数30%以上的，经过税务机关批准，可以减半征收所得税2年。

1994年3月29日财政部、国家税务总局发出的《关于企业所得税若干优惠政策的通知》中规定：新办的从事交通运输业、邮电通讯业的企业和经营单位，可以从开业之日起，第一年免征企业所得税，第二年减半征收企业所得税。

同年3月31日，财政部、国家税务总局分别联合发出《关于电力建设基金实行统一税制后有关问题的通知》和《关于三峡工程建设基金实行统一税制后有关问题的通知》。上述通知中规定：从1994年到1995年，并入电价的原来在电价以外征收的电力建设基金可以免征企业所得税；并入电价的原来在电价以外征收的三峡工程建设基金可以免征企业所得税、城市维护建设税和教育费附加。1997年4月28日、1998年6月9日，经国务院批准，财政部、国家税务总局先后联合发出通知，规定上述税收优惠从1996年到2003年继续执行。

1994年4月7日，根据国务院的有关文件，财政部、国家税务总局发出《关于铁道部“八五”后两年有关财务、税收问题的通知》。通知中规定：从1994年到1995年，对铁路建设基金缴纳的营业税予以财政返还，铁路建设基金可以免征企业所得税，铁路运输、工业、供销和建筑施工企业可以免征城镇土地使用税、房产税、车船使用税和部分印花税。上述税收优惠政策执行期满以后，1997年，经国务院批准，财政部、国家税务总局规定，从

1996 年到 1997 年，铁路运输、工业、供销和建筑施工企业，铁道部直属铁路局的工副业企业和由铁道部自行解决工交事业费的单位，其自用的房产、土地可以继续暂免征收房产税和城镇土地使用税；车船使用税和印花税的免税期可以延长到 1996 年 6 月底。

1994 年 4 月 7 日，财政部、国家税务总局规定：从 1994 年到 1995 年，民航基础设施建设基金可以免征企业所得税。

1994 年 7 月 30 日，根据国务院领导决定，国家税务总局规定：铁道部直属运输企业兴办的多种经营国有企业，凡在“七五”铁路“大包干”以前就地缴纳所得税的，按照规定纳税；其余企业在“八五”期间暂不征收企业所得税，由铁道部门集中使用。1997 年 3 月 17 日，经国务院批准，财政部、国家税务总局规定：从 1996 年到 1997 年，铁路运输多种经营国有企业可以继续免征企业所得税。

经国务院批准，财政部、国家税务总局陆续联合发出通知，规定从 1994 年到 1997 年对电力工业部所属水电施工企业缴纳的企业所得税返还 50%。

1996 年 4 月 17 日，经国务院批准，财政部、国家税务总局发出《关于民航机场管理建设费营业税先征后返问题的通知》。通知中规定：从同年 1 月 1 日起对民航机场管理建设费照章征收营业税，所征税款由财政部门返还，用于机场建设。

1997 年 4 月 8 日，经国务院批准，财政部、国家税务总局和海关总署分别联合发布《关于在我国海洋开采石油（天然气）进口物资征免进口税收的暂行规定》和《关于在我国陆上特定地区开采石油（天然气）进口物资征免进口税收的暂行规定》。上述文件规定：从 1996 年 4 月 1 日到 2000 年年底，在中国海洋进行石油和天然气开采作业的项目，进口直接用于开采作业的机器、设备、备件和材料；在中国特定地区内进行石油、天然气开采作业的项目，进口国内不能生产或者性能不能满足要求，并直接用于勘探、开发作业的机器、设备、备件和材料，可以按照规定免征关税和进口环节增值税。

1998 年 3 月 5 日，根据国务院的指示，财政部、国家税务总局发出《关于免征农村电网维护费增值税问题的通知》。通知中规定：从同年 1 月 1 日起，农村电管站在收取电费时向用户收取的农村电网维护费可以免征增值税。

1999 年 7 月 2 日国务院发出的《关于扩大外商投资企业从事能源交通基础设施项目税收优惠规定适用范围的通知》中规定：过去在部分地区从事能源、交通和港口建设项目的外商投资企业减按 15% 的税率征收企业所得税的规定，从 1999 年起扩大到全国各地区执行。

1999 年 9 月 21 日，经国务院批准，财政部、国家税务总局发出《关于民航系统租赁外国企业飞机租金征免预提所得税问题的通知》。通知中规定：中国各航空公司与外商在同年 9 月 1 日以前签订的飞机租赁合同支付的租金，可以免征预提所得税。

2000 年 10 月 12 日，经国务院批准，财政部、国家税务总局发出《关于飞机维修增值税问题的通知》。通知中规定：从同年 1 月 1 日起，对飞机维修劳务增值税实际税负超过 6% 的部分实行即征即退。

### （四）促进技术进步，发展高新技术产业

1994 年 3 月 29 日财政部、国家税务总局发出的《关于企业所得税若干优惠政策的通知》中规定：国务院批准的高新技术产业开发区以内的高新技术企业，可以减按 15% 的税

率征收企业所得税，新办的高新技术企业可以自投产年度起免征企业所得税2年；为农业生产服务的行业、单位提供技术服务、劳务取得的收入，可以暂免征收企业所得税；企业、事业单位转让技术和在技术转让过程中发生的有关技术咨询、技术服务和技术培训所得，年净收入在30万元以下的，可以暂免征收企业所得税。

同年6月3日，根据国务院的有关文件，财政部、国家税务总局发出《关于对科研单位取得的技术转让收入免征营业税的通知》，自同年1月1日起执行。

1996年4月7日，根据1995年5月6日中共中央、国务院发布的《关于加速科学技术进步的决定》，财政部、国家税务总局发出《关于促进企业技术进步有关财务税收问题的通知》，自同年1月1日起执行，其中规定：

1. 企业研究开发新产品、新技术和新工艺所发生的各项费用，不受比例限制，计入管理费用。企业研究开发新产品、新技术和新工艺所发生的各项费用应当逐年增长，增长幅度在10%以上的企业，可以再按照实际发生额的50%抵扣应税所得额。企业为开发新技术、研制新产品所购置的试制用关键设备、测试仪器，单台价值在10万元以下的，可以一次或者分次摊入管理费用，其中达到固定资产标准的应当单独管理，不再提取折旧。

2. 企业为验证、补充相关数据，确定完善技术规范或解决产业化、商品化规模生产关键技术而进行中间试验，经财税机关批准，中试设备的折旧年限可以在国家规定的基础上加速30%—50%。

3. 推进企业机器设备的更新。企业可以根据技术改造规划和承受能力，在国家规定的折旧年限区间以内，选择较短的折旧年限。对在国民经济中具有重要地位、技术进步快的电子生产企业、船舶工业企业、生产“母机”的机械企业、飞机制造企业、汽车制造企业、化工生产企业、医药生产企业和经财政部批准的企业，其机器设备可以采用双倍余额递减法或者年数总和法。其他企业某些特殊机器设备，凡是符合财政部行业财务制度规定的，也可以实行双倍余额递减法或者年数总和法。根据国家规定进行清产核资的企业，在综合考虑企业承受能力和技术进步状况的基础上，可以按照重估以后的固定资产价值提取折旧。企业技术改造采取融资租赁方法租入的机器设备，折旧年限可以按照租赁期限和国家规定的折旧年限孰短的原则确定，但是最短折旧年限不短于3年。企业购入的计算机应用软件，随同计算机一起购入的，计入固定资产价值；单独购入的，作为无形资产管理，按照法律规定的有效期限或者合同规定的受益年限摊销，没有规定有效期限或者受益年限的，在5年以内平均摊销。

1996年5月15日，第八届全国人民代表大会常务委员会通过《中华人民共和国促进科技成果转化法》，其中规定国家对科技成果转化活动实行税收优惠政策。

1997年3月24日，根据国务院的决定，财政部、国家税务总局等4个部门印发《“九五”期间对国有大中型企业技术改造项目进口国内不能生产的设备退还增值税的暂行办法》。办法中规定：“九五”期间列入国家经济贸易委员会技术改造计划的国有大中型企业的技术改造项目，引进国内不能生产的先进设备，可以在照章纳税以后申请退还8个百分点的进口环节增值税，作为国家资本金注入。

同年7月31日，经国务院批准，财政部、国家税务总局发出《关于卫星发射单位承担国外卫星发射业务免征营业税、所得税问题的通知》。通知中规定：从1996年到2000年，卫星发射单位承担国外卫星发射、测控服务业务取得的收入，可以免征营业税和所得税。

1998 年 5 月 12 日，经国务院批准，财政部、国家税务总局发出《关于数控机床产品增值税先征后返问题的通知》。通知中规定：从 1997 年到 1998 年，对部分数控机床企业生产销售的数控机床产品应当缴纳的增值税实行先征后返，返还的税款用于数控机床产品的开发。2000 年 3 月 31 日，经国务院批准，财政部、国家税务总局规定：上述规定从 1999 年到 2000 年继续执行。

1999 年 6 月 21 日，根据《国务院关于建设中关村科技园区有关问题的批复》，财政部、国家税务总局发出《关于中关村科技园区软件开发生产企业有关税收政策的通知》。通知中规定：在北京市中关村科技园区内开发生产软件产品的企业，可以就其软件产品的销售额，比照简易办法，按照 6% 的征收率计算缴纳增值税。软件开发生产企业发放的工资，在计算企业应纳税所得额的时候，可以按照实际发生额扣除。上述增值税的自同年 7 月 1 日起执行，企业所得税的规定自同年 1 月 1 日起执行。

同年 8 月 20 日，中共中央、国务院发布《关于加强技术创新，发展高科技，实现产业化的决定》。决定中规定：社会力量资助科研机构和高等学校的研究开发经费，可以按照一定比例在计税所得中扣除；技术转让、技术开发和相关的技术咨询、技术服务收入，可以免征营业税；开发生产软件产品的企业的软件产品可以按照 6% 的征收率征收增值税，此类企业的工资支出可以据实在企业所得税前扣除。对高新技术产品的出口实行增值税零税率政策，对国内没有的先进技术和设备的进口实行税收扶持政策。同年 11 月 2 日，财政部、国家税务总局据此作出下列规定，自同年 10 月 1 日起执行：

1. 一般纳税人自行开发生产的计算机软件产品按照 17% 的法定税率征收增值税以后，实际税负超过 6% 的部分可以即征即退。

2. 单位和个人从事技术转让、技术开发业务和相关的技术咨询、技术服务业务取得的收入，可以免征营业税。

3. 单位和个人资助非关联的科研机构和高等学校研究开发新产品、新技术、新工艺所发生的研究开发经费，可以按照规定全额从应纳税所得额中扣除。

4. 软件开发企业实际发放的工资总额，可以在计算企业所得税应纳税所得额时扣除。

5. 中央直属科研机构和省、地（市）所属的科研机构转制以后，从 1999 年到 2003 年，5 年以内可以免征企业所得税和科研开发自用土地的城镇土地使用税。

6. 企业为生产《国家高新技术产品目录》的产品而进口所需的自用设备和按照合同随设备进口的技术及配套件、备件，除了国家另有规定者以外，可以免征关税和进口环节增值税。

7. 企业引进属于《国家高新技术产品目录》所列的先进技术，按照合同规定向境外支付的软件费，可以免征关税和进口环节增值税。

8. 列入《中国高新技术商品出口目录》的产品，凡出口退税率没有达到征税率的，经国家税务总局核准，产品出口以后可以按照征税率退税。

2000 年 6 月 24 日，国务院发出《关于印发鼓励软件产业和集成电路产业发展若干政策的通知》，其中规定：

1. 增值税一般纳税人销售自行开发生产的软件产品，即日起至 2010 年年底按照 17% 的法定税率征收增值税，对于实际税负超过 3% 的部分实行即征即退，由企业用于研究开发软件产品和扩大再生产。

2. 在中国境内新创办的软件企业经过认定以后，可以从获利年度起，第一年和第二年免征企业所得税，第三年至第五年减半征收企业所得税。国家布局规划以内的重点软件企业，当年没有享受免税优惠的，可以减按10%的税率征收企业所得税。

3. 软件企业进口所需的自用设备和按照合同随设备进口的技术（包括软件）及配套件、备件，除了国家已经规定不予免税者以外，可以免征关税和进口环节增值税。

4. 软件企业人员薪酬和培训费用，可以按照实际发生额在企业所得税税前列支。

5. 企事业单位所购的软件，经过税务机关批准，其折旧、摊销年限可以适当缩短，最短可以为2年。

6. 增值税一般纳税人销售自产的集成电路产品，即日起至2010年年底按照17%的税率征收增值税，对于实际税负超过6%的部分实行即征即退，由企业用于研究开发新的集成电路和扩大再生产。

7. 投资额超过80亿元人民币或者集成电路线宽小于0.25微米的集成电路生产企业，按照鼓励外商对能源、交通投资的税收优惠政策执行。此类企业进口自用生产性原材料、消耗品，可以免征关税和进口环节的增值税。

8. 集成电路生产企业的生产线设备的折旧年限最短可以为3年。

9. 集成电路生产企业引进集成电路技术和成套生产设备，单项进口集成电路专用设备和仪器，可以免征关税和进口环节增值税。

2000年9月22日，财政部、国家税务总局和海关总署根据上述通知发出《关于鼓励软件产业和集成电路产业发展有关税收政策问题的通知》，自同年7月1日起执行，另有规定者除外。

### （五）教育、文化、宣传、科研、卫生和体育

1993年2月13日，中共中央、国务院印发《中国教育改革和发展纲要》。纲要中提出：继续大力发展校办产业和社会服务，逐步建立支持教育改革和发展的服务体系，各级政府和有关部门要给予优惠政策。鼓励和提倡厂矿企业、事业单位、社会团体和个人根据自愿、量力原则捐资助学、集资办学，不计征税。各级政府对教科书及教学用图书资料的出版发行和教学仪器设备的生产、供应实行优先、优惠的政策。1994年7月3日，国务院发布《关于〈中国教育改革和发展纲要〉的实施意见》。意见其中提出：国家支持学校发展校办产业，对包括各类职业学校在内的校办产业继续实行减免税政策。继续鼓励厂矿企业、社会力量以及海内外各界人士捐资助学和农村集资办学。对教育事业的捐资，依照有关法律、法规的规定，从应纳税的所得中扣除。

1994年3月29日财政部、国家税务总局发出的《关于企业所得税若干优惠政策的通知》等文件中规定：高等学校和中小学校办工厂、农场的生产、经营所得，高等学校和中小学举办各类进修班、培训班的所得，科研单位、大专院校服务于各业的技术成果转让、技术培训、技术咨询、技术服务和技术承包取得的技术性服务收入，可以暂免征收企业所得税；新办的从事教育、文化、卫生事业的企业和经营单位，经过批准，可以免征、减征企业所得税1年；个人转让著作权可以免征营业税；电影制片厂销售的电影拷贝可以免征增值税。

同日，根据国务院领导的指示，财政部、国家税务总局发出《关于对福利企业、学校

办企业征税问题的通知》。通知中规定：原学校办企业享受的流转税优惠政策仍然保留，由税务机关采取先征税后返还的办法。此后，经国务院的批准，财政部、国家税务总局陆续联合发出通知，规定上述税收优惠执行到1999年年底。

1994年5月4日，经国务院批准，国家税务总局发出《关于中国科学院院士津贴免征个人所得税的通知》。9月16日，经国务院批准，人事部、财政部发出《关于发放中国工程院院士津贴的通知》，其中规定中国工程院院士津贴免征个人所得税。

同年7月4日，国家税务总局发出《关于学校办企业征收流转税问题的通知》。通知中规定：自同年1月1日起，校办企业生产的应税货物，用于本校教学、科研方面的，可以免征增值税；校办企业为本校教学、科研提供的应税劳务（不包括旅店业和娱乐业），可以免征营业税。

1994年12月19日，财政部、国家税务总局规定：在1995年年底以前，对于新华社系统所属企业和经营单位缴纳的企业所得税予以财政返还。

同年12月23日，经国务院批准，财政部、国家税务总局印发《关于继续对宣传文化单位实行财税优惠政策的规定》。这个文件中规定：从1994年到1995年，对中国共产党、各民主党派、政府、军队、人民代表大会、政治协商会议、工会、共产主义青年团、妇女联合会、新华社的机关报刊，大学、中学、小学的学生课本和专为少年儿童出版发行的报刊，科技书刊，县以下新华书店和农村供销社销售的出版物实行增值税先征后退；电影制片厂销售的电影拷贝在1995年年底以前免征增值税；从1994年到1997年，中央财政和省级财政继续按照宣传、文化企业上年缴纳所得税的数额列入支出预算。

1995年3月24日，根据国务院的有关文件，国务院关税税则委员会、财政部和国家税务总局发出《关于体育用品进口税收问题的通知》。通知中规定：从同年1月1日起，国家体育运动委员会所属国家专业队进口、中国人民解放军总参谋部所属军事体育工作大队进口的特需体育器材和特种比赛专用服装，可以免征进口关税和增值税（国家规定不予减税、免税的商品除外）。

1996年9月5日，国务院发布《关于进一步完善文化经济政策的若干规定》，其中规定：

1. 纳税人通过文化行政管理部门和批准成立的非营利性的公益性组织对下列文化事业的捐赠，在年度应纳税所得额3%以内的部分，经税务机关审核，可以在计算应纳税所得额时扣除：国家重点交响乐团、芭蕾舞团、歌剧团、京剧团和其他民族艺术表演团体，公益性的图书馆、博物馆、科技馆、美术馆和革命历史纪念馆，重点文物保护单位。

2. 从1996年到2000年，1994年财政部、国家税务总局规定的7类出版物、县以下新华书店和农村供销社销售出版物的增值税，可以继续实行先征后退的办法；经国务院批准成立的电影制片厂销售的电影拷贝收入，可以继续免征增值税；中央财政和省级财政可以继续按照宣传文化企业上年上缴所得税的实际入库数列支出预算，建立宣传文化发展专项资金。

根据上述文件，财政部、国家税务总局先后于1996年12月5日、1997年2月13日先后联合发出《关于继续对宣传文化单位实行增值税优惠政策的通知》和《关于宣传文化单位所得税政策的通知》。

同年9月15日，国务院发布《关于“九五”期间深化科学技术体制改革的决定》。决定中规定：“九五”期间，为了鼓励、扶持科研机构进入市场，对转变为企业法人的科研机构，根据不同情况，经核定以后可以继续保留其名称，享受国家给予科研事业单位的各项政策。转化为企业的科研机构除了享受国家对企业的各项税收优惠政策以外，其开发新产品、新技术和新工艺所发生的各项费用可以按照规定计入管理费用。对于技术转让过程中发生的技术培训、技术咨询和技术服务，各地应当根据当地实际情况制定税收优惠政策。

同年 10 月 10 日，中国共产党第十四届中央委员会第六次全体会议通过《中共中央关于加强社会主义精神文明建设若干重要问题的决议》。决议中提出：运用税收、贷款和价格等经济杠杆支持宣传文化事业，进一步完善宣传文化事业的财税优惠政策。

同年 11 月 29 日，根据国务院的有关文件，国家税务总局发出《关于对电影发行单位的发行收入不征营业税的通知》。

1997 年 1 月 15 日，中共中央、国务院发布《关于卫生改革与发展的决定》，其中作出了有关税收的规定。2000 年 2 月 21 日，经国务院批准，国务院办公厅转发国务院经济体制改革办公室、财政部等 8 个部门根据上述决定和国务院的其他有关文件报送的《关于城镇医药卫生体制改革的指导意见》。7 月 10 日，经国务院批准，财政部、国家税务总局据此发出《关于医疗卫生机构有关税收政策的通知》。

1997 年 4 月 10 日，经国务院批准，海关总署发布《科学研究和教学用品免征进口税收暂行规定》，即日起执行。这个文件中规定：科学研究机构和学校，不以营利为目的，在合理数量范围以内进口国内不能生产的科学研究和教学用品，直接用于科学研究或者教学的，可以免征关税和进口环节增值税、消费税。

同年 8 月 3 日，国务院批转国防科工委、财政部等 6 个部门报送的《关于加强军工科研院所与企业结合，进一步促进军转民工作的若干意见》，其中提出了有关税收的措施。

1998 年 3 月 3 日，经国务院批准，财政部、国家税务总局规定：对直接供应给大学、中学和小学学生的快餐、方便食品的企业或者车间，其产品不进入市场，执行内部供应价格的，在 1998 年年底以前可以免征企业所得税。

1998 年 4 月 27 日，财政部、国家税务总局发出《关于个人取得体育彩票中奖所得征免个人所得税问题的通知》。通知中规定：个人购买体育彩票，一次中奖收入不超过 1 万元的，可以暂免征收个人所得税。

同年 7 月 2 日，财政部、国家税务总局发出《关于对中国科学院、中国工程院资深院士津贴免征个人所得税的通知》。

1999 年 2 月 22 日，经国务院批准，国务院办公厅转发科学技术部、国家税务总局等 6 个部门报送的《关于国家经贸委管理的 10 个国家局所属科研机构管理体制改革的意见》，其中提出了有关税收的措施。

同年 5 月 27 日，根据科技进步法和促进科技成果转化法，经国务院批准，财政部、国家税务总局发出《关于促进科技成果转化有关税收政策的通知》。通知中规定：科研机构的技术转让收入可以继续免征营业税，高等学校的技术转让收入从同年 5 月 1 日起可以免征营业税；科研机构、高等学校的技术性服务收入可以暂免征收企业所得税；从 7 月 1 日起，科研机构、高等学校转化职务科技成果，以股份、出资比例等股权形式给予个人的奖励，可以暂免征收个人所得税。

同年 6 月 13 日，中共中央、国务院发布《关于深化教育改革全面推进素质教育的决定》。决定中规定：积极运用财政、金融和税收政策，继续鼓励社会、个人和企业投资办学和捐（集）资助学，不断完善多渠道筹措教育经费的体制。

同年8月20日中共中央、国务院发布《关于加强技术创新，发展高科技，实现产业化的决定》中规定：社会力量资助科研机构和高等学校的研究开发经费，可以按照一定比例在计税所得中扣除；技术转让、技术开发和相关的技术咨询、技术服务收入，可以免征营业税。11月2日，财政部、国家税务总局据此规定：单位和个人从事技术转让、技术开发业务和相关的技术咨询、技术服务业务取得的收入，可以免征营业税。单位、个人资助非关联的科研机构和高等学校研究开发新产品、新技术、新工艺发生的研究开发经费，可以按照规定全额从应纳税所得额中扣除。中央直属科研机构和省、地（市）所属的科研机构转制以后，可以定期免征企业所得税和科研开发自用土地的城镇土地使用税。

同年10月13日，经国务院批准，财政部、国家税务总局发出《关于血站有关税收问题的通知》。通知中规定：血站供给医疗机构的临床用血，可以免征增值税；血站自用的房产、土地，可以免征房产税、城镇土地使用税。

2000年1月14日，经国务院批准，国务院办公厅转发教育部、国家税务总局等6个部门报送的《关于进一步加快高校后勤社会化改革的意见》，其中提出了有关税收的措施。2月28日，经国务院批准，财政部、国家税务总局据此发出《关于高校后勤社会化改革有关税收政策的通知》。

同年6月3日，经中共中央、国务院批准，中共中央办公厅、国务院办公厅发出《关于加强青少年学生活动场所建设和管理工作的通知》。通知中规定：税务部门要采取措施，鼓励公益性青少年学生活动场所的发展。公益性青少年学生活动场所、单位，可以暂免征收企业所得税；社会力量通过非营利性的社会团体和国家机关对青少年学生校外活动场所的捐赠，可以在缴纳企业所得税和个人所得税前全额扣除。省级人民政府对游戏厅的营业税，一律按照20%的税率征收。对账证不全、核定征税的游戏厅，相应提高税收定额。同年7月18日，财政部、国家税务总局据此发出《关于对青少年活动场所电子游戏厅有关所得税和营业税政策问题的通知》，其中关于捐赠扣除的规定自同年1月1日起执行，其他规定自同年7月1日起执行。

同年7月12日，根据国务院的决定，财政部、国家税务总局发出《关于企业等社会力量向红十字事业捐赠有关所得税政策问题的通知》。通知中规定：从同年1月1日起，企业、事业单位、社会团体和个人等社会力量通过非营利性的社会和国家机关（包括中国红十字会）向红十字事业的捐赠，在计算缴纳企业所得税和个人所得税时准予全额扣除。

### （六）民生、民政、民族和社会保障

1994年1月25日，财政部、国家税务总局发出《关于对商业企业批发肉、禽、蛋、水产品和蔬菜的业务如何征收增值税问题的通知》。通知中规定：对国有、集体商业企业批发肉、禽、蛋、水产品和蔬菜的业务征收增值税以后增加的税款，可以在一定期限之内采取先按照规定税率征税再由财政返还给企业的办法。1996年以后，经国务院批准，财政部、国家税务总局陆续联合发出通知，规定上述规定在2000年年底以前继续执行。

1994年3月29日财政部、国家税务总局分别联合发出的《关于企业所得税若干优惠政策的通知》、《关于对福利企业、学校办企业征税问题的通知》规定：对民政部门、街道、乡镇举办的社会福利生产企业应当缴纳的增值税实行先征后返，民政部门举办的安置残疾人

员达到规定比例的福利生产企业可以免征或者减征企业所得税；在国家确定的革命老根据地、少数民族地区、边远地区和贫困地区新办的企业，遭遇风、火、水、震等严重自然灾害的企业，安置城镇待业人员达到规定比例的新办劳动就业服务企业，生产副食品的企业，可以定期免征、减征企业所得税。此后，经国务院批准，财政部、国家税务总局陆续联合发出通知，规定上述福利企业的税收优惠执行期满以后继续执行。

同年4月15日，国务院印发《国家八七扶贫攻坚计划》。计划中提出：对国家确定的革命老根据地、少数民族地区、边远地区和贫困地区新办的企业，其所得税可以在3年以内予以征后返还或者部分返还。

同年5月23日，国家税务总局发出《关于社会福利有奖募捐发行收入税收问题的通知》。通知中规定：社会福利有奖募捐发行收入不征营业税，从1994年到1995年可以免征企业所得税，个人购买社会福利有奖募捐奖券一次中奖不超过1万元的可以暂免征收个人所得税。1997年3月10日，经国务院批准，财政部、国家税务总局规定：从1996年到1997年，社会福利有奖募捐发行收入可以继续免征企业所得税。1999年5月21日，国家税务总局规定：福利彩票发行机构的福利彩票发行收入从2000年起计征企业所得税。

1994年7月4日，国家税务总局发出《关于民政福利企业征收流转税问题的通知》，其中规定：

1. 安置残疾人员占企业生产人员的比例在50%以上的民政福利工业企业，其生产增值税应税货物，除了另有规定者以外，经税务机关审核以后，可以采取先征税后返还的办法，返还全部已经缴纳的增值税。

2. 安置的残疾人员占企业生产人员的比例在35%以上，不足50%的民政福利工业企业，其生产销售的增值税应税货物，除了另有规定者以外，如果发生亏损，可以部分或者全部返还已经征收的增值税。

3. 安置残疾人员占企业生产人员的比例在35%以上的民政福利企业，经营营业税服务业税目（不包括广告业）的业务，可以免征营业税。

上述规定的执行期限为1994年至1995年。此后，经国务院批准，财政部、国家税务总局陆续联合发出通知，规定上述民政福利企业的税收优惠执行期满以后继续执行。

1994年10月18日，经国务院批准，财政部、国家税务总局规定：从同年1月1日起，供残疾人专用的假肢、轮椅和矫形器，国家定点企业生产和经销单位经销的专供少数民族饮用的边销茶，可以免征增值税。此后，经国务院批准，财政部、国家税务总局陆续发出联合通知，上述边销茶免征增值税的规定在2000年年底以前继续执行。

1995年3月1日，国务院发出《关于深化职工养老保险制度改革的通知》。通知中规定：养老保险基金营运所得收益全部并入基金，并可以免征税费。

1996年1月10日，根据1995年中共中央办公厅、国务院办公厅发出的《关于千方百计解决部分职工生活困难问题的通知》，劳动部、国家税务总局等12个部门发出《关于做好困难企业职工生活保障、生产自救和分流安置工作的通知》。通知中规定：鼓励和支持困难企业为开展生产自救、分流安置富余职工举办从事第三产业的独立核算经济实体和集体、股份合作性质的劳动服务企业，并可以按照规定定期免征、减征企业所得税。

1996年10月23日，中共中央、国务院发布《关于尽快解决农村贫困人口温饱问题的决定》。决定中规定：对贫困县新办企业和发达地区到贫困地区兴办的企业，在3年以内可以免征所得税。《国家八七扶贫攻坚计划》所确定的优惠政策，在2000年以前可以继续执行。

1997年3月18日，经国务院批准，财政部、国家税务总局发出《关于生产副食品的企业和饲料加工企业征免企业所得税的通知》。通知中规定：从1996年到1997年，专门生产酱油、醋、豆制品、腌制品、酱、酱腌菜的企业和饲料加工企业可以减半征收企业所得税；直接供应给大学生、中学生和小学生的快餐、方便食品的企业或者车间，其产品不进入市场，执行内部供应价格的，可以免征企业所得税。

1997年4月10日，经国务院批准，海关总署发布《残疾人专用品免征进口税收暂行规定》，即日起执行，其中规定：

1. 进口下列残疾人专用品，可以免征关税和进口环节增值税、消费税：肢残者用的支辅具，假肢及其零部件，假眼，假鼻，内脏托带，矫形器，矫形鞋，非机动助行器，代步工具（不包括汽车、摩托车），生活自助具，特殊卫生用品；视力残疾者用的盲杖，导盲镜，助视器，盲人阅读器；语言、听力残疾者用的语言训练器；智力残疾者用的行为训练器，生活能力训练用品。

2. 有关单位进口的国内不能生产的下列残疾人专用品，按隶属关系经民政部或者中国的残疾人联合会批准，并报海关总署审核以后，可以免征关税和进口环节增值税、消费税：残疾人康复及专用设备，包括床旁监护设备、中心监护设备、生化分析仪和超声诊断仪；残疾人特殊教育、职业教育设备；残疾人职业能力估计测试设备；残疾人专用劳动设备和劳动保护设备；残疾人文体活动专用设备；假肢专用生产、装配和检测设备，包括假肢专用铣磨机、假肢专用真成型机、假肢专用平板加热器和假肢综合检测仪；听力残疾者用的助听器。

1997年11月7日，财政部、国家税务总局发出《关于住房公积金、医疗保险金、养老保险金征收个人所得税问题的通知》。通知中规定：从1998年1月1日起，企业和个人按照规定提取并实际缴付的住房公积金、医疗保险金和基本养老保险金，可以免征个人所得税；个人领取原提存的上述资金时也可以免征个人所得税。

1998年1月7日，根据国务院关于"九五"期间民族贸易和民族用品生产有关问题的批复，财政部、国家税务总局发出《关于民贸企业有关税收问题的通知》。通知中规定：在2000年年底以前，对民族贸易县县级国有民族贸易企业和供销社销售货物实行增值税先征后返50%，县以下国有民族贸易企业和基层供销社销售货物可以免征增值税。

1998年6月9日，中共中央、国务院发出《关于切实做好国有企业下岗职工基本生活保障和再就业工作的通知》。通知中规定：对下岗职工从事社区居民服务业的，要简化工商登记手续，3年以内可以免征营业税、个人所得税和行政性收费。1999年3月15日，国家税务总局据此发出《关于下岗职工从事社区居民服务业享受有关税收优惠政策问题的通知》。通知中规定：在2003年年底以前，下岗职工从事社区居民服务业取得的营业收入、经营所得和劳务报酬所得，3年以内可以免征营业税、个人所得税和城市维护建设税、教育费附加。个体工商户和下岗职工人数占企业总人数60%以上的企业从事社区居民服务业的，也可以在3年以内免征营业税和城市维护建设税、教育费附加。

1998年6月29日，经国务院批准，财政部、国家税务总局等4个单位发布《关于救灾捐赠物资免征进口税收的暂行办法》，即日起执行。办法中规定：外国民间团体、企业、友好人士、华侨、香港居民和台湾、澳门同胞无偿向中国境内受灾地区捐赠的直接用于救灾的物资，在合理数量范围以内可以免征关税和进口环节增值税、消费税。

1999年6月28日，第九届全国人民代表大会常务委员会第十次会议通过《中华人民共和国公益事业捐赠法》。该法中规定：公司和其他企业依法捐赠财产用于公益事业，依法享受企业所得税方面的优惠。自然人和个体工商户依法捐赠财产用于公益事业，依法享受个人所得税方面的优惠。境外向公益性社会团体和公益性非营利的事业单位捐赠的用于公益事业的物资，依法减征、免征进口关税和进口环节增值税。

同年9月23日，国家税务总局发出《关于个人因解除劳动合同取得经济补偿金征收个人所得税问题的通知》。通知中规定：考虑到个人因解除劳动合同而取得一次性的经济补偿金数额可能比较大，而且被解聘的人员可能在一段时间以内没有固定收入，对于个人取得的这种收入可以视为一次取得数月的工资、薪金收入，允许在一定期限以内平均计算。

同年10月8日，根据同年9月30日国务院发布的《对储蓄存款利息所得征收个人所得税的实施办法》，财政部、国家税务总局发出《关于住房公积金、医疗保险金、基本养老保险金、失业保险基金个人账户存款利息免征个人所得税的通知》。

2000年2月27日，经国务院批准，国务院办公厅转发民政部、国家税务总局等11个部门报送的《关于加快实现社会福利社会化的意见》。意见中提出：对于社会福利机构及其提供的福利性服务和兴办的第三产业，安置残疾人的福利企业，以及单位和个人捐赠支持社会福利事业的，国家给予税收优惠政策，按照国家现行税法规定执行。

同年5月8日，国家税务总局发出《关于国有企业职工因解除劳动合同取得一次性补偿收入征免个人所得税问题的通知》。通知中规定：国有企业的职工，由于企业依照破产法宣告破产，从破产企业取得的一次性安置费，可以免征个人所得税。除此以外，国有企业的职工与企业解除劳动合同而取得的一次性补偿收入，在当地上年企业平均工资3倍以内的，可以免征个人所得税。具体免征标准由各省、自治区、直辖市和计划单列市地方税务局根据当地的实际情况自行规定。

同年5月16日，国家税务总局发出《关于失业保险费（金）征免个人所得税问题的通知》。通知中规定：从6月1日起，城镇企业、事业单位及其职工按照国家规定缴付的失业保险费，均不计入职工的工资、薪金收入，免征个人所得税。失业人员按照规定领取的失业保险金，也可以免征个人所得税。

同年5月28日，国务院发出《关于切实做好企业离退休人员基本养老金足额按时发放和国有企业下岗职工基本生活保障的通知》。通知中规定：要加强督促检查，切实落实信贷、税收和经营场地等各项优惠政策，鼓励和支持更多的下岗职工自谋职业和组织起来就业。

同年8月19日，中共中央、国务院发布《关于加强老龄工作的决定》。决定中规定：对于社会力量投资兴办的福利性、非营利性的老年服务机构和有关捐赠，要实行减免税等优惠政策。11月24日，财政部、国家税务总局据此发出《关于对老年服务机构有关税收政策问题的通知》。通知中规定：从同年10月1日起，政府部门和企业、事业单位、社会团体、个人投资兴办的福利性、非营利性老年服务机构，可以暂免征收企业所得税；上述机构自用的土地、房产和车船，可以免征城镇土地使用税、房产税和车船使用税；企业、事业单位、社会团体、个人通过政府部门和非营利的社会团体向上述机构捐赠，全部可以从企业所得税、个人所得税的应纳税所得额中扣除。

同年9月27日，经国务院、中央军委批准，财政部、国家税务总局发出《关于随军家属就业有关税收政策的通知》。通知中规定：从同年1月1日起，为了安置随军家属而新办的企业，自领取税务登记证之日起，3年以内可以免征营业税和企业所得税；从事个体经营的随军家属，自领取税务登记证之日起，3年以内可以免征营业税和个人所得税。

同年10月31日，第九届全国人民代表大会常务委员会第十八次会议通过《关于修改〈中华人民共和国归侨侨眷保护法〉的决定》。决定中规定：归侨、侨眷境外亲友捐赠的物资用于国内公益事业的，依法减征、免征关税和进口环节增值税。

### （七）环境保护和资源综合利用

1994年3月29日财政部、国家税务总局发出的《关于企业所得税若干优惠政策的通知》中规定：企业利用废水、废气和废渣等废弃物为原料从事生产的，5年以内可以免征或者减征企业所得税。

同年4月12日，根据国务院的决定，财政部、国家税务总局发出《关于运输费用和废旧物资准予抵扣进项税额问题的通知》，其中规定增值税一般纳税人收购废旧物资可以按照10%的扣除率计算进项税额扣除。

1995年4月10日，经国务院批准，财政部、国家税务总局发出《关于林业税收问题的通知》。通知中规定：国有森林工业企业以“三剩物”和次加工材、小径材、薪材（以下简称“次小薪材”）为原料生产的综合利用产品，当年实行增值税即征即退。1996年以后，经国务院批准，财政部、国家税务总局陆续联合发出通知，上述规定从1996年到2000年继续执行，并将此项税收优惠的适用范围扩大到所有以林区“三剩物”和“次小薪材”为原料生产综合利用产品的企业。

1995年4月28日，经国务院批准，财政部、国家税务总局发出《关于对部分资源综合利用产品免征增值税的通知》。通知中规定：企业生产的原料中掺有不少于30%的煤矸石、石煤、粉煤灰和烧煤锅炉的炉底渣的建材产品，企业利用废液（渣）生产的黄金、白银，在当年年底以前免征增值税。1996年2月16日，经国务院批准，财政部、国家税务总局发出《关于继续对部分资源综合利用产品等实行增值税优惠政策的通知》，规定对以废渣为原料生产的建材产品、黄金和白银可以继续免征增值税。

1995年5月4日，经国务院批准，财政部、国家税务总局发出《关于对废旧物资回收经营企业增值税优惠先征后返的通知》，规定当年对从事废旧物资回收经营的一般纳税人实行增值税先征后返70%。1996年以后，经国务院批准，财政部、国家税务总局陆续联合发出通知，上述规定从1996年到2000年继续执行。

1996年8月31日，国务院批转国家经济贸易委员会、财政部和国家税务总局报送的《关于进一步开展资源综合利用的意见》，其中提出国家将进一步研究、制订有关资源综合利用的价格、投资、财政和信贷等其他优惠政策。

1998年2月12日，国家经济贸易委员会、国家税务总局等8个部门印发《煤矸石综合利用管理办法》，其中规定煤矸石综合利用企业（项目、产品）按照国家规定减税、免税。

同年2月13日，经国务院的批准，财政部、国家税务总局发出《关于旧货经营增值税问题的通知》。通知中规定：从同年1月1日起，国内贸易部批准认定的旧货调剂试点单位经营旧货，不论采取买断经营方式还是寄售经营方式，都暂按6%的征收率计算应纳增值税税额，并可以减半征税；未列入试点单位的增值税一般纳税人经营旧货，可以按照6%的征收率征收增值税。

同年11月30日，根据国务院办公厅发出的《关于限期停止生产销售使用车用含铅汽油的通知》，财政部、国家税务总局发出《关于调整含铅汽油消费税税率的通知》。通知中规定：从1999年1月1日起，汽油消费税税目之下分设无铅汽油和含铅汽油两个子目，后者的税额标准提高为每升0.28元，前者的税额标准仍为每升0.20元。

2000年2月23日，国家经济贸易委员会、国家税务总局发出《关于公布〈当前国家鼓励发展的环保产业设备（产品）目录〉（第一批）的通知》。通知中规定：专门生产《当前国家鼓励发展的环保产业设备（产品）目录》中的设备、产品的企业及其独立核算盈亏的分厂、车间，年度净收入在30万元以下的，可以暂免征收企业所得税；企业使用《当前国家鼓励发展的环保产业设备（产品）目录》中的国产设备，经税务机关批准，可以采取加速折旧方法。

同年6月7日，经国务院批准，财政部、国家税务总局发出《关于对低污染排放汽车减征消费税的通知》。通知中规定：从2000年1月1日起，生产销售达到低污染排放值的小轿车、越野车和小客车，可以减征30%的消费税。

同年10月26日国务院发出的《关于实施西部大开发若干政策措施的通知》中作出了退耕还生态林、草产出的农业特产收入定期免征农业特产税的规定。

同年11月7日，国务院发出《关于加强城市供水节水和水污染防治工作的通知》。通知中规定：各地收取的污水处理可以免征增值税，城市供水和污水处理工程所购置的设备可以加速折旧。

### （八）金融、保险、证券和房地产

1. 金融、保险和证券。1994年3月29日，根据国务院的有关文件，财政部、国家税务总局规定：从同年1月1日起，保险公司开展的一年期以上返还性人身保险业务（包括普通人寿保险、养老年金保险和健康保险）的保费收入，可以免征营业税。

同日，财政部、国家税务总局规定：国家确定为贫困县的农村信用社在1995年年底以前可以继续免征企业所得税。此后，经国务院批准，财政部、国家税务总局陆续联合发出通知，规定上述税收优惠继续执行到2000年年底。

同年4月14日，财政部、国家税务总局规定：中国人民保险公司办理的出口信用保险业务不征营业税。1996年1月15日，财政部、国家税务总局规定：中国进出口银行办理的此类业务也不征营业税。

同年6月20日，经国务院批准，财政部、国家税务总局发出《关于股票转让所得暂不征收个人所得税的通知》。通知中规定：从1994年到1995年，暂不对股票转让所得征收个人所得税。后来，经国务院批准，财政部、国家税务总局陆续规定，股票转让所得可以继续暂免征收个人所得税。

1995年7月27日，根据国务院的有关文件，财政部、国家税务总局规定：对于国家开发银行、中国进出口银行和中国农业发展银行等国家政策性银行缴纳的营业税和企业所得税予以财政返还。

1996年4月26日，财政部、国家税务总局规定：从1996年到1997年，农村信用社

（似乎不应当包括免征企业所得税的贫困县的农村信用社——笔者注）可以按照微利企业适用的18%、27%的税率缴纳企业所得税。1998年3月2日，经国务院批准，财政部、国家税务总局发出通知，上述规定在2000年年底以前继续执行。

1997年2月19日国务院发出的《关于调整金融保险业税收政策有关问题的通知》中规定：从同年1月1日起，将金融保险业的营业税税率从5%提高到8%，因此而增加的营业税收入为中央财政收入，但是随同营业税附征的城市维护建设税和教育费附加不予增加；对外商投资和外国金融、保险企业，国家政策性银行，农村信用社，定期减征营业税；将国内金融保险企业的所得税税率从55%降低到33%（似乎不应当包括农村信用社——笔者注）。

同年5月9日，国务院发出《关于调整证券（股票）交易印花税税率的通知》，规定从5月19日起，证券（股票）交易印花税税率从3‰提高到5‰，新增收入全部作为中央财政收入。1998年6月11日，国务院发出通知，规定从6月12日起，证券（股票）交易印花税税率从5‰降低到4‰，此项收入中央财政与地方财政分成比例不变。1999年5月27日，国务院发出通知，规定从6月1日起，B股交易的印花税税率从4‰降低到3‰。

1997年6月5日，经国务院批准，国务院办公厅转发中国人民银行报送的《关于进一步做好农村信用社管理体制改革工作的意见》，其中提出财政、税务部门在税收政策上要对农村信用社给予适当扶持。

1998年3月25日，经国务院的批准，财政部、国家税务总局发出《关于农村信用社征收营业税等有关问题的通知》。通知中规定：农村信用社1998年减按6%的税率征收营业税；1999年减按7%的税率征收营业税；2000年按照8%的税率征收营业税。调高营业税税率以后，随同营业税附征的城市维护建设税和教育费附加仍然按照营业税原税率5%的部分计征。1999年2月11日，经国务院批准，财政部、国家税务总局规定：从1999年到2000年，农村信用社继续按照6%的税率征收营业税。

1998年8月6日财政部、国家税务总局发出、自同年3月1日起执行的《关于证券投资基金税收问题的通知》中规定：

（1）以发行基金方式募集资金不征收营业税。基金管理人运用基金买卖股票、债券的差价收入，在2000年年底以前可以暂免征收营业税。金融机构买卖基金的差价收入征收营业税；个人和非金融机构买卖基金单位的差价收入不征收营业税。

（2）基金管理人运用基金买卖股票按照4‰的税率征收印花税。投资者买卖基金单位，在1999年年底前暂不征收印花税。

（3）基金从证券市场中取得的收入，包括买卖股票、债券的差价收入，股票的股息、红利收入，债券的利息收入及其他收入，暂不征收企业所得税。个人投资者买卖基金单位获得的差价收入，在对个人买卖股票的差价收入征收个人所得税以前暂不征收个人所得税；企业投资者买卖基金单位获得的差价收入，并入企业的应纳税所得额征收企业所得税。对投资者从基金分配中获得的股票的股息、红利和企业债券的利息，由上市公司和发行债券的企业在向基金派发股息、红利和利息时代扣代缴20%的个人所得税，基金向个人投资者分配股息、红利和利息时不再代扣代缴个人所得税。投资者从基金分配中获得的国债利息、储蓄存款利息和买卖股票价差收入，在国债利息、个人储蓄存款利息和个人买卖股票差价收入征收所得税以前暂不征收所得税。对个人投资者从基金分配中获得的企业债券差价收入征收个人所得税，税款由基金在分配的时候代扣代缴；对企业投资者从基金分配中获得的债券差价收入暂不征收企业所得税。

（4）对基金管理人、基金托管人从事基金管理活动取得的收入，依税法征收营业税、企业所得税和其他税收。

根据全国人民代表大会常务委员会关于修改个人所得税法的决定和国务院制定的《对储蓄存款利息所得征收个人所得税的实施办法》，从1999年11月1日起对储蓄存款利息所得征收个人所得税。

2000年11月18日，国务院发出《关于外国企业来源于我国境内的利息等所得减征所得税问题的通知》，自同年1月1日起执行。

2. 房地产。1994年7月5日，第八届全国人民代表大会常务委员会第八次会议通过《中华人民共和国城市房地产管理法》。该法中规定：房地产权利人应当遵守法律和行政法规，依法纳税。国家采取税收等方面的优惠措施鼓励和扶持房地产开发企业开发建设居民住宅。

同年7月18日，国务院发布《关于深化城镇住房制度改革的决定》，其中规定了有关税收的措施。

1999年7月29日财政部、国家税务总局发出、从同年1月1日起执行的《关于调整房地产市场若干税收政策问题的通知》中规定：对个人购买并居住超过1年的普通住宅，销售的时候可以免征营业税；个人购买并居住不足1年的普通住宅，销售的时候营业税可以按照销售价减去购入原价以后的差额计征；个人自建自用住房，销售的时候可以免征营业税；个人购买自用普通住宅，暂减半征收契税。企业、行政单位和事业单位按照房改成本价、标准价出售住房的收入，可以暂免征收营业税。在2000年年底前，销售积压空置的商品住房，可以免征营业税和契税。个人转让自有的普通住宅，可以暂免征收土地增值税。

同年12月2日，经国务院批准，财政部、国家税务总局和建设部发出《关于个人出售住房所得征收个人所得税有关问题的通知》。通知中规定：出售自有住房并拟在现住房出售以后1年之内按照市场价重新购房的纳税人，其出售现住房应当缴纳的个人所得税，视其重新购房的价值可以全部或者部分免除。个人转让自用5年以上、并且是家庭唯一生活用房取得的所得，可以继续免征个人所得税。

### （九）配合体制改革

1. 配合企业改革。1995年7月27日，根据国务院的有关文件，财政部、国家税务总局规定：对于国家开发银行、中国进出口银行和中国农业发展银行等国家政策性银行给予营业税和企业所得税返还的优惠。

1996年5月21日，根据1995年6月10日国务院发出的《关于粮食部门深化改革实行两条线运行的通知》，财政部、国家税务总局发出《关于国有粮食企业征免增值税问题的通知》。通知中规定：国有粮食购销储运企业按照国家统一规定的作价办法经营的政策性粮食，国有粮油加工企业购进政策性粮食加工以后按照国家统一规定的作价办法经营的，国有粮油零售企业受政府委托按照国家统一规定的作价办法销售的政策性粮食，其他国有粮食企业受政府委托代理粮食政策性业务，可以免征增值税。国有粮食企业经营的食用植物油，可以继续按照规定免征增值税。

同年8月2日，经国务院批准，财政部、国家税务总局发出《关于国有粮食企业取得的储备粮油财政性补贴收入免征营业税问题的通知》。

同年6月20日，国家税务总局发出《关于企业经营者试行年薪制后如何计征个人所得税的通知》，规定实行年薪制者可以按照12个月平均计算每个月的收入和应纳个人所得税税额。

1998年2月27日，国务院发出《关于纺织工业深化改革、调整结构、解困扭亏工作有关问题的通知》。通知中规定：为了鼓励纺织品和纺织机械出口，从同年1月1日起纺织品出口增值税退税率统一提高到11%，对纺织机械出口实行出口信贷和增值税全额退税优惠政策，对经批准的从事进料加工的纺织企业使用新疆棉顶替进口棉生产的出口产品继续实行增值税零税率的政策。

同年6月24日，国家税务总局发布《企业改组改制中若干所得税业务问题的暂行规定》。2000年6月21日，国家税务总局发出《关于企业股权投资业务若干所得税问题的通知》和《关于企业合并分立业务有关所得税问题的通知》，对上述规定作了进一步的补充。

1999年6月23日，国家税务总局规定：对经国务院和省级人民政府决定或者批准进行政企脱钩、对企业（集团）进行改组和改变管理体制、变更企业隶属关系，以及国有企业改制、盘活国有企业资产，发生的国有股权无偿划转行为，暂不征收证券交易印花税。

同年6月29日，经国务院批准，财政部、国家税务总局发出《关于粮食企业增值税征免问题的通知》。通知中规定：承担粮食收储任务的国有粮食购销企业销售的粮食，其他粮食企业经营的军队用粮、救灾救济粮和水库移民口粮，销售政府储备食用植物油，可以免征增值税。增值税一般纳税人从国有粮食购销企业购进的免税粮食，可以按照销售发票所列金额和13%的扣除率计算进项税额。

同年9月22日，中国共产党第十五届中央委员会第四次全体会议通过《中共中央关于国有企业改革和发展若干重大问题的决定》。决定中提出了一系列相关的税收措施，其中包括在涉及产权变动的企业并购中要防止逃废国家税款；继续推行政企分开，企业依法自主经营，照章纳税；进一步完善促进下岗职工再就业的优惠政策，对于自谋职业者要在税费减免等方面给予更多的支持；对于有市场、有效益、符合国家产业政策的技术改造项目的国产设备投资实行税收鼓励政策；继续采取加速折旧、加大新产品开发费提取、减免进口先进技术与设备的关税和进口环节税等政策措施，鼓励企业进行技术改造；推进税费改革，清理整治乱收费、乱罚款和各种摊派，切实减轻企业负担。

2000年3月29日，国家税务总局发出《关于企业改组改制过程中个人取得的量化资产征收个人所得税问题的通知》。通知中规定：职工个人以股份形式取得仅作为分红依据，不拥有所有权的企业量化资产，不征收个人所得税；以股份形式取得拥有所有权的企业量化资产暂不征税，待转让的时候按照财产转让所得征税。

同年6月20日，国务院发出《关于个人独资企业和合伙企业征收所得税问题的通知》。9月19日，财政部、国家税务总局据此发布《关于个人独资企业和合伙企业投资者征收个人所得税的规定》。

同年8月24日，经国务院批准，国务院办公厅转发国家经济贸易委员会报送的《关于鼓励和促进中小企业发展的若干政策意见》。意见中提出：对于纳入全国试点范围的非营利性中小企业信用担保、再担保机构，可以由地方政府确定，对其从事担保业务收入，3年以内免征营业税。中西部地区地方政府可以在规定的权限以内给予财政、税收等方面的政策支持，以鼓励和吸引国内外投资者到中西部地区投资创办中小企业。2001年4月5日，国家税务总局发出通知，就上述担保业务收入免征营业税问题作出具体规定。

2. 配合其他体制改革。1994年7月18日国务院发布的《关于深化城镇住房制度改革的决定》中规定：职工的住房公积金本息可以免征个人所得税。职工以市场价购买的住房，产权归个人所有，可以依法进入市场，按照规定缴纳有关税费以后，收入归个人所有。职工以成本价购买的住房，产权归个人所有，一般住用5年后可以依法进入市场，在补交土地使用权出让金或者所含土地收益和按照规定缴纳有关税费以后，收入归个人所有。职工以标准价购买的住房，一般住用5年以后才可以依法进入市场，在同等条件下，原售房单位有优先购买、租用权，原售房单位撤销的，当地人民政府房产管理部门有优先购买、租用权。售房、租房收入在补交土地使用权出让金或者所含土地收益和按照规定交纳有关税费以后，单位和个人按照各自的产权比例分配。出租、出售、赠与、继承和以其他形式转让所购住房，应当按照国家规定缴纳有关税费。要加强市场管理，规范交易程序，完善税收制度，坚决查处倒卖房产牟取暴利等违法行为。对经济适用住房建设项目，要在计划、规划、拆迁和税费等方面予以政策扶持。

1996年7月6日，国务院发布《关于加强预算外资金管理的决定》。决定中规定：从1996年起，将养路费、车辆购置附加费、铁路建设基金、电力建设基金、三峡工程建设基金、新菜地开发基金、公路建设基金、民航基础设施建设基金、农村教育事业附加费、邮电附加、港口建设费、市话初装基金、民航机场管理建设费13项数额较大的政府性基金（收费）纳入财政预算管理。据此，1997年3月24日，财政部、国家税务总局发出《关于养路费铁路建设基金等13项政府基金（收费）免征企业所得税的通知》，自1996年1月1日起执行。1997年5月22日，经国务院批准，财政部、国家税务总局发出《关于调整行政事业性收费（基金）营业税政策的通知》，自同年1月1日起执行。通知中规定：纳税人随价格向对方收取的价外费用（包括手续费、基金、集资费、代收款项、代垫款项和其他价外收费），都应当按照规定征收营业税或者增值税。按照国务院的规定纳入预算管理的基金，凡是通过价外加价形成的，应当在缴纳流转税以后纳入预算。此外，凡是经过中央和省级财政部门批准纳入预算或者财政专户管理的行政事业性收费、基金，均不征收营业税；没有纳入预算或者财政专户管理的，一律照章征收营业税。

1997年1月15日中共中央、国务院发布《关于卫生改革与发展的决定》中规定：公立卫生机构是非营利性公益事业单位，继续享受税、费优惠政策。2000年2月21日国务院办公厅转发国务院经济体制改革办公室、财政部等8个部门报送的《关于城镇医药卫生体制改革的指导意见》中提出：国家根据医疗机构的性质、社会功能及其承担的任务，制定并实施不同的财税、价格政策。非营利性医疗机构在医疗服务体系中占主导地位，享受相应的税收优惠政策。营利性医疗机构医疗服务价格放开，依法自主经营，照章纳税。同年7月10日财政部、国家税务总局据此发出、即日起执行的《关于医疗卫生机构有关税收政策的通知》中规定：非营利性医疗机构按照国家规定的价格取得的医疗服务收入，可以免征各项税收。非营利性医疗机构将取得的非医疗服务收入直接用于改善医疗服务条件的部分，可以抵扣其应纳税所得额。非营利性医疗机构自产自用的制剂，可以免征增值税。非营利性医疗机构自用的土地、房产、车辆和船舶，可以免征城镇土地使用税、房产税和车船使用税。规定的疾病控制机构、妇幼保健机构等卫生机构按照国家规定的价格取得的卫生服务收入和其他经营收入，自用的土地、房产、车辆和船舶，也可以享受上述税收优惠。营利性医疗机构取得的收入直接用于改善医疗卫生条件的，从其取得执业登记之日起3年以内，取得的医疗服务收入可以免征营业税，并可以享受上述城镇土地使用税、房产税和车船使用税的优惠。

1997年8月3日国务院批转国防科工委、财政部等6个部门报送的《关于加强军工科研院所与企业结合，进一步促进军转民工作的若干意见》中提出：转化为企业的军工科研院所和军工科研院所创办的科技企业，除了可以同其他企业一样向银行借贷流动资金以外，其开发新产品、新技术和新工艺所发生的各项费用，不受比例限制，计入民品管理费用；其技术开发费用年增长幅度在10%以上的，可以再按照实际发生额的50%抵扣应税所得额；在技术转让过程中发生的与技术转让有关的技术培训、技术效益和技术服务所得，年净收入在30万元以下的，可以暂免征收所得税。

1998年12月30日，经国务院批准，国务院办公厅转发国务院机关事务管理局、中央机构编制委员会办公室报送的《关于深化国务院各部门机关后勤体制改革的意见》。意见中提出：机关服务中心为机关提供的后勤服务保障属于非经营性活动，其对内服务所获取的收入属于国家财政资金，按照国家有关规定不计入纳税范围。对机关服务中心以安置分流人员为主开办的经济实体，应当参照国家有关规定享受税收优惠政策。1999年10月22日，财政部、国家税务总局据此发出《关于国务院各部门机关服务中心有关税收政策问题的通知》，即日起执行。通知中规定：机关服务中心为机关内部提供后勤保障服务取得的收入，在2003年年底以前可以暂免征收营业税、城市维护建设税、企业所得税和教育费附加。机关服务中心以安置分流人员为主开办的经济实体从事经营、服务活动，可以享受国家统一规定的有关税收优惠政策。地方省级政府机关后勤体制改革以后，可以比照上述规定执行。此后，经国务院批准，财政部、国家税务总局陆续联合发出通知，将上述税收优惠的执行期限延长到2006年年底，并将其适用范围扩大到中央各部门的机关服务中心，全国人大常委会和全国政协常委会所属机构、中共中央党校、全国总工会、共青团中央、全国妇联、全国台联、中国记协和地方省级党委、人大、政协等机关后勤体制改革以后，可以比照上述规定执行。

1998年12月31日，根据同年7月3日国务院发布的《关于进一步深化城镇住房制度改革加快住房建设的通知》，国家税务总局发出《关于经济适用住房建设固定资产投资方向调节税征管问题的通知》。通知中规定：经税务机关审核确属经济适用住房建设，一律按照零税率项目对待。

1999年2月22日国务院办公厅转发科学技术部、国家税务总局等6个部门报送的《关于国家经贸委管理的10个国家局所属科研机构管理体制改革的意见》中提出：转制的科研机构5年以内可以免征企业所得税；免征技术转让收入的营业税；免征科研开发自用土地的城镇土地使用税。4月12日，经国务院批准，科学技术部、国家税务总局等12个部门据此发出《关于国家经贸委管理的10个国家局所属科研机构管理体制改革的实施意见》。

同年4月30日，经国务院常务会议讨论通过，国务院办公厅印发国土资源部、中央机制编制委员会办公室和国务院经济体制改革办公室报送的《地质勘查队伍管理体制改革方案》。方案中提出：地质勘查单位在由事业单位转为企业的过程中，继续享受事业单位的各项税收政策。6月9日，国家税务总局据此发出《关于地质勘查队伍管理体制改革中有关税收政策问题的通知》。通知中规定：地质勘查单位由事业单位转为企业以后的3年以内（即

2000年至2002年），可以继续享受原属事业单位时的各项税收政策。2000年2月1日，国家税务总局发出《关于地质勘查单位有关税收政策问题的补充通知》。通知中规定：地质勘查单位属地化以后，其事业单位经费来源由中央财政划拨改为地方财政划拨的，在其改为企业以前，仍然执行事业单位的税收政策；改为企业的，从财政不再划拨经费起3年以内继续享受原属事业单位的税收政策。

1999年11月2日，根据中共中央、国务院的有关文件，财政部、国家税务总局规定：中央直属科研机构和省、地（市）所属的科研机构转制以后，可以定期免征企业所得税和科研开发自用土地的城镇土地使用税。

同年12月18日，经国务院批准，国务院办公厅转发建设部、财政部等6个部门报送的《关于工程勘察设计单位体制改革的若干意见》。意见中提出：勘察设计单位改为企业以后5年之内，减半征收企业所得税。2000年3月24日，财政部、国家税务总局据此发出《关于工程勘察设计单位体制改革若干税收政策的通知》。

2000年1月14日，国务院办公厅转发教育部、国家税务总局等6个部门报送的《关于进一步加快高校后勤社会化改革的意见》中提出：高等学校后勤社会化改革过程中成立的各种高等学校后勤服务实体所从事的为高等学校提供餐用副食购销和其他服务性业务，均应享受改革以前的相应优惠政策。有关税收优惠政策，由财政部和国家税务总局另行制定。2月28日，财政部、国家税务总局据此发出《关于高校后勤社会化改革有关税收政策的通知》。通知规定：从2000年到2002年，从原高校后勤管理部门剥离出来成立、独立核算并有法人资格的高校后勤经济实体经营师生公寓、为高校教学提供后勤服务取得的租金和服务性收入，社会性投资建立的为高校学生提供住宿服务并按照高教系统统一收费标准收取租金的学生公寓取得的租金收入，校园内设立的实行社会化管理和独立核算的食堂向师生提供餐饮服务取得的收入，可以免征营业税；高校后勤经济实体为高校师生食堂提供的粮食、食用植物油、蔬菜、肉、禽、蛋、调味品和餐具，向其他高校提供快餐的外销收入，可以免征增值税；高校后勤经济实体的所得，可以暂免征收企业所得税；高校后勤经济实体可以免征城镇土地使用税和房产税；在高校后勤社会化改革中因建设学生公寓而经批准征用的土地，可以免征耕地占用税。

2000年10月10日，经国务院批准，财政部、国家税务总局发出《关于住房公积金管理中心有关税收政策的通知》。通知中规定：住房公积金管理中心用住房公积金在指定的委托银行发放个人住房贷款取得的收入，可以免征营业税；住房公积金管理中心用住房公积金购买国债、在指定的委托银行发放个人住房贷款取得的利息收入，可以免征企业所得税。

同年11月29日，财政部、国家税务总局发出《关于公有制单位职工首次购买住房免征契税的通知》。通知中规定：公有制单位为了解决职工住房以集资建房方式建造的普通住房和由单位购买的普通商品住房，经过当地县以上政府房改部门批准，按照国家房改政策出售给本单位职工的，如果属于职工第一次购买住房，可以免征契税。

## 六、税费改革起步

20世纪90年代末，由于税费关系方面存在的某些混乱现象已经对中国的财政、经济以至社会产生了严重的不利影响，中共中央、国务院和全国人民代表大会对此十分关注，为此作出了逐步推行税费改革的决策，并决定交通和车辆税费改革、农村税费改革先行。

### （一）交通和车辆税费改革

由于交通和车辆方面的收费问题比较突出，社会各界反映强烈，这方面的税费改革最早被提上议事日程。经过各方面的反复研究、论证，全国人民代表大会常务委员会多次审议，1999年10月31日，第九届全国人民代表大会常务委员会第十二次会议通过关于修改《中华人民共和国公路法》的决定。决定中规定：筹集公路建设资金，除了各级人民政府的财政拨款，包括依法征税筹集的公路建设专项资金转为的财政拨款以外，可以依法向国内外金融机构或者外国政府贷款。国家采用依法征税的办法筹集公路养护资金，具体实施办法和步骤由国务院规定。依法征税筹集的公路养护资金，必须专项用于公路的养护和改建。国务院在制定将公路和车辆收费改为征税的实施办法的时候，应当取消各种不合理收费，确定合理的征税幅度，并采取有效措施，防止增加农民负担；同时防止增加车辆用油以外的其他用油单位的负担。

2000年10月22日，国务院发出通知，批转财政部、国家发展计划委员会、国家经济贸易委员会、公安部、建设部、交通部、国家税务总局、国家工商行政管理局、国务院法制办公室、国务院经济体制改革办公室、中国石油天然气集团公司和中国石油化工集团公司向国务院报送《交通和车辆税费改革实施方案》。

上述国务院通知中说：第九届全国人民代表大会常务委员会第十二次会议已经审议通过《中华人民共和国公路法》修正案，涉及交通和车辆税费改革的法律程序业已完成。为了加快交通和车辆税费改革的步伐，国务院决定于2001年1月1日先行出台车辆购置税。考虑到当前国际市场原油价格比较高，为了稳定国内油品市场，燃油税的出台时间将根据国际市场原油价格变动的情况另行通知。实施交通和车辆税费改革，是进一步深化和完善财税体制改革的重要内容，也是社会主义市场经济体制下政府依法行政、依法理财和依法治税的必然要求。通过这项改革，有利于进一步规范政府行为，遏制各种乱收费，从根本上减轻企业、事业单位和人民群众的负担，合理筹集公路、城市道路、水路维护和建设资金，促进国民经济持续、快速、健康发展。这项改革涉及面广、政策性强，各地区、各部门要高度重视，顾全大局，加强领导，切实做好各项准备工作，抓好改革方案的组织实施，保证改革的顺利进行。

上述国务院批转的改革实施方案的主要内容如下：

1. 改革的指导思想和基本原则。中国现行交通基础设施维护、建设与车辆管理方面的行政事业性收费、政府性基金和政府性集资（以下统称收费），对于促进交通基础设施建设和相关事业发展，起到了一定作用。但是，由于利益机制和管理制度等方面的原因，当前收费征管中仍然存在着许多亟待解决的问题，其主要表现：一是一些地方和部门越权和重复设立收费项目，随意设站立卡，收费过多过乱，加重了企事业单位和人民群众的经济负担；二是收费稽征机构重叠设置，收费养人、养人收费的现象普遍存在，征收成本不断加大；三是收费负担不公平，不能体现多用路者多付费，少用路者少付费的原则；四是资金管理不规范，使用缺乏监督，坐支挪用等问题时有发生。因此，必须进行交通和车辆税费改革。

改革的指导思想是：根据发展社会主义市场经济的要求，进一步规范政府行为，继续深化和完善财税体制改革，正确处理税费关系，遏制各种乱收费。参照国际惯例，以税收为主体筹集交通基础设施维护和建设资金，促进汽车工业和道路、水路等相关事业的健康发展。

改革的基本原则是：第一，规范收费管理，取消不合法、不合理的收费项目，降低不合理的收费标准，从根本上减轻企事业单位和人民群众负担。第二，规范收入分配秩序，合理调节分配关系，建立科学的交通基础设施维护和建设投入的资金渠道。第三，多用路者多负担，少用路者少负担，鼓励节约能源和保护环境。第四，合理开征新税，进一步完善现行财税体制，增强国家财政宏观调控能力。

2. 改革的主要内容。

（1）取消不合法和不合理的收费项目。这类项目包括：地方和部门违反国家有关审批管理权限，越权设立的项目；虽然按照审批管理权限规定批准，但是现在已经属于不合理的收费项目。具体项目由财政部会同国家发展计划委员会向社会公布。各地区、各部门要层层建立和落实取消乱收费责任制，不得以任何理由直接或者变相拖延甚至拒绝执行。凡是继续乱收费的，一经查出，要予以公开曝光，并追究有关地区和部门主要负责人和直接责任人的责任；对其非法所得一律没收上缴中央国库，并由中央财政按照查处乱收费金额1倍的数额，扣减对该地区的燃油税转移支付基数。公民、法人和其他社会组织有权拒交已经取消的收费，有权举报乱收费行为，有权要求对乱收费造成的损失获得赔偿。

（2）将具有税收特征的收费实行“费改税”。具体做法是：开征车辆购置税取代车辆购置附加费；开征燃油税取代公路养路费、公路客货运附加费、公路运输管理费、航道养护费、水路运输管理费、水运客货运附加费和地方用于公路、水路、城市道路维护与建设方面的部分收费。开征车辆购置税和燃油税以后，相关收费同时废止。

（3）将不体现政府行为的收费转为经营性收费，严格按照经营性收费的规定管理。具体项目由财政部、国家发展计划委员会向社会公布，并由国家发展计划委员会会同有关部门制定管理办法。

（4）保留少量必要的规费，降低不合理的收费标准，实行规范化管理。保留的规费包括各级交通部门利用贷款或者按照国家规定有偿集资修建公路、桥梁、隧道和渡口，各级建设部门利用贷款或者按照国家规定有偿集资修建大型桥梁、隧道等，在还款期间收取的车辆通行费（过路费、过桥费、过隧道费和过渡费，下同）；各级交通部门贷款修建船闸收取的船舶过闸费；政府有关部门在交通和车辆管理过程中依法发放证照收取的机动车辆牌证（含行驶证）工本费、机动车驾驶证工本费、船舶证明签证费、船员证书工本费、机动车辆安全检验费、船舶登记费、强制性（法定）的船舶检验收费、船舶港务费和港口建设费等。除此以外，任何地方和部门均不得设立与道路、水路维护和建设以及机动车辆、船舶管理有关的收费项目。

3. 开征车辆购置税和燃油税。制定《中华人民共和国车辆购置税暂行条例》、《中华人民共和国燃油税暂行条例》及其征收管理办法，相应修订有关法规。

（1）车辆购置税。车辆购置税纳税人为购置和自产自用机动车辆的单位和个人，计税依据为应税机动车辆的实际价格或者组成计税价格，计征方式为从价定率，征税环节为购车以后、办理车辆登记注册手续以前。免税范围包括外国驻华使（领）馆和国际组织驻华机构及其人员自用车辆，军队和武装警察部队列入军队武器装备订货计划的车辆，设有固定装置的非运输车辆和国务院规定的其他车辆。纳税人在办理车辆登记注册手续的时候，必须出示车辆购置税完税证明。车辆购置税的税率在车辆购置税暂行条例中另行规定。

车辆购置税为中央税，由国家税务局负责征收，税款缴入中央国库。

（2）燃油税。燃油税纳税人为中国境内汽油、柴油（以下简称汽柴油）的生产、批发经营单位；无汽柴油生产、批发经营权进口汽柴油的单位；机动车辆用液化气、燃气（以下简称车用燃气）的零售单位。纳税环节为：有汽柴油生产、批发经营权的单位销售汽柴油给无汽柴油生产、批发经营权的单位的，在销售环节纳税；无汽柴油生产、批发经营权的单位委托加工汽柴油的，在汽柴油交货环节纳税；无汽柴油生产、批发经营权进口汽柴油的单位进口汽柴油的，在报关进口环节纳税；有汽柴油生产、批发经营权的单位自用汽柴油的，在移送使用环节纳税；零售车用燃气的，在零售环节纳税；自用车用燃气的，在移送使用环节纳税。计税依据为汽柴油或者车用燃气的销售数量、委托加工数量、自用数量和报关进口数量。计征方式实行从量定额价外征收。燃油税不作为增值税税基。免（退）税范围包括外国驻华使（领）馆和国际组织驻华机构及其人员自用的车用汽柴油、车用燃气；出口的未税汽柴油免税，已税汽柴油退税；国务院规定的其他减税、免税项目。燃油税的税率在燃油税暂行条例中另行规定。为了保护环境，鼓励车辆使用清洁燃料，暂对车用燃气按照应纳税额减半征收燃油税。

燃油税为中央与地方共享税，由国家税务局负责征收。其中，无燃油生产、批发经营权单位进口燃油的燃油税，在其报关进口环节由海关负责征收。税款分别缴入中央国库和地方国库。

燃油税收入由中央政府与地方政府分享，具体分享办法是：对军队、武装警察部队、铁路、国家储备和农垦（包括生产建设兵团，下同）等直供燃油征收的燃油税和由海关征收的燃油税全部作为中央收入；其余燃油税收入，中央政府分享40%，地方政府分享60%。

4. 税收分配与安排使用。燃油税和车辆购置税收入具有专项用途，不作为经常性财政收入，不计入现有与支出“挂钩”项目的测算基数。

中央政府所得的燃油税收入，除了返还中国石油天然气集团公司和中国石油化工集团公司所属原油和成品油生产企业生产工艺过程自用汽油、柴油缴纳的燃油税以外，一部分用于弥补军队、武装警察部队、国家储备、铁路机车和中央农垦农业田间作业用油，中央直属的煤炭、冶金等露天矿山企业生产用油和中央直属林业企事业单位营林、采伐生产用油等由于征收燃油税增加的支出，用于长江干线航道养护、内河基础设施建设、沿海和内河船舶的更新改造、航道支持保障系统的船舶建造、航道基础设施维护和建设支出；另一部分按照适当考虑地方既得利益和兼顾公平与效率的原则，通过采用“基数加因素分配法”的转移支付方式分配给地方。

地方政府所得的燃油税收入，除了返还符合条件的地方所属原油和成品油生产企业生产工艺过程自用汽油、柴油缴纳的燃油税以外，主要由地方用于公路、水路维护和建设和必要的运输管理支出，适当安排用于城市道路维护和建设，铁路与公路交叉无人看管道口的监护支出，补偿城市公共汽车用油（气）支出；补偿城市轮渡、地方铁路机车用油，地方所属的煤炭、冶金等露天矿山企业生产用油，林业企事业单位营林、采伐生产用油，农业田间作业用油，近海、内河和大型湖泊渔业捕捞用油等由于征收燃油税增加的支出；承担中央在地方单位由于征收燃油税需要补偿的部分支出，地方政府确定的其他补偿支出。对于开征燃油税以后农业田间作业等用油增加的负担，各省、自治区和直辖市人民政府要结合本地实际采取相应的补偿措施。按照国家有关规定，原养路费中有一定比例用于弥补交警经费，改征燃油税以后，地方要从所得的燃油税收入中予以安排。

车辆购置税收入，由中央财政根据交通部提出、国家发展计划委员会审批下达的公路建设投资计划，统筹安排，主要用于国道、省道干线公路建设。

根据国务院有关规定，水利建设基金从原有车辆购置附加费、养路费中各提取3%；中央财政每年从车辆购置附加费中安排3亿元用于老旧汽车更新改造。征收燃油税和车辆购置税以后，中央和地方财政部门要按照税费改革以前从车辆购置附加费和养路费中实际提取的水利建设基金数额，分别从车辆购置税和地方政府所得的燃油税收入中定额提取相应资金，用于水利基础设施建设；中央财政继续从车辆购置税收入中安排相应的资金用于老旧汽车更新改造。取消一些收费项目以后，公安交通管理等部门的有关经费由各级财政部门合理安排。

5. 改革的配套措施。

（1）认真做好宣传解释工作。交通和车辆税费改革是整个税费改革的重要内容，对于从根本上治理乱收费、乱罚款和乱摊派，切实减轻企事业单位和人民群众的负担，防止腐败，促进财税体制的进一步完善，具有十分积极的意义。各地区、各部门和各单位要讲政治，顾大局，统一认识，齐心协力，确保改革的顺利实施。要通过新闻媒体，采取多种形式，广泛宣传解释，使之得到社会各方面的理解和支持。

（2）做好加强税收征管的相关工作。

①各省、自治区和直辖市人民政府和国务院有关部门要依法清理整顿成品油生产和经营企业，取消不合格的生产经销企业的经营资格，并加大监督检查力度，巩固已经取得的成果。清理整顿合格的加油站（点）必须安装税控装置或者具有税控功能的加油机。同时，要在成品油零售过程中逐步推行集中配送、连锁经营。

②调整成品油直供用户。除了军队、武装警察部队、铁路、国家储备和农垦等中央单位用油继续保留定点供应以外，其他用户用油一律通过市场供应渠道供给。对保留定点供应的用户，其供应方式和价格暂按现行规定执行。

③军队、武装警察部队、铁路、国家储备和农垦等直供用油额度计划，由国家发展计划委员会会同财政部、国家税务总局核定下达；军队、武装警察部队、铁路机车、国家储备和中央农垦农业田间作业用油由于征收燃油税增加开支的补偿数额，由财政部实行总量控制。

④严厉打击油品走私活动。海关、工商、公安、税务、财政和外经贸等有关部门要密切配合，与地方政府共同采取有力措施，加大对各种油品走私的打击力度，依法从重从快处理油品走私案件。同时，要加强油品市场监管，严厉打击各种假冒伪劣油品与合同欺诈等违法行为。

（3）清理整顿各类公路、城市道路和水路收费站（卡），坚决撤销非法设置、已经还完贷款或者有偿集资款和经营期满的公路、城市道路和水路收费站（卡）。加强对公路、城市道路和水路收费站（卡）收取的车辆通行费、船舶过闸费的管理。凡国内外经济组织设立公路或者城市道路经营企业收取车辆通行费，统一由省级物价部门会同交通或者建设部门审核以后，报同级人民政府审批；收费时要按照有关规定使用税务发票，依法纳税。凡交通、建设部门贷款或者按照国家规定有偿集资修建路桥、隧道、渡口和船闸收取车辆通行费、船舶过闸费，收费项目由省级财政部门会同物价、交通或者建设部门审核，收费标准由省级物价部门会同财政、交通或者建设部门审核以后，报同级人民政府审批；收费时要按照有关规定到指定的价格主管部门申领收费许可证，使用省级财政部门统一印（监）制的收费票据，所收资金全额纳入财政专户，实行“收支两条线”管理，不缴纳营业税等税收。

（4）清理整顿出租汽车等城市公共客货运输市场，为交通和车辆税费改革创造良好的外部环境。

（5）加快航运业结构调整步伐，整顿航运秩序。调整航运业运力结构，切实解决运力结构性过剩的问题，促进航运业的健康发展。

（6）调整有关价格。征收燃油税以后，一些专业运输企业和港口企业增加的负担，除了通过取消有关收费项目减轻部分负担和自行消化一部分以外，在市场条件允许的情况下，可以按照国家规定通过适当提高价格的办法解决。

（7）妥善安置现有交通和车辆收费稽征人员。要结合机构改革，对现有车辆购置附加费、公路养路费、公路运输管理费、水路运输管理费和航道养护费等稽征管理机构进行划转、撤并和精简，有关部门要合理安排下岗分流人员的安置费用。对下岗分流人员要予以妥善安置，鼓励自谋职业；暂时安置不了的，通过社会保障体系解决基本生活费用。

（8）规范交通基础设施维护、建设和行政管理资金的使用和管理。从中国的实际情况出发，参照国际通行做法，在合理划分中央政府与地方政府在交通基础设施维护、建设和行政管理事权的基础上，按照资金分配和使用相分离，管理和监督相结合的原则，财政部门根据交通基础设施维护计划和计划部门下达的交通基础设施建设投资计划，负责编制预算和拨付资金，并实行国库集中支付，交通、建设部门负责资金的使用，审计部门负责对资金使用情况的监督。

6. 改革的实施步骤。

《中华人民共和国车辆购置税暂行条例》于2000年10月22日由国务院发布，自2001年1月1日起实施。《中华人民共和国燃油税暂行条例》的出台时间，由国务院另行决定（由于种种原因，燃油税暂行条例没有出台——笔者注）。

### （二）农村税费改革

为了切实减轻农民负担，增加农民收入，促进农村发展，维护农村社会稳定，从20世纪90年代后期开始，中共中央、国务院及其各有关部门和地方各级党委、政府发出了一系列的重要文件，中共中央、国务院领导也多次讲话，反复强调要依法征收农业税，不得随意改变税法规定，增加农民负担，并积极推进农村税费制度的改革。

1997年9月12日中共中央总书记江泽民在中国共产党第十五次全国代表大会上所作的报告中提出：要保护农民的合法权益，切实减轻农民负担。

1998年10月14日中国共产党第十五届中央委员会第三次全体会议通过的《中共中央关于农业和农村工作若干重大问题的决定》中提出：减轻农民负担要标本兼治。合理负担坚持定向限额，保持相对稳定，一定3年不变；严禁乱收费、乱集资、乱罚款和各种摊派，纠正变相增加农民负担的各种错误做法，对违反规定的要严肃处理；逐步改革税费制度，加快农民承担费用和劳务的立法。

同月，国务院批准成立由财政部、农业部和中央财经领导小组办公室组成的国务院农村税费改革工作小组，着手研究制订改革方案。

1999年3月5日国务院总理朱镕基在第九届全国人民代表大会第二次会议上所作的《政府工作报告》中提出：要抓紧制定并实施农村“费改税”方案，保障农民的合法权益，从根本上解决农民负担过重的问题。会议批准了上述报告。

2000年1月16日中共中央、国务院发布的《关于做好2000年农业和农村工作的意见》中提出：改革农村税费制度，是从分配上理顺国家、集体和农民三者关系，切实减轻农民负担的治本之策，对于增加农民收入，促进农村发展，改善干群关系，保持农村稳定具有重大意义。要按照国务院的统一部署，切实搞好试点。

同年3月2日，为了贯彻中共十五大和十五届三中全会的精神，探索建立规范的农村税费制度、从根本上减轻农民负担的有效办法，中共中央、国务院发出《关于进行农村税费改革试点工作的通知》，其主要内容如下：

推进农村税费改革，事关9亿农民的切身利益，是规范农村分配制度，遏制面向农民的乱收费、乱集资、乱罚款和各种摊派，从根本上解决农民负担问题的一项重大措施。积极稳妥地搞好这项改革，用规范的分配方式控制农民负担，体现农民应尽的义务，既可以把基层干部从收粮收款中解脱出来，改善党群、干群关系，维护农村社会稳定，又有利于贯彻依法治国的基本方略，促进农村基层政府转变职能，精简机构。各级党委、政府务必从政治和全局的高度充分认识农村税费改革的重大意义。

农村税费改革试点工作的指导思想是：贯彻中共十五大和十五届三中全会精神，根据社会主义市场经济发展和推进农村民主法制建设的要求，规范农村税费制度，从根本上治理对农民的各种乱收费，切实减轻农民负担，进一步巩固农村基层政权，促进农村经济健康发展和农村社会长期稳定。

农村税费改革试点工作的基本原则是：从轻确定农民负担水平，并保持长期稳定；妥善处理改革力度与各方面承受能力的关系；实行科学规范的分配制度和简便易行的征收方式；统筹安排，抓好改革试点的配套工作。

农村税费改革试点的主要内容是：取消乡统筹费、农村教育集资等专门面向农民征收的行政事业性收费和政府性基金、集资，取消屠宰税，取消统一规定的劳动积累工和义务工，调整农业税和农业特产税政策，改革村提留征收使用办法。

关于调整农业税政策的规定是：农业税按照农作物的常年产量和规定的税率依法征收。常年产量以1998年前5年农作物的平均产量确定，并保持长期稳定。调整农业税税率，将原农业税附加并入新的农业税。新的农业税实行差别税率，最高不超过7%。试点省份的具体适用税率和农业税征收总额由国务院确定；省级以下试点地区的具体适用税率和农业税征收总额由省级以下人民政府按照比现行农民税费负担明显减轻的原则逐级核定。贫困地区的农业税税率要从低确定。农民承包土地从事农业生产的，计税土地为第二轮承包用于农业生产的土地；其他单位和个人从事农业生产的，计税土地为实际用于农业生产的土地。计税土地发生增减变化，农业税应当及时调整。现行农业税减免政策基本维持不变。新的农业税附加比例最高不超过农业税正税的20%，具体比例由省级以下人民政府逐级核定。

关于调整农业特产税政策的规定是：按照农业税和农业特产税不重复交叉征收的原则，对在非农业税计税土地上生产的农业特产品继续征收农业特产税。对在农业税计税土地上生产的农业特产品，可以由试点地区省级人民政府决定只征收农业税或者只征收农业特产税；也可以决定在农业特产品集中产区只征收农业特产税，在其他地区只征收农业税。对部分在生产、收购两个环节征收农业特产税的农业特产品，要积极创造条件，合并在生产或者收购一个环节征收。农业特产税税率按照略高于农业税税率的原则适当调整。

关于牧业税的规定是：牧业税的负担按照略低于新的农业税负担的原则确定，具体办法由当地省级人民政府制定。

农村税费改革试点的配套措施是：规范农村收费管理，精简乡镇机构和压缩人员，改革和完善县、乡财政管理体制，建立健全农民负担监督机制，抓紧制定改革的配套文件。

第九届全国人民代表大会第三次会议批准的同年3月5日国务院总理朱镕基在上述会议上所作的《政府工作报告》中提出，积极推进农村税费改革，从根本上减轻农民负担，2000年在安徽省试点，总结经验以后再行展开。

同年4月11日至13日，根据中共中央、国务院和全国人民代表大会关于开展农村税费改革试点的要求，中共中央政治局委员、中央书记处书记、国务院副总理温家宝到安徽省调查研究，并在该省农村税费改革试点工作动员大会上讲话。

同年4月23日，国务院批复安徽省人民政府，原则同意该省报送的《安徽省农村税费改革试点方案》。

同年4月27日、5月15日和7月31日，根据同年3月2日中共中央、国务院发出的《关于进行农村税费改革试点工作的通知》，财政部、国家税务总局先后联合发出以下文件：

1.《关于农村税费改革试点地区农业特产税政策的通知》，自同年5月1日起执行，其中规定：

（1）调整征收环节。毛茶、水产品、原木、原竹、生漆、天然树脂、牲畜产品、食用菌和贵重食品只在生产环节征收农业特产税，收购环节不再征收农业特产税。为了便于征收管理，平衡税负，对有些地区产量比较多、收入比重大的产品，需要保持原有农业特产税征收环节的，可以由省级财政厅（局）、地方税务局提出申请，报经财政部、国家税务总局批准以后施行。

（2）调整应税品目。柑桔、香蕉、苹果、荔枝、梨与其他水果、于果品目合并为水果品目，果用瓜、蚕茧不再作为全国统一征收的品目，征收牧业税的地区可以通过调整牧业税政策将牲畜产品的农业特产税并入牧业税，增加花卉征税品目。

（3）调整税率。猪皮暂停征税，牛皮、羊皮的税率调整为5%，毛茶、水果的税率调整为8%至13%，原木、原竹、水产品、生漆、天然树脂、食用菌和花卉的税率调整为8%至10%，天然橡胶的税率调整为5%至8%，贵重食品的税率调整为10%至16%。各地的具体适用税率，由省级人民政府在确保减轻农民负担的前提下，在上述税率幅度内确定。

2.《关于农村税费改革试点地区取消屠宰税的通知》，规定从2000年起在实行农村税费改革试点的地区取消屠宰税（似应为停止征收——笔者注）。

3.《关于农村税费改革试点工作中农业税若干问题的意见》，其主要内容如下：

（1）计税土地的确定。农业税计税土地以农民二轮承包用于农业生产的土地为基础，根据土地的增减变化等实际情况调整确定。从事农业生产的其他单位和个人的计税土地，为实际用于农业生产的土地。基层征收机关要根据当地实际情况认真核实，并对计税土地实行动态管理，对新开垦的土地和国家建设征用的以及因自然灾害损毁的土地及时调整。

（2）常年产量的确定。农业税计税常年产量的确定可以采用下列方法：以村或者乡为单位，按照统计部门提供并参考有关部门的数据，将各种应税农作物前5年的产量汇总，分别计算其年平均产量，按照规定折算成农业税主粮，并根据自然条件、农业生产能力和农民的收入状况以及负担能力、毗邻地区的负担平衡等因素，由县级征收机关对乡村的主粮产量适当调整以后报县政府批准。具体折合率以主粮与其他各品种之间的价格比率分别确定。常年产量要随计税土地的增减变化作出相应调整。

（3）计税价格的确定。农业税的计税价格由省级征收机关主要根据各省定的粮食收购价格测算，提出意见，并报省级人民政府批准以后执行。计税价格的确定可以采用下列两种方法：一是根据上年农业税主粮实际执行收购价，并参考当年主粮价格预测情况确定。以后年度如果确定的农业税计税价格与实际价格之间波动幅度不超过5%，计税价格可以保持不变；二是以当年省定农业税主粮收购价并参考粮食市场价格确定。

（4）征收方式。农业税保持粮食计算本位。农业税及其附加征收实物还是折征代金，由试点地区省级人民政府确定。为了方便农民缴税，简化征收手续，征实地区税款结算采取“实物缴纳，货币结算”的方式，纳税额以货币衡量。在国家收购粮食品种范围以内，农民缴纳农业税实物不受品种限制。征收实物的地区，不得强制要求农民买粮缴税，种植其他经济作物、无粮可缴的农户应当直接向征收机关缴纳代金。

（5）减免税。各省对农业税减免政策要有明确规定并有落实措施，县以上各级征收机关都应当在农业税收入计划以内留有一定的减免税机动数，用于社会减免和灾歉减免。

（6）认真执行税费政策，保障农民利益。试点地区在确定农业税计税常年产量、核定计税土地面积、确定农业税适用税率和征收总额、落实农业税减税免税等政策的时候，应当严格执行中共中央、国务院关于农村税费改革试点工作的通知和有关政策规定，保障农民利益。

（7）加强征管基础工作。农业税收征收机关应当加强税源基础管理，将纳税人的计税土地面积、常年产量和应纳税额等情况登记造册，并以村或者村民小组为单位张榜公布，接受纳税人评议和监督。纳税人没有异议的，农业税收征收机关应当组织纳税人填写农业税纳税登记表并立档保管，作为农业税的计税凭据。

（8）加强农税队伍建设。税费改革以后，农业税收任务增加，征收机关责任重大。为此，各级征收机关要加强农税队伍建设和业务培训，提高征收人员尤其是基层直接征收人员的政策水平和业务素质，坚持依法治税，贯彻政策，保证农村税费改革试点工作的顺利进行。

经过实践，安徽省的农村税费改革试点工作取得了初步的成效：一是较大幅度地减轻了农民负担，有效地遏制了农村的乱收费、乱罚款和乱摊派（据不完全统计，2000年该省农民总的税费负担比上年减少16.9亿元；农民人均负担从109.4元降低到75.5元，减少33.9元，降幅为31.0%）；二是初步规范了农村分配关系，促进了乡镇财税征管体制改革；三是进一步完善了村民议事制度，促进了农村基层民主政治建设；四是推动了乡镇机构改革、农村教育布局调整等配套改革，促进了农村上层建筑的调整和完善；五是改善了党群干群关系，维护了农村社会稳定。此外，甘肃、湖南、河南、陕西、河北、山西、黑龙江、吉林、内蒙古等省、自治区也选择56个市、县开展了农村税费改革的试点工作，并取得了一定的成效。

1994年税制改革方案是在中国改革开放十几年来税制改革的基础上，经过多年的理论研究和实践探索，积极借鉴外国税制建设的成功经验，结合中国的国情制定的，推行以后从总体上看取得了很大的成功，各方面普遍评价很高。

1994年11月28日，中共中央政治局常委、国务院总理李鹏在中央经济工作会议上的讲话中说：1994年的财税改革取得了比较大的进展和比较好的效果，对于今后的改革和发展具有深远的意义。

同年12月13日，中共国家税务总局党组副书记、国家税务总局副局长项怀诚在全国税务局长会议上的讲话中说：今年实施的新税制，是适应中国从计划经济向社会主义市场经济过渡的一项重要改革。从历史上看，全面调整和改革税制对于社会稳定和经济发展都会产生重大影响。我们在推行新税制的过程中也遇到了一些问题和矛盾，总的看解决比较及时，使得新税制实施比较顺利。现在可以说，新税制的贯彻实施，没有对生产、开放、稳定带来不利影响，而是发挥了积极的促进作用。经过近一年的磨合，新税制已经实现了平稳过渡，各项政策基本到位，走向正常运行。新税制对于社会主义市场经济体制建立和发展的促进作用已经愈来愈明显地呈现出来：一是为市场经济的发展创造了良好的税收环境，二是加强了国家对经济的宏观调控能力，三是进一步理顺了分配关系，四是促进了经济结构的合理调整和社会有效供给的增加，五是促进了对外开放，六是便于征收管理和抑制偷漏税的机制开始呈现。

同年12月17日，中共中央政治局常委、国务院副总理朱镕基在全国财政工作会议和全国税务局长会议上的讲话中说：最近召开的中央经济工作会议，特别肯定了今年进行的财政、税收等项改革取得的突出成绩。今年在不太宽松的条件下推出了这样广泛而深刻的改革，做了我们多年想做而没有做到的事情，这是很不容易的。当时，我们确实感到风险比较大，但是实际上没有想象得那么严重。因此，今年进行财税改革，并没有影响税收的正常增长。虽然新税制还需要继续完善，但是总的来说，新税制的基本结构确定了，分税制的推行也比较顺利。

1995年3月5日，国务院总理李鹏在第八届全国人民代表大会第三次会议上所作的《政府工作报告》中回顾1994年的国内工作时说：经济体制改革迈出决定性步伐。根据建立社会主义市场经济体制的要求，进行了财税、金融、外汇、外贸、投资、价格和流通体制等方面的重大改革。由于全国上下齐心协力，改革取得预期效果。以分税制为核心的新财政体制已经基本建立，以增值税为主体的流转税体系开始正常运行，内资企业所得税和个人所得税都实现了初步统一，税种减少，税制简化，税负趋于公平。这些重大改革对于今后的改革和发展将会产生深远的影响。会议批准了上述报告。

1996年3月5日，国务院总理李鹏在第八届全国人民代表大会第四次会议上所作的《关于国民经济和社会发展“九五”计划和2010年远景目标纲要的报告》中回顾“八五”时期国民经济和社会发展的成就时说：经济体制改革取得突破性发展。按照建立社会主义市场经济体制的目标加快了改革步伐。以分税制为核心的新财政体制，以增值税为主体的新税制，已经基本建立并正常运行。会议批准了上述报告。

同年3月17日第八届全国人民代表大会第四次会议批准的《中华人民共和国国民经济和社会发展“九五”计划和2010年远景目标纲要》在总结“八五”计划完成情况时指出：经济体制改革取得突破性进展，推进了财税、金融、外汇、外贸、投资、价格和流通体制改革，在价格形成机制、税收制度、汇率并轨等方面取得重大突破。

1997年9月12日，中共中央总书记江泽民在中国共产党第十五次全国代表大会上所作的报告中总结过去5年工作成绩时说："按照建立社会主义市场经济体制的要求，大步推进了财政、税收、金融、外贸、外汇、计划、投资、价格、流通、住房和社会保障等体制改革，市场在资源配置中的基础性作用明显增强，宏观调控体系的框架初步建立。"

1997年12月16日，中共国家税务总局党组书记、国家税务总局副局长项怀诚在全国税务工作会议上的讲话中总结中国共产党第十四次全国代表大会以来5年税收工作成绩时说：税制改革取得成功，初步建立了适应社会主义市场经济发展要求的税制框架。1994年开始实施的税制改革，标志着中国的税制发生了一次深刻的革命。从此开始迈入适应社会主义市场经济发展要求的运行轨道。改革使税法进一步统一，税负更趋公平，税收宏观调控作用强化，推进了依法治税，规范了国家与企业的分配关系，促进了国有企业经营机制的转换和经济结构的调整、优化，保持了税收政策的连续性和税收收入的持续、快速增长，有利于进一步发挥市场对资源配置的基础性作用和建立统一开放、竞争有序的市场体系，较好地处理了改革、发展和稳定的关系，为建立社会主义市场经济体制和保持国民经济的持续稳定发展，起到了积极而重要的推动作用。

1998年3月5日，国务院总理李鹏在第九届全国人民代表大会第一次会议上所作的《政府工作报告》总结过去5年工作成绩时说：5年来，按照中国共产党第十四次全国代表大会确定的改革目标，大步推进了财政、税收、金融、外汇、计划、价格和投融资等体制改革。新财税体制已经建立并且运行正常，中央和地方的财力都有较大增加。会议批准了上述报告。

2000年12月17日，国家税务总局局长金人庆在全国税务工作会议上的讲话中指出："九五"时期是新中国成立以来税收宏观调控作用发挥最好的时期之一。各级税务机关深入贯彻落实新税制，确保1994年税制改革取得巨大成功。"九五"初期，税收制度为配合治理通货膨胀、实现国民经济"软着陆"作出了贡献。1998年以来，税收政策作为积极财政政策的重要组成部分，在保证税收收入稳定快速增长的前提下，进行了有增有减的结构调整，为成功应对通货紧缩趋势、促进国民经济发展作出了新的贡献。

2001年3月5日，国务院总理朱镕基在第九届全国人民代表大会第四次会议上所作的《关于国民经济和社会发展第十个五年计划纲要的报告》中回顾"九五"时期国民经济和社会发展的成就时说：经济体制改革全面推进，社会主义市场经济体制初步建立，财税体制继续完善。

根据1994年税制改革的实践检验和理性思考，我认为，1994年中国税制改革的成效主要表现在以下9个方面：

1. 初步统一了税法，包括实行了内外统一的货物和劳务税制度，统一了内资企业所得税制度，统一了个人所得税制度。

2. 在统一税法的基础上，初步实现了公平税负，有利于促进各类企业在市场经济条件下平等竞争。以货物和劳务税而言，增值税的普遍推行减少了商品生产、流通中的重复征税；以所得税而言，基本实现了各类内资企业平等纳税。

3. 通过统一税法，简并税种，初步实现了税制的简化和规范化。全部税种从37个减少到25个，税制要素的设计更为科学、合理、规范，适应了经济发展和税制建设的需要。

4. 较好地处理了国家与企业、个人之间的分配关系和中央与地方之间的分配关系，有利于调动各方面的积极性，促进转换企业经营机制、推行分税制财政体制和调节个人收入差距，实现经济、社会的协调发展。

5. 较好地体现了国家的产业政策，促进了经济结构的有效调整，从而促进了国民经济的持续、快速和健康发展，同时没有引起经济、社会的动荡。

6. 通过适当集中税权和税收收入，调整税收政策，大幅度提高了中央财政收入占全国财政收入的比重，加强了中央政府的宏观调控能力，税收的宏观调控作用得到了较好的发挥。

7. 新税制的设计积极地借鉴了外国税制建设的有益经验，从而使中国税制进一步适应经济全球化、税收国际化的发展趋势，有利于促进对外开放的扩大和中外经济、技术交流与合作的发展。同时，保持了税法的相对稳定性和对外税收政策的连续性。

8. 在经济增长、理顺分配关系和加强管理的基础上，实现了税收收入的持续、快速增长，逐步扭转了税收占国内生产总值比重逐年下降的局面，同时总体上没有明显增加纳税人的负担。

9. 通过学习、宣传和贯彻新税制，依法治税的观念更加深入人心，从而使税收的社会环境有所改善，税收工作日益受到各级领导的重视，得到各地区、各部门和人民的理解与支持，越权减免税和偷税、抗税、欠税等现象受到了一定的遏制。

总之，经过1994年税制改革和7年时间的逐步完善，中国已经初步建立了适应社会主义市场经济体制需要的税制框架，强化了税收的聚财功能和宏观调控功能，对于保证财政收入，加强宏观调控，深化改革，扩大开放，促进中国经济与社会的发展，起到了重要的作用，并为实现下一步税制改革打下了坚实的基础，从而标志着中国的税制建设进入了一个新的发展阶段。

同时，由于时间紧、任务重和矛盾多等原因，这次税制改革也难免存在一些不足：第一，税制改革与分税制财政管理体制改革、税务机构管理体制改革（省以下税务机构分设为国家税务局和地方税务局两个系统）同步实施，后两项改革对税制改革制约很大。例如：增值税、营业税由国家税务局、地方税务局交叉征收、收入由中央与地方共享，引起增值税与营业税分割、交叉的矛盾；个人所得税由地方税务局征收，构成了实行综合税制的体制障碍。第二，准备工作比较仓促，有些问题调查研究不够深入，征求意见不够广泛，有些文件比较粗糙。例如：土地增值税与企业所得税、个人所得税重叠，总体税负偏重；企业所得税实行三级全额累进税率，临界点税负畸轻畸重；有些文件内容、语言、文字等不够严谨，错漏比较多。第三，由于经济、财政状况紧张，有些改革受到很大的制约。例如：考虑到固定资产投资膨胀和财政赤字比较大，增值税改革采用了“生产型”的模式，而不是各国通行的“消费型”模式。第四，为了保证主要改革措施的顺利出台，适当减少震动面，有些计划中的改革项目没有能够出台，后续工作也没有跟上。例如：改革城市维护建设税，调整城镇土地使用税，简并房产税和车船使用税，开征证券交易税和遗产税等等。此外，由于中共中央纪律检查委员会出于党风廉政建设方面的考虑提出的不同意见，原计划取消的筵席税没有取消。

2000年，中国的国内生产总值为99214.6亿元，比1993年增长1.8倍，年平均增长率为15.9%（均按照现价计算，下同）；全社会固定资产投资额为32917.7亿元，比1993年增长1.5倍，年平均增长率为14.1%；全社会消费品零售总额为39105.7亿元，比1993年增长1.7倍，年平均增长率为15.5%；货物进出口总额为4742.9亿美元，比1993年增长

1.4倍，年平均增长率为13.5%；年末国家外汇储备额为1655.7亿美元，比1993年年末增长6.8倍；外商直接投资额为407.2亿美元，比1993年增长70.9%，连续7年成为利用外资最多的发展中国家；城镇居民家庭人均可支配收入为6280.0元，比1993年增长1.4倍，年平均增长率为13.6%；农村居民家庭人均纯收入为2253.4元，比1993年增长1.4倍，年平均增长率为13.6%；年末城乡居民人民币储蓄存款余额为64332.4亿元，比1993年年末增长3.2倍，年平均增长率为22.9%；税收收入为12581.5亿元，比1993年增长195.7%，年平均增长率为16.8%；税收收入占财政收入的比重下降到93.9%，比1993年降低3.9个百分点；税收收入占国内生产总值的比重上升到12.7%，比1993年提高0.7个百分点；中央税收收入占全国税收收入的比重上升到58.6%，比1993年提高37.8个百分点。

从税制结构方面来看，由于经济的发展、经济结构的改善、经济效益的提高和税务管理水平的提高，所得税收入增长比较快，所得税收入占全国税收收入的比重随之上升，货物和劳务税收入占全国税收收入的比重则随之下降。2000年的各类税收收入情况如下：

1. 货物和劳务税收入为8952.8亿元，比1993年增长1.9倍，年平均增长率为16.6%；此类税收占全国税收收入的68.0%，比1993年降低3.4个百分点。

2. 所得税收入为2439.5亿元，比1993年增长2.2倍，年平均增长率为18.2%；此类税收占全国税收收入的18.6%，比1993年提高1.1个百分点。

3. 财产税收入为528.0亿元，比1993年增长2.5倍，年平均增长率为19.6%；此类税收占全国税收收入的4.1%，比1993年提高0.7个百分点。

此外，2000年的农业税、牧业税收入为298.9亿元，比1993年增长2.3倍；农业税、牧业税收入占全国税收收入的2.3%，比1993年提高0.2个百分点。

# 第六章 21世纪前20年中国税制改革的回顾和展望（2001—2020年）

从人类社会跨入21世纪的时候开始，中国进入了全面建设小康社会、加快推进社会主义现代化建设的崭新发展阶段。21世纪的前20年，即2001年至2020年，是中国必须抓紧并且可以大有作为的重要战略机遇期。在此期间，中国将继续深化经济体制改革，逐步建成完善的社会主义市场经济体制。与此相适应，在此期间中国税制改革的任务应当是：逐步建立一套适应完善的社会主义市场经济体制的税制体系，充分发挥税收在社会主义市场经济中的作用。

## 一、21世纪初税制改革的目标

1994年税制改革以后，中共中央、国务院和全国人民代表大会对于中国税制的进一步改革和完善继续予以高度重视，财政、税务部门和财税理论界也一直在积极地研究这个问题，改革的思路逐步清晰，对于税制改革的目标和主要任务的认识逐步统一。同时，国际、国内政治、经济形势的稳定，特别是国内经济持续、快速发展，税收收入持续、快速增长，为税制改革提供了很好的政治环境和经济基础。

### （一）"九五"时期（1996—2000年）提出的税制改革目标

1995年9月28日，中国共产党第十四届中央委员会第五次全体会议通过《中共中央关于制定国民经济和社会发展"九五"计划和2010年远景目标的建议》。建议中提出：完善宏观调控体系的重点是，建立计划、金融、财政之间相互配合和制约，能够综合协调宏观经济政策和正确运用经济杠杆的机制。其中，财政通过实施财政政策，运用预算、税收手段和预算内外的综合财力，并按照中央和地方的事权划分，建立比较规范的财政转移支付制度，着重调节收入分配结构和地区分配结构。为了解决国家财力严重不足、宏观调控能力减弱的问题，必须调整国民收入分配格局，通过深化财税改革，健全财政职能，加强税收征管，提高财政收入占国民生产总值的比重和中央财政收入占全国财政收入的比重。要通过税收调节等措施解决社会分配差别过大的问题。

1996年3月5日，国务院总理李鹏在第八届全国人民代表大会第四次会议上所作的

《关于国民经济和社会发展“九五”计划和2010年远景目标纲要的报告》中提出：现在国家财政困难，作为振兴财政的第一步，要继续完善税制，调整有关税率，扩大税基，取消税收减免，加强税收征管，努力增收节支，逐步减少财政赤字，实现财政收支基本平衡。要通过完善个人所得税和开征其他必要税种等措施，调节过高收入。要提高财政收入占国民生产总值的比重和中央财政收入占全国财政收入的比重。要逐步对外资企业实行国民待遇，规范税制，公平税负，为中外企业创造平等竞争条件。

同年3月17日，第八届全国人民代表大会第四次会议批准《中华人民共和国国民经济和社会发展“九五”计划和2010年远景目标纲要》。纲要中提出：要调整国民收入分配格局，提高财政收入占国民生产总值的比重和中央财政收入占全国财政收入的比重。继续完善税制，统一企业所得税，取消各种区域性税率；巩固完善以增值税为主体的流转税体系，适当扩大增值税和资源税的征收范围；建立覆盖全部个人收入的分类与综合相结合的个人所得税制；调整地方税制结构，健全地方税收体系；依法征税，严格控制税收减免；逐步开征遗产和赠与税、利息所得税和社会保障税。要通过税收等措施解决社会分配差别过大的问题。

同年7月3日，国家税务总局印发《全国税收发展“九五”计划和2010年远景目标纲要》。纲要中提出：中国“九五”时期改革和完善税制的主要任务是：按照发展社会主义市场经济和强化宏观调控的要求，加强税收法制建设，制定税收基本法，继续完善税制，扩大税基，调整税率，逐步取消减免税，适时开征新税种，规范增值税，巩固消费税，统一企业所得税，改革个人所得税，完善财产行为税，初步建立起适应社会主义市场经济发展要求的税制体系。2010年税制改革的目标是：建立起符合社会主义市场经济体制要求的科学的税制体系。

关于完善流转税，纲要中提出：规范增值税，扩大征收范围，简化税制，方便征管。调整营业税，调整税目、税率，简化税制，规范征税办法。巩固消费税，调整有关税目、税率。完善出口退税制度，健全出口退税机制，加快有关立法进程。

关于改革所得税，纲要中提出：适时统一企业所得税，建立统一、规范的企业所得税制度。逐步实现以法人为企业所得税的纳税人，实行比例税率，规范税前列支项目和标准，建立统一、规范的税基，实现企业所得税制的简化和高效。改革个人所得税，实行分项与综合相结合个人所得税制，扩大应税项目，严格控制减税、免税项目，规范有关法律规定，合理规定扣除项目和标准，重新设计统一的超额累进税率和规定各项所得的预扣率。按照发展社会主义市场经济的要求，建立社会保障税。

关于完善财产、行为税，纲要中提出：修订房产税、车船使用税和城镇土地使用税，改革城市维护建设税，调整印花税和资源税，开征证券交易税和遗产税。

1997年9月12日，中共中央总书记江泽民在中国共产党第十五次全国代表大会上所作的报告中提出：集中财力，振兴国家财政，是保证经济社会各项事业发展的重要条件。要正确处理国家、企业、个人之间和中央与地方之间的分配关系，逐步提高财政收入占国民生产总值的比重和中央财政收入占全国财政收入的比重，并适应所有制结构变化和政府职能转变，调整财政收支结构，建立稳固、平衡的国家财政。要调节过高收入，完善个人所得税制，开征遗产税等新税种。

同年12月16日，中共国家税务总局党组书记、国家税务总局副局长项怀诚在全国税务工作会议上的讲话中提出，要深入学习、贯彻中共十五大精神，分析解决税收改革与管理中的实际问题：一是要适应所有制结构的变化，完善和改进税收制度。要注意研究非公有制经济、股份制经济、合作经济和私营经济发展的现状，合理调整税收政策，使税收收入结构进一步适应所有制结构的变化。二是要提高财政收入、税收收入占国民生产总值的比重和中央收入的比重，关键是深化税收改革，扩大税基，完善税制，规范税收减免，合理开征新的税种。三是充分发挥税收的调节作用，实现公平税负。要强化个人所得税的征收管理，并为开征遗产和赠与税等财产税创造条件。对于高收入阶层，不仅要从收入来源环节调节收入差距，而且要从使用方向去调节，如对高档消费品开征消费税，适当调整消费税税率等。四是配合国有企业改革，研究出现的新问题，制定新政策。

1998 年 3 月 5 日，国务院总理李鹏在第九届全国人民代表大会第一次会议上所作的《政府工作报告》提出：1998 年要继续深化财税体制改革，完善所得税制度，调整消费税，开征遗产税。

1999 年 1 月 12 日，国家税务总局局长金人庆在全国税务工作会议上的讲话中提出：深化税制改革，完善税收政策是一项长期任务，要统筹规划，分步实施。总的要求是：要从有利于提高财政收入占国民生产总值的比重和中央财政收入占全国财政收入的比重，有利于增强税收宏观调控能力，有利于促进经济发展的角度出发，按照扩大税基，调整税率，简化税制，便于征管的思路，进一步深化和完善税制改革。

同年 3 月 5 日，国务院总理朱镕基在第九届全国人民代表大会第二次会议上所作的《政府工作报告》中提出：要进一步完善财税体制，重点是全面清理和规范收费，逐步实行“费改税”。这是一项理顺分配关系，增强宏观调控能力和加强党风政风建设的重大举措，1999 年要以交通和车辆收费改革为突破口，积累经验，再逐步推开。

同年 3 月 6 日，财政部部长项怀诚在上述会议上所作的《关于 1998 年中央和地方预算执行情况及 1999 年中央和地方预算草案的报告》中提出，要积极推进税费改革，完善和规范财税体制。收费制度改革的总体思路是：第一，按照转变政府职能和逐步建立公共财政的要求，取消政府实施公共管理和提供普遍性公共服务收取的管理费，所需经费由财政预算统筹安排。第二，将体现市场经营行为的服务性收费转为经营收费，所得收入依法征税。第三，将政府为支持某些重点产业和重要事业发展设立的、具有税收性质的政府性基金或者专项性收费改为相应的税收。第四，保留政府向社会实施特定管理或者提供特殊服务以及对国有资源有偿使用收取的必要费用，并实行规范的财政管理。项怀诚还提出，要抓紧起草遗产税法、燃油税暂行条例和车辆购置税暂行条例，修订个人所得税法。

2000 年 3 月 5 日，国务院总理朱镕基在第九届全国人民代表大会第三次会议上所作的《政府工作报告》中提出，要进一步运用税收等手段促进经济发展，财税体制改革要继续有序推进。同年 3 月 6 日，财政部部长项怀诚在上述会议上所作的《关于 1999 年中央和地方预算执行情况及 2000 年中央和地方预算草案的报告》中也提出，要积极推进税费改革。

但是，在“九五”期间，上述增值税、消费税、营业税、企业所得税、个人所得税、社会保障税、遗产税和若干种地方税改革的计划都没有实现。

### （二）“十五”时期（2001—2005 年）提出的税制改革目标

2000 年 10 月 11 日，中国共产党第十五届中央委员会第五次全体会议通过《中共中央关于制定国民经济和社会发展第十个五年计划的建议》。建议中提出：发挥税收等杠杆作用，引导和促进经济结构调整，保证经济稳定增长。近期要继续实行积极的财政政策，并带动企业和社会投资，促进消费。进一步完善分税制。积极稳妥地推进税费改革。健全税收制度，强化税收征管。逐步提高国家财政收入占国内生产总值的比重和中央财政收入占全国财政收入的比重。强化国家税收对于收入分配的调节功能，完善个人所得税法，开征遗产税。

同年12月17日，国家税务总局局长金人庆在全国税务工作会议上的讲话中提出了“十五”时期税收工作的总体思路、目标和任务：要保持税收与经济的协调增长，逐步提高税收收入占国内生产总值的比重和中央级税收收入占全部税收收入的比重，深化税制改革。奋斗目标是：基本建立适应社会主义市场经济发展和经济全球化需要的科学的税制体系。进一步完善税制的原则是：在不增加企业总体负担、中央与地方利益格局不作大的调整的前提下，统一税法，公平税负，规范税制，优化结构，合理分权，方便征管。主要任务是：完善流转税，规范所得税，健全地方税，推进费改税，加快税收立法步伐，制定税收基本法，提升税法级次，健全税法体系。今后几年完善税制的主要内容：一是适时将增值税由生产型转为消费型；二是逐步统一企业所得税和完善个人所得税；三是调整消费税和营业税政策；四是加快地方税改革；五是有步骤地实行费改税。

2001年3月5日，国务院总理朱镕基在第九届全国人民代表大会第四次会议上所作的《关于国民经济和社会发展第十个五年计划纲要的报告》中提出：在“十五”期间要继续深化财税改革，强化税收征管，加快税费改革，健全税制，强化税收对收入分配的调节功能。

同年3月6日，财政部部长项怀诚在上述会议上所作的《关于2000年中央和地方预算执行情况及2001年中央和地方预算草案的报告》中提出：2001年要按照“统一税法、公平税负、优化税制、扩大税基、合理分权”的指导思想，进一步完善现行税制，清理和规范税收优惠政策；调整营业税政策，加强对娱乐性消费行为的调节力度；改革和完善个人所得税制，建立分类与综合相结合的新的个人所得税制；统一企业所得税等税收政策，贯彻税收的国民待遇原则。积极稳妥地推进税费改革，规范政府收入分配。

同年3月15日，第九届全国人民代表大会第四次会议批准《中华人民共和国国民经济和社会发展第十个五年计划纲要》。纲要中提出：深化财税体制改革，积极稳妥地推进税费改革，清理整顿行政事业性收费和政府性基金，建立政府统一预算。健全税收制度，改革生产型增值税，完善消费税和营业税，逐步降低关税，逐步统一企业所得税，建立综合与分类相结合的个人所得税制度，适时开征社会保障税和遗产税，完善地方税税制。合理界定中央和地方政府的事权范围，完善分税制和转移支付制度，加强财政再分配功能。保持财政收入稳定增长，提高国家财政收入占国内生产总值的比重和中央财政收入占全国财政收入的比重。综合运用计划、财政和金融等手段，发挥价格、税收、利率和汇率等杠杆的作用，加强和改善宏观调控。

同年12月24日，国家税务总局局长金人庆在全国税务工作会议上的讲话中提出：中央提出2002年税收工作要坚持“稳定和完善税制，强化税收征管”的方针，这是从当前宏观经济形势出发作出的战略决策。虽然现行税制还不够完善，但是应当说基本适应社会主义市场经济发展的要求，目前不宜作很大的改革，因为现在减税、增税都有困难：减税会减少财政收入，影响财政必要的支出；增税则会加重企业和群众的负担，影响扩大内需。稳定和完善税制，意味着在保持税制基本稳定的前提下，对税制作必要的调整和完善，重点任务是：中央与地方所得税分享改革，出口货物“免、抵、退”税管理，准备开征燃油税，农村税费改革扩大试点以后的农业税收征收管理。

2002 年 3 月 5 日，国务院总理朱镕基在第九届全国人民代表大会第五次会议上所作的《政府工作报告》中提出，要保持税制稳定，加强税收征管，继续深化财税改革。

同年 11 月 8 日，中共中央总书记江泽民在中国共产党第十六次全国代表大会上所作的报告中提出，要继续推进农村税费改革，深化财政、税收体制改革，强化税收征管。

同年 12 月 25 日，国家税务总局局长金人庆在全国税务工作会议上的讲话中提出：在保持税收收入稳定增长的基础上，对税制进行有增有减的结构调整，基本建立以流转税和所得税为主体、其他税为辅助，符合效率优先、兼顾公平原则，适应社会主义市场经济体制和世贸组织规则的税制体系，充分发挥税收职能作用，促进国民经济健康发展和社会全面进步。推进增值税由生产型向消费型的转变，统一企业所得税，完善个人所得税，调整消费税和营业税，改革地方税，推进费改税。要深入研究完善税制的方案。

2003 年 3 月 5 日，国务院总理朱镕基在第九届全国人民代表大会第五次会议上所作的《政府工作报告》中提出，2003 年要做好税收工作，加强税收征管，推进财税体制改革，农村税费改革要在全国范围推开。

同年 10 月 14 日，中国共产党第十六届中央委员会第三次全体会议通过《中共中央关于完善社会主义市场经济体制若干问题的决定》。决定中提出：按照简税制、宽税基、低税率、严征管的原则，稳步推进税收改革。改革出口退税制度。统一各类企业税收制度。增值税由生产型改为消费型，将设备投资纳入增值税抵扣范围。完善消费税，适当扩大税基。改进个人所得税，实行综合和分类相结合的个人所得税制。实施城镇建设税费改革，条件具备时对不动产开征统一规范的物业税（似应为房地产税，下同——笔者注），相应取消有关收费。在统一税政前提下，赋予地方适当的税政管理权。创造条件逐步实现城乡税制统一。

同年 12 月 24 日，国家税务总局局长谢旭人在全国税务工作会议上的讲话中提出：2004 年要深入开展调查研究，根据社会经济发展情况，综合考虑各方面的承受能力，完善税制改革的总体方案，制定有关税种的改革实施方案和具体征管办法，增强可操作性。在农村税费改革方面，除了烟叶税目以外，在全国范围以内取消农业特产税；农业税税率全国平均降低 1 个百分点，有条件的地方可以进一步降低税率或者免征。在流转税改革方面，先在东北老工业基地的 8 个行业实行消费型的增值税，及时总结经验，抓紧设计在全国实施消费型增值税的方案。研究调整消费税税目，优化纳税环节。探索调整部分行业的营业税政策。在所得税改革方面，与有关部门密切配合，推进统一企业所得税和个人所得税改革的立法工作。在全面实施所得税改革之前，探索对计税工资等税前扣除项目进行必要的调整。此外，要推进房地产税改革试点。

2004 年 3 月 5 日，国务院总理温家宝在第十届全国人民代表大会第二次会议上所作的《政府工作报告》中提出，2004 年要继续推进农村税费改革，5 年以内取消农业税；在东北地区部分行业先行增值税由生产型改为消费型的试点。

同年 3 月 6 日，财政部部长金人庆在上述会议上所作的《关于 2003 年中央和地方预算执行情况及 2004 年中央和地方预算草案的报告》中提出：2004 年要确保出口退税机制改革顺利实施；积极稳妥地推进生产型增值税改为消费型增值税，认真搞好在东北地区部分行业进行的增值税转型试点工作；加快研究统一企业所得税和其他税制改革政策和方案。

同年 12 月 24 日，国家税务总局局长谢旭人在全国税务工作会议上的讲话中提出：2005

年要进一步完善出口退税机制；推进农村税费改革，扩大农业税免征范围，加大农业税减征力度；继续做好东北地区部分行业实行增值税转型试点等工作，为以后在全国实施积累经验；积极研究有关税制改革方案，包括增值税转型在全国实施，统一企业所得税，完善个人所得税，改革物业税，完善耕地占用税。

2005年3月5日，国务院总理温家宝在第十届全国人民代表大会第三次会议上所作的《政府工作报告》中提出：2005年要在全国大范围、大幅度减免农业税，全部免征牧业税；2006年在全国全部免征农业税。推进财税体制改革。搞好增值税转型试点，制定全面实施方案。抓紧完善个人所得税制度。

同日，财政部部长金人庆在上述会议上所作的《关于2004年中央和地方预算执行情况及2005年中央和地方预算草案的报告》中提出：2005年要深化农村税费改革；积极稳妥推进增值税转型等改革，在总结试点地区经验、完善措施的基础上，研究在全国推行的实施方案；做好统一企业所得税的各项研究准备工作；进一步完善个人所得税和消费税的相关政策。

但是，在“十五”期间，除了基本完成农村税费改革和增值税改革以局部试点的方式启动以外，消费税、营业税、企业所得税、个人所得税、社会保障税、遗产税和若干种地方税改革的计划都没有实现。

### （三）“十一五”时期（2006—2010年）已经提出的税制改革目标

2005年10月11日，中国共产党第十六届中央委员会第五次全体会议通过《中共中央关于制定国民经济和社会发展第十一个五年规划的建议》。建议中提出：坚持“多予、少取、放活”，巩固农村税费改革成果，坚持最严格的耕地保护制度。实行支持自主创新的财税政策。建立健全与城镇化健康发展相适应的财税制度。实行有利于资源节约的财税政策。以财税等改革为重点，加快完善社会主义市场经济体制。推进财政税收体制改革。合理界定各级政府的事权，调整和规范中央与地方、地方各级政府间的收支关系，建立健全与事权相匹配的财税体制。实行有利于增长方式转变、科技进步和能源资源节约的财税制度。完善增值税制度，实现增值税转型。统一各类企业税收制度。实行综合和分类相结合的个人所得税制度。调整和完善资源税，实施燃油税，稳步推行物业税。进一步整顿和规范市场秩序，坚决打击偷逃骗税等行为。以完善纳税等信用记录为重点，加快建设社会信用体系。继续实施和完善鼓励企业增加就业岗位、加强就业培训的财税政策。着力提高低收入者收入水平，逐步扩大中等收入者比重，有效调节过高收入。

2006年1月8日，国家税务总局局长谢旭人在全国税务工作会议上的讲话中提出了“十一五”时期中国税收发展与改革的基本思路：按照简税制、宽税基、低税率、严征管的原则和实行有利于增长方式转变、科技进步和能源资源节约的税收制度的要求，适应经济发展和宏观调控的需要，积极稳妥地推进税制改革。完善增值税制度，实现增值税转型。改革消费税，适当扩大税基。统一各类企业税收制度。改进个人所得税，实行综合与分类相结合的个人所得税制度。调整和完善资源税。适时开征燃油税。实施城镇建设税费改革，稳步推行物业税，相应取消有关收费。

同年3月5日，国务院总理温家宝在第十届全国人民代表大会第四次会议上所作的《政府工作报告》中提出：2006年要合理调整消费税，实行支持企业创新的财税政策，运用税收手段促进资源合理开发和节约使用，完善资源综合利用和再生资源回收的税收优惠政策，积极推进增值税转型改革，调整和完善资源税，研究统一各类企业税收制度。同日，财政部部长金人庆在上述会议上所作的《关于2005年中央和地方预算执行情况与2006年中央和地方预算草案的报告》中提出：2006年要尽快在全国范围以内实施将企业新增机器设备所含税款纳入增值税抵扣范围的改革方案，出台实施个人所得税工薪所得费用扣除标准的调整方案，择机实施消费税改革，积极推进部分地区实施物业税模拟评税试点工作，积极推进资源税、车船税和耕地占用税等改革，积极推进企业所得税改革。上述会议批准了以上两个报告。

同年3月14日，第十届全国人民代表大会第四次会议批准《中华人民共和国国民经济和社会发展第十一个五年规划纲要》。纲要中提出：在全国范围内实现增值税由生产型转为消费型。适当调整消费税征收范围，合理调整部分应税品目税负水平和征缴办法。适时开征燃油税。合理调整营业税征税范围和税目。完善出口退税制度和进口税收政策。统一各类企业税收制度。实行综合和分类相结合的个人所得税制度。改革房地产税收制度，稳步推行物业税并相应取消有关收费。改革资源税制度。完善城市维护建设税、耕地占用税和印花税。充分发挥税收的调节作用，完善和制定鼓励资源节约型和环境友好型社会建设、促进就业和再就业、促进科技发展和增强自主创新能力、促进文化体制改革、振兴装备制造业和其他产业健康发展的税收政策。

同年10月11日，中国共产党第十六届中央委员会第六次全体会议通过《中共中央关于构建社会主义和谐社会若干重大问题的决定》。决定中提出：实行促进就业的财税金融政策；完善有利于环境保护的财税政策；进一步明确中央和地方的事权，健全财力与事权相匹配的财税体制，完善中央和地方共享税分成办法；实行综合与分类相结合的个人所得税制度，加强征管和调节；完善社会捐赠免税减税政策。

2007年1月5日，国家税务总局局长谢旭人在全国税务工作会议上的讲话中提出：2007年要认真总结东北地区部分行业增值税转型改革试点经验，推进中部地区部分城市增值税转型改革实施工作，进一步研究完善在全国全面实施的方案；搞好企业所得税改革；研究实行综合与分类相结合的个人所得税制度；推进资源税改革，改进石油、天然气和煤炭资源税计税方法；实施新的城镇土地使用税暂行条例；贯彻车船税暂行条例及其实施细则；完善耕地占用税制度；研究物业税和燃油税改革方案。

同年3月5日，国务院总理温家宝在第十届全国人民代表大会第五次会议上所作的《政府工作报告》中提出：2007年要统一企业所得税，制定全面实施增值税转型方案和措施。

同日，财政部部长金人庆在上述会议上所作的《关于2006年中央和地方预算执行情况与2007年中央和地方预算草案的报告》中提出：2007年要积极配合做好统一企业所得税的立法工作，稳步推进其他税制改革，抓紧研究制定全面实施增值税转型改革的具体方案和配套措施，出台实施新的资源税制度，力争完成并实施新的耕地占用税，研究开征物业税的实施方案，抓紧完善燃油税改革方案并择机实施，研究修订印花税条例。上述会议批准了以上两个报告。

同年10月15日，中共中央总书记胡锦涛在中国共产党第十七次全国代表大会上所作的报告中提出：深化财税、金融等体制改革，完善宏观调控体系，实行有利于科学发展的财税制度。

同年12月5日，国家税务总局局长肖捷在全国税务工作会议上的讲话中提出了2008年税制改革的3项主要任务：第一，推进所得税制改革。全面贯彻落实企业所得税法及其实施条例，研究综合与分类相结合的个人所得税制度。第二，深化流转税制改革。进一步完善增值税制度，继续在东北地区部分行业和中部地区部分城市进行增值税转型试点，并研究制定在全国范围内实施的方案。根据国家的产业政策和消费政策，研究调整消费税政策。适当调整营业税政策。第三，着力抓好地方税制改革。按照健全中央和地方财力与事权相匹配的体制等要求，把地方税制的改革和完善作为下一步税制改革的一项重要内容抓紧抓好，努力构建以财产税、资源税等为主体的地方税制体系。研究推进以房地产税制为重点的财产税改革。改革资源税制度，加大保护资源的力度。

2008年3月5日，国务院总理温家宝在第十一届全国人民代表大会第一次会议上所作的《政府工作报告》中提出：2008年要全面实施新的企业所得税法；改革资源税费制度；继续推进增值税转型改革试点，研究制定在全国范围内实施方案。

同日，财政部部长谢旭人在上述会议上所作的《关于2007年中央和地方预算执行情况与2008年中央和地方预算草案的报告》中提出：2008年要积极推进税收制度改革，全面实施新的企业所得税法及其实施条例；继续在东北老工业基地和中部地区26个老工业基地城市实施增值税转型改革试点，研究制定在全国范围内实施方案；推进资源税制度改革；实施新的耕地占用税条例；研究统一内外资企业城市维护建设税和教育费附加制度；推进个人所得税改革，调高工资、薪金所得减除费用标准，减轻低收入者负担。上述会议批准了以上两个报告。

同年12月25日，国家税务总局局长肖捷在全国税务工作会议上的讲话中提出：2009年要认真贯彻新修订的增值税、消费税和营业税暂行条例，全面实施增值税转型改革，全力落实成品油税费改革措施，适时推进资源税制度改革，统一内外资企业城市维护建设税制度，深化房地产模拟评税试点，研究环境税等改革方案。

2009年3月5日，国务院总理温家宝在第十一届全国人民代表大会第二次会议上所作的《政府工作报告》中提出：全面实施增值税转型改革，统一内外资企业和个人城市维护建设税制度，改革完善资源税制度，研究推进房地产税制改革。

同日，财政部部长谢旭人在上述会议上所作的《关于2008年中央和地方预算执行情况与2009年中央和地方预算草案的报告》提出：全面实施消费型增值税，减轻企业税负，促进企业增加自主创新和技术改造投入；实施成品油税费改革，公平税费负担，推动节能减排；改革完善资源税制度；调整和完善消费税制度；统一内外资企业和个人城市维护建设税制度。上述会议批准了以上两个报告。

## 二、近年来税制改革的进展

2001年以后，根据中国共产党第十六次、第十七次全国代表大会和第十六届中央委员会第三次全体会议的要求，第九届全国人民代表大会第四次会议批准的《中华人民共和国国民经济和社会发展第十个五年计划纲要》和第十届全国人民代表大会第四次会议批准的《中华人民共和国国民经济和社会发展第十一个五年规划纲要》，为了适应建立完善的社会主义市场经济体制的需要，中国逐步继续完善税制，在农村税费改革、货物和劳务税改革、所得税改革、财产税改革等方面取得了一系列的重大进展。

### （一）农村税费改革

从2001年到2006年，农村税费改革经历了一个从逐步扩大试点到加快推进改革，最终取消农业税的过程，大刀阔斧而波澜不惊地完成了这场中国和世界农业税收历史上的伟大改革。

1. 农村税费改革的逐步扩大。自从2000年农村税费改革试点在安徽等地启动以后，在全国引起了强烈的反响，加快这项改革的呼声很高。2000年9月28日，中共中央、国务院同意并转发《国家发展计划委员会关于当前农村经济发展中几个主要问题和对策措施的意见》。意见中提出：要按照中央的部署，在总结安徽等地试点经验的基础上，加快全国农村税费改革的步伐。2001年暂不在全省（自治区、直辖市）范围组织实施税费改革的地区，也要扩大改革试点范围，为全面实施改革创造条件。通过税费改革，明显减轻农民的实际负担。要及时修订有关的法律、法规，加快农业税费的立法，为实施监督检查、保证减轻农民负担提供法律依据。各级党委和政府必须切实做好灾区和贫困地区农民税费的减免工作。

同年10月11日，中国共产党第十五届中央委员会第五次全体会议通过《中共中央关于制定国民经济和社会发展第十个五年计划的建议》，其中提出要在认真总结经验的基础上加快推进农村税费改革。

同年11月底中共中央、国务院召开的中央经济工作会议提出：要充分认识农村税费改革的重要意义，2001年要加快推行这一改革，中央财政要给予大力支持。

2001年1月3日至5日召开的中央农村工作会议提出了加快农村税费改革的要求。1月11日，中共中央、国务院发布《关于做好2001年农业和农村工作的意见》，其中提出要加快农村税费改革，从根本上减轻农民负担。

同年2月17日至19日，全国农村税费改革试点工作会议在安徽省召开，中共中央政治局委员、中央书记处书记、国务院副总理温家宝出席会议并讲话。

同年3月15日，第九届全国人民代表大会第四次会议批准的国务院总理朱镕基所作的《关于国民经济和社会发展第十个五年计划纲要的报告》和《中华人民共和国国民经济和社会发展第十个五年计划纲要》中，都提出要加快全面推进农村税费改革。

同年3月24日，国务院发出《关于进一步做好农村税费改革试点工作的通知》。通知中规定：要切实加强对农村税费改革试点工作的领导；进一步完善农村税费改革的有关政策，包括合理确定农业税计税土地、常年产量和计税价格，采取有效措施均衡农村不同从业人员的税费负担，调整农业特产税政策（特别要减轻生产环节的税收负担），在不增加农民负担的前提下妥善解决村干部报酬、村办公经费、“五保户”供养经费开支，妥善解决取消统一规定的劳动积累工、义务工以后出现的问题，保障农村义务教育经费投入；认真做好农村税费改革试点的各项配套工作，包括改革和精简机构、压缩人员、节减开支，加大中央和省两级财政转移支付力度（有条件的市级政府也应当安排一定的资金支持这项改革），严格规范农业税征收管理，建立健全村级“一事一议”的筹资筹劳管理制度，建立有效的农民负担监督管理机制，妥善处理乡村不良债务。考虑到各地情况不同，2001年农村税费改革是否在全省（自治区、直辖市）范围内全面推开，由各省、自治区、直辖市党委和政府结合当地实际情况自主决定。条件具备并决定在全省（自治区、直辖市）范围内全面推开的，改革方案要报经国务院审批。总的要求和方针是：加强领导，完善政策；扩大试点，积累经验；配套推进，稳步实施，切实减轻农民负担，确保农村税费改革取得成功。

同年4月25日，根据国务院的决定，国务院办公厅发出《关于2001年农村税费改革试点工作有关问题的通知》，其中针对前一阶段农村税费改革试点工作中反映出的一些矛盾和问题（如如何合理确定计税面积、产量和价格；如何平衡不同从业农民的负担；如何保证农村义务教育和乡、村两级的基本经费需求；如何依法征收农业税和农业特产税；如何发挥村级集体组织的作用；如何防止农民负担反弹等）规定：在这些问题没有研究制定妥善的解决办法以前，农村税费改革不宜全面推开，2001年农村税费改革工作的重点仍然是集中力量进一步做好安徽省的试点工作。2000年已经选择部分县（市）开展农村税费改革试点工作的省、自治区和直辖市，2001年要继续抓紧抓好试点工作，但是不再扩大范围。2000年没有开展农村税费改革试点工作的省、自治区和直辖市，2001年可以选择个别有代表性的县（市）开展试点，但是不在全省范围推开。

同年6月1日，根据上述通知和国务院的其他有关文件，财政部、国家税务总局发出《关于调整农村税费改革试点地区农业特产税若干政策的通知》，自7月1日起在实行农村税费改革的试点县（市）执行，其中规定：

（1）农业特产税的征收环节。烟叶（包括晾晒烟叶、烤烟叶）和牲畜产品（包括猪皮、牛皮、羊皮、羊毛、兔毛、羊绒和驼绒）在收购环节征收，其他应税品目在生产环节征收。考虑到各地的不同情况，某些规定在生产环节征收农业特产税的应税品目需要改在收购环节征收的，可以由省级人民政府确定，报送财政部和国家税务总局备案。

（2）全国统一征收农业特产税的应税品目和税率。烟叶，税率为20%；毛茶，税率为8%；牛皮和羊皮，税率为5%（猪皮暂停征税）；羊毛、兔毛、羊绒和驼绒，税率为10%；果品，税率为8%；原木、原竹，税率为8%；水产品，税率为8%；生漆、天然树脂，税率为8%；天然橡胶，税率为5%；食用菌，税率为8%；贵重食品，税率为12%；花卉，税率为8%。

（3）省级人民政府确定的应税品目的，税率由省级人民政府在不超过8%的幅度以内规定。

（4）农业特产税附加。农业特产税可以征收最高不超过正税20%的附加，是否征收和具体比例由省级人民政府确定。

同年6月5日，经国务院批准，国务院办公厅发出《关于切实做好当前减轻农民负担工作的通知》。通知中规定：已经批准开展农村税费改革试点的地区，要严格按照中共中央、国务院的规定，积极稳妥地开展农村税费改革试点工作。要注意区别不同情况，严格掌握政策界限，防止在农村税费改革试点前向农民突击清欠。从轻确定农民税费负担水平，认真总结试点经验，不断完善政策措施；稳步推进配套改革，切实加强监督检查，防止农民负担反弹。进行农村税费改革以后，不得再搞任何形式的集资摊派，不得将改革以后取消的行政性收费转为经营性收费，不得将"一事一议"变成固定的收费项目，并擅自扩大范围和提高限额标准。

同年7月18日至21日，中共中央政治局常委、国务院总理朱镕基在安徽省考察工作时指出，进行农村税费改革是中共中央、国务院的一项重大决策，要从全局和战略的高度充分认识搞好这项改革的重大意义。同时，要清醒地看到，农村税费改革是一项十分艰巨和复杂的任务，必须积极而稳妥地推进。当前要着重研究试点工作出现的新情况，及时解决新问题，不断完善政策，扎扎实实搞好改革试点，为在全国实施农村税费改革探索和积累经验。

同年，除了继续在安徽省开展农村税费改革试点以外，江苏省自主决定在全省范围以内开展农村税费改革试点，并取得了明显的成效（农民人均负担从上年的138.9元降低到79.6元，减少59.3元，降幅为42.7%）。其他地区选择102个县、市进行了试点。

同年11月27日至29日，中共中央、国务院召开的中央经济工作会议提出：2002年农村税费改革要进一步扩大试点。

同年12月8日至9日，根据中央经济工作会议关于扩大农村税费改革试点的要求，国务院农村税费改革工作小组召开全国农村税费改革试点工作座谈会。会议提出，2002年的农村税费改革试点工作，要在总结经验，完善政策，加强指导的基础上，将改革试点范围扩大到三分之一左右的省份。

2002年1月6日至7日召开的中央农村工作会议提出，要推进农村税费改革，切实减轻农民负担。

同年1月10日，中共中央、国务院发布《关于做好2002年农业和农村工作的意见》。意见中提出：要扩大农村税费改革试点范围，主要放在中部地区的粮食主产省和农业大省，其他省继续在部分县市试点。

同年3月5日，国务院总理朱镕基在第九届全国人民代表大会第五次会议上所作的《政府工作报告》中肯定了2001年农村税费改革试点取得的进展，并就2002年进一步扩大农村税费改革试点范围提出了要求。会议批准了上述报告。

同年3月27日，经国务院批准，国务院办公厅发出《关于做好2002年扩大农村税费改革试点工作的通知》。通知确定了2002年扩大农村税费改革试点的范围（其中河北、内蒙古、黑龙江、吉林、江西、山东、河南、湖北、湖南、重庆、四川、贵州、陕西、甘肃、青海和宁夏16个省、自治区和直辖市为国务院确定的试点地区；上海、浙江、广东等沿海经济发达省、直辖市，如果条件基本成熟，可以自费进行扩大改革试点）；规定了中央财政专项转移支付资金包干使用的办法。同时，要求在改革中确保农民负担得到明显减轻、不反弹，确保乡镇机构和村级组织正常运转，确保农村义务教育经费正常需要；相应推进乡镇机构改革、农村教育改革和政府公共支出改革等相关配套改革；加强干部教育和培训工作，切实改进工作作风；加强对试点工作的监督检查；做好未扩大改革试点地区的有关工作。

同年3月29日至4月2日，中共中央政治局常委、国务院总理朱镕基在山西考察期间就积极稳妥地推进农村税费改革问题发表重要讲话。他说，农村税费改革是减轻农民负担的治本之策。近两年来，在安徽全省和其他省区市一些地方进行的试点取得了明显成效，为进一步扩大改革试点积累了经验。今年，要按照“积极稳妥、量力而行、稳步实施”的原则，扩大农村税费改革试点的范围。目前，各地对推进这改革的积极性很高，但是必须看到这项工作的复杂性和艰巨性。各地要从实际出发，精心组织，周密部署。在税费改革中，必须努力做到“三个确保”：即确保农民负担明显减轻、不反弹；确保乡镇机构和村级组织正常运转；确保农村义务教育经费正常需要。这些是衡量农村税费改革是否成功的重要标志。各地在制定和实施改革方案的过程中，必须全面贯彻中央有关农村税费改革的各项政策。要扎实推进各项配套改革，包括相应推进乡镇机构改革、农村教育改革和政府公共支出改革等。他强调，要加强干部教育和培训工作，切实改进工作作风，关心群众疾苦，严格执行政策，把中央的各项改革政策不折不扣地落实到基层农户。他还说，今年尚未开展全省改革试点的省份，要进一步抓好局部试点工作，注意总结试点经验，完善有关政策，为全面推进改革做好准备。要继续严格执行国家农村税费政策和减轻农民负担的各项规定。

同年4月10日至13日，中共中央政治局委员、中央书记处书记、国务院副总理温家宝再次到安徽省的部分地区考察农村税费改革试点进展情况，并就继续推进这项改革发表了重要的讲话。他说，农村税费改革取得了新的进展，积累了新的经验。改革的方向是完全正确的，必须坚定不移地向前推进。安徽省的经验表明，要使改革顺利、健康地进行，必须把握以下几点：第一，要把减轻农民负担作为第一位的目标。农村税费改革有没有意义，能不能成功，最根本的要看这一条。第二，改革必须整体推进，配套进行。农村税费改革不仅调整国家、集体与农民之间的分配关系，而且通过乡镇机构改革，转变政府职能，农村教育管理体制改革等配套措施，使农村生产关系和上层建筑更加适应生产力发展的要求，为最终调整国民收入分配结构，彻底取消农民的不合理负担奠定基础。第三，要不断总结经验，完善政策。农村税费改革是一项新的事业，没有现成的模式和成熟的经验可以遵循。各地要在中央确定的总的原则下，从当地实际出发，制定更加具体、更具操作性的实施办法。

同年8月20日，针对部分地区在农村税费改革试点工作中出现的认识不到位，宣传不深入，工作不扎实，执行政策走样等问题，国务院农村税费改革工作小组和国务院纠正行业不正之风办公室发出了《关于切实加强农村税费改革试点工作的紧急通知》，要求各地要进一步统一思想，切实加强对农村税费改革试点工作的领导，认真做好农村税费改革政策的学习和宣传工作，严格执行农村税费改革政策，建立健全农村税费改革监督检查制度，加强对农村税费改革转移支付资金的管理，加强对农村税费改革中出现的新情况、新问题的调查研究。

同年11月15日，针对一些地方在农村税费改革试点过程中清收农民税费尾欠时发生的严重问题（如不顾农民的承受能力强行清收；随意扩大清收范围；工作方法简单，作风粗暴；个别地方还发生了逼死人命的恶性案件等），国务院农村税费改革工作小组发出《关于农村税费改革试点地区暂停清收农民税费尾欠工作有关问题的紧急通知》，规定在农村税费改革试点地区暂停清收农民税费尾欠工作，并要求严肃查处违反规定清收农民税费尾欠的行为。

据新华社报道，2002年各个试点地区的农村税费改革全面展开，并取得了明显的效果。例如河南省将全省农民人均税费负担从上年的105.9元降低到66元，下降37.7%；四川省将全省农民人均税费负担从上年的124元降低到75元，下降39.5%；黑龙江省将全省农民负担总额从上年的47.2亿元减少到32.2亿元，下降31.8%；甘肃省将全省农民负担总额从上年的17.6亿元减少到8.4亿元，下降47.6%，人均减负42元；青海省将全省农牧民人均税费负担从上年的69.7元降低到43元，下降38.3%，全省减负额9000万元；江西省将全省农民人均税费负担从上年的99.4元降低到61.4元，下降38.3%；山东省农民人均减负35%左右。自费改革的浙江省将全省农村居民人均税费负担从上年的92元降低到34元左右，下降63%左右；上海市将全市农民人均税费负担从上年的93元降低到34元，下降62.4%。至此，全国共有20个省、自治区和直辖市全面开展了农村税费改革的试点工作，其他地区则选择了25个县（市）进行试点，并取得了明显的成效：规范了农村税费收入，农村党群关系、干群关系明显改善，促进了农村社会稳定；中央财政用于试点的资金为245亿元，试点地区的农民负担得到明显减轻，一般减负幅度在30%以上，农民得到的好处预计在300亿元以上，人均减负25%左右，有效地遏制了农村的乱收费、乱罚款和乱摊派；带动和促进了乡村机构改革、农村教育体制改革等农村各项改革；全面试点的20个省、自治区和直辖市农业税入库292.2亿元，比上年增长112%。

2. 农村税费改革的全面推行。2002年11月8日，中共中央总书记江泽民在中国共产党第十六次全国代表大会上所作的报告中讲到农村经济问题时提出：要继续推进农村税费改革。

同年12月9日，中共中央总书记、国家主席胡锦涛在中共中央、国务院召开的中央经济工作会议上的讲话中提出：2003年，农村税费改革试点工作要在总结经验、完善政策的基础上全面推开。

2003年1月7日至8日，中央农村工作会议在北京召开。中共中央总书记、国家主席胡锦涛在会议上的讲话中提出：要继续扩大农村税费改革试点，进一步规范国家、集体和农民的利益关系，切实减轻农民负担。中共中央政治局常委、国务院副总理温家宝在会议上的讲话中提出：2003年的农村税费改革试点工作要在总结经验、完善政策的基础上全面推开。各地要加强领导，精心组织，认真执行中央的政策，切实做到“三个确保”。目前的一个突出问题是，粮食主产区和从事种植业的农民负担重。进一步减轻粮食主产区和种田农民的负担，是深化农村税费改革的一个基本政策取向。农业特产税已经不适应新阶段发展农业和农村经济的要求，要逐步缩小范围，降低税率，创造条件，最终取消。从根本上说，农村税费改革能不能成功，归根到底取决于县乡机构改革。只有转变政府职能，精简机构和人员，才能从根本上巩固税费改革成果。要全面执行减轻农民负担的各项政策措施，深入开展专项治理，做好农业税收的灾歉减免工作，强化减负工作责任制。

同年1月16日，中共中央、国务院发布《关于做好农业和农村工作的意见》。意见中提出：要继续推进农村税费改革，切实减轻农民负担。农村税费改革试点取得了明显成效，农民负担明显减轻，改革目标基本实现。2003年，农村税费改革试点工作要在总结经验、完善政策的基础上全面推开。先行试点的地方，要进一步推进配套改革，防止农民负担反弹，巩固和发展改革成果。2002年试点的地方，要进一步落实好政策，加强督促检查，把工作做细，真正让农民满意。2003年开展试点的地方，要切实做好基础性工作，扎扎实实地推进改革。要抓紧完善农业税征管办法，把农业税收纳入规范化、法制化轨道。农业税征收机关要坚持依法征税，保护农民合法权益。农民要依法纳税，履行应尽义务。

同年3月5日，国务院总理朱镕基在第九届全国人民代表大会第五次会议上所作的《政府工作报告》中充分肯定了2000年以来农村税费改革试点取得的成绩，并提出在2003年这项工作要在总结经验、完善政策的基础上在全国范围内推开。会议批准了上述报告。

同年3月19日、21日，国务院总理温家宝先后在国务院常务会议和国务院全体会议上部署2003年的农村税费改革试点工作。

同年3月27日，国务院发布《关于全面推进农村税费改革试点工作的意见》，其主要内容如下：

（1）全面推进农村税费改革试点工作。2003年农村税费改革试点工作的总体要求是：总结经验，完善政策；全面推进，分类指导；巩固改革成果，防止负担反弹。已经先行试点的地方，要进一步落实好各项改革政策，加快推进各项配套改革，建立健全确保农村基层组织正常运转和农村义务教育必要经费投入的保障制度，完善改革后农民负担监督管理约束机制，防止农民负担反弹。没有以省为单位实施改革试点的省，2003 年是否开展全省范围的改革试点，由各省根据本地的实际情况自主决定。

（2）切实做到“三个确保”。确保改革后农民负担明显减轻、不反弹，确保乡镇机构和村级组织正常运转，确保农村义务教育经费正常需要，是衡量农村税费改革是否成功的重要标志，也是顺利推进试点工作，巩固改革成果的必然要求。

（3）进一步调整和完善有关农业税收政策。农业税征收机关在核定农业税计税土地面积的时候，对于因自然灾害、合法征占减少的耕地，应当据实核减。对于未经合法审批，因长期建设占地、农村兴办公益事业占地等因素减少的计税土地，应当先据实核减，并由占地单位按照规定补办审批手续和补缴税款；确有困难的，应当先登记造册，暂不纳入计税土地面积。新增试点地区核定常年产量，可以根据改革以前连续 5 年实际平均产量，并充分考虑当地的实际情况，征求农民意见，得到农民认可。村与村之间自然条件有明显差异的，核定的常年产量应当有所区别。农业税计税价格由各地省级人民政府综合考虑本地区粮食市场价、保护价和农民承受能力等因素合理确定，并注意与毗邻地区衔接。计税价格明显偏高的地方，应当实事求是地调减。除了国家政策调整以外，一经正式确定的农业税负担要保持长期稳定。各地区应当结合实际，逐步缩小农业特产税的征收范围，降低税率，为最终取消之创造条件。

（4）加强和规范农业税及其附加征收工作。试点地区要实行农业税征收机关负责征税、聘请协税员协税的农业税收征管制度。乡镇政府和村级组织应当积极协助征收机关做好农业税及其附加的征管工作，但是不得代行执法权。非农业税征收人员不得直接收取税款。农业税征收机关要坚持依法征收，规范农业税收征管程序，建立健全纳税登记、纳税申报、纳税通知制度，逐步实现农业税收征收方式由上门征收向定点常年征收转变。要加强税收宣传工作，引导农民积极依法纳税。农业税附加由农业税征收机关与正税同步征收，实行乡管村用，由乡镇经营管理部门监督管理，只能用与村级组织正常运转需要，任何单位和个人不得截留、平调。要加强农业税征管机构队伍建设，配备必要的征管人员。必需聘请的协税员，应当通过岗前培训，持证上岗。加快农业税收征管计算机信息系统建设，努力提高工作质量和服务水平。

（5）健全和完善农业税减免制度。农业税及其附加灾歉减免应当坚持“轻灾少减，重灾多减，特重全免”的原则。认真落实农村各项社会减免政策，加大对于革命老区、贫困地区、少数民族地区和革命烈士家属、在乡革命残疾军人的农业税减免力度。改进农业税减免方式。灾歉减免应当尽量做到先减免后征收，社会减免必须实行先减免后征收，确保减免政策及时兑现到户。要适应农村税费改革以后的新情况，建立稳定的农业税减免资金渠道。

（6）妥善处理农民公平负担问题。各地区要结合当地的实际情况，制定减免税等优惠政策，把由于种地多而比改革以前增加的负担切实减下来，以调动粮食主产区种粮农民的积极性。应当注意解决好毗邻地区同等耕种条件土地的农业税负担过于悬殊的问题，促进农业税负担公平合理。

此外，要严格执行村内“一事一议”筹资投劳政策；切实加强涉农收费管理；积极探索化解乡村债务的措施和办法；加强督促检查，严肃改革纪律。

同年 4 月 3 日，国务院在北京召开全国农村税费改革试点工作电视电话会议。会议由国务院副总理回良玉主持，国务院总理温家宝到会讲话。温家宝总理指出，中央决定，2003

年农村税费改革试点工作在全国范围推开，这是深化农村改革、促进农村发展的一项重大决策。全面推开农村税费改革试点工作，要以“三个代表”重要思想为指导，认真贯彻党的十六大精神，以彻底减轻农民负担、促进农民增收为目标，理顺国家、集体和农民的分配关系，推动农村上层建筑的变革，建立与社会主义市场经济要求相适应的农业管理体制和运行机制，进一步解放和发展农村生产力。会后，在2002年没有以省市为单位实施农村税费改革试点的省市中，除了个别省市以外，绝大多数省市决定在2003年以省市为单位实施改革试点。

同年6月3日，经国务院原则批准，财政部、国家税务总局发出《关于2003年农村税费改革试点地区农业特产税有关问题的通知》。通知中规定：条件成熟的省、自治区和直辖市可以对除了烟叶以外其他农业特产品不再单独征收农业特产税，改为征收农业税。

关于税目的规定是：水果、干果、药材、果用瓜、花卉和经济林苗木等园艺作物收入，水产品收入，林木产品收入，食用菌收入和省级人民政府确定的其他收入，改为征收农业税；园艺作物收入中的蚕茧改按桑叶，毛茶改按茶青征收农业税；将贵重食品中的海参、鲍鱼、干贝、鱼唇和鱼翅并入水产品中征收农业税；牲畜产品（猪皮、牛皮、羊皮、羊毛、兔毛、羊绒和驼绒），不在土地上生产的农业特产品（如蜂蜜、燕窝等，不包括水产品），零星、分散地块上生产的农业特产品，既不征收农业特产税，也不征收农业税。征收牧业税的省份，继续对羊、牛等牲畜产品收入征收牧业税。

关于税率的规定是：水果、干果、茶青、桑叶、药材、果用瓜、花卉和经济林苗木等园艺作物收入，水产品、林木产品、食用菌收入和省级人民政府确定的其他收入的税率，按照省级人民政府在农村税费改革中规定的农业税税率执行。个别地区的原木、药材、经济林苗木和天然橡胶等品目，原农业特产税的税率低于当地农业税税率的，按照原税率征收农业税。是否随正税征收20%的附加，由省级人民政府确定。但是，正税和附加的总体负担水平应当低于原农业特产税及其附加的负担水平。

关于计税收入的规定是：改征农业税的农业特产品的计税收入由实际收入改为原则上参照粮食作物收入确定。利用耕地和园地生产的，按照当地同等土地粮食作物的常年产量确定计税收入；利用其他土地生产的，参照当地耕地上粮食作物常年产量确定计税收入。利用滩涂、海水养殖和捕捞的水产品，按照其历史收益情况确定计税收入。计税收入确定以后，原则上保持一定时期的稳定。考虑到农业特产品生产受自然条件影响较大，计税收入应当按照从低原则确定。林农采伐的原木、原竹，按照采伐量从低确定计税收入。财务制度健全、会计核算准确真实的捕捞水产品、采伐原木原竹的企业和单位，按照其销售收入确定计税收入。具体品目的计税收入由省级人民政府确定。

关于减免税的规定是：农业特产品改征农业税以后，统一按照农业税减免政策执行。

关于征税办法的规定是：对于大多数农业特产品，与粮食等农产品一样征收农业税；对于财务制度健全、会计核算准确真实的捕捞水产品、采伐原木原竹的企业和单位，实行查账征收；对于养殖、捕捞水产品的个人，捕捞水产品无账可查的企业单位，采伐原木、原竹的林农，实行核定征收；过去一直由收购者代扣代缴税款，改为向生产者直接征收确有困难的，可以沿用过去的代扣代缴税款办法。

同年9月12日，国务院召开农村税费改革试点工作座谈会，传达、学习国务院总理温家宝关于扎实做好农村税费改革试点工作的批示，安排部署进一步加强农村税费改革试点工作。国务院副总理回良玉到会讲话，他指出：衡量农村税费改革试点工作是否做好，一要看是否认真执行中央政策，二要看是否做到“三个确保”，三要看是否与相关配套改革措施综合推进，四要看是否妥善解决改革中暴露出的矛盾和问题，最终要看是否进一步解放和发展了农村生产力，让广大农民群众满意。

同年9月30日，经国务院批准，国务院办公厅发出《关于进一步加强农村税费改革试点工作的通知》，其中针对部分省市农村税费改革试点工作进展缓慢，执行政策不到位，基层领导力量薄弱，宣传工作不到位等问题，作出以下规定：第一，坚持条件，实事求是，积极稳妥地全面推进农村税费改革试点工作，全面试点的条件不成熟的省份不强求一律在年内全面推进。第二，对照中央的有关政策，加强监督检查，纠正偏差，不折不扣地把中央的政策落到实处。第三，加大力度，整体推进，积极搞好乡镇机构改革、农村义务教育体制改革等配套改革。第四，规范分配，严格监督，确保农村税费改革专项转移支付资金专款专用。第五，加强领导，严明纪律，确保农村税费改革试点工作顺利推进。

据财政部统计，2003年农村税费改革试点的范围由2002年的20个省级地区扩大到了全国，农民的平均负担减轻30%以上。中央财政为了支持此项改革共安排资金305亿元，省级财政和有条件的市、县财政也相应安排了部分资金。同时，取消农业特产税的试点步伐加快，北京、福建、广东、江苏、浙江、安徽、四川、河南、上海、天津等十几个省、直辖市基本取消了农业特产税；许多省市缩小了农业特产税的征收范围，合并了征收环节，降低了税率。

根据国家统计局农业调查总队对全国31个省、自治区和直辖市6.8万个农村住户的抽样调查，2003年农民人均税费负担为67.3元，比上年减少11.4元，下降14.5%；税费负担占农民人均纯收入的比重为2.6%，比上年下降0.6个百分点。从地区来看，东部地区农民税费负担人均60.2元，比上年下降16.3%，降幅最大；从收入水平看，中高收入农户的税费负担人均75.9元，比上年下降16.8%，“减负”额更多。

此外，根据当年各地农业受灾和农业税负担的情况，财政部、国家税务总局决定核减2003年农业税48亿元，其中中央财政补助20亿元，地方财政负担28亿元。

3. 逐步减轻农业税负担，最终取消农业税。2003年10月中旬召开的中国共产党第十六届中央委员会第三次全体会议，11月底中共中央、国务院召开中央经济工作会议，12月下旬召开的中央农村工作会议，先后提出了深化农村税费改革，减轻农民负担的要求。

同年10月21日，国务院总理温家宝主持召开国务院常务会议，研究有关农业问题。会议确定：在巩固农村税费改革的基础上，从2004年开始降低农业税税率。取消农业特产税，进一步减轻农民负担。

同年12月31日，中共中央、国务院发布《关于促进农民增加收入若干政策的意见》。意见中提出：继续推进农村税费改革。要巩固和发展税费改革的成果，进一步减轻农民的税费负担，为最终实现城乡税制的统一创造条件。逐步降低农业税税率，2004年农业税税率总体上降低1个百分点，同时取消除烟叶外的农业特产税。有条件的地方，可以进一步降低农业税税率或免征农业税。要据实核减合法征占耕地而减少的计税面积。

2004年3月5日，国务院总理温家宝在第十届全国人民代表大会第二次会议上所作的《政府工作报告》中提出，2004年要继续推进农村税费改革，5年以内取消农业税。会议批准了上述报告。

2004年3月23日国务院召开的全国农业和粮食工作会议提出：为了调动粮食主产区农民的生产积极性，2004年在黑龙江、吉林两个省先行免征农业税的试点；河北、内蒙古、辽宁、江苏、安徽、江西、山东、河南、湖北、湖南和四川11个粮食主产省、自治区降低农业税税率3个百分点，其他地区降低农业税税率1个百分点。沿海和其他有条件的地区也可以开展免征农业税的试点。

2004年3月29日，中共中央政治局召开会议，研究支持粮食主产区和种粮农民的政策措施等问题。会议强调：当前要加大减免农业税的力度，并重点向粮食主产区倾斜，切实减轻种粮农民的负担。

同日，中共中央总书记胡锦涛在中共中央政治局第十一次集体学习时强调：各级党委和政府都要切实保护和提高粮食综合生产能力。要抓紧在粮食主产区开展减免农业税的改革试点。要坚持把增加农民收入作为农业和农村工作的中心任务，坚持多予、少取、放活的方针，建立健全促进农民收入持续增长的长效机制。

2004年4月8日国务院印发的2004年工作要点中提出：继续推进农村税费改革。取消除了烟叶以外的所有农业特产税，逐步降低农业税的税率，5年以内取消农业税。今年在粮食主产区加大减免农业税改革力度，其中在黑龙江和吉林省开展免征农业税试点。

2004年4月6日，经国务院批准，财政部、农业部、国家税务总局发出《关于2004年降低农业税税率和在部分粮食主产区进行免征农业税改革试点有关问题的通知》，其中规定：

（1）为了调动粮食主产区农民粮食生产的积极性，吉林、黑龙江两省先行免征农业税改革试点，河北、内蒙古、辽宁、江苏、安徽、江西、山东、河南、湖北、湖南和四川11个粮食主产省、自治区农业税税率降低3个百分点，并主要用于鼓励粮食生产；其余省、自治区和直辖市农业税税率总体上降低1个百分点。农业税附加随正税同步降低。沿海和其他有条件的地区也可以视地方财力情况进行免征农业税的改革试点。

（2）征收牧业税的地区，要按照免征农业税改革试点或者农业税税率降低的幅度降低牧业税及其附加的负担水平。

（3）免征农业税改革试点和降低农业税、牧业税税率减少的地方财政收入，由中央财政给予适当补助。各地要确保转移支付资金及时到位，专款专用，严禁截留挪用。

（4）各级农业税征收机关要认真做好免征农业税改革试点或者降低农业税税率的相关基础工作。免征农业税改革试点的省份要妥善处理好有关遗留问题，做好善后工作；降低农业税税率的省份要实事求是地做好相关资料的测算、调整工作，将降低农业税税率以后的农业税及其附加征收任务落实到户，以村（组）为单位张榜公示，公示时间不得少于10天，在得到农民认可以后再将农业税纳税通知书下达到农户。农民负担监督卡的内容要按新的农业税征收任务作相应调整。

（5）各地要充分利用电视、广播、报纸和板报等多种途径，及时宣传免征农业税或者降低农业税税率政策，真正做到进村入户，家喻户晓，深入人心，把党和政府的关怀送到每个农户。

（6）在粮食主产区开展免征农业税改革试点和实行降低农业税税率，是党中央、国务院在中国农业发展新阶段，在粮食供求关系发生变化的情况下，为统筹城乡协调发展，进一步促进农民减负增收，调动农民粮食生产积极性采取的重大措施，各地要切实加强对这项工作的领导，坚持党政主要领导亲自抓、负总责，层层落实领导责任制，确保免征农业税改革试点和降低农业税税率政策不折不扣地落实到基层，落实到农户。要注意发现和解决改革中出现的新情况、新问题，加强部门配合和上下沟通，重大情况要及时向国务院农村税费改革工作小组及其办公室报告。同时，要稳定农业税征管队伍，确保各项改革工作的顺利进行。

（7）各省、自治区和直辖市要根据本通知的精神，结合当地实际，制定具体实施方案。中央确定的免征农业税改革试点省，实施方案要报经国务院审批；条件具备并自行决定开展免征农业税改革试点的省、自治区和直辖市，实施方案报国务院备案；其他省、自治区和直辖市的实施方案抄送国务院农村税费改革工作小组备案。

2004 年 5 月 19 日，国务院总理温家宝主持召开国务院常务会议，研究部署农村税费改革等工作。会议指出，逐步降低农业税的税率，5 年以内取消农业税，是农村改革的一项重要任务，对于减轻农民负担、保护农民利益、调动农民生产积极性、促进农业和农村发展具有重大意义。各地区、各有关部门要按照国务院的统一部署，进一步加强对改革工作的领导，认真组织试点，积极推进配套改革，搞好分类指导，及时总结经验，保证改革健康发展。

2004 年 6 月 23 日，国务院总理温家宝主持再次召开国务院常务会议，研究部署深化农村税费改革工作。会议认为，农村税费改革是党中央、国务院为解决农业、农村和农民问题作出的一项重大决策，从 2000 年以来，改革试点由点到面稳步推进，取得了阶段性成效，促进了农村经济社会发展，基本实现了“减轻、规范、稳定”的预期目标。同时出现了一些新的矛盾和问题，农民减负的基础还不牢固。会议指出，2004 年中央决定加大税费改革力度，取消农业特产税，5 年以内取消农业税，是从源头上和制度上防止农民负担反弹的一项根本措施，标志农村税费改革试点进入新的阶段。各地区和各部门要按照国务院关于 5 年以内取消农业税的总体安排，有计划地推进免征农业税改革试点工作，全面落实减免农业税的各项政策，积极稳妥地推进乡镇机构、农村义务教育管理体制和县乡财政体制等相关配套改革。中央和地方财政要增加对基层的转移支付，公共财政要向农村倾斜，保证基层政权正常运转和农村教育、卫生等社会事业健康发展。会议强调，农村税费改革涉及农村政治、经济和社会生活各个领域，关系农村改革发展稳定大局。各地区、各部门要充分估计这项改革的艰巨性、复杂性，坚持先行试点、积累经验，统筹兼顾、配套推进，积极稳妥、分类指导，及时研究解决深化税费改革中出现的新问题，确保改革试点工作顺利进行。

2004 年 6 月 30 日，根据 2003 年 12 月 31 日中共中央、国务院发布的《关于促进农民增加收入若干政策的意见》，经国务院批准，财政部、国家税务总局发出《关于取消除烟叶外的农业特产税有关问题的通知》。通知中规定：自 2004 年起，对烟叶继续征收农业特产税。取消其他农业特产品的农业特产税，其中征收农业税的地区，在农业税计税土地上生产的农业特产品改征农业税，农业特产品的计税收入原则上参照粮食作物的计税收入确定；在非农业税计税土地上生产的农业特产品不再改征农业税；已免征农业税的地区，农业特产品不再改征农业税。

同年 7 月 21 日，国务院发出《关于做好 2004 年深化农村税费改革试点工作的通知》。通知中规定：深化农村税费改革试点工作应当坚持以下原则：统一认识，加强领导；因地制宜，分类指导；统筹兼顾，配套推进；积极探索，循序渐进；狠抓落实，规范操作。按照 5 年以内取消农业税的总体部署，2004 年在黑龙江、吉林两省开展免征农业税改革试点，河北、内蒙古、辽宁、江苏、安徽、江西、山东、河南、湖北、湖南和四川11个粮食主产省、自治区的农业税税率降低3个百分点，其余省份的农业税税率降低1个百分点。农业税附加随正税同步降低或者取消。一些地方可以根据本地的财力状况，自主决定多降税率或者开展免征农业税改革试点。征收牧业税的地区，要按照本省（自治区）减免农业税的步骤和要求同步减免牧业税。要全面落实取消除烟叶外的农业特产税政策。农业税计税土地上生产的农业特产品，统一按照调整以后的农业税税率征收农业税，实施免征农业税试点的地区不再改征农业税；非农业税计税土地上生产的农业特产品，不再征收农业特产税，也不改征农业税。

同年11月26日，国务院总理温家宝主持召开国务院常务会议，研究当前农业和农村工作。会议提出：要全面落实已经出台的包括减征、免征农业税在内的各项支农政策。

同年12月3日至5日中共中央、国务院召开中央经济工作会议期间，中共中央总书记、国家主席胡锦涛和中共中央政治局常委、国务院总理温家宝在会议上的讲话中提出要继续深化农村税费改革。

同年12月28日至29日召开的中央农村工作会议提出：2005年要加大农业税减免力度；以农村税费改革等改革为重点，深化农村改革。

同年12月31日，中共中央、国务院发布《关于进一步加强农村工作提高农业综合生产能力若干政策的意见》。意见中提出：进一步扩大农业税免征范围，加大农业税减征力度。2005年在国家扶贫开发工作重点县实行免征农业税试点，在其他地区进一步降低农业税税率。在牧区开展取消牧业税试点。国有农垦企业执行与所在地同等的农业税减免政策。因减免农业税、牧业税而减少的地方财政收入，由中央财政安排专项转移支付适当补助。有条件的地方，可以自主决定开展农业税免征试点。

到2004年年底，除了吉林、黑龙江两个省开展免征农业税改革试点以外，北京、天津、上海、浙江和福建5个省、直辖市自主决定免征农业税。

2005年3月5日，国务院总理温家宝在第十届全国人民代表大会第三次会议上所作的《政府工作报告》中提出：加快减免农业税步伐，在全国大范围、大幅度减免农业税，592个国家扶贫开发工作重点县免征农业税，全部免征牧业税，2006年在全国全部免征农业税。会议批准了上述报告。

同年4月4日，国务院发布《关于2005年深化经济体制改革的意见》，其中提出要继续深化农村税费改革。

同年6月4日，中共中央政治局常委、国务院总理温家宝到河北省藁城市了解农村税费改革等情况。

同年6月6日，中共中央政治局常委、国务院总理温家宝在全国农村税费改革试点工作会议上的讲话中提出：要认真总结农村税费改革试点工作，充分认识取消农业税的深远意义，巩固农村税费改革成果，全面推进农村综合改革。

同年7月11日，国务院发出《关于2005年深化农村税费改革试点工作的通知》。通知中规定：2005年深化农村税费改革试点工作的主要任务是：进一步减轻农民负担，规范和完善农村分配关系，积极稳妥地推进建立精干高效的农村行政管理体制和覆盖农村的公共财政制度，加快以农村税费改革为主要内容的农村综合改革试点。试点工作总的要求是：按照不断深化、综合配套、巩固完善、探索创新、有所突破的思路，认真落实农业税减免政策，努力解决突出矛盾和问题，积极稳妥地推进农村综合改革试点，坚决制止发生新的乡村债务，进一步探索建立防止农民负担反弹的长效机制，确保深化农村税费改革试点工作健康有序进行。2005 年要进一步扩大农业税免征范围，加大农业税减征力度。对国家扶贫开发工作重点县实行免征农业税；进一步降低其他地区农业税税率，其中 2004 年农业税税率降低 1 个百分点的省份再降低 4 个百分点，2004 年农业税税率降低 3 个百分点的省份再降低 2 个百分点。农业税附加与正税同时减征或免征。全面取消牧业税。因减免农业税、牧业税而减少的地方财政收入，中央财政将安排专项转移支付给予适当补助。省级财政和有条件的市、县财政要继续安排必要资金支持基层改革，不得将减免农业税形成的资金缺口留给基层。鼓励地方根据自身财力条件，自主决定扩大农业税免征范围，其自主免征农业税减少的收入从 2006 年开始列入中央财政对地方转移支付的测算补助基数。

2005 年 10 月 11 日，中国共产党第十六届中央委员会第五次全体会议通过《中共中央关于制定国民经济和社会发展第十一个五年规划的建议》。建议中提出：坚持“多予、少取、放活”，巩固农村税费改革成果。

同年 11 月 29 日至 12 月 1 日中共中央、国务院召开的中央经济工作会议提出：2006 年要全面取消农业税。

2005 年 12 月 29 日，第十届全国人民代表大会常务委员会第十九次会议通过关于废止《中华人民共和国农业税条例》的决定，决定自 2006 年起废止该条例。全国人民代表大会财政经济委员会副主任委员刘积斌在关于废止农业税条例议案的说明中说：农业税条例施行以来，对于贯彻国家的农村政策，正确处理国家与农民的分配关系，发展农业生产，保证国家掌握必要的粮源，保证基层政权运转等方面发挥了重要的积极作用。但是，该条例实施已近 50 年，中国经济社会状况已经发生了重大变化。在建立起比较完整的工业体系的同时，农业与工业、农村与城市差距逐步扩大，农业、农村和农民问题依然制约着中国经济和社会发展。为推进以工补农、以城带乡，适时调整国民收入分配格局，取消农业税是必要的。废止农业税条例，为实行城乡统一税制创造了条件。同时，国家财政已经具备取消农业税的承受能力，取消农业税的时机已经成熟。

2005 年 12 月 31 日，中共中央、国务院发布《关于推进社会主义新农村建设的若干意见》，其中肯定了近几年农村税费改革取得的重大成果；提出“十一五”时期要坚持工业反哺农业、城市支持农村和“多予、少取、放活”的方针，重在“多予”上下功夫；取消农业税，妥善处理尾欠，完善涉农税收优惠方式。

到 2005 年年底为止，全国共有 28 个省、自治区和直辖市全面免征农业税；在没有全面免征农业税的河北、山东和云南 3 个省，也有 210 个县（市）免征农业税，其他地区按照规定将农业税的税率降低到 2% 以下。通过减免农业税和取消牧业税，全年共减轻农民负担约 220 亿元。

2006 年 2 月 17 日，国务院废止本院 1994 年 1 月 30 日发布的《关于对农业特产收入征收农业税的规定》（此规定中的烟叶收入征税另行制定办法）和 1950 年 12 月 19 日政务院发布的《屠宰税暂行条例》。

同年 2 月 22 日，财政部、国家税务总局举行纪念废止农业税条例暨全面取消农业税座谈会，中共中央政治局委员、国务院副总理回良玉到会并讲话。回良玉副总理在讲话中肯定了农业税在中国历史上的重要作用和现在取消这个税种的重大意义，并指出农民负担问题并未因此而完全解决，要坚持工业“反哺”农业、城市支持农村的方针，多予、少取、放活，重点在“多予”上下工夫。

同年10月8日，国务院发出《关于做好农村综合改革工作有关问题的通知》，其中规定：各地区、各有关部门要全面执行和落实2006年在全国范围以内取消农业税的各项政策，及时研究解决取消农业税后出现的新情况新问题。取消农业税以后，中央财政将继续安排专项转移支付资金，对地方减少的收入给予适当补助，省级财政和有条件的市（地）、县（市）也要加大转移支付力度。妥善处理历年农业税尾欠，是否清收由省级人民政府决定。决定清收的地区，要明确政策界限，严格清收程序，实行张榜公示，确保社会稳定，坚决防止借机侵犯农民利益。各地要切实转变农业税征管机构职能，做好农业税征管体制调整和征收人员的转岗安置工作。有关部门要抓紧提出涉及农村税费改革相关法律、法规的制定和修订意见，为巩固和发展农村税费改革成果提供法律保障。

### （二）货物和劳务税改革

1. 增值税。完善增值税的主要措施是调整税率、税额抵扣、税收优惠和出口退税。2008年11月10日，国务院公布修订以后的《中华人民共和国增值税暂行条例》，自2009年1月1日起施行。12月15日，财政部、国家税务总局公布修订以后的《中华人民共和国增值税暂行条例实施细则》。

（1）调整税率和征收率。从2007年1月1日、9月1日起，音像制品、电子出版物和盐（包括工业盐和食用盐）的适用税率先后从17%降低到13%。

从2009年起，矿产品的适用税率恢复到17%，小规模纳税人的征收率统一降低到3%。

从2009年起，一般纳税人销售自产的下列货物可以选择按照简易办法和6%征收率计算缴纳增值税：县级以下小型水力发电单位生产的电力，建筑用和生产建筑材料所用的砂、土、石料，以自己采掘的砂、土、石料或者其他矿物连续生产的砖、瓦、石灰（不包括粘土实心砖、瓦），用微生物、微生物代谢产物、动物毒素、人和动物的血液、组织制成的生物制品，自来水，以水泥为原料生产的商品水泥混凝土。

一般纳税人销售货物属于下列情形之一的，暂时按照按简易办法和4%征收率计算缴纳增值税：寄售商店代销寄售物品，典当业销售死当物品，经国务院或者国务院授权机关批准的免税商店零售的免税品。

属于一般纳税人的自来水公司销售自来水，按照简易办法和6%征收率征收增值税，不得抵扣其购进自来水取得增值税扣税凭证上注明的增值税税款。

（2）调整进项税额抵扣率，试行扩大进项税额抵扣范围。所实施的法规等陆续规定：增值税一般纳税人购进农业生产者销售的免税农业产品的进项税额扣除率从10%提高到13%，增值税一般纳税人向小规模纳税人购买农产品也可以按照13%的抵扣率抵扣进项税额；增值税一般纳税人从农民专业合作社购进的免税农业产品，可以按照13%的扣除率计算抵扣增值税进项税额。

从2004年7月1日起，在辽宁、吉林和黑龙江3个省，选择装备制造业、石油化工业、冶金业、船舶制造业、汽车制造业、农产品加工业6个行业和军品、高新技术产品，试行扩大进项税额抵扣范围。具体做法是：纳税人发生下列项目的进项税额准予按照规定抵扣：购进固定资产；用于自制固定资产的购进货物和应税劳务；通过融资租赁方式取得的固定资产，出租方按照规定缴纳增值税的；为固定资产所支付的运输费用。纳税人当年准予抵扣的上述进项税额不得超过当年新增增值税税额（经财政部、国家税务总局批准，各地在执行这项规定的时候有所放宽）。

从2007年7月1日起，在山西、安徽、江西、河南、湖北和湖南6个省的26个老工业基地城市，选择装备制造业、石油化工业、冶金业、汽车制造业、农产品加工业、电力业、采掘业和高新技术产业8个行业，试行扩大进项税额抵扣范围。

从2008年7月1日起，在内蒙古东部地区，选择装备制造业、石油化工业、冶金业、船舶制造业、汽车制造业、高新技术产业、军品工业和农产品加工业8个行业，试行扩大进项税额抵扣范围。

同时，在四川省汶川地震受灾严重地区扩大增值税进项税额抵扣范围，允许企业抵扣新购进机器设备所含的增值税进项税额，国家限制发展的特定行业除外。

从2009年起，在全国所有地区、所有行业推行增值税转型改革，允许企业抵扣新购入设备所含的增值税，同时取消进口设备免征增值税和外商投资企业采购国产设备增值税退税的规定。

（3）保留到期和新增的主要税收优惠。

①国内免税项目。种子、种苗、农业机械、农用塑料薄膜和国家规定范围以内的饲料、化肥、农药；有机肥产品，滴灌带和滴灌管产品，农民专业合作社销售本社成员生产的农业产品，污水处理劳务，销售自产再生水、以废旧轮胎为全部生产原料生产的胶粉、翻新轮胎和生产原料中掺兑废渣比例不低于30%的特定建材产品，动漫软件出口，外国政府和国际组织无偿援助项目在中国境内采购的货物（同时允许销售免税货物的单位将免税货物的进项税额在其他内销货物的销项税额中抵扣），个人（不包括个体工商户）销售自己使用过的废旧物品。

县以下新华书店和农村供销社在本地销售的出版物，电影制片企业销售的电影拷贝，国内定点生产企业生产的国产抗艾滋病病毒药品，民族贸易县内县级以下的民族贸易企业和供销社企业销售货物（石油、烟草类除外），国家定点企业生产的边销茶和经销单位销售的边销茶，废旧物资回收经营单位销售其收购的废旧物资，可以定期免税。

②进口环节免税项目。国内企业为生产国家支持发展的重大技术装备和产品确有必要进口的关键零部件和原材料；规定的科学研究机构和学校，以科学研究和教学为目的，在合理数量范围以内进口国内不能生产或者性能不能满足需要的科学研究和教学用品；国务院文物行政管理部门和国有文物收藏单位按照规定以接受境外机构、个人捐赠、归还和从境外追索等方式获得的中国文物；中国境外的自然人、法人和其他组织无偿向规定的境内社会团体、国务院有关部门和省级人民政府捐赠进口的直接用于扶贫、慈善事业的物资；经过认定的动漫企业自主开发、生产动漫直接产品，确实需要进口的商品；边境居民通过互市贸易进口的生活用品，每人每日价值在限额以下的。

国家鼓励发展的国内投资项目和外商投资项目、外国政府贷款和国际金融组织贷款项目、外商提供不作价进口设备的加工贸易企业、中西部地区外商投资优势产业项目、规定的外商投资企业和外商投资设立的研究中心利用自有资金进行技术改造项目，进口自用设备和按照合同随同上述设备进口的技术及配套件、备件；进口种子（苗）、种畜（禽）、鱼种（苗）和种用野生动植物种源；在中国特定地区和海洋进行石、油天然气开采作业的项目，进口规定的设备和其他物资；规定的科学研究、技术开发机构，在合理数量范围以内进口国内不能生产或者性能不能满足需要的科技开发用品；进口抗艾滋病病毒药品；为生产重点文化产品进口国内不能生产的自用设备和配套件、备件等；薄膜晶体管液晶显示器件、等离子显示面板和有机发光二极管显示面板的生产企业进口国内不能生产的净化室专用建筑材料、配套系统和国内不能生产的生产设备零配件，可以定期免税。

③先征后退项目。国内企业为开发、制造规定的重大技术装备进口的部分关键零部件和国内不能生产的原材料，煤层气抽采企业的增值税一般纳税人抽采销售煤层气，销售自产的综合利用生物柴油。中国共产党和民主党派、政府、人民代表大会、人民政治协商会议、工会、共产主义青年团、妇女联合会、科学技术协会、新华社、军队的机关报刊，科学技术类图书、报刊、音像制品和技术标准出版物，专门为少年儿童出版发行的报刊，中学、小学学生课本，少数民族文字出版物，盲文图书和期刊，在民族自治区批准注册的出版单位出版的出版物，少数民族文字图书、报刊的印刷业务和音像制品、电子出版物的制作业务，定期先征后退。

从2009—2010年，对符合条件的增值税一般纳税人销售再生资源缴纳的增值税按照规定比例先征后退。

民族贸易县县级国有民族贸易企业和供销社企业销售货物可以定期按照实际缴纳税额先征后返50%。

产品全部直接出口的允许类外商投资项目进口设备照章征收进口环节增值税，从投产之日起对产品直接出口情况核查5年，经过核查情况属实的，每年可以返还已纳税额的20%，5年以内全部返还。

④即征即退项目。销售下列自产货物：以工业废气为原料生产的高纯度二氧化碳产品、以垃圾为燃料生产的电力和热力、以煤炭开采过程中伴生的舍弃物油母页岩为原料生产的页岩油、以废旧沥青混凝土为原料生产的再生沥青混凝土、采用旋窑法工艺生产并且生产原料中掺兑废渣比例不低于30%的水泥。

销售下列自产货物实现的增值税实行即征即退50%：以退役军用发射药为原料生产的涂料硝化棉粉，对燃煤发电厂和各类工业企业产生的烟气、高硫天然气进行脱硫生产的副产品，以废弃酒糟和酿酒底锅水为原料生产的蒸汽、活性炭、白碳黑、乳酸、乳酸钙、沼气，以煤矸石、煤泥、石煤、油母页岩为燃料生产的电力和热力，利用风力生产的电力，部分新型墙体材料产品。

安置残疾人的单位，可以由税务机关按照单位实际安置残疾人的人数限额即征即退。

纳税人以“三剩物”和“次小薪材”为原料生产加工的综合利用产品，定期即征即退。属于增值税一般纳税人的动漫企业销售其自主开发生产的动漫软件，其增值税实际税负超过3%的部分定期即征即退。

⑤减半征税项目：利用煤矸石、煤泥、油母页岩和风力生产的电力，部分新型墙体材料产品。

此外，从2003年起提高增值税的起征点：销售货物的起征点幅度从月销售额600—2000元提高到2000—5000元；销售应税劳务的起征点幅度从月销售额200—800元提高到1500—3000元；按次纳税的起征点幅度从每次（日）销售额50—80元提高到每次（日）150—200元。

（4）完善出口退税制度：从2004年起，改革出口退税机制，内容是适当降低出口退税率，加大中央财政对出口退税的支持力度，建立中央和地方共同负担出口退税的新机制，累计欠退税由中央财政负担。此后，为了鼓励出口，保证国内市场供应，适当抑制高耗能、高污染和资源型货物出口，对出口退税率多次作出调整，详见本章后面关于税收政策调整的介绍。

2. 消费税。完善消费税的主要措施是调整税目、税率、计税依据、征税环节和税收优惠。2008年11月10日，国务院公布修订以后的《中华人民共和国消费税暂行条例》，自2009年1月1日起施行。12月15日，财政部、国家税务总局公布修订以后的《中华人民共和国消费税暂行条例实施细则》。

（1）调整税目和税率。从2001年起，"护肤护发品"税目中的香皂停止征税；"汽车轮胎"税目中的子午线轮胎免税，翻新轮胎停止征税。

从2006年4月1日起，调整部分税目、税率：新增高尔夫球及球具、高档手表、游艇、木制一次性筷子和实木地板税目，适用税率从5%到20%不等；增列成品油税目，将原汽油、柴油税目改为该税目下的子目（税额标准不变），新增石脑油、溶剂油、润滑油、燃料油和航空煤油5个子目，税额标准分为每升0.2元、0.1元两档；取消护肤护发品税目，将原来属于护肤护发品征税范围的高档护肤类化妆品列入化妆品税目；调整小汽车税目、税率，按照气缸容量实行3%到20%的税率；按照气缸容量将摩托车的税率分为3%和10%两档；将汽车轮胎的税率降低到3%；将粮食白酒、薯类白酒的比例税率统一为20%，定额税率为每斤0.5元或者每500毫升0.5元。

从2008年9月1日起，按照气缸容量调整部分乘用车的税率。其中气缸容量不超过1.0升的乘用车，税率从3%降低到1%；气缸容量超过3.0升至4.0升的乘用车，税率从15%提高到25%；气缸容量超过4.0升的乘用车，税率从20%提高到40%。

从2009年起，汽油、石脑油、溶剂油、润滑油消费税单位税额从每升0.2元提高到每升1元，柴油、燃料油、航空煤油消费税单位税额从每升0.1元提高到每升0.8元。

（2）调整计税依据和税率。从2001年5月1日起，将白酒从价定率的计税方法改为从价定率与从量定额相结合的复合计税方法，即除了按照原规定从价定率征税以外，每斤白酒再从量定额征税0.5元。啤酒的税额标准从一档改为两档，即每吨出厂价格在3000元（不包括增值税，下同）以上的，娱乐业、饮食业自制的啤酒，税额标准为每吨250元；每吨出厂价格不足3000元的，税额标准为每吨220元。

从同年6月1日起，将卷烟从价定率的计税方法改为从价定率与从量定额相结合的复合计税方法，同时调整税率：即首先从量定额征税，每标准箱卷烟的税额标准为150元；再按照销售额从价征税。在从价征税的时候，每标准条（200支）调拨价格在50元（不包括增值税，下同）以上的卷烟、进口卷烟和国家规定的其他若干类卷烟，税率为45%；每标准条调拨价格不足50元的卷烟，税率为30%。

从2009年5月1日起，生产、进口环节甲类卷烟税率调整为56%，乙类卷烟税率调整为36%；雪茄烟税率调整为36%。

（3）调整征税环节和税率。从2002年起，对钻石和钻石饰品征收的消费税从生产、进口环节征收改为零售环节征收，并减按5%的税率征收。从2003年5月1日起，对铂金首饰征收的消费税从生产、进口环节征收改为零售环节征收，税率从10%降低到5%。

从2009年5月1日起，在卷烟批发环节加征一道从价税，纳税人为在中国境内从事卷烟批发业务的单位、个人，征收范围为纳税人批发销售的所有牌号规格的卷烟，计税依据为纳税人批发卷烟的销售额（不包括增值税），税率为5%。

（4）保留到期和新增的进口环节免税主要项目。规定的科学研究机构和学校，以科学研究和教学为目的，在合理数量范围以内进口国内不能生产或者性能不能满足需要的科学研究和教学用品；国务院文物行政管理部门和国有文物收藏单位按照规定以接受境外机构、个人捐赠、归还和从境外追索等方式获得的中国文物；中国境外的自然人、法人和其他组织无偿向规定的境内社会团体、国务院有关部门和各省、自治区、直辖市人民政府捐赠进口的直接用于扶贫、慈善事业的物资；边境居民通过互市贸易进口的生活用品，每人每日价值在限额以下的。

规定的科学研究、技术开发机构在合理数量范围以内进口国内不能生产或者性能不能满足需要的科技开发用品，可以定期免征进口环消费税。

3. 车辆购置税。根据国务院2000年10月22日发布的《中华人民共和国车辆购置税暂行条例》，车辆购置税从2001年1月1日起开征。

4. 营业税。完善营业税的主要措施是调整计税依据、税率和税收优惠。2008年11月10日，国务院公布修订以后的《中华人民共和国营业税暂行条例》，自2009年1月1日起施行。12月15日，财政部、国家税务总局公布修订以后的《中华人民共和国营业税暂行条例实施细则》。

（1）调整计税依据的主要项目。金融企业从事受托收款业务，以其受托收取的全部款项减除支付给委托方的款项以后的余额为计税营业额；规定的证券交易所、货交易所代收的有关监管费和证券公司、期货经纪公司代收的有关费用可以从其计税营业额中扣除；经国家有关部门批准经营融资租赁业务的单位从事融资租赁业务的，以其向承租者收取的全部价款和价外费用减除出租方承担的出租货物的实际成本以后的余额为计税营业额；劳务公司接受用工单位的委托，为其安排劳动力，用工单位将其应支付给劳动力的工资和为劳动力缴纳的社会保险费、住房公积金统一交给劳务公司代为发放、办理的，以劳务公司从用工单位收取的全部款项减除代收转付给劳动力的工资和为劳动力缴纳的社会保险费、住房公积金以后的余额为计税营业额；建筑安装工程的计税营业额不包括设备的价值；邮政电信单位与其他单位合作，为用户提供邮政电信服务和其他服务，并由邮政电信单位统一收取价款的，以邮政电信单位收取的全部价款减除支付给合作方的价款以后的余额为计税营业额；经地方税务机关批准使用运输企业发票，按照交通运输业税目征收营业税的单位，将本单位承担的运输业务分给其他运输企业承担，并由本单位统一收取价款的，以本单位收取的全部价款减除支付给其他运输企业的运费以后的余额为计税营业额；从事广告代理业务的，以其全部收入减除支付给其他广告公司或者广告发布者的广告发布费以后的余额为计税营业额；从事物业管理的单位，以其与物业管理有关的全部收入减除代业主支付的水、电和燃气费用，代承租者支付的水、电、燃气费用和房租以后的余额为计税营业额；单位、个人销售其购置的不动产（购买住房不足规定年限出售者除外），转让其受让的土地使用权，以其全部销售收入、转让收入减除不动产购置原价、土地使用权受让原价以后的余额为计税营业额；单位、个人销售抵债所得的不动产，转让抵债所得的土地使用权，以全部销售收入、转让收入减除不动产、土地使用权抵债时作价以后的余额为计税营业额；物流企业将承揽的运输、仓储等业务分包给其他单位并由物流企业统一收取价款的，以物流企业取得的全部收入减除其他项目支出以后的余额为计税营业额；勘察设计单位将承担的勘察设计劳务分包、转包给其他单位、个人，并由其统一收取价款的，以其取得的勘察设计总包收入减除支付给其他勘察设计单位、个人的勘察设计费以后的余额为计税营业额。

（2）调整税率。从2001年起，金融保险业的税率每年下调1个百分点，分3年从8%降低到5%。

从同年5月1日起，娱乐业的税率统一调整为20%。

从2004年7月1日起，台球、保龄球减按5%的税率征税。

（3）保留到期和新增的主要免税项目。从事学历教育的学校提供教育劳务取得的收入，学生勤工俭学提供劳务取得的收入，学校从事技术开发、技术转让业务和相关的技术咨询、技术服务业务取得的收入，托儿所、幼儿园提供养育服务取得的收入；政府举办的高等、中等和初等学校举办进修班、培训班取得的收入，收入全部归学校所有的；政府举办的职业学校设立的主要为在校学生提供实习场所、并由学校出资自办、由学校负责经营管理、经营收入归学校所有的企业，从事规定的服务项目取得的收入；高等学校和科研机构对公众开放的科普基地的门票收入；电影发行单位向放映单位收取的发行收入；国家邮政局及其所属邮政单位提供邮政普遍服务和特殊服务业务取得的收入；廉租住房经营管理单位按照政府规定价格、向规定对象出租廉租住房取得的租金收入；合格境外机构投资者委托境内公司在中国从事证券买卖业务取得的价差收入。

各类证券投资基金管理人运用基金买卖股票、债券的差价收入，全国社会保障基金理事会、社会保障基金投资管理人运用社会保障基金买卖证券投资基金、股票和债券的价差收入，可以暂免征税。

（4）定期免税的主要项目。从2003年到2005年，下岗失业人员从事个体经营（国家限制的行业除外）的，符合规定的新办服务型企业，3年以内可以免税。

从2003年6月1日到2005年年底，科技馆、自然博物馆，对公众开放的天文馆（站、台）和气象台（站）、地震台（站），高等学校和科研机构对公众开放的科普基地的门票收入；县以上党政部门和科协开展的科普活动的门票收入，可以免税。

从2006年到2008年，科普单位的门票收入、县以上党政部门和科协开展的科普活动的门票收入和科普单位进口自用科普影视作品向境外单位支付的播映权转让费，可以免税。

从2006年到2009年，经营有线电视网络的单位从农村居民用户取得的有线电视收视费收入和安装费收入，可以免税。

从2009年到2013年，电影制片企业转让版权的收入、电影发行企业的电影发行收入和电影放映企业来自农村的电影放映收入，免征营业税。

（5）减税的主要项目。农村信用社在2001年9月底以前可以减按6%的税率征税，从同年10月起可以减按5%的税率征税。从2003年起，在农村信用社改革试点地区，农村信用社可以按照3%的税率征税。

从2005年6月1日起，公路经营企业取得的高速公路车辆通行费收入可以减按3%的税率征税。

从2008年3月1日起，个人出租住房，可以在3%税率的基础上减半征税。

从2006年到2012年，符合规定的商贸企业、服务型企业，劳动就业服务企业中的加工型企业和街道社区具有加工性质的小型企业实体，可以按照实际招用人数定额依次扣减本企业当年实际应当缴纳的营业税等税收；定额标准为每人每年4000元，可以上下浮动20%。持《再就业优惠证》的人员按照规定从事个体经营的，以每户每年8000元为限额，可以依次扣减其当年实际应当缴纳的营业税等税收。

从2009年到2010年，动漫企业为开发动漫产品提供的规定范围的劳务，暂减按3%税率征收营业税。

安置残疾人的单位，可以由税务机关按照单位实际安置残疾人的人数限额减征营业税。

此外，从2003年起提高营业税的起征点：按期纳税的起征点幅度从月销售额200—800元提高到1000—5000元；按次纳税的起征点从每次（日）营业额50元提高到每次（日）营业额100元。

5. 关税。这一时期关税改革的主要内容是配合中国加入世界贸易组织和发展对外贸易的战略，完善关税及其相关制度，调整税目，降低税率。

（1）调整税目和税率。进口税则税目总数从2000年的7062个调整为2009年的7868个，增加806个；进口关税的算术平均税率则从2000年的16.4%降低到2007年至2009年的9.8%，下降6.6个百分点，降幅为40.2%。

（2）修改关税条例和相关制度。2003年11月23日，根据《中华人民共和国海关法》，并与世界组织的有关规则衔接，国务院发布修订以后的《中华人民共和国进出口关税条例》，自2004年1月1日起施行。条例中规定：关税的纳税人包括进口货物的收货人、出口货物的发货人和进境物品的所有人；进口关税设置最惠国税率、协定税率、特惠税率、普通税率和关税配额税率等税率，出口关税设置出口税率；以从价计征、从量计征或者国家规定的其他方式计算应纳税额；税额在人民币50元以下的一票货物，无商业价值的广告品和货样，外国政府、国际组织无偿赠送的物资，在海关放行以前损失的货物，进出境运输工具装载的途中必需的燃料、物料和饮食用品，可以免征关税。法律规定的其他免征或者减征关税的货物，海关可以根据规定免征或者减征。

2006年3月28日，海关总署发布修改以后的《中华人民共和国海关审定进出口货物完税价格办法》，自同年5月1日起施行。

（3）完善反倾销税、反补贴税和保障措施关税制度。2001年11月26日，国务院公布《中华人民共和国反倾销条例》，自2002年起施行。条例中规定：初裁决定确定倾销成立，并由此对于国内产业造成损害的，可以采取包括征收临时反倾销税在内临时反倾销措施。终裁决定确定倾销成立，并由此对国内产业造成损害的，可以征收反倾销税。反倾销税的纳税人为倾销进口产品的进口经营者。反倾销税应当根据不同出口经营者的倾销幅度分别确定。对于没有包括在审查范围以内的出口经营者的倾销进口产品，需要征收反倾销税的，应当按照合理的方式确定对其适用的反倾销税。反倾销税税额不超过终裁决定确定的倾销幅度。

终裁决定确定存在实质损害，并在此以前已经采取临时反倾销措施的，反倾销税可以对已经实施临时反倾销措施的期间追溯征收。终裁决定确定存在实质损害威胁，在先前不采取临时反倾销措施将会导致后来作出实质损害裁定的情况下已经采取临时反倾销措施的，反倾销税可以对已经实施临时反倾销措施的期间追溯征收。

下列两种情况并存的，可以对于实施临时反倾销措施之日前90日以内进口的产品追溯征收反倾销税，但是立案调查以前进口的产品除外：一是倾销进口产品有对于国内产业造成损害的倾销历史，或者该产品的进口经营者知道或者应当知道出口经营者实施倾销并且倾销对于国内产业将造成损害的；二是倾销进口产品在短期内大量进口，并且可能会严重破坏将实施的反倾销税的补救效果的。

反倾销税的征收期限不超过5年。但是，经复审确定终止征收反倾销税有可能导致倾销和损害的继续或者再度发生的，反倾销税的征收期限可以适当延长。

与《中华人民共和国反倾销条例》同时公布、施行的《中华人民共和国反补贴条例》，对于反补贴税制度作出了明确的规定：初裁决定确定补贴成立，并由此对于国内产业造成损害的，可以采取临时反补贴措施。临时反补贴措施采取以现金保证金或者保函作为担保的征收临时反补贴税的形式。终裁决定确定补贴成立，并由此对于国内产业造成损害的，可以征收反补贴税。反补贴税的纳税人为补贴进口产品的进口经营者。反补贴税应当根据不同出口经营者的补贴金额分别确定。对实际上没有被调查的出口经营者的补贴进口产品，需要征收反补贴税的，应当迅速审查，按照合理的方式确定对其适用的反补贴税。反补贴税税额不得超过终裁决定确定的补贴金额。

终裁决定确定存在实质损害，并在此以前已经采取临时反补贴措施的，反补贴税可以对已经实施临时反补贴措施的期间追溯征收。终裁决定确定存在实质损害威胁，在先前不采取临时反补贴措施将会导致后来作出实质损害裁定的情况下已经采取临时反补贴措施的，反补贴税可以对已经实施临时反补贴措施的期间追溯征收。

下列三种情形并存的，必要时可以对于实施临时反补贴措施之日前90日以内进口的产品追溯征收反补贴税：一是补贴进口产品在较短的时间内大量增加；二是此种增加对国内产业造成难以补救的损害；三是此种产品得益于补贴。

反补贴税的征收期限不超过5年。但是，经复审确定终止征收反补贴税有可能导致补贴和损害的继续或者再度发生的，反补贴税的征收期限可以适当延长。

与上述反倾销条例、反补贴条例同时公布、施行的《中华人民共和国保障措施条例》，对于保障措施关税制度作出了明确的规定：有明确证据表明进口产品数量增加，在不采取临时保障措施将对国内产业造成难以补救的损害的紧急情况下可以作出初裁决定，并采取临时保障措施。临时保障措施采取提高关税的形式。终裁决定确定进口产品数量增加，并由此对国内产业造成损害的，可以采取保障措施。保障措施可以采取提高关税、数量限制等形式。保障措施的实施期限不超过4年。符合规定条件的，保障措施的实施期限可以适当延长，但是不能超过4年。

（4）保留到期和新增的主要税收优惠。国内企业为生产国家支持发展的重大技术装备和产品确有必要进口的关键零部件和原材料；规定的科学研究机构和学校，以科学研究和教学为目的，在合理数量范围以内进口国内不能生产或者性能不能满足需要的科学研究和教学用品；国务院文物行政管理部门和国有文物收藏单位按照规定以接受境外机构、个人捐赠、归还和从境外追索等方式获得的中国文物；中国境外的自然人、法人和其他组织无偿向规定的境内社会团体、国务院有关部门和省级人民政府捐赠进口的直接用于扶贫、慈善事业的物资；经过认定的动漫企业自主开发、生产动漫直接产品，确实需要进口的商品；边境居民通过互市贸易进口的生活用品，每人每日价值在限额以下的，可以免税。

国家鼓励发展的国内投资项目和外商投资项目、外国政府贷款和国际金融组织贷款项目、外商提供不作价进口设备的加工贸易企业、中西部地区外商投资优势产业项目、规定的外商投资企业和外商投资设立的研究中心利用自有资金进行技术改造项目，进口自用设备和按照合同随同上述设备进口的技术及配套件、备件；进口种子（苗）、种畜（禽）、鱼种（苗）和种用野生动植物种源；在中国特定地区和海洋进行石、油天然气开采作业的项目进口规定的设备和其他物资；规定的科学研究、技术开发机构在合理数量范围以内进口国内不能生产或者性能不能满足需要的科技开发用品；进口抗艾滋病病毒药品；为生产重点文化产品进口国内不能生产的自用设备和配套件、备件；薄膜晶体管液晶显示器件、等离子显示面板和有机发光二极管显示面板的生产企业进口国内不能生产的净化室专用建筑材料、配套系统和国内不能生产的生产设备零配件，进口国内不能生产的自用生产性（含研发用）原材料和消耗品，可以定期免税。

### （三）所得税改革

1. 企业所得税。完善企业所得税的主要措施：一是完成了内资企业所得税与外资企业所得税的合并；二是在新的企业所得税法实施以前积极调整内资企业所得税。

（1）合并内资企业所得税与外资企业所得税，形成中国改革开放以来第五部所得税法。2007 年 3 月 16 日，第十届全国人民代表大会第五次会议通过《中华人民共和国企业所得税法》，自 2008 年 1 月 1 日起施行。据此，12 月 6 日，国务院公布《中华人民共和国企业所得税法实施条例》。12 月 26 日，国务院发出《关于实施企业所得税过渡优惠政策的通知》和《关于经济特区和上海浦东新区新设立高新技术企业实行过渡性优惠的通知》。

企业所得税的纳税人为企业和其他取得收入的组织，居民企业就其来源于中国境内、境外的所得纳税，非居民企业区别不同情况就其来源于中国境内、境外的所得纳税。应纳税所得额为企业每一纳税年度的收入总额减除不征税收入、免税收入、各项扣除和允许弥补的以前年度亏损以后的余额。税率为 25%。企业当年发生的亏损可以用以后年度的所得弥补，但是最长不得超过 5 年。国债利息收入，符合条件的居民企业之间的股息、红利等收入，在中国境内设立机构、场所的非居民企业从居民企业取得与该机构、场所有实际联系的股息、红利等收入，符合条件的非营利组织的收入，可以免征企业所得税。从事农业、林业、牧业和渔业的所得，从事国家重点扶持的公共基础设施项目投资经营的所得，从事符合条件的环境保护、节能节水项目的所得，符合条件的技术转让所得，可以免征、减征企业所得税。符合条件的小型微利企业，可以减按 20% 的税率缴纳企业所得税。国家需要重点扶持的高新技术企业，可以减按 15% 的税率缴纳企业所得税。民族自治地方的自治机关对本地区的企业应当缴纳的企业所得税中属于地方分享的部分，可以决定减征或者免征。非居民企业没有在中国境内设立机构、场所；或者虽然在中国境内设立机构、场所，但是取得的所得与其在中国境内所设机构、场所没有实际联系的，应当就其来源于中国境内的所得缴纳 20% 的所得税，并且可以按照规定免税、减税。

2008 年 2 月 22 日，经国务院批准，财政部、国家税务总局发出《关于企业所得税若干优惠政策的通知》。通知中规定了关于鼓励软件产业、集成电路产业、证券投资基金发展和其他行业、企业的优惠政策以及外国投资者从外商投资企业取得利润的优惠政策。同时规定：除了上述企业所得税法及其实施条例、国务院关于企业所得税过渡性优惠政策的通知和本通知规定的优惠政策以外，2008 年以前实施的其他企业所得税优惠政策一律废止。各地区、各部门一律不得越权制定企业所得税的优惠政策。此后规定：从 2009 年到 2013 年，经营性文化事业单位转制为企业的，免征企业所得税。

此外，根据企业所得税法及其实施条例和相关法律、法规，财政部、国家税务总局陆续联合发出或者单独发出许多重要文件，如《企业所得税核定征收办法（试行）》、《关于企业手续费及佣金支出税前扣除政策的通知》、《关于开采油（气）资源企业费用和有关固定资产折耗、摊销、折旧税务处理问题的通知》、《关于企业资产损失税前扣除政策的通知》、《关于企业固定资产加速折旧所得税处理有关问题的通知》、《关于企业重组业务企业所得税处理若干问题的通知》、《关于企业清算业务企业所得税处理若干问题的通知》、《关于专项用途财政性资金有关企业所得税处理问题的通知》和《关于部分行业广告费和业务宣传费税前扣除政策的通知》。

（2）调整内资企业所得税的主要措施一是调整税基，特别是规定了大量的捐赠扣除项目，涉及教育、医疗、慈善、科技和文化等许多方面；二是保留和新增了许多税收优惠。

①调整税基的主要措施。从2001年起，社会力量对非关联的非营利性科研机构的新产品、新技术和新工艺所发生的研究开发经费资助，经税务机关审核确定，可以在缴纳企业所得税前全额扣除。

从2001年到2005年，社会力量依法向宣传文化事业（包括规定的艺术表演团体、图书馆、博物馆、科技馆、美术馆、纪念馆、文物保护单位、文化馆和群众艺术馆等）的公益性捐赠，经税务机关审核，在年度应纳税所得额10%以内的部分，可以在缴纳企业所得税前扣除。

从2001年7月1日起，企业、事业单位和社会团体通过非营利的社会团体和国家机关向农村义务教育的捐赠，可以在缴纳企业所得税前全额扣除。

从2003年起，企业、事业单位和社会团体向中华健康快车基金会、孙冶方经济科学基金会、中华慈善总会、中国法律援助基金会和中华见义勇为基金会的捐赠，可以在缴纳企业所得税前全额扣除；通过中国境内非营利的社会团体、国家机关向科技馆、自然博物馆等单位的捐赠，在年度应纳税所得额的10%以内的部分，可以在缴纳企业所得税前扣除。

从2004年起，企业、事业单位和社会团体通过宋庆龄基金会、中国福利会、中国残疾人福利基金会、中国扶贫基金会、中国煤矿尘肺病治疗基金会和中华环境保护基金会用于公益救济性的捐赠，通过中国境内非营利的社会团体、国家机关向教育事业的捐赠，可以在缴纳企业所得税前全额扣除。

从2006年起，企业、事业单位和社会团体通过中国老龄事业发展基金会、中国华文教育基金会、中国绿化基金会、中国妇女发展基金会、中国关心下一代健康体育基金会、中国生物多样性保护基金会、中国儿童少年基金会、中国光彩事业基金会、中国医药卫生事业发展基金会和中国教育发展基金会用于公益救济性捐赠，可以在缴纳企业所得税前全额扣除。

上述单位依法向科普单位［包括规定的科技馆，自然博物馆，对公众开放的天文馆（台、站），气象台（站），地震台（站），高等院校和科研机构对公众开放的科普基地等］的捐赠，在年度应纳税所得额的10%以内的部分；在2006—2010年期间向宣传文化事业（包括规定的艺术表演团体、图书馆、博物馆、科技馆、美术馆、纪念馆、文物保护单位、文化馆和群众艺术馆等）的公益性捐赠，经税务机关审核，在年度应纳税所得额10%以内的部分，可以在缴纳企业所得税前扣除。

上述单位通过非营利的社会团体、国家机关用于艾滋病防治事业的公益救济性捐赠，通过中国金融教育发展基金会、中国国际民间组织合作促进会、中国社会工作协会孤残儿童救助基金管理委员会、中国发展研究基金会、陈嘉庚科学奖基金会、中国友好和平发展基金会、中华文学基金会、中华农业科教基金会、中国少年儿童文化艺术基金会和中国公安英烈基金会用于公益救济性捐赠，在年度应纳税所得额3%以内的部分，可以在缴纳企业所得税前扣除。

2007年，企业、事业单位和社会团体通过中国青少年社会教育基金会、中国职工发展基金会、中国西部人才开发基金会、中远慈善基金会、张学良基金会、周培源基金会、中国孔子基金会、中华思源工程扶贫基金会、中国交响乐发展基金会、中国肝炎防治基金会、中国电影基金会、中华环保联合会、中国社会工作协会、中国麻风防治协会、中国扶贫开发协会和中国国际战略研究基金会用于公益救济性的捐赠，在年度应纳税所得额3%以内的部分，可以在缴纳企业所得税前扣除。

此外，从2006年7月1日起，内资企业工资支出的税前扣除限额调整为人均每月1600元。从2003年起，企业技术开发费加计扣除50%规定的适用范围扩大到所有财务核算制度健全、实行查账征收企业所得税的工业企业（过去此规定的适用范围仅限于国有工业企业，集体工业企业，国有企业、集体企业控股并从事工业生产、经营的股份制企业和联营企业）；从2006年起，上述规定的适用范围扩大到所有财务核算制度健全、实行查账征税的内外资企业、科研机构和大专院校。2003年4月24日，国家税务总局发出《关于执行〈企业会计制度〉需要明确的有关所得税问题的通知》，对于企业应纳税所得额的计算作出了一些重要的调整，涉及投资的借款费用、捐赠、准备金、资产的永久或者实质性损害、社会保险、改组、租赁、坏账准备和销售退回等。2007年，安置残疾人的单位可以按照支付给残疾人的实际工资的100%加计扣除。

②保留到期和新增的主要税收优惠。政府举办的高等、中等和初等学校举办进修班、培训班取得的收入，收入全部归学校所有的；政府举办的职业学校设立的主要为在校学生提供实习场所、并由学校出资自办、由学校负责经营管理、经营收入归学校所有的企业，从事规定的服务项目取得的收入；纳税人安置下岗、失业人员再就业，按照国家取得的社会保险补贴和岗位补贴；置残疾人的单位按照规定取得的增值税退税、营业税减税收入；符合规定条件的生产和装配伤残人员专门用品的企业，可以免征企业所得税。

企业、事业单位种植林木、林木种子、苗木作物和从事林木产品初加工取得的所得，高等学校、各类职业学校服务于各业的技术转让、技术培训、技术咨询、技术服务和技术承包所取得的技术性服务收入，社会保障基金理事会、社会保障基金投资管理人管理的社会保障基金银行存款利息收入和社会保障基金从证券市场取得的收入，福利彩票机构发行销售福利彩票取得的收入，各类证券投资基金管理人运用基金买卖股票、债券的差价收入，可以暂免征收企业所得税。

从2001年起，在西部地区新办的交通、电力、水利、邮政和广播电视等企业，企业所得税实行2年免征、3年减半征收。

国家鼓励类产业的内资企业和外商投资企业，在2001年至2010年期间可以减按15%的税率征收企业所得税。

从2003年到2005年，符合规定的服务型企业新增加的岗位，3年以内可以根据招用人数，按照年度应纳企业所得税的一定比例减征企业所得税。符合规定的新办服务型企业当年新招用下岗失业人员达到职工总数30%以上的，3年以内可以免征企业所得税；当年新招用下岗失业人员不足30%的，根据招用人数可以按照应纳企业所得税的一定比例减征企业所得税。国有大中型企业通过主业、辅业分离和辅业改制分流本企业富余人员兴办的经济实体，符合规定条件的，3年以内可以免征企业所得税。

从2006年到2012年，商贸企业、服务型企业（不包括广告业、房屋中介、典当、桑拿、按摩和氧吧），劳动就业服务企业中的加工型企业和街道社区具有加工性质的小型企业实体，在新增加的岗位中，当年新招用持《再就业优惠证》人员，与其签订1年以上期限劳动合同并依法缴纳社会保险费的，可以按照实际招用人数定额依次扣减本企业当年实际应当缴纳的企业所得税等税收。定额标准为每人每年4000元，可以上下浮动20%。国有大中型企业通过主辅分离和辅业改制分流安置本企业富余人员兴办的经济实体（不包括金融保险业、邮电通信业、娱乐业、销售不动产、转让土地使用权、广告业、桑拿、按摩、氧吧和建筑业中从事工程总承包的），符合规定条件的，经有关部门认定，税务机关审核，可以免征企业所得税。

从2001年起，农村信用合作社可以继续按照微利企业适用的18%、27%的税率缴纳企业所得税，国家确定的贫困县的农村信用社可以继续暂免征收企业所得税。2003年，西部地区和江西、吉林两省实行改革试点的农村信用社可以减半征收企业所得税。从2004年以后，中西部改革试点地区的农村信用社可以暂免征收企业所得税，其他改革试点地区的农村信用社可以减半征收企业所得税。

从2006年起，国家高新技术产业开发区内新创办的高新技术企业，可以从获利的年度起2年免征企业所得税，免税期满以后可以减按15%的税率征收企业所得税。

2. 个人所得税。完善个人所得税的主要措施：一是修改个人所得税法；二是调整税基的其他措施；三是增加税收优惠。

（1）从2005年到2007年，中国先后三次修改个人所得税法，其中2007年修改两次。

第一次修改税法的情况如下：

2005年10月27日，第十届全国人民代表大会常务委员会第十八次会议通过《关于修改〈中华人民共和国个人所得税法〉的决定》，同日中华人民共和国主席令公布，自2006年1月1日起施行。这次个人所得税法修改的内容有两项：第一，将工资、薪金所得的费用扣除额从每月800元提高到每月1600元。第二，修改关于纳税申报的规定，规定个人所得超过国务院规定数额的，在两处以上取得工资、薪金所得或者没有扣缴义务人的，以及具有国务院规定的其他情形的，纳税人应当按照国家规定办理纳税申报。扣缴义务人应当按照国家规定办理全员全额扣缴申报。

同年12月19日，根据修改以后的个人所得税法，国务院公布《关于修改〈中华人民共和国个人所得税法实施条例〉的决定》，自2006年1月1日起施行。这次个人所得税法实施条例修改的主要内容，一是将对企业、事业单位的承包经营、承租经营所得的必要费用减除额，在中国境内无住所而在中国境内取得工资、薪金所得的纳税人和在中国境内有住所而在中国境外取得工资、薪金所得的纳税人的费用减除额，从每月800元提高到每月1600元；二是增加规定：按照国家规定，单位为个人缴付和个人缴付的基本养老保险费、基本医疗保险费、失业保险费和住房公积金，从纳税人的应纳税所得额中扣除。

根据个人所得税法及其实施条例、税收征管法及其实施细则，2005年12月23日和2006年11月6日，国家税务总局先后发布《个人所得税全员全额扣缴管理暂行办法》和

《个人所得税自行纳税申报办法（试行）》。

根据修改以后的个人所得税法及其实施条例，财政部、国家税务总局规定：从2006年起，对个体工商户业主、个人独资企业和合伙企业投资者的生产、经营所得计征个人所得税的时候，个体工商户业主、个人独资企业和合伙企业投资者本人的费用扣除标准统一确定为每年19200元或者每月1600元。

2006年6月27日，根据修改以后的个人所得税法实施条例，财政部、国家税务总局规定：企业、事业单位按照国家或者所在省（自治区、直辖市）人民政府的规定实际缴付的基本养老保险费、基本医疗保险费和失业保险费，可以免征个人所得税。个人按照国家或者所在省（自治区、直辖市）人民政府的规定实际缴付的基本养老保险费、基本医疗保险费和失业保险费，可以从个人的应纳税所得额中扣除。单位和个人分别在不超过职工本人上一年度月平均工资的12%以内实际缴存的住房公积金，可以从个人的应纳税所得额中扣除。但是，单位和个人缴存住房公积金的月平均工资不得超过职工工作地点所在设区城市上一年度职工月平均工资的3倍。个人实际领（支）取原提存的基本养老保险金、基本医疗保险金、失业保险金和住房公积金的时候，可以免征个人所得税。

第二次修改税法的情况如下：

2007年6月29日，第十届全国人民代表大会常务委员会第二十八次会议通过《关于修改〈中华人民共和国个人所得税法〉的决定》，同日中华人民共和国主席令公布施行。这次个人所得税法修改的内容是：规定对储蓄存款利息所得开征、减征、停征个人所得税及其具体办法，由国务院规定。

同年7月20日，根据修改以后的个人所得税法，国务院公布《关于修改〈对储蓄存款利息所得征收个人所得税的实施办法〉的决定》，决定对储蓄存款利息所得减按5%的税率征收个人所得税，自8月15日起施行。

2008年10月9日，经国务院批准，财政部、国家税务总局规定：即日起储蓄存款利息所得暂免征收个人所得税。

第三次修改税法的情况如下：

2007年12月29日，第十届全国人民代表大会常务委员会第三十一次会议通过《关于修改〈中华人民共和国个人所得税法〉的决定》，同日中华人民共和国主席令公布，自2008年3月1日起施行。这次个人所得税法修改的内容是：将个人所得税法中的工资、薪金扣除额从每月1600元提高到每月2000元。

2008年2月18日，根据修改以后的个人所得税法，国务院公布《关于修改〈中华人民共和国个人所得税法实施条例〉的决定》，自3月1日起施行。这次个人所得税法实施条例修改的主要内容是：将对企业、事业单位的承包经营、承租经营所得的必要费用减除额，在中国境内无住所而在中国境内取得工资、薪金所得的纳税人和在中国境内有住所而在中国境外取得工资、薪金所得的纳税人的费用减除额，从每月1600元提高到每月2000元；同时将在中国境内无住所而在中国境内取得工资、薪金所得的纳税人和在中国境内有住所而在中国境外取得工资、薪金所得的纳税人的附加减除费用标准从每月3200元降低到每月2800元。

2008年6月3日，根据修改以后的个人所得税法及其实施条例，财政部、国家税务总局作出下列规定：

①对个体工商户业主、个人独资企业和合伙企业投资者的生产、经营所得计征个人所得

税的时候，个体工商户业主、个人独资企业和合伙企业投资者本人的费用扣除标准统一确定为每年24000元或者每月2000元。

②个体工商户、个人独资企业和合伙企业向其从业人员支付的合理的工资、薪金支出，允许在税前据实扣除。

③个体工商户、个人独资企业、合伙企业拨缴的工会经费和发生的职工福利费、职工教育经费支出分别在工资、薪金总额2%、14%、2.5%的标准以内据实扣除。

④个体工商户、个人独资企业和合伙企业每一纳税年度发生的广告费和业务宣传费用不超过当年销售（营业）收入15%的部分可以据实扣除，超过部分可以在以后纳税年度结转扣除。

⑤个体工商户、个人独资企业和合伙企业每一纳税年度发生的与其生产、经营业务直接相关的业务招待费支出，按照发生额的60%扣除，但是不得超过当年销售（营业）收入的5‰。

上述第一项规定自同年3月1日起执行，其他规定自同年1月1日起执行。

此外，2008年12月23日，根据企业所得税法及其实施条例和个人所得税法，财政部、国家税务总局发出《关于合伙企业合伙人所得税问题的通知》。通知中规定：合伙企业合伙人是自然人的，缴纳个人所得税；合伙人是法人和其他组织的，缴纳企业所得税。合伙企业生产、经营所得和其他所得采取“先分后税”的原则。合伙企业合伙人按照下列原则确定应纳税所得额：按照合伙协议约定的分配比例确定应纳税所得额；合伙协议没有约定分配比例或者约定的分配比例不明确的，按照合伙人协商决定的分配比例确定应纳税所得额；合伙人协商分配比例不成的，按照合伙人实缴出资比例确定应纳税所得额；无法确定合伙人实缴出资比例的，按照合伙人数量平均计算每个合伙人的应纳税所得额。合伙协议不得约定将全部利润分配给部分合伙人。

（2）调整税基的其他措施，主要是规定了大量的捐赠扣除项目，涉及教育、医疗、慈善、科技和文化等许多方面：

从2001年到2010年，个人依法向宣传文化事业（包括规定的艺术表演团体、图书馆、博物馆、科技馆、美术馆、纪念馆、文物保护单位、文化馆和群众艺术馆等）的公益性捐赠，经税务机关审核，在申报应纳税所得额30%以内的部分，可以在缴纳个人所得税税前扣除。

从2001年7月1日起，个人通过非营利的社会团体和国家机关向农村义务教育的捐赠，可以在缴纳个人所得税前全额扣除。

从2003年起，个人向中华健康快车基金会、孙冶方经济科学基金会、中华慈善总会、中国法律援助基金会和中华见义勇为基金会的捐赠，可以在缴纳个人所得税前全额扣除。

从2004年起，个人通过宋庆龄基金会、中国福利会、中国残疾人福利基金会、中国扶贫基金会、中国煤矿尘肺病治疗基金会和中华环境保护基金会用于公益救济性的捐赠，通过中国境内非营利的社会团体、国家机关向教育事业的捐赠，可以在缴纳个人所得税前全额扣除。

从2006年起，个人通过中国老龄事业发展基金会、中国华文教育基金会、中国绿化基金会、中国妇女发展基金会、中国关心下一代健康体育基金会、中国生物多样性保护基金会、中国儿童少年基金会、中国光彩事业基金会、中国医药卫生事业发展基金会和中国教育发展基金会用于公益救济性捐赠，可以在缴纳个人所得税前全额扣除。个人通过非营利的社会团体、国家机关用于艾滋病防治事业的公益救济性捐赠，通过中国金融教育发展基金会、中国国际民间组织合作促进会、中国社会工作协会孤残儿童救助基金管理委员会、中国发展研究基金会、陈嘉庚科学奖基金会、中国友好和平发展基金会、中华文学基金会、中华农业科教基金会、中国少年儿童文化艺术基金会和中国公安英烈基金会用于公益救济性捐赠，在申报应纳税所得额30%以内的部分，可以在缴纳个人所得税前扣除。

从2007年起，个人通过中国青少年社会教育基金会、中国职工发展基金会、中国西部人才开发基金会、中远慈善基金会、张学良基金会、周培源基金会、中国孔子基金会、中华思源工程扶贫基金会、中国交响乐发展基金会、中国肝炎防治基金会、中国电影基金会、中华环保联合会、中国社会工作协会、中国麻风防治协会、中国扶贫开发协会和中国国际战略研究基金会用于公益救济性的捐赠，在申报应纳税所得额30%以内的部分，可以在缴纳个人所得税税前扣除。个人通过公益性的社会团体和国家机关向科技部科技型中小企业技术创新基金管理中心用于科技型中小企业技术创新基金的捐赠，在申报应纳税所得额30%以内的部分，可以在缴纳个人所得税税前扣除。

从2008年8月1日起，个人捐赠住房作为廉租住房的，捐赠额未超过其申报的应纳税所得额30%的部分，可以在缴纳个人所得税税前扣除。

此外，财政部、国家税务总局规定了视为企业对个人投资者的利润、红利分配的3种情形和征税办法，个人投资者从上市公司取得的股息、红利所得暂减按50%计入个人应纳税所得额，调整了个人取得全年一次性奖金计税的方法，等等。

（3）新增的主要税收优惠：

①免税项目：生育妇女按照县级以上人民政府根据国家有关规定制定的生育保险办法，取得的生育津贴、生育医疗费和其他生育保险性质的津贴、补贴；被拆迁人按照国家有关城镇房屋拆迁管理办法规定的标准取得的拆迁补偿款；国家机关、企业、事业单位和其他组织在住房制度改革期间按照所在地县级以上人民政府规定的房改成本价格向职工出售公有住房，职工因支付的房改成本价格低于房屋建造成本价格或者市场价格取得的差价收益；个人按照规定取得的廉租住房货币补贴。

此外，股票转让所得可以继续免征个人所得税，个人投资者申购和赎回基金单位取得的价差收入暂不征收个人所得税。

②定期、定额减免税项目：从2003年到2005年，下岗失业人员按照规定从事个体经营的，3年以内可以免征个人所得税。从2006年到2012年，持《再就业优惠证》的人员按照规定从事个体经营的，以每户每年8000元为限额，可以依次扣减其当年实际应当缴纳的个人所得税等税收。

### （四）财产税和其他税收改革

1. 房产税。2008年12月31日，国务院决定从2009年1月1日起废止《城市房地产税暂行条例》，按照《中华人民共和国房产税暂行条例》对外商投资企业、外国企业和外国人征收房产税。2009年1月12日，财政部、国家税务总局据此发出《关于对外资企业及外籍个人征收房产税有关问题的通知》。

2. 城镇土地使用税。2006年12月31日，国务院公布《关于修改〈中华人民共和国城镇土地使用税暂行条例〉的决定》和修改以后的《中华人民共和国城镇土地使用税暂行条例》，自2007年1月1日起施行。此条例修改的主要内容，一是扩大了纳税人的范围，开始对外商投资企业和外国企业征税；二是大幅度地提高了税额标准（每平方米应税土地的最高税额标准从每年10元提高到30元）。

此后，为了配合住房制度改革和发展房地产市场，规定了以下税收优惠：

（1）廉租住房、经济适用住房建设用地和廉租住房经营管理单位按照政府规定价格向规定对象出租的廉租住房用地，可以免征城镇土地使用税。

（2）开发商在经济适用住房、商品住房项目中配套建造廉租住房，在商品住房项目中配套建造经济适用住房，能够提供相关材料的，可以按照廉租住房、经济适用住房建筑面积占总建筑面积的比例免征开发商应当缴纳的城镇土地使用税。

（3）个人出租住房，可以免征城镇土地使用税。

3. 耕地占用税。2007年12月1日，国务院公布修改以后的《中华人民共和国耕地占用税暂行条例》，自2008年1月1日起施行。此条例修改的主要内容，一是扩大了纳税人的范围，开始对外商投资企业和外国企业征税；二是大幅度地提高了税额标准（每平方米应税土地的最高税额标准从10元提高到50元，并有加征的规定）；三是从严规定免税、减税项目；四是征收管理方面的规定更加严格。2008年月26日，财政部、国家税务总局公布《中华人民共和国耕地占用税暂行条例实施细则》，即日起施行。

耕地占用税的征税对象为用于种植农作物的土地，纳税人为占用耕地的单位和个人，计税依据为纳税人实际占用的耕地面积，实行有地区差别的幅度税额标准，从量定额一次性征收。军事设施、学校、幼儿园、养老院和医院占用耕地，可以免征耕地占用税。交通设施占用耕地，农村居民占用耕地新建住宅，农村烈士家属、残疾军人、鳏寡孤独和革命老根据地、少数民族聚居区、边远贫困山区生活困难的农村居民在规定用地标准以内新建住宅缴纳耕地占用税确有困难的，可以按照规定减征、免征耕地占用税。

4. 资源税。完善资源税的主要措施：一是分期分批调整部分应税产品的税额标准；二是调整了少量的税收优惠。

从2003年7月1日起，石灰石资源税的税额标准从每吨2元调整为每吨0.5元至3元，大理石和花岗石资源税税额标准从每立方米3元调整为每立方米3元至10元。

从2005年5月1日起，分别提高山东、安徽、福建、河南、重庆、云南、贵州和宁夏8个省、自治区、直辖市煤炭资源税的税额标准。从2006年1月1日起，分别提高内蒙古、湖南、湖北和广东4个省、自治区煤炭资源税的税额标准；从4月1日起，分别提高黑龙江、江苏、江西和陕西4个省煤炭资源税的税额标准；从7月1日起，提高甘肃省煤炭资源税的税额标准；从9月1日起，分别提高河北、辽宁、吉林和四川4个省煤炭资源税的税额标准；从12月1日起，提高广西壮族自治区煤炭资源税的税额标准。从2009年3月1日起，提高新疆维吾尔自治区的煤炭资源税税额标准。此外，从2007年2月1日起，焦煤资源税的税额标准确定为每吨8元。

从2005年7月1日起，原油资源税的税额标准从每吨8元至24元提高到每吨14元至30元，天然气资源税的税额标准从每千立方米2元至13元提高到每千立方米7元至15元。

从2006年1月1日起，提高钼矿石资源税的税额标准：确定一等、二等矿石的税额标准分别为每吨8元和7元，五等至三等矿石的税额标准分别从每吨0.4元至0.6元不等提高到每吨 4 元至 6 元不等；锰矿石资源税的税额标准从每吨 2 元提高到每吨 6 元。

从 2006 年 5 月 1 日起，调整岩金矿的等级范围和资源税税额标准，七等至一等矿石的税额标准分别从每吨 1. 3 元至 2. 5 元不等提高到每吨 1. 5 元至 7. 0 元不等。

从 2006 年 9 月 1 日起，钒矿石资源税的税额标准确定为每吨 12 元。

从 2007 年 2 月 1 日起，北方海盐的资源税暂减按每吨 15 元征收，南方海盐、湖盐和井矿盐的资源税暂减按每吨 10 元征收，液体盐的资源税暂减按每吨 2 元征收。

从 2007 年 8 月 1 日起，提高铅锌矿石、铜矿石和钨矿石资源税的税额标准。其中，一等至五等铅锌矿石的税额标准分别从每吨 4 元至 2 元不等提高到每吨 20 元至 10 元不等，一等至五等铜矿石的税额标准分别从每吨 1. 6 元至 1. 2 元不等提高到每吨 7 元至 5 元不等，三等至五等钨矿石的税额标准分别从每吨 0. 6 元至 0. 4 元不等提高到每吨 9 元至 7 元不等。

从 2008 年 10 月 1 日起，玉石、硅藻土资源税的税额标准提高到每吨 20 元，磷矿石资源税的税额标准提高到每吨 15 元，膨润土、沸石、珍珠岩资源税的税额标准提高到每吨 10 元。

此外，从 2002 年 4 月 1 日起，冶金联合企业矿山铁矿石的资源税减按法定税额标准的 40% 征收。从 2006 年 1 月 1 日起，取消有色金属矿减征资源税的规定，冶金矿山铁矿石的资源税减按法定税额标准的 60% 征收。

5. 车船税。2006 年 12 月 29 日，国务院公布《中华人民共和国车船税暂行条例》，自 2007 年 1 月 1 日起施行，1951 年 9 月 13 日政务院公布的《车船使用牌照税暂行条例》和 1986 年 9 月 15 日国务院发布的《中华人民共和国车船使用税暂行条例》同时废止。这次车船改革的主要改进之处在于统一了税收法规，简化了税制，实现了中外企业、个人平等纳税，调整了税目，提高了税额标准（如载客汽车的最高税额标准从每辆每年 320 元提高到 660 元，船舶的最高税额标准从每吨每年 5 元提高到 6 元），清理了减免税项目，加大了征管力度。2007 年 2 月 1 日，财政部、国家税务总局公布《中华人民共和国车船税暂行条例实施细则》，即日起施行。

车船税的征税对象为车辆、船舶；纳税人为车辆、船舶的所有人或者管理人；载客汽车和摩托车的计税单位为辆，载货汽车和三轮车、低速货车的计税单位为自重吨位，船舶的计税单位为净吨位；从量定额征税；非机动车辆、船舶（不包括驳船），拖拉机，捕捞、养殖渔船，军队、武装警察部队专用的车辆、船舶，警用车辆、船舶，缴纳船舶吨税的船舶，按照规定应当免税的外国驻华使馆、领事馆和国际组织驻华机构及其有关人员的车辆、船舶，可以免征车船税。

6. 印花税。完善印花税的主要措施是调整征税范围、税率、纳税人和税收优惠。

（1）调整征税范围。2006 年 11 月 27 日，财政部、国家税务总局规定：对纳税人以电子形式签订的各类应税凭证按照规定征收印花税，对土地使用权出让合同、土地使用权转让合同按照产权转移书据征收印花税，对商品房销售合同按照产权转移书据征收印花税。

（2）调整证券（股票）交易印花税的税率和纳税人。从 2001 年 11 月 16 日起，证券（股票）交易印花税的税率从 4‰（A 股）和 3‰（B 股）两档一律降低到 2‰；从 2005 年 1 月 24 日起，证券（股票）交易印花税的税率从 2‰降低到 1‰；从 2007 年 5 月 30 日起，证券（股票）交易印花税的税率从 1‰提高到 3‰；从 2008 年 4 月 24 日起，证券（股票）交易印花税的税率从 3‰降低到 1‰；从 2008 年 9 月 19 日起，证券（股票）交易印花税的纳税人从出让方和受让方双方改为出让方单方。

（3）保留到期和新增的主要税收优惠。

①农民专业合作社与本社成员签订的农业产品和农业生产资料购销合同，个人出租、承租住房签订的租赁合同，可以免征印花税。

②免征廉租住房、经济适用住房经营管理单位与廉租住房、经济适用住房相关的印花税和廉租住房承租人、经济适用住房购买人涉及的印花税。开发商在经济适用住房、商品住房项目中配套建造廉租住房，在商品住房项目中配套建造经济适用住房，能够提供相关材料的，可以按照廉租住房、经济适用住房建筑面积占总建筑面积的比例免征开发商应当缴纳的印花税。

③投资者买卖各类证券投资基金单位，暂不征收印花税。

④个人销售、购买住房，暂免征收印花税。

7. 其他税收改革。

（1）船舶吨税。2000 年 11 月 8 日，经国务院批准，财政部、交通部和海关总署发出《关于将船舶吨税纳入预算管理的通知》。通知中规定：从 2001 年 1 月 1 日起，船舶吨税作为中央预算收入，全部上缴中央国库。船舶吨税收入，由海关征收后就地办理缴库。2002 年 2 月 6 日，海关总署发布《船舶吨税征收管理作业规程》，自 3 月 15 日起施行。

（2）屠宰税。2006 年 2 月 17 日，国务院废止 1950 年 12 月 19 日政务院发布的《屠宰税暂行条例》。

（3）烟叶税。2006 年 4 月 28 日，国务院公布《中华人民共和国烟叶税暂行条例》，即日起施行。5 月 18 日，财政部、国家税务总局据此印发《关于烟叶税若干具体问题的规定》。

烟叶税的征税对象为烟叶，纳税人为在中国境内收购烟叶的单位，计税依据为纳税人收购烟叶时的收购金额，税率为 20%。

（4）筵席税。根据 2008 年 1 月 15 日国务院发布的《关于废止部分行政法规的决定》，《中华人民共和国筵席税暂行条例》即日起失效（似应理解为废止——笔者注）。在此以前，只有少数地区曾经开征此税，后来陆续停止征收。

## 三、近年来税收政策的重要调整

从 2001 年到 2009 年，为了继续深化经济体制改革，扩大对外开放，加强宏观调控，促进进出口贸易，发展经济、社会保障、环境保护、科技、教育、文化、宣传、卫生和体育等各项事业，合理开发和保护资源，扩大就业，增加城乡居民收入，保持社会稳定，中国在税收政策方面采取了一系列重要的措施。

### （一）进出口贸易

1. 调整进出口税收制度。2000 年 12 月 28 日，经国务院批准，国务院关税税则委员会发出《关于调整若干商品进出口关税税率的通知》。从 2001 年起，进口税则税目总数调整为 7111 个；降低 3462 个进口税则税目的关税税率，降低税率的税目占进口税则税目总数的

48.7%；进口关税的算术平均税率从16.4%降低到15.3%，下降1.1个百分点，降幅为6.7%。同时，取消了一些执行到期的关税减免税政策。

2001年11月3日，经国务院批准，国务院办公厅转发对外经济贸易部、国家税务总局等9个部门报送的《关于"十五"期间进一步促进机电产品出口的意见》。意见中提出：机电产品出口企业的各项研究开发费用可以计入管理费，研究开发费用应当逐年增长，年增长幅度在10%以上的，可以再按照实际发生额的50%抵扣应税所得额。引进确属国外先进技术、关键设备，特别是制造业的核心技术，凡符合国务院规定的，可以免征关税和进口环节增值税。完善出口退税机制，加快退税进度。

同年12月10日，国务院公布《中华人民共和国货物进出口管理条例》。条例中规定：国家采取出口信用保险、出口信贷、出口退税和设立外贸发展基金等措施，促进对外贸易发展。

同年12月21日，经国务院批准，国务院关税税则委员会发出《关于2002年关税实施方案的通知》。从2002年起，进口税则税目总数调整为7316个；降低5332个进口税则税目的关税税率，降低税率的税目占进口税则税目总数的72.9%；进口关税的算术平均税率从15.3%降低到12.0%，下降3.3个百分点，降幅为21.6%。

2002年9月4日，经国务院批准，财政部、国家税务总局等6个部门发出《关于调整部分进口税收优惠政策的通知》。通知中规定：1996年4月1日以前批准的技术改造项目、基本建设项目和外商投资项目，在项目额度或者投资总额以内进口的自用设备，除了另有规定的以外，免征关税和进口环节增值税。从2002年10月1日起，产品全部直接出口的允许类外商投资项目进口设备，一律照章征收关税和进口环节增值税。从投产之日起，对产品直接出口情况核查5年。经过核查，情况属实的，每年返还已纳上述进口税收的20%，5年以内全部返还。今后一般不再受理和审批个案减免进口税项目的申请。

同年12月5日，经国务院批准，国务院关税税则委员会发出《关于2003年关税实施方案的通知》。从2003年起，进口税则税目总数调整为7445个；降低3019个进口税则税目的关税税率，降低税率的税目占进口税则税目总数的40.6%；进口关税的算术平均税率从12.0%降低到11.3%，下降0.7个百分点，降幅为5.8%。

2003年12月30日，经国务院批准，海关总署发布公告：从2004年起，进口税则税目总数调整为7475个；降低2414个进口税则税目的关税税率，降低税率的税目占进口税则税目总数的32.3%；进口关税的算术平均税率从11.3%降低到10.4%，下降0.9个百分点，降幅为8.0%。

2004年12月22日，经国务院批准，国务院关税税则委员会发出《关于2005年关税实施方案的通知》。从2005年起，进口税则税目总数调整为7550个；降低980个进口税则税目的关税税率，降低税率的税目占进口税则税目总数的13.0%；进口关税的算术平均税率从10.4%降低到9.9%，下降0.5个百分点，降幅为4.8%，实现了加入世界贸易组织的承诺。同时，对尿素和部分纺织品征收出口关税，对电解铝、铜、镍等高耗能产品和资源性产品恢复征收出口关税。从2005年6月1日、8月1日起，先后停止对98项纺织品征收出口关税。

2005年12月9日，经国务院批准，国务院关税税则委员会发出《关于2006年关税实施方案的通知》。从2006年起，进口税则税目总数调整为7605个，降低143个进口税则税目的关税税率，进口关税的算术平均税率同上年。同时，停止对纺织品征收出口关税。

2005年12月2日，国务院发布《促进产业结构调整暂行规定》，其中规定鼓励类投资项目在投资总额以内进口的自用设备继续免征关税和进口环节的增值税（国家另有规定者除外）。

2006年6月30日，经国务院批准，海关总署发布公告：从同年7月1日起降低小轿车等42个税目的最惠国税率。其中，小轿车、越野车、小客车整车的税率从28%降低到25%；车身、底盘、中低排量汽油发动机等汽车零部件的税率从13.8%至16.4%降低到10%。

同年12月19日，经国务院批准，国务院关税税则委员会发出《关于2007年关税实施方案的通知》。从2007年起，进口税则税目总数调整为7646个，降低进口税则税目中44个税目的关税税率，进口关税的算术平均税率从9.9%降低到9.8%。

2007年12月14日，经国务院批准，国务院关税税则委员会发出《关于2008年关税实施方案的通知》。从2008年起，进口税则税目总数调整为7758个，降低进口税则税目中45个税目的关税税率，进口关税的算术平均税率同上年。

2008年10月30日，根据国务院的有关文件，财政部、海关总署和国家税务总局发出《关于促进边境贸易发展有关财税政策的通知》。通知中规定：从11月1日起，边境居民通过互市贸易进口的生活用品，每人每日价值在人民币8000元以下的，免征关税和进口环节税。以边境小额贸易方式进口的商品，照章征收关税和进口环节税。

同年11月13日，根据国务院决定，国务院关税税则委员会发出《关于调整出口关税的通知》，自12月1日起执行，其中规定：取消钢丝、硝酸铵和玉米等102项产品的出口关税或者特别出口关税，降低化肥及其原料、部分铝材和小麦等23项产品的出口关税，降低氮肥、磷肥等31项产品的特别出口关税，调整尿素、磷酸一铵、磷酸二铵等化肥产品的淡季出口关税征收方式，调整粉末状天然石墨等3项产品的应税产品范围，提高磷灰石、硅等5项产品的出口关税，新增对天然硫酸钡、滑石等15项产品征收出口关税，出口到香港、澳门和台湾地区自用的原粮及其制粉继续不征收出口关税，对外无偿援助的粮食免征出口关税。

同年12月15日，经国务院批准，国务院关税税则委员会发布《2009年关税实施方案》。从2009年起，进口税则税目总数调整为7868个，进口关税的算术平均税率同上年。

同年12月25日，经国务院批准，财政部、国家税务总局和海关总署公告：从2009年起，下列项目恢复征收进口环节增值税，在原规定范围内继续免征关税：《国务院关于调整进口设备税收政策的通知》（国发〔1997〕37号）规定的国家鼓励发展的国内投资项目和外商投资项目进口的自用设备、外国政府贷款和国际金融组织贷款项目进口设备、加工贸易外商提供的不作价进口设备以及按照合同随上述设备进口的技术及配套件、备件；《海关总署关于进一步鼓励外商投资有关进口税收政策的通知》（署税〔1999〕791号）规定的外商投资企业和外商投资设立的研究开发中心进行技术改造和按照《中西部地区外商投资优势产业目录》批准的外商投资项目进口的自用设备及其配套技术、配件、备件；软件生产企业、集成电路生产企业、城市轨道交通项目和其他比照国发〔1997〕37号文件执行的企业和项目，进口设备及其配套技术、配件、备件。

2. 调整增值税出口退税制度。2001年6月21日，根据国务院领导的指示，国家税务总局规定：从7月1日起，棉纱、棉布及其制品的出口退税率从15%提高到17%。

同年10月15日，中共中央政治局常委、国务院总理朱镕基在外贸出口工作座谈会上强调：面对国际经济环境的新变化，必须更加重视外贸出口工作。外经贸、海关、税务等部门要全力支持外贸出口。要优先保证出口创汇多、信誉好的重点企业及时足额退税。要抓紧完善“金税工程”，实现全国联网，交叉稽核，严厉打击骗取出口退税，改善出口退税办法。

2002年1月23日，根据国务院的决定，财政部、国家税务总局发出《关于进一步推进出口货物实行免抵退税办法的通知》。通知中规定：从同年1月1日起，生产企业自营出口或者委托外贸企业代理出口的自产货物，除了另有规定的以外，增值税一律实行免、抵、退办法。免税，是指对生产企业出口的自产货物免征生产销售环节的增值税；抵税，是指生产企业出口的自产货物所耗用的原材料、零部件、燃料和动力等所含应当予以退还的进项税额，抵顶内销货物应纳的增值税；退税，是指生产企业出口的自产货物当月应当抵顶的进项税额大于应纳增值税税额的时候，对没有抵顶完的部分予以退税。

同年2月25日、3月18日，经国务院批准，财政部、国家税务总局先后联合发出《关于出口棉花实行零税率的通知》和《关于出口大米、小麦、玉米增值税实行零税率的通知》。

同年9月10日，国家税务总局规定：从同年9月1日起，对出口加工区内的生产企业生产出口货物所耗用的水、电、气准予退还所含的增值税。

2003年5月5日，中共中央办公厅、国务院办公厅转发《国家发展和改革委员会关于当前经济发展主要情况和政策建议》。建议中提出：加快出口退税进度，在财力可能的情况下适当增加出口退税指标，并抓紧研究出口退税机制改革，提出解决出口退税历史欠账的办法。

同年10月10日，中共中央政治局常委、国务院总理温家宝在国务院召开的出口退税机制改革工作座谈会上的讲话中指出：改革出口退税机制，是党中央、国务院作出的重要决策。各地区、各部门要从战略和全局的高度充分认识这项改革的重要意义，正确处理局部利益与全局利益、当前利益与长远利益的关系，确保改革平稳顺利实施。

同年10月13日，国务院发布《关于改革现行出口退税机制的决定》，其主要内容如下：

（1）适当降低出口退税率。本着“适度、稳妥、可行”的原则，区别不同产品调整退税率：对国家鼓励出口产品不降或者少降，对一般性出口产品适当降低，对国家限制出口产品和一些资源性产品多降或者取消退税。

（2）加大中央财政对出口退税的支持力度。从2003年起，中央进口环节增值税、消费税收入增量首先用于出口退税。

（3）建立中央和地方共同负担出口退税的新机制。从2004年起，以2003年出口退税实退指标为基数，超基数部分的应退税额由中央和地方按照75：25的比例分担（从2005年起，上述分担比例改为92.5：7.5——笔者注）。

（4）累计欠退税由中央财政负担。对截至2003年底累计欠企业的出口退税款和按照增值税分享体制影响地方的财政收入，全部由中央财政负担。

同日，经国务院批准，财政部、国家税务总局发出《关于调整出口货物退税率的通知》，自2004年1月1日起执行，其中规定：

（1）下列货物维持现行出口退税率不变：现行出口退税率为5%和13%的农产品，现行出口退税率为13%的以农产品为原料加工生产的工业品（另有规定者除外），现行征税税率为17%、退税税率为13%的货物（另有规定者除外），船舶、汽车及其关键件零部件、航空航天器、数控机床、加工中心、印刷电路、铁道机车等现行出口退税率为17%的货物。

（2）小麦粉、玉米粉、分割鸭和分割兔等货物的出口退税率从5%提高到13%。

（3）取消原油、木材、纸浆、山羊绒、鳗鱼苗、稀土金属矿、磷矿石和天然石墨等货物的出口退税，其中属于应征消费税的货物相应取消出口退（免）消费税的规定。

（4）降低下列货物的出口退税率：汽油、未锻轧锌的出口退税率降低到11%，未锻轧铝、黄磷及其他磷、未锻轧镍、铁合金、钼矿砂及其精矿等货物的出口退税率降低到8%，焦炭半焦炭、炼焦煤、轻重烧镁、莹石、滑石和冻石等货物的出口退税率降低到5%。

除了上述规定的货物以外，凡现行出口退税率为17%和15%的货物，其出口退税率一律降低到13%；凡现行征税率和退税率均为13%的货物，其出口退税率一律降低到11%。

改革出口退税制度也写进了同年10月14日中国共产党第十六届中央委员会第三次全体会议通过的《中共中央关于完善社会主义市场经济体制若干问题的决定》。

此后，经国务院批准或者根据国务院办公厅的有关文件，财政部、国家税务总局陆续联合发出通知，在出口退税方面采取了一系列的调整措施，例如：

从2004年3月16日起，尿素出口退税暂停1年。从5月24日起，焦炭和炼焦煤停止出口退税。从11月1日起，集成电路、手持（车载）无线电话、数控机床等若干类信息技术产品的出口退税率从13%提高到17%。

从2005年1月1日起，电解铝、铁合金、未锻轧镍、磷和碳化钙等产品停止出口退（免）税。从4月1日起，钢坯等钢铁初级产品停止出口退税，尿素和磷酸氢二铵暂停出口退税。从5月1日起，稀土金属、稀土氧化物、稀土盐类，金属硅，钼矿砂及其精矿，轻重烧镁，氟石、滑石、碳化硅，木粒、木粉、木片停止出口退税；钢材的出口退税率降低到11%，煤炭，钨、锡、锌、锑及其制品的出口退税率降低到8%；出口企业出口含金成分的产品可以免征增值税，相应的进项税额不再退税或者抵扣。从7月1日起，废止列名企业销售到保税区“以产顶进”国产钢材退税的规定；列名企业销售给国内加工出口企业用于生产出口产品的国产钢材，一律按照规定征收增值税，不再办理免、抵税。从8月1日起，未锻轧锰停止出口退税。从9月到12月，汽油、石脑油暂停出口退税。

从2006年1月1日起，尿素产品和磷酸氢二铵、磷酸氢一铵化肥产品继续暂停出口退税，煤焦油、生皮、生毛皮、蓝湿皮、湿革和干革停止出口退税；25种农药，分散染料，汞，钨、锌、锡、锑及其制品，金属镁及其初级产品，硫酸二纳，石蜡的出口退税率降低到5%。从3月14日起，暂停出口汽油、石脑油出口退税。从9月15日起，取消部分商品的出口退税，如煤炭、天然气、石材料、有色金属、细山羊毛和木炭等；降低部分商品的出口退税率，如钢材的出口退税率从11%降低到8%，水泥、玻璃的出口退税率从13%降低到11%，陶瓷的出口退税率从13%降低到8%；提高部分商品的出口退税率，如重大技术装备和部分信息技术产品的出口退税率从13%提高到17%，部分以农产品为原料的加工品的出口退税率从5%或11%提高到13%；将所有取消出口退税的商品列入加工贸易禁止类目录，并对此类商品进口一律征收进口关税和进口环节税。

2006年5月27日，经国务院批准，国务院办公厅转发商务部、国家税务总局等9个部门报送的《关于“十一五”期间加快转变机电产品出口增长方式的意见》。意见中提出：适时调整机电产品的出口退税率，鼓励高技术含量、高附加值机电产品出口。

从2007年4月1日起，取消铬盐和松节油及其粗制品出口退税。从4月15日起，取消83个税号的钢材的出口退税，同时将76个税号的钢材的出口退税率降低到5%。从7月1日起，取消濒危动物、植物及其制品，盐，溶剂油，水泥，皮革等高耗能、高污染和资源性商品的出口退税；降低植物油，塑料、橡胶及其制品，箱包，服装，摩托车，家具，钟表等容易引起贸易摩擦的商品的出口退税率；将花生果仁、油画等商品的出口退税改为出口免税。从12月20日起，取消小麦、稻谷、大米、玉米、大豆等原粮及其制粉的出口退税。

从2008年6月13日起，取消豆油、花生油、橄榄油、葵花油、椰子油、玉米油、芝麻油等若干品种植物油的出口退税。从8月1日起，部分纺织品、服装的出口退税率从11%提高到13%；部分竹制品的出口退税率提高到11%；取消红松子仁、部分农药产品、部分有机胂产品、紫杉醇及其制品、松香、白银、零号锌、部分涂料产品、部分电池产品、碳素阳极的出口退税。从11月1日起，部分纺织品、服装、玩具的出口退税率提高到14%，日用和艺术陶瓷的出口退税率提高到11%，部分塑料制品出口退税率提高到9%，部分家具出口退税率提高到11%和13%，艾滋病药物、基因重组人胰岛素冻干粉、黄胶原、钢化安全玻璃、电容器用钽丝、船用锚链、缝纫机、风扇、数控机床硬质合金刀、部分书籍、笔记本等商品的出口退税率分别提高到9%、11%和13%。从12月1日起，部分橡胶制品、林产品的出口退税率从5%提高到9%；部分模具、玻璃器皿的出口退税率从5%提高到11%；部分水产品的出口退税率从5%提高到13%；箱包、鞋、帽、伞、家具、寝具、灯具、钟表等商品的出口退税率从11%提高到13%；部分化工产品、石材、有色金属加工材等商品的出口退税率分别从5%、9%提高到11%、13%；部分机电产品的出口退税率分别从9%提高到11%，11%提高到13%，13%提高到14%。

2008年12月31日，经国务院批准，国务院办公厅发布《关于保持对外贸易稳定增长的意见》。意见中提出：认真落实国务院关于提高部分产品出口退税率的决策，加快出口退税进度，确保及时足额退税。完善信贷、外汇、财税、人员出入境等政策措施，鼓励企业建立境外营销网络，带动国内产品出口。

从2009年1月1日起，航空惯性导航仪、陀螺仪、离子射线检测仪、核反应堆、工业机器人等产品的出口退税率从13%、14%提高到17%，摩托车、缝纫机、电导体等产品的出口退税率从11%、13%提高到14%。从2月1日起，纺织品、服装出口退税率提高到15%。从4月1日起，CRT彩电、部分电视机零件、光缆、不间断供电电源、有衬背的精炼铜制印刷电路用覆铜板等货物的出口退税率提高到17%，纺织品、服装的出口退税率提高到16%，六氟铝酸钠等化工制品、香水等香化洗涤、聚氯乙烯等塑料、部分橡胶及其制品、毛皮衣服等皮革制品、信封等纸制品、日用陶瓷、显像管玻壳等玻璃制品、精密焊钢管等钢材、单晶硅片、直径大于等于30厘米的单晶硅棒、铝型材等有色金属材、部分凿岩工具、金属家具等货物的增值税出口退税率提高到13%，甲醇、部分塑料及其制品、木制相框等木制品、车辆后视镜等玻璃制品等货物的出口退税率提高到11%，碳酸钠等化工制品、建筑陶瓷、卫生陶瓷、锁具等小五金、铜板带材、部分搪瓷制品、部分钢铁制品、仿真首饰等货物的出口退税率提高到9%，商品次氯酸钙及其他钙的次氯酸盐、硫酸锌的出口退税率提高到5%。从6月1日起，电视用发送设备、缝纫机等商品的出口退税率提高到17%；罐头、果汁和桑丝等农业深加工产品，电动齿轮泵、半挂车等机电产品，光学元件等仪器仪表，胰岛素制剂等药品，箱包，鞋帽，伞，毛发制品，玩具，家具等商品的出口退税率提高到15%；部分塑料、陶瓷、玻璃制品，部分水产品，车削工具等商品的出口退税率提高到13%；合金钢异性材等钢材、钢铁结构体等钢铁制品、剪刀等商品的出口退税率提高到9%；玉米淀粉、酒精的出口退税率提高到5%。

2009年4月29日，经国务院批准，海关总署公告，对实施对外贸易救济措施的进口产品停止减税、免税：从中国境外进口的特定产品，从国务院关税税则委员会作出的对外贸易救济措施征税决定实施之日起，一律停止减税、免税，照章征收关税和进口环节税。执行进口减免税政策的有关产品，在实施临时对外贸易救济措施期间，应当先按照规定征收关税、进口环节税税款保证金和相应的对外贸易救济措施保证金，待有关对外贸易救济措施明确以后按照规定办理相关手续。

同年6月19日，国务院批准，国务院关税税则委员会发出《关于调整部分产品出口关税的通知》，自7月1日起执行，其中规定：取消小麦、硫酸、钢丝等31项产品的出口暂定关税，取消磷矿石、合成氨等27项化肥和化肥原料产品的特别出口关税，同时对合成氨、磷酸、氯化铵、重过磷酸钙、二元复合肥等化肥产品统一征收10%的出口暂定关税，调整尿素、磷酸一铵、磷酸二铵3项化肥产品征收出口关税的淡季、旺季时段，降低中小型型钢、钨等29项产品的出口暂定关税。

此外，2005年3月16日，根据税收征管法及其实施细则、增值税暂行条例和消费税暂行条例，国家税务总局印发《出口货物退（免）税管理办法（试行）》。

### （二）农业、林业、牧业、渔业和水利业

2001年4月14日，经国务院批准，财政部、国家税务总局发出《关于“十五”期间对国有森工企业减免原木农业特产税的通知》。通知中规定：国有林区138个森工企业生产、销售的原木，生产环节与收购环节可以减按10%的税率合并计算征收农业特产税。农村税费改革试点地区，按照国家统一规定的试点地区原木农业特产税税率执行。东北、内蒙古国有林区森工企业，不论其所在地区是否试行农村税费改革，其生产的原木都可以暂减5%的税率征收农业特产税；小径材可以免征农业特产税。生产销售薪材、次加工材发生亏损的，报经省级农业税收机关核准以后可以免征农业特产税。

2001年4月17日，经国务院批准，财政部、国家税务总局发出《关于“十五”期间继续对远洋渔业企业自捕水产品和远洋鱿钓渔业自捕鱿鱼免征农业特产税的通知》。

同年4月28日，国务院印发《农业科技发展纲要（2001—2010年）》。纲要中规定：加强金融、税收和保险对农业科技的支持。社会力量资助非关联的农业科技机构和高等学校研究开发新产品，其资助额可以全额在当年应纳税所得额中扣除。农业企业从事技术创新的费用，可以全额计入生产成本。转为企业的农业科技机构，可以从转制之日起5年免征企业所得税和科技开发自用土地的城镇土地使用税。农业科研单位通过农业技术成果转让、技术培训、技术咨询、技术服务和技术承包取得的技术性收入，5年以内可以免征企业所得税。直接用于农业科研、试验的进口仪器、设备，可以免征关税、增值税。农业科研单位取得的技术转让收入，可以免征营业税。

同年6月5日，经国务院批准，国务院办公厅发出《关于切实做好当前减轻农民负担工

作的通知》。通知中规定：当年全国大多数尚未进行农村税费改革试点的地区，要采取切实措施使今年农民承担的税费负担水平比上年有所减轻。禁止平摊农业特产税、屠宰税。对受灾严重、生活困难的农户，要按照国家有关规定减免农业税、乡统筹费和村提留。对因执行减免政策而减少的税费收入，要通过上级转移支付的办法解决，不得分摊到其他农户。

同年6月13日，国务院印发《中国农村扶贫开发纲要（2001—2010年）》。纲要中规定：企业可以通过捐赠资金，与非政府组织合作，共同参与扶贫开发，捐赠资金可以按照国家有关规定在税前列支。

同年7月20日，经国务院批准，财政部、国家税务总局规定：种子、种苗、农业机械、农用塑料薄膜和国家规定范围以内的饲料、化肥、农药，可以继续免征增值税。

同日，经国务院批准，财政部、国家税务总局发出《关于"十五"期间进口种子（苗）、种畜（禽）、鱼种（苗）和非盈利性种用野生动植物种源税收问题的通知》。通知中规定：从2001年到2005年，进口种子（苗）、种畜（禽）、鱼种（苗）和非盈利性种用野生动植物种源，可以免征进口环节增值税。2006年1月22日，经国务院批准，财政部、国家税务总局发出《关于"十一五"期间进口种子（苗）、种畜（禽）、鱼种（苗）和种用野生动植物种源税收问题的通知》，规定上述税收优惠在2006年至2010年期间可以继续执行。

同年8月28日，中共中央办公厅、国务院办公厅召开全国减轻农民负担电视电话会议，中共中央政治局委员、中央书记处书记、国务院副总理温家宝在会议上的讲话中强调：各地区、各部门一定要从讲政治的高度，把思想和行动统一到中央的政策上来，认真抓好减轻农民负担工作，使2001年农民承担的税费负担水平比上年确有减轻，涉及农民负担的严重群体事件和恶性案件明显减少。2001年的工作重点包括：在全国范围内普遍推行农业税收公示制度，做到项目公开、标准公开和范围公开，让农民能够依法保护自己的合法权益；做好灾区、贫困户的农业税、牧业税及其附加的减免工作，"重灾多减，特重全免"；继续搞好农村税费改革试点工作，为扩大试点和逐步推开积累经验。

同年10月1日，根据国务院的有关文件，财政部、国家税务总局规定：从同年7月1日起，增值税一般纳税人直接向农业生产者购进的免税棉花，可以按照买价和13%的抵扣率计算进项税额。

同年11月1日，经国务院批准，财政部、国家税务总局发出《关于林业税收政策问题的通知》。通知中规定：森林抚育、低产林改造和更新采伐过程中生产的次加工材、小径材和薪材，经省级人民政府批准，可以减征或者免征农业特产税。从2001年起，企业、事业单位种植林木、林木种子、苗木作物和从事林木产品初加工取得的所得，可以暂免征收企业所得税。

同年11月26日，根据国务院的规定，国家税务总局发出《关于退耕还林还草补助粮免征增值税问题的通知》。

同年12月14日，财政部、国家税务总局发出《关于采伐国有林区原木的企业减免农业特产税问题的通知》。通知中规定：采伐国有林区原木的企业，生产环节与收购环节减按10%的税率合并计算征收农业特产税。采伐东北、内蒙古国有林区原木的企业暂减按5%的税率征收农业特产税，采伐小径材免征农业特产税。生产销售薪材、次加工材发生亏损的，报经省、自治区农业税征收机关核准以后，可以免征农业特产税。农村税费改革试点地区，按照国家规定的试点地区原木农业特产税税率执行，其中采伐东北、内蒙古国有林区原木的企业按照本通知的规定执行。

2002年1月9日，经国务院批准，财政部、国家税务总局发出《关于提高农产品进项税抵扣率的通知》。通知中规定：从同年1月1日起，将增值税一般纳税人购进农业生产者销售的免税农业产品的进项税额扣除率从10%提高到13%。7月10日，财政部、国家税务总局发出《关于增值税一般纳税人向小规模纳税人购进农产品进项税抵扣率问题的通知》，规定增值税一般纳税人向小规模纳税人购买农产品也可以按照13%的抵扣率抵扣进项税额。

同年2月10日，经国务院批准，国务院办公厅转发农业部、财政部等5个单位报送的《关于2002年减轻农民负担工作的意见》。意见中提出：要继续执行禁止平摊农业特产税、屠宰税的规定；做好农村税费改革试点地区农民负担的监督管理工作；普遍推行农业税收“公示制”；强化减轻农民负担工作责任；继续抓好农民负担的监督检查，规范农业税收征管，防止违反规定平摊税收，落实好灾区和贫困地区农业税费减免政策。

同年4月9日，经国务院批准，国务院办公厅转发国务院纠正行业不正之风办公室报送的《关于2002年纠风工作的实施意见》。意见中提出：要继续执行党中央、国务院关于严禁平摊农业特产税、屠宰税的规定，普遍推行农业税收公示制度。

同年9月5日，经国务院批准，国务院办公厅转发农业部报送的《关于促进饲料业持续健康发展的若干意见》，其中提出继续执行国家对饲料行业的现行税收政策。

同年11月6日，经国务院批准，国务院办公厅印发《关于促进农产品加工业发展的意见》，其中提出要落实税收支持政策（涉及出口退税、进口技术和设备免税、研究开发费用扣除、企业所得税减免等）。

同年12月12日，中共中央总书记胡锦涛主持召开中共中央政治局常务委员会会议，专门听取有关部门关于解决困难群众生产生活问题的情况汇报，并研究部署如何进一步做好这项工作。会议提出：要切实安排好灾区、贫困地区群众的生产生活，保证他们吃饱穿暖、安全过冬，国家安排的冬令救济款、农业税灾歉减免资金必须在春节前落实到村到户。据此，12月20日，中共中央、国务院转发国务院办公厅报送的《关于当前解决困难群众生产生活问题的情况汇报》。

同年12月28日，第九届全国人民代表大会常务委员会第三十一次会议通过修订以后《中华人民共和国农业法》。该法中规定：国家运用税收、价格和信贷等手段，鼓励和引导农民、农业生产经营组织增加农业生产经营性投入和小型农田水利等基本建设投入。国家采取税收、信贷等手段鼓励和扶持农业生产资料的生产和贸易，为农业生产稳定增长提供物质保障。对农业科研单位、有关学校和农业技术推广机构举办的为农业服务的企业，国家在税收、信贷等方面给予优惠。农民和农业生产经营组织依照法律、行政法规的规定承担纳税义务。税务机关和代扣、代收税款的单位应当依法征税，不得违法摊派税款和以其他违法方法征税。

2003年6月25日，中共中央、国务院发出《关于加快林业发展的决定》。决定中提出：减轻林业税费负担。继续执行国家已经出台的各项林业税收优惠政策，并予以规范。按照农村税费改革的总体要求，逐步取消原木、原竹的农业特产税。2007年8月14日，国家林业局、国家税务总局等7个单位据此印发《林业产业政策要点》。要点中提出：大力发展非公有制林业，消除束缚非公有制林业发展的体制性障碍。在资源利用、资金和信贷支持、税费负担等方面一视同仁。严格执行国家已经出台的各类林业税费减免优惠政策。林业产业按国家规定享受税收优惠政策。根据国家有关税收法律、法规的规定，对企业从事农、林项目的所得免征、减征企业所得税。在2008年年底以前，对以“三剩物”和“次小薪材”为原料生产加工的综合利用产品实行增值税即征即退。在“十一五”期间，进口种子（苗）、种畜（禽）、鱼种（苗）和种用野生动植物种源，可以免征进口环节增值税。在2010年年底以前，天然林资源保护工程实施企业和单位可以按照规定免征房产税和城镇土地使用税。属于国家产业结构调整指导目录鼓励类投资项目的进口自用设备，除了国家另有规定者以外，可以免征关税和进口环节增值税。

2003年7月23日，国务院发出《关于克服非典型肺炎疫情影响促进农民增加收入的意见》。意见中提出：切实做好全面推进农村税费改革的试点工作，落实农产品出口退税政策（当年出口退税要保证，退税补欠要优先安排）。

同年12月31日，中共中央、国务院发布《关于促进农民增加收入若干政策的意见》。意见中提出：通过税收等措施支持粮食主产区建立和改造一批农产品加工、种子营销和农业科技型企业。创造条件，完善农产品加工的增值税政策。不管哪种所有制和经营形式的龙头企业，只要能带动农户，与农民建立起合理的利益联结机制，给农民带来实惠，都要在税收等方面一视同仁地给予支持。要在税收等方面对农村个体工商户和私营企业给予支持。对合法经营的农村流动性小商小贩，除了国家另有规定以外，可以免收有关税费。积极运用税收等多种经济杠杆，鼓励和引导各种社会资本投向农业和农村。继续推进农村税费改革。按照规定减免灾区和贫困地区的有关税费。2004年1月20日，国家税务总局据此发布公告：农民从事种植业、养殖业、饲养业和捕捞业取得的所得，已经缴纳农业税、牧业税的，不缴纳个人所得税；取消农业特产税和减征、免征农业税、牧业税以后，农民取得的农业特产所得和从事种植业、养殖业、饲养业、捕捞业取得的所得，销售自产农产品的所得，可以暂不缴纳个人所得税。农民销售水产品、畜牧产品、蔬菜、果品、粮食和其他农产品，月销售额不到5000元或者每次（每日）销售额不到200元的，不缴纳增值税。如果农民在销售上述农产品的同时销售其他非农产品，其中农产品销售额占全部销售额一半以上，月销售额不到5000元或者每次（每日）销售额不到200元的，也可以不缴纳增值税。无固定生产、经营场所的流动性农村小商小贩，不必办理税务登记。

2003年12月31日，中共中央办公厅、国务院办公厅发出《关于2002年下半年至2003年上半年涉及农民负担案（事）件的情况通报》。通报中提出：要注意研究农村税费改革试点中出现的新情况新问题，警惕变相加重农民负担的新动向，绝不允许将农业税向行业收费转移，变相增加农民负担。要进一步增强法制观念，严禁非农业税征收人员向农民收取税款，严禁扣人、扒粮、搬物和牵牲口等非法行为，严禁在征收农业税时强行收取其他费用。严肃纪律，加大对涉及农民负担案（事）件的查处力度。

2004年2月13日，经国务院批准，国务院办公厅发出《关于扶持家禽业发展若干措施的通知》。通知中规定：从同年2月1日到7月31日，对禽类加工企业应当缴纳的增值税实行即征即退。对家禽养殖、加工企业免征2004年度企业所得税。减收的增值税、所得税按现行财政体制负担。经省级人民政府批准，对上述企业可以适当减免城镇土地使用税、房屋税和车船使用税。对禽类加工产品出口以后的应退税款，及时足额退给企业。2月18日，财政部、国家税务总局据此发出紧急通知，其主要内容是：从同年2月1日到7月31日，对属于增值税一般纳税人的家禽加工企业和冷藏冷冻企业加工销售禽肉产品实行增值税即征即退政策，并减免城市维护建设税和教育费附加。家禽养殖业、加工和冷藏冷冻企业养殖家禽、加工和冷藏冷冻取得的所得，可以免征2004年度的企业所得税。企业、个人由于扑杀禽类取得的财政专项补助，可以免征企业所得税、个人所得税。企业由于扑杀禽类扑杀造成的净损失，可以在企业所得税前全额列支。经省级人民政府批准，可以在全省（自治区、直辖市）范围内或者部分地区，对家禽养殖企业、家禽加工企业、冷藏冷冻企业和个人生产、经营用的土地、房产、车辆和船舶，适当减免2004年度的城镇土地使用税、房产税和车船使用税。对禽类加工产品出口应退税款实行及时足额退税。

同年7月14日，经国务院批准，国务院办公厅转发商务部、财政部、国家税务总局等8个单位报送的《关于进一步做好农村商品流通工作的意见》，其中提出税务部门要从税收方面积极支持农村商品流通工作。

同年9月7日，经国务院批准，财政部、国家税务总局发出《关于农用三轮车免征车辆购置税的通知》，自10月1日起执行。

同年12月31日，中共中央、国务院发布《关于进一步加强农村工作提高农业综合生产能力若干政策的意见》。意见中提出：通过税收等手段合理调节化肥进出口。修订耕地占用税暂行条例，提高耕地占用税税率，严格控制减免。尽快完善农产品加工业增值税政策。按照增值税转型改革的统一部署，加快食品等农产品加工业增值税转型的步伐。支持农民专业合作组织发展，对专业合作组织及其所办加工、流通实体适当减免有关税费。

2005年4月4日，根据中共中央、国务院的上述文件和2003年12月31日中共中央、国务院发布的《关于促进农民增加收入若干政策的意见》中发展农产品连锁经营的要求，商务部、财政部和国家税务总局发出《关于开展农产品连锁经营试点的通知》，其中规定试点企业建设的冷藏和低温仓储、运输为主的农产品冷链系统可以实行加速折旧。2007年1月10日，财政部、国家税务总局发出《关于促进农产品连锁经营试点税收优惠政策的通知》。通知中规定：对纳入农产品连锁经营试点范围，且食用农产品收入设台账单独核算的企业（以下简称试点企业），从2006年到2008年经营食用农产品的收入，可以减按90%计入企业所得税应税收入。从2006年起，试点企业建设的冷藏和低温仓储、运输为主的农产品冷链系统，可以采用双倍余额递减法或者年数总和法计提折旧。

2005年1月26日、5月23日，经国务院批准，财政部、国家税务总局先后联合发出《关于继续对尿素产品实行增值税先征后返政策的通知》和《关于暂免征收尿素产品增值税的通知》。

同年11月18日，经国务院批准，国务院办公厅发布《关于扶持家禽业发展的若干意见》。这个文件中提出：从2005年11月到2006年6月，对属于增值税一般纳税人的家禽加工企业和冷藏冷冻企业加工销售禽肉产品实行增值税即征即退，并免征城市维护建设税和教育费附加。家禽养殖、加工和冷藏冷冻企业养殖家禽、加工和冷藏冷冻禽肉的所得，可以免征2005年度企业所得税，2006年视情况另行规定。企业、个人由于禽类扑杀所取得的财政专项补助，可以免征企业所得税、个人所得税。企业由于禽类扑杀造成的净损失，允许在所得税前全额列支。减收的增值税、所得税按照现行财政体制负担。禽类加工产品出口以后的应退税款，及时足额退给企业。经过省级人民政府批准，可以在全省（自治区、直辖市）范围以内或者部分地区，对家禽养殖、加工、冷藏冷冻企业和个人生产、经营用的土地、房产、车辆和船舶，适当减免2006年上半年度的城镇土地使用税、房产税和车船使用税。同年12月7日，财政部、国家税务总局据此发出《关于家禽业有关税收优惠政策的通知》。2006年6月29日，经国务院批准，国务院办公厅发出《关于延长扶持家禽业发展政策实施期限的通知》。通知中规定：对属于增值税一般纳税人的家禽加工企业和冷藏冷冻企业加工销售禽肉产品实行增值税即征即退，并免征城市维护建设税和教育费附加的政策延长到2006年年底。家禽养殖、加工和冷藏冷冻企业养殖家禽、加工和冷藏冷冻禽肉的所得，2006年可以免征企业所得税。经省级人民政府批准，可以在全省（自治区、直辖市）范围以内或者部分地区，对家禽养殖、加工、冷藏冷冻企业和个人生产、经营用的土地、房产、车辆和船舶，适当减免2006年度的城镇土地使用税、房产税和车船使用税。9月4日，财政部、国家税务总局发出关于贯彻国务院办公厅上述文件的通知。

2005年12月31日，中共中央、国务院发布《关于推进社会主义新农村建设的若干意见》。这个文件中提出："十一五"时期要坚持工业反哺农业、城市支持农村和"多予少取放活"的方针，重在"多予"上下工夫；提高耕地占用税税率，新增税收主要用于农业、农村和农民；鼓励企业建立农业科技研发中心，国家在财税等方面给予扶持；开展农产品精深加工增值税改革试点；建立有利于农民合作经济组织发展的财税等制度；从财政、税收等方面为小城镇发展创造有利条件；取消农业税，妥善处理尾欠，完善涉农税收优惠方式。

2006年6月27日，财政部、国家税务总局规定：从同年1月1日起，企业、事业单位、社会团体和个人通过中华农业科教基金会用于公益救济性捐赠，企业在年度应纳税所得额3%以内的部分，个人在申报应纳税所得额30%以内的部分，可以在缴纳企业所得税和个人所得税前扣除。

同年10月31日，第十届全国人民代表大会常务委员会第二十四次会议通过《中华人民共和国农民专业合作社法》，其中规定国家通过税收优惠等措施促进农民专业合作社的发展。2008年6月24日，经国务院批准，财政部、国家税务总局发出《关于农民专业合作社有关税收政策的通知》。通知中规定：从7月1日起，农民专业合作社销售本社成员生产的农业产品，视同农业生产者销售自产农业产品，可以免征增值税；增值税一般纳税人从农民专业合作社购进的免税农业产品，可以按照13%的扣除率计算抵扣增值税进项税额；农民专业合作社向本社成员销售的农用塑料薄膜、种子、种苗、化肥、农药和农业机械，可以免征增值税；农民专业合作社与本社成员签订的农业产品和农业生产资料购销合同，可以免征印花税。

2006年12月31日，中共中央、国务院发布《关于积极发展现代农业扎实推进社会主义新农村建设的若干意见》。这个文件中提出：综合运用税收、补助等手段，为社会力量投资建设现代农业创造良好环境。企业捐款和投资建设农村公益设施，可以按照规定享受税收优惠。企业与科研单位进行农业技术合作、向基地农户推广农业新品种、新技术所发生的有关费用，享受企业所得税的相关优惠政策。涉农企业引进的加工生产设备，可以按照规定免征关税和进口环节增值税。完善农产品加工业增值税政策，减轻农产品加工企业税负。

2007年1月26日，国务院发布《关于促进畜牧业持续健康发展的意见》。意见中提出：扩大对畜牧业的财税支持。继续清理畜禽养殖和屠宰加工环节不合理税费，继续实行对饲料产品的优惠税收政策；"十一五"期间引进优良种畜禽、牧草种子继续免征关税和进口环节增值税，完善畜产品出口退税政策。

同年12月31日，中共中央、国务院发布《关于切实加强农业基础建设进一步促进农业发展农民增收的若干意见》。这个文件中提出：抓紧研究完善农产品加工税收政策，促进农产品精深加工健康发展。完善农业机械化税费优惠政策，对农机作业服务实行减免税。全面贯彻落实农民专业合作社法，尽快制定税收优惠办法。通过实施财税、信贷和保险等政策，鼓励商贸、邮政、医药和文化等企业在农村发展现代流通业。加强财税、货币政策的协调和支持，引导各类金融机构到农村开展业务。

2008 年 4 月 29 日，经国务院批准，财政部、国家税务总局发出《关于有机肥产品免征增值税的通知》。通知中规定：从 6 月 1 日起，纳税人生产销售和批发、零售有机肥产品可以免征增值税。

同年 8 月 6 日，国务院印发国家发展和改革委员会报送的《国家粮食安全中长期规划纲要（2008—2020 年）》，其中提出国家在信贷、资金和税收等方面对企业实施农业“走出去”项目给予政策支持。

同年 10 月 12 日，中国共产党第十七届中央委员会第三次全体会议通过《中共中央关于推进农村改革发展若干重大问题的决定》。决定中提出：加大对农村金融政策支持力度，拓宽融资渠道，综合运用财税杠杆和货币政策工具，定向实行税收减免和费用补贴，引导更多信贷资金和社会资金投向农村。完善农产品加工业发展税收支持政策。

同年 12 月 20 日，经国务院批准，国务院办公厅发出《关于切实做好当前农民工工作的通知》。通知中规定：地方人民政府要在用地、收费、信息、工商登记、纳税服务等方面，降低创业门槛，给予农民工返乡创业更大的支持。

同年 12 月 31 日，中共中央、国务院发布《关于 2009 年促进农业稳定发展农民持续增收的若干意见》。意见中提出：抓紧出台对涉农贷款定向实行税收减免的具体办法。将农民专业合作社纳入税务登记系统，免收税务登记工本费。落实农民工返乡创业扶持政策，在贷款发放、税费减免、工商登记和信息咨询等方面提供支持。

2009 年 5 月 10 日，国务院发出《关于当前稳定农业发展促进农民增收的意见》。意见中提出：完善农产品加工财税政策。财政部和税务总局要会同有关部门抓紧研究扶持政策，提高玉米深加工企业开工率；尽快研究并完善现行农产品增值税及酒精消费税征收有关政策，促进农业生产发展和农产品流通。

### （三）资源、能源、环境保护、交通和通信

1. 资源、能源和环境保护。2000 年 11 月 7 日，国务院发出《关于加强城市供水节水和水污染防治工作的通知》，规定各地收取的污水处理费免征增值税。2001 年 6 月 19 日，财政部、国家税务总局据此发出《关于污水处理有关增值税政策的通知》。通知中规定：从 7 月 1 日起，各级政府和主管部门委托自来水企业随水费收取的污水处理费，可以免征增值税。

2001 年 4 月 29 日，经国务院批准，财政部、国家税务总局发出《关于以三剩物和次小薪材为原料生产加工的综合利用产品增值税优惠政策的通知》。通知中规定：从 2001 年到 2005 年，对纳税人以“三剩物”和“次小薪材”为原料生产加工的综合利用产品实行增值税即征即退办法。2006 年 8 月 3 日，经国务院批准，财政部、国家税务总局规定，上述税收优惠在 2006 年至 2008 年期间可以继续执行。

2001 年 4 月 29 日，经国务院批准，财政部、国家税务总局发出《关于废旧物资回收经

营业务有关增值税政策的通知》。通知中规定：从5月1日起，废旧物资回收经营单位销售其收购的废旧物资，可以免征增值税；生产企业增值税一般纳税人购入废旧物资回收经营单位销售的废旧物资，可以按照废旧物资回收经营单位开具的发票上注明的金额和10%的比例抵扣进项税额。

同年8月31日，第九届全国人民代表大会常务委员会第二十三次会议通过《中华人民共和国防沙治沙法》。该法中规定：国务院和省、自治区、直辖市应当制定优惠政策，鼓励、支持单位和个人防沙治沙。县级以上地方人民政府应当按照国家的有关规定，根据防沙治沙的面积和难易程度，给予从事防沙治沙活动的单位和个人税费减免等政策优惠。单位和个人投资进行防沙治沙的，在投资阶段免征各种税收；取得一定收益以后，可以免征或者减征有关税收。

同年11月26日，根据国务院的规定，国家税务总局发出《关于退耕还林还草补助粮免征增值税问题的通知》。

同年12月1日，根据国务院的指示，财政部、国家税务总局发出《关于部分资源综合利用及其他产品增值税政策问题的通知》，其中规定：

（1）从同年1月1日起，对下列货物实行增值税即征即退：利用煤炭开采过程中伴生的舍弃物油母页岩生产加工的页油和其他产品，在生产原料中掺有不少于30%的废旧沥青混凝土生产的再生沥青混凝土，利用城市生活垃圾生产的电力，在生产原料中掺有不少于30%的煤矸石、石煤、粉煤灰、烧煤锅炉的炉底渣（不包括高炉水渣）和其他废渣生产的水泥。

（2）从同年1月1日起，对下列货物按照增值税应纳税额减半征收：利用煤矸石、煤泥、油母页岩和风力生产的电力，部分新型墙体材料产品。

（3）从同年12月1日起，对增值税一般纳税人生产的粘土实心砖、瓦一律按适用税率征收增值税，不得采取简易办法征收增值税。

同年12月21日，根据国务院的有关文件，财政部、国家税务总局和海关总署分别联合印发《关于在我国海洋开采石油（天然气）进口物资免征进口税收的暂行规定》和《关于在我国陆上特定地区开采石油（天然气）进口物资免征进口税收的暂行规定》。上述文件分别规定：从2001年到2005年，在中国海洋进行石油和天然气开采作业的项目，进口直接用于开采作业的设备、仪器、零附件和专用工具，可以按照规定免征关税和进口环节增值税；在中国特定地区内进行石油、天然气开采作业的项目，进口国内不能生产或者性能不能满足要求，并直接用于勘探、开发作业的设备、仪器、零附件和专用工具，可以按照规定免征关税和进口环节增值税。2006年12月24日、25日，经国务院批准，财政部、海关总署和国家税务总局先后联合印发《关于在我国陆上特定地区开采石油（天然气）进口物资免征进口税收的规定》和《关于在我国海洋开采石油（天然气）进口物资免征进口税收的规定》，分别规定：从2006年到2010年，在中国特定地区和海洋进行石油、天然气开采作业的项目，进口国内不能生产或者性能不能满足要求，并直接用于开采作业的设备、仪器、零附件和专用工具，可以免征关税和进口环节增值税。

2002年2月9日，经国务院批准，财政部、国家税务总局发出《关于调整冶金联合企业矿山铁矿石资源税适用税额的通知》。通知中规定：从4月1日起，冶金联合企业矿山的铁矿石资源税可以减按规定税额标准的40%征收。

同年3月13日，财政部、国家税务总局发出《关于旧货和旧机动车增值税政策的通知》。通知中规定：从同年1月1日起，纳税人销售旧货一律按照4%的征收率减半征收增值税，不得抵扣进项税额。纳税人销售自己使用过的属于应征消费税的机动车、摩托车和游艇，售价超过原值的，可以按照4%的征收率减半征收增值税；售价没有超过原值的，可以免征增值税。旧机动车经营单位销售旧机动车、摩托车和游艇，可以按照4%的征收率减半征收增值税。

同年6月29日，第九届全国人民代表大会常务委员会第二十八次会议通过《中华人民共和国清洁生产促进法》。该法中规定：对利用废物生产产品的和从废物中回收原料的，税务机关按照国家有关规定，减征或者免征增值税。2003年12月17日，经国务院批准，国务院办公厅转发国家发展和改革委员会、国家税务总局等11个部门报送的《关于加快推行清洁生产的意见》。意见中提出：财政、税务部门要积极落实国家对企业实施清洁生产的鼓励政策，如节能、节水、资源综合利用和技术进步等方面的减免税政策。

2003年6月4日，财政部、国家税务总局发出《关于调整石灰石、大理石和花岗石资源税适用税额的通知》。通知中规定：从7月1日起，石灰石资源税的税额标准从每吨2元调整为每吨0.5元至3元，大理石和花岗石资源税税额标准从每立方米3元调整为每立方米3元至10元。

2004年2月5日，经国务院批准，财政部、国家税务总局发出《关于供热企业税收问题的通知》。通知中规定：华北、东北和西北地区的供热企业在2003年至2005年供暖期期间向居民收取的采暖费，可以暂免征收增值税；上述企业用于生产的房屋、土地，从2003年到2005年可以暂免征收房产税和城镇土地使用税。2006年11月27日，经国务院批准，财政部、国家税务总局规定：从2006年到2008年，上述税收优惠可以继续执行。2009年2月10日，经国务院批准，财政部、国家税务总局规定：在2009年至2010年供暖期期间，北京、天津、河北、山西、内蒙古、辽宁、吉林、黑龙江、山东、河南、陕西、甘肃、青海、宁夏和新疆15个省、自治区和直辖市的供热企业（以下称供热企业）向居民个人（以下称居民）供热取得的采暖费，可以继续免征增值税。从2009年1月1日到2011年6月30日，向居民供热并收取采暖费的供热企业为居民供热使用的厂房和土地，可以继续免征房产税和城镇土地使用税。

2004年3月10日，中共中央总书记胡锦涛在中央人口资源环境工作座谈会上的讲话中提出：要运用财政、税收、信贷等政策手段和必要的行政手段，调控土地、矿产等重要资源的供求。通过项目审批、财政支持、税收优惠和信贷供应等政策杠杆，鼓励低消耗、轻污染和科技含量高而又符合国家产业政策的行业的发展，控制高消耗、高污染和低水平重复建设严重的行业。

同4月1日，国务院办公厅发出《关于开展资源节约活动的通知》，要求国家发展和改革委员会会同财政、税务部门抓紧制订并不断完善节能、节水设备（产品）目录，并研究采取优惠政策，鼓励生产、销售和使用节能、节水设备（产品），鼓励开发和利用可再生能源。

同年5月19日，根据国务院的有关文件，财政部、国家税务总局发出《关于天然林保护工程实施企业和单位有关税收政策的通知》。通知中规定：从2004年到2010年，长江上游、黄河中上游地区，东北、内蒙古等国有林区天然林资源保护工程实施企业和单位用于天然林保护工程的房产、土地、车辆和船舶，可以免征房产税、城镇土地使用税和车船使用税。由于国家实行天然林资源保护工程造成森工企业的房产、土地闲置1年以上不用的，可以暂免征收房产税和城镇土地使用税。

同年5月28日，根据国务院的有关文件，财政部、国家税务总局规定：从2004年到2009年，三峡工程建设基金可以继续免征城市维护建设税和教育费附加。

同年10月15日，财政部、国家税务总局规定：从同年1月1日起，企业、事业单位、社会团体和个人通过中华环境保护基金会用于公益救济性的捐赠，可以在缴纳企业所得税和个人所得税前全额扣除。

同年10月21日，国务院发布《关于深化改革严格土地管理决定》。决定中规定：实行强化节约和集约用地政策。在加强耕地占用税、城镇土地使用税和土地增值税征收管理的同时，进一步调整和完善相关税制，加大对建设用地取得和保有环节的税收调节力度。

2005年2月28日，第十届全国人民代表大会常务委员会第十四次会议通过《中华人民共和国可再生能源法》，其中规定国家对列入可再生能源产业发展指导目录的项目给予税收优惠。

同年3月15日，经国务院批准，财政部、国家税务总局发出《关于国家石油储备基地建设有关税收政策的通知》。通知中规定：国家石油储备基地第一期（包括大连、黄岛、镇海和舟山4个基地）项目建设过程中涉及的营业税、城市维护建设税、城镇土地使用税、印花税、耕地占用税、契税和教育费附加一律免征。

同年5月26日，财政部、国家税务总局发出通知，从同年5月1日起分别提高山东、安徽、福建、河南、重庆、云南、贵州、宁夏8个省、自治区和直辖市煤炭资源税的税额标准。

同年6月7日，国务院发布《关于促进煤炭工业健康发展的若干意见》。这个文件中提出：加快完善煤炭资源税费计征办法，研究将煤炭资源税费以产量和销售收入为基数计征，改为以资源储量为基数计征的方案，并在条件成熟时实施。为了减轻煤炭企业的负担，要切实落实原中央财政对国有重点煤矿增值税定额返还和所得税返还政策，加快增值税改革步伐。

同年6月27日，国务院发出《关于做好建设节约型社会近期重点工作的通知》。通知中提出：要研究制定鼓励生产、使用节能节水产品的税收政策，鼓励发展节能省地型建筑的经济政策，鼓励低油耗、小排量车辆的财税政策；调整高耗能产品进出口政策；适时开征燃油税；完善消费税税制和资源综合利用、废旧物资回收利用的税收优惠政策。

同年6月30日，经国务院批准，国务院办公厅印发《今明两年能源工作要点》。要点中提出：进一步研究制定和完善境外能源开发利用的扶持政策，研究改进相关产品资源税计征办法，择机出台燃油税，研究提出鼓励煤矿瓦斯抽采利用的财税政策，完善限制高耗能产品生产、使用和出口的政策，完善促进可再生能源发展的财税政策，研究制定鼓励生产、使用节能产品和发展节能型住宅、公共建筑的经济鼓励政策。

同年7月2日，国务院发布《关于加快发展循环经济的若干意见》。这个文件中提出：要制定支持循环经济发展的财税政策。要加快研究建立促进节能、节水产品和节能环保型汽车、节能省地型建筑推广的鼓励政策，继续完善资源综合利用的税收优惠政策，调整和完善有利于促进再生资源回收利用的税收政策，适时出台燃油税，完善消费税。

同年7月29日，财政部、国家税务总局发出《关于调整原油、天然气资源税税额标准的通知》。通知中规定：从同年7月1日起，原油资源税的税额标准从每吨8元至24元提高到每吨14元至30元，天然气资源税的税额标准从每千立方米2元至13元提高到每千立方米7元至15元。

同年9月8日，国务院发布《关于进一步加强防沙治沙工作的决定》。决定中规定：国家对于防沙治沙给予必要的税收政策支持。各地区、各有关部门要认真执行好现行的防沙治沙税收优惠政策。单位和个人投资进行防沙治沙的，在投资阶段可以免征各种税收；取得一定收益以后可以免征或者减征有关税收。

同年12月3日，国务院发布《关于落实科学发展观加强环境保护的决定》。决定中规定：建立健全有利于环境保护的价格、税收和信贷等政策体系。对通过中国境内的非营利社会团体、国家机关向环境保护事业的捐赠依法给予税收优惠。

同年12月25日，经国务院批准，国务院办公厅转发国家发展和改革委员会、财政部、国家环境保护总局等部门报送的《关于鼓励发展节能环保型小排量汽车的意见》，其中提出要制定和完善鼓励节能环保型小排量汽车消费的税费政策。

从2006年1月1日起，财政部、国家税务总局分别提高内蒙古、湖南、湖北和广东4个省、自治区煤炭资源税的税额标准，提高锰矿石和钼矿石资源税的税额标准，取消有色金属矿减征资源税的规定，降低铁矿石减征资源税的比例。此后，财政部、国家税务总局陆续规定：从4月1日起提高黑龙江、江苏、江西和陕西4个省煤炭资源税的税额标准，从5月1日起调整岩金矿的等级范围和资源税税额标准，从7月1日起提高甘肃省煤炭资源税的税额标准，从9月1日起提高河北、辽宁、吉林和四川4个省煤炭资源税的税额标准，从12月1日起提高广西壮族自治区煤炭资源税的税额标准。此外，从9月1日起，将钒矿石资源税的税额标准确定为每吨12元。

同年1月20日，国务院发布《关于加强地质工作的决定》。决定中规定：完善资源税、矿产资源补偿费和矿业权使用费政策，允许矿业企业的矿产资源勘查支出按照有关规定据实列支。

同年6月6日，经国务院批准，财政部、国家税务总局规定：从同年1月1日起，企业、事业单位、社会团体和个人等社会力量，通过中国绿化基金会和中国生物多样性保护基金会用于公益救济性捐赠，可以在缴纳企业所得税和个人所得税前全额扣除。

同年6月15日，经国务院批准，国务院办公厅发布《关于加快煤层气（煤矿瓦斯）抽采利用的若干意见》，其中提出对煤层气抽采利用实行税收优惠政策。2007年2月7日，经国务院批准，财政部、国家税务总局发出《关于加快煤层气抽采有关税收政策问题的通知》，自同年1月1日起执行，其中规定：

（1）对于煤层气抽采企业的增值税一般纳税人抽采销售煤层气实行增值税先征后退，所退税款由企业专项用于煤层气技术的研究和扩大再生产，不征收企业所得税。

（2）独立核算的煤层气抽采企业购进的煤层气抽采泵、钻机、煤层气监测装置、煤层气发电机组、钻井、录井和测井等专用设备，统一采取双倍余额递减法或者年数总和法实行加速折旧。

（3）独立核算的煤层气抽采企业利用银行贷款或者自筹资金从事技术改造项目国产设备投资，其项目所需国产设备投资的40%可以从企业技术改造项目设备购置当年比前一年新增的企业所得税中抵免。

（4）财务核算制度健全、实行查账征税的煤层气抽采企业研究开发新技术、新工艺发生的技术开发费，可以在按照规定在企业所得税前全额扣除的基础上按照当年实际发生额的50%加计扣除。

（5）对地面抽采煤层气暂不征收资源税。

2006年8月6日，国务院发布《关于加强节能工作的决定》。决定中提出：实行节能税收优惠政策。对生产和使用列入国家发展和改革委员会会同有关部门制定的《节能产品目录》的产品，财政部、国家税务总局要会同有关部门抓紧研究提出具体的税收优惠政策，报国务院审批。严格实施控制高耗能、高污染和资源性产品出口的政策措施。研究建立促进能源节约的燃油税收制度，以及控制高耗能加工贸易和抑制不合理能源消费的有关税收政策。抓紧研究并适时实施不同种类能源矿产资源计税方法改革方案。根据资源条件和市场变化情况，适当提高有关资源税征收标准。

同年9月30日，财政部、国家发展和改革委员会、农业部、国家税务总局、国家林业局发出《关于发展生物能源和生物化工财税扶持政策的实施意见》。意见中提出：对于国家确实需要扶持的生物能源和生物化工生产企业，国家给予税收优惠政策。

同年10月11日，中国共产党第十六届中央委员会第六次全体会议通过《中共中央关于构建社会主义和谐社会若干重大问题的决定》，其中提出完善有利于环境保护的财税政策。

2007年1月24日，财政部、国家税务总局发出《关于调整盐资源税适用税额标准的通知》。通知中规定：从2月1日起，北方海盐的资源税暂减按每吨15元征收，南方海盐、湖盐和井矿盐的资源税暂减按每吨10元征收，液体盐的资源税暂减按每吨2元征收。

同年1月29日，经国务院批准，财政部、国家税务总局发出《关于调整焦煤资源税适用税额标准的通知》。通知中规定：从2月1日起，将焦煤资源税的税额标准确定为每吨8元。

2008年8月20日，根据企业所得税法及其实施条例，经国务院批准，财政部、国家税务总局、国家发展和改革委员会公布《节能节水专用设备企业所得税优惠目录（2008年版）》、《环境保护专用设备企业所得税优惠目录（2008年版）》和《资源综合利用企业所得税优惠目录（2008年版）》。

2007年5月23日，国务院印发国家发展和改革委员会会同有关部门制定的《节能减排综合性工作方案》。方案中提出：继续运用调整出口退税、加征出口关税等措施，控制高耗能、高污染产品出口。清理和纠正各地在税费等方面对高耗能、高污染行业的优惠政策。抓紧制定节能、节水、资源综合利用和环保产品（设备、技术）目录及相应税收优惠政策。实行节能环保项目减免企业所得税和节能环保专用设备投资抵免企业所得税政策。对节能减排设备投资给予增值税进项税抵扣。完善对废旧物资、资源综合利用产品增值税优惠政策；对企业综合利用资源，生产符合国家产业政策规定的产品取得的收入，在计征企业所得税时实行减计收入的政策。实施鼓励节能环保型车船、节能省地环保型建筑和既有建筑节能改造的税收优惠政策。抓紧出台资源税改革方案，改进计征方式，提高税负水平。适时出台燃油税。研究开征环境税。研究促进新能源发展的税收政策。实行鼓励先进节能环保技术设备进口的税收优惠政策。

同年6月3日，国务院发出《关于印发〈中国应对气候变化国家方案〉的通知》。通知中规定：要完善产业政策、财税政策、信贷政策和投资政策，充分发挥价格杠杆的作用，形成有利于减缓温室气体排放的体制机制。方案中提出：对煤矿瓦斯抽采利用及其他综合利用项目实行税收优惠政策；取消或者降低铁合金、生铁、废钢、钢坯（锭）和钢材等钢铁产品的出口退税，限制这些产品的出口；研究鼓励发展节能环保型小排量汽车和加快淘汰高油耗车辆的财政税收政策；择机实施燃油税改革方案；对填埋气体收集利用项目实行优惠的增值税税率，并在一定时间以内减免所得税。

同年7月5日，财政部、国家税务总局发出《关于调整铅锌矿石等税目资源税适用税额标准的通知》。通知中规定：从8月1日起，提高铅锌矿石、铜矿石和钨矿石资源税的税额标准。其中，一等至五等铅锌矿石的税额标准分别从每吨4元至2元提高到每吨20元至10元，一等至五等铜矿石的税额标准分别从每吨1.6元至1.2元提高到每吨7元至5元，三等至五等钨矿石的税额标准分别从每吨0.6元至0.4元提高到每吨9元至7元。

同年7月30日，中共中央、国务院转发《国家发展和改革委员会关于上半年经济形势和做好下半年经济工作的建议》。建议中提出：对一些高耗能、高排放和资源型产品要进一步提高或者加征出口暂定关税。加快实施资源税改革。

同年7月31日，财政部、国家税务总局规定：从同年1月1日起，企业、事业单位、社会团体和个人等社会力量通过中华环保联合会用于公益救济性的捐赠，企业在年度应纳税所得额3%以内的部分，个人在申报应纳税所得额30%以内的部分，可以在缴纳企业所得税和个人所得税税前扣除。

同年10月28日，第十届全国人民代表大会常务委员会第三十次会议通过修订以后的《中华人民共和国节约能源法》。该法中规定：国家对生产、使用列入本法规定的推广目录的需要支持的节能技术和节能产品实行税收优惠等扶持政策；实行有利于节约能源资源的税收政策；运用税收等政策鼓励先进节能技术和设备的进口，控制在生产过程中耗能高、污染重的产品出口；运用财税、价格等政策支持推广电力需求侧管理、合同能源管理和节能自愿协议等节能办法。

同年11月22日，国务院印发国家环境保护总局、国家发展和改革委员会制定的《国家环境保护“十一五”规划》。规划中提出：在资源税、消费税和进出口税改革中充分考虑环境保护要求，探索建立环境税收制度，运用税收杠杆促进资源节约型、环境友好型社会的建设。财税部门要研究制定有利于环境保护的财税政策。

同年12月9日，国务院办公厅发出《关于加强抗旱工作的通知》，其中提出充分运用价格、财税、金融等手段促进水资源的节约和高效利用。

同年12月18日，国务院发布《关于促进资源型城市可持续发展的若干意见》。这个文件中提出：改革资源税制度，完善资源税计税依据，调整资源税负水平，加强资源税的征收管理，增加资源开采地的财政收入。

同年12月31日，经国务院批准，国务院办公厅发出《关于限制生产销售使用塑料购物袋的通知》。通知中规定：财税部门要尽快研究制定抑制废塑料污染的税收政策，利用税收杠杆调控塑料购物袋的生产、销售和使用，支持废塑料综合利用产业的发展。

2008年1月3日，国务院发出《关于促进节约集约用地的通知》，其中规定财政、税务部门要严格落实和完善鼓励节约集约用地的税收政策。

同年4月3日，经国务院批准，财政部、国家税务总局发出《关于核电行业税收政策有关问题的通知》。通知中规定：核力发电企业生产销售电力产品，从核电机组正式商业投产次月起15个年度以内，统一实行增值税先征后退政策，返还比例分三个阶段逐级递减。自当年起，核力发电企业取得的增值税退税款，专项用于还本付息，不征收企业所得税。

2008年7月15日，经国务院批准，国务院办公厅印发《2008年节能减排工作安排》。这个文件中提出：配合企业所得税法实施，落实与节能节水、资源综合利用和环保有关的企业所得税优惠政策。调整、完善再生资源回收企业增值税优惠政策。推进资源税和矿产资源补偿费制度改革，改进计征方式，提高税费标准。实行鼓励先进节能环保技术设备及其关键零部件进口的税收优惠政策。研究企业新购入的节能和环保设备所含增值税进项税金在其销项税金中抵扣的政策。制定并实施鼓励支持节能服务产业发展的财政、税收和金融政策。

同年8月1日，国务院发出《关于进一步加强节油节电工作的通知》。通知中规定：降低小排量乘用车的消费税税率，提高大排量乘用车的消费税税率，进一步扩大不同排量汽车消费税税率的差距。企业购置使用高效节能中小型三相异步电动机、高压电动机、交直流永磁电动机、通风机、水泵和空气压缩机等产品，符合《节能节水专用设备企业所得税优惠目录》规定的，其投资额按照税法规定享受抵免所得税优惠。实行鼓励消费者购买高效节能空调的财税政策。研究采取税收政策抑制白炽灯等低效照明产品的生产和消费。同日，经国务院批准，财政部、国家税务总局据此发出《关于调整乘用车消费税政策的通知》。通知中规定：从9月1日起，气缸容量（排气量，下同）不超过1.0升的乘用车，税率从3%降低到1%；气缸容量超过3.0升—4.0升的乘用车，税率从15%提高到25%；气缸容量超过4.0升的乘用车，税率从20%提高到40%。

2008年8月1日，国务院公布《民用建筑节能条例》，其中规定民用建筑节能项目依法享受税收优惠。

同年8月25日，国家发展和改革委员会、国家税务总局等11个部门发出《关于贯彻实施〈中华人民共和国节约能源法〉的通知》。通知中规定：各级发展改革、工业、财政、税务、质检等部门，要按照节约能源法的要求，综合运用价格、财政、税收、市场准入、政府采购、信贷等经济政策，努力构建引导和推动节能的政策框架。落实节能专用设备投资抵免企业所得税和节能减排设备增值税进项税抵扣的政策，完善资源税，研究开征环境税，择机出台燃油税。

同年8月29日，第十一届全国人民代表大会常务委员会第四次会议通过《中华人民共和国循环经济促进法》。该法中规定：国家对促进循环经济发展的产业活动给予税收优惠，并运用税收等措施鼓励进口先进的节能、节水、节材等技术、设备和产品，限制在生产过程中耗能高、污染重的产品的出口。企业使用或者生产列入国家清洁生产、资源综合利用等鼓励名录的技术、工艺、设备或者产品的，按照国家有关规定享受税收优惠。

同年9月16日，财政部、国家税务总局发出《关于调整硅藻土、珍珠岩、磷矿石和玉石等资源税税额标准的通知》。通知中规定：从10月1日起，玉石、硅藻土资源税的税额标准提高到每吨20元，磷矿石资源税的税额标准提高到每吨15元，膨润土、沸石和珍珠岩资源税的税额标准提高到每吨10元。

同年10月6日，国务院印发国土资源部会同有关部门编制的《全国土地利用总体规划纲要（2006—2020)》。纲要中提出：要逐步形成促进节约集约用地的税费调节机制。实行以利于有效保护耕地、合理利用土地资源和最大限度利用城市现有土地的税收政策。加大闲置和低效用地的税费调节力度，引导建设用地整合，提高用地效益；加大建设用地保有环节税收调节力度，提高土地保有成本，促进土地向集约高效方向流转；加大对土地深度开发等的税收支持力度，鼓励挖掘存量建设用地潜力，鼓励工业企业在符合规划、不改变用途的前提下提高土地利用率，促进节约集约用地。

2008年12月9日，经国务院批准，财政部、国家税务总局分别联合发出《关于资源综合利用及其他产品增值税政策的通知》和《关于再生资源增值税政策的通知》。上述第一个文件中规定：

（1）销售下列自产货物免征增值税：再生水、以废旧轮胎为全部生产原料生产的胶粉、翻新轮胎和生产原料中掺兑废渣比例不低于30%的特定建材产品。

（2）污水处理劳务免征增值税。

（3）对销售下列自产货物实行增值税即征即退：以工业废气为原料生产的高纯度二氧化碳产品、以垃圾为燃料生产的电力和热力、以煤炭开采过程中伴生的舍弃物油母页岩为原料生产的页岩油、以废旧沥青混凝土为原料生产的再生沥青混凝土、采用旋窑法工艺生产并且生产原料中掺兑废渣比例不低于30%的水泥。

（4）对销售下列自产货物实行增值税即征即退50%：以退役军用发射药为原料生产的涂料硝化棉粉，对燃煤发电厂和各类工业企业产生的烟气、高硫天然气进行脱硫生产的副产品，以废弃酒糟和酿酒底锅水为原料生产的蒸汽、活性炭、白碳黑、乳酸、乳酸钙、沼气，以煤矸石、煤泥、石煤、油母页岩为燃料生产的电力和热力，利用风力生产的电力，部分新型墙体材料产品。

（5）对销售自产的综合利用生物柴油实行增值税先征后退。

上述第一、第二项规定自2009年1月1日起执行，第三至第五项规定自2008年7月1日起执行。

上述第二个文件自2009年1月1日起执行，其中规定：

（1）取消以下规定：第一，废旧物资回收经营单位销售其收购的废旧物资免征增值税；第二，生产企业增值税一般纳税人购入废旧物资回收经营单位销售的废旧物资，可以按照废旧物资回收经营单位开具的由税务机关监制的普通发票上注明的金额和10%的比例计算抵扣进项税额。

（2）单位和个人销售再生资源，应当按照增值税暂行条例及其实施细则和财政部、国家税务总局的有关规定缴纳增值税，但是个人（不包括个体工商户）销售自己使用过的废旧物品免征增值税。增值税一般纳税人购进再生资源，应当凭取得的规定的扣税凭证抵扣进项税额。

（3）对符合条件的增值税一般纳税人销售再生资源缴纳的增值税实行定期按照比例先征后退。其中，2009年的退还比例为70%，2010年的退还比例为50%。

（4）报废船舶拆解和报废机动车拆解企业，适用上述规定。

2008年12月18日，国务院发出《关于实施成品油价格和税费改革的通知》。通知中规定：自2009年起实施成品油税费改革，汽油消费税单位税额每升提高0.8元，柴油消费税单位税额每升提高0.7元，其他成品油单位税额相应提高。加上现行单位税额，提高以后的汽油、石脑油、溶剂油、润滑油消费税单位税额为每升1元，柴油、燃料油、航空煤油消费税单位税额为每升0.8元。

成品油消费税属于中央税，由国家税务局统一征收（进口环节继续委托海关代征）。纳税人为在中国境内生产、委托加工、进口成品油的单位和个人。纳税环节为生产环节、委托加工和进口环节。计征方式为从量定额计征，价内征收。今后将结合完善消费税制度，积极创造条件，适时将消费税征收环节移到批发环节，并改为价外征收。

提高成品油消费税单位税额以后，对进口石脑油恢复征收消费税。在2010年年底以前，对国产的用作乙烯、芳烃类产品原料的石脑油免征消费税，对进口的用作乙烯、芳烃类产品原料的石脑油已经缴纳的消费税予以返还。航空煤油暂缓征收消费税。用外购、委托加工收回的已税汽油生产的乙醇汽油免征消费税，用自产汽油生产的乙醇汽油按照生产乙醇汽油所耗用的汽油数量申报缴纳消费税。外购、委托加工收回的汽油、柴油用于连续生产甲醇汽油、生物柴油的，可以从应纳消费税中扣除原料已经缴纳的消费税。

2008年12月19日，根据国务院的上述通知，财政部、国家税务总局分别联合发出《关于提高成品油消费税税率的通知》和《关于提高成品油消费税税率后相关成品油消费税政策的通知》。

从2009年起，一般纳税人销售自己使用过的法定不得抵扣且未抵扣进项税额的固定资产，按照简易办法和4%征收率减半征收增值税。小规模纳税人（不包括其他个人，下同）销售自己使用过的固定资产，减按2%征收率征收增值税。纳税人销售旧货（指进入二次流通的具有部分使用价值的货物，不包括纳税人自己使用过的物品），按照简易办法依照4%征收率减半征收增值税。

2009年1月16日，经国务院批准，财政部、国家税务总局发出《关于减征1.6升及以下排量乘用车车辆购置税的通知》。通知中规定：在1月20日至12月31日期间购置1.6升以下排量乘用车，暂减按5%的税率征收车辆购置税。

同年3月12日，财政部、国家税务总局发出通知，将新疆维吾尔自治区的煤炭（不包括焦煤）资源税税额标准提高为每吨3元。

同年3月23日，经国务院批准，财政部、国家税务总局发出《关于中国清洁发展机制基金及清洁发展机制项目实施企业有关企业所得税政策问题的通知》，自2007年起执行，其中规定：

（1）中国清洁发展机制基金（以下简称清洁基金）取得的下列收入免征企业所得税：清洁发展机制项目（以下简称CDM项目）温室气体减排量转让收入上缴国家的部分，国际金融组织赠款收入，清洁基金资金存款利息收入、购买国债利息收入，国内外机构、组织和个人的捐赠收入。

（2）CDM项目实施企业按照国家发展和改革委员会等部门制定的《清洁发展机制项目运行管理办法》将温室气体减排量的转让收入按照以下比例上缴国家的部分，可以在计算应纳税所得额的时候扣除：氢氟碳化物（HFC）和全氟碳化物（PFC）类项目，为温室气体减排量转让收入的65%；氧化亚氮（$N_2O$）类项目，为温室气体减排量转让收入的30%；《清洁发展机制项目运行管理办法》第四条规定的重点领域和植树造林项目等类清洁发展机制项目，为温室气体减排量转让收入的2%。

（3）企业实施的将温室气体减排量转让收入的65%上缴国家的HFC和PFC类CDM项目，将温室气体减排量转让收入的30%上缴国家的$N_2O$类CDM项目，其实施该类CDM项目的所得，从项目取得第一笔减排量转让收入所属纳税年度起，第一年至第三年免征企业所得税，第四年至第六年减半征收企业所得税。

同年7月19日，经国务院批准，国务院办公厅印发《2009年节能减排工作安排》。这个文件中提出：落实成品油价格和税费改革方案，研究调整车辆购置税政策。

2. 交通、通信和公共基础设施。2001年4月3日，经国务院批准，财政部、国家税务总局发出《关于铁路货车修理免征增值税的通知》。通知中规定：从同年1月1日起，铁路系统内部为本系统修理货车的业务可以免征增值税。

同年4月17日，经国务院批准，财政部、国家税务总局发出《关于民航总局及地方航空公司进口飞机有关增值税问题的通知》。通知中规定：从同年1月1日起，中国民用航空总局和地方航空公司进口的空载重量25吨以上的客货运飞机可以减按6%征收进口环节增值税。2004年9月30日，经国务院批准，财政部、国家税务总局规定：从10月1日起，国内航空公司进口空载重量在25吨以上的客货运飞机可以减按4%征收进口环节增值税。

2003年6月12日，根据国务院的有关文件，财政部、国家税务总局发出《关于青藏铁路建设期间有关税收政策问题的通知》，其中规定：

（1）中标的施工企业、监理企业和勘察设计企业从事青藏铁路建设的施工、监理和勘察设计所取得的收入，青藏铁路公司在建设期间取得的临时管理运输收入，可以免征营业税、城市维护建设税和教育费附加。

（2）中标的加工生产企业为青藏铁路建设加工生产的轨枕和水泥预制构件，可以免征增值税、城市维护建设税和教育费附加。

（3）青藏铁路公司的营业账簿可以免征印花税；青藏铁路公司与中标的建设单位所签订的加工承揽合同、建设工程勘察设计合同和建筑安装工程承包合同，可以免征签订合同双方应纳的印花税。

（4）青藏铁路建设工程单位为建设青藏铁路自采自用的砂、石等材料，可以免征资源税。

（5）青藏铁路线路使用的土地，青藏铁路公司和中标的建设单位在青藏铁路建设期间因施工、生产的需要而使用的土地，可以免征城镇土地使用税。

（6）青藏铁路线路占用的耕地和青藏铁路在建设过程中因施工、生产临时占用的耕地，可以免征耕地占用税。

（7）青藏铁路公司在青藏铁路建设期间从事临时管理运输业务取得的所得，中标的施工企业、加工企业、监理企业和勘察设计企业从事青藏铁路建设取得的所得，可以免征企业所得税。青藏铁路公司和中标的建设企业按照上述规定免征的税金及附加，可以不计入企业的应纳税所得额。

同年7月11日，经国务院批准，财政部、国家税务总局发出《关于调整铁路系统房产税、城镇土地使用税政策的通知》。通知中规定：铁道部所属铁路运输企业自用的房产、土地，继续免征房产税、城镇土地使用税。铁路运输体制改革以后从铁路系统分离出来独立核算、自负盈亏的企业，从2003年起恢复征收房产税、城镇土地使用税。

2005年3月7日，经国务院批准，财政部、海关总署和国家税务总局发出《关于救助打捞单位税收优惠政策的通知》。通知中规定：从2005年到2007年，对交通部北海、东海、南海救助局和烟台、上海、广州打捞局实行以下税收优惠政策：打捞局自用的土地、房产、车辆和船舶，可以免征城镇土地使用税、房产税和车船使用税；打捞局可以免征企业所得税，打捞收入可以免征营业税；救助局、打捞局为生产专业救助、打捞船舶进口国内不能生产或者性能不能满足要求的关键件和设备，可以按照1%的税率征收关税（法定税率低于1%的，按照实际税率征收）。

同年5月11日，经国务院批准，财政部、国家税务总局发出《关于公路经营企业车辆通行费收入营业税政策的通知》，通知中规定：从6月1日起，公路经营企业取得的高速公路车辆通行费收入可以减按3%的税率征收营业税。

2006年4月19日，经国务院批准，财政部、国家税务总局发出《关于邮政普遍服务和特殊服务免征营业税的通知》。通知中规定：从同年1月1日起，国家邮政局及其所属邮政单位提供邮政普遍服务和特殊服务业务（包括函件、包裹、汇票、机要通信、党报和党刊发行）取得的收入，可以免征营业税。享受免税的党报和党刊发行收入，可以按照邮政企业报刊发行收入的70%计算。

2007年1月11日，根据国务院的有关文件，财政部、国家税务总局发出《关于青藏铁路公司运营期间有关税收等政策问题的通知》。通知中规定：青藏铁路公司取得的运输收入和其他业务收入，可以免征营业税、城市维护建设税和教育费附加；青藏铁路公司及其所属单位营业账簿可以免征印花税；青藏铁路公司签订的货物运输合同可以免征印花税，合同其他各方当事人应纳的印花税照章征收；青藏铁路公司及其所属单位自采自用的砂、石等材料可以免征资源税；青藏铁路公司及其所属单位承受土地、房屋权属用于办公和运输主业的，可以免征契税；青藏铁路公司及其所属单位自用的房产、土地可以免征房产税、城镇土地使用税。

2008年9月8日，根据企业所得税法及其实施条例，经国务院批准，财政部、国家税务总局、国家发展和改革委员会公布《公共基础设施项目企业所得税优惠目录（2008年版）》。

2008年11月4日，海峡两岸关系协会与海峡交流基金会在台北签署《海峡两岸海运协议》。协议中提出：双方同意对航运公司参与两岸船舶运输在对方取得的运输收入，相互免征营业税和所得税。2009年1月19日，经国务院批准，财政部、国家税务总局发出《关于海峡两岸海上直航营业税和企业所得税政策的通知》。通知中规定：从2008年12月15日起，台湾航运公司从事海峡两岸海上直航业务在大陆取得的运输收入，免征营业税；取得的来源于大陆的所得，免征企业所得税。2009年4月26日，海峡两岸关系协会与海峡交流基金会在南京签署《海峡两岸空运补充协议》。协议中提出：双方同意在互惠的基础上磋商对两岸航空公司与经营活动有关的设备和物品相互免征关税、检验费和其他类似税费，并对两岸航空公司参与两岸航空运输从对方取得的运输收入相互免征营业税和所得税。

2008年12月29日，经国务院批准，财政部、国家税务总局发出《关于航空公司燃油附加费免征营业税的通知》。通知中规定：从2008年到2010年，航空公司经批准收取的燃油附加费免征营业税。

### （四）企业发展、改革和技术进步

2001年10月31日，财政部、国家税务总局发出《关于企业改革中有关契税政策的通知》。通知中规定：在公司制改造中，不改变投资主体和出资比例改建成的公司制企业承受原企业土地、房屋权属的；在企业合并中，新设方、存续方承受被解散方土地、房屋权属，合并以前各方为相同投资主体的；在企业分立中，派生方、新设方承受原企业土地、房屋权属的；在股权转让中，单位、个人承受企业股权，企业土地、房屋权属不发生转移的，不征收契税。在公司制改造中，独家发起、募集设立的股份有限公司承受发起人土地、房屋权属的，国有企业、集体企业经批准改建成全体职工持股的有限责任公司、股份有限公司承受原企业土地、房屋权属的；企业破产清算期间，债权人承受破产企业土地、房屋权属抵偿债务的，免征契税。

2003年8月20日，财政部、国家税务总局发出《关于企业改制重组若干契税政策的通知》，执行期限为同年10月1日至2005年12月31日，其中规定：非公司制企业依法整体改建为有限责任公司、股份有限公司，有限责任公司整体改建为股份有限公司，改建后的公司承受原企业土地、房屋权属；非公司制国有独资企业、国有独资有限责任公司，以其部分资产与他人组建新公司，且该国有独资企业（公司）在新设公司中所占股份超过50%的，新设公司承受该国有独资企业（公司）的土地、房屋权属，免征契税。在股权转让中，单位、个人承受企业股权，企业土地、房屋权属不发生转移的，不征收契税。国有企业、集体企业实施企业股份合作制改造，由职工买断企业产权，向其职工转让部分产权，通过其职工投资增资扩股；将原企业改造为股份合作制企业的，改造以后的股份合作制企业承受原企业土地、房屋权属，免征契税。两个以上企业依据法律、合同合并改建为一个企业，合并以后的企业承受原合并各方土地、房屋权属，免征契税。企业依照法律、合同分设为两个以上投资主体相同的企业，派生方、新设方承受原企业土地、房屋权属，不征收契税。国有企业、集体企业出售，被出售企业法人注销，并且买受人妥善安置原企业30%以上职工的，其承受所购企业土地、房屋权属，减半征收契税；全部安置原企业职工的，免征契税。企业依法关闭、破产以后，债权人承受关闭、破产企业土地、房屋权属抵偿债务的，免征契税。非债权人承受关闭、破产企业土地、房屋权属，妥善安置原企业30%以上职工的，减半征收契税；全部安置原企业职工的，免征契税。经国务院批准实施债权转股权的企业，债权转股权以后新设立的公司承受原企业土地、房屋权属，免征契税。政府主管部门对国有资产进行行政性调整和划转过程中发生的土地、房屋权属转移，企业改制重组过程中同一投资主体内部企业之间土地、房屋权属无偿划转，不征收契税。2006年3月29日，财政部、国家税务总局发出通知，规定上述通知的执行期限延长为2006年至2008年。

2008年12月29日，财政部、国家税务总局发出《关于企业改制重组若干契税政策的通知》，执行期限为2009年至2011年，其中规定：非公司制企业依法整体改建为有限责任公司、股份有限公司，有限责任公司整体改建为股份有限公司的，改建以后的公司承受原企业土地、房屋权属，免征契税。非公司制国有独资企业、国有独资有限责任公司以其部分资产与他人组建新公司，且该国有独资企业（公司）在新设公司中股份超过50%的，新设公司承受该国有独资企业（公司）土地、房屋权属，免征契税。国有控股公司以部分资产投资组建新公司，且该国有控股公司占新公司股份85%以上的，新公司承受该国有控股公司土地、房屋权属，免征契税。在股权转让中，单位、个人承受企业股权，企业土地、房屋权属不发生转移的，不征收契税。两个以上企业依据法律、合同合并改建为一个企业，且原投资主体存续的，合并以后的企业承受原合并各方土地、房屋权属，免征契税。企业依照法律、合同分设为两个以上投资主体相同的企业，派生方、新设方承受原企业土地、房屋权属，不征收契税。国有企业、集体企业出售，被出售企业法人注销，并且买受人依法妥善安置原企业全部职工，其中与原企业30%以上职工签订服务年限不少于3年劳动用工合同的，其承受所购企业土地、房屋权属，减半征收契税；与原企业全部职工签订服务年限不少于3年劳动用工合同的，免征契税。企业依法注销、破产以后，债权人承受注销、破产企业土地、房屋权属抵偿债务的，免征契税。非债权人承受注销、破产企业土地、房屋权属，依法妥善安置原企业全部职工，其中与原企业30%以上职工签订服务年限不少于3年劳动用工合同的，其承受所购企业土地、房屋权属，减半征收契税；与原企业全部职工签订服务年限不少于3年劳动用工合同的，免征契税。经国务院批准实施债权转股权的企业，债权转股权以后新设立的公司承受原企业土地、房屋权属，免征契税。政府主管部门对国有资产进行行政性调整和划转过程中发生的土地、房屋权属转移，不征收契税。企业改制重组过程中，同一投资主体内部企业之间土地、房屋权属无偿划转，包括母公司与其全资子公司之间，同一公司所属全资子公司之间，同一自然人与其设立的个人独资企业、一人有限公司之间土地、房屋权属无偿划转，不征收契税。

2002年6月1日，财政部、国家税务总局发出《关于外商投资企业追加投资享受企业所得税优惠政策的通知》。通知中规定：从同年1月1日起，从事国家鼓励类项目的外商投资企业，符合以下条件之一的，投资者在原合同以外追加投资项目取得的所得，经过企业申请，省级税务机关批准，也可以依法享受定期免征、减征企业所得税的待遇：追加投资形成的新增注册资本额达到6000万美元以上的；追加投资形成的新增注册资本额达到1500万美元以上，且达到企业原注册资本50%以上的。

同年6月21日，国家经济贸易委员会、国家税务总局等4个部门印发《国家产业技术政策》。这个文件中提出：在认真落实现有支持技术创新的各项政策基础上，制定进一步加大财政、税收和金融等支持力度的政策。对提高国民经济整体素质和产业优化升级的关键技术、共性和配套性技术及其产业化项目，国家给予重点支持。对关系到中国经济和社会安全的战略性、基础性、关键性的技术领域，国家要加大力度支持自主开发。要通过财政政策等手段，支持企业利用先进适用技术改造传统产业和实施高新技术产业化项目；进一步鼓励企业增加研究开发投入，促使企业提高研究开发投入占销售收入的比重。

同年6月29日，第九届全国人民代表大会常务委员会第二十八次会议通过《中华人民共和国中小企业促进法》。该法中规定：国家在税收政策上支持、鼓励中小企业的创立与发展。鼓励对中小企业发展基金的捐赠和各类依法设立的风险投资机构增加对中小企业的投资。对失业人员创立的中小企业和当年吸纳失业人员达到国家规定比例的中小企业，符合国家支持和鼓励发展政策的高新技术中小企业，在少数民族地区、贫困地区创办的中小企业，安置残疾人员达到国家规定比例的中小企业，在一定期限以内减征、免征所得税，实行税收优惠。

同年9月18日，经国务院批准，国务院办公厅转发国务院信息化工作办公室报送的《振兴软件产业行动纲要（2002年至2005年）》。纲要中提出：对增值税一般纳税人销售其自行开发生产的软件产品，按照17%的税率征收增值税，对实际税负超过3%的部分即征即退，由企业用于研究开发软件产品和扩大再生产。在中国境内新创办的软件企业认定以后，从获利年度起，2年免征企业所得税，3年减半征收企业所得税。软件企业人员薪酬和培训费用可以按照实际发生额在企业所得税前列支。

同年9月27日，经国务院批准，国务院办公厅转发国务院经济体制改革办公室、国家经济贸易委员会报送的《关于促进连锁经营发展的若干意见》。这个文件中提出：实行统一纳税，促进连锁经营企业跨区域发展。省内跨区域经营的直营连锁企业，经过省级税务部门会同同级财政部门审核同意以后，可以由总部向其所在地税务机关在省内统一申报缴纳增值税。市（地区）、县内跨区域经营的直营连锁企业，经过市（地区）、县税务部门会同同级财政部门审核同意以后，可以由总部向其所在地税务机关在市（地区）、县内统一申报缴纳增值税。连锁企业省内跨区域设立的直营门店，凡在总部领导下统一经营、与总部微机联网，由总部实行统一采购配送、统一核算和统一规范化管理，并不设立银行结算账户、不编制财务报表和账簿的，由总部统一缴纳企业所得税。2003 年 2 月 27 日，财政部、国家税务总局据此发出《关于连锁经营企业有关税收问题的通知》。

同年 10 月 10 日，经国务院批准，财政部、国家税务总局发出《关于进一步鼓励软件产业和集成电路产业发展税收政策的通知》。通知中规定：从 2002 年到 2010 年，增值税一般纳税人销售自产的集成电路产品按照 17% 的税率征收增值税以后，其增值税实际税负超过 3% 的部分可以即征即退，由企业用于扩大再生产和研究开发集成电路产品（此项规定自 2005 年 4 月起停止执行——笔者注）。经过认定的生产线宽不超过 0. 8 微米集成电路产品的生产企业，可以从获利的年度起，第一年至第二年免征企业所得税，第三年至第五年减半征收企业所得税。从 2002 年到 2010 年，集成电路生产企业、封装企业的投资者以其取得的缴纳企业所得税以后的利润直接投资于本企业，增加注册资本，或者作为资本投资开办其他集成电路生产企业、封装企业，经营期不少于 5 年的，可以按照 40% 的比例退还其再投资部分已经缴纳的企业所得税。在上述期间，国内外经济组织作为投资者，以其在中国境内取得的缴纳企业所得税以后的利润作为资本投资于西部地区开办集成电路生产企业、封装企业或者软件产品生产企业，经营期不少于 5 年的，可以按照 80% 的比例退还其再投资部分已经缴纳的企业所得税。上述再投资不满 5 年撤出该项投资的，一律追缴已经退还的企业所得税。

同年 12 月 6 日，经国务院批准，国务院办公厅转发国家经济贸易委员会、国家税务总局等 9 个部门报送的《关于进一步扶持农业机械工业发展若干意见》。这个文件中提出：继续实施对农机产品按照 13% 的税率征收增值税的优惠政策。“十五”期间，对于生产大马力拖拉机、联合收割机等国家鼓励发展的重点农机产品，所需进口国内不能生产、进口金额比较大且进口税率比较高的少量专用零部件，可以适当降低关税。

2003 年 11 月 27 日，财政部、国家税务总局发出《关于扩大企业技术开发费加计扣除政策适用范围的通知》。通知中规定：从同年 1 月 1 日起，1996 年 4 月 7 日财政部、国家税务总局发出的《关于扩大企业技术进步有关财务税收问题的通知》中关于盈利工业企业研究开发新产品、新技术和新工艺所实际发生的费用比上一年度实际发生额增长幅度在 10% 以上的，除了按照规定据实列支以外再按照当年实际发生额的 50% 抵扣企业当年应纳税所得额的规定，适用范围扩大到所有财务核算制度健全、查账征收企业所得税的各种所有制的工业企业。

同年 12 月 8 日，根据国务院指示，财政部、国家税务总局发出《关于企业改制过程中有关印花税政策的通知》。通知中规定：经县级以上人民政府和企业主管部门批准改制的企业，实行公司制改造的企业在改制过程中成立的新企业，其新启用的资金账簿记载的资金和因企业建立资本纽带关系增加的资金，原来已经贴花的部分；以合并、分立方式成立的新企业，其新启用的资金账簿记载的资金，原来已经贴花的部分；企业改制以前签订尚未履行完的各类应税合同，改制以后需要变更执行主体的，仅改变执行主体、其余条款未作变动且改制以前已贴花的，可以不再贴花。企业由于改制签订的产权转移书据，免予贴花。

2004年5月23日，国务院发布《关于进一步深化粮食流通体制改革的意见》，意见中提出：对有困难的国有粮食购销企业的生产、经营性用房和土地，应当减征或者免征3年的房产税和城镇土地使用税。8月5日，国家发展和改革委员会、国家税务总局等5个单位据此印发《关于进一步深化国有粮食购销企业改革的指导性意见》。

同年6月25日，第十届全国人民代表大会常务委员会第十次会议通过《中华人民共和国农业机械化促进法》。该法中规定：对农业机械的科研开发和制造实施税收优惠政策，对从事农业机械生产作业服务的收入按照国家规定给予税收优惠。

同年7月16日，国务院发布《关于投资体制改革的决定》。决定中规定：逐步理顺公共产品价格，通过注入资本金、贷款贴息和税收优惠等措施，鼓励和引导社会资本以独资、合资、合作、联营和项目融资等方式，参与经营性的公益事业、基础设施项目建设；灵活运用税收等手段，引导社会投资，优化投资的产业结构和地区结构。

同年8月5日，经国务院批准，国家发展和改革委员会、国家税务总局等9个部门印发《关于促进我国现代物流业发展的意见》。意见中提出：物流企业将承揽的运输、仓储等业务分包给其他单位并由物流企业统一收取价款的，以物流企业取得的全部收入减去其他项目支出以后的余额为营业税的计税依据。物流企业在本省（自治区、直辖市）范围以内设立的跨区域的分支机构，凡在总部领导下统一经营、统一核算，不设银行结算账户、不编制财务报表和账簿，并与总部计算机联网、实行统一规范管理的企业，其企业所得税由总部统一缴纳。2005年12月29日，国家税务总局据此发出《关于试点物流企业有关税收政策问题的通知》。

2005年1月8日，经国务院批准，国务院办公厅发出《关于加快电子商务发展的若干意见》。这个文件中提出：研究制定鼓励电子商务发展的财税政策。有关部门应当本着积极稳妥推进的原则，加快研究制定电子商务税费优惠政策，加强电子商务税费管理；加大对电子商务基础性和关键性领域研究开发的支持力度；采取积极措施，支持企业面向国际市场在线销售和采购，鼓励企业参与国际市场竞争。

同年2月5日，经国务院批准，财政部、国家税务总局发出《关于债转股企业有关税收政策的通知》。通知中规定：从国务院批准债转股企业债转股实施方案之日起，按照债转股企业与金融资产管理公司签订的债转股协议，债转股原企业将货物资产作为投资提供给债转股新公司的，免征增值税；债转股原企业将应税消费品作为投资提供给债转股新公司的，免征消费税。从2004年到2008年，债转股新公司由于停息增加利润计算的企业所得税，按照现行企业所得税分享体制，分别由中央、地方财政返还债转股原企业，专项用于购买金融资产管理公司持有的债转股新公司股权，并相应增加债转股原企业的国家资本金。

同年2月19日，国务院发布《关于鼓励支持和引导个体私营等非公有制经济发展的若干意见》。这个文件中提出：在财税政策等方面，对非公有制企业与其他所有制企业一视同仁，实行同等待遇。通过税收等相关政策，鼓励非公有制经济捐资捐赠社会事业。加大对非公有制经济的财税金融支持，研究完善有关税收扶持政策。加快研究改进和完善个体工商户、小企业的会计、税收等管理制度。

同年2月22日，经国务院批准，财政部、国家税务总局发出《关于扶持薄膜晶体管显示器产业发展税收优惠政策的通知》，规定了缩短生产性设备的折旧年限、免征有关进口货物的关税和进口环节增值税等优惠措施。

同年6月9日，国务院发布《关于促进流通业发展的若干意见》。这个文件中提出：纳税有困难的企业，可以按照规定减免生产性用房的房产税和城镇土地使用税。开展农产品连锁经营试点，增值税一般纳税人购进免税农产品按照13%的扣除率计算进项税额；试点企业从农业生产单位购进农产品的，鼓励其取得农业生产单位开具的普通发票，作为进项税额抵扣凭证；试点企业建设冷藏、低温仓储和运输为主的农产品冷链系统，可以加速折旧。

同年11月15日，经国务院批准，国家发展改革委员会、国家税务总局等6个部门发布《创业投资企业管理暂行办法》。办法中规定：国家运用税收优惠政策扶持创业投资企业发展，并引导其增加对中小企业特别是中小高新技术企业的投资。

同年12月2日，国务院发布《关于发布实施〈促进产业结构调整暂行规定〉的决定》。决定中规定：各有关部门要加快制定和修订财税、信贷、土地和进出口等相关政策，切实加强与产业政策的协调配合，进一步完善促进产业结构调整的政策体系。各省、自治区、直辖市人民政府和国家发展改革、财政、税务、国土资源、环保、工商、质量检查、银行业监管、电力监管、安全监管以及行业主管等有关部门，要建立健全产业结构调整工作的组织协调和监督检查机制，各司其职，密切配合，形成合力，切实增强产业政策的执行效力。《促进产业结构调整暂行规定》中提出：鼓励类投资项目在投资总额以内进口的自用设备，除了财政部另有规定的以外，继续免征关税和进口环节增值税。

同年12月29日，国务院印发《国家中长期科学和技术发展规划纲要（2006—2020年）》。纲要中提出：实施激励企业技术创新的财税政策。加快实施消费型增值税。加大企业研究开发投入的税前扣除等激励政策的力度。实施促进高新技术企业发展的税收优惠政策。结合企业所得税和企业财务制度改革，鼓励企业建立技术研究开发专项资金制度。允许企业加速研究开发仪器和设备的折旧。对购买先进科研仪器和设备给予必要的税收扶持政策。2006年2月7日，国务院发出《关于实施〈国家中长期科学和技术发展规划纲要（2006—2020年）〉若干配套政策的通知》，其中规定：

1. 加大对企业自主创新投入的所得税前抵扣力度。允许企业按照当年实际发生的技术开发费用的150%抵扣当年的应纳税所得额。实际发生的技术开发费用当年抵扣不足部分，可以在5年以内结转抵扣。企业提取的职工教育经费在计税工资总额在2.5%以内的，可以在企业所得税前扣除。研究制定促进产学研结合的税收政策。

2. 允许企业加速研究开发仪器设备折旧。企业用于研究开发的仪器和设备，单位价值在30万元以下的，可以一次或者分次摊入管理费；单位价值在30万元以上的，可以适当缩短固定资产折旧年限或者加速折旧。

3. 完善促进高新技术企业发展的税收政策。推进对高新技术企业实行增值税转型改革。在国家高新技术产业开发区内新创办的高新技术企业经过认定以后，可以从获利的年度起2年免征企业所得税，2年以后减按15%的税率征收企业所得税。继续完善鼓励高新技术产品出口的税收政策。完善高新技术企业计税工资所得税前扣除政策。

4. 支持企业加强自主创新能力建设。符合国家规定条件的企业技术中心、国家工程（技术研究）中心等，进口规定范围以内的科学研究和技术开发用品，可以免征关税和进口环节增值税；承担国家重大科技专项、国家科技计划重点项目、国家重大技术装备研究开发项目和重大引进技术消化吸收再创新项目的企业进口国内不能生产的关键设备、原材料和零部件，可以免征关税和进口环节增值税。

5. 完善促进转制科研机构发展的税收政策。整体或者部分企业化转制科研机构免征企业所得税和科研开发自用土地、房产的城镇土地使用税、房产税的政策到期以后，根据实际需要加以完善。

6. 支持创业风险投资企业的发展。对主要投资于中小高新技术企业的创业风险投资企业，实行投资收益税收减免或者投资额按照比例抵扣应纳税所得额等优惠政策。

7. 扶持科技中介服务机构。符合条件的科技企业孵化器、国家大学科技园，可以从认定之日起定期免征营业税、企业所得税、房产税和城镇土地使用税。对其他符合条件的科技中介机构开展技术咨询和技术服务，研究制定必要的税收扶持政策。

8. 鼓励社会资金捐赠创新活动。企业、事业单位、社会团体和个人通过公益性的社会团体、国家机关向科技型中小企业技术创新基金和经国务院批准设立的其他激励企业自主创新的基金的捐赠，可以按照规定在缴纳企业所得税和个人所得税的时候扣除。

根据国务院的上述文件，财政部、国家税务总局陆续联合发出下列文件：2006 年 9 月 8 日和 12 月 31 日，先后发出《关于企业技术创新有关企业所得税优惠政策的通知》和《关于纳税人向科技型中小企业技术创新基金捐赠有关所得税政策问题的通知》。2007 年 2 月 7 日，发出《关于促进创业投资企业发展有关税收政策的通知》；8 月 20 日，发出《关于科技企业孵化器有关税收政策问题的通知》和《关于国家大学科技园有关税收政策问题的通知》。

2006 年 1 月 26 日，中共中央、国务院发布《关于实施科技规划纲要增强自主创新能力的决定》。决定中提出：推进增值税转型改革，统一各类企业税收制度，加大对企业研究开发投入的税收激励。

同年 2 月 13 日，国务院发布《关于加快振兴装备制造业的若干意见》。这个文件中提出：列入国家发展重点的重大技术装备，在条件成熟的时候，对国内生产企业为开发、制造这些装备而进口的部分关键配套部件和原材料，免征关税或者先征后返，进口环节增值税先征后返，同时取消相应整机和成套设备的进口免税规定。国产装备不能完全满足需求，仍然需要进口的，以逐步降低优惠幅度、缩小免税范围的方式，在一定期限以内继续给予进口税收优惠。加大企业研发投入税前扣除等激励政策的力度，鼓励企业增加研发投入。

2007 年 1 月 14 日，根据国务院的上述文件，财政部、国家税务总局等 4 个部门规定：在国务院确定的对促进国民经济可持续发展有显著效果，对结构调整、产业升级、企业创新有积极带动作用的重大技术装备关键领域内，由财政部会同国家发展和改革委员会、海关总署、国家税务总局制定专项进口税收政策，对国内企业为开发、制造这些装备而进口的部分关键零部件和国内不能生产的原材料所缴纳的关税和进口环节增值税实行先征后退。所退税款一般作为国家投资处理，转作国家资本金，主要用于企业新产品的研制生产和自主创新能力建设。据此，财政部于 6 月 12 日、8 月 20 日和 12 月 28 日先后发出《关于调整喷气织机和自动络筒机及其零部件进口税收政策的通知》、《关于大型全断面隧道掘进机零部件进口税收政策的通知》、《关于调整大型露天矿用机械正铲式挖掘机及其关键零部件、原材料进口税收政策的通知》和《关于调整大型煤炭采掘设备及其关键零部件原材料进口税收政策的通知》；于2008年2月3日、3月26日和4月14日先后发出《关于调整新型大马力农业装备及其关键零部件进口税收政策的通知》、《关于调整大型精密高速数控设备及其关键零部件进口税收政策的通知》和《关于调整大功率风力发电机组及其关键零部件、原材料进口税收政策的通知》，于同年8月26日发出《关于调整大型石化设备及其关键零部件原材料进口税收政策的通知》、《关于调整大型煤化工设备及其关键零部件原材料进口税收政策的通知》和《关于调整超特高压输变电设备及其关键零部件进口税收政策的通知》。

2009年8月20日，根据国务院关于装备制造业振兴规划和加快振兴装备制造业有关调整进口税收优惠政策的决定，财政部、国家税务总局等6个部门发出《关于调整重大技术装备进口税收政策的通知》，自同年7月1日起执行，其中规定：

1. 国内企业为生产国家支持发展的重大技术装备和产品确有必要进口的关键零部件和原材料，免征关税和进口环节增值税。同时，取消相应整机和成套设备的进口免税规定。国产装备尚不能完全满足需求，仍然需要进口的，作为过渡措施，经过严格审核，以逐步降低优惠幅度、缩小免税范围的方式，在一定期限以内继续给予进口优惠政策。

2. 国内企业为开发、制造重大技术装备进口部分关键零部件、原材料所缴纳关税和进口环节增值税先征后退的规定停止执行。

2006年3月12日，国务院发出《关于加快推进产能过剩行业结构调整的通知》。通知中提出：加强产业政策引导、信贷政策支持、财税政策调节，推动行业结构调整。

同年4月25日，经国务院批准，国务院办公厅转发财政部、国家税务总局等10个部门报送的《关于推动我国动漫产业发展的若干意见》。这个文件中提出：经国务院有关部门认定的动漫企业自主开发、生产动漫产品，可以申请享受国家现行鼓励软件产业发展的有关增值税、所得税优惠政策；动漫企业自主开发、生产动漫产品涉及营业税应税劳务的（广告业、娱乐业除外），可以暂减按3%的税率征收营业税；经国务院有关部门认定的动漫企业自主开发、生产动漫直接产品，确需进口的商品可以免征关税和进口环节增值税。

2009年7月17日，财政部、国家税务总局发出《关于扶持动漫产业发展有关税收政策问题的通知》，自同年1月1日起执行，其中规定：

1. 在2010年年底以前，属于增值税一般纳税人的动漫企业销售其自主开发生产的动漫软件，按照17%的税率征收增值税以后，对其增值税实际税负超过3%的部分实行即征即退。动漫软件出口免征增值税。

2. 经过认定的动漫企业自主开发、生产动漫产品，可以申请享受国家现行鼓励软件产业发展的所得税优惠。

3. 动漫企业为开发动漫产品提供的动漫脚本编撰、形象设计、背景设计、动画设计、分镜、动画制作、摄制、描线、上色、画面合成、配音、配乐、音效合成、剪辑、字幕制作、压缩转码劳务，在2010年年底以前暂减按3%税率征收营业税。

4. 经过认定的动漫企业自主开发、生产动漫直接产品，确实需要进口的商品可以免征关税和进口环节增值税。具体免税商品范围和管理办法由财政部会同有关部门制定。

2006年5月13日，国务院发布《关于完善粮食流通体制改革政策措施的意见》。意见中提出：结合粮食企业改革和人员分流安置，鼓励国有粮食购销企业利用现有的仓储设施和技术力量向社会提供粮食仓储和技术服务，国家在政策、资金和税收上给予支持。8月18日，国家发展和改革委员会、国家税务总局等8个单位据此印发《关于进一步推进国有粮食企业改革和发展的意见》。意见中提出：完善粮食企业增值税政策。在粮食企业增值税政策调整以前，国有粮食购销企业继续按照现行政策执行。有困难的国有粮食购销企业的生产、经营性用房和土地，按照规定程序审核批准以后，可以减征或者免征房产税和城镇土地使用税。

同年6月6日，经国务院批准，财政部、国家税务总局规定：从同年1月1日起，企业、事业单位、社会团体和个人等社会力量通过中国光彩事业基金会用于公益救济性捐赠，可以在缴纳企业所得税和个人所得税前全额扣除。

同年6月7日，经国务院批准，财政部、海关总署和国家税务总局发出《关于调整钻石及上海钻石交易所有关税收政策的通知》，自7月1日起执行。通知中规定：纳税人自上海钻石交易所销往国内市场的毛坯钻石，可以免征进口环节增值税；纳税人自上海钻石交易所销往国内市场的成品钻石，进口环节增值税实际税负超过4%的部分可以即征即退。出口企业出口的规定范围以内的钻石产品，可以免征增值税。国内钻石开采企业通过上海钻石交易所销售的自产毛坯钻石，可以免征增值税。国内加工的成品钻石通过上海钻石交易所销售的，在国内销售环节可以免征增值税。此外，国内加工的成品钻石进入上海钻石交易所时视同出口，不予退税；自上海钻石交易所再次进入国内市场的时候，其进口环节增值税实际税负超过4%的部分可以即征即退。

同年7月14日，商务部、国家税务总局等8个部门发出《关于鼓励技术引进和创新，促进转变外贸增长方式的若干意见》。这个文件中提出：国家财政、税务主管部门根据国家产业和技术发展需要，研究调整外国企业向境内转让技术获取的特许权使用费减征、免征所得税的范围。国家财政主管部门会同有关部门研究完善引进技术的税收政策，海关会同有关部门研究制定单独引进技术在进口环节完税价格的确定和征税办法，鼓励企业引进符合国家产业技术政策的专利技术、专有技术和先进管理技术，进一步优化技术引进的质量和结构。

同年8月27日，第十届全国人民代表大会常务委员会第二十三次会议通过《中华人民共和国企业破产法》和修订以后的《中华人民共和国合伙企业法》，上述法律中对于有关税收问题作出了规定。

2007年1月31日，经国务院批准，财政部、海关总署和国家税务总局公布《科技开发用品免征进口税收暂行规定》，从2月1日起执行。这个文件中规定：下列科学研究、技术开发机构，在2010年年底以前，在合理数量范围以内进口国内不能生产或者性能不能满足需要的科技开发用品，可以免征关税和进口环增值税、消费税：科学技术部会同财政部、海关总署和国家税务总局核定的科技体制改革过程中转制为企业和进入企业的主要从事科学研究和技术开发工作的机构，国家发展和改革委员会会同财政部、海关总署和国家税务总局核定的国家工程研究中心，国家发展和改革委员会会同财政部、海关总署、国家税务总局和科学技术部核定的企业技术中心，科学技术部会同财政部、海关总署和国家税务总局核定的国家重点实验室和国家工程技术研究中心，财政部会同国务院有关部门核定的其他科学研究、技术开发机构。免税进口科技开发用品的具体范围，按照规定的清单执行。财政部会同有关部门根据科技开发用品的需求变化和国内生产发展情况，适时调整上述清单。免税进口的科技开发用品应当直接用于本单位的科学研究和技术开发，不得擅自转让、移作他用或者进行其他处置。经海关核准的单位，其免税进口的科技开发用品可以用于其他单位的科学研究和技术开发活动。将免税进口的科技开发用品擅自转让、移作他用或者进行其他处置的，按照有关规定处罚，有关单位在1年以内不得享受上述税收优惠；依法被追究刑事责任的，有关单位在3年以内不得享受上述税收优惠。

同年3月16日第十届全国人民代表大会第五次会议通过的《中华人民共和国企业所得税法》及其配套文件中规定：

1. 拥有核心自主知识产权，并符合规定条件的国家需要重点扶持的高新技术企业，可以减按15%的税率征收企业所得税。

2. 居民企业取得技术转让所得，一个纳税年度以内所得不超过500万元的部分，可以免征企业所得税；超过500万元的部分，可以减半征收企业所得税。

3. 企业使用的由于技术进步，产品更新换代较快的固定资产，可以缩短折旧年限或者加速折旧。

4. 企业为开发新技术、新产品和新工艺发生的研究开发费用，未形成无形资产计入当期损益的，可以在按照规定据实扣除的基础上，按照研究开发费用发生额的50%加计扣除；形成无形资产的，可以按照无形资产成本的150%摊销。

5. 创业投资企业采取股权投资方式投资于未上市的中小高新技术企业2年以上的，可以按照其投资额的70%，在股权持有满2年的当年抵扣该创业投资企业的应纳税所得额；当年该创业投资企业的应纳税所得额不足抵扣的，可以在以后纳税年度结转抵扣。

6. 软件生产企业实行增值税即征即退政策退还的增值税税款，由企业用于研究开发软件产品和扩大再生产，不征收企业所得税。中国境内新办软件生产企业经过认定以后，可以从获利的年度起，第一年和第二年免征企业所得税，第三年至第五年减半征收企业所得税。国家规划布局以内的重点软件生产企业，如果当年没有享受免征企业所得税的优惠，可以减按10%的税率缴纳企业所得税。软件生产企业的职工培训费用，可以按照实际发生额在计算应纳税所得额时扣除。企业、事业单位购进软件，符合固定资产、无形资产确认条件的，可以按照固定资产、无形资产核算。经过税务机关核准，其折旧、摊销年限可以适当缩短，最短为2年。

集成电路设计企业视同软件企业，可以享受上述软件企业的有关企业所得税待遇。集成电路生产企业的生产性设备，经过税务机关核准，折旧年限可以适当缩短，最短为3年。投资额超过80亿元人民币或者集成电路线宽小于0.25微米的集成电路生产企业，可以减按15%的税率缴纳企业所得税。其中，经营期在15年以上的，可以从开始获利的年度起，第一年至第五年免征企业所得税，第六年至第十年减半征收企业所得税。生产线宽0.8微米以下集成电路产品的生产企业，经过认定以后，可以自获利的年度起，第一年和第二年免征企业所得税，第三年至第五年减半征收企业所得税。

从2008年到2010年，集成电路生产企业、封装企业的投资者以其取得的缴纳企业所得税以后的利润直接投资于本企业，增加注册资本，或者作为资本投资开办其他集成电路生产企业、封装企业，经营期不少于5年的，可以按照40%的比例退还其再投资部分已经缴纳的企业所得税；再投资不满5年撤资的，追缴已经退还的企业所得税。国内外经济组织作为投资者，以其在中国境内取得的缴纳企业所得税以后的利润投资于西部地区，开办集成电路生产企业、封装企业和软件产品生产企业，经营期不少于5年的，可以按照80%的比例退还其再投资部分已经缴纳的企业所得税；再投资不满5年撤资的，追缴已经退还的企业所得税。

7. 非居民企业没有在中国境内设立机构、场所，取得来源于中国境内的特许权使用费所得；或者虽然在中国境内设立机构、场所，但是取得来源于中国境内的上述所得与其在中国境内所设机构、场所没有实际联系，可以减按10%的税率征收企业所得税。中国政府与外国政府签订的有关税收协定有更优惠规定的，可以按照有关税收协定的规定执行。

2008年4月14日，根据企业所得税法及其实施条例，经国务院批准，科技部、财政部、国家税务总局印发《高新技术企业认定管理办法》及其附件《国家重点支持的高新技术领域》。

2007年3月19日，国务院发布《关于加快发展服务业的若干意见》，其中提出从财税、信贷、土地和价格等方面进一步完善促进服务业发展政策体系。2008年3月13日，国务院办公厅据此发布《关于加快发展服务业若干政策措施的实施意见》。意见中提出：要进一步扩大税收优惠政策。认真落实新的企业所得税法及其实施条例有关规定。支持服务企业产品研发，企业实际发生的研究开发费用可以按照规定享受所得税抵扣优惠。加快推进在苏州工业园区开展鼓励技术先进型服务企业发展所得税、营业税政策试点，积极扩大软件开发、信息技术、知识产权服务、工程咨询、技术推广、服务外包和现代物流等鼓励类生产性服务业发展的税收优惠政策试点。企业从事农业、林业、牧业和渔业服务业项目的所得，可以免征、减征企业所得税；对科研单位和大专院校开展农业生产技术服务取得的收入，提供农业产前、产中、产后服务的企业，实行税收优惠政策；对农产品连锁经营试点实行企业所得税、增值税优惠政策。加大对自主创新、节能减排和资源节约利用等方面服务业的税收优惠力度。在服务业领域开展实行综合与分类相结合的个人所得税制度试点。对吸收就业多、资源消耗和污染排放低等服务类企业，按照其吸收就业人员数量给予补贴或者所得税优惠。研究制订社区服务、家政服务、实物租赁、维修服务、便利连锁经营、废旧物资回收利用、中华老字号经营等服务业和出口文化教育产品等领域的税收优惠政策。财政部、国家税务总局要会同有关部门抓紧研究制定具体办法，并组织实施。

2007年4月8日，经国务院批准，国务院办公厅转发国家发展和改革委员会编制的《生物产业发展“十一五”规划》。规划中提出：全面贯彻落实国家中长期科学和技术发展规划纲要配套税收政策，鼓励生物企业增加研究开发投入，开发新产品、新工艺和新技术，加快创新成果转化，提高自主创新能力。根据现代生物产业高投入、高风险、高收益和长周期等特点，结合国家税收改革方向，研究制定税收优惠政策，支持现代生物产业发展。

同年4月14日，国务院发布《关于鼓励和规范企业对外投资合作的意见》。意见中提出：积极研究鼓励和扶持“走出去”的财税政策，加强财税支持。积极与有关国家签订避免双重征税等政府间双边协定。税务部门要加强对于企业境外经营活动的税收监管，完善相关税收征管制度与措施，增强对于国际偷、逃、骗、避税行为的应对能力，不断健全防范机制。

同年12月29日，第十届全国人民代表大会常务委员会第三十一次会议通过修订以后的《中华人民共和国科学技术进步法》。该法中规定：国家加大财政性资金投入，并制定产业、税收、金融和政府采购等政策，鼓励、引导社会资金投入，推动全社会科学技术研究开发经费持续稳定增长。从事技术开发、技术转让、技术咨询和技术服务；进口国内不能生产或者性能不能满足需要的科研或者技术开发用品；为实施国家重大科技专项、国家科技计划重大项目，进口国内不能生产的关键设备、原材料或者零部件；法律、国家有关规定的其他科研、技术开发和科技应用活动，按照国家有关规定享受税收优惠。企业开发新技术、新产品和新工艺的研究开发费用可以按照国家有关规定，税前列支并加计扣除，企业科技研究开发仪器、设备可以加速折旧。从事高新技术产品研究开发、生产的企业，投资于中小型高新技术企业的创业投资企业，法律、行政法规规定的与科技进步有关的其他企业，按照国家有关规定享受税收优惠。社会力量设立的非营利性科技研究开发机构按照国家有关规定享受税收优惠。

2008年1月1日，经国务院批准，国务院办公厅转发国家发展和改革委员会、国家税务总局等6个部门报送的《关于鼓励数字电视产业发展的若干政策》。这个文件中提出：符合规定的数字电视领域投资项目，在投资总额以内进口的自用设备和按照合同随设备进口的技术（含软件）和配套件、备件，可以免征关税和进口环节增值税。在2010年度以前，广播电视运营服务企业收取的有限电视基本收视维护费，经省级人民政府同意，并报财政部、国家税务总局批准，可以免征营业税，期限不超过3年。

同年7月18日，财政部、国家税务总局发出《关于嵌入式软件增值税政策的通知》。通知中规定：增值税一般纳税人随同计算机网络、计算机硬件和机器设备等一并销售其自行开发生产的嵌入式软件，如果能够按照规定分别核算嵌入式软件与计算机硬件、机器设备等的销售额，可以享受软件产品的增值税优惠政策，即对增值税税负超过3%的部分即征即退。

同年12月15日，经国务院批准，国务院办公厅转发国家发展和改革委员会、国家税务总局等6个单位报送的《关于促进自主创新成果产业化的若干政策》。这个文件中提出：切实落实促进自主创新成果产业化的税收扶持政策。鼓励企业加大对自主创新成果产业化的研发投入，对新技术、新产品、新工艺等研发费用，按照规定在计算应纳税所得额时加计扣除。企业按照《当前优先发展的高技术产业化重点领域指南》实施的自主创新成果产业化项目，符合《产业结构调整指导目录》鼓励类条件的，按照规定享受进口税收优惠。高等院校和科研机构技术转让所得，按照规定享受企业所得税优惠。

从2009年2月9日到8月17日，国务院先后印发《汽车产业调整和振兴规划》、《钢铁产业调整和振兴规划》、《电子信息产业调整和振兴规划》、《物流业调整和振兴规划》、《纺织工业调整和振兴规划》、《装备制造业调整和振兴规划》、《有色金属产业调整和振兴规划》、《轻工业调整和振兴规划》、《石化产业调整和振兴规划》、《船舶工业调整和振兴规划》和《文化产业振兴规划》，这些规划中分别提出了有关税收的措施。

2009年3月13日，国务院发布《关于发挥科技支撑作用促进经济平稳较快发展的意见》。意见中提出：落实企业研发费用加计扣除、高新技术企业认定等促进自主创新的政策，鼓励自主创新技术和产品的研发。

同年4月24日，经国务院批准，财政部、国家税务总局发出《关于技术先进型服务企业有关税收政策问题的通知》。通知中规定：将苏州工业园区技术先进型服务企业税收试点政策推广到北京、天津、上海、重庆、大连、深圳、广州、武汉、哈尔滨、成都、南京、西安、济南、杭州、合肥、南昌、长沙、大庆、苏州、无锡等20个中国服务外包示范城市（以下简称服务外包示范城市），即从2009—2013年，在上述20个服务外包示范城市实行下列税收优惠：经过认定的技术先进型服务企业，减按15%的税率征收企业所得税；企业发生的职工教育经费按照不超过企业工资总额8%的比例在企业所得税税前扣除，超过8%的部分准予在以后纳税年度结转扣除；企业的离岸服务外包业务收入免征营业税。

同年5月19日，经国务院批准，财政部发出《关于扶持新型显示器件产业发展有关进口税收优惠政策的通知》。通知中规定：从2009年到2011年，薄膜晶体管液晶显示器件、等离子显示面板和有机发光二极管显示面板的生产企业进口国内不能生产的净化室专用建筑材料、配套系统和国内不能生产的生产设备零配件，免征关税和进口环节增值税；进口国内不能生产的自用生产性（含研发用）原材料和消耗品，免征关税。

同年6月2日，经国务院批准，国务院办公厅印发《促进生物产业加快发展的若干政策》。这个文件中提出：实施税收优惠政策。生物企业为开发新技术、新工艺、新产品发生的研发费用，未形成无形资产计入当期损益的，在按照规定据实扣除的基础上，再按照研发费用的50%加计扣除；形成无形资产的，按照无形资产成本的150%摊销。对被认定为高新技术企业的生物企业，按照税法规定减按15%的税率征收企业所得税。对国家需要重点扶持和鼓励发展的生物农业、生物医药、生物能源、生物基材料等生产企业，进一步完善相关税收政策。

同年7月30日，中共中央、国务院同意并转发国家发展和改革委员会报送的《关于上半年经济形势和做好下半年经济工作的建议》。建议中提出：根据中长期经济社会发展的需要，加大对淘汰落后产能、产业转移、新兴产业发展、中小企业等方面的支持力度，运用财政贴息、税费减免、“以奖代补”等多种方式，带动社会资金投入。

### （五）科技、教育、文化、宣传、卫生和体育

1. 科技。2000年12月19日，经国务院批准，国务院办公厅转发科学技术部、国家税务总局等4个部门报送的《关于非营利性科研机构管理的若干意见（试行）》。这个文件中提出：非营利性科研机构从事技术开发、技术转让业务和相关的技术咨询、技术服务取得的收入，可以按照规定免征营业税和企业所得税。上述机构从事与其科研业务无关的活动取得的收入用于改善研究开发条件的投资部分，可以抵扣其应纳税所得额；此类机构自用的土地、房产，可以免征城镇土地使用税、房产税。社会力量对非关联的非营利性科研机构的新产品、新技术和新工艺所发生的研究开发经费资助，可以按照税法的规定在本年度的应纳税所得额中扣除。2001年2月9日，经国务院批准，财政部、国家税务总局据此发出《关于非营利性科研机构税收政策的通知》，自同年1月1日起执行。

2002年6月29日，第九届全国人民代表大会常务委员会第二十八次会议通过《中华人民共和国科学技术普及法》。该法中规定：国家支持科普工作，依法对科普事业实行税收优惠。

2003年5月8日，经国务院批准，财政部、国家税务总局等5个部门发出《关于鼓励科普事业发展税收政策问题的通知》，自6月1日起执行。通知中规定：综合类科技报纸和科技音像制品在出版环节的发行收入，在2005年年底以前可以实行增值税先征后退的办法。科技馆、自然博物馆，对公众开放的天文馆（站、台）和气象台（站）、地震台（站），高等学校和科研机构对公众开放的科普基地的门票收入；县以上党政部门和科协开展的科普活动的门票收入，可以免征营业税。科技馆、自然博物馆等单位从中国境外购买自用科普影视播映权而进口的拷贝、工作带，在2005年年底以前可以免征关税，不征进口环节增值税，免征对境外单位转让上述播映权等无形资产应当代扣代缴的营业税；以其他形式进口的自用影视作品，可以免征关税和进口环节增值税。企业、事业单位和社会团体依法通过中国境内

非营利的社会团体、国家机关向科技馆、自然博物馆等单位的捐赠，在年度应纳税所得额的10%以内的部分可以扣除。

同年9月22日，经国务院批准，财政部、国家税务总局规定：从同年1月1日起，企业、事业单位、社会团体和个人向孙冶方经济科学基金会的捐赠，可以在缴纳企业所得税和个人所得税前全额扣除。

同年7月8日，经国务院批准，财政部、国家税务总局发出《关于转制科研机构有关税收政策问题的通知》。通知中规定：即日起，经国务院批准的原国家经济贸易委员会管理的10个国家局所属242个科研机构和建设部等11个部门（单位）所属134个科研机构中转为企业的科研机构和进入企业的科研机构，可以从转制注册之日起，5年以内免征科研开发自用土地的城镇土地使用税、房产税和企业所得税。上述科研机构从事技术转让、技术开发业务和相关的技术咨询、技术服务业务取得的收入，可以按照规定免征营业税。进入企业作为非独立企业法人或者不能实行独立经济核算的科研机构，其免税的应纳税所得额、土地和房产应当单独计算，确实难以划分清楚的，可以由主管税务机关采取分摊比例法或者其他合理的方法确定。经科学技术部、财政部和中央机构编制委员会办公室审核批准的国务院部门（单位）所属社会公益类科研机构中转为企业或者进入企业的科研机构，也可以享受上述优惠政策。2005年3月8日，经国务院批准，财政部、国家税务总局规定：上述税收优惠执行到期以后延长2年期限，地方转制科研机构可以参照执行。

2006年2月6日，国务院印发《全民科学素质行动计划纲要（2006—2010—2020年）》。纲要中提出：要落实有关鼓励科普事业发展的税收优惠政策，鼓励社会力量参与科普基础设施建设。进一步完善捐赠公益性科普事业个人所得税减免政策和相关实施办法，广泛吸纳境内外机构、个人的资金支持公民科学素质建设。

2007年1月31日，经国务院批准，财政部、海关总署和国家税务总局公布《科学研究和教学用品免征进口税收规定》，自2月1日起执行。这个文件中规定：科学研究机构和学校，以科学研究和教学为目的，在合理数量范围以内进口国内不能生产或者性能不能满足需要的科学研究和教学用品，可以免征关税和进口环节增值税、消费税。上述科学研究机构和学校，是指国务院部委、直属机构和各省、自治区、直辖市、计划单列市所属专门从事科学研究工作的各类科研院所，国家承认学历的实施专科以上高等学历教育的高等学校，财政部会同国务院有关部门核定的其他科学研究机构和学校。免税进口科学研究和教学用品的具体范围，按照规定的清单执行。财政部会同国务院有关部门根据科学研究、教学用品的需求和国内生产发展情况，适时调整上述清单。上述免税进口的科学研究和教学用品应当直接用于本单位的科学研究和教学，不得擅自转让、移作他用或者进行其他处置。经海关核准的单位，其免税进口的科学研究和教学用品可以用于其他单位的科学研究和教学活动。将免税进口的科学研究和教学用品擅自转让、移作他用或者进行其他处置的，按照有关规定处罚，有关单位在1年以内不得享受上述税收优惠；依法被追究刑事责任的，有关单位在3年以内不得享受上述税收优惠。

2009年4月1日，经国务院批准，财政部发出《关于2009—2011年鼓励科普事业发展的进口税收政策的通知》。通知中规定：从2009年到2011年，对公众开放的科技馆，自然博物馆，天文馆（站、台），气象台（站），地震台（站），高等学校和科研机构对外开放的科普基地，从中国境外购买自用科普影视作品播映权进口的拷贝、工作带，免征关税，不征进口环节增值税；上述科普单位以其他形式进口的自用科普影视作品，免征关税和进口环节增值税。

2. 教育。2001 年 5 月 29 日，国务院发布《关于基础教育改革与发展的决定》。决定中规定：对纳税人通过非营利的社会团体和国家机关向农村义务教育的捐赠，可以在应纳税所得额中全额扣除。6 月 21 日，经国务院批准，财政部、国家税务总局据此发出《关于纳税人向农村义务教育捐赠有关所得税政策的通知》，自 7 月 1 日起执行。

同年 7 月 27 日，根据国务院的有关文件，中国人民银行、国家税务总局等 4 个部门发出《关于进一步推进国家助学贷款业务发展的通知》，其中规定国家助学贷款利息可以免征营业税。

同年 9 月 8 日，根据教育法和国务院发布的《社会力量办学条例》，财政部、国家税务总局发出《关于社会力量办学契税政策问题的通知》。通知中规定：从 10 月 1 日起，县级以上人民政府教育行政主管部门或者劳动行政主管部门批准并核发《社会力量办学许可证》，由企业事业组织、社会团体、其他社会组织和公民个人利用非国家财政性教育经费面向社会举办的教育机构，其承受的土地、房屋权属用于教学的，比照契税暂行条例的有关规定免征契税。

2002 年 7 月 7 日，国务院发布《关于深化改革加快发展民族教育的决定》。决定中规定：对纳税人向少数民族和西部地区农牧区义务教育的捐赠，可以在应纳税所得额中全额扣除；少数民族和西部地区新建、扩建学校包括民办公益性学校，以划拨方式提供土地，并减免城乡建设等相关税费；对勤工俭学、校办产业和为学校提供生活服务的相关产业，继续实行税收优惠政策。

同年 8 月 24 日，国务院发布《关于大力推进职业教育改革与发展的决定》。决定中规定：一般企业按照职工工资总额的 1.5% 足额提取教育培训经费，从业人员技术素质要求高、培训任务重、经济效益好的企业可以按照 2.5% 提取，列入成本开支。利用税收和社会捐助等手段支持职业教育的发展。认真执行国家对教育的税收优惠政策，支持职业学校办好实习基地、发展校办产业和开展社会服务。鼓励社会各界和公民个人对职业教育提供资助和捐赠，企业和个人通过政府部门或者社会中介机构对职业教育的资助和捐赠可以在应纳税所得额中全额扣除。

同年 10 月 8 日，根据国务院领导的指示，财政部、国家税务总局发出《关于经营高校学生公寓有关税收政策的通知》。通知中规定：从同年 10 月 1 日到 2005 年 12 月 31 日，为高等学校学生提供住宿服务并按照高等教育系统收费标准收取租金的学生公寓，可以免征房产税；按照高等教育系统收费标准向高等学校学生出租学生公寓取得的租金收入，可以免征企业所得税；与高等学校学生签订的学生公寓租赁合同，可以免征印花税。

2002 年 12 月 28 日，第九届全国人民代表大会常务委员会第三十一次会议通过《中华人民共和国民办教育促进法》。该法中规定：民办学校享受国家规定的税收优惠政策。国家对向民办学校捐赠财产的公民、法人或者其他组织按照有关规定给予税收优惠。2004 年 3 月 5 日，国务院据此发布《中华人民共和国民办教育促进法实施条例》。条例中规定：捐资举办的民办学校和出资人不要求取得合理回报的民办学校，依法享受与公办学校同等的税收和其他优惠政策。出资人要求取得合理回报的民办学校享受的税收优惠政策，由国务院财政部门、税务主管部门会同国务院有关行政部门制定。

2003年7月11日，财政部、国家税务总局发出《关于继续执行高校后勤社会化改革有关税收政策的通知》，规定财政部、国家税务总局2000年2月28日发出的《关于高校后勤社会化改革有关税收政策的通知》规定的有关税收优惠可以继续执行到2005年年底。2006年8月18日，经国务院批准，财政部、国家税务总局发出《关于经营高校学生公寓及高校后勤社会化改革有关税收政策的通知》，执行期限为2006年至2008年，其中规定：

（1）为高等学校学生提供住宿服务并按照高等教育系统收费标准收取租金的学生公寓，可以免征房产税。从原高等学校后勤管理部门剥离出来成立的独立核算并有法人资格的高等学校后勤经济实体（以下简称高校后勤实体）自用的房产、土地，可以免征房产税、城镇土地使用税。

（2）与高等学校学生签订的学生公寓租赁合同，可以免征印花税。

（3）高校后勤实体经营学生公寓、教师公寓和为高等学校教学提供后勤服务取得的租金、服务性收入，社会性投资建立的为高等学校学生提供住宿服务并按照高等教育系统统一收费标准收取租金的学生公寓取得的租金收入，设置在校园内的实行社会化管理和独立核算的食堂向师生提供餐饮服务取得的收入，可以免征营业税。

（4）高校后勤实体为高等学校师生食堂提供的粮食、食用植物油、蔬菜、肉、禽、蛋、调味品和食堂餐具，高校后勤实体向其他高等学校提供快餐的外销收入，可以免征增值税。

2003年9月17日，国务院发布《关于进一步加强农村教育工作的决定》，其中提出要进一步落实对捐资助学单位和个人的税收优惠政策。

2004年2月5日，经国务院批准，财政部、国家税务总局发出《关于教育税收政策的通知》，自同年1月1日起执行，其中规定：

（1）从事学历教育的学校提供教育劳务取得的收入，学生勤工俭学提供劳务取得的收入，学校从事技术开发、技术转让业务和相关的技术咨询、技术服务业务取得的收入，托儿所、幼儿园提供养育服务取得的收入，可以免征营业税。

（2）政府举办的高等、中等和初等学校举办进修班、培训班取得的收入，收入全部归学校所有的；政府举办的职业学校设立的主要为在校学生提供实习场所、并由学校出资自办、由学校负责经营管理、经营收入归学校所有的企业，从事规定的服务项目取得的收入，可以免征营业税、企业所得税。

（3）特殊教育学校举办的企业可以比照福利企业标准，享受国家对福利企业实行的增值税、企业所得税的优惠政策。

（4）纳税人通过中国境内非营利的社会团体、国家机关向教育事业的捐赠，可以在企业所得税、个人所得税前全额扣除。

（5）高等学校、各类职业学校服务于各业的技术转让、技术培训、技术咨询、技术服务和技术承包所取得的技术性服务收入，可以暂免征收企业所得税。学校经批准收取并纳入财政预算管理或者财政预算外资金专户管理的收费，学校取得的财政拨款和从主管部门、上级单位取得的用于事业发展的专项补助收入，不征收企业所得税。

（6）个人取得的教育储蓄存款利息所得，省级人民政府、国务院各部委、中国人民解放军军以上单位和外国组织、国际组织颁布的教育方面的奖学金，可以免征个人所得税。高等学校转化职务科技成果以股份或者出资比例等股权形式给与个人奖励，获奖人在取得股份、出资比例的时候暂不缴纳个人所得税，取得按照股份、出资比例分红或者转让股权、出资比例所得的时候依法缴纳个人所得税。

（7）国家拨付事业经费和企业办的各类学校、托儿所、幼儿园自用的房产、土地，可以免征房产税、城镇土地使用税。财产所有人将财产赠给学校所立的书据，可以免征印花税。学校、幼儿园经批准征用的耕地，可以免征耕地占用税。国家机关、事业单位、社会团体和军事单位承受土地、房屋权属用于教学、科研的，可以免征契税。

（8）农业院校进行科学实验的土地，可以免征农业税；农业院校进行科学实验所取得的农业特产品收入，在实验期间可以免征农业特产税。

（9）境外捐赠人无偿捐赠的直接用于各类职业学校、高中、初中、小学和幼儿园教育的教学仪器、图书、资料和一般学习用品，可以免征进口关税和进口环节增值税。教育部承认学历的大专以上全日制高等院校和财政部会同国务院有关部门批准的其他学校，不以营利为目的，在合理数量范围以内进口国内不能生产的科学研究和教学用品，直接用于科学研究和教学的，可以免征关税和进口环节增值税、消费税。

同时，取消关于校办企业从事生产、经营的所得可以免征企业所得税，校办企业生产的应税货物凡用于本校教学科研方面的可以免征增值税，校办企业凡为本校教学、科研服务提供的应税劳务可以免征营业税的规定。

2004年3月3日，国务院批转教育部报送的《2003—2007年教育振兴行动计划》。计划中提出：要完善企业和公民向教育捐赠的税收优惠政策。

同年4月27日，根据同年3月12日国务院办公厅发出的《关于加强学生食堂管理，维护高校稳定的紧急通知》，教育部、国家税务总局等5个部门发出《关于支持高等学校进一步做好学生食堂工作的若干意见》。意见中提出：高等学校校园内实行社会化管理和独立核算的学生食堂，在2005年年底以前可以免征企业所得税。

2005年10月28日，国务院发布《关于大力发展职业教育的决定》。决定中规定：国家鼓励企业、事业单位、社会团体和公民个人捐资助学，通过政府部门或者非赢利组织（似应为非营利组织——笔者注）向职业教育的资助和捐赠，可以按照规定享受税收优惠。

2006年1月21日，中共中央办公厅、国务院办公厅印发《关于进一步加强和改进未成年人校外活动场所建设和管理工作的意见》。意见中提出：实行支持公益性未成年人校外活动场所发展的税收优惠政策，此类场所的门票收入可以按照规定免征营业税，自用的房产、土地可以按照规定免征房产税、城镇土地使用税；社会力量通过非营利的社会团体和国家机关对此类场所的捐赠，可以在缴纳企业所得税、个人所得税前全额扣除。

2006年6月6日，经国务院批准，财政部、国家税务总局规定：从同年1月1日起，企业、事业单位、社会团体和个人等社会力量，通过中国华文教育基金会、中国关心下一代健康体育基金会和中国教育发展基金会用于公益救济性捐赠，可以在缴纳企业所得税和个人所得税前全额扣除。

2007年5月18日，国务院转发教育部报送的《国家教育事业发展“十一五”规划纲要》。纲要中提出：进一步落实税收优惠政策，积极鼓励企业、个人和社会团体对教育捐赠或者出资办学。

同年7月31日，财政部、国家税务总局规定：从同年1月1日起，企业、事业单位、社会团体和个人等社会力量通过中国青少年社会教育基金会、中国职工发展基金会、中国西部人才开发基金会和中国孔子基金会等单位用于公益救济性的捐赠，企业在年度应纳税所得额3%以内的部分，个人在申报应纳税所得额30%以内的部分，可以在缴纳企业所得税和个人所得税税前扣除。

2009年5月7日，国务院办公厅转发教育部等8个单位报送的《关于进一步加快特殊教育事业发展的意见》中提出了有关税收的措施。

3. 文化和宣传。2000年12月18日，国务院发出《关于支持文化事业发展若干经济政策的通知》。通知中规定：从2001年起继续采取税收优惠措施支持文化事业发展：对中国共产党、各民主党派、政府、人民代表大会、政治协商会议、工会、共产主义青年团、妇女联合会、新华社、军队的机关报刊，大学、中学、小学学生课本，专门为少年儿童出版发行的报刊，科学技术书刊，县以下新华书店和农村供销社销售的出版物，可以继续执行增值税先征后退办法；经国务院批准成立的电影制片厂销售的电影拷贝，可以继续免征增值税；电影发行单位向放映单位收取的发行收入，可以继续免征营业税；按照规定向宣传文化事业的捐赠，可以在企业所得税应纳税所得额的10%以内、个人所得税应纳税所得额的30%以内扣除；中央财政和省级财政继续按照宣传、文化企业上年缴纳所得税的数额列支出预算。2001年6月1日，财政部、国家税务总局据此分别联合发出《关于出版物和电影拷贝增值税及电影发行营业税政策的通知》、《关于若干报刊享受出版物增值税先征后退政策的通知》。

2002年6月25日，经国务院批准，财政部、国家税务总局和海关总署印发《国有文物收藏单位接受境外捐赠、归还和从境外追索的中国文物进口免税暂行办法》，自公布之日起施行。办法中规定：国务院文物行政管理部门和国有文物收藏单位按照规定以接受境外机构、个人捐赠、归还和从境外追索等方式获得的中国文物，进口时可以免征关税和进口环节增值税、消费税。

2003年12月31日，经国务院批准，国务院办公厅印发《文化体制改革试点中支持文化产业发展的规定》和《文化体制改革试点中经营性文化事业单位转制为企业的规定》，上述规定中都有税收优惠的内容。2005年3月29日，财政部、海关总署和国家税务总局据此发出《关于文化体制改革中经营性文化事业单位转制后企业的若干税收政策问题的通知》和《关于文化体制改革试点中支持文化产业发展若干税收政策问题的通知》（2008年企业所得税制度改革以后，有关税收优惠保留——笔者注）。

上述第一个通知中规定：从2004年到2008年，文化体制改革试点中经营性文化事业单位（包括从事新闻出版、广播影视和文化艺术的事业单位）转制为企业的税收政策如下：经营性文化事业单位转制为企业以后，原有的增值税优惠政策可以继续执行，同时可以免征企业所得税；由财政部门拨付事业经费的文化单位转制为企业，其自用的房产、土地、车辆和船舶可以免征房产税、城镇土地使用税和车船使用税；文化产品出口，可以按照现行税法规定享受出口退（免）税政策；在境外提供文化劳务取得的境外收入不征收营业税，免征企业所得税；生产重点文化产品进口所需要的自用设备和配套件、备件等，可以按照现行税法规定免征关税和进口环节增值税。

上述第二个通知中规定：从2004年到2008年，文化体制改革试点中支持文化发展的税收政策如下：政府鼓励的新办文化企业，可以从工商注册登记之日起3年免征企业所得税；试点文化集团的核心企业对其成员企业100%投资控股的，经国家税务总局批准，可以合并缴纳企业所得税；文化产品出口，可以按照现行税法规定享受出口退（免）税政策；在境外提供文化劳务取得的境外收入，不征收营业税，免征企业所得税；生产重点文化产品进口所需要的自用设备和配套件、备件等，可以按照现行税法规定免征关税和进口环节增值税；因自然灾害等不可抗力或者承担国家指定任务而造成亏损的文化单位，经过批准，可以免征经营用土地和房产的城镇土地使用税和房产税；从事数字广播影视、数据库和电子出版物等研发、生产和传播的文化企业，符合国家现行高新技术企业税收优惠政策规定的，可以统一享受相应的税收优惠政策；国务院批准成立的电影制片厂、经国务院广播影视行政主管部门批准成立的电影集团及其成员企业销售的电影拷贝收入，可以免征增值税；电影发行企业向电影放映单位收取的电影发行收入，可以免征营业税。

2005年11月4日，文化部、国家税务总局等4个部门发布《关于鼓励发展民营文艺表演团体的意见》。意见中提出：鼓励社会资本向民营文艺表演团体面向基层、面向农村的公益性演出提供捐赠，捐赠部分可以依法在税前扣除。

同年11月7日，中共中央办公厅、国务院办公厅发布《关于进一步加强农村文化建设的意见》。意见中提出：逐步推动经营性国有文化事业单位转企改制，转制企业按照现行文化体制改革试点工作有关配套政策内容，给予3年财政税收、社会保障、劳动人事等方面的优惠政策。按照普遍服务原则，运用市场准入、资格认定、价格调节、财税优惠等政策，引导各类市场主体在出版物发行、电影放映、文艺表演、网络服务等领域积极开发农村文化市场。社会力量通过依法成立的非营利公益性组织和国家机关向农村文化事业的捐赠，纳入公益性捐赠范围，按照税法的有关规定税前扣除。

同年12月23日，中共中央、国务院发布《关于深化文化体制改革的若干意见》。这个文件中提出：国有文化事业单位转制为企业的，在一定期限以内给予税收优惠政策，2003年12月31日国务院办公厅印发的《文化体制改革试点中支持文化产业发展的规定》和《文化体制改革试点中经营性文化事业单位转制为企业的规定》适用于开展文化体制改革的地区和单位。

2006年6月9日，经国务院批准，国务院办公厅转发财政部、中共中央宣传部报送的《关于进一步支持文化事业发展的若干经济政策》。这个文件中提出：继续对宣传文化单位实行增值税优惠政策，对电影发行单位实行营业税优惠政策，鼓励对宣传文化事业的捐赠。

2006年6月27日，财政部、国家税务总局规定：自同年1月1日起，企业、事业单位、社会团体和个人通过中华文学基金会和中国少年儿童文化艺术基金会用于公益救济性捐赠，企业在年度应纳税所得额3%以内的部分，个人在申报应纳税所得额30%以内的部分，可以在缴纳企业所得税和个人所得税前扣除。

同年8月5日，经中共中央、国务院批准，中共中央办公厅、国务院办公厅印发《国家"十一五"时期文化发展规划纲要》。纲要中提出：执行和完善支持文化发展的经济政策（包括宣传文化单位实行增值税优惠政策、鼓励对宣传文化事业捐赠的经济政策、文化产品和服务出口退税及相关优惠政策、文化体制改革单位享受的有关政策、文化事业建设费等）；加大和改进政府对文化事业的投入（包括制定相应的税收政策，吸引和鼓励社会力量兴办公益性文化事业）。

同年12月5日，经国务院批准，财政部、国家税务总局发出《关于宣传文化增值税和营业税优惠政策的通知》，其中规定：

（1）从2007年起，将音像制品和电子出版物的增值税税率从17%降低到13%。

（2）从2006年到2008年，对中国共产党、各民主党派、政府、人民代表大会、人民政治协商会议、工会、共产主义青年团、妇女联合会、科学技术协会、新华社、军队的机关报刊，科学技术类图书、报刊、音像制品和技术标准出版物，专门为少年儿童出版发行的报刊，中学、小学学生课本，少数民族文字出版物，盲文图书和期刊，在民族自治区批准注册的出版单位出版的出版物，少数民族文字图书、报刊的印刷业务和音像制品、电子出版物的制作业务实行增值税先征后退；县以下新华书店和农村供销社在本地销售的出版物，规定的电影企业销售的电影拷贝，可以免征增值税。

（3）从2006年到2008年，科普单位的门票收入、县以上党政部门和科协开展的科普活动的门票收入和科普单位进口自用科普影视作品向境外单位支付的播映权转让费，可以免征营业税。

2006年9月20日，国务院办公厅发出《关于进一步做好新时期广播电视村村通工作的通知》。通知中规定：国家对于建设、经营县级以下农村有线电视网络的单位给予一定期限的税收政策扶持。2007年1月18日，财政部、国家税务总局据此发出《关于广播电视村村通税收政策的通知》。通知中规定：从2007年到2009年，经营有线电视网络的单位从农村居民用户取得的有线电视收视费收入和安装费收入可以免征营业税，经营上述业务的事业单位取得的上述收入不计征企业所得税，经营上述业务的企业取得的上述收入扣除相关成本费用以后的所得可以免征企业所得税（2008年企业所得税制度改革以后，有关税收优惠保留——笔者注）。

2006年11月5日，经国务院批准，国务院办公厅转发财政部、国家税务总局等8个部门报送的《关于鼓励和支持文化产品和服务出口的若干政策》，其中提出了有关税收的措施。

同年11月27日，财政部、国家税务总局发出《关于广播电视事业单位广告收入和有线收视费收入有关企业所得税问题的通知》。通知中规定：从2005年到2007年，广播电视事业单位取得的广告收入和有线收视费收入，凡是纳入部门预算或者作为预算外资金专户管理的，可以免征企业所得税。

2007年2月6日，财政部、国家税务总局发出《关于宣传文化所得税优惠政策的通知》，自2006年起执行，其中规定：

（1）企业、事业单位和社会团体依法向科普单位［包括规定的科技馆，自然博物馆，对公众开放的天文馆（台、站），气象台（站），地震台（站），高等院校和科研机构对公众开放的科普基地等］的捐赠，在年度应纳税所得额的10%以内的部分，可以扣除。

（2）从2006年到2010年，企业、事业单位、社会团体和个人依法向宣传文化事业（包括规定的艺术表演团体、图书馆、博物馆、科技馆、美术馆、纪念馆、文物保护单位、文化馆和群众艺术馆等）的公益性捐赠，经税务机关审核，企业所得税纳税人捐赠额在年度应纳税所得额10%以内的部分，个人所得税纳税人捐赠额不超过其申报的应纳税所得额30%的部分，都可以扣除。

（3）宣传文化企事业单位按照规定取得的增值税先征后退收入和免征增值税、营业税收入，可以不计入其应纳税所得额，并实行专户管理，专项用于新技术、新兴媒体、重点出版物的引进和开发，发行网点和信息系统建设。

2007年7月31日，财政部、国家税务总局规定：从同年1月1日起，企业、事业单位、社会团体和个人等社会力量通过中国交响乐发展基金会、中国电影基金会等单位用于公益救济性的捐赠，企业在年度应纳税所得额3%以内的部分，个人在申报应纳税所得额30%以内的部分，可以在缴纳企业所得税和个人所得税税前扣除。

2008年2月15日，经中共中央同意，中共中央办公厅转发中共中央宣传部报送的《关于党的十六大以来宣传思想文化工作情况和今后设想的报告》。报告中提出：继续深化文化体制改革，加快完善财税、社会保障和投融资等相关配套政策。

同年9月12日，经中共中央、国务院领导同意，国家发展和改革委员会、财政部等14个部门印发《关于进一步促进红色旅游健康持续发展的意见》。意见中提出：凡纳入全国红色旅游经典景区名录的爱国主义教育基地、博物馆和纪念馆，其符合条件的收入，可以根据现行税制有关规定适当减免税。企业、事业单位和个人等社会力量通过公益性社会团体或者国家机关向公益性的爱国主义教育基地、博物馆和纪念馆等的捐赠款，可以按照企业所得税法规定的公益性捐赠的税收优惠政策执行。

2008年10月12日，经国务院批准，国务院办公厅印发中共中央宣传部会同国家税务总局等10个部门和单位拟订的《文化体制改革中经营性文化事业单位转制为企业的规定》和《文化体制改革中支持文化企业发展的规定》，执行期限为2009年至2013年。

上述第一个文件中规定：

(1) 转制为企业的出版、发行单位，在转制的时候可以通过资产清查对库存积压待报废的出版物作一次性处理，损失允许在净资产中扣除；库存呆滞出版物超过一定期限的，可以作为财产损失在税前据实扣除。转制企业已经作为财产损失税前扣除的呆滞出版物，以后年度处置的，处置收入应当纳入处置当年的应税收入。

(2) 经营性文化事业单位转制为企业以后，免征企业所得税。

(3) 由财政部门拨付事业经费的经营性文化事业单位转制为企业，自用房产免征房产税。

(4) 对于经营性文化事业单位转制中资产评估增值涉及的企业所得税，资产划转、转让涉及的增值税、营业税、城市维护建设税等给予适当的优惠政策，具体政策由财政部、国家税务总局根据转制方案确定。

(5) 党报、党刊将其发行、印刷业务和相应的经营性资产剥离组建的文化企业取得的党报、党刊发行收入和印刷收入，免征增值税。

上述第二个文件中规定：

(1) 电影制片企业销售电影拷贝、转让版权的收入，电影发行企业的电影发行收入，电影放映企业来自农村的电影放映收入，免征增值税、营业税。

(2) 在2010年年底以前，广播电视运营服务企业收取的有线数字电视基本收视维护费，经省级人民政府同意，报财政部、国家税务总局批准，免征营业税，期限不超过3年。

(3) 图书、报纸、期刊、音像制品、电子出版物、电影和电视完成片等按照规定享受出口退税政策，中国境外演出取得的境外收入不征营业税；为生产重点文化产品进口国内不能生产的自用设备和配套件、备件等，按照现行规定免征关税和进口环节增值税。

(4) 在文化产业支撑技术等领域内，国家需要重点扶持的高新技术企业，减按15%的税率征收企业所得税；文化企业开发新技术、新产品和新工艺发生的研究开发费用，允许按照税法规定在计算应纳税所得的时候加计扣除。

(5) 出版、发行企业库存呆滞出版物超过一定期限的，可以作为财产损失在税前据实扣除。已经作为财产损失税前扣除的呆滞出版物，以后年度处置的，处置收入应当纳入处置当年的应税收入。

2009年3月26日、27日，根据2008年10月12日国务院办公厅发出的上述文件，财政部、国家税务总局，财政部、海关总署和国家税务总局先后联合发出《关于文化体制改革中经营性文化事业单位转制为企业的若干税收优惠政策的通知》和《关于支持文化企业发展若干税收政策问题的通知》。

2009年8月17日国务院印发的《文化产业振兴规划》中提出：落实2008年10月12日国务院办公厅发出的上述文件，研究确定文化产业支撑技术的具体范围，加大税收扶持力度，支持文化产业发展。

2009年1月20日，财政部、海关总署和国家税务总局公布《国有公益性收藏单位进口藏品免税暂行规定》，即日起施行。这个文件中规定：国有公益性收藏单位以从事永久收藏、展示和研究等公益性活动为目的，以接受境外捐赠、归还、追索和购买等方式进口的藏品，免征关税和进口环节增值税、消费税。

同年7月5日，国务院发布的《关于进一步繁荣发展少数民族文化事业的若干意见》中提出了有关税收的措施。

4. 卫生和体育。2001年5月24日，经国务院批准，国务院办公厅转发国务院经济体制改革办公室、财政部等5个部门报送的《关于农村卫生改革与发展的指导意见》。意见中提出：农村卫生机构的税收政策按照2000年7月10日财政部、国家税务总局发出的《关于医疗卫生机构有关税收政策的通知》执行。

同年5月25日，经国务院批准，国务院办公厅印发卫生部等30个单位起草的《中国遏制预防治艾滋病行动计划（2001—2005年）》。计划中提出：积极引进国外抗艾滋病病毒药物，对于国际和其他国家捐赠中国用于艾滋病性病预防与控制的药品实行减免税政策。

2002年8月20日，经国务院批准，卫生部、国家税务总局等11个部门印发《关于加快发展城市社区卫生服务的意见》。意见中提出：企业、事业单位、社会团体、个人的房屋和土地等不动产，无偿提供给非营利性社区卫生服务机构使用期间，可以按照规定免征房产税和城镇土地使用税。企业、事业单位、社会团体、个人通过非营利性社会团体和政府机构向非营利性社区卫生服务机构的捐赠，可以在计算应纳税额（似应为应纳税所得额——笔者注）时按照规定扣除。

2002年10月15日，经国务院批准，财政部、国家税务总局发出《关于免征进口抗艾滋病病毒药物税收的通知》。通知中规定：从2002年到2006年，进口抗艾滋病病毒药物可以免征关税和进口环节增值税。

2002年11月1日，经国务院批准，国务院办公厅转发科学技术部、卫生部等4个部门报送的《中药现代化发展纲要》，其提出要制定有利于中药现代化发展的税收政策。

2003年1月22日，经国务院批准，财政部、国家税务总局和海关总署发出《关于第二十九届奥运会税收政策问题的通知》，其中规定：

（1）对第二十九届奥林匹克运动会（以下简称奥运会）组织委员会（以下简称组委会）给予下列税收优惠：

①下列项目可以免征营业税：组委会取得的电视转播权销售分成收入、国际奥林匹克运动会委员会（以下简称国际奥委会）全球赞助计划分成收入，与国家邮政局合作发行纪念

邮票收入、与中国人民银行合作发行纪念币收入，来源于广播、因特网和电视等媒体收入；组委会市场开发计划取得的国内外赞助收入、转让无形资产特许收入和销售门票收入。

②下列项目可以免征关税和进口环节增值税：外国政府和国际组织无偿捐赠用于奥运会的进口物资；以一般贸易方式进口，用于奥运会的体育场馆建设所需设备中与体育场馆设施固定不可分离的设备和直接用于奥运会比赛用的消耗品；奥运会场馆建设所需进口的模型、图纸、图板、电子文件光盘、设计说明和缩印本等非贸易性规划设计方案；国际奥委会、国际单项体育组织和其他社会团体等从国外邮寄进口且不流入国内市场，与奥运会有关的非贸易性文件、书籍、音像和光盘，在合理数量范围以内的。

③组委会再销售所获捐赠商品和赛后出让资产取得收入，可以免征增值税、消费税、营业税和土地增值税；组委会使用的营业账簿和签订的各类合同等应税凭证，可以免征组委会应纳的印花税；组委会委托加工生产的化妆品、护肤护发品，可以免征消费税；组委会可以免征车船使用税、车辆购置税和企业所得税。

（2）对国际奥委会和奥运会参与者给予下列税收优惠：

①国际奥委会取得的来源于中国境内的、与奥运会有关的收入，中国奥林匹克运动会委员会（以下简称中国奥委会）取得按照《联合市场开发协议》规定由组委会分期支付的补偿收入、按照《举办城市合同》规定由组委会按照比例支付的盈余分成收入，可以免征相关税收。

②参赛运动员因奥运会比赛获得的奖金和其他奖赏收入，可以按照中国税法免征个人所得税。

③企业、社会组织和团体捐赠、赞助奥运会的资金、物资支出，可以在计算企业应纳税所得额时全额扣除。

④国际奥委会、中国奥委会签订的与奥运会有关的各类合同，可以免征国际奥委会和中国奥委会应纳的印花税；财产所有人将财产（物品）捐赠给组委会所书立的产权转移书据，可以免征印花税。

2003年4月7日，国务院发布《中华人民共和国中医药条例》，其中规定非营利性中医医疗机构依照国家有关规定享受财政补贴、税收减免等优惠政策。

从2003年4月下旬开始，为了配合防治非典型肺炎，根据国务院的部署，财政部、国家税务总局陆续联合发出一系列的文件，规定了许多税收照顾措施：4月25日、29日，先后发出《关于非典型肺炎疫情发生期间个人取得的特殊临时性工作补助等所得免征个人所得税问题的通知》和《关于纳税人向防治非典型肺炎事业捐赠税前扣除问题的通知》；5月2日、8日和12日，先后发出《关于防治非典型肺炎捐赠物资免征进口税收的通知》、《关于在“非典”疫情期间对北京市经营蔬菜的个体工商户免征有关税收的通知》和《关于调整部分行业在“非典”疫情期间税收政策的紧急通知》；11月18日、19日，先后发出《关于延长部分受“非典”影响行业税收优惠政策的通知》和《关于防治“非典”工作有关税收政策问题的通知》。

2003年8月25日，经国务院批准，财政部、国家税务总局发出《关于免征抗艾滋病病毒药品增值税的通知》。通知中规定：从2002年到2006年，进口抗艾滋病病毒药品可以免征进口环节和国内流通环节的增值税。从2003年7月1日到2006年12月31日，国内定点生产企业生产的国产抗艾滋病病毒药品，可以免征生产环节和流通环节增值税。

2003年9月22日，经国务院批准，财政部、国家税务总局规定：从同年1月1日起，企业、事业单位、社会团体和个人向中华健康快车基金会的捐赠，可以在缴纳企业所得税和个人所得税前全额扣除。

2004年10月15日，财政部、国家税务总局规定：从同年1月1日起，企业、事业单位、社会团体和个人通过中国煤矿尘肺病治疗基金会用于公益救济性的捐赠，可以在缴纳企业所得税和个人所得税前全额扣除。

2006年2月27日，经国务院批准，国务院办公厅印发《中国遏制与防治艾滋病行动计划（2006—2010年）》，其中规定国家对企业和个人向艾滋病防治事业的捐赠依法给予税收优惠。同年6月27日，财政部、国家税务总局据此规定：从同年1月1日起，企业、事业单位、社会团体和个人通过非营利的社会团体、国家机关用于艾滋病防治事业的公益救济性捐赠，企业在年度企业所得税应纳税所得额3%以内的部分，个人在个人所得税应纳税所得额30%以内的部分，可以在缴纳企业所得税和个人所得税前扣除。

同年6月6日，经国务院批准，财政部、国家税务总局规定：从同年1月1日起，企业、事业单位、社会团体和个人等社会力量，通过中国医药卫生事业发展基金会用于公益救济性捐赠，可以在缴纳企业所得税和个人所得税前全额扣除。

2007年4月17日，经国务院批准，财政部、国家税务总局发出《关于继续免征国产抗艾滋病病毒药品增值税的通知》。通知中规定：从2007年到2010年，国内定点生产企业生产的国产抗艾滋病病毒药品可以继续免征生产环节和流通环节增值税。

同年7月31日，财政部、国家税务总局规定：从同年1月1日起，企业、事业单位、社会团体和个人等社会力量通过中国肝炎防治基金会、中国麻风防治协会等单位用于公益救济性的捐赠，企业在年度应纳税所得额3%以内的部分，个人在申报应纳税所得额30%以内的部分，可以在缴纳企业所得税和个人所得税税前扣除。

2008年3月7日，经国务院批准，财政部、国家税务总局发出《关于生育津贴和生育医疗费有关个人所得税政策的通知》，即日起执行。通知中规定：生育妇女按照县级以上人民政府根据国家有关规定制定的生育保险办法，取得的生育津贴、生育医疗费和其他生育保险性质的津贴、补贴，可以免征个人所得税。

2009年3月17日，中共中央、国务院发布《关于深化医疗卫生体制改革的意见》。意见中提出：完善医疗机构分类管理政策和税收优惠政策；制定相关优惠政策，鼓励社会力量兴办慈善医疗机构，或者向医疗救助、医疗机构等慈善捐助。

同年3月18日，国务院印发《医药卫生体制改革近期重点实施方案（2009—2011年）》。方案中提出：落实非营利性医院税收优惠政策，完善营利性医院税收政策。

同年4月21日，国务院发布《关于扶持和促进中医药事业发展的若干意见》。这个文件中提出：制定优惠政策，鼓励企业、事业单位、社会团体和个人捐资支持中医药事业。

同年8月10日，经国务院批准，财政部、海关总署和国家税务总局发出《关于第16届亚洲运动会等三项国际综合运动会税收政策的通知》，自2008年起执行。通知中规定了2010年广州第十六届亚洲运动会、2011年深圳第二十六届世界大学生夏季运动会和2009年哈尔滨第二十四届世界大学生冬季运动会的税收优惠措施，涉及有关运动会的组织机构、参与者和营业税、企业所得税、个人所得税、土地增值税、印花税、车船税和进口物资的关税、增值税、消费税。

### （六）就业、社会保障、民政、民族

1. 就业和社会保障。2000 年 12 月 25 日，国务院印发《完善城镇社会保障体系的试点方案》，从 2001 年起在辽宁省和其他省、自治区、直辖市的部分地区试行。方案中提出：有条件的企业可以为职工建立企业年金，费用由企业和职工个人缴纳，企业缴费在工资总额 4% 以内的部分可以从成本中列支。有条件的企业可以为职工建立补充医疗保险，提取额在工资总额 4% 以内的部分可以从成本中列支。最低生活保障对象自谋职业的，工商、税务机关要按照规定给予政策支持和税收优惠。非营利机构用于公益事业的支出，按照税法规定在缴纳企业所得税前扣除；企业和个人向慈善机构、基金会等非营利机构的公益、救济性捐赠，可以全额在税前扣除。2001 年 3 月 8 日，财政部、国家税务总局据此发出《关于完善城镇社会保障体系试点中有关所得税政策的通知》。

2001 年 5 月 30 日，经国务院批准，财政部、国家税务总局发出《关于全国社会保障基金有关税收政策问题的通知》。通知中规定：全国社会保障基金理事会、社会保障基金投资管理人运用社会保障基金买卖证券投资基金、股票和债券的价差收入，可以暂免征收营业税。社会保障基金理事会、社会保障基金投资管理人管理的社会保障基金银行存款利息收入和社会保障基金从证券市场取得的收入，可以暂免征收企业所得税。

同年 9 月 10 日，财政部、国家税务总局发出《关于个人与用人单位解除劳动关系取得的一次性补偿收入征免个人所得税问题的通知》。通知中规定：个人因与用人单位解除劳动关系而取得一次性的补偿收入（包括经济补偿金、生活补助费和其他补助费用），数额在当地上年职工平均工资 3 倍以内的部分可以免征个人所得税；超过 3 倍的部分可以视为一次取得数月的工资、薪金收入，可以在一定期限以内平均计算纳税。计税时，按照规定缴纳的基本养老保险费、医疗保险费、失业保险费和住房公积金可以扣除。依法宣告破产的企业的职工从本企业取得的一次性安置费，可以免征个人所得税。

2002 年 9 月 12 日，中共中央总书记、国家主席江泽民在中共中央、国务院召开的全国再就业工作会议上的讲话中提出：就业是民生之本。下岗失业人员自谋职业、服务型企业批量招收下岗失业人员、国有企业通过主辅分离分流安置富余职工等，都应当在税费政策上给予支持。

同年 9 月 30 日，中共中央、国务院发出《关于进一步做好下岗失业人员再就业工作的通知》，其中规定在 2005 年年底以前采取下列税收优惠措施：

（1）鼓励下岗失业人员自谋职业和自主创业，下岗失业人员从事个体经营（国家限制的行业除外）的，3 年以内可以免征营业税、城市维护建设税、所得税和教育费附加。

（2）鼓励服务型企业吸纳下岗失业人员：现有的服务型企业（国家限制的行业除外）新增加的岗位，当年新招用下岗失业人员达到职工总数 30% 以上，并与其签订 3 年以上期限劳动合同的，经过劳动保障部门认定，税务机关审核，3 年以内可以根据招用人数，按照年度应纳企业所得税的一定比例减征企业所得税。新办的服务型企业（国家限制的行业除外）当年新招用下岗失业人员达到职工总数 30% 以上，并与其签订 3 年以上期限劳动合同的，经过劳动保障部门认定，税务机关审核，3 年以内可以免征营业税、城市维护建设税、企业所得税和教育费附加；当年新招用下岗失业人员不足 30% 的，可以根据招用人数，按

照应纳企业所得税的一定比例减征企业所得税。

（3）国有大中型企业通过主业、辅业分离和辅业改制分流本企业富余人员兴办的经济实体（国家限制的行业除外），符合规定条件的，经过有关部门认定，税务机关审核，3年以内可以免征企业所得税。

此外，适当提高营业税和增值税的起征点。

根据中共中央、国务院的上述通知，2002年11月18日，国家经济贸易委员会、国家税务总局等8个部门印发《关于国有大中型企业主辅分离辅业改制分流安置富余人员的实施办法》；11月25日，劳动和社会保障部、国家税务总局等11个部门发出《关于贯彻落实中共中央、国务院关于进一步做好下岗失业人员再就业工作的通知若干问题的意见》；12月27日，经国务院批准，财政部、国家税务总局发出《关于下岗失业人员再就业有关税收政策的通知》。

2003年5月12日，经国务院批准，国务院办公厅发出《关于加快推进再就业工作的通知》，要求各级政府和各有关部门全面贯彻中共中央、国务院关于做好下岗失业人员再就业工作的文件，加快落实税费减免等各项扶持政策。

同年8月15日，中共中央总书记、国家主席胡锦涛在全国再就业工作座谈会上发表重要讲话，其中要求全面落实再就业扶持政策，包括鼓励企业吸纳下岗失业人员再就业和鼓励下岗失业人员自主创业、自谋职业合伙经营等方面的税费减免政策。

同年8月28日，经国务院批准，财政部、劳动和社会保障部、国家税务总局发出《关于促进下岗失业人员再就业税收优惠及其他相关政策的补充通知》。通知中规定：劳动就业服务企业中的加工型企业和街道社区具有加工性质的小型企业实体，安置下岗失业人员，并与其签订1年以上期限劳动合同的，经过劳动保障部门认定，税务机关审核，每安置1名下岗失业人员，每年可以从应当缴纳的企业所得税税额中扣减2000元；当年扣减不足的，可以结转到下一年继续扣减，但是结转期不能超过2年。此外，将有关文件规定享受税收优惠政策的企业与下岗失业人员签订劳动合同的期限从3年以上改为1年以上。

同年12月23日，国家税务总局规定：从2004年起，对于销售水产品、畜牧产品、蔬菜、果品和粮食等农产品的个体工商户和以销售上述农产品为主的个体工商户，其增值税起征点一律确定为月销售额5000元；按次（日）纳税的，增值税起征点一律确定为每次（日）销售额200元。

同年12月31日，建设部、国家税务总局等5个部门发出《城镇最低收入家庭廉租住房管理办法》。这个文件中规定：各级地方人民政府应当对地方人民政府房地产行政主管部门购买旧住房作为廉租住房，以及实物配租的廉租住房租金收入，按照规定给予税收优惠。

2004年1月20日，经国务院批准，国务院办公厅转发民政部、国家税务总局等9个部门报送的《关于扶持城镇退役士兵自谋职业优惠政策的意见》，其中提出了有关税收的措施。6月9日，财政部、国家税务总局据此发出《关于扶持城镇退役士兵自谋职业有关税收优惠政策的通知》。

同年8月11日，财政部、国家税务总局发出《关于企业再就业专项补贴收入免征企业所得税问题的通知》。通知中规定：企业所得税的纳税人安置下岗、失业人员再就业，按照财政部、劳动和社会保障部的规定取得的社会保险补贴和岗位补贴，可以免征企业所得税。

2005年11月4日，国务院发出《关于进一步加强就业再就业工作的通知》。通知中规定：持《再就业优惠证》人员从事个体经营的（国家限制的行业除外），可以在规定限额以内依次减免营业税、城市维护建设税、教育费附加和个人所得税。商贸企业、服务型企业（国家限制的行业除外）、劳动就业服务企业中的加工型企业和街道社区具有加工性质的小型企业实体，在新增加的岗位中，当年新招用持《再就业优惠证》人员，与其签订1年以上期限劳动合同并缴纳社会保险费的，可以按照实际招用人数，在相应期限以内定额依次减免营业税、城市维护建设税、教育费附加和企业所得税。上述税收优惠的期限最长均不超过3年。据此，2006年1月20日，劳动和社会保障部、国家税务总局等18个单位发出《关于贯彻落实国务院进一步加强就业再就业工作通知若干问题的意见》。1月23日，经国务院批准，财政部、国家税务总局发出《关于下岗失业人员再就业有关税收政策问题的通知》，其中规定：

（1）商贸企业、服务型企业（不包括广告业、房屋中介、典当、桑拿、按摩和氧吧），劳动就业服务企业中的加工型企业和街道社区具有加工性质的小型企业实体，在新增加的岗位中，当年新招用持《再就业优惠证》人员，与其签订1年以上期限劳动合同并依法缴纳社会保险费的，可以按照实际招用人数定额依次扣减本企业当年实际应当缴纳的营业税、城市维护建设税、教育费附加和企业所得税。定额标准为每人每年4000元，可以上下浮动20%，由各省、自治区和直辖市人民政府根据本地区的实际情况在此幅度以内确定具体定额标准，并报财政部和国家税务总局备案。

（2）持《再就业优惠证》的人员从事个体经营的（不包括建筑业、娱乐业、销售不动产、转让土地使用权、广告业、房屋中介、桑拿、按摩、网吧和氧吧），以每户每年8000元为限额，可以依次扣减其当年实际应当缴纳的营业税、城市维护建设税、教育费附加和个人所得税。

（3）国有大中型企业通过主辅分离和辅业改制分流安置本企业富余人员兴办的经济实体（不包括金融保险业、邮电通信业、娱乐业、销售不动产、转让土地使用权、广告业、桑拿、按摩、氧吧和建筑业中从事工程总承包的），符合规定条件的，经过有关部门认定，税务机关审核，可以免征企业所得税。

上述税收优惠的审批期限为2006年至2008年。享受上述税收优惠到2008年年底不满3年的，可以享受到期满3年为止（2008年企业所得税制度改革以后，有关税收优惠保留——笔者注）。

2006年10月11日中国共产党第十六届中央委员会第六次全体会议通过的《中共中央关于构建社会主义和谐社会若干重大问题的决定》中提出：实行促进就业的财税金融政策，完善社会捐赠免税减税政策。

2008年8月20日，根据企业所得税法及其实施条例，经国务院批准，财政部、国家税务总局和国家安全监管总局公布《安全生产专用设备企业所得税优惠目录（2008年版）》。

2007年7月10日，国务院发出《关于开展城镇居民基本医疗保险试点的指导意见》，其中提出国家对个人缴费和单位补助资金制定税收鼓励政策。

2007年8月30日，第十届全国人民代表大会常务委员会第二十九次会议通过《中华人民共和国就业促进法》。该法中规定：国家鼓励企业增加就业岗位，扶持失业人员和残疾人就业，对下列企业、人员依法给予税收优惠：吸纳符合国家规定条件的失业人员达到规定要求的企业，失业人员创办的中小企业，安置残疾人员达到规定比例或者集中使用残疾人的企业，从事个体经营的符合国家规定条件的失业人员，从事个体经营的残疾人，国家规定给予税收优惠的其他企业、人员。

2008年2月3日，国务院发出《关于做好促进就业工作的通知》。通知中规定：国务院2005年11月4日发出的《关于进一步加强就业再就业工作的通知》中规定的各项税收政策继续有效，2009年以后的税收政策另行规定。登记失业人员创办企业，符合相关条件的，可以按照国家规定享受税收优惠政策。符合残疾人就业优惠条件的，可以享受现行增值税、营业税、企业所得税和个人所得税等税收优惠政策。

同年9月26日，经国务院批准，国务院办公厅转发人力资源和社会保障部、国家税务总局等11个部门报送的《关于促进以创业带动就业工作的指导意见》。意见中提出：全面落实有利于劳动者创业的税收优惠、小额担保贷款、资金补贴和场地安排等扶持政策，促进中小企业和个体私营等非公有制经济发展，扶持劳动者创业。

同年11月21日，经国务院批准，财政部、国家税务总局发出《关于全国社会保障基金有关企业所得税问题的通知》。通知中规定：从同年1月1日起，全国社会保障基金理事会、社会保障基金投资管理人管理的社会保障基金银行存款利息收入和社会保障基金从证券市场取得的收入，包括买卖证券投资基金、股票、债券的差价收入，证券投资基金红利收入，股票的股息、红利收入，债券的利息收入和产业投资基金收益、信托投资收益等其他投资收入，作为企业所得税不征税收入。

2009年2月3日，国务院发出《关于做好当前经济形势下就业工作的通知》。通知中规定：完善鼓励发展轻工、纺织、建筑等劳动密集型产业的财税、金融等扶持政策。落实国务院办公厅2008年9月26日转发的人力资源和社会保障部、国家税务总局等11个部门报送的《关于促进以创业带动就业工作的指导意见》，完善落实市场准入、场地安排、税费减免、小额担保贷款、免费就业服务和职业培训补贴等扶持政策。延续鼓励下岗失业人员创业的税收扶持政策，持《再就业优惠证》人员从事个体经营的，按照规定在限额以内依次减征、免征营业税、城市维护建设税、教育费附加和个人所得税，审批期限延长到2009年年底。延续鼓励企业吸纳下岗失业人员的税收扶持政策，符合条件的企业在新增加的岗位中，当年新招用持《再就业优惠证》人员，与其签订1年以上期限劳动合同并缴纳社会保险费的，按照规定在相应期限以内定额依次减免营业税、城市维护建设税、教育费附加和企业所得税，审批期限延长到2009年年底。3月3日，财政部、国家税务总局据此发出《关于延长下岗失业人员再就业有关税收政策的通知》。

同年5月22日，住房和城乡建设部、国家发展和改革委员会、财政部发布《2009—2011年廉租住房保障规划》。规划中提出：落实支持廉租住房建设的各项税费优惠政策。

同年6月2日，根据企业所得税法及其实施条例，财政部、国家税务总局发出《关于补充养老保险费、补充医疗保险费有关企业所得税政策问题的通知》。通知中规定：从2008年起，企业根据国家的规定为本企业全体员工支付的补充养老保险费、补充医疗保险费，分别不超过职工工资总额5%的部分，可以在计算企业所得税应纳税所得额的时候扣除。

2. 民族、民政、老人、妇女和儿童。2001年1月15日，经国务院批准，财政部、国家税务总局和海关总署发布《扶贫、慈善性捐赠物资免征进口税收暂行办法》，即日起执行。办法中规定：中国境外的自然人、法人和其他组织无偿向规定的境内社会团体、国务院有关部门和各省、自治区、直辖市人民政府捐赠进口的直接用于扶贫、慈善事业的物资，可以免征关税和进口环节增值税、消费税。

同年1月19日，中共中央、国务院和中央军事委员会发布《军队转业干部安置暂行办法》。办法中规定：对从事个体经营或者创办经济实体的自主择业的军队转业干部，安置地政府应当在政策上给予扶持，金融、工商和税务等部门应当视情提供低息贷款，及时核发营业执照，按照社会再就业人员的有关规定减免营业税、所得税等税费。8月24日，国务院军队转业干部安置工作小组、国家税务总局等13个部门据此印发《关于自主择业的军队转业干部安置管理的意见》。

同年1月20日，根据国务院、中央军委关于士兵退役工作的有关文件，国家税务总局发出《关于退役士兵自谋职业享受有关税收优惠政策问题的通知》，其中规定符合规定的退役士兵可以享受下岗职工从事社区社区居民服务业所享受的有关税收优惠政策。

同年2月21日，国务院公布《长江三峡工程建设移民条例》。条例中规定：农村移民建房占用耕地，免征耕地占用税。三峡工程坝区和淹没区建设占用耕地，按照应纳税额的40%征收耕地占用税；城镇、企业事业单位搬迁和基础设施复建占用耕地，按照国家有关规定缴纳耕地占用税。缴纳的耕地占用税全部用于三峡库区农村移民安置。专门为安置农村移民开发的土地和新办的企业，依法减征、免征农业税、企业所得税。

同年2月28日，第九届全国人民代表大会常务委员会第二十次会议通过《关于修改〈中华人民共和国民族区域自治法〉的决定》。决定中规定：上级国家机关根据国家的民族贸易政策和民族自治地方的需要，对民族自治地方的商业、供销和医药企业，从投资、金融和税收等方面给予扶持；在投资、金融和税收等方面扶持民族自治地方改善农业、牧业、林业等生产条件和水利、交通、能源、通信等基础设施，扶持民族自治地方合理利用本地资源发展地方工业、乡镇企业、中小企业和少数民族特需商品、传统手工业品的生产。

同年4月10日，国务院批转《中国残疾人事业“十五”计划纲要》，其中提出继续对残疾人实施有关税收优惠政策。

同年4月20日，经国务院批准，财政部、国家税务总局分别联合发出《关于继续对民族贸易企业执行增值税优惠政策的通知》和《关于继续对国家定点生产企业生产和经销单位经销的边销茶免征增值税的通知》。上述通知中规定：在2005年年底以前，对民族贸易县县级国有民族贸易企业和供销社企业销售货物按照实际缴纳增值税税额先征后返50%，对县以下国有民族贸易企业和基层供销社销售货物免征增值税，上述企业改制以后所有制性质变化的仍然可以享受上述增值税优惠；从2001年到2005年，国家定点企业生产和经销单位经销的边销茶可以继续免征增值税。2006年8月7日，经国务院批准，财政部、国家税务总局规定：从2006年到2008年，民族贸易县内县级和县以下的民族贸易企业和供销社企业销售货物（石油、烟草除外），国家定点企业生产的边销茶和经销单位销售的边销茶，可以免征增值税。

2001年7月22日，国务院印发《中国老龄事业发展“十五”计划纲要（2001—2005年）》。纲要中提出：计划、财政、工商、税务、物价、国土、建设和民政等部门要制定优惠扶持政策，鼓励社会团体、民办非企业单位、私营企业和国内外人士投资老龄事业，发展老年产业，满足不断增长的老年群体对设施、产品与服务的需求。

2002年4月23日，根据2001年10月30日国务院发布的《关于进一步规范彩票管理的通知》，财政部、国家税务总局发出《关于发行福利彩票有关税收问题的通知》。通知中规定：从2002年起，福利彩票机构发行销售福利彩票取得的收入，不征收营业税，暂免征收企业所得税。

同年12月12日，中共中央总书记胡锦涛主持召开中共中央政治局常务委员会会议，听取有关部门关于解决困难群众生产生活问题的情况汇报，并研究部署如何进一步做好这项工作。会议提出：要进一步落实扶持再就业的各项政策措施，帮助更多的下岗失业人员实现再就业。要切实安排好灾区、贫困地区群众的生产生活，保证他们吃饱穿暖、安全过冬，国家安排的冬令救济款、农业税灾歉减免资金必须在春节前落实到村到户。据此，12月20日，中共中央、国务院转发国务院办公厅报送的《关于当前解决困难群众生产生活问题的情况汇报》。

2003年4月9日，财政部、国家税务总局发出《关于自主择业的军队转业干部有关税收政策问题的通知》。通知中规定：自5月1日起，从事个体经营的军队转业干部，经税务机关批准，可以从领取税务登记证之日起，3年以内免征营业税和个人所得税；为了安置自主择业的军队转业干部就业而新开办的企业，安置自主择业的军队转业干部占企业总人数60%以上的，经税务机关批准，可以从领取税务登记证之日起，3年以内免征营业税和企业所得税。

同年9月22日，经国务院批准，财政部、国家税务总局规定：从同年1月1日起，企业、事业单位、社会团体和个人向中华慈善总会、中国法律援助基金会和中华见义勇为基金会的捐赠，可以在缴纳企业所得税和个人所得税前全额扣除。

2004年1月20日，经国务院批准，国务院办公厅转发民政部、国家税务总局等9个部门报送的《关于扶持城镇退役士兵自谋职业优惠政策的意见》，其中提出了下列税收措施：

（1）为安置自谋职业的城镇退役士兵就业而新办的服务型企业（广告业、桑拿、按摩、网吧和氧吧除外）当年新安置自谋职业的城镇退役士兵达到职工总数30%以上，并与其签订1年以上期限劳动合同的，经县级以上民政部门认定，税务机关审核，3年以内可以免征营业税、城市维护建设税、教育费附加和企业所得税。

上述企业当年新安置自谋职业的城镇退役士兵不足职工总数30%，但是与其签订1年以上期限劳动合同的，经县级以上民政部门认定，税务机关审核，3年以内可以按照计算的减征比例减征企业所得税。

减征比例 = 企业当年新招用自谋职业的城镇退役士兵 ÷ 企业职工总数 × 100% × 2

（2）为安置自谋职业的城镇退役士兵就业而新办的商贸企业（从事批发、批零兼营和其他非零售业务的商贸企业除外），当年新安置自谋职业的城镇退役士兵达到职工总数30%以上，并与其签订1年以上期限劳动合同的，经县级以上民政部门认定，税务机关审核，3年以内可以免征城市维护建设税、教育费附加和企业所得税。

上述企业当年新安置自谋职业的城镇退役士兵不足职工总数30%，但是与其签订1年以上期限劳动合同的，经县级以上民政部门认定，税务机关审核，3年以内可以按照计算的减征比例减征企业所得税。

减征比例 = 企业当年新招用的自谋职业的城镇退役士兵 ÷ 企业职工总数 × 100% × 2

（3）自谋职业的城镇退役士兵从事个体经营（建筑业、娱乐业以及广告业、桑拿、按摩、网吧和氧吧除外）的，可以从领取税务登记证之日起，3年以内免征营业税、城市维护建设税、教育费附加和个人所得税。

（4）自谋职业的城镇退役士兵，从事开发荒山、荒地、荒滩和荒水的，可以从有收入的年度开始，3年以内免征农业税。从事种植、养殖业的，其应缴纳的个人所得税按照国家有关种植、养殖业个人所得税的规定执行。从事农业机耕、排灌、病虫害防治、植保、农牧保险和相关技术培训业务以及家禽、牲畜、水生动物的繁殖和疾病防治业务的，可以按照规定免征营业税。

2004年6月9日，财政部、国家税务总局根据上述文件发出《关于扶持城镇退役士兵自谋职业有关税收优惠政策的通知》，从同年1月1日起执行。

同年6月23日，国务院发布《中华人民共和国归侨侨眷保护法实施办法》。办法中规定：归侨、侨眷境外亲友捐赠的物资用于国内公益事业的，依法减征、免征关税和进口环节增值税。归侨、侨眷及其境外亲友在境内投资的企业捐赠的财产用于公益事业的，依法享受所得税优惠。

同年8月20日，经国务院批准，财政部、国家税务总局和民政部发出《关于生产和装配伤残人员专门用品企业免征所得税的通知》。通知中规定：符合规定条件的生产和装配伤残人员专门用品的企业，从2004年到2005年可以免征企业所得税。2006年11月15日，经国务院批准，财政部、国家税务总局规定：从2006年到2008年，上述税收优惠可以继续执行（2008年企业所得税制度改革以后，此项税收优惠保留——笔者注）。

2004年10月15日，财政部、国家税务总局规定：自同年1月1日起，企业、事业单位、社会团体和个人通过宋庆龄基金会、中国福利会、中国残疾人福利基金会和中国扶贫基金会用于公益救济性的捐赠，可以在缴纳企业所得税和个人所得税前全额扣除。

2004年10月17日，经国务院批准，国务院办公厅转发民政部、财政部等部门报送的《关于进一步加强扶助贫困残疾人工作的意见》。意见中提出：要制定、完善残疾人从事个体经济和自愿组织起来就业的税费减免等优惠政策。

2005年4月4日，经国务院批准，财政部、国家税务总局发出《关于印刷少数民族文字出版物增值税政策的通知》。通知中规定：从同年1月1日起，对增值税一般纳税人印刷的少数民族文字出版物（包括图书、报纸和期刊）实行增值税先征后退。

2006年6月6日，经国务院批准，财政部、国家税务总局规定：从同年1月1日起，企业、事业单位、社会团体和个人等社会力量，通过中国老龄事业发展基金会、中国妇女发展基金会和中国儿童少年基金会用于公益救济性捐赠，可以在缴纳企业所得税和个人所得税前全额扣除。

同年6月27日，财政部、国家税务总局规定：从同年1月1日起，企业、事业单位、社会团体和个人通过中国社会工作协会孤残儿童救助基金管理委员会和中国公安英烈基金会用于公益救济性捐赠，企业在年度应纳税所得额3%以内的部分，个人在申报应纳税所得额30%以内的部分，可以在缴纳企业所得税和个人所得税前扣除。

同年7月27日，经国务院批准，财政部、国家税务总局发出《关于调整完善现行福利企业税收优惠政策试点工作的通知》。9月25日，财政部、国家税务总局对上述通知做了修改和补充。根据上述文件，调整完善福利企业税收优惠政策试点的主要内容如下：

（1）由税务机关按照企业实际安置残疾人员的人数，限额施行增值税即征即退或者减征营业税。每位残疾人员每年可以退还增值税或者减征营业税的具体限额，由试点省市税务机关根据同级统计部门公布的当地上年在岗职工平均工资的2倍确定，但是最高不得超过每人每年3.5万元。

（2）采取成本加计扣除的办法，按照企业支付给残疾职工实际工资的2倍在税前扣除，以当年的应纳税所得额为限。

上述试点自10月1日起施行，试点期间原福利企业税收优惠政策在试点地区停止执行。

同年11月7日，经国务院批准，国务院办公厅印发《加快西藏发展维护西藏稳定若干优惠政策》。这个文件中规定：中央对西藏继续实行收入全留、补助递增和专项扶持的财政补贴政策，即除了关税和进口消费税、增值税以外，在西藏征收的其他税收全部留给西藏；中央财政适当增加对西藏的定额补助基数，并逐步递增；继续执行全国统一的一般性转移支付、少数民族地区转移支付、专项转移支付的规定。对西藏继续实行税制一致、适当变通的税收政策，即除了关税和进口消费税、增值税以外，目前中央在西藏征收的其他税收的具体管理办法仍然由自治区人民政府拟订，报国务院批准以后实行。今后开征新的税种按照全国统一的税制执行，需要变通的报国务院批准。西藏在内地所办企业，其所得税仍然回西藏缴纳。“十一五”期间继续保留西藏自用物资关税返还政策，并对返税商品范围进行微调。

2007年2月25日，国务院公布《残疾人就业条例》。条例中规定：国家对集中使用残疾人的用人单位和从事个体经营的残疾人依法给予税收优惠。骗取集中使用残疾人的用人单位税收优惠的，由税务机关依法处理。

同年2月27日，经国务院批准，国务院办公厅印发《少数民族事业“十一五”规划》。规划中提出：继续执行扶持民族贸易、少数民族特需商品和传统手工业品生产发展的税收优惠政策。制定和完善支持少数民族事业发展的税收政策。

同年6月9日，经国务院批准，国务院办公厅印发《兴边富民行动“十一五”规划》。规划中提出：在进出口税收政策等方面制订改革措施，简化管理程序，进一步提高服务效率和便利化水平。对于民族贸易和民族特需商品生产继续在税收等方面实行优惠政策，民族自治地方的边境县和兵团边境团场比照享受民族贸易县的优惠政策。

同年6月15日，经国务院批准，并商民政部、中国残疾人联合会同意，财政部、国家税务总局发出《关于促进残疾人就业税收优惠政策的通知》，其中规定：

（1）安置残疾人的单位，可以由税务机关按照单位实际安置残疾人的人数限额即征即退增值税或者减征营业税。实际安置的每位残疾人每年可以退还的增值税或者减征的营业税的具体限额，由县级以上税务机关根据单位所在县（区、市、旗）适用的经本省（自治区、直辖市、计划单列市）人民政府批准的最低工资标准的6倍确定，但是最高不得超过每人每年3.5万元。

（2）安置残疾人的单位可以按照支付给残疾人的实际工资的100%加计扣除，按照规定取得的增值税退税或者营业税减税收入可以免征企业所得税。

（3）残疾人个人提供的加工、修理修配劳务可以免征增值税，为社会提供的劳务可以免征营业税，取得的劳动所得可以按照所在省（自治区、直辖市）人民政府规定的减征幅度和期限减征个人所得税。

上述规定自同年7月1日起执行，但是外商投资企业适用企业所得税优惠政策的规定自2008年起执行。

同年7月31日，财政部、国家税务总局规定：从同年1月1日起，企业、事业单位、社会团体和个人等社会力量通过中华思源工程扶贫基金会、中国社会工作协会和中国扶贫开发协会等单位用于公益救济性的捐赠，企业在年度应纳税所得额3%以内的部分，个人在申报应纳税所得额30%以内的部分，可以在缴纳企业所得税和个人所得税税前扣除。

同年11月7日，根据中共中央的要求，中共中央宣传部、国家税务总局等5个部门发出《关于进一步加大对少数民族文字出版事业扶持力度的通知》。通知中规定：认真执行现行对少数民族文字出版物的各项税收优惠政策，切实减轻少数民族文字出版发行单位的税收负担，鼓励社会力量通过各种途径和方式捐助发展民族文字出版事业。

2008年3月28日，中共中央、国务院发布《关于促进残疾人事业发展的意见》，其中提出完善资金扶持、税费减免和贷款贴息等残疾人就业保护政策。

同年4月24日，第十一届全国人民代表大会常务委员会第二次会议通过修改以后的《中华人民共和国残疾人保障法》。该法中规定：国家鼓励社会组织和个人为残疾人提供捐助和服务。国家对安置残疾人就业达到规定比例或者集中安排残疾人就业的用人单位和从事个体经营的残疾人，依法给予税收优惠。

同年5月19日，根据中共中央、国务院关于抗震救灾工作的指示，财政部、国家税务总局发出《关于认真落实抗震救灾及灾后重建税收政策问题的通知》，涉及企业所得税、个人所得税、房产税、契税、资源税、城镇土地使用税、车船税和进出口税收等方面。

同年6月29日，国务院发布《关于支持汶川地震灾后恢复重建政策措施的意见》，其中提出了下列税收措施：

（1）促进企业尽快恢复生产。从7月1日起，受灾严重地区可以实行增值税扩大抵扣范围政策，允许企业新购进机器设备所含的增值税进项税额予以抵扣，国家限制发展的特定行业除外。受灾严重地区损失严重的企业可以免征2008年度企业所得税，受灾地区企业取得的救灾款项和与抗震救灾有关的减免税收入可以免征企业所得税。受灾地区企业、单位和支援受灾地区重建的企业、单位进口国内不能满足供应并直接用于灾后重建的大宗物资、设备等，在3年以内可以给予进口税收优惠。

（2）减轻个人税收负担。受灾地区个人取得的各级政府发放的救灾款项、接受捐赠的款项和抗震救灾一线人员按照地方各级政府及其部门规定标准取得的与抗震救灾有关的补贴收入，可以免征个人所得税。

（3）支持受灾地区基础设施、房屋建筑物等恢复重建。由政府为受灾居民组织建设的安居房，可以免征城镇土地使用税，转让时可以免征土地增值税。地震中住房倒塌的农民重建住房的，在规定标准以内的部分可以免征耕地占用税。由政府组织建设的安居房所签订的建筑安装、销售、租赁合同，可以免征印花税。在地震中损毁的应缴未缴契税的居民住房，可以不再征收契税；受灾居民购买安居房，可以按照法定税率减半征收契税。经省级人民政府批准，在2008年年底以前可以免征损毁房产、土地的房产税、城市房地产税和城镇土地使用税。

（4）鼓励社会各界支持抗震救灾和灾后恢复重建。单位和个体经营者将自产、委托加工、购买的货物通过公益性社会团体、县级以上人民政府及其部门无偿捐赠给受灾地区的，可以免征增值税、城市维护建设税和教育费附加。企业、个人通过公益性社会团体、县级以上人民政府及其部门向受灾地区的捐赠，可以在当年企业所得税和个人所得税前全额扣除。财产所有人将财产（物品）捐赠给受灾地区所书立的产权转移书据，可以免征印花税。专项用于抗震救灾和灾后恢复重建、能够提供抗震救灾证明的新购特种车辆，可以免征车辆购置税。

（5）促进就业。受灾严重地区的企业在新增加的就业岗位中，招用当地因地震灾害失去工作的城镇职工，经县级劳动保障部门认定，可以按照实际招用人数，定额依次扣减营业税、城市维护建设税、教育费附加和企业所得税。定额标准为每人每年4000元，可以上下浮动20%，由灾区省级人民政府根据本地实际情况确定。受灾严重地区因地震灾害失去工作的城镇职工从事个体经营的，可以按照每户每年8000元的限额扣减其当年应纳的营业税、城市维护建设税、教育费附加和个人所得税。

在以上税收优惠中，除了增值税扩大抵扣范围以外，凡是没有注明执行期限的，一律执行至2008年年底止。需要延长期限的，由国务院另行决定。

2008年7月30日，财政部、海关总署和国家税务总局根据国务院的上述文件发出《关于支持汶川地震灾后恢复重建有关税收政策问题的通知》。

2009年5月7日，经国务院批准，国务院办公厅转发教育部、财政部和中国残疾人联合会等8个单位报送的《关于进一步加快特殊教育事业发展的意见》。意见中提出：进一步落实国家关于捐赠和免税的政策，积极鼓励个人、企业和民间组织支持特殊教育，广泛动员和鼓励社会各界捐资助学。

2009年5月22日，住房和城乡建设部、国家发展和改革委员会、财政部发布《2009—2011年廉租住房保障规划》。规划中提出：落实支持廉租住房建设的各项税费优惠政策。

同年7月5日，国务院发布《关于进一步繁荣发展少数民族文化事业的若干意见》。意见中提出：继续实行相关税收优惠政策，鼓励和扶持少数民族和民族地区文化事业和文化产业发展。

### （七）金融、保险、证券和房地产

1. 金融和保险。2001年3月7日，经国务院批准，财政部、国家税务总局发出《关于降低金融保险业营业税税率的通知》。通知中规定：从同年1月1日起，金融保险业营业税税率每年下调1个百分点，分3年从8%降低到5%，因此而减少的营业税收入为中央财政收入。

同年4月5日、6月6日，为了提高金融企业的风险防范能力，适应金融企业应收未收利息核算财务办法的调整，国家税务总局先后发出通知，就应收未收利息的有关税务处理问题作出下列规定：

（1）金融企业逾期不超过180天的应收未收利息，以取得利息收入权利的当天为纳税义务发生时间；超过180天的，新发生的应收未收利息以收到利息的当天为纳税义务发生时间；2001年以后发生的已经缴纳营业税的应收未收利息，如果超过180天仍然没有收回，可以冲减当期的应税营业额。

（2）从2001年起，金融企业逾期不超过180天的应收未收利息，按照规定计入当期的应纳税所得额；超过180天的，待收回的时候计入应纳税所得额（已经计入应纳税所得额或者已经按照规定缴纳企业所得税的，可以冲抵当期的应纳税所得额）；金融企业不再提取坏账准备金，但是符合规定的坏账损失可以据实在所得税前扣除。

2002年3月25日，财政部、国家税务总局发出《关于金融企业所得税前扣除呆账损失有关问题的通知》。通知中规定：从同年1月1日起，金融企业按照规定计提的呆账准备，按照提取呆账准备资产期末余额1%计提的部分，可以在企业所得税前扣除。金融企业符合规定核销条件的呆账损失，应当先冲减已经在企业所得税前扣除的呆账准备，不足冲减部分可以据实在企业所得税前扣除。金融企业收回已经核销的呆账损失时，应当相应调增应纳税所得额。

同年9月12日，根据国务院关于黄金体制改革的决定，财政部、国家税务总局发出《关于黄金税收政策问题的通知》。通知中规定：黄金生产和经营单位销售黄金（不包括规定的标准黄金）可以免征增值税，进口黄金和黄金矿砂可以免征进口环节增值税。黄金交易所会员单位通过黄金交易所销售标准黄金，没有发生实物交割的，可以免征增值税；发生实物交割的，可以由税务机关按照实际成交价格代开增值税专用发票，并实行增值税即征即退，同时免征城市维护建设税和教育费附加。出口金饰品的加工增值部分可以退税。2008年1月29日，经国务院批准，财政部、国家税务总局发出《关于黄金期货交易有关税收政策的通知》。通知中规定：从同年1月1日起，上海期货交易黄金期货交易发生实物交割的时候，比照现行上海黄金交易所黄金交易的税收政策执行。

2002年11月7日，国家税务总局发出《关于金融保险企业所得税有关业务问题的通知》，即日起执行。通知中规定：金融企业发放的贷款逾期90天没有收回的，此前发生的应收未收利息应当按照规定计入当期应纳税所得额；此后发生的应收未收利息不计入当期应纳税所得额，待实际收回的时候再计入当期应纳税所得额。金融企业已经计入应纳税所得额或者已经按照规定缴纳企业所得税的应收未收利息，逾期90天没有收回的，可以冲减当期应纳税所得额。

同年12月12日，财政部、国家税务总局发出《关于金融企业应收未收利息征收营业税问题的通知》。通知中规定：从2003年起，金融企业发放贷款以后，凡是在财务会计制度规定的应收未收利息核算期限以内发生的应收利息，都应当按照规定申报缴纳营业税；贷款利息自结息之日起，超过规定的核算期限或者贷款本金到期以后没有收回的，按照实际收到的利息申报缴纳营业税；已经征收过营业税的应收未收利息，在规定的核算期限以内没有收回或者贷款本金到期以后没有收回的，可以从以后的营业额中减除。

2005年4月24日，中国人民银行、国家税务总局等8个部门发布《关于促进银行卡产业发展的若干意见》。意见中提出：研究出台财税支持政策，加强金卡工程和金税工程合作。

同年9月17日，财政部、国家税务总局发出《关于保险公司缴纳保险保障基金所得税税前扣除问题的通知》。通知中规定：从同年1月1日起，保险公司按照规定缴纳的保险保障基金可以在企业所得税前据实扣除。

2006年11月23日，经国务院批准，国务院办公厅转发国家发展和改革委员会、国家税务总局等5个单位报送的《关于加强中小企业信用担保体系建设的意见》。意见中提出：继续执行对符合条件的中小企业信用担保机构免征3年营业税的政策，进一步研究完善促进担保中小企业信用担保机构发展的其他税收政策。开展贷款担保业务的担保机构，按照不超过当年年末责任余额1%的比例和税后利润的一定比例提取风险准备金。担保机构实际发生的代偿损失，可以按照规定在企业所得税税前扣除。

2008年10月12日中国共产党第十七届中央委员会第三次全体会议通过的《中共中央关于推进农村改革发展若干重大问题的决定》提出：要采取包括税收在内的多种措施，引导更多信贷资金和社会资金投向农村。

此外，国家对于农村信用社一直给予营业税和企业所得税方面的照顾：

2001 年 4 月 6 日，经国务院批准，财政部、国家税务总局规定：从 2001 年到 2002 年，对农村信用社可以继续按照 6% 的税率征收营业税（2001 年其他金融企业适用的营业税税率为 7%）；从 2003 年起对农村信用社按照 5% 的税率征收营业税。2001 年 10 月 8 日，经国务院批准，财政部、国家税务总局规定：从同年 10 月 1 日起对农村信用社减按 5% 的税率征收营业税。

2001 年 4 月 28 日，经国务院批准，财政部、国家税务总局发出《关于农村信用社有关企业所得税政策问题的通知》。通知中规定：从当年起，农村信用合作社可以继续按照微利企业适用的 18%、27% 的税率缴纳企业所得税，国家确定的贫困县的农村信用社可以继续暂免征收企业所得税。

2003 年 6 月 27 日，国务院印发《深化农村信用社改革试点方案》。方案中规定：从 2003 年起，试点地区农村信用社的营业税可以按照 3% 的税率征收；从 2003 年到 2005 年，西部地区试点的农村信用社可以免征企业所得税，其他地区试点的农村信用社可以减半征收企业所得税。

2004 年 1 月 2 日，经国务院批准，财政部、国家税务总局发出《关于试点地区农村信用社税收政策的通知》。通知中规定：从 2003 年到 2005 年，西部地区和江西、吉林两省实行改革试点的农村信用社可以减半征收企业所得税。

2004 年 4 月 29 日，根据 2003 年 6 月 29 日国务院印发《深化农村信用社改革试点方案》，国家税务总局发出《关于农村信用社体制改革中有关税务处理问题的通知》。

2004 年 8 月 17 日，经国务院批准，国务院办公厅发出《关于进一步深化农村信用社改革试点的意见》。意见中充分肯定了一年来吉林、江苏、浙江、江西、山东、重庆、贵州和陕西 8 个省、直辖市农村信用社改革试点取得的成效，提出要进一步在上述地区做好改革试点工作，并将改革试点范围扩大到北京、天津、河北、山西、内蒙古、辽宁、黑龙江、上海、安徽、福建、河南、湖北、湖南、广东、广西、四川、云南、甘肃、青海、宁夏、新疆 21 个省、自治区和直辖市。从 2004 年起，改革试点地区农村信用社的营业税可以按照 3% 的税率征收。从 2004 年到 2006 年，中西部改革试点地区的农村信用社可以暂免征收企业所得税，其他改革试点地区的农村信用社可以减半征收企业所得税。2004 年 11 月 12 日，财政部、国家税务总局据此发出《关于进一步扩大试点地区农村信用社有关税收政策问题的通知》。

2006 年 5 月 14 日，经国务院批准，财政部、国家税务总局发出《关于延长试点地区农村信用社有关税收政策期限的通知》。通知中规定：试点地区和进一步扩大试点地区农村信用社的企业所得税优惠政策执行期满以后可以延长 3 年，即分别延到 2008 年和 2009 年（2008 年企业所得税制度改革以后，此项优惠保留——笔者注）。

2008 年 12 月 8 日，经国务院批准，国务院办公厅发布《关于当前金融促进经济发展的若干意见》。意见中提出：符合条件的中小企业信用担保机构免征营业税。积极发展个人、团体养老等保险业务，鼓励和支持有条件企业通过商业保险建立多层次养老保障计划，研究对养老保险投保人给予延迟纳税等税收优惠。研究完善企业并购税收政策，积极推动企业兼并重组。出台股权投资基金管理办法，完善工商登记、机构投资者投资、证券登记和税收等相关政策，促进股权投资基金行业规范健康发展。按照中小企业促进法关于鼓励创业投资机构增加对中小企业投资的规定，落实和完善促进创业投资企业发展的税收优惠政策。优化进出口产品退税的国库业务流程，提高退税资金到账速度。简化税务部门审核金融机构呆账核销手续和程序，加快审核进度，提高审核效率，促进金融机构及时化解不良资产，防止信贷收缩。涉农贷款和中小企业贷款税前全额拨备损失准备金。研究金融机构抵债资产处置税收政策。结合增值税转型完善融资租赁税收政策。

2009 年 1 月 4 日，经国务院批准，财政部、国家税务总局发出《关于邮政企业代办金融业务免征营业税的通知》。通知中规定：中国邮政集团公司及其所属邮政企业为中国邮政储蓄银行及其所属分行、支行代办金融业务取得的代理金融业务收入，从 2008 年到 2010 年免征营业税。

2009 年 4 月 17 日，根据企业所得税法及其实施条例，财政部、国家税务总局发出《关于保险公司准备金支出企业所得税税前扣除有关问题的通知》。通知中规定：从 2008 年到 2010 年，保险公司按照规定缴纳的保险保障基金，除了另有规定的以外，可以税前扣除；保险公司按照规定提取的未到期责任准备金、寿险责任准备金、长期健康险责任准备金和未决赔款准备金，可以税前扣除；保险公司实际发生的各种保险赔款、给付，应当首先冲抵按照规定提取的准备金，不足冲抵部分可以在当年税前扣除。

2009 年 4 月 30 日，根据企业所得税法及其实施条例，财政部、国家税务总局发出《关于金融企业贷款损失准备金企业所得税税前扣除有关问题的通知》，执行期限为 2008—2010 年。通知中规定：金融企业准予提取贷款损失准备的贷款资产范围包括：贷款，银行卡透支、贴现、信用垫款、进出口押汇、同业拆出等各项具有贷款特征的风险资产；由金融企业转贷并承担对外还款责任的国外贷款；准予当年企业所得税税前扣除的贷款损失准备计算公式如下：

准予当年税前扣除的贷款损失准备 = 本年末准予提取贷款损失准备的贷款资产余额 × 1% – 截至上年末已经在税前扣除的贷款损失准备余额

金融企业发生的符合条件的贷款损失，按照规定报经税务机关审批以后，应当先冲减已经在企业所得税税前扣除的贷款损失准备，不足冲减部分可以在计算当年应纳税所得额的时候扣除。

2009 年 6 月 1 日，根据企业所得税法及其实施条例，财政部、国家税务总局发出《关于中小企业信用担保机构有关准备金税前扣除问题的通知》。通知中规定：从 2008 年到 2010 年，中小企业信用担保机构可以按照不超过当年年末担保责任余额 1% 的比例计提担保赔偿准备，在企业所得税税前扣除；中小企业信用担保机构可以按照不超过当年担保费收入 50% 的比例计提未到期责任准备，允许在企业所得税税前扣除，同时将上年度计提的未到期责任准备余额转为当期收入；中小企业信用担保机构实际发生的代偿损失，应当依次冲减已经在企业所得税税前扣除的担保赔偿准备和在税后利润中提取的一般风险准备，不足冲减部分可以在企业所得税税前扣除。

同年 8 月 21 日，根据企业所得税法及其实施条例，财政部、国家税务总局发出《关于保险公司提取农业巨灾风险准备金企业所得税税前扣除问题的通知》。通知中规定：从 2008 年到 2010 年，保险公司经营中央财政和地方财政保费补贴的种植业险种（简称补贴险种）的，按照不超过补贴险种当年保费收入 25% 的比例计提的巨灾风险准备金，可以在企业所得税前据实扣除。具体计算公式如下：

准予当年扣除的巨灾风险准备金 = 当年保费收入 ×25% - 上年已经在税前扣除的巨灾风险准备金结存余额。

2. 证券。2001 年 4 月 10 日，经国务院批准，财政部、国家税务总局发出《关于证券投资基金税收问题的通知》。通知中规定：中国证监会批准设立的封闭式证券投资基金的管理人运用基金买卖股票、债券的价差收入，在 2003 年年底以前可以继续免征营业税；投资者买卖封闭式证券投资基金单位，在 2001 年年底以前可以继续免征印花税。

2001 年 11 月 15 日，经批准，财政部规定：从 11 月 16 日起，证券（股票）交易印花税的税率从 4‰（A 股）和 3‰（B 股）两档一律降低到 2‰。

2002 年 2 月 27 日，财政部规定：在 2002 年年底以前，对投资者买卖封闭式证券投资基金单位暂不征收印花税。2004 年 11 月 5 日，财政部、国家税务总局规定：上述规定从 2003 年起继续执行。

2002 年 8 月 22 日，经国务院批准，财政部、国家税务总局发出《关于开放式证券投资基金有关税收问题的通知》。通知中规定：对中国证券监事会批准设立的开放式证券投资基金（以下简称基金）实行以下税收优惠：以发行基金方式募集资金不征收营业税，基金管理人运用基金买卖股票、债券取得的价差收入在 2003 年年底以前暂免征收营业税和企业所得税。金融机构申购和赎回基金单位取得的价差收入征收营业税，个人和非金融机构申购和赎回基金单位取得的价差收入不征收营业税。个人投资者申购和赎回基金单位取得的价差收入暂不征收个人所得税，企业投资者申购和赎回基金单位取得的价差收入征收企业所得税。基金取得的股息、红利、债券利息和储蓄存款利息收入，由上市公司、发债企业和银行在向基金支付上述收入的时候代扣代缴个人所得税。基金管理人运用基金买卖股票征收印花税，投资者申购和赎回基金单位，暂不征收印花税。基金管理人、基金托管人和基金代销机构从事基金管理活动取得的收入，依法征收营业税、企业所得税等税收。

2003 年 12 月 16 日，财政部、国家税务总局发出《关于证券交易所风险基金、证券结算风险基金所得税前扣除问题的通知》。通知中规定：从同年 1 月 1 日起，上海、深圳证券交易所提取的证券交易所风险基金，中国证券登记结算公司所属上海、深圳分公司提取的证券结算风险基金，可以按照规定在企业所得税前扣除。

2004 年 1 月 31 日，国务院发布《关于推进资本市场改革开放和稳定发展的若干意见》。意见中提出：完善资本市场税收政策。研究制定鼓励社会公众投资的税收政策，完善证券、期货公司的流转税和所得税征收管理办法，对具备条件的证券、期货公司实行所得税集中征管。12 月 21 日，财政部、国家税务总局据此发出《关于资本市场有关营业税政策的通知》。通知中规定：从 2005 年起，规定的证券交易所、期货交易所代收的有关监管费和证券公司、期货经纪公司代收的有关费用，可以从其营业税计税营业额中扣除。2006 年 2 月 20 日，经国务院批准，财政部、国家税务总局发出《关于信贷资产证券化有关税收政策问题的通知》；12 月 8 日，财政部、国家税务总局发出《关于证券投资者保护基金有关营业税问题的通知》。

2004 年 4 月 30 日，经国务院批准，财政部、国家税务总局发出《关于证券投资基金税收政策的通知》。通知中规定：从同年 1 月 1 日起，对证券投资基金（包括封闭式证券投资基金和开放式证券投资基金，下同）管理人运用基金买卖股票、债券的差价收入，可以继续免征营业税和企业所得税。

同年12月29日，财政部、国家税务总局发出《关于期货交易所风险准备金所得税税前扣除问题的通知》。通知中规定：从同年1月1日起，上海期货交易所、大连商品交易所和郑州商品交易所按照规定计提的风险准备金，在风险准备金余额达到本期货交易所法定注册资本10倍的额度以内，可以在企业所得税税前扣除。

2005年1月24日，经国务院批准，财政部、国家税务总局规定：即日起证券（股票）交易印花税的税率从2‰降低到1‰。

2005年6月13日，经国务院批准，财政部、国家税务总局发出《关于股权分置试点改革有关税收政策问题的通知》。通知中规定：即日起，股权分置改革过程中因非流通股股东向流通股股东支付对价而发生的股权转让，可以暂免征收印花税；非流通股股东通过对价方式向流通股股东支付的股份、现金等收入，可以暂免征收流通股股东应当缴纳的企业所得税和个人所得税。

2005年6月13日，经国务院批准，财政部、国家税务总局发出《关于股息红利个人所得税有关政策的通知》。通知中规定：即日起，个人投资者从上市公司取得的股息、红利所得可以暂减按50%计入个人应纳税所得额，按照现行税法规定计征个人所得税。

同年12月1日，经国务院批准，财政部、国家税务总局发出《关于合格境外机构投资者营业税政策的通知》。通知中规定：合格境外机构投资者委托境内公司在中国从事证券买卖业务取得的价差收入，可以免征营业税。

2006年12月19日，财政部、国家税务总局发出《关于中国证券投资者保护基金有限责任公司有关税收问题的通知》，其中规定（2008年企业所得税制度改革以后，有关税收优惠保留）：

（1）从2006年到2008年，中国证券投资者保护基金有限责任公司根据国家有关部门制定的《证券投资者保护基金管理办法》取得的证券交易所按照其交易经手费20%和证券公司按照其营业收入0.5%（从2007年起改为0.5%至5.0%——笔者注）缴纳的证券投资者保护基金、申购冻结资金利息、向有关责任方追偿所得和破产清算所得以及获得的捐赠等，可以不计入其应征所得税收入。

中国证券投资者保护基金有限责任公司取得的注册资本金收益、存款利息、购买中国人民银行债券和中央直属金融机构发行的金融债券取得的利息，可以暂免征收企业所得税。

（2）从2006年到2008年，中国证券投资者保护基金有限责任公司取得的上述基金收入、利息收入、追偿收入和清算受偿收入，可以暂免征收营业税、城市维护建设税和教育费附加。

（3）从2005年起，上海、深圳证券交易所根据《证券投资者保护基金管理办法》的规定，在风险基金分别达到规定的上限以后按照交易经手费20%缴纳的证券投资者保护基金；证券公司根据《证券投资者保护基金管理办法》的规定按照其营业收入0.5%缴纳的证券投资者保护基金，在保护基金余额达到有关规定额度以内，可以在企业所得税前扣除。

2008年2月22日，经国务院批准，财政部、国家税务总局规定下列项目暂不征收企业所得税：证券投资基金从证券市场取得的收入，包括买卖股票、债券取得的差价收入，股权投资取得的股息、红利收入，债券投资取得的利息收入，其他收入；投资者从证券投资基金分配中取得的收入；证券投资基金管理人运用基金买卖股票、债券取得的差价收入。

2007年5月30日，经国务院批准，财政部、国家税务总局规定：即日起证券（股票）交易印花税的税率从1‰提高到3‰。

2008年4月24日，经国务院批准，财政部、国家税务总局将证券（股票）交易印花税的税率从3‰降低到1‰。

同年9月19日，经国务院批准，财政部、国家税务总局将对证券（股票）交易出让方和受让方双方征收印花税改为仅对出让方征收印花税。

同年10月26日，经国务院批准，财政部、国家税务总局规定：从同年10月9日起，证券市场个人投资者取得的证券交易结算资金利息所得可以暂免征收个人所得税。

2009年4月9日，根据企业所得税法及其实施条例，财政部、国家税务总局发出《关于证券行业准备金支出企业所得税税前扣除有关问题的通知》，执行期限为2008年至2010年。上述证券行业准备金包括证券交易所风险基金、证券结算风险基金、证券投资者保护基金、期货交易所风险准备金、期货公司风险准备金和期货投资者保障基金。

3. 房地产。2000年12月7日，经国务院批准，财政部、国家税务总局发出《关于调整住房租赁市场税收政策的通知》。通知中规定：从2001年起，按照政府规定价格出租的公有住房和廉租住房，可以暂免征收营业税、房产税；个人按照市场价格出租的居民住房，营业税可以暂减按3%的税率征收，房产税可以暂减按4%的税率征收，所得税可以暂减按10%的税率征收。

2003年8月12日，国务院发出《关于促进房地产市场持续健康发展的通知》，要求财政、税务等部门调整和完善相关的政策措施，包括通过落实税收优惠政策等措施降低经济实用住房的建设成本。

2005年3月22日，经国务院批准，财政部、国家税务总局发出《关于城镇房屋拆迁有关税收政策的通知》。通知中规定：被拆迁人按照国家有关城镇房屋拆迁管理办法规定的标准取得的拆迁补偿款，可以免征个人所得税；拆迁居民因拆迁重新购置住房的，购房成交价格中相当于拆迁补偿款的部分可以免征契税。

同年5月9日，经国务院批准，国务院办公厅转发建设部、财政部、国家税务总局等7个部门制定的《关于做好稳定住房价格工作的意见》。意见中提出：要充分运用税收等经济手段调节房地产市场，加大对投机性和投资性购房等房地产交易行为的调控力度。从6月1日起，个人购买住房不足2年转手交易的，销售时按照其取得的售房收入全额征收营业税；个人购买普通住房2年以上转手交易的，销售时可以免征营业税；个人购买非普通住房2年以上转手交易的，销售时可以按照其售房收入减去购买房屋的价款以后的差额征收营业税。各地要严格界定现行有关住房税收优惠政策的适用范围，加强税收征收管理。对不符合享受优惠政策标准的住房，一律不得给予税收优惠。房地产等管理部门要积极配合税务部门加强相关税收的征管。据此，5月27日，国家税务总局、财政部和建设部发出《关于加强房地产税收管理的通知》；7月1日，国家税务总局、财政部和国土资源部发出《关于加强土地税收管理的通知》。

2006年5月24日，经国务院批准，国务院办公厅转发建设部、国家税务总局等9个部门报送的《关于调整住房供应结构稳定住房价格的意见》。意见中提出：为了进一步抑制投机和投资性购房需求，从6月1日起，对于购买住房不足5年转手交易的，按照售房收入全额征收营业税；个人购买普通住房5年以上转手交易的，售房收入可以免征营业税；个人购买非普通住房5年以上转手交易的，可以按照售房收入减去购房价款以后的差额征收营业税。6月16日，财政部、国家税务总局据此发出《关于调整房地产营业税有关政策的通知》。

同年8月31日，国务院发出《关于加强土地调控有关问题的通知》。通知中规定：提高城镇土地使用税和耕地占用税征收标准，有关部门要抓紧制订具体办法；加强税收征管，严格控制减免税。同年12月31日、2007年12月1日，国务院先后公布修改以后的《中华人民共和国城镇土地使用税暂行条例》和《中华人民共和国耕地占用税暂行条例》，新的城镇土地使用税和耕地占用税的税额标准均比过去大幅度提高。

2007年2月8日，财政部、国家税务总局发出《关于单位低价向职工售房有关个人所得税问题的通知》。通知中规定：国家机关、企业、事业单位和其他组织（以下简称单位）在住房制度改革期间按照所在地县级以上人民政府规定的房改成本价格向职工出售公有住房，职工因支付的房改成本价格低于房屋建造成本价格或者市场价格取得的差价收益，可以免征个人所得税。除此之外，单位按照低于购置或者建造成本的价格出售住房给职工，职工因此而少支出的差价部分，应当按照工资、薪金所得缴纳个人所得税。

2007年8月7日，国务院发出《关于解决城市低收入家庭住房困难的若干意见》。这个文件中提出：社会各界向政府捐赠廉租住房房源的，执行公益性捐赠税收扣除的有关政策。财政部、国家税务总局要抓紧研究制定廉租住房建设、经济适用住房建设和住房租赁的税收支持政策。2008年3月3日，财政部、国家税务总局据此发出《关于廉租住房、经济适用住房和住房租赁有关政策的通知》，其中规定：

（1）下列关于廉租住房、经济适用住房建设的规定自同年8月1日起执行：廉租住房经营管理单位按照政府规定价格、向规定对象出租廉租住房取得的租金收入，可以免征营业税、房产税。廉租住房、经济适用住房建设用地和廉租住房经营管理单位按照政府规定价格向规定对象出租的廉租住房用地，可以免征城镇土地使用税。开发商在经济适用住房、商品住房项目中配套建造廉租住房，在商品住房项目中配套建造经济适用住房，能够提供相关材料的，可以按照廉租住房、经济适用住房建筑面积占总建筑面积的比例免征开发商应当缴纳的城镇土地使用税。企业、事业单位、社会团体和其他组织转让旧房作为廉租住房、经济适用住房房源，且增值额未超过扣除项目金额20%的，可以免征土地增值税。廉租住房、经济适用住房经营管理单位与廉租住房、经济适用住房相关的印花税和廉租住房承租人、经济适用住房购买人涉及的印花税可以免征。开发商在经济适用住房、商品住房项目中配套建造廉租住房，在商品住房项目中配套建造经济适用住房，能够提供相关材料的，可以按照廉租住房、经济适用住房建筑面积占总建筑面积的比例免征开发商应当缴纳的印花税。廉租住房经营管理单位购买住房作为廉租住房、经济适用住房经营管理单位回购经济适用住房继续作为经济适用住房房源的，可以免征契税。个人购买经济适用住房，可以减半征收契税。个人按照规定取得的廉租住房货币补贴，可以免征个人所得税。企业、事业单位、社会团体和其他组织捐赠住房作为廉租住房的，可以按照企业所得税法规有关公益性捐赠政策执行。个人捐赠住房作为廉租住房的，捐赠额未超过其申报的应纳税所得额30%的部分，可以从其应纳税所得额中扣除。

（2）下列关于住房租赁市场发展的规定自同年3月1日起执行：个人出租住房取得的所得，可以减按10%的税率征收个人所得税。个人出租、承租住房签订的租赁合同，可以免征印花税。个人出租住房，可以在3%税率的基础上减半征收营业税，减按4%的税率征收房产税，免征城镇土地使用税。企业、事业单位、社会团体和其他组织按照市场价格向个人出租用于居住的住房，可以减按4%的税率征收房产税。

2008年10月22日，经国务院批准，财政部、国家税务总局发出《关于调整房地产交易环节税收政策的通知》。通知中规定：从11月1日起，个人首次购买90平方米以下普通住房的，契税税率暂统一降低到1%；个人销售、购买住房可以暂免征收印花税；个人销售住房可以暂免征收土地增值税。

同年12月20日，经国务院批准，国务院办公厅发出《关于促进房地产市场健康发展的若干意见》。意见中提出：将现行个人购买普通住房5年以上转让时免征营业税的时间限制改为2年以上；将个人购买普通住房不足2年转让的，按照转让收入全额征收营业税，改为按照转让收入减除购买该房原价以后的差额征收营业税。将现行个人购买非普通住房5年以上转让时按照转让收入减除购买该房原价以后的差额征收营业税的时间限制改为2年以上；个人购买非普通住房不足2年转让的，仍然按照转让收入全额征收营业税。以上措施暂定执行到2009年12月31日。此外，为了进一步公平税负，完善房地产税收制度，按照法定程序取消城市房地产税，各类企业和个人统一适用《中华人民共和国房产税暂行条例》。12月29日，财政部、国家税务总局据此发出《关于个人住房转让营业税政策的通知》。通知中规定：2009年，个人销售购买不足2年的非普通住房的，全额征收营业税；销售购买2年以上的非普通住房和购买不足2年的普通住房的，按照销售收入减去购房价款以后的差额征收营业税；销售购买2年以上的普通住房的，免征营业税。

### （八）区域发展

2000年10月26日，国务院发出《关于实施西部大开发若干政策措施的通知》。通知中规定：西部地区内资鼓励类产业、外商投资鼓励类产业和优势产业的项目在投资总额以内进口自用先进技术设备，除了国家规定不予免税的商品以外，可以免征关税和进口环节增值税。设在西部地区国家鼓励类产业的内资企业和外商投资企业，在一定期限以内可以减按15%的税率征收企业所得税。在西部地区新办的交通、电力、水利、邮政和广播电视等企业，企业所得税实行2年免征、3年减半征收。西部地区公路国道、省道建设用地，可以比照铁路、民航用地免征耕地占用税；其他公路建设用地是否免税，由当地省级人民政府决定。西部地区为保护生态环境，退耕还生态林、草产出的农业特产收入，10年以内可以免征农业特产税。

2001年9月29日，经国务院批准，国务院办公厅转发国务院西部开发办公室报送的《关于西部大开发若干政策措施的实施意见》。意见中明确提出：国家鼓励类产业的内资企业和外商投资企业，自2001年至2010年可以减按15%的税率征收企业所得税。2001年12月30日，财政部、国家税务总局和海关总署据此发出《关于西部大开发税收优惠政策问题的通知》。2007年5月22日，根据国务院的指示，财政部、国家税务总局发出《关于将西部地区旅游景点和景区经营纳入西部大开发税收优惠政策范围的通知》。

2002年12月23日，经国务院批准，国务院办公厅发出《关于做好2003年西部开发工作的通知》。通知中规定：国家实行重点支持西部大开发的政策措施，在投资项目、税收政策和财政转移支付等方面加强对西部地区的支持，逐步建立长期稳定的西部开发资金渠道。

2004年3月11日，国务院发布《关于进一步推进西部大开发的若干意见》。意见中提出：对水电的实际税赋进行合理调整，支持西部地区水电发展；继续减轻农民税费负担。

2003年10月5日，中共中央、国务院发布《关于实施东北地区等老工业基地振兴战略的若干意见》，其中提出在财政、税收政策方面对于老工业基地予以适当支持。

2004年4月26日，经国务院批准，国务院办公厅印发《2004年振兴东北地区等老工业基地工作要点》，其中要求财政部、国家税务总局就改革增值税和企业所得税、豁免欠税、降低资源税税额标准等政策措施提出实施办法。据此，同年9月至年底，经国务院批准，财政部、国家税务总局先后联合发出以下文件，均自同年7月1日起执行：

1.9月13日，发出《关于调整东北老工业基地部分矿山油田企业资源税税额的通知》，要求辽宁、吉林和黑龙江3个省的财政厅、地方税务局根据有关油田、矿山的实际情况和财政承受能力，提出对低丰度油田和衰竭期矿山在不超过30%的幅度以内降低资源税适用税额标准的建议，报本省人民政府批准后实施，并报财政部、国家税务总局备案。由于降低资源税税额标准而减少的财政收入，由地方自行消化解决。

2.9月14日，印发《东北地区扩大增值税抵扣范围若干问题的规定》，规定辽宁、吉林和黑龙江3个省从事装备制造业、石油化工业、冶金业、船舶制造业、汽车制造业和农产品加工业产品生产为主的增值税一般纳税人，可以按照规定抵扣购进固定资产发生的进项税额。

3.9月20日，发出《关于落实振兴东北老工业基地企业所得税优惠政策的通知》，规定在辽宁、吉林和黑龙江3个省实行以下企业所得税优惠政策：工业企业的固定资产（房屋、建筑物除外），可以在现行规定折旧年限的基础上，按照不高于40%的比例缩短折旧年限；工业企业受让或者投资的无形资产，可以在现行规定摊销年限的基础上，按照不高于40%的比例缩短摊销年限，协议或者合同约定有使用年限的除外；企业的计税工资税前扣除标准提高到每月人均1200元，具体扣除标准由省级人民政府确定。

4.12月27日，发出《关于东北地区军品和高新技术产品生产企业实施扩大增值税抵扣范围有关问题的通知》，允许符合规定的军品和高新技术产品生产企业扩大增值税抵扣范围。

2006年4月15日，中共中央、国务院发出《关于促进中部地区崛起的若干意见》。这个文件中提出：落实对内资重点龙头企业从事种植业、养殖业和农林产品初加工所得暂免征收企业所得税政策；选择部分老工业基地城市，在增值税转型等方面比照振兴东北地区等老工业基地有关政策给予支持；通过税收政策等支持重大成套装备技术研制和重大产业技术开发。2007年5月11日，根据上述文件和《国务院办公厅关于中部六省比照实施振兴东北地区等老工业基地和西部大开发有关政策范围的通知》确定的范围，财政部、国家税务总局印发《中部地区扩大增值税抵扣范围暂行办法》。该办法适用于山西、安徽、江西、河南、湖北和湖南6个省的26个老工业基地城市从事装备制造业、石油化工业、冶金业、汽车制造业、农产品加工业、电力业、采掘业和高新技术产业为主的增值税一般纳税人，自7月1日起执行。

截至2007年年底，东北和中部增值税转型试点地区新增设备增值税进项税额总计244亿元，累计抵减欠缴增值税和退还增值税186亿元。增值税转型试点的顺利开展，推动了试点地区的经济发展、设备更新和技术改造，也为全面推行增值税转型积累了经验。

2006年5月26日，国务院发布《关于推进天津滨海新区开发开放有关问题的意见》。意见中提出：天津滨海新区所辖规定范围以内符合条件的高新技术企业，可以减按15%的税率征收企业所得税；比照东北等老工业基地的所得税优惠政策，对天津滨海新区的内资企业予以提高计税工资标准的优惠，对企业固定资产和无形资产予以加速折旧的优惠。同年11月15日，财政部、国家税务总局据此发出《关于支持天津滨海新区开发开放有关企业所得税优惠政策的通知》，自同年7月1日起执行。

同年12月6日，经国务院批准，财政部、国家税务总局发出《关于豁免东北老工业基地企业历史欠税有关问题的通知》，规定豁免东北老工业基地企业在1997年年底以前形成的、截至通知下发之日尚未清缴入库且符合通知规定的欠税。

2007年12月26日，根据企业所得税法及其实施条例，国务院发出《关于实施企业所得税过渡优惠政策的通知》和《关于经济特区和上海浦东新区新设立高新技术企业实行过渡性税收优惠的通知》，自2008年起执行，其中规定经济特区和上海浦东新区在企业所得税改革中可以实行以下过渡性措施：

1. 从2008年起，原来减按15%的税率征收企业所得税的企业，可以在企业所得税法施行以后5年之内逐步过渡到该法规定的税率。其中：2008年按照18%的税率执行，2009年按照20%的税率执行，2010年按照22%的税率执行，2011年按照24%的税率执行，2012年按照25%的税率执行。

2. 从2008年起，原来享受企业所得税2年免税、3年减半征税和5年免税、5年减半征税等定期减免税优惠的企业，在企业所得税法施行以后可以继续按照原来的税法规定的优惠办法和年限享受至期满为止。但是，由于没有获利而没有享受上述税收优惠的，其优惠期限从2008年起计算。

3. 2008年以后在深圳、珠海、汕头、厦门、海南经济特区和上海浦东新区登记的国家需要重点扶持的高新技术企业，在经济特区和上海浦东新区取得的所得，可以自取得第一笔生产、经营收入所属纳税年度起，第一年至第二年免征企业所得税，第三年至第五年按照25%的法定税率减半征收企业所得税。

4. 2001年12月30日财政部等3个部门发出的《关于西部大开发税收优惠政策问题的通知》继续执行。

2008年2月22日，经国务院批准，财政部、国家税务总局规定：从2008年到2010年，国内外经济组织作为投资者，以其在中国境内取得的缴纳企业所得税以后的利润投资于西部地区，开办集成电路生产企业、封装企业和软件产品生产企业，经营期不少于5年的，可以按照80%的比例退还其再投资部分已经缴纳的企业所得税；再投资不满5年撤资的，追缴已经退还的企业所得税。

2008年7月2日，根据中共中央、国务院2003年10月5日发布的《关于实施东北地区等老工业基地振兴战略的若干意见》和国务院2007年8月2日批复的《东北地区振兴规划》，经国务院批准，财政部、国家税务总局印发《内蒙古东部地区扩大增值税抵扣范围暂行办法》，自同年7月1日起施行。

同年9月7日，国务院发出《关于进一步推进长江三角洲地区改革开放和经济社会发展的指导意见》。意见中提出：抓好企业研发费用税前抵扣和高新技术企业优惠政策的贯彻落实。规范招商引资行为，实行相对统一的土地、税收政策，营造公平、开放的投资环境。鼓励各类有条件的企业开展对外投资与合作，在海外建立生产加工基地、营销网络和研发中心，在境外投资、海关通关、人员出入境和税收等方面予以支持。鼓励对外工程承包，简化境外工程承包相关物资出口的退税审批手续。

2009 年 4 月 14 日，国务院发布《关于推进上海加快发展现代服务业和先进制造业建设国际金融中心和国际航运中心的意见》。意见中提出：优化航运金融服务发展环境，对注册在上海的保险企业从事国际航运保险业务取得的收入免征营业税；积极研究从事国际航运船舶融资租赁业务的融资租赁企业的税收优惠政策，条件具备时可以先行在上海试点；研究进出口企业海上货物运输保费的有关税收政策问题；加强税收征管和稽查，切实做到依法征收，应收尽收。同年 6 月 10 日，财政部、国家税务总局据此发出《关于上海建设国际金融和国际航运中心营业税政策的通知。通知中规定：从同年 5 月 1 日起，注册在洋山保税港区内的纳税人从事海上国际航运业务取得的收入，从事货物运输、仓储装卸搬运业务取得的收入；注册在上海的保险企业从事国际航运保险业务取得的收入，免征营业税。

同年 5 月 6 日，国务院发布《关于支持福建省加快建设海峡西岸经济区的若干意见》。意见中提出：支持在台商投资区和台资企业密集地区开展海关保税物流中心试点；规范招商引资行为，实行统一的土地、税收政策，营造公平、开放的投资环境；积极推进保税加工、保税物流业发展。

2008 年，中国的国内生产总值为 300670 亿元，比 2000 年的 99214. 6 亿元增长 2 倍，年平均增长率为 14. 9%（均按照现价计算，下同）；全社会固定资产投资额为 172291 亿元，比 2000 年的 32917. 7 亿元增长 4. 2 倍，年平均增长率为 23%；全社会消费品零售总额为 108488 亿元，比 2000 年的 39105. 7 亿元增长 1. 8 倍，年平均增长率为 13. 6%；货物进出口总额为 25616 亿美元，比 2000 年的 4742. 9 亿美元增长 4. 4 倍，年平均增长率为 23. 5%；年末国家外汇储备额 19460 亿美元，比 2000 年年末的 1655. 7 亿美元增长 11. 8 倍；外商直接投资额为 924 亿美元，比 2000 年的 407. 2 亿美元增长 127%；城镇居民家庭人均可支配收入为 15781 元，比 2000 年的 6280. 0 元增长 1. 5 倍，年平均增长率为 12. 2%；农村居民家庭人均纯收入为 4761 元，比 2000 年的 2253. 4 元增长 1. 1 倍，年平均增长率为 9. 8%；年末城乡居民人民币储蓄存款余额为 217885 亿元，比 2000 年年末的 64332. 4 亿元增长 2. 4 倍，年平均增长率为 16. 5%；税收收入为 54223. 8 亿元，比 2000 年的 12581. 5 亿元增长 2. 3 倍，年平均增长率为 20%；税收收入占财政收入的比重下降到 88. 4%，比 2000 年的 93. 9% 降低 5. 5 个百分点；税收收入占国内生产总值的比重上升到 18%，比 2000 年的 12. 7% 提高 5. 3 个百分点；中央税收收入占全国税收收入的比重下降到 57. 1%，比 2000 年的 58. 6% 降低 1. 5 个百分点。

从税制结构方面来看，由于经济的发展、经济结构的改善、经济效益的提高和税务管理水平的提高，所得税收入增长很快，所得税收入占全国税收收入的比重随之大幅度上升，货物和劳务税收入占全国税收收入的比重则随之大幅度下降。2008 年的各类税收收入情况如下：

1. 货物和劳务税收入为 32634. 9 亿元，比 2000 年增长 2. 7 倍，年平均增长率为 17. 6%；此类税收占全国税收收入的 58. 9%，比 2000 年降低 9. 1 个百分点。

2. 所得税收入为 16454. 9 亿元，比 2000 年增长 5. 7 倍，年平均增长率为 26. 9%；此类税收占全国税收收入的 29. 7%，比 2000 年提高 11. 1 个百分点。

3. 财产税收入为3594亿元，比2000年增长5.8倍，年平均增长率为27.1%；此类税收占全国税收收入的6.5%，比2000年提高2.4个百分点。

## 四、关于下一步税制改革的初步探讨

纵观中国，放眼世界，国内、国际形势的发展迫切要求税收制度在中国的经济、社会发展和经济体制改革中发挥更大的作用。与此同时，应当承认，虽然从1978年改革开放以来，特别是从1994年以来，中国的税制改革已经取得了巨大的进展，但是，已经取得的成果与改革所要达到的最终目标——建立适应完善的社会主义市场经济体制需要的税制体系相比，还是初步的、阶段性的。现行税制中还存在着不少的问题，中国经济、社会的发展和国际形势的变化也会给税制带来许多新的问题。因此，完善税制还需要经历一个艰苦的过程。

从经济体制来看，随着中国改革开放的逐步深入，中国的经济体制已经初步实现了从计划经济到市场经济的转变。但是，中国现行税制中的部分税种还是经济转轨时期的过渡性产物，已经不能适应市场经济发展的需要。例如在房地产市场逐步形成，内外统一，城乡统一，交易方式多样，各种收益增多，房地产价格逐步上涨的情况下，继续实行与大多数国家不同的城乡分割的房产税、土地税制度；在城镇对自用的经营性房产按照房产原值征收房产税，对房产租金征收12%的房产税，按照使用土地税面积征收土地使用税，既不利于统一城乡税制，公平税负；也不利于按照合理负担的原则适当增加地方的税收收入和更好地利用房地产税促进房地产市场的健康发展。

从生产资料所有制来看，随着党和国家生产资料所有制政策的重大调整，经过近十几年的发展，公有制、特别是国有经济为主体的格局已经彻底改变，非公有制经济、混合经济迅速发展，已经成为中国经济发展的主要因素，私营企业、外商投资企业、股份制企业在创造国内生产总值、进出口贸易、提供就业岗位和缴纳税收等方面都发挥了重要的作用，并将发挥越来越大的作用。但是，中国现行税制从总体上看还是公有制经济为主体的经济体制的产物，非公有制经济的不平等税收待遇依然存在，相关制度、政策迫切需要调整。

从产业结构来看，目前中国的产业结构正在随着经济的发展而调整，需要税收的扶持：农业有了很大的发展，但是仍然比较薄弱，需要工业“反哺”；工业大而不够强，消耗比较大，效益比较低，对资源和环境的保护不够，需要加快技术进步和设备改造；服务业比较落后，第三产业产值占国内生产总值的比重偏低，甚至低于一般发展中国家的水平，上述问题严重地制约了经济的发展和人民生活的改善。

从分配结构来看，目前无论是国家、企业、个人之间的利益分配格局，地区之间的经济发展速度、水平和财政收入的差距，还是个人收入、消费水平和财产拥有量的差距，都存在着许多不合理的情况，影响着整个国家的协调发展和社会政治、经济的稳定，需要税收的调节。特别是中共中央、国务院已经提出了调整国民收入分配格局，深化收入分配制度改革，逐步提高居民收入在国民收入分配中的比重，提高劳动报酬在初次分配中的比重的任务，在税收方面也应当采取相应的措施。

从贯彻国家有关政治、经济、社会发展政策的需要来看，需要税收的配合，既包括事关国家经济、社会发展的宏观政策，如产业发展、区域发展、对外开放、就业、收入分配、社会保障、资源与环境保护等方面的政策；也包括国家特定的经济、社会政策，如财政、金融、农业、工业、对外贸易、科技、教育、文化、卫生、人口、体育等方面的政策。

从法制建设的需要来看，中国建立完善的社会主义市场经济体制需要建立完善的税收法律体系，而中国现行税收法律体系中只有企业所得税法、个人所得税法和税收征管法3部税法，其余少量为国务院发布的行政法规，大量为财政部、国家税务总局和海关总署等部门发布的部门规章和规范性文件，法律级次偏低，项目比较庞杂，不少内容已经不能适应经济、社会发展和对外开放的状况；税收法律、法规之间，税收法律、法规与相关法律、法规之间不尽协调的问题也迫切需要解决。

从国际经济形势来看，经济全球化的趋势，特别是国际贸易的迅速发展，跨国投资的急剧增长和国际经济协调的不断增强，正在对各国包括中国经济的发展产生越来越大的影响。因此，研究中国的税制改革应当而且必须注意研究世界经济和各国税制及其发展趋势。特别是中国已经加入世界贸易组织，这意味着中国的对外开放进一步扩大，中国经济与世界经济的联系更加密切，中国税制的建设和税收政策的制订应当更加注意国际“接轨”问题。近十几年来，各国在完善税制和税收政策方面普遍采取了简化税制、扩大税基、降低税率、加强征管等措施，很值得中国借鉴。

从中国现行税制来看，其基本框架是20世纪90年代初期设计的，许多税收暂行条例多年来没有修改（如资源税、土地增值税等税种的暂行条例），或者没有大的修改（如个人所得税法和增值税、消费税、营业税、城镇土地使用税等税种的暂行条例）；还有一些税种是20多年前、甚至50多年前设计的（如1986年制定的房产税暂行条例、1988年制定的印花税暂行条例和1952制定的船舶吨税暂行办法）。有些税收立法的指导思想、原则、政策和税制要素、管理制度规定乃至用语已经显得比较陈旧甚至过时，从而在一定程度上阻碍了中国经济、社会的发展和对外开放，因此应当继续推进税制改革。

具体而言，中国下一步的税制改革应当重点解决三个问题：一是合理调整税负，二是优化税制结构，三是完善各个税种、特别是主体税种，从而把中国的税制建设大大地向前推进一步，建立健全一套适应中国社会主义市场经济体制的、符合国际惯例的税收制度，以更好地促进中国经济、社会的发展。

### （一）合理调整税负

确定合理的税负水平是税制建设的基础，是保证财政收入，加强宏观调控，促进经济发展的必要条件。目前中国税负水平不够合理的主要表现在宏观税负水平和微观税负水平两个方面。这里所说的宏观税负水平是指全国税收收入占国内生产总值的比重（为了统一口径，便于比较，本书中使用的中国和外国税收收入数据均不包括社会保障税费）；微观税负水平是指每个税种的实际征收（缴纳）额与税基的比率（如企业实缴增值税税额与企业增值税应税销售收入比率，企业实缴企业所得税税额占企业实现利润的比重，个人实缴个人所得税占个人全部所得的比重，等等）。

从宏观税负水平来看，存在着名义税负偏低、实际财政负担过重的问题。例如财政部和国家统计局公布的2006年全国税收收入、国内生产总值分别为34804.4亿元和211923.5亿元，宏观税负水平为16.4%，大体相当于本国20世纪80年代后期的水平（1987年、1988年和1989年分别为17.7%、15.9%和16.1%），不仅远远低于同年美国（21.2%）、法国

（27.5%）、英国（30.3%）、丹麦（47.7%）、澳大利亚（29.7%）等发达国家，也明显低于同年泰国（18.6%）、毛里求斯（17.6%）、智利（22.0%）、俄罗斯（26.6%）、匈牙利（24.4%）等许多发展中国家和经济转型国家。但是，由于同时存在着大量的非税财政负担（包括各级政府及其所属部门收取的各种基金、收费和乱收费、乱摊派等），中国纳税人的实际财政负担依然很沉重。例如：财政部、原劳动和社会保障部公布的2006年全国财政收入中的非税收入、预算外收入（主要为行政事业性收费）、社会保险费征收收入分别为3956亿元、6408亿元和6954亿元，合计17318亿元，相当于当年全国税收收入的50%。一些地方政府的预算外收入已经接近或者超过了税收收入和财政预算收入，一些纳税人的非税财政负担已经接近或者超过了税收负担。

1. 影响一个国家宏观税负水平的主要因素。

（1）经济发展水平。一般来说，随着一个国家经济发展水平的提高，其宏观税负水平也会相应上升；发达国家的经济发展水平高于发展中国家，其宏观税负水平通常也高于发展中国家；经济发展水平比较高的发展中国家，其宏观税负水平通常也高于经济发展水平比较低的发展中国家。中国改革开放以来，特别是步入社会主义市场经济轨道以来，国民经济持续、快速发展，国民收入大幅度增长，这是国民负税能力增强的基础。

（2）政府职能范围与程度。随着经济的发展和社会的进步，政府职能应当不断优化，为国民提供更多、更好的公共产品。现代国家的政府不仅要加强自身的政治统治，而且十分注重保持国家的经济发展、社会稳定和优良的自然环境。目前，中国正处在完善社会主义市场经济体制的重要历史时期，政府在促进国家经济发展、社会稳定、环境保护、科技进步、改善民生和国防建设等方面的任务极为繁重，需要强大的财政支持。

（3）政府取得财政收入的形式（为了统一口径，便于比较，本书中使用的中国和外国财政收入数据均不包括社会保障税费收入和债务收入）。在当今世界，绝大多数国家、特别是实行市场经济的国家，都以税收为政府财政收入的主要来源，这是由税收的特点和职能作用决定的。自从20世纪80年代中期中国实行国有企业“利改税”和工商税制改革以后，税收收入已经成为财政收入最主要的来源。例如：2008年，全国的财政收入为61330.4亿元，其中税收收入为54224亿元，占88.4%。但是，从发展趋势来看不容乐观：1994年税收收入占全国财政收入的比重曾经高达98.3%，从1995年起上述比重呈逐步下降趋势，从2001年起逐年下降，2008年比2000年下降5.4个百分点，比1994年下降9.9个百分点。如果考虑到还有预算外大量非税政府收入的存在，中国的税收收入占全部政府收入的比重就更低了。这种状况与税收在中国社会主义市场经济中应有的地位和作用是很不相称的，与现代化的民主、法制化国家的要求也不相符。

（4）税制设计和税收管理的水平。前者包括税制结构、税种、纳税人、税目、税率、计征方法、税收优惠等税制要素的设计是否科学、合理，后者包括税务部门的税收管理和相关的社会管理是否严密、有效，而且这些与一个国家的经济发展水平和社会管理水平是密切相关的。从现实情况来看，中国的税制设计和税收管理都需要进一步完善，同时要受到本国经济发展水平和社会管理水平的制约。

此外，在经济全球化的背景下，一个国家的宏观税负水平还会不同程度地受到其他国家宏观税负水平的影响：如果本国的宏观税负水平过高，纳税人难以承受，就可能出现资本外流、移民、逃税和避税等情况。

2. 衡量一个国家宏观税负水平高低的主要方法。

(1) 横向比较，即将本国的宏观税负水平与其他国家的宏观税负水平相比较。目前发达国家的宏观税负水平一般不低于20%（如美国、加拿大、澳大利亚、法国、德国），不少国家超过30%（如芬兰、挪威、瑞典、英国、新西兰），有的国家甚至超过40%（如丹麦）；发展中国家的宏观税负水平大多在10%—20%之间（如马来西亚、泰国、毛里求斯、罗马尼亚、哥斯达黎加），不少国家超过20%（如蒙古、越南、匈牙利、俄罗斯、智利、牙买加），也有少数国家超过30%（如塞舌尔、巴巴多斯）。由此可见，中国的宏观税负水平明显低于发达国家的宏观税负水平，在发展中国家中属于中等偏下的水平。但是，如果将中国财政预算内外的某些具有税收性质的收入视同税收，上述差距将会明显缩小。

(2) 纵向比较，即将本国不同年度的宏观税负水平相比较。20世纪80年代中期税制改革以后，中国的宏观税负水平曾经达到20%以上（1985年曾经达到22.6%），随后逐步下降，1993年降低到12.0%。1994年税制改革以后的3年间，这种状况仍然没有扭转，1996年降低到9.7%。从1997年以后逐年回升，2008年回升到18.0%。出现上述一段时间宏观税负水平持续下降的主要原因，一是税制改革和税收政策调整时，由于政策上和技术上的原因，国家采取了不少减税让利的措施；二是当时企业，特别是作为国民经济骨干力量和主要税源的国有企业的经济效益，从总体来看还不够理想；三是当时税收征收管理中还存在着不少薄弱环节，税收流失还比较严重。近年来，由于中国经济持续、快速增长，经济结构逐步优化，经济效益不断提高，税制和税收政策逐步稳定、完善，税收征收管理水平迅速提高，宏观税负水平随之逐步快速回升。

3. 中国目前应当采取的措施。上述名义宏观税负偏低、实际财政负担过重的问题，不仅是一个严重的财政、税收问题，也是一个严重的经济问题，甚至可以说是一个严重的政治问题。这个问题不解决，不仅会削弱国家的财政和宏观调控，而且不利于经济发展和改善人民生活，不利于国家的民主、法制建设。因此，应当从调整国民收入分配和财政分配格局、扩大税基、加强管理入手，采取以下措施，在近期内将中国的名义宏观税负水平逐步提高到20%以上，同时使纳税人的实际财政负担水平大幅度下降。

(1) 通过税费改革，加强预算管理，规范财政收入制度，调整财政收入结构：将各级政府及其所属部门的所有财政性收入纳入财政预算管理，取消预算外收入，禁止一切违法收入；加大财政收入中税收收入所占的比重，降低非税收入的比重；财政性的各种基金、收费应当尽量并入税收；合理划分中央政府与地方政府的税收收入，充分调动中央和地方两个方面的积极性；坚决制止截留税收的现象；精兵简政，减少不必要的财政支出；加强预算资金使用管理。

(2) 优化税制结构，完善税种的设置和税制要素设计，适时适当调整税收政策。在税制改革的完善工作中，要突破两种不适当的传统观念，一是“既得利益不可侵犯论”，改革不能不考虑各方面的利益，但是必须不断地对各方面的利益作出积极的调整，目的是促进经济的持续发展和社会的长久稳定；二是“税收调节万能论”，税收的调节功能应当充分发挥，但是不能违背经济规律和税收原则滥用。

(3) 积极开发新的税源，发现新的税收增长点（在当前，高新技术产品、新兴产业、第三产业、非公有制经济的发展尤为值得关注）。

(4) 大力加强税收征收管理，减少税收流失，降低税收征纳成本。

从微观税负水平来看，目前存在着法定税率偏高、实际负担率（征收率）偏低的问题。例如，近年来在各国普遍降低主要税种税率的情况下，中国的增值税、营业税、关税、企业所得税（此税的税率2008年才从33%降低到25%）、个人所得税等主要税种的法定税率已经显得偏高，而纳税人的实际负担率和税务机关、海关的实际征收率并没有那样高，主要原因是各种税收优惠比较多，税制设计和征收管理不够严密，有些纳税人没有依法纳税，也有些征收机关和征收人员没有严格执法。

因此，微观税负水平的调整，主要应当通过适当降低主要税种的法定税率，并与其他国家特别是发展中国家、周边国家的税率水平协调；合理调整税收政策，减少不适当的和过时的税收优惠；加强征收管理，堵塞漏洞等措施，逐步缩小法定税率与实际征收率之间的差距。

### （二）优化税制结构

在适度的宏观税负水平下建立合理的税制结构，是充分发挥税收职能作用的必要条件。目前中国优化税制结构应当重点研究合理设置税种和设计直接税与间接税的比例，调整中央税、地方税与共享税等问题。

1. 调整税种设置。从总体上说，应当把税制作为一个整体考虑，对于拟通过税制改革达到的各种目标（如增加税收收入，提高经济效率，实现分配公平，改善税收管理等）加以权衡，对各税种的地位、作用和税种之间的关系加以协调，在合理设置税种的前提下实现税制的简化。1994年税制改革以后，中国的税制结构已经趋于合理和简化，税种已经从25种（实际开征23种）减少到19种（实际开征18种）。但是，税种近似、交叉与缺位等问题仍然存在，有些过去在特定情况下设立的税种已经逐渐失去其存在的意义，应当适时加以合理调整。

（1）合并、调整性质相近，征收有交叉的税种。可以考虑将营业税的部分税目分别并入增值税、企业所得税和个人所得税，将城镇土地使用税、耕地占用税并入资源税或者房地产税，将车辆购置税和烟叶税并入消费税，将印花税分解以后并入增值税和营业税，将契税并入房地产税，将船舶吨税并入车船税或者改为港口使用费。

（2）调整特定目的税。对征收某些特定目的税的必要性和征税效果应当重新认真研究，权衡利弊以后决定取舍。有些税种可以考虑并入其他税种，如将作为地方财源的城市维护建设税并入地方政府征收的营业税、企业所得税或者房地产税，将具有特殊所得税性质的土地增值税取消或者并入企业所得税、个人所得税和房地产税，将作为限制占用耕地措施的耕地占用税取消或者并入资源税、房地产税；有些税种则可以考虑取消，如固定资产投资方向调节税作为经济转轨时期的产物已经失去存在的意义，而且已经停征10年之久，不宜继续保留。

（3）开征必要的新税种：

第一，适时开征社会保障税（包括医疗、养老和失业等项目），配合企业、劳动、人事和医疗等制度的改革。社会保障税是各国普遍开征的，虽然各国对于这个征收项目的称谓不尽一致，有些国家称之为税收，有些国家称之为捐、费或者基金，其征收管理也并非都是由税务机关负责的，但是普遍将其视为一种特殊的税收，收入专门用于社会保障事业并发挥重要作用，则没有太大的异议。就中国目前的情况而言，虽然财政、税务和社会保障部门对于是否应当将现行的社会保险费改为社会保障税，由税务机关统一征收，一直存在很大的分歧，但是，从实际情况来看，利用税务机关现有的机构、人员、装备征收这个项目，可以精简机构和人员，节省行政经费，方便纳税人，从而有利于提高工作效率，降低征纳成本，也有利于保证收入的安全入库，广东、湖北和辽宁等省的做法和经验可供参考。

第二，适时开征新的房地产税。房地产税是各国普遍征收的一种地方税，是许多国家地方税收入的主要来源。目前中国的房地产税收制度还比较落后，其主要表现是：税种数量偏多，有些税种性质相近，城乡税制不统一；有些税种是计划经济时代的产物，部分税收法规过于陈旧，已经不符合当前市场经济发展的要求；有些税种的设置不符合目前各国通行的做法；有些税种的计税依据和税率存在严重的问题；税负不够公平，税负偏重、偏轻的问题同时存在。由于上述问题的存在，中国的房地产税收收入规模很小而且税源零散，占全国税收收入和地方政府税收收入的比重都很低，对于增加财政收入和调节房地产市场的作用都很有限。另一方面，中国各级政府和有关部门在房地产方面的行政性收费很多，管理方面的问题也不少；这些收费不仅加重了纳税人的负担，而且对税收乃至政府的形象都产生了严重的不利影响。因此，可以考虑将现行的若干种房地产税收和某些合理的房地产方面的行政性收费整合，建立新的房地产税。

第三，适时研究开征遗产税的问题。遗产税是目前许多国家征收的一个税种。征收遗产税的积极意义和作用在于：不仅可以通过对富人的遗产征税为政府增加一定的财政收入，而且可以鼓励富人生前向社会公益事业捐赠，从而有利于调节社会财富的分配，缓解贫富悬殊的矛盾；在处理国际税收关系的时候，有利于维护本国政府和本国公民的权益；从完善税制的角度来看，遗产税是财产税的重要组成部分，与所得税也有着密切的关系。所以，开征遗产税不仅有利于完善税制，发挥税收的调节作用，也有利于加强税收管理，还有利于发展社会公益事业。

近年来对于开征遗产税出现了一些反对意见，主要是认为开征遗产税会对经济产生不利影响，征收管理难度大，收入太少，征纳成本高，一些国家陆续取消遗产税的做法说明此税不是一个良税。我认为，上述看法从特定的角度来看不无一定的道理，但是并不足以说明遗产税不是一个良税，也不能解释为什么世界上还有许多国家并不打算取消遗产税。从政治上来看，中共中央、国务院、全国人民代表大会及党和国家领导人近十多年来多次提出开征遗产税是经过慎重考虑的，体现着党和国家对于富裕阶层的分配调节政策，不宜轻易否定。从现实可行性来看，考虑到目前中国税制改革的任务很繁重，应当先急后缓，先易后难，开征遗产税的问题可以在完成增值税、消费税、营业税、企业所得税、个人所得税和房地产税等主要税种的改革以后再议。

对于是否有必要开征环境保护税、证券交易税的问题，我的看法是：

第一，国家鼓励发展环境保护事业的政策应当而且可以体现在税收制度当中。但是，这个问题应当尽量通过完善现行税制中的增值税、消费税、关税、企业所得税、个人所得税和资源税等相关税种的方式解决（例如提高大排气量汽车消费税税率的做法既有利于促进节油，也有利于促进环境保护）。试图为此开征新的主体税种似乎没有太大的必要，也不太可行。似乎也不宜为此增设过多的、零散的、复杂的小税种，以免增加管理成本和降低工作效率。

第二，在取消印花税，撤并其他征税项目的时候，将对证券（股票）征收的印花税改为证券交易税，在现实条件下来看是可行的。但是，从长远的角度看，为了鼓励发展资本市场，并借鉴其他国家的经验，则应当尽量减少乃至取消在证券（股票）交易环节征收的税收，对证券交易所得征收所得税可能更为适宜。

经过上述调整，由中央立法的税种主要有8种，即增值税、消费税、资源税、关税、企业所得税、个人所得税、社会保障税、遗产和赠与税。其中，增值税、消费税、企业所得税、个人所得税和社会保障税应当成为主体税种。至于地方税，可以考虑在保持中央宏观调控能力的前提下向各省、自治区和直辖市适当放权。

2. 调整直接税与间接税的比例。随着中国经济发展水平、经济效益、税务管理和整个社会管理水平的提高，生产资料所有制和收入分配结构的变化，应当合理调整直接税（主要为所得税）与间接税（主要为货物和劳务税）的比例，逐步加大前者在税收总额中所占的比重，降低后者的比重。

目前中国的间接税收入占税收总额的比重偏大，直接税收入占税收总额的比重偏小。前者带来的问题是：最终消费者，特别是负担增值税、营业税等普遍征收的间接税的中低收入者负担偏重，税收的累退性比较明显；同时导致一些企业税前利润偏少，在一定程度上影响了投资者的积极性。后者带来的问题是：所得税、财产税筹集财政收入和调节个人收入、财产分配的功能受到很大的限制。出现上述问题的主要原因是目前中国的经济发展水平和社会管理水平都还比较低，企业经济效益不高，个体、私营经济成分比较小，个人收入、财产的来源有限而且货币化程度不高，间接税的税基相对宽一些，比较容易征收管理，直接税则反之。

以2008年为例，中国货物和劳务税（包括增值税、消费税、车辆购置税、营业税和关税5个税种）的收入为32634.9亿元，占当年全国税收收入的58.9%；所得税（包括企业所得税、个人所得税和具有所得税性质的土地增值税3个税种）的收入为16454.9亿元，占当年全国税收收入的29.7%；财产税（包括房产税、城市房地产税、城镇土地使用税、耕地占用税、契税、资源税、车船税和船舶吨税8个税种）的收入为3594.0亿元，占当年全国税收收入的6.5%。

从横向比较看，中国直接税收入占税收总额的比重也比较低。以所得税为例：2006年，美国、法国、泰国、俄罗斯和智利5个国家的所得税收入占本国税收收入的比重分别为63.4%、39.4%、39.8%、38.8%和48.2%。而同年中国所得税收入占全国税收收入的比重只有27.5%，不仅低于发达国家，也低于许多发展中国家和经济转型国家，甚至不及本国20世纪80年代中期曾经达到过的水平（如1985年为34.3%）。再以个人所得税为例：2006年，美国、法国、泰国、俄罗斯和萨尔瓦多5个国家的个人所得税收入占本国税收收入的比重分别为47.8%、28.9%、11%、13%和15.2%，而同年中国个人所得税收入占全国税收收入的比重只有6.9%，与阿富汗相同。

不过，从发展趋势看比较乐观，中国直接税与间接税的比例近年来逐步趋于合理：所得税收入占税收总额的比重已经从1994年的14.8%上升到2008年的29.7%，14年间提高了14.9个百分点；财产税收入占税收总额的比重也已经从1994年的3.8%上升到2008年的6.5%，13年间提高了2.7个百分点；货物和劳务税收入占税收总额的比重则从1994年的72%下降到2008年的58.9%，13年间降低了13.1个百分点。因此，在今后若干年之内上述趋势将会继续发展。

实践证明，中国直接税与间接税比例的调整不能简单地通过两者存量之间的此消彼长方式去实现，而应当从总体税负调整的角度出发，通过增量的安排实现，主要应当考虑如何随着经济发展和体制改革逐步增加所得税收入，扩大财产税收入，并将一部分非税财政收入转化为直接税收入。直接税收入增长得快了，占税收总额的比重提高了，间接税收入占税收总额的比重自然就会下降，因为两者之间的关系是此消彼长，并不需要刻意地通过减少间接税收入去实现直接税收入占税收总额比重的提高。同时，应当着眼于企业管理的改善和经济效益的提高，个人收入的增加，税收管理的加强。但是，为了实现国家特定的分配政策，在必要的时候，也可以直接采取适当的税制调整措施（如降低增值税、营业税的税率）和其他措施（如提高职工的工资）。

从近年来国际税制发展趋势来看，发达国家适当保持货物和劳务税收入在税收总额中所占的比重，重在税收的中性；而发展中国家逐步提高所得税收入在税收总额中所占的比重，则重在发挥税收对于收入分配的调节作用，值得中国借鉴。

此外，在经济全球化、税收全球化的背景下，还应当考虑不同的税制结构对中国财政、经济的影响和国际税收关系的协调。例如，货物和劳务税在生产地征收还是在消费地征收？所得税是按照纳税人的身份（居民或者非居民）征收还是按照所得来源地征收？或者既按照纳税人的身份征收，又按照所得来源地征收？如何做到既能维护国家的税收权益，又有利于鼓励投资、消费、贸易的发展和货物、资本、技术、人员的合理流动？

3. 继续推进地方税改革。近十多年来，中国的中央税、中央与地方共享税改革进展比较大，而地方税的改革相对滞后，不利于增加地方财政收入，发展地方经济和其他各项建设事业。这也是造成一些地方非税收入、预算外收入膨胀，乱收费、乱摊派和乱罚款现象屡禁不止的重要原因之一。因此，目前应当结合税费改革，加快地方税改革的步伐。这里所说的地方税，指在中国现行分税制财政管理体制下，由地方征收管理、收入划归地方的税收。

目前中国地方税制度存在的主要问题表现在管理体制、税制、收入规模和结构等方面：

（1）管理体制不完善。税种划分不够合理，税源相对集中、稳定，征管相对便利，收入充足、增收潜力较大的税种，大多列为中央税、中央与地方共享税；而留给地方的大多是税源分散、征管难度大、征收成本高、收入不稳定的小税种（目前包括房产税、城镇土地使用税、耕地占用税、契税、土地增值税、车船税、烟叶税和固定资产投资方向调节税8种，其中固定资产投资方向调节税暂停征收），地方政府无法通过地方税更有效地组织财政收入和调节经济，客观上刺激或者迫使地方政府及其所属部门通过各种非税方式筹集预算外财政资金，满足财政支出需要。此外，税收立法权过度集中在中央（上述8种地方税均由中央立法），地方缺乏应有的税收立法权和调整权，致使地方在地方税方面缺乏应有的灵活性，不利于地方因地制宜处理当地的税收问题。

（2）税制比较落后。从地方税的法律地位来看，现行的各种地方税都是根据国务院发布的暂行条例征收的，这与立法法关于税收的基本制度只能制定法律规定差距很大。从地方税的税制设计来看，存在部分税种老化，性质相近，交叉征收，城乡不统一，主体税种不牢靠，税源零散，收入微薄等问题，很难支持地方财政，促进经济发展。

（3）收入规模和结构不合理。就地方本级税收收入占国内生产总值、全国税收收入、全国财政收入、地方本级财政收入和地方全部财政收入的比重而言，中国的比重与许多国家相比并不算低。但是，中国地方税收入占国内生产总值、全国税收收入、全国财政收入、地方本级税收收入、地方本级财政收入和地方全部财政收入的比重都偏低（2008年上述比重分别为1.3%、7.1%、6.3%、16.6%、13.5%和7.5%）；地方本级税收收入和地方本级财政收入主要来自共享税。从地方税收入的结构来看，来自房地产交易环节的税收比重过大，仅契税和土地增值税两项的收入就接近地方税收入总额的一半；房地产保有环节的税收和房地产以外的税收比重比较小。

针对上述目前中国地方税制度存在的问题，中国地方税制度的改革应当以提高地方政府财力筹集与配置的有效性，增加地方税收入，促进地方经济、社会发展为主要目标，结合中国国情，借鉴国际经验，从改进管理体制、完善税制、合理调整收入规模和结构等方面入手，采取以下措施：

（1）改进管理体制。首先应当将地方税制度改革与中央税、中央与地方共享税制度的改革，非税收入管理制度的改革，预算管理制度的改革统筹考虑，有机地结合起来。在税种划分方面，应当使地方也拥有一些税源相对集中、稳定，征管相对便利，收入充足、增收潜力较大的税种。除了现有的房地产税以外，还可以考虑将某些货物和劳务税、所得税、财产税划归地方，如营业税；企业所得税、个人所得税和资源税也可以考虑分别一分为二，划分为中央企业所得税和地方企业所得税、中央个人所得税和地方个人所得税，中央资源税和地方资源税。在立法权方面，可以考虑将地方税的立法权划分为两个层次：一是全国统一征收的地方税种由中央立法，同时赋予各省、自治区和直辖市一定的调整权（如房地产税）；二是经中央批准，各省、自治区和直辖市可以结合当地经济和社会发展状况，在本地区开征某些独特的税种（如某些特产税和行为税）。

（2）加快地方税制度改革的步伐。首先应当尽快明确地方税制度改革的指导思想、基本原则和总体目标，据此确定改革方案的基本框架、具体内容和实施步骤。在地方税的法律地位方面，随着地方财政、税收制度改革的实施，地方税的法律地位也应当逐步提高。但是，考虑到目前地方财政、税收制度改革的艰巨性和外部环境的复杂性，在近期内普遍提高地方税的法律地位可能是不现实的。在税制设计方面，要合理设置税类和税种，性质相近和交叉征收的税种应当简并，所有税种都应当城乡统一。税类的设置可以考虑包括货物和劳务税、所得税、财产和行为税三类，税种的设置可以考虑包括营业税、地方企业所得税、地方个人所得税、地方资源税、房地产税、车船税等主要税种和一些环境保护方面的税收。在税制要素方面，各个税种的税制要素，包括纳税人、征税范围、计税依据、税率（税额标准）、征税方法和减免税规定等，都应当科学设计。例如，营业税与增值税的纳税人和征收范围应当合理划分，地方企业所得税、地方个人所得税、地方资源税与中央企业所得税、中央个人所得税、中央资源税的税基和税率（税额标准）应当合理确定，房地产税的征税范围、计税依据、税率和征税方法应当合理制定，各类减免税规定应当合理、规范等等。从发展趋势来看，营业税、地方企业所得税（法人税）、地方个人所得税、地方资源税和房地产税5个税种可以考虑作为地方税的主体税种：因为这些税种与地方经济发展密切相关，税源相对集中、稳定，征管相对便利，收入充足、增收潜力较大，而且这样的改革便于与现行税制和财政、税收管理体制衔接。此外，车船税和一些环境保护方面的税收可以作为辅助税种。在上述税种当中，房地产税和环境保护方面的税收最适合作为县（市）的税收。

（3）确定合理的地方税收入的规模和结构。地方本级税收收入占全国税收收入的比重可以暂时不作大的调整，其理由一是与许多国家相比，中国的这一比重已经不低；二是根据中国的现实国情，为了加强宏观调控，中央必须保持足够的财力。鉴于中国地方本级税收收入占本级财政收入的比重已经很高，地方本级财政收入对地方本级税收收入的依赖程度高于许多国家，地方政府应当在增加资源收入和资本收入等其他财政收入方面多下工夫，中央政府也应当适当增加对经济不发达地区的财政转移支付。地方税收入数额少，地方税收入占国内生产总值、全国税收收入、全国财政收入、地方本级税收收入、地方本级财政收入和地方全部财政收入的比重均偏低，地方本级税收收入和财政收入对共享税收入的依赖程度过高的问题，应当通过优化地方税税制结构和完善地方税主体税种来解决。地方税收入中来自房地产交易环节的税收比重过大的问题，应当通过调整房地产税负环节，即适当减少房地产交易环节的税收，增加房地产保有环节的税收，同时增加房地产税收以外的地方税收入来解决。

### （三）完善税种

这里主要谈谈我对完善中国现行税制中的增值税、消费税、营业税、企业所得税、个人所得税、房地产税、资源税、关税等主要税种的一些初步的设想，基本思路是从合理调整税基、税率和税收优惠入手解决问题，既要借鉴外国的经验，又不能脱离中国的国情；既要考虑现实情况，又要有长远目标。

1. 增值税。完善增值税的主要措施可以考虑健全消费型增值税，调整增值税的征收范围、税率和征收率，清理税收优惠等内容。

（1）健全消费型增值税。在兼顾财政承受能力的情况下进一步健全消费型增值税，逐步解决厂房、建筑等固定资产进项税额的扣税问题。

（2）调整征收范围。对货物和部分与销售货物密切相关的劳务统一征收增值税，对大部分劳务（主要是第三产业）继续征收营业税。现行营业税税目中的某些适宜征收增值税的税目可以考虑改征增值税（如交通运输业、建筑安装业、销售不动产等），目的是解决好增值税与营业税的交叉征收和税负失衡的问题，促进相关行业的发展。印花税的部分税目（如货物购销合同等）可以考虑并入增值税。

考虑到目前建立消费型增值税的工作刚起步，增值税与营业税征收范围的调整不宜操之过急。即便时机成熟，上述调整措施可以实施了，也应当充分考虑这项措施对于地方财政收入的影响，并采取适当的补偿措施（如开辟营业税的新税源，加大增值税收入地方分享的比例或者中央财政对地方财政的转移支付等）。

（3）调整税率和征收率。税率可以考虑暂维持0、13%、17%三档（考虑到2009年增值税“转型”以后固定资产进项税额可以抵扣的因素，实际税负将比2008年以前下降），以后择机适当降低，目标应当为一般发展中国家的水平。也可以考虑先行降低粮食、食用植物油和药品等生活必需品的税率。

为了平衡税负，在健全消费型增值税和调整增值税税率的时候，增值税小规模纳税人的征收率也应当作出相应的调整。

（4）继续清理优惠。及时清理不适当的和过时的优惠措施，因为它们不符合增值税的原理和基本原则，而且不利于加强征收管理。

（5）合理分配收入。鉴于增值税是中央与地方共享税，地方分享的部分对于地方财政收入影响很大，应当妥善处理跨地区经营的纳税人缴纳的增值税在不同地区之间的分配问题。

（6）实行免征额制度。为了适当照顾收入微薄的个体经营者，促进就业和平衡税负，应当尽快将增值税的起征点改为免征额，并根据经济发展情况和工资、物价等因素适时适当提高。

2. 消费税。完善消费税的主要措施可以考虑调整征税范围、税率和税额标准、征税环节等内容。

（1）继续调整征税范围。非消费品（如酒精、汽车轮胎等）应当停止征税，对未征税的各类奢侈品和高档消费品（如私人飞机和高档家具、电器、服装、食品、饮品等）都应当征税，还可以从资源和环境保护的角度考虑增设一些税目（如电池、一次性塑料制品等）。为了简化税制，车辆购置税可以考虑并入此税。

笔者不赞成有些人关于高消费行为和高档房地产应当征收消费税的主张，因为从相关税种的功能和其他国家的做法来看，对前者征收营业税（将来增值税与营业税征收范围调整的时候另论）、对后者征收房地产税可能更为适宜。

（2）继续调整税率（税额标准）。为了加大税收调节力度，适当提高奢侈品、高档消费品和不利于资源、环境保护的应税消费品的税率（税额标准）。近年来各国普遍提高烟、酒类消费品和某些奢侈品的消费税税率（税额标准）的做法可以借鉴。

（3）适时调整征税环节。可以根据条件成熟的情况，逐步将此税由生产环节征收改为零售环节征收，由价内税改为价外税，目前可以考虑先对小汽车、摩托车、高档手表、贵重首饰和珠宝玉石等消费品试行零售环节征税。

（4）开征地方消费税或者消费税地方附加。由于各地区之间收入水平和消费水平差异很大，可以考虑允许各地在某些应税消费品的零售环节征收一定比例的地方消费税或者消费税地方附加。

3. 营业税。完善营业税的主要措施可以考虑调整征税范围、税目、税率、税基和清理税收优惠等内容。

（1）调整征税范围。随着第三产业的发展，应当适当增加营业税的征税项目（如营利性的育儿、养老、教育、培训、医疗、保健、殡葬等服务，宠物服务业，各种无形资产转让等）。在适当的时候，应当将交通运输业、建筑安装业、销售不动产等适宜征收增值税的税目纳入增值税的征收范围，按照国际通行的做法逐步取消对银行的利息收入征收的营业税，将印花税的部分税目（如技术服务合同等）并入营业税。

（2）简化税目、税率。从事第三产业的大部分企业的税负应当相同，并与增值税的税负适当协调，以利于平等竞争。同时，为了保持对于某些特殊行业和特殊项目（如餐饮业、娱乐业、服务业等行业和营利性的培训、医疗等项目）的税收调节，可以考虑对它们实行幅度比例税率。奢侈性消费（如高尔夫球、高级保健、宠物服务等），高档消费（如高档宾馆、饭店、娱乐场所等）项目的税率应当从高。

（3）完善税基。税基的确定应当更加科学、规范。既要体现普遍征税的原则，又要避免或者减少重复征税。在处理跨地区经营项目收入征税问题的时候，也应当充分考虑相关地区的利益。

（4）清理优惠。及时清理不适当的和过时的优惠措施。例如：某些过去免税的非营利项目改为营利项目以后，应当取消其原来的免税待遇。

（5）实行免征额制度。为了适当照顾收入微薄的个体经营者，促进就业和平衡税负，应当尽快将营业税的起征点改为免征额，并根据经济发展情况和工资、物价等因素适时适当提高。

4. 企业所得税。完善企业所得税的主要措施可以考虑建立法人所得税、规范税基和调整税收优惠等内容。

(1) 建立法人所得税。随着中国法人制度的逐步建立和完善，企业所得税最终应当改为法人所得税，与个人所得税一起构成完整的所得税体系。

(2) 规范税基。中国新的企业所得税法及其实施条例和一些配套文件已经陆续公布实施，但是关于税基的许多具体规定还需要制定，已经出台的法规也有待于在实践中完善。这里应当特别注意处理好以下问题：一是企业所得税制度应当与通行的企业财务、会计制度适当衔接，同时，为了保证国家的财政收入和体现国家的某些特定政策（如鼓励科学技术进步、环境与资源保护、特定区域和行业发展、安置就业等），两者的处理也可以有一些必要的区别；二是企业所得税制度内部的严密衔接，包括税法及其实施条例和各项配套文件之间的衔接，每项法规的各项条款之间的衔接等；三是企业所得税法规与其他税收和相关法规（如个人所得税法、增值税暂行条例、公司法、会计法等）之间的衔接；四是积极借鉴外国企业所得税制度建设的有益经验，并结合中国国情，更好地适应对外开放的需要。

(3) 提前研究进一步降低税率的问题。根据笔者收集的216个开征企业所得税的国家和地区资料，2009年，在上述国家和地区中，有98个国家和地区的企业所得税税率不超过25%，占45.4%。这表明，中国的企业所得税税率在世界上处于中等偏下的水平。但是，考虑到越来越多的国家和地区为了提高本国企业的竞争力和吸引外资，将降低或者继续降低其企业所得税税率，对此我们应当密切关注，有所准备。

(4) 妥善处理优惠待遇问题。中国新的企业所得税制度规范了税收优惠，对于过去的税收优惠作了全面的清理，这是一个良好的开端。但是，随着经济、社会的发展，还会出现许多新的情况和问题，需要适时采取相应的对策（例如2008年，为了支持四川等地的抗灾救灾和灾后重建工作，国家规定了大量的企业所得税优惠措施）。原有的大量税收优惠措施执行期满以后，其中的不少措施也可能需要继续执行，甚至长期执行（如涉及农业、城镇就业、残疾人、文化、宣传、西部开发的措施）。

(5) 妥善处理征收管理权划分和收入分配问题。从目前中国省以下税务机构分设为国家税务局、地方税务局的现实出发，可以考虑以缴纳增值税为主的企业的企业所得税由国家税务局征收，以缴纳营业税为主的企业的企业所得税由地方税务局征收，征收的企业所得税收入继续作为中央政府与地方政府共享收入，分享比例也暂时不作大的调整，并完善按照生产、经营要素进行地区间收入分配的制度。从长远看，则应当考虑未来财政管理体制、税制和税务机构改革以后企业所得税征收管理权划分和收入分配问题。

5. 个人所得税。完善个人所得税的主要措施可以考虑扩大居民纳税人和征税所得的范围、改变征税模式、调整税基和税率、清理税收优惠等内容。

(1) 扩大居民纳税人的范围。应当参照多数国家的做法，将认定居民纳税人的时候“在中国境内没有住所而在中国境内居住满1年”的期限改为183天，以更好地维护中国的税收权益。

(2) 扩大征税所得的范围。应当逐步创造条件，将各类应当纳税的个人所得都纳入个人所得税的征税范围。除了少量法定的免税项目以外，各类所得都应当列为征税项目。

（3）改变征税模式。应当尽快将目前实行按照不同的所得分项征收的征税模式改为综合征收与分项征收相结合，以综合征收为主的征税模式。

有些人认为综合征收制度近期难以推行，主要是担心纳税人能否如实申报纳税，税务机构的管理能否跟上。笔者认为这些担心不无道理，但是不必过虑：其他国家，包括发达国家，在开始实行个人所得税综合征收制度的时候，各方面的条件也不是很完备，甚至至今也有不少问题，但是上述制度可以在执行中逐步完善，外国的做法和经验、教训可以借鉴。近两年中国实行年收入12万元以上者按年申报个人所得税的制度已经取得了一定的效果（例如2009年年初全国申报缴纳2008年个人所得税的年收入12万元以上者已经达到240万人，约占全国个人所得税纳税人的3%，而他们申报缴纳的个人所得税金额却占全国个人所得税收入的35%），为下一步实行综合征收制度积累了初步的经验，可以坚定我们改革的信心。但是，在现行的税务机构管理体制和个人所得税收入中央与地方共享体制下，综合征收是无法操作的。

（4）合理确定税基。特别是应当合理确定个人基本生活和赡养人口的费用，保险、住房、医疗、教育（培训）等专门费用，儿童、老人、残疾人的特殊费用等费用的扣除标准，并适时根据工资、物价、汇率等因素适当调整。为了提高工作效率，可以考虑请全国人民代表大会授权国务院按照税法规定的原则定期调整上述费用扣除标准，以适应经济、社会发展和保障人民基本生活的需要。

如果不考虑上述多方面的因素，只是大幅度地提高统一的扣除额，不仅对生活负担沉重的低收入者帮助不大，甚至无助于那些收入低于扣除额的人，而且会使不应当减税的高收入者获益更多：按照现行税法设计的税基和工资、薪金所得适用的5%至45%的累进税率计算，提高100元扣除额，达不到征税标准的低收入者无税可减；到达征税标准的最低收入者只能减税5元，而最高收入者却可以减税45元。由此可见，这种做法会明显减少政府本来可以“劫富济贫”的税收，这是不公平的。

笔者也不赞成有些人关于按照不同地区的收入和物价水平设计个人所得税扣除额的主张，一是因为各地的工资水平通常是在现行税制和当地现实物价水平下设计的，物价水平比较高的地区工资水平也比较高，外国也是如此；二是各国中央政府征收的个人所得税的基本扣除额都是全国统一的，但是并没有因此带来多少负面作用，中国的一些高收入、高物价地区也没有由于个人所得税实行全国统一的费用扣除标准而导致人才的流失。

（5）适当调整税率。根据笔者收集的169个开征个人所得税的国家和地区资料，2009年，在上述国家和地区中，有139个国家和地区中央政府个人所得税的最高税率不超过40%，占82.2%。相比之下，中国个人所得税45%的最高税率明显偏高。同时应当注意到，越来越多的国家和地区正在准备降低或者继续降低个人所得税的最高税率。此外，中国对工资、薪金征收的个人所得税实行9级超额累进税率，税率档次与其他国家和地区相比明显偏多。因此，中国的个人所得税改革以后，对综合所得可以考虑采用10%、20%、30%、40%四级超额累进税率，并合理设计各级税率的级距。

笔者不赞成有些人关于中国应当效法某些国家实行“单一税”，即按照单一比例税率征收个人所得税的主张。因为，无论是中国的实践还是外国、特别是发达国家的经验，都可以证明累进的个人所得税对于适当调节个人收入的差距具有重要的作用。当然，也不能指望依靠个人所得税一个税种解决调节个人收入的差距的所有问题。

（6）加强个人所得税与企业所得税之间的协调。这种主要涉及纳税人、税基、税率和税收优惠等方面。应当以免税法、减税法或者归集抵免法解决企业所得税和个人所得税重叠征收的问题，以鼓励个人投资，促进资本市场发展，增加个人的财产性收入。

（7）清理优惠。及时清理不适当的和过时的优惠措施，免税、减税的重点应当是鼓励为社会作出突出贡献的人才和照顾生活困难的低收入人员。

（8）妥善处理中央与地方的收入分配问题。个人所得税收入可以继续作为中央政府与地方政府共享收入，可以考虑用税率分享的方式划分中央与地方的收入，或者将个人所得税划分为中央政府和地方政府分别征收的个人所得税。从长远看，也应当考虑未来财政管理体制、税制和税务机构改革以后个人所得税征收管理权划分和收入分配问题。

6. 房地产税。完善房地产税的主要措施可以考虑简化税制、扩大税基、合理设计税率等内容。

（1）简化税制。可以考虑将现行的房产税、城镇土地使用税、耕地占用税、契税和某些合理的房地产方面的行政性收费合并为统一的房地产税。

（2）扩大税基。房地产税的征税范围应当扩大到个人住宅和农村地区，并按照房地产的评估值征收。同时，通过规定适当的免税项目和免征额的方法将低收入阶层排除在征税范围以外。

（3）合理设计税率。房地产税的税率应当根据不同地区、不同类型的房地产分别设计，由各地在规定的幅度以内掌握，如中小城市房地产的适用税率从低，大城市房地产的适用税率从高；普通住宅的适用税率从低，高档住宅和生产、经营用房地产的适用税率从高，豪华住宅和高尔夫球场加成征税。

应当将房地产税作为中国地方税的主体税种加以精心培育，使之随着经济的发展逐步成为县（市）税收收入的主要来源，并且在全国统一税制的前提下赋予地方政府较大的管理权限（包括征税对象、纳税人、计税依据、税率、减免税等税制要素的适当调整），以适应国家之大，各地经济发展水平不同的实际情况，促使地方因地制宜地通过房地产税增加财政收入和调节房地产市场。

7. 资源税。完善资源税的主要措施可以考虑调整纳税人、征税范围、计税依据和税负等内容。

（1）扩大纳税人范围。应当对开发、利用应税国有自然资源的中外纳税人统一征税。

（2）扩大征税范围。可以考虑将土地、森林、草原、水源等自然资源纳入征税范围，进一步体现国有自然资源有偿使用的原则。

（3）清理优惠。结合资源产品价格调整和收费制度改革，适时取消不适当的减免税，并适当提高税率和税额标准，以利于节约资源和保护环境，调节资源开采企业的资源级差收入，增加财政收入。

（4）部分产品从价征税。对部分价格变化比较频繁、幅度比较大的应税资源产品改从量定额征税为从价定率征税，以保证财政收入的稳定增长。

（5）继续实行收入分享制度。从理论上说，自然资源为国家所有，资源税可以列为中央税。但是，考虑到地方行政管理、财政和征收管理的实际情况，此税可以继续列为中央与地方共享税，让地方得大头。

8. 关税。完善资源税的主要任务一是继续逐步适当降低进口关税的税率水平，以利于发展对外贸易；二是更加充分地利用进出口关税调节进出口货物的数量和结构，保持并扩大中国货物的国外销售市场，保证国内市场供应，促进国内的资源和环境保护，减少与其他国家和地区的贸易摩擦。

此外，税务机关的征收管理能力对于税制改革的推行乃至成败至关重要。有力的征管可以推动税制改革的顺利开展，反之，再好的税制也将难以实施。因此，从短期来看，在征管能力许可的限度以内改革税制是非常现实的。但是，从长远来看，征管能力是可以逐步提高的，并且是税制改革的一个重要组成部分。目前强化税收征管的主要措施应当包括：建立健全各类规章制度，实行规范化管理；加快税收管理信息化的步伐，提高工作质量和效率；为纳税人提供优良服务，特别要加强税法宣传和指导；严惩偷税、逃税、骗取出口退税和抗税等违法者；不断提高税务人员的政治、业务素质，改进税务机关的工作作风；加强税务机关与各有关部门的配合，改善依法治税的社会环境；努力降低税收征纳成本。

如同中国的经济改革与发展一样，中国税制的改革与发展也是一个循序渐进的过程。税制改革不能超越经济和社会的一定发展阶段，不能超过各级立法、司法、行政部门（包括税务机关）和纳税人的承受能力。我们不能不承认，由于国内政治、经济、科技、文化、法制、道德水平和国际环境等诸多因素的制约，中国在短期之内要建成像发达国家那样的比较理想的先进税制是不现实的。但是，只要我们坚持正确的改革方向，奋发努力，锲而不舍，就一定能够一步一步地实现既定的目标，把中国的税制建设事业不断推向前进，为中国的改革开放和经济、社会发展作出新的、更大的贡献。对此，我们应当充满信心和希望。

# 第七章 中国现行税制概况

## 一、现行税制综述

中国现行税制由19个税种组成，税法的基本形式是全国人民代表大会及其常务委员会公布的法律和国务院公布的行政法规。其中，绝大部分税种内外统一，少数税种内外有别。

### （一）税种设置

目前，中国的税收制度共设有19种税，按照其性质和作用大致可以分为以下4个类别：

1. 货物和劳务税。包括增值税、消费税、车辆购置税、营业税和关税5种税。这类税收是在生产、流通和服务领域中，按照纳税人的销售收入（数量）、营业收入和进出口货物的价格（数量）征收的。

2. 所得税。包括企业所得税、个人所得税和具有所得税性质的土地增值税3种税。这类税收是在收入分配环节按照企业取得的利润或者个人取得的收入征收的。

3. 财产税。包括房产税、城镇土地使用税、耕地占用税、契税、资源税、车船税和船舶吨税7种税。这类税收是对纳税人拥有和使用的财产征收的。

4. 其他税收。包括印花税、城市维护建设税、烟叶税和固定资产投资方向调节税4种税。

在上述税种中，固定资产投资方向调节税已经停止征收；西藏自治区暂不征收消费税、房产税、城镇土地使用税、契税和烟叶税。

除了税收以外，国家规定统一由税务部门征收的非税财政收入项目有3个：教育费附加、矿区使用费和文化事业建设费。省级人民政府还可以规定由税务机关征收社会保险费（目前主要有基本养老保险费、基本医疗保险费、失业保险费和工伤保险费4个项目）。

2008年，由中国各级税务机关、财政机关和海关组织征收的各项税收收入共计54223.8亿元，占当年中国财政收入和国内生产总值的比重分别为88.4%和18.0%。在各项税收收入中，货物和劳务税收入占58.9%，所得税收入占29.7%，财产税收入占6.5%，其他税收收入占4.9%。在税收收入总额中，中央政府收入（包括中央税收入和中央政府分得的中央与地方共享税收入）为30968.7亿元，占57.1%；地方政府（包括地方税收入和地方政府分得的中央与地方共享税收入）收入为23255.1亿元，占42.9%。

### （二）税收立法

根据全国人民代表大会制定的《中华人民共和国宪法》、《中华人民共和国立法法》和国务院制定的《规章制定程序条例》等法律和行政法规的规定，中国的税收立法由以下层次和形式构成：

1. 法律。税收的基本制度由法律规定。税收法律由全国人民代表大会制定，如《中华人民共和国个人所得税法》；或者由全国人民代表大会常务委员会制定，如《中华人民共和国税收征收管理法》。

2. 行政法规。有关税收的行政法规由国务院根据有关法律的规定制定，如《中华人民共和国税收征收管理法实施细则》；或者根据全国人民代表大会及其常务委员会的授权制定，如《中华人民共和国增值税暂行条例》。

3. 部门规章。有关税收的部门规章由财政部、国家税务总局、海关总署和国务院关税税则委员会等部门、机构根据有关法律、行政法规制定。例如财政部、国家税务总局制定的《中华人民共和国增值税暂行条例实施细则》、国家税务总局制定的《个人所得税全员全额扣缴申报管理暂行办法》和海关总署制定的《中华人民共和国海关进出口货物征税管理办法》。

4. 地方性法规。省、自治区和直辖市的人民代表大会及其常务委员会根据本行政区域的具体情况和实际需要，在不同宪法、法律和行政法规相抵触的前提下，可以制定地方性法规。

省、自治区的人民政府所在地的市，经济特区所在地的市，经国务院批准的较大的市（以下统称较大的市）的人民代表大会及其常务委员会根据本市的具体情况和实际需要，在不同宪法、法律、行政法规和本省（自治区）的地方性法规相抵触的前提下，可以制定地方性法规，报本省（自治区）的人民代表大会常务委员会批准以后施行。

5. 自治条例和单行条例。民族自治地方（包括自治区、自治州和自治县，下同）的人民代表大会有权依照当地民族的政治、经济和文化的特点，制定自治条例和单行条例，按照规定报批以后实施。上述条例可以对法律和行政法规的规定作出变通规定，但是不得违背法律、行政法规的基本原则，不得对宪法、民族区域自治法的规定和其他有关法律、行政法规专门就民族自治地方所作的规定作出变通规定。

6. 地方政府规章。省、自治区、直辖市和较大的市的人民政府，可以根据法律、行政法规和本省（自治区、直辖市）的地方性法规，制定地方政府规章。例如，根据国务院发布的《中华人民共和国城镇土地使用税暂行条例》的规定，各省、自治区和直辖市人民政府可以制定本地区实施该条例的具体办法。

7. 立法程序。法律、地方性法规、自治条例和单行条例的制定要经过提出立法议案、审议、表决通过和公布四道程序，行政法规、部门规章和地方政府规章的制定要经过立项、起草、审查、决定和发布五道程序。

此外，根据中国法律的规定，中央政府不在香港和澳门两个特别行政区征税，这两个特别行政区实行独立的税收制度。

中国现行税收基本法规的发布、实施情况，详见表7－1。

表 7－1 中国现行税收基本法规目录

| |
|---|
| 一、《中华人民共和国增值税暂行条例》，1993 年 12 月 13 日中华人民共和国国务院令第 134 号发布，自 1994 年 1 月 1 日起施行；2008 年 11 月 10 日中华人民共和国国务院令第 538 号修订并公布，自 2009 年 1 月 1 日起施行。<br>《中华人民共和国增值税暂行条例实施细则》，1993 年 12 月 25 日财政部文件（93）财法字第 38 号发布，2008 年 12 月 15 日中华人民共和国财政部、国家税务总局令第 50 号修订并公布。 |
| 二、《中华人民共和国消费税暂行条例》，1993 年 12 月 13 日中华人民共和国国务院令第 135 号发布，自 1994 年 1 月 1 日起施行；2008 年 11 月 10 日中华人民共和国国务院令第 539 号修订并公布，自 2009 年 1 月 1 日起施行。<br>《中华人民共和国消费税暂行条例实施细则》，1993 年 12 月 25 日财政部文件（93）财法字第 39 号发布，2008 年 12 月 15 日中华人民共和国财政部、国家税务总局令第 51 号修订并公布。 |
| 三、《中华人民共和国车辆购置税暂行条例》，2000 年 10 月 22 日中华人民共和国国务院令第 294 号公布，自 2001 年 1 月 1 日起施行。 |
| 四、《中华人民共和国营业税暂行条例》，1993 年 12 月 13 日中华人民共和国国务院令第 136 号发布，自 1994 年 1 月 1 日起施行；2008 年 11 月 10 日中华人民共和国国务院令第 540 号修订并公布，自 2009 年 1 月 1 日起施行。<br>《中华人民共和国营业税暂行条例实施细则》，1993 年 12 月 25 日财政部文件（93）财法字第 40 号发布，2008 年 12 月 15 日中华人民共和国财政部、国家税务总局令第 52 号修订并公布。 |
| 五、《中华人民共和国进出口关税条例》，2003 年 11 月 23 日中华人民共和国国务院令第 392 号公布，从 2004 年 1 月 1 日起施行。 |
| 六、《中华人民共和国企业所得税法》，2007 年 3 月 16 日第十届全国人民代表大会第五次会议通过，同日中华人民共和国主席令第六十三号公布，自 2008 年 1 月 1 日起施行。<br>《中华人民共和国企业所得税法实施条例》，2007 年 12 月 1 日中华人民共和国国务院令第 512 号公布。 |
| 七、《中华人民共和国个人所得税法》，1980 年 9 月 10 日第五届全国人民代表大会第三次会议通过，同日全国人民代表大会常务委员会委员长令第十一号公布，即日起施行；2007 年 12 月 29 日第十届全国人民代表大会常务委员会第三十一次会议第五次修改，同日中华人民共和国主席令第八十五号公布，自 2008 年 3 月 1 日起施行。<br>《中华人民共和国个人所得税法实施条例》，1994 年 1 月 28 日中华人民共和国国务院令第 142 号发布，2008 年 2 月 18 日中华人民共和国国务院令第 519 号第二次修改并公布。<br>《对储蓄存款利息征收个人所得税的实施办法》，1999 年 9 月 30 日中华人民共和国国务院令第 272 号发布，2007 年 7 月 20 日中华人民共和国国务院令第 502 号修改并公布。<br>《国务院关于个人独资企业和合伙企业征收所得税问题的通知》，2000 年 6 月 20 日国务院文件国发〔2000〕16 号发布。 |
| 八、《中华人民共和国土地增值税暂行条例》，1993 年 12 月 13 日中华人民共和国国务院令第 138 号发布，自 1994 年 1 月 1 日起施行。<br>《中华人民共和国土地增值税暂行条例实施细则》，1995 年 1 月 27 日财政部文件财法字〔1995〕6 号发布。 |
| 九、《中华人民共和国房产税暂行条例》，1986 年 9 月 15 日国务院文件国发〔1986〕90 号发布，自同年 10 月 1 日起施行。<br>上述暂行条例的实施细则由各省、自治区和直辖市人民政府自行制定。 |
| 十、《中华人民共和国城镇土地使用税暂行条例》，1988 年 9 月 27 日中华人民共和国国务院令第 17 号发布，自同年 11 月 1 日起施行；2006 年 12 月 31 日中华人民共和国国务院令第 483 号修改并公布，自 2007 年 1 月 1 日起施行。<br>上述暂行条例的实施办法由各省、自治区和直辖市人民政府自行制定。 |
| 十一、《中华人民共和国耕地占用税暂行条例》，1987 年 4 月 1 日国务院文件国发〔1987〕27 号发布，即日起施行；2007 年 12 月 1 日中华人民共和国国务院令第 511 号修改并公布，自 2008 年 1 月 1 日起施行。<br>《中华人民共和国耕地占用税暂行条例实施细则》，2008 年 2 月 26 日中华人民共和国财政部、国家税务总局令第 49 号公布。 |
| 十二、《中华人民共和国契税暂行条例》，1997 年 7 月 7 日国务院中华人民共和国国务院令第 224 号发布，自同年 10 月 1 日起施行。<br>《中华人民共和国契税暂行条例细则》，1997 年 10 月 28 日财政部文件财法字〔1997〕52 号发布。 |

续表

| |
|---|
| 十三、《中华人民共和国资源税暂行条例》，1993 年 12 月 25 日中华人民共和国国务院令第 139 号发布，自 1994 年 1 月 1 日起施行。<br>《中华人民共和国资源税暂行条例实施细则》，1993 年 12 月 30 日财政部文件（93）财法字第 43 号发布。 |
| 十四、《中华人民共和国车船税暂行条例》，2006 年 12 月 29 日中华人民共和国国务院令第 482 号公布，自 2007 年 1 月 1 日起施行。<br>《中华人民共和国车船税暂行条例实施细则》，2007 年 2 月 1 日中华人民共和国财政部、国家税务总局令第 46 号公布。 |
| 十五、《船舶吨税暂行办法》，1952 年 9 月 16 日政务院财政经济委员会批准，同年 9 月 29 日中央人民政府海关总署通告第 6 号公布，即日起施行。经政务院财政经济委员会、国务院批准，1954 年 11 月 30 日、1974 年 8 月 2 日对外贸易部修正。 |
| 十六、《中华人民共和国印花税暂行条例》，1988 年 8 月 6 日中华人民共和国国务院令第 11 号发布，自同年 10 月 1 日起施行。<br>《中华人民共和国印花税暂行条例施行细则》，1988 年 9 月 29 日财政部文件（88）财税字第 255 号发布。 |
| 十七、《中华人民共和国城市维护建设税暂行条例》，1985 年 2 月 8 日国务院文件国发〔1985〕19 号发布，自同年 1 月 1 日起施行。<br>上述暂行条例的实施细则由各省、自治区和直辖市人民政府自行制定。 |
| 十八、《中华人民共和国烟叶税暂行条例》，2006 年 4 月 28 日中华人民共和国国务院令第 464 号公布，即日起施行。 |
| 十九、《中华人民共和国固定资产投资方向调节税暂行条例》，1991 年 4 月 16 日中华人民共和国国务院令第 82 号发布，自同年 1 月 1 日起施行。<br>《中华人民共和国固定资产投资方向调节税暂行条例实施细则》，1991 年 6 月 18 日国家税务局文件国税发〔1991〕113 号发布。<br>根据国务院的决定，固定资产投资方向调节税从 2000 年起停止征收。 |
| 二十、《全国人民代表大会常务委员会关于外商投资企业和外国企业适用增值税、消费税、营业税等税收暂行条例的决定》，1993 年 12 月 29 日第八届全国人民代表大会常务委员会第五次会议通过，同日中华人民共和国主席令第十八号公布，即日起施行。 |
| 二十一、《国务院关于外商投资企业和外国企业适用增值税、消费税、营业税等税收暂行条例有关问题的通知》，1994 年 2 月 22 日国务院文件国发〔1994〕10 号发布，自同年 1 月 1 日起施行。 |
| 二十二、《中华人民共和国税收征收管理法》，1992 年 9 月 4 日第七届全国人民代表大会常务委员会第二十七次会议通过，同日中华人民共和国主席令第六十号公布，自 1993 年 1 月 1 日起施行 1995 年 2 月 28 日第八届全国人民代表大会常务委员会第十二次会议修改，同日中华人民共和国主席令第四十二号公布，即日起施行；2001 年 4 月 28 日第九届全国人民代表大会常务委员会第二十一次会议修订，同日中华人民共和国主席令四十九号公布，自同年 5 月 1 日起施行。<br>《中华人民共和国税收征收管理法实施细则》，2002 年 9 月 7 日中华人民共和国国务院令第 362 号公布。 |
| 二十三、《中华人民共和国海关进出口货物征税管理办法》，2005 年 1 月 4 日中华人民共和国海关总署令第 124 号公布，自同年 3 月 1 日起施行。 |
| 二十四、《中华人民共和国发票管理办法》，1993 年 12 月 12 日国务院批准，同年 12 月 23 日中华人民共和国财政部令第 6 号发布，即日起施行。<br>《中华人民共和国发票管理办法实施细则》，1993 年 12 月 28 日国家税务总局文件国税发〔1993〕157 号发布。 |
| 二十五、《全国人民代表大会常务委员会关于惩治虚开、伪造和非法出售增值税专用发票的决定》，1995 年 10 月 30 日第八届全国人民代表大会常务委员会第十六次会议通过，同日中华人民共和国主席令第五十七号公布，即日起施行。 |
| 二十六、《税务行政复议规则（暂行）》，2004 年 2 月 24 日国家税务总局令第 8 号公布，自同年 5 月 1 日起施行。 |

### （三）涉外税收

在目前中国已经公布并实际施行的税收法律、行政法规和部门规章中，适用于外商投资企业、外国企业或者外国人的税种有16个，即增值税、消费税、车辆购置税、营业税、关税、企业所得税、个人所得税、土地增值税、房产税、城镇土地使用税、耕地占用税、契税、资源税、车船税、船舶吨税和印花税。

香港、澳门、台湾同胞和华侨投资兴办的企业，香港、澳门、台湾同胞和华侨，在中国内地的纳税事宜，参照外商投资企业、外国企业和外国人的纳税规定办理。

为了更好地实行对外开放政策，引进国外资金、技术、人才，中国在涉外税收方面实行了许多优惠政策，并已经先后同日本、美国、法国、英国、比利时、德国、马来西亚、挪威、丹麦、芬兰、加拿大、瑞典、新西兰、泰国、意大利、荷兰、前捷克斯洛伐克、波兰、澳大利亚、保加利亚、巴基斯坦、科威特、瑞士、塞浦路斯、西班牙、罗马尼亚、奥地利、巴西、蒙古、匈牙利、马耳他、阿拉伯联合酋长国、卢森堡、韩国、俄罗斯、巴布亚新几内亚、印度、毛里求斯、克罗地亚、白俄罗斯、斯洛文尼亚、以色列、越南、土耳其、乌克兰、亚美尼亚、牙买加、冰岛、立陶宛、拉脱维亚、乌兹别克斯坦、孟加拉国、前南斯拉夫、苏丹、马其顿、埃及、葡萄牙、爱沙尼亚、老挝、塞舌尔、菲律宾、爱尔兰、南非、巴巴多斯、摩尔多瓦、卡塔尔、古巴、委内瑞拉、尼泊尔、哈萨克斯坦、印度尼西亚、阿曼、尼日利亚、突尼斯、伊朗、巴林、希腊、吉尔吉斯斯坦、摩洛哥、斯里兰卡、特立尼达和多巴哥、阿尔巴尼亚、文莱、阿塞拜疆、格鲁吉亚、墨西哥、沙特阿拉伯、阿尔及利亚、新加坡、塔吉克斯坦、埃塞俄比亚、捷克92个国家签订了关于避免对所得双重征税和防止偷漏税的协定，其中同87个国家签订的协定已经生效并且执行（截至2009年9月1日，其中同前捷克斯洛伐克签订的协定现在仍然适用于斯洛伐克，同前南斯拉夫签订的协定现在仍然适用于塞尔维亚、黑山两个国家）。

## 二、货物和劳务税

中国现行的货物和劳务税包括增值税、消费税、车辆购置税、营业税和关税5个税种。

### （一）增值税

1993年12月13日，国务院发布《中华人民共和国增值税暂行条例》，自1994年1月1日起施行。2008年11月10日，国务院对该条例作了修订，同日公布，自2009年1月1日起施行。

增值税由国家税务局负责征收管理（进口环节的增值税由海关代为征收管理），所得收入由中央政府与地方政府共享，是中央政府财政收入最主要的来源，也是地方政府税收收入的主要来源之一。2008年，增值税收入为19409.7亿元，占当年中国税收总额的35.0%，居各税之首。

1. 纳税人。增值税的纳税人包括在中国境内销售、进口货物，提供加工、修理和修配劳务（以下简称应税劳务）的企业、行政单位、事业单位、军事单位、社会团体、其他单位、个体工商户和其他个人。

2. 税目、税率。增值税根据不同的应税货物、劳务实行差别比例税率和零税率，税目、税率表如表 7－2 所示。

表 7－2 增值税税目、税率表

| 征收范围 | 税率（%） |
| --- | --- |
| 出口货物（国家禁止出口的货物和限制出口的部分货物除外） | 0 |
| 一、农业、林业和牧业产品，水产品<br>二、食用植物油和规定的粮食复制品<br>三、自来水、暖气、冷气、热气、热水、煤气、石油液化气、天然气和沼气、居民用煤炭制品<br>四、图书、报刊（不包括邮政部门发行的报刊）、音像制品和电子出版物<br>五、饲料、化肥、农药、农业机械和农用塑料薄膜<br>六、金属矿采选产品、非金属矿采选产品、煤炭、工业盐和食用盐 | 13 |
| 一、原油、井矿盐和除上述货物以外的其他货物<br>二、应税劳务 | 17 |

3. 计税方法。

（1）一般纳税人计税方法。一般纳税人在计算应纳增值税税额的时候，先分别计算其当期销项税额和进项税额，然后以销项税额抵扣进项税额之后的余额为实际应纳税额。

应纳税额计算公式：

应纳税额＝当期销项税额－当期进项税额

当期销项税额＝当期销售额×适用税率

（2）小规模纳税人计税方法。小规模纳税人在计算应纳增值税税额的时候，以销售货物和应税劳务取得的销售额为计税依据，按照3%的征收率计算应纳税额。

应纳税额计算公式：

应纳税额＝销售额×3%

（3）进口货物计税方法。纳税人进口货物，以组成计税价格为计税依据，按照适用税率计算应纳增值税税额。

应纳税额计算公式：

应纳税额＝组成计税价格×增值税适用税率

组成计税价格＝关税完税价格＋关税

如果纳税人进口应当缴纳消费税的货物，在组成计税价格中还应当加上应纳消费税税额。

（4）出口货物退税。纳税人出口适用零税率的货物，可以按照规定向税务机关申报办理该项出口货物的增值税退税。目前，一般纳税人的出口退税率分为 7 档：17%、16%、15%、13%、9%、5%和 0。从小规模纳税人购进的货物，出口退税率为 3%。

4. 主要免税规定。规定的农业生产资料，农业生产单位和个人销售的自产初级农业产品，来料加工复出口的货物，国家鼓励发展的外商投资项目和国内投资项目在投资总额以内进口的自用设备，避孕药品和用具，向社会收购的古旧图书，直接用于科学研究、科学试验和教学的进口仪器、设备，外国政府、国际组织无偿援助、赠送的进口物资和设备，中国境外的自然人、法人和其他组织按照规定无偿向受赠人捐赠进口的直接用于扶贫、慈善事业的物资，残疾人组织直接进口的供残疾人专用的物品，个体残疾劳动者提供的应税劳务，销售额没有到达规定的起征点的，可以免征增值税。

### （二）消费税

1993 年 12 月 13 日，国务院发布《中华人民共和国消费税暂行条例》，自 1994 年 1 月 1 日起施行。2008 年 11 月 10 日，国务院对该条例作了修订，同日公布，自 2009 年 1 月 1 日起施行。

消费税由国家税务局负责征收管理（进口环节的消费税由海关代为征收管理），所得收入归中央政府所有，是中央政府财政收入的主要来源之一。2008 年，消费税收入为 2836.9 亿元，占当年中国税收总额的 5.1%。

1. 纳税人。消费税的纳税人包括在中国境内生产、委托加工、进口和零售应税消费品的企业、行政单位、事业单位、军事单位、社会团体、其他单位、个体工商户和其他个人。西藏自治区暂不开征此税。

2. 税目、税率（税额标准）。消费税根据不同的应税消费品分别实行差别比例税率、固定税额标准和复合税率，税目、税率（税额标准）表如表 7－3 所示。

表 7－3　消费税税目、税率（税额标准）表

| 税　　目 | 税率（税额标准） | 备　　注 |
|---|---|---|
| 一、烟 | | |
| 1. 卷烟 | | |
| （1）甲类卷烟 | 销售额 ×56% + 每支 0.003 元 | |
| （2）乙类卷烟 | 销售额 ×36% + 每支 0.003 元 | |
| （3）卷烟批发 | 5% | |
| 2. 雪茄烟 | 36% | |
| 3. 烟丝 | 30% | |
| 二、酒和酒精 | | |
| 1. 白酒 | 销售额 ×20% + 每 500 克（500 毫升）0.5 元 | |
| 2. 黄酒 | 每吨 240 元 | |
| 3. 啤酒 | | |
| （1）甲类啤酒 | 每吨 250 元 | |
| （2）乙类啤酒 | 每吨 220 元 | |
| 4. 其他酒 | 10% | |
| 5. 酒精 | 5% | |
| 三、化妆品 | 30% | |
| 四、贵重首饰和珠宝玉石 | | |
| 1. 金、银首饰，铂金首饰，钻石和钻石饰品 | 5% | |
| 2. 其他贵重首饰和珠宝玉石 | 10% | |

续表

| 税　　目 | 税率（税额标准） | 备　　注 |
|---|---|---|
| 五、鞭炮、焰火 | 15% | |
| 六、成品油 | | |
| 1. 汽油 | | |
| （1）无铅汽油 | 每升 1.00 元 | |
| （2）含铅汽油 | 每升 1.40 元 | |
| 2. 柴油、航空煤油和燃料油 | 每升 0.80 元 | |
| 3. 石脑油、溶剂油和润滑油 | 每升 1.00 元 | |
| 七、汽车轮胎 | 3% | 不包括子午线轮胎和翻新轮胎。 |
| 八、摩托车 | | |
| 1. 排气量不超过 250 毫升的 | 3% | |
| 2. 排气量超过 250 毫升的 | 10% | |
| 九、小汽车 | | |
| 1. 乘用车（不超过 9 个座位） | 1%、3%、5%、9%、12%、25% 和 40% | 按照排气量确定适用税率。 |
| 2. 中轻型商用客车（10 个座位至 23 个座位） | 5% | |
| 十、高尔夫球和球具 | 10% | |
| 十一、高档手表 | 20% | |
| 十二、游艇 | 10% | |
| 十三、木制一次性筷子 | 5% | |
| 十四、实木地板 | 5% | |

3. 计税方法。消费税一般采用从价定率计税和从量定额计税两种方法计算应纳税额，第一种方法以应税消费品的销售额为计税依据，按照适用税率计税；第二种方法以应税消费品的销售数量为计税依据，按照适用税额标准计税。

应纳税额计算公式：

（1）应纳税额 = 应税消费品销售额 × 适用税率

（2）应纳税额 = 应税消费品销售数量 × 适用税额标准

采用复合计税方法计算应纳消费税税额的，将以上两个计算公式结合使用即可。

应纳税额计算公式：

应纳税额 = 应税消费品销售额 × 适用税率 + 应税消费品销售数量 × 适用税额标准

进口的应税消费品，采用从价定率计税方法计算应纳消费税税额的，以组成计税价格为计税依据，按照适用税率计算应纳税额。

应纳税额计算公式：

应纳税额 = 组成计税价格 × 消费税适用税率

组成计税价格 =（关税完税价格 + 关税）÷（1 − 消费税适用税率）

采用复合计税方法计算应纳消费税税额的进口应税消费品，除了按照规定的方法确定计税价格以外，还应当以海关核定的应税消费品征税数量为计税依据。

采用从量定额计税方法计算应纳消费税税额的进口应税消费品，应当以海关核定的应税消费品征税数量为计税依据。

4. 主要免税、减税规定。

（1）出口的应税消费品可以免征消费税，但是国家限制出口的产品除外。

（2）航空煤油暂不征收消费税。

### （三）车辆购置税

2000 年 10 月 22 日，国务院公布《中华人民共和国车辆购置税暂行条例》，自 2001 年 1 月 1 日起施行。

车辆购置税由国家税务局负责征收管理，所得收入归中央政府所有，专门用于交通事业建设。2008 年，车辆购置税收入为 989.9 亿元，占当年中国税收总额的 1.8%。

1. 纳税人。车辆购置税的纳税人包括在中国境内购置汽车、摩托车、电车、挂车和农用运输车（以下简称应税车辆）的企业、事业单位、社会团体、国家机关、部队、其他单位、个体工商户和其他个人。

2. 计税依据、税率和计税方法。车辆购置税以规定的应税车辆的计税价格为计税依据，按照 10% 的税率计算应纳税额，实行一次缴纳。

应纳税额计算公式：

应纳税额 = 计税价格 × 10%

3. 主要免税规定。外国驻华使馆和外交代表、外国驻华领事馆和领事官员、国际组织驻华机构及其官员自用的车辆，中国人民解放军和中国人民武装警察部队列入军队武器装备订货计划的车辆，设有固定装置的非运输车辆，三轮农用运输车，可以免征车辆购置税。

### （四）营业税

1993 年 12 月 13 日，国务院发布《中华人民共和国营业税暂行条例》，自 1994 年 1 月 1 日起施行。2008 年 11 月 10 日，国务院对该条例作了修订，同日公布，自 2009 年 1 月 1 日起施行。

营业税分别由国家税务局和地方税务局负责征收管理，所得收入由中央政府与地方政府共享。营业税是地方政府税收收入最主要的来源。2008 年，营业税收入为 7628.4 亿元，占当年中国税收总额的 13.8%。

1. 纳税人。营业税的纳税人包括在中国境内提供应税劳务、转让无形资产和销售不动产的企业、行政单位、事业单位、军事单位、社会团体、其他单位、个体工商户和其他个人。

2. 税目、税率。营业税根据不同的行业和征税项目实行差别比例税率，税目、税率表如表 7－4 所示。

3. 计税方法。营业税以营业额为计税依据，按照适用税率计算应纳税额。

应纳税额计算公式：

应纳税额 = 营业额 × 适用税率

表 7－4　　营业税税目、税率表

| 税　目 | 税率（%） | 税　目 | 税率（%） |
|---|---|---|---|
| 一、交通运输业 | 3 | 六、娱乐业 | 20.5 |
| 二、建筑业 | 3 | 七、服务业 | 5 |
| 三、金融保险业 | 5（注） | 八、转让无形资产 | 5 |
| 四、邮电通信业 | 3 | 九、销售不动产 | 5 |
| 五、文化体育业 | 3 | | |

注：农村信用合作社的营业税可以按照3%的税率征收。

4. 主要免税规定。托儿所、幼儿园、养老院和残疾人福利机构提供的育养服务，婚姻介绍，殡葬服务，残疾人员个人为社会提供的劳务，安置下岗失业人员的商贸企业、服务型企业，非营利医疗机构按照国家规定的价格取得的医疗服务收入，从事学历教育的学校提供的教育劳务，学生勤工俭学提供的劳务，农业机耕、排灌、病虫害防治、植物保护、农牧业保险和相关的技术培训业务，家禽、牲畜、水生动物的配种和疾病防治，纪念馆、博物馆、科技馆、文化馆、美术馆、展览馆、书画院、图书馆和文物保护单位举办文化活动的门票收入，宗教场所举办文化、宗教活动的门票收入，单位和个人从事技术转让、技术开发业务和相关的技术咨询、技术服务业务取得的收入，普通人寿保险、养老年金保险和健康保险业务的保费收入，国家邮政局及其所属邮政单位提供邮政普遍服务和特殊服务业务取得的收入，纳入财政预算管理的行政事业性收费、基金，廉租住房经营管理单位按照政府规定的价格向规定的对象出租廉租住房的租金收入，可以免征营业税。

### （五）关税

中国现行的《中华人民共和国进出口关税条例》是国务院于2003年11月23日公布，自2004年1月1日起施行的。

关税由海关总署负责征收管理，所得收入归中央政府所有，是中央政府财政收入的主要来源之一。2008年，关税收入为1770.0亿元，占当年中国税收总额的3.2%。

1. 纳税人。关税的纳税人包括进口中国准许进口的货物的收货人、出口中国准许出口的货物的发货人和中国准许进境物品的所有人，他们分别应当依法缴纳进口关税和出口关税。

2. 税率。关税的税率分为进口税率、出口税率两个部分。

（1）进口关税设置最惠国税率、协定税率、特惠税率、普通税率、关税配额税率等多种税率。对于进口货物在一定期限以内可以实行暂定税率。

原产于共同适用最惠国待遇条款的世界贸易组织成员的进口货物，原产于与中国签订含有相互给予最惠国待遇条款的双边贸易协定的国家（地区）的进口货物，原产于中国境内的进口货物，适用最惠国税率。

原产于与中国签订含有关税优惠条款的区域性贸易协定的国家（地区）的进口货物，适用协定税率。

原产于与中国签订含有特殊关税优惠条款的贸易协定的国家（地区）的进口货物，适用特惠税率。

如果某种进口货物同时适用于特惠税率、协定税率和最惠国税率中一种以上的税率形式，税率从低执行。

原产于上述国家（地区）以外的国家和地区的进口货物，原产地不明的进口货物，适用普通税率。

适用最惠国税率的进口货物有暂定税率的，应当适用暂定税率；适用协定税率、特惠税率的进口货物有暂定税率的，应当从低适用税率；适用普通税率的进口货物，不适用暂定税率。

按照国家规定实行关税配额管理的进口货物，在关税配额以内的，适用关税配额税率；在关税配额以外的，其税率的适用按照上述最惠国税率、协定税率、特惠税率、普通税率和暂定税率的规定执行。

（2）出口关税设置出口税率。对于出口货物在一定期限以内也可以实行暂定税率。

适用出口税率的出口货物有暂定税率的，应当适用暂定税率。

此外，按照有关法律、行政法规的规定对进口货物采取反倾销、反补贴和保障措施的，其税率的适用按照《中华人民共和国反倾销条例》、《中华人民共和国反补贴条例》和《中华人民共和国保障措施条例》的有关规定执行。

任何国家（地区）违反与中国签订或者共同参加的贸易协定和相关协定，对中国在贸易方面采取禁止、限制、加征关税和其他影响正常贸易的措施的，对原产于该国家（地区）的进口货物可以征收报复性关税，适用报复性关税税率。

2009 年，中国进出口税则规定的进口货物税号有 7868 个，其中绝大部分采用比例税率（最惠国税率从 0 到 65% 不等，普通税率从 0 到 270% 不等）；少量采用定额税率和复合税率。出口关税征税货物的税号共有 88 个，税率从 20% 到 50% 不等，共有 5 个差别税率。

3. 计税方法。关税一般采用从价定率计税和从量定额计税两种方法计算应纳税额，第一种方法以进出口货物的价格为计税依据，按照适用税率计税；第二种方法以进出口货物的数量为计税依据，按照适用税额标准计税。

应纳税额计算公式：

（1）应纳税额 = 应税进出口货物完税价格 × 适用税率

（2）应纳税额 = 应税进出口货物数量 × 适用税额标准

采用复合计税方法计算应纳关税税额的，将以上两个公式结合起来使用即可。

应纳税额计算公式：

应纳税额 = 应税进出口货物完税价格 × 适用税率 + 应税进出口货物数量 × 适用税额标准

4. 主要免税、减税规定。关税税额在人民币 50 元以下的一票货物，无商业价值的广告品和货样，外国政府、国际组织无偿赠送的物资，在海关放行以前损失的货物，进出境运输工具装载的途中必需的燃料、物料和饮食用品，可以免征关税。在海关放行以前遭受损坏的货物，可以根据海关认定的受损程度减征关税。法律规定的其他免征、减征关税的货物，海关可以根据规定免征、减征。特定地区、特定企业和有特定用途的进出口货物免征、减征关税，临时免征、减征关税，按照国务院的有关规定执行。

## 三、所　得　税

中国现行的所得税包括企业所得税、个人所得税和属于所得税性质的土地增值税 3 个税种。

### （一）企业所得税

中国的企业所得税是对企业的所得征收的，是目前各国普遍征收的一种税收。2007 年 3 月 16 日，第十届全国人民代表大会第五次会议通过《中华人民共和国企业所得税法》，同日公布，自 2008 年 1 月 1 日起施行。2007 年 12 月 6 日，国务院公布《中华人民共和国企业所得税法实施条例》。

企业所得税分别由国家税务局和地方税务局负责征收管理，所得收入由中央政府与地方政府共享，是中央政府和地方政府税收收入的主要来源之一。2008 年，企业所得税收入为 12195.2 亿元，占当年全国税收总额的 22.0%。

1. 纳税人。企业所得税的纳税人包括企业和其他取得收入的组织（以下统称企业，不包括依照中国法律成立的个人独资企业和合伙企业）。

企业分为居民企业和非居民企业。居民企业包括依法在中国境内成立的企业；依照外国（地区）法律成立，但是实际管理机构在中国境内的企业。非居民企业包括依照外国（地区）法律成立，实际管理机构不在中国境内，但是在中国境内设立机构、场所的企业；在没有在中国境内设立机构、场所，但是有来源于中国境内所得的企业。

居民企业应当就其来源于中国境内、境外的所得缴纳企业所得税。非居民企业在中国境内设立机构、场所的，应当就其在中国境内所设机构、场所取得的来源于中国境内的所得和发生在中国境外但是与其在中国境内所设机构、场所有实际联系的所得缴纳企业所得税。非居民企业没有在中国境内设立机构、场所的；或者虽然在中国境内设立机构、场所，但是取得的所得与其在中国境内所设机构、场所没有实际联系的，应当就其来源于中国境内的所得缴纳企业所得税。

2. 计税依据、税率和计税方法。企业所得税以应纳税所得额为计税依据。

（1）企业本纳税年度的收入总额，减除不征税收入、免税收入、各项扣除和允许弥补的以前年度亏损以后的余额，为应纳税所得额；适用税率为 25%。

应纳税额计算公式：

应纳税所得额 = 收入总额 - 不征税收入 - 免税收入 - 各项扣除 - 允许弥补的以前年度亏损

应纳税额 = 应纳税所得额 × 25% - 减免和抵免的税额

企业本纳税年度发生的亏损可以用以后纳税年度的所得弥补，但是结转年限最长不得超过 5 年。

（2）非居民企业没有在中国境内设立机构、场所，取得来源于中国境内的所得；或者虽然在中国境内设立机构、场所，但是取得来源于中国境内的所得与其在中国境内所设机构、场所没有实际联系，应当按照下列方法计算其应纳税所得额：股息、红利等权益性投资收益和利息、租金、特许权使用费所得，以收入全额为应纳税所得额；转让财产所得，以收入全额减除财产净值以后的余额为应纳税所得额；其他所得，参照前两项规定的方法计算应纳税所得额。适用税率为20%。

应纳税额计算公式：

应纳税额 = 应纳税所得额 ×20% －减免的税额

3. 主要免税、减税规定。

（1）国债利息收入，符合条件的居民企业之间的股息、红利等权益性投资收益，在中国境内设立机构、场所的非居民企业从居民企业取得与该机构、场所有实际联系的股息、红利等权益性投资收益，符合条件的非营利组织的收入，可以免征企业所得税。

（2）从事农业、林业、牧业和渔业项目的所得；从事国家重点扶持的公共基础设施项目投资经营的所得；从事符合条件的环境保护、节能节水项目的所得；符合条件的技术转让所得；非居民企业没有在中国境内设立机构、场所，取得来源于中国境内的所得，或者虽然在中国境内设立机构、场所，但是取得来源于中国境内的所得与其在中国境内所设机构、场所没有实际联系，可以免征、减征企业所得税。

（3）符合条件的小型微利居民企业，可以减按20%的税率征收企业所得税。国家需要重点扶持的高新技术企业，可以减按15%的税率征收企业所得税。

（4）民族自治地方的自治机关对本民族自治地方的企业应当缴纳的企业所得税中地方分享的部分，可以决定减征、免征。

此外，财政拨款，依法收取并纳入财政管理的行政事业性收费、政府性基金，不征收企业所得税。

### （二）个人所得税

1980年9月10日，中国第五届全国人民代表大会第三次会议通过《中华人民共和国个人所得税法》，同日公布施行。2007年12月29日，第十届全国人民代表大会常务委员会第三十一次会议对该法作了第五次修改，同日公布，自2008年3月1日起施行。现行的《中华人民共和国个人所得税法实施条例》是国务院2008年2月18日第二次修改，同日公布的。

个人所得税分别由国家税务局和地方税务局负责征收管理，所得收入由中央政府与地方政府共享，是中央政府和地方政府税收收入的主要来源之一。2008年，个人所得税收入为3722.3亿元，占当年中国税收总额的6.7%。

1. 纳税人。个人所得税的纳税人分为下列两类：一是在中国境内有住所的个人，在中国境内无住所而在中国境内居住满1年的个人，此类纳税人应当就其从中国境内、境外取得的全部所得纳税；二是在中国境内无住所又不居住的个人，在中国境内无住所而在中国境内居住不满1年的个人，此类纳税人应当就其从中国境内取得的所得纳税。

2. 征税项目、税率和计税方法。个人所得税的征税项目一共设有11项，即工资、薪金所得，个体工商户的生产、经营所得，对企业、事业单位的承包经营、承租经营所得，劳务报酬所得，稿酬所得，特许权使用费所得，利息、股息和红利所得，财产租赁所得，财产转让所得，偶然所得，国务院财政部门确定征税的其他所得。

个人所得税的计税依据为应纳税所得额。

(1) 工资、薪金所得。工资、薪金所得，一般以纳税人当月取得的工资、薪金收入额减除2000元费用和其他规定项目（目前包括基本养老保险费、基本医疗保险费、失业保险费和住房公积金等项目）以后的余额为应纳税所得额，按照九级超额累进税率计算应纳税额，税率表如表7-5所示。

**表7-5　个人所得税税率表（一）**

| 级　数 | 当月应纳税所得额 | 税率（%） | 速算扣除数（元） |
|---|---|---|---|
| 一 | 不超过500元的部分 | 5 | 0 |
| 二 | 超过500元至2000元的部分 | 10 | 25 |
| 三 | 超过2000元至5000元的部分 | 15 | 125 |
| 四 | 超过5000元至20000元的部分 | 20 | 375 |
| 五 | 超过20000元至40000元的部分 | 25 | 1375 |
| 六 | 超过40000元至60000元的部分 | 30 | 3375 |
| 七 | 超过60000元至80000元的部分 | 35 | 6375 |
| 八 | 超过80000元至100000元的部分 | 40 | 10375 |
| 九 | 超过100000元的部分 | 45 | 15375 |

应纳税额计算公式：

应纳税所得额 = 工资、薪金收入总额 - 2000元 - 其他规定扣除项目

应纳税额 = 应纳税所得额 × 适用税率 - 速算扣除数

在中国境内无住所而在中国境内取得工资、薪金所得的纳税人和在中国境内有住所而在中国境外取得工资、薪金所得的纳税人，在计算其工资、薪金所得的应纳税所得额的时候，除了可以按月减除费用2000元和其他规定项目以外，还有附加减除费用（现行标准为每月2800元）。

(2) 个体工商户的生产、经营所得。个体工商户的生产、经营所得，以纳税人本纳税年度的生产、经营收入总额减除与其收入相关的成本、费用、税金和损失以后的余额为应纳税所得额，按照五级超额累进税率计算应纳税额，税率表如表7-6所示。

**表7-6　个人所得税税率表（二）**

| 级　数 | 本纳税年度应纳税所得额 | 税率（%） | 速算扣除数（元） |
|---|---|---|---|
| 一 | 不超过5000元的部分 | 5 | 0 |
| 二 | 超过5000元至10000元的部分 | 10 | 250 |
| 三 | 超过10000元至30000元的部分 | 20 | 1250 |
| 四 | 超过30000元至50000元的部分 | 30 | 4250 |
| 五 | 超过50000元的部分 | 35 | 6750 |

应纳税额计算公式：

应纳税所得额 = 收入总额 - 成本、费用、税金和损失

应纳税额 = 应纳税所得额 × 适用税率 - 速算扣除数

纳税人本纳税年度发生的亏损可以用以后纳税年度的所得弥补，但是结转年限最长不得

超过5年。

个人独资企业和合伙企业个人投资者的生产、经营所得，比照个体工商户的生产、经营所得征收个人所得税。

（3）对企业、事业单位的承包经营、承租经营所得。对企业、事业单位的承包经营、承租经营所得，以纳税人本纳税年度的收入总额减除必要费用（现行标准为每月2000元）以后的余额为应纳税所得额，按照前列《个人所得税税率表（二）》计算应纳税额。

（4）劳务报酬所得、稿酬所得、特许权使用费所得和财产租赁所得。劳务报酬所得、稿酬所得、特许权使用费所得和财产租赁所得，每次收入不超过4000元的，减除费用800元；超过4000元的，减除20%的费用，还可以减除某些规定的税金和费用，以其余额为应纳税所得额，税率为20%。

应纳税额计算公式：

应纳税所得额＝应税项目收入额－800元（或者应税项目收入额×20%）－其他规定扣除项目

应纳税额＝应纳税所得额×20%

对劳务报酬所得一次收入畸高的，可以加成征收个人所得税。具体的加征办法是：应纳税所得额超过2万元至5万元的部分，按照税法规定计算应纳个人所得税税额以后，再按照应纳税额加征五成；应纳税所得额超过5万元的部分，按照应纳税额加征十成。

（5）财产转让所得。财产转让所得，以纳税人转让财产取得的收入额减除被转让财产的原值、合理费用和在财产转让过程中缴纳的有关税金以后的余额为应纳税所得额，税率为20%。

应纳税额计算公式：

应纳税所得额＝财产转让收入－财产原值－合理费用－有关税金

应纳税额＝应纳税所得额×20%

（6）利息、股息和红利所得，偶然所得和其他所得。利息、股息和红利所得，偶然所得和其他所得，一般以纳税人每次取得的收入额为应纳税所得额，税率为20%。

应纳税额计算公式：

应纳税额＝每次收入额×20%

3. 主要免税规定。省级人民政府、国务院各部门、军队军以上单位、外国组织和国际组织颁发的科学、教育、技术、文化、卫生、体育和环境保护等方面的奖金，财政部发行的债券和经国务院批准发行的金融债券利息，储蓄存款利息，国家财政部门确定的其他专项储蓄存款或者储蓄性专项基金存款（目前包括住房公积金、基本医疗保险基金、基本养老保险基金和失业保险基金等4个项目）利息，按照国务院规定发给的政府特殊津贴和国务院规定免税的补贴、津贴，福利费、抚恤金和救济金，保险赔款，军人的转业费、复员费，按照国家统一规定发给干部、职工的安家费、退职费和退休工资，按照中国有关法律规定应当免税的各国驻华使馆、领事馆的外交代表、领事官员和其他人员的所得，中国政府参加的国际公约、签订的国际协议中规定免税的所得，个人按照规定取得的廉租住房货币补贴，可以免征个人所得税。

### （三）土地增值税

1993 年 12 月 13 日，国务院发布《中华人民共和国土地增值税暂行条例》，自 1994 年 1 月 1 日起施行。

土地增值税由地方税务局（西藏自治区为国家税务局）负责征收管理，所得收入归地方政府所有。2008 年，土地增值税收入仅为 537.4 亿元，占当年中国税收总额的 1.0%。

1. 纳税人。土地增值税的纳税人包括在中国境内以出售和其他方式有偿转让国有土地使用权、地上建筑物及其附着物（以下简称转让房地产）并取得收入的企业、行政单位、事业单位、军事单位、社会团体、其他单位、个体工商户和其他个人。

2. 计税依据、税率。土地增值税以纳税人转让房地产取得的增值额为计税依据，增值额为纳税人转让房地产取得的收入减除规定扣除项目金额以后的余额，实行四级超率累进税率，税率表如表 7－7 所示。

表 7－7　　土地增值税税率表

| 级　数 | 计税依据 | 税率（%） |
|---|---|---|
| 一 | 增值额不超过扣除项目金额 50% 的部分 | 30 |
| 二 | 增值额超过扣除项目金额 50% 至 100% 的部分 | 40 |
| 三 | 增值额超过扣除项目金额 100% 至 200% 的部分 | 50 |
| 四 | 增值额超过扣除项目金额 200% 的部分 | 60 |

3. 计税方法。在计算土地增值税的应纳税额时，先用纳税人取得的房地产转让收入减除有关各项扣除项目金额，计算得出增值额。再按照增值额超过扣除项目金额的比例，分别确定增值额中各个部分的适用税率，依此计算各部分增值额的应纳土地增值税税额。各部分增值额应纳土地增值税税额之和，即为纳税人应纳的全部土地增值税税额。

应纳税额计算公式：

$$应纳税额 = \sum(增值额 \times 适用税率)$$

4. 主要免税规定。建造普通标准住宅出售，企业和其他组织转让旧房作为廉租住房、经济适用住房房源，增值额未超过各项规定扣除项目金额 20% 的；因城市实施规划、国家建设需要依法征用、收回的房地产和纳税人自行转让的房地产；个人转让自有普通住宅，可以免征土地增值税。

## 四、财　产　税

中国现行的财产税包括房产税、城镇土地使用税、耕地占用税、契税、资源税、车船税和船舶吨税 7 个税种。

### （一）房产税

1986 年 9 月 15 日，国务院发布《中华人民共和国营业税暂行条例》，自同年 10 月 1 日起施行。

房产税由地方税务局负责征收管理，所得收入归地方政府所有，是地方政府税收收入的重要来源之一。2008 年，房产税和城市房地产税收入为 680.3 亿元，约占当年中国税收总额的 1.2%。

1. 纳税人。房产税在中国境内的城市、县城、建制镇和工矿区征收。纳税人包括房屋产权的所有人和房产经营管理单位、承典人、代管人和使用人。西藏自治区暂不开征此税。

2. 计税依据、税率和计税方法。房产税的计税依据和税率分为两种：一种以房产原值一次减除 10% 至 30% 以后的余值为计税依据，适用税率为 1.2%；另一种以房产租金收入为计税依据，适用税率为 12%。税款按年征收，分期缴纳。

应纳税额计算公式：

应纳税额 = 计税依据 × 适用税率

3. 主要免税规定。行政单位、军事单位和社会团体自用的房产，由国家财政部门拨付事业经费的单位自用的房产，宗教寺庙、公园和名胜古迹自用的房产，个人所有非营业用的房产，经过有关部门鉴定停止使用的毁损房屋和危险房屋，非营利性科研机构、医疗机构、疾病控制机构、妇幼保健机构、老年服务机构等机构和公益性未成年人活动场所自用的房产，按照政府规定价格出租的廉租住房，可以免征房产税。

### （二）城镇土地使用税

1988 年 9 月 27 日，国务院发布《中华人民共和国城镇土地使用税暂行条例》，自同年 11 月 1 日起施行。2006 年 12 月 31 日，国务院对该条例作了修改，同日公布，自 2007 年 1 月1 日起施行。

城镇土地使用税由地方税务局负责征收管理，所得收入归地方政府所有。2008 年，城镇土地使用税收入为 816.9 亿元，占当年中国税收总额的 1.5%。

1. 纳税人。城镇土地使用税的纳税人包括在城市、县城、建制镇和工矿区范围以内使用土地的企业、行政单位、事业单位、军事单位、社会团体、其他单位、个体工商户和其他个人。西藏自治区暂不开征此税。

2. 税额标准。城镇土地使用税根据不同地区和各地经济发展状况实行等级幅度税额标准，税额标准表如表 7－8 所示。

**表 7－8　城镇土地使用税税额标准表**

| 地　　区 | 税额标准 |
|---|---|
| 一、大城市 | 每平方米每年 1.50 元至 30.00 元 |
| 二、中等城市 | 每平方米每年 1.20 元至 24.00 元 |
| 三、小城市 | 每平方米每年 0.90 元至 18.00 元 |
| 四、县城、建制镇和工矿区 | 每平方米每年 0.60 元至 12.00 元 |

经过批准，落后地区的税额标准可以适当降低，发达地区的税额标准可以适当提高。

3. 计税方法。城镇土地使用税以纳税人实际占用的土地面积为计税依据，按照适用税额标准计算应纳税额，按年缴纳。

应纳税额计算公式：

应纳税额 = 纳税人实际占用的土地面积 × 适用税额标准

4. 主要免税规定。行政单位、军事单位和社会团体自用的土地，由国家财政部门拨付事业经费的单位自用的土地，宗教寺庙、公园和名胜古迹自用的土地，市政街道、广场和绿化地带等公共用地，直接用于农业、林业、牧业和渔业的生产用地，水利设施及其护管用地，符合国家规定的能源、交通用地，非营利性科研机构、医疗机构、疾病控制机构、妇幼保健机构、老年服务机构等机构和公益性未成年人活动场所自用的土地，个人出租住房用地，廉租住房、经济适用房建设用地，廉租住房经营管理单位按照政府规定的价格向规定的对象出租的廉租住房用地，可以免征城镇土地使用税。

### （三）耕地占用税

1987 年 4 月 1 日，国务院发布《中华人民共和国耕地占用税暂行条例》，即日起施行。2007 年 12 月 1 日，国务院对该条例作了修改，同日公布，自 2008 年 1 月 1 日起施行。

耕地占用税由地方税务局（西藏自治区为国家税务局）负责征收管理，所得收入归地方政府所有。2008 年，耕地占用税收入仅为 314.4 亿元，占当年中国税收总额的 0.6%。

1. 纳税人。耕地占用税的纳税人包括在中国境内占用耕地建房和从事其他非农业建设的企业、行政单位、事业单位、军事单位、社会团体、其他单位、个体工商户和其他个人。

2. 征税范围、税额标准。耕地占用税的征税范围为用于种植农作物的土地。占用林地、牧草地、农田水利用地、养殖水面、渔业水域滩涂等其他农用地建房和从事其他非农业建设的，比照耕地占用税暂行条例的规定征收耕地占用税。

耕地占用税根据不同地区的人均耕地面积和经济发展情况实行有地区差别的幅度税额标准，税额标准表如表 7－9 所示。

**表 7－9　　耕地占用税税额标准表**

| 地区（以县级行政区域为单位） | 税额标准 |
|---|---|
| 一、人均耕地不超过 1 亩的地区 | 每平方米 10 元至 50 元 |
| 二、人均耕地超过 1 亩至 2 亩的地区 | 每平方米 8 元至 40 元 |
| 三、人均耕地超过 2 亩至 3 亩的地区 | 每平方米 6 元至 30 元 |
| 四、人均耕地超过 3 亩的地区 | 每平方米 5 元至 25 元 |

财政部、国家税务总局根据各地人均耕地面积和经济发展情况分别确定各省、自治区和直辖市的平均税额标准。

各地的适用税额标准，由各省、自治区和直辖市人民政府根据本地区的情况，在上述税额标准表所列的税额标准幅度以内核定，但是不得低于上述财政部、国家税务总局规定的本地区的平均税额标准。

经济特区、经济技术开发区和经济发达且人均耕地特别少的地区，适用税额标准可以适当提高，但是提高的部分最高不得超过上述所在省（自治区、直辖市）人民政府规定的当地适用税额标准的 50%。

占用基本农田的，适用税额标准应当在上述各省、自治区和直辖市人民政府规定的当地适用税额标准，或者经济特区、经济技术开发区和经济发达且人均耕地特别少的地区规定的当地适用税额标准的基础上提高50%。

3. 计税方法。耕地占用税以纳税人实际占用的耕地面积为计税依据，按照适用税额标准计算应纳税额，一次性缴纳。

应纳税额计算公式：

应纳税额 = 纳税人实际占用的耕地面积 × 适用税额标准

4. 主要免税、减税规定。

（1）军事设施、学校、幼儿园、养老院和医院占用耕地，可以免征耕地占用税。

（2）铁路线路、公路线路、飞机场跑道、停机坪、港口和航道占用耕地，农村居民占用耕地新建住宅，农村烈士家属、残疾军人、鳏寡孤独和革命老根据地、少数民族聚居区、边远贫困山区生活困难的农村居民在规定用地标准以内新建住宅缴纳耕地占用税确有困难的，可以按照规定减征、免征耕地占用税。

### （四）契税

1997年7月7日，国务院发布《中华人民共和国契税暂行条例》，自同年10月1日起施行。

契税由地方财政、税务机关负责征收管理，所得收入归地方政府所有，是地方政府税收收入的重要来源之一。2008年，契税收入为1307.5亿元，占当年中国税收总额的2.4%。

1. 纳税人。契税的纳税人包括在中国境内转移土地、房屋权属时承受被转移土地、房屋权属的企业、行政单位、事业单位、军事单位、社会团体、其他单位、个体工商户和其他个人。西藏自治区暂不开征此税。

2. 计税依据。契税的计税依据分为3种：国有土地使用权出售、房屋买卖，为成交价格；土地使用权和房屋赠与，由征收机关参照土地使用权出售、房屋买卖的市场价格核定；土地使用权和房屋交换，为所交换的土地使用权和房屋的价格的差额。

3. 税率、计税方法。契税使用3%至5%的幅度比例税率。各省、自治区和直辖市的具体适用税率，由当地省级人民政府在上述幅度以内确定（目前多数地区确定的税率为3%或者4%）。

应纳税额计算公式：

应纳税额 = 计税依据 × 适用税率

4. 主要免税、减税规定。行政单位、事业单位、军事单位和社会团体承受土地、房屋，用于办公、教学、医疗、科研和军事设施的；城镇职工按照规定第一次购买公有住房的；承受荒山、荒沟、荒丘和荒滩土地使用权，用于农业、林业、牧业和渔业的；廉租住房经营管理单位购买住房作为廉租住房，经济适用住房经营管理单位回购经济适用住房继续作为经济适用住房房源的；符合免税规定的外交机构和外交人员，可以免征契税。企业改制重组，由于不可抗力灭失住房而重新购买住房的，可以酌情减征、免征契税。

### （五）资源税

1993年12月25日，国务院发布《中华人民共和国资源税暂行条例》，自1994年1月1日起施行。

资源税分别由国家税务局和地方税务局负责征收管理，所得收入由中央政府与地方政府共享。2008 年，资源税收入仅为 301.6 亿元，占当年中国税收总额的 0.5%。

1. 纳税人。资源税的纳税人包括在中国境内开采应税矿产品和生产盐的企业、行政单位、事业单位、军事单位、社会团体、其他单位、个体工商户和其他个人。

开采海洋石油资源的中国企业、外国企业，合作开采陆上石油资源的中国企业、外国企业，目前按照规定缴纳矿区使用费，暂不缴纳资源税。

2. 税目、税额标准。资源税根据不同的应税产品及其资源状况实行幅度税额标准，税目、税额标准表如表 7-10 所示。

表 7-10　资源税税目、税额标准表

| 税　目 | 税额标准 |
|---|---|
| 一、原油 | 每吨 8.00 元至 30.00 元 |
| 二、天然气 | 每千立方米 2.00 元至 15.00 元 |
| 三、煤炭 | 每吨 0.30 元至 8.00 元 |
| 四、其他非金属矿原矿 | 每吨（立方米）0.50 元至 20.00 元 |
| 五、黑色金属矿原矿 | 每吨 2.00 元至 30.00 元 |
| 六、有色金属矿原矿 | 每吨 0.40 元至 30.00 元 |
| 七、盐 | |
| 1. 固体盐 | 每吨 10.00 元至 60.00 元 |
| 2. 液体盐 | 每吨 2.00 元至 10.00 元 |

3. 计税方法。资源税以应税产品的课税数量（包括销售数量和自用数量）为计税依据，按照适用税额标准计算应纳税额。

应纳税额计算公式：

应纳税额 = 应税产品课税数量 × 适用税额标准

4. 主要免税、减税规定。

（1）开采原油过程中用于加热、修井的原油，可以免征资源税。

（2）纳税人在开采、生产应税产品过程中由于意外事故、自然灾害等原因遭受重大损失的，可以酌情免征、减征资源税。

（3）冶金独立矿山和联合企业矿山生产的铁矿石可以减征资源税。

### （六）车船税

2006 年 12 月 29 日，国务院公布《中华人民共和国车船税暂行条例》，从 2007 年 1 月 1 日起施行。

车船税由地方税务局（西藏自治区为国家税务局）负责征收管理，所得收入归地方政府所有。2008 年，车船税收入仅为 144.2 亿元，占当年中国税收总额的 0.3%。

1. 纳税人。车船税的纳税人包括在中国境内车辆、船舶的所有人或者管理人。

2. 税目、税额标准和计税方法。载客汽车和摩托车的计税单位为辆，载货汽车和三轮车、低速货车的计税单位为自重吨位，船舶的计税单位为净吨位，税目、税额标准表如表 7-11所示。

表7－11　　车船税税目、税额标准表

| 税　　目 | 计税单位 | 税额标准 | 备　　注 |
| --- | --- | --- | --- |
| 一、载客汽车 | 辆 | 每辆每年60元至660元 | 包括电车。 |
| 1. 大型客车 | | 每辆每年480元至660元 | 核定载客20人以上。 |
| 2. 中型客车 | | 每辆每年420元至660元 | 核定载客10人至19人。 |
| 3. 小型客车 | | 每辆每年360元至660元 | 核定载客9人以下。 |
| 4. 微型客车 | | 每辆每年60元至480元 | 排气量1升以下。 |
| 二、载货汽车 | 自重吨位 | 每吨每年16元至120元 | 包括半挂牵引车、挂车。客货两用汽车按载货汽车计税。 |
| 三、三轮汽车、低速货车 | 自重吨位 | 每吨每年24元至120元 | |
| 四、摩托车 | 辆 | 每辆每年36元至180元 | |
| 五、专项作业车、轮式专用机械车 | 自重吨位 | 每吨每年16元至120元 | |
| 六、船舶 | | | 拖船和非机动驳船的税额标准分别按船舶税额标准的50%计算。 |
| 1. 净吨位200吨以下的 | 净吨位 | 每吨每年3元 | |
| 2. 净吨位201吨至2000吨的 | 净吨位 | 每吨每年4元 | |
| 3. 净吨位2001吨至10000吨的 | 净吨位 | 每吨每年5元 | |
| 4. 净吨位10001吨以上的 | 净吨位 | 每吨每年6元 | |

注：车辆的具体适用税额标准由各省、自治区和直辖市人民政府在规定的税额标准幅度以内确定。

应纳税额计算公式：

（1）应纳税额＝应纳税车辆数量或者自重吨位×适用税额标准

（2）应纳税额＝应纳税船舶净吨位×适用税额标准

3. 主要免税规定。非机动车辆、船舶（不包括驳船），拖拉机，捕捞、养殖渔船，军队、武装警察部队专用的车辆、船舶，警用车辆、船舶，按照有关规定缴纳船舶吨税的船舶，按照中国法律和中国缔结、参加的国际条约的规定应当免税的外国驻华使馆、领事馆和国际组织驻华机构及其有关人员的车辆、船舶，可以免征车船税。

### （七）船舶吨税

经中央人民政府政务院财政经济委员会批准，海关总署于1952年9月29日公布《船舶吨税暂行办法》，即日起施行。经政务院财政经济委员会、国务院批准，对外贸易部先后于1954年和1974年对该办法的个别条款作了修正。现行税率表是从1994年3月15日起施行的。凡是缴纳船舶吨税的船舶，都可以免纳车船税。

船舶吨税由海关总署负责征收管理，所得收入归中央政府所有。2008年，全国船舶吨税收入仅为20.1亿元。

1. 纳税人。船舶吨税的纳税人包括下列船舶的使用人或其委托的外轮代理公司：在中国港口行驶的外国船舶、外商租用的中国船舶、中外合营企业使用的中国船舶和外国船舶、中国租用的航行国外和兼营国内沿海贸易的外国船舶。

2. 计税依据、税额标准和计税方法。应当征税的船舶分为机动船舶和非机动船舶两类，以船舶注册净吨位为船舶吨税的计税依据，净吨位尾数不足0.5吨的不计，0.5吨以上的按照 1 吨计算。小型船舶净吨位不足 1 吨的，按照 1 吨计税。

船舶吨税实行从量定额征收，按照应纳税船舶的种类、净吨位和有关待遇规定适用税额标准。机动船的一般税额标准为：船舶吨税执照的有效期为 90 天的，每吨从 3.15 元到 9.30 元不等；船舶吨税执照的有效期为 30 天的，每吨从 1.50 元到 4.65 元不等。机动船的优惠税额标准为：船舶吨税执照的有效期为 90 天的，每吨从 2.25 元到 6.60 元不等；船舶吨税执照的有效期为 30 天的，每吨从 1.20 元到 3.30 元不等。

应纳税船舶的船籍国与中国签订有相互给予船舶税费最惠国待遇条约或者协定的，适用优惠税额标准，否则适用一般税额标准。目前，适用优惠税额标准的国家和地区共有 67 个，其中包括中国的香港和澳门地区。

应纳税额计算公式：

应纳税额 = 应纳税船舶净吨位 × 适用税额标准

3. 免税规定。与中国建立外交关系、享有中国给予的外交豁免权的外国使馆、领事馆使用的船舶；来中国港口避难、修理、停驶、拆毁、添装船用燃料和物料，并不上下客货的船舶；专为上下客货和存货的泊定趸船、浮桥趸船和浮船；中国中央政府、地方政府征用、租用的船舶，可以免征船舶吨税。

## 五、其他税收

中国现行税制中货物和劳务税、所得税、财产税以外的其他税收包括印花税、城市维护建设税、烟叶税和固定资产投资方向调节税 4 个税种。

### （一）印花税

1988 年 8 月 6 日，国务院发布《中华人民共和国印花税暂行条例》，自同年 10 月 1 日起施行。

印花税分别由国家税务局和地方税务局负责征收管理，所得收入由中央政府与地方政府共享。2008 年，印花税收入为 1320.2 亿元，占当年中国税收总额的 2.4%。

1. 纳税人。印花税的纳税人包括在中国境内书立、领受规定的经济凭证的企业、行政单位、事业单位、军事单位、社会团体、其他单位、个体工商户和其他个人。证券交易印花税的纳税人为出让方。

2. 税目、税率（税额标准）。印花税根据不同的征税项目分别实行差别比例税率和定额税率，税目、税率（税额标准）表如表 7－12 所示。

3. 计税方法。印花税以应纳税凭证所记载的金额、费用、收入额和凭证的件数为计税依据，按照适用税率或者税额标准计算缴纳。

应纳税额计算公式：

（1）应纳税额 = 应纳税凭证记载的金额（费用、收入额）× 适用税率

（2）应纳税额 = 应纳税凭证的件数 × 适用税额标准

4. 主要免税规定。已经缴纳印花税的凭证的副本、抄本；财产所有人将财产赠给政府、社会福利单位、学校所立的书据；无息贷款、贴息贷款合同；外国政府、国际金融组织向中

表 7-12　　印花税税目、税率（税额标准）表

| 税　　目 | 税率（税额标准） |
|---|---|
| 一、购销合同 | 0.3‰ |
| 二、加工承揽合同 | 0.5‰ |
| 三、建设工程勘察、设计合同 | 0.5‰ |
| 四、建筑、安装工程承包合同 | 0.3‰ |
| 五、财产租赁合同 | 1.0‰ |
| 六、货物运输合同 | 0.5‰ |
| 七、仓储、保管合同 | 1.0‰ |
| 八、借款合同 | 0.05‰ |
| 九、财产保险合同 | |
| 1. 财产保险合同 | 1.0‰ |
| 2. 责任、保证和信用保险合同 | 暂定每件5元 |
| 十、技术合同 | 0.3‰ |
| 十一、产权转移书据 | 0.5‰ |
| 十二、营业账簿 | |
| 1. 记载资金的账簿 | 0.5‰ |
| 2. 其他账簿 | 每件5元 |
| 十三、权利、许可证照 | 每件5元 |
| 十四、股票交易 | 1.0‰ |

国政府、国家金融机构提供优惠贷款书立的合同，企业因改制而签订的产权转移书据，个人出租、承租住房签订的租赁合同，廉租住房、经济适用住房经营管理单位与廉租住房、经济适用住房有关的凭证，廉租住房承租人、经济适用住房购买人与廉租住房、经济适用住房有关的凭证。可以免征印花税。农林作物、牧业畜类保险合同；图书、报刊发行单位之间，发行单位与订阅单位、个人之间书立的凭证，可以暂免征收印花税。

### （二）城市维护建设税

1985年2月8日，国务院发布《中华人民共和国城市维护建设税暂行条例》，自同年1月1日起施行。

城市维护建设税分别由国家税务局和地方税务局负责征收管理，所得收入由中央政府与地方政府共享，是地方政府税收收入的重要来源之一。2008年，城市维护建设税收入为1344.2亿元，占当年中国税收总额的2.4%。

1. 纳税人。城市维护建设税的纳税人包括缴纳增值税、消费税和营业税的企业、行政单位、事业单位、军事单位、社会团体、其他单位、个体工商户和其他个人（不包括外商投资企业、外国企业和外国人）。

2. 计税依据、税率和计税方法。城市维护建设税以纳税人实际缴纳的增值税、消费税和营业税为计税依据，按照适用税率计算应纳税额，分别与上述三种税收同时缴纳。此税按照纳税人所在地实行差别税率，税率表如表7-13所示。

表 7－13　　城市维护建设税税率表

| 地　　区 | 税率（%） |
|---|---|
| 一、市区 | 7 |
| 二、县城、建制镇 | 5 |
| 三、其他地区 | 1 |

应纳税额计算公式：

应纳税额＝计税依据×适用税率

3. 主要免税、减税规定。城市维护建设税随同增值税、消费税和营业税征收或者减免。对由于免征、减征增值税、消费税和营业税而发生的退税，同时退还已经缴纳的城市维护建设税。对进口产品征收增值税、消费税的时候不征收城市维护建设税。符合规定的安置下岗失业人员的新办企业，下岗失业人员从事个体经营并且符合规定项目的，可以定期免征城市维护建设税。

### （三）烟叶税

2006 年 4 月 28 日，国务院公布《中华人民共和国烟叶税暂行条例》，即日起施行。

烟叶税由地方税务局负责征收管理，所得收入归地方政府所有。2008 年，烟叶税收入仅为 67.2 亿元，占当年中国税收总额的 0.1%。

烟叶税以依法在中国境内收购烟叶的单位为纳税人，以纳税人收购烟叶时的收购金额为计税依据，税率为 20%。西藏自治区暂不开征此税。

应纳税额计算公式：

应纳税额＝烟叶收购金额×20%

### （四）固定资产投资方向调节税

中国的固定资产投资方向调节税是为了贯彻国家产业政策，控制固定资产投资规模，引导投资方向，调整投资结构，加强重点建设，对固定资产投资征收的一种税收。1991 年 4 月 16 日，国务院发布《中华人民共和国固定资产投资方向调节税暂行条例》，自同年 1 月 1 日起施行。

固定资产投资方向调节税的纳税人为在中国境内使用各种资金进行固定资产投资的单位和个人。不包括外商投资企业、外国企业和外国人。

固定资产投资方向调节税的税目分为基本建设项目和更新改造项目两个系列；税率是根据国家产业政策和投资项目的经济规模分别制定的，分为 5 档：0、5%、10%、15% 和 30%。投资项目按照单位工程分别确定适用税率。

固定资产投资方向调节税以固定资产投资项目实际完成的全部投资额为计税依据，按照适用税率计算应纳税额。

应纳税额计算公式：

应纳税额＝实际完成的投资额或者建筑工程实际完成的投资额×适用税率

固定资产投资方向调节税按照固定资产投资项目的单位工程年度计划投资额预缴。年度终了后，按照年度实际完成投资额结算，多退少补。项目竣工以后，按照应税投资项目及其单位工程实际完成投资额清算。

为了鼓励投资，扩大内需，促进经济发展，根据国务院的决定，固定资产投资方向调节税自2000年起停止征收。

## 六、财政、税务、海关组织机构和税收征收管理范围划分

目前，中国的税收管理工作分别由财政、税务和海关等部门负责。

### （一）财政部

财政部是中国国务院主管财政工作的部门。该部主要职责中与税收直接相关的内容包括：拟订财税发展战略、规划、政策和改革方案，并组织实施；分析预测宏观经济形势，参与制定各项宏观经济政策，提出运用财税政策实施宏观调控和综合平衡社会财力的建议；拟订中央与地方、国家与企业的分配政策；完善鼓励公益事业发展的财税政策；负责组织起草税收法律、行政法规草案及其实施细则和税收政策调整方案，参加涉外税收谈判，签订涉外税收协议、协定草案，制定国际税收协议和协定范本，研究提出关税和进口税收政策，拟订关税谈判方案，参加有关关税谈判，研究提出征收特别关税的建议，承担国务院关税税则委员会的具体工作。该部的部长由国家主席任命，副部长由国务院任命。

税政司是财政部内主管税收业务的职能部门。该司的主要职责是：研究提出税种增减，税目、税率调整，减免税等建议；组织起草税收法律、行政法规草案及其实施细则；研究提出税收政策调整方案；承担涉外税收谈判和签订涉外税收协议、协定草案的有关工作；拟订国际税收协议和协定范本；开展税源调查分析。

关税司是财政部内主管关税业务的职能部门。该司的主要职责是：研究提出关税和进口税收政策建议；拟订关税谈判方案，承担有关关税谈判工作；研究提出征收特别关税的建议；承办国务院关税税则委员会的具体工作。

### （二）国家税务总局

中国的最高税务机构为国家税务总局。该局为国务院主管税收工作的部级直属机构，其主要职责是：

1. 具体起草税收法律、法规草案及其实施细则，并提出税收政策建议，并与财政部共同上报和下发，制订贯彻落实的措施。负责解释税收法律、法规执行过程中的征管和一般性税政问题，事后向财政部备案。

2. 组织实施中央税、中央与地方共享税、法律和法规规定的基金（费）的征收管理责任，力争税款应收尽收。

3. 参与研究宏观经济政策、中央与地方的税权划分，并提出完善分税制的建议；研究税负总水平，并提出运用税收手段进行宏观调控的建议。

4. 组织实施税收征收管理体制改革；起草税收征收管理法律、法规草案，并制定实施细则；制定和监督执行税收业务、征收管理的规章制度，监督、检查税收法律、法规和政策

的贯彻执行；指导和监督地方税务工作。

5. 规划和组织实施纳税服务体系建设，制定纳税服务管理制度，规范纳税服务行为，制定和监督执行纳税人权益保障制度，保护纳税人的合法权益，履行提供便捷、优质、高效纳税服务的义务，组织实施税法宣传，拟订注册税务师管理政策并监督实施。

6. 组织实施对纳税人进行分类管理和专业化服务，以及对大企业的纳税服务和税源管理。

7. 编报税收收入中长期规划和年度计划，开展税源调查，加强税收收入的分析和预测，组织办理税收减免等具体事项。

8. 制定税收管理信息化制度，拟订税收管理信息化建设中长期规划，组织实施金税工程建设。

9. 开展税收领域的国际交流与合作，参加国家（地区）间税收关系谈判，草签和执行有关的协议、协定。

10. 办理进出口货物的增值税、消费税征收和退税业务。

11. 对全国国家税务局系统实行垂直管理，协同省级人民政府对省级地方税务局实行双重领导，对省级地方税务局局长任免提出意见。

12. 承办国务院交办的其他事项。

国家税务总局局长和副局长均由国务院任命，另有总经济师、总会计师和总审计师各1名。局内共有14个司级行政职能部门，每个部门下设若干个处级单位：

1. 办公厅。该厅是国家税务总局主管日常公务、文秘和总局机关行政管理事务的综合职能部门，主要职责是负责机关文电、机要、会务、档案、信访、保密和保卫等工作，承担税收宣传、政务公开和新闻发布工作，管理机关财务和其他行政事务，下设局长办公室、办公室、文秘处、督办处、综合调研处、新闻宣传办公室（政府信息公开办公室）、电子政务处、财务处、信访处和文印中心10个处级单位。

2. 政策法规司。该司是国家税务总局主管税收政策和税收法制工作的综合职能部门，主要职责是起草税收法律、法规草案，部门规章和规范性文件；研究提出税制改革建议；拟订税收业务的规章制度；研究、承办涉及世贸组织的有关税收事项；承办重大税收案件的审理和行政处罚工作；承担总局有关规范性文件的合法性审核工作；承办税务行政复议、行政应讼工作，下设综合处、税制改革处、法制处、复议应诉处（重大税收案件审理委员会办公室）和世贸税收办公室5个处级单位。

3. 货物和劳务税司。该司是国家税务总局主管增值税、消费税、营业税、车辆购置税、进出口税收、文化事业建设费政策和征收管理的职能部门，主要职责是组织实施增值税、消费税、营业税和车辆购置税（不含海关代征部分）征收管理工作，拟订具体征收管理政策和办法；对有关法律、法规执行中的一般性问题进行解释和处理；组织实施出口退税管理工作，下设综合处、增值税处、消费税处、进出口税收处、营业税处、车辆购置税处、申报评估处、税控稽核处和出口退税管理处9个处。

4. 所得税司。该司是国家税务总局主管企业所得税、个人所得税、法定的基金（费）政策和征收管理的职能部门，主要职责是组织实施企业所得税、个人所得税和法定的基金（费）等征收管理工作，拟订具体征收管理政策和办法；对有关法律、法规执行中的一般性问题进行解释和处理，下设综合处、企业所得税一处、企业所得税二处、企业所得税三处、个人所得税一处、个人所得税二处和社会保险费征收管理处7个处。

5. 财产和行为税司。该司是国家税务总局主管财产和行为各税政策、指导和监督财产和行为各税征收管理工作的职能部门，主要职责是组织实施房产税、城镇土地使用税、城市维护建设税、印花税、资源税、土地增值税、固定资产投资方向调节税、车船税、烟叶税、契税、耕地占用税和教育费附加的业务管理，拟订具体征收管理政策和办法；对有关法律、法规执行中的一般性问题进行解释和处理；指导财产和行为各税种及教育费附加的征管业务，下设综合处、财产和行为税一处、财产和行为税二处、财产和行为税三处、财产和行为税四处、财产和行为税五处6个处。

6. 国际税务司。该司是国家税务总局主管国际税收、国际税务合作交流和外事工作的职能部门，主要职责是研究拟订国家（地区）间反避税措施，组织实施反避税调查；参加国家（地区）间税收协议、协定谈判，承办草签和执行有关协议、协定等工作；承办与国际机构、国家（地区）间税务机关的合作和交流业务；管理国家税务局系统的外事工作，下设综合处、国际税收协定处、反避税处、非居民税收管理处、国际税收征管协作处、外事处、台港澳处和国际合作处8个处。

7. 收入规划核算司。该司是国家税务总局主管组织税收收入、税款缴纳入库、税收分析预测、重点税源监控、税收会计和统计核算、税收数据管理应用工作的综合职能部门，主要职责是编制税收收入中长期规划，编制年度税收任务、出口退税指标；参与起草税款征缴退库制度，监督检查税款缴、退库情况；承办税收收入的分析、预测和重点税源监控管理工作；拟订税收收入规划和税收会计、统计等相关制度；管理税收数据；组织实施税收统计工作，下设综合处、规划处、会计处、统计处和宏观分析处5个处。

8. 纳税服务司。该司是国家税务总局主管纳税服务工作的综合职能部门，主要职责是组织实施纳税服务体系建设；拟订纳税服务工作规范和操作规程；组织协调、实施纳税辅导、咨询服务和税收法律救济等工作，受理纳税人投诉；组织实施税收信用体系建设；指导税收争议的调解；起草注册税务师管理政策，并监督实施，下设综合处、制度处、税法宣传处、办税服务处和纳税人权益保护处5个处。

9. 征管和科技发展司。该司是国家税务总局主管税收征收管理和税收管理信息化建设的综合职能部门，主要职责是起草综合性税收征管规范性文件；拟订税收征收管理的长期规划和综合性方案；管理税收发票和票证；拟订和组织实施税收管理信息化的总体规划和实施方案，承办税收管理信息化建设中业务需求整合和流程优化的综合管理工作，下设综合处、征管制度处、征管质量监控处、发票管理处、需求与标准管理处、规划设计处和项目管理处7个处。

10. 大企业税收管理司。该司是国家税务总局主管大企业税收管理和服务的职能部门，主要职责是承担对大型企业提供纳税服务工作，实施税源监控和管理，开展纳税评估，组织实施反避税调查与审计；指导海洋石油税收业务，下设综合处、管理一处、管理二处、管理三处和管理四处（海洋石油税收管理处）5个处。

11. 稽查局。该局是国家税务总局主管税务稽查工作的职能部门，主要职责是起草税务稽查法律、法规草案，部门规章和规范性文件；办理重大税收案件的立案、调查的有关事项，并提出处理意见；指导、协调税务系统的稽查工作，下设综合处、制度处、系统工作处、举报中心（案源管理处）、稽查一处、稽查二处、稽查三处、稽查四处和稽查五处（协查处）9 个处级单位。

12. 财务管理司。该司是国家税务总局主管国家税务局系统经费、装备、固定资产和基本建设的职能部门，主要职责是拟订国家税务局系统的财务和基本建设管理办法，管理国家税务局系统的经费、财务、装备和固定资产，审核汇编国家税务局系统的财务预算和决算，办理各项经费的领拨，下设综合处、预算管理处、支出管理处、资产管理处和基本建设管理处 5 个处。

13. 督察内审司。该司是国家税务总局主管税收执法监督检查、内部财务审计和领导干部经济责任审计的职能部门，主要职责是组织实施税收法律、法规、部门规章、规范性文件执行情况的监督和检查；承办国家税务局系统的财务、基本建设、大宗物品采购审计和领导干部经济责任审计工作，下设综合处、督察一处、督察二处、督察三处、审计一处、审计二处和审计三处 7 个处。

14. 人事司。该司是国家税务总局主管人事、机构编制工作的职能部门，主要职责是拟订国家税务局系统的人事制度并组织实施；管理国家税务局系统的人事、机构编制工作，对省级地方税务局局长的任免提出意见；组织实施税务系统的思想政治工作和精神文明建设，下设综合处、机关人事处、系统人事处、事业单位人事管理处、调配处、基层工作处、工资福利处和干部监督处 8 个处。

此外，国家税务总局设有离退休干部办公室，直属事业单位设有教育中心、机关服务中心、电子税务管理中心、集中采购中心、税收科学研究所、注册税务师管理中心、中国税务杂志社、中国税务报社、中国税务出版社和扬州税务进修学院。中共中央纪律检查委员会在国家税务总局派驻纪律检查组，监察部在国家税务总局派驻监察局，两个机构合署办公。

### （三）省以下税务机构

根据实行分税制财政管理体制的需要，中国省以下税务机构分为国家税务局和地方税务局两个系统。

国家税务总局对国家税务局系统实行机构、编制、干部和经费的垂直管理，协同省级人民政府对省级地方税务局实行双重领导。

1. 国家税务局系统包括省、自治区和直辖市国家税务局，地区、地级市（区）、自治州和盟国家税务局，县、县级市（区）和旗国家税务局，征收分局、税务所。征收分局、税务所是县级税务局的派出机构，可以按照经济区划设置，也可以按照行政区划设置。

省级国家税务局是国家税务总局直属的正厅（局）级行政机构，是本地区主管国家税收工作的职能部门，负责贯彻执行国家的有关税收法律、法规、规章和规范性文件，并结合本地的实际情况制定具体的实施办法。局长、副局长均由国家税务总局任命。省级国家税务局的内设机构有办公室、政策法规处、货物和劳务税处、所得税处、收入规划核算处、纳税服务处、征管和科技发展处、财务管理处、督察内审处、人事处、巡视工作办公室、教育处、监察室、进出口税收管理处、大企业和国际税务管理处、机关党委办公室和离退休干部处，直属机构有稽查局和车辆购置税征收管理分局，事业单位有信息中心、机关服务中心、税收科学研究所、注册税务师管理中心、集中采购中心和税务干部学校。

2. 地方税务局系统包括省、自治区和直辖市地方税务局，地区、地级市（区）、自治州和盟地方税务局，县、县级市（区）和旗地方税务局，征收分局、税务所。

省级地方税务局是省级人民政府所属的主管本地区地方税收工作的职能部门，为正厅（局）级行政机构，实行地方政府和国家税务总局双重领导，以地方政府领导为主的管理体制。局内设有若干行政处（室）和事业单位。

国家税务总局对省级地方税务局的领导，主要体现在税收政策、业务的指导和协调，对国家统一的税收制度、政策的监督，组织经验交流等方面。省级地方税务局的局长人选由地方政府征求国家税务总局意见以后任免。

省以下地方税务局实行上级税务机关和同级政府双重领导，以上级税务机关垂直领导为主的管理体制，即地区（市、区、州、盟）和县（市、区、旗）地方税务局的机构设置、干部管理、人员编制和经费开支均由所在省（自治区、直辖市）地方税务局垂直管理。

到2008年年底，全国共有省级税务局61个，副省级城市税务局30个，市（区、地区、州、盟）税务局1061个，县（市、区、旗）税务局5422个，税务分局（所）27049个。全国税务系统共有86.1万人，其中国家税务局系统46.1万人，占53.5%；地方税务局系统39.9万人，占46.5%。

### （四）海关总署

海关总署是国务院部级直属机构，是主管全国海关工作的行政执法机构。该署主要职责中与税收直接相关的内容包括：参与拟订与海关工作相关的税收政策；承担进出口关税和其他税费征收管理的责任，拟订征管制度；制定进出口商品分类目录，并组织实施和解释；组织拟订进出口商品原产地规则，并负责有关的组织实施工作；牵头开展多边双原产地规则对外谈判；依法执行反倾销措施、反补贴措施、保障措施和其他关税措施；负责关税立法调研和起草工作，开展关税税政调研工作，对关税法律、法规执法问题作出具体工作解释。该署的署长和副署长均由国务院任命。

关税征管司是海关总署内主管关税征管业务的职能部门，其主要职责是：承担关税税政和立法的有关工作，参与研究进出口税收政策、税则税率的调整和相关的对外谈判，拟订进出口关税和其他税费征管规定并组织实施，承办进出口商品分类目录和原产地规则的有关工作，承担多双边原产地规则对外谈判工作，组织实施关税和进口环节税减免，组织实施反倾销措施、反补贴措施、保障措施和其他关税措施。

海关系统实行垂直管理的领导体制。海关总署下设广东分署，天津、上海特派员办事处，41个直属海关和直属海关下辖的若干个隶属海关。

### （五）国务院关税税则委员会

国务院关税税则委员会是国务院的议事协调机构，其主要职责是：负责《中华人民共和国进出口税则》、《中华人民共和国进境物品进口税税率表》的税目、税则号列、税率的调整和解释，报国务院批准以后执行；决定实行暂定税率的货物、税率和期限；决定关税配额税率；决定征收反倾销税、反补贴税、保障措施关税、报复性关税和决定实施其他关税措施；批准有关国家、地区适用税则优惠税率的方案；审议上报国务院的重大关税政策和对外谈判方案；决定特殊情况下税率的适用，履行国务院规定的其他职责。

国务院关税税则委员会主任由财政部部长担任，副主任和委员由国务院办公厅、国家发展和改革委员会、工业和信息化部、财政部、国土资源部、农业部、商务部、海关总署、国家税务总局、国家质量监督检验检疫总局和国务院法制办公室的负责人担任，该委员会的具体工作由财政部承担。

### （六）税收征收管理范围划分

1. 国家税务局系统负责征收和管理的项目有：增值税、消费税（其中进口环节的增值税、消费税由海关负责代征），车辆购置税，铁道部门、各银行总行、各保险公司总公司集中缴纳的营业税、企业所得税和城市维护建设税，中央企业缴纳的企业所得税，中央与地方所属企业、事业单位组成的联营企业、股份制企业缴纳的企业所得税，地方银行、非银行金融企业缴纳的企业所得税，海洋石油企业缴纳的企业所得税、资源税（目前资源税暂不征收），从 2002 年到 2008 年期间注册的企业、事业单位缴纳的企业所得税，对储蓄存款利息征收的个人所得税（目前暂免征收），对股票交易征收的印花税。

从 2009 年起，企业所得税的征收管理范围按照下列规定调整：

（1）下列新增企业的企业所得税由国家税务局系统负责征收和管理：应当缴纳增值税的企业，企业所得税全额为中央收入的企业，在国家税务局缴纳营业税的企业，银行（信用社）、保险公司，外商投资企业，外国企业常驻代表机构，在中国境内设立机构、场所的其他非居民企业。

应当缴纳营业税的新增企业，其企业所得税由地方税务局系统负责征收和管理。

（2）非居民企业没有在中国境内设立机构、场所，而有来源于中国境内的所得；或者虽然在中国境内设立机构、场所，但是取得的来源于中国境内的所得与其在中国境内所设机构、场所没有实际联系，中国境内的单位、个人向非居民企业支付上述所得的，该项所得应当扣缴的企业所得税的征收管理，分别由主管支付该项所得的中国境内单位、个人所得税的国家税务局或者地方税务局负责（其中不缴纳企业所得税的单位由国家税务局负责）。

（3）2008 年以前已经成立的跨区经营汇总纳税企业，2009 年以后新设立的分支机构，其企业所得税的征收管理机关应当与其总机构企业所得税的征收管理机关一致。2009 年以后新增跨区经营汇总纳税企业，其总机构企业所得税的征收管理机关按照上述第一条规定的原则确定，其分支机构企业所得税的征收管理机关也应当与总机构企业所得税的征收管理机关一致。

（4）依法免缴增值税、营业税的企业，按照其免缴的上述税种确定企业所得税的征收管理机关。既不缴纳增值税，也不缴纳营业税的企业，其企业所得税暂由地方税务局系统负责征收和管理。

（5）既缴纳增值税，又缴纳营业税的企业，原则上按照其税务登记的时候自行申报的主营业务应当缴纳的上述税种确定企业所得税的征收管理机关。企业办理税务登记的时候无法确定主营业务的，一般以工商登记注明的第一项业务为准。企业所得税的征收管理机关一经确定，原则上不再调整。

2. 地方税务局系统负责征收和管理的项目有：营业税、企业所得税、个人所得税、资源税、印花税和城市维护建设税（不包括由国家税务局系统负责征收管理的部分），房产税，城镇土地使用税，耕地占用税（部分地区暂由财政部门负责征收和管理），土地增值税，车船税，烟叶税，固定资产投资方向调节税。其中，固定资产投资方向调节税已经停止征收。

到2008年年底，在国家税务局和地方税务局办理税务登记的纳税人，已经分别达到1669.7万户和2157.3万户。

为了加强税收征收管理，降低征收成本，避免工作交叉，简化征收手续，方便纳税人，在某些情况下，国家税务局和地方税务局可以相互委托对方代征某些税收。

西藏自治区只设立国家税务局，征收和管理税务系统负责的所有项目，但是暂不征收消费税、房产税、城镇土地使用税、契税和烟叶税。

3. 在大部分地区，契税现由地方财政部门征收和管理；在少数地区，此税现由地方税务局负责征收和管理。

4. 海关系统负责征收和管理的项目有：关税、船舶吨税。此外，负责代征进口环节的增值税、消费税。

### （七）中央政府与地方政府税收收入划分

根据国务院关于实行分税制财政管理体制的规定，中国的税收收入分为中央政府固定收入、地方政府固定收入和中央政府与地方政府共享收入。

1. 中央政府固定收入包括：消费税、车辆购置税、关税和船舶吨税。

2. 地方政府固定收入包括：房产税、城镇土地使用税、耕地占用税、契税、土地增值税、车船税、烟叶税和固定资产投资方向调节税。其中，固定资产投资方向调节税已经停止征收。

3. 中央政府与地方政府共享收入包括：

（1）增值税：海关代征的部分归中央政府；其余部分中央政府分享75%，地方政府分享25%。

（2）营业税：铁道部、各银行总行、各保险公司总公司集中缴纳的部分归中央政府，其余部分归地方政府。

（3）企业所得税：铁路运输企业、国有邮政企业、中国工商银行股份有限公司、中国银行股份有限公司、中国建设银行股份有限公司、中国农业银行、国家开发银行、中国农业发展银行、中国进出口银行、中央汇金投资有限责任公司、中国建银投资有限责任公司、中国石油天然气股份有限公司、中国石油化工股份有限公司和海洋石油、天然气企业缴纳的部分归中央政府；其余部分中央政府分享60%，地方政府分享40%。

（4）个人所得税：中央政府分享60%，地方政府分享40%。

（5）资源税：海洋石油企业缴纳的部分归中央政府（目前暂不征税），其余部分归地方政府。

（6）印花税：股票交易印花税收入的97%归中央政府，其余的3%和其他印花税收入归地方政府。

（7）城市维护建设税：铁道部、各银行总行、各保险公司总公司集中缴纳的部分归中央政府，其余部分归地方政府。

此外，在西藏自治区，除了关税和进口环节的增值税、消费税以外，在该自治区征收的其他税收全部留给该自治区。

# 附录

## 一、中国税制大事年表

## （1949 年 9 月—2009 年 8 月）

### 1949 年

9 月 29 日，中国人民政治协商会议第一届全体会议通过《中国人民政治协商会议共同纲领》，其中作出了有关税收的规定。

10 月 1 日，中华人民共和国成立。

11 月 24 日至 12 月 9 日，政务院财政经济委员会和中央人民政府财政部（以下简称财政部，1954 年 9 月底国务院成立以后财政部为全称）在北京召开首届全国税务会议，重点研究统一全国税政、税制和税务机构等问题。中共中央书记处书记、中央政治局委员、中央人民政府副主席朱德，中共中央政治局委员、政务院副总理兼政务院财经委员会主任陈云，政务院财经委员会副主任兼财政部部长薄一波到会讲话。

11 月 28 日，政务院财政经济委员会复函财政部，同意成立税务总局。

12 月 2 日，财政部部长薄一波在中央人民政府委员会第四次会议上所作的关于财政工作的报告中论述了有关的税收问题，会议通过了上述报告。

12 月 15 日，中央税务学校正式开学，李予昂任校长。

12 月 16 日，政务院任命李予昂为财政部税务总局局长。

### 1950 年

1 月 1 日，财政部税务总局成立大会在北京举行。

1 月 3 日，政务院财政经济委员会设立关税税则委员会。

1 月 30 日，政务院通令发布《关于统一全国税政的决定》，并附发《全国税政实施要则》、《工商业税暂行条例》、《货物税暂行条例》和《全国各级税务机关暂行组织规程》，其中《工商业税暂行条例》和《货物税暂行条例》即日公布施行。2 月 1 日、7 日，财政部税务总局先后就执行上述税收暂行条例发布指示。

2 月 28 日，政务院发布《关于新解放区土地改革及征收公粮的指示》。

3 月 3 日，政务院公布《关于统一国家财政经济工作的决定》，中共中央为此发出《关于保证统一国家财政经济工作的通知》，上述文件中都提出了加强税收工作的措施。3 月 10

日，《人民日报》为此发表社论：《为什么要统一财政经济工作》。

3月3日，政务院公布《公营企业缴纳工商业税暂行办法》。

3月7日，政务院公布《关于关税政策和海关工作的决定》。

3月12日，政务院公布《关于全国盐务工作的决定》，其中作出了有关盐税的规定。3月14日，财政部据此发布《关于实行统一盐税税额办法的决定》。

3月15日，财政部公布《摊贩营业牌照税稽征办法》。

3月22日，《人民日报》发表社论：《税收在我们国家工作中的作用》。

3月26日，政务院公布《关于统一国家公粮收支、保管、调度的决定》。

4月1日，政务院公布《关于统一管理1950年度财政收支的决定》，其中作出了有关税收的规定。

4月3日，政务院公布《契税暂行条例》，即日起施行。

4月13日，政务院副总理兼财政经济委员会主任陈云在中央人民政府委员会第七次会议上所作的关于财政和粮食工作的报告中论述了有关的税收问题，会议批准了上述报告。

5月20日，政务院财经委员会决定对已经缴纳货物税的出口货物退还已经缴纳的货物税。

5月27日至6月18日，财政部在北京召开二届全国税务会议，重点研究调整税收问题，中共中央书记处书记、中央政治局委员、中央人民政府副主席朱德和中共中央政治局委员、政务院副总理兼政务院财经委员会主任陈云到会讲话，政务院财经委员会副主任兼财政部部长薄一波在会上作了报告。

5月27日，根据财政部的指示，财政部税务总局规定：契税、牧税征收工作应当移交县（市）人民政府或者主管农业税的部门接办。

5月30日，政务院发布《关于1950年新解放区夏征公粮的决定》。

6月1日，政务院财政经济委员会发布《关于减半征收盐税的决定》。

6月6日至9日，中国共产党第七届中央委员会第三次全体会议召开，中共中央主席毛泽东在会上作了题为《为争取国家财政经济状况的基本好转而斗争》的报告，中共中央政治局委员陈云作了题为《调整公私关系和整顿税收》的报告。

6月14日至23日，中国人民政治协商会议第一届全国委员会召开第二次会议。会议听取并同意中共中央政治局委员、政务院副总理兼财政经济委员会主任陈云所作的《关于经济形势、调整工商业和调整税收诸问题》的报告。政务院财政经济委员会副主任兼财政部部长薄一波在会上作了《关于调整税收问题的报告》。

6月29日，政务院财政经济委员会发出《关于调整税收实行日期的通知》。7月12日，《人民日报》为此发表社论：《调整税收的两大原则》。

9月5日，中央人民政府委员会公布《新解放区农业税暂行条例》，即日起施行。

9月8日，政务院公布《政务院关于新解放区征收农业税的指示》。

12月19日，政务院公布《印花税暂行条例》、《屠宰税暂行条例》、《利息所得税暂行条例》、《工商业税民主评议委员会组织通则》、《税务复议委员会组织通则》和修正以后的《工商业税暂行条例》、《货物税暂行条例》，即日起施行。12月22日，《人民日报》为此发表社论：《拥护新税法，迎接新任务》。

12月21日，根据《工商业税暂行条例》和《货物税暂行条例》，财政部公布《工商业税暂行条例施行细则》和《货物税暂行条例施行细则》。

12 月 22 日，财政部、海关总署发出《关于海关代征吨税办法的联合通知》。

12 月 28 日，财政部批准《全国各级税务机关检查工作规则》。

## 1951 年

1 月 1 日，经财政部批准，税务总局编辑的《中央税务公报》创刊。2 月 16 日，中共中央书记处书记、中央政治局委员、政务院总理周恩来为公报题写刊名。该刊 1955 年 7 月更名为《人民税务》，1959 年并入财政部主办的《财政》（半月刊）。

1 月 4 日，根据《印花税暂行条例》，财政部公布《印花税暂行条例施行细则》。

1 月 16 日，政务院公布《特种消费行为税暂行条例》，即日起施行。

3 月 20 日至 4 月 6 日，财政部在北京召开三届全国税务会议。

3 月 29 日，政务院公布《关于 1951 年度财政收支系统划分的决定》，其中作出了有关税收的规定。

3 月 30 日，财政部副部长戎子和在政务院第七十八次政务会议上所作的关于财政工作的报告中论述了有关的税收问题，会议通过了上述报告。

4 月 1 日，财政部公布《棉纱统销税征收办法》，即日起执行。

4 月 18 日，政务院公布《中华人民共和国暂行海关法》，自 5 月 1 日起施行。该法的第十一章为《关税的征免》。

5 月 10 日，根据《中华人民共和国暂行海关法》，政务院公布《中华人民共和国海关进出口税则》及其暂行实施条例，自 5 月 16 日起施行。

6 月 21 日，经中央人民政府主席毛泽东批准，政务院发布《关于 1951 年农业税收工作的指示》。

7 月 5 日，财政部公布《农业税查田定产工作实施纲要》。《人民日报》为此发表社论：《有领导地有计划地推行查田定产工作》。

8 月 8 日，政务院公布《城市房地产税暂行条例》，即日起施行。8 月 21 日，财政部税务总局就执行此暂行条例发布指示。

8 月 31 日，中共中央发布《关于农业税必须贯彻查田定产依率计征的指示》。

9 月 1 日，财政部公布《临时商业税稽征办法》。

9 月 13 日，政务院公布《车船使用牌照税暂行条例》，即日起施行。9 月 25 日，财政部税务总局就执行此暂行条例发布指示。

9 月 19 日，财政部公布《摊贩业税稽征办法》。

10 月 29 日，经政务院批准，财政部公布《合作社交纳工商业税暂行办法》。

11 月 22 日，政务院财政经济委员会发布《关于纠正部分国营、公营企业漏税现象的指示》。

## 1952 年

1 月 26 日，中共中央发布《关于首先在大中城市开展“五反”斗争的指示》，“五反”

的内容之一是反对偷税漏税。此后，中共中央先后多次发布关于“五反”运动的指示，其中明确规定了有关的税收政策。

2月9日，经政务院财政经济委员会批准，财政部发布《关于运输业缴纳工商业税的规定》。

3月26日，根据政务院批准的有关文件和税收暂行条例，财政部公布《关于处理“五反”运动中工商业户偷税漏税案件的补充规定》。

6月13日，政务院发布《关于结束“五反”运动中几个问题的指示》，其中作出了关于税收的规定。

6月16日，政务院发布《关于1952年农业税收工作的指示》。

6月26日，财政部发布《农业税征收业务暂行通则》。

8月6日，财政部部长薄一波在中央人民政府委员会第十六次会议上所作的关于财政工作的报告中论述了有关的税收问题，会议通过了上述报告。

8月14日，政务院公布《受灾农户农业税减免办法》。

9月29日，经政务院财政经济委员会批准，海关总署公布《船舶吨税暂行办法》，即日起施行。

11月2日至12日，财政部在北京召开四届全国税务会议，重点研究税制改革问题。

11月12日，中共中央发布《关于农业税收问题的指示》。

12月31日，经政务院批准，政务院财政经济委员会发布《关于税制若干修正及实行日期的通告》和《商品流通税试行办法》，自1953年1月1日起施行；同时，特种消费行为税改称文化娱乐税，部分税目并入工商业税。

同日，根据《商品流通税试行办法》，财政部公布《商品流通税试行办法施行细则》，税务总局发布《关于试行商品流通税的指示》和《关于执行货物税若干修正的指示》；《人民日报》发表社论：《努力推行修正了的税制》。

## 1953年

1月14日，经政务院批准，外交部、海关总署发布《中华人民共和国对各国外交官及领事官豁免税费暂行办法》。

2月12日，财政部部长薄一波在中央人民政府委员会第二十三次会议上所作的关于财政工作的报告中论述了有关的税收问题，会议通过了上述报告。

5月23日，政务院公布《关于受灾地区税收减免办法》。

6月13日至8月13日，中共中央召开全国财经工作会议，中共中央主席毛泽东到会讲话，其中就税收问题发表了意见。中共中央书记处书记、中央政治局委员、政务院总理周恩来在会议总结中提出了过渡时期的税收任务和税收政策，中共中央书记处书记、中央政治局委员、政务院副总理兼财政经济委员会主任陈云在会议上就税收问题发表了意见。

8月28日，政务院发布《关于1953年农业税工作的指示》。8月31日，《人民日报》为此发表社论：《正确贯彻农业税收政策》。

10月3日，中共中央原则同意并转发财政部报送的《关于牲畜交易税、屠宰税的报告》。

## 1954 年

6 月 16 日，政务院副总理兼财政部部长邓小平在中央人民政府委员会第三十一次会议上所作的关于财政工作的报告中论述了有关的税收问题，会议通过了上述报告。

8 月 4 日，政务院财政经济委员会转发财政部报送的《关于昌都、玉树、西康藏族自治区工商税收问题的试行规定》。

9 月 20 日，第一届全国人民代表大会第一次会议通过《中华人民共和国宪法》，其中第一百零二条规定："中华人民共和国公民有依照法律纳税的义务。"

9 月 23 日，政务院总理周恩来在第一届全国人民代表大会第一次会议上所作的《政府工作报告》中提出了对税收工作的要求，会议批准了上述报告。

## 1955 年

5 月 7 日，国务院发出《关于土地的转移及契税工作的通知》。

7 月 6 日，国务院副总理兼财政部部长李先念在第一届全国人民代表大会第二次会议上所作的关于财政工作的报告中论述了有关的税收问题，会议通过了上述报告。

8 月 4 日至 29 日，财政部在北京召开五届全国税务会议，总结了 1953 年修正税制工作，提出了中国税制发展的方向和方针。

8 月 30 日，国务院发出《关于国营企业主管部门自行下达与税法相抵触的文件处理问题的通知》。

9 月 17 日，国务院第五办公室批转财政部报送的《关于对私营商业改造中征税问题的意见的报告》。10 月 12 日，财政部据此发出《关于对私营商业进行社会主义改造中有关交纳工商业税问题的通知》。

10 月 19 日，中共中央批转中共财政部党组报送的《关于两年来农业税工作情况和对今后工作意见向中央的报告》。

11 月 1 日，财政部公布《手工业合作组织交纳工商业税暂行办法》。

## 1956 年

1 月 20 日至 2 月 8 日，财政部在北京召开全国财政厅（局）长、税务局长会议，研究工商税制改革和农业税制改革等问题。

4 月 25 日，中共中央主席毛泽东在中共中央政治局扩大会议上的讲话中就正确处理国家、集体和个人之间的利益关系发表了重要意见。

5 月 3 日，第一届全国人民代表大会常务委员会第三十五次会议通过《文化娱乐税条例》，即日公布。5 月 4 日，财政部据此公布《文化娱乐税条例施行细则》。

6 月 15 日，国务院副总理兼财政部部长李先念在第一届全国人民代表大会第三次会议上所作的关于财政工作的报告中论述了有关的税收问题，会议通过了上述报告。

7 月 18 日，国务院批转财政部报送的《关于 1956 年农业税收工作中几个问题的请示》。

8月3日，国务院第五办公室、第八办公室转发财政部报送的《对私营工商业在改造过程中交纳工商业税的暂行规定》。

8月14日，财政部发布《有关监交国营企业利润工作的规定》，规定自9月1日起过去由各省、自治区、直辖市财政机关负责的国营企业利润监交工作移交税务机关办理。

9月15日、16日和20日，中共中央书记处书记、中央政治局委员刘少奇、周恩来和陈云分别在中国共产党第八次全国代表大会上所作的政治报告、关于国民经济发展第二个五年计划的建议的报告和大会发言中论述了有关的财政、税收问题。9月27日，会议通过《关于政治报告的决议》，其中规定了税收方面的政策。中共财政部党组成员、财政部税务总局局长李予昂当选为本次会议的代表。

10月17日，国务院转发财政部关于加强对国营企业、合作社企业纳税监督检查的报告。

11月16日，国务院任命李予昂为财政部部长助理。

11月20日，国务院公布《关于新辟和移植桑园、果园、茶园和其他经济林木减免农业税的规定》。

12月17日，经国务院第五办公室批准，财政部发布《关于农村工商税收的暂行规定》。

## 1957年

2月21日，经国务院批准，财政部发出《关于废止出口退税规定的通知》。

2月25日至3月9日，财政部在北京召开全国省、区、市税务局长会议，研究税制改革等问题，中共中央政治局委员、国务院副总理兼财政部部长李先念到会讲话。

2月27日，中共中央主席、国家主席毛泽东在最高国务会议第十一次（扩大）会议的讲话中再次强调，在分配问题上必须兼顾国家、集体和个人之间的利益关系。

6月29日，国务院副总理兼财政部部长李先念在第一届全国人民代表大会第四次会议上所作的关于财政工作的报告中提出了改革工商税制和农业税制的建议，会议批准了上述报告。

9月，财政部召开全国财政厅（局）长、税务局长会议，研究税制改革问题，中共中央政治局委员、国务院副总理兼财政部部长李先念到会讲话。

12月7日，第一届全国人民代表大会常务委员会第八十七次会议原则批准《国务院关于调整获利较大的经济作物的农业税附加比例的规定》，12月20日由国务院公布。

12月，财政部在北京召开全国省、区、市税务局长会议，中共中央政治局委员、国务院副总理兼财政部部长李先念到会讲话。

## 1958年

2月1日，国务院副总理兼财政部部长李先念在第一届全国人民代表大会第五次会议上所作的关于财政工作的报告中提出了改革工商税制、农业税制和税收管理体制的计划，会议批准了上述报告。

3月15日至29日，财政部在北京召开全国省、区、市税务局长会议，研究税制改革和改进税收管理体制等问题。

3 月 22 日，中共中央成都会议同意中共财政部党组报送的《关于改革工商税收制度的报告》。4 月 5 日，中共中央政治局会议批准上述会议通过的关于改革工商税收制度的意见。

6 月 3 日，第一届全国人民代表大会常务委员会第九十六次会议通过《中华人民共和国农业税条例》，即日公布施行。同日，国务院据此公布《关于各省、自治区、直辖市农业税平均税率的规定》。

6 月 5 日，第一届全国人民代表大会常务委员第九十七次会议原则批准《国务院关于改进税收管理体制的规定》，6 月 9 日由国务院公布试行。6 月 10 日，《人民日报》为此发表社论：《税收管理体制的重大改革》。

6 月 5 日，上述会议原则批准国务院报送的《民族自治地方财政管理暂行办法》，其中作出了有关税收的规定，6 月 13 日由国务院公布。

6 月 16 日，财政部、轻工业部发出《关于盐税交由税务机关接办的通知》。

7 月 14 日，财政部税务总局发出《关于总局与农税司合并内部单位设置的通知》。

8 月 29 日，财政部发出《关于税务总局的监交利润工作业务移交本部各主管财务司办理的通知》。

9 月 11 日，第一届全国人民代表大会常务委员会第一百零一次会议原则通过《中华人民共和国工商统一税条例（草案）》，9 月 13 日由国务院颁布试行。9 月 13 日，财政部据此公布《中华人民共和国工商统一税条例施行细则（草案）》。

12 月 20 日，中共中央、国务院发布《关于适应人民公社化的形势改进农村财政贸易管理体制的决定》，其中作出了有关税收的规定。

## 1959 年

1 月 6 日，国务院批复同意财政部报送的《关于拟从 1959 年起停止征收存款利息所得税的报告》。

4 月 21 日，国务院副总理兼财政部部长李先念在第二届全国人民代表大会第一次会议上所作的关于财政工作的报告中论述了有关的税收问题，会议批准了上述报告。

5 月 18 日至 31 日，财政部召开全国各省、市、自治区税务局长会议，研究对农村人民公社恢复征税、停办国营企业“税利合一”试点、税收的地位与作用、税收管理体制、税务机构和税务干部队伍建设等问题。

5 月 26 日，国务院发布《关于改进农村人民公社工商税征税办法的意见》。

## 1960 年

1 月 9 日，财政部在北京召开全国各省、市、自治区税务局长会议。会议提出：税收工作必须大力促进生产，大搞群众运动，为高速度积累资金而奋斗。

1 月 22 日，中共中央批转中共财政部党组报送的《关于农业税问题的请示报告》，其中提出了稳定农业税征收额和实行任务包干的意见。

3 月 30 日，国务院副总理兼财政部部长李先念在第二届全国人民代表大会第二次会议上所作的关于财政工作的报告中论述了有关的税收问题，会议批准了上述报告。

5月27日，中共中央批转中共财政部党组报送的《关于调整1960年国家预算和大力组织国家收入、节约不必要的支出的报告》，其中提出了有关税收的措施。

5月31日，西藏自治区筹备委员会将《西藏自治区工商业税暂行条例（草案）》及其施行细则（草案）公布试行。

## 1961年

1月15日，中共中央批转中共财政部党组报送的《关于改进财政体制加强财政管理的报告》，其中提出了关于加强税收工作的意见。

4月22日，国务院任命任子良为财政部税务总局局长。

5月22日至6月8日，财政部召开全国各省、市、自治区税务局长会议，会议提出了关于加强税收工作的意见。

6月23日，中共中央批转中共财政部党组报送的《关于调整农业税负担的报告》。

11月11日，中共中央批转中共财政部党组报送的《关于加强财政部门的基层机构和充实干部问题的报告》，其中提出了恢复税务机构和税务干部归队的要求。

## 1962年

2月14日至3月2日，财政部召开全国各省、市、自治区税务局长会议，研究加强税收工作的措施。

2月28日，中共中央发出《关于迅速充实银行、财政和企业、事业部门的计划、统计、财务、会计、信贷、税务人员的紧急通知》。

3月6日，财政部召开全国财政厅（局）长会议，会议提出了加强税务机构和税务干部队伍的意见。

3月26日，中共中央批转中共财政部党组报送的《关于征收农业税两项措施的报告》。4月10日，财政部据此发出《关于加强农业税业务工作的通知》。

4月12日，财政部决定恢复由税务机关监缴国营企业利润，发布《关于监督国营企业解交预算收入的暂行办法》。

4月16日，国务院批准财政部报送的《集市交易税试行规定》。

4月21日，中共中央、国务院发布《关于严格控制财政管理的决定》，其中提出了加强税收管理的措施。

10月1日，国务院批转财政部报送的《关于改进农村集市征税工作的报告》。

## 1963年

1月2日，中共中央发布指示，批转国务院财贸办公室报送的《关于1963年财政、信贷、外汇、市场平衡问题向中央汇报的提纲》，其中提出了有关税收的措施。

3月，财政部召开全国税务会议，研究调整工商所得税负担和改进征收办法等问题，中共中央政治局委员、中央书记处书记、国务院副总理兼财政部部长李先念听取了会议情况汇报并作了指示。

4 月 13 日，国务院全体会议通过《关于调整工商所得税负担和改进征收办法的试行规定》，自当月起试行。

5 月 28 日，西藏自治区筹备委员会将《西藏自治区工商业税暂行条例》及其施行细则公布施行。

7 月 4 日，国务院副总理兼财政部部长李先念在第二届全国人民代表大会常务委员会第一百次会议上所作的关于财政工作的报告中论述了有关的税收问题，会议批准了上述报告。

11 月 18 日，国务院副总理兼财政部部长李先念在第二届全国人民代表大会第四次会议上所作的关于财政问题的报告中论述了有关的税收问题，会议批准了上述报告。

12 月 14 日，国务院批转财政部和民族事务委员会报送的《关于改进民族自治地方财政管理的规定（草案）》，其中作出了有关税收的规定。

## 1964 年

1 月 4 日，国务院批转财政部报送的《关于改进农村人民公社、生产大队、生产队工商税征收办法的规定》。

3 月 13 日至 4 月 2 日，财政部在北京召开全国税务会议。会议提出：要加强思想政治工作，实现税务工作的革命化。

7 月 22 日，国务院副总理兼财政部部长李先念在第二届全国人民代表大会常务委员会第一百二十四次会议上所作的关于财政工作的报告中论述了有关的税收问题，会议批准了上述报告。

9 月 23 日，国务院批转财政部报送的《关于财政收入情况和加强组织收入工作的报告》。

10 月 26 日，国务院批转财政部报送的《关于 1964 年农业税征收情况和意见的报告》。

## 1965 年

2 月 15 日至 3 月 6 日，财政部在北京召开全国税务局长会议，讨论税收工作革命化和若干税收政策问题。2 月 22 日，中共中央主席毛泽东、中共中央总书记邓小平等党和国家领导人接见了出席会议的全体代表。

7 月 22 日，国务院副总理兼财政部部长李先念在第三届全国人民代表大会常务委员会第十三次会议上所作的关于财政工作的报告中论述了有关的税收问题，会议批准了上述报告。

8 月 5 日，国务院批转财政部报送的《关于修订农村社、队工商税收征收办法的报告》。

12 月 29 日，财政部发出《关于由税务机关统一管理中央国营企业税收、利润和有关财务工作的通知》。

## 1966 年

1月5日，国务院发出《关于扭转对外贸易部经营亏损问题的通知》，其中规定免征进出口商品的工商统一税。

2月，财政部在北京召开全国税务会议，主题是以政治统帅业务，实现税务工作的革命化。2月16日，中共中央副主席、国家主席刘少奇，中共中央副主席、国务院总理周恩来，中共中央总书记邓小平等党和国家领导人接见了出席会议的全体代表。

9月19日，国务院批转财政部报送的《关于停止征收文化娱乐税的请示报告》。

10月4日，国务院批转财政部报送的《关于农村人民公社、生产队所属企业试行按比例税率征收工商所得税的报告》。

## 1967 年

6月15日，国务院发出《关于外贸进出口公司进出口商品的关税停征并入外贸利润交库问题的批复》。

6月22日，中共中央、国务院、中央军委和中央文化革命小组（以下简称中央文革）发出《关于进一步“抓革命、促生产”，增加收入，节约支出的通知》，其中作出了关于税收的规定。

7月1日，中共中央、国务院、中央军委和中央文革发布《关于对财政部实行军事管制的决定》。此后，税收业务一度由中国人民解放军财政部军事管制委员会（以下简称财政部军管会）业务组下设的税务组办理。

8月20日，中共中央、国务院、中央军委和中央文革发布《关于进一步实行节约闹革命，控制社会集团购买力，加强资金、物资和物价管理的若干规定》，其中作出了关于税收的规定。

## 1968 年

2月18日，中共中央、国务院、中央军委和中央文革发出《关于进一步实行节约闹革命，坚决节约开支的紧急通知》，其中作出了关于税收的规定。

## 1969 年

5月23日，经国务院批准，财政部军管会发出《关于在8省、市进行下放工商税收管理权限试点的通知》。

6月，根据国务院的指示，财政部军管会在天津市召开全国税制改革座谈会。

## 1970 年

4月13日，国务院批准财政部军管会报送的《关于下放工商税收管理权限的报告》。4

月21日，财政部军管会发出《关于下放工商税收管理权限扩大试点的通知》。

7月25日至8月20日，财政部召开全国财政银行工作座谈会，会议期间讨论了税制改革问题。

## 1971年

8月21日，经毛泽东主席批准，中共中央发出《关于继续实行粮食征购任务一定5年的通知》。

8月25日至9月10日，经国务院批准，财政部在天津市召开全国工商税制改革座谈会。

11月18日，财政部发出《关于工商税扩大试点的通知》。

## 1972年

3月30日，国务院批转财政部报送的《关于扩大改革工商税制试点的报告》，其中提出1972年要搞好扩大改革工商税制的试点，1973年全面试行。

4月，财政部恢复设立税务机构，称财政部税务局，财政部原税务总局局长任子良继续担任局长。

10月5日至23日，财政部在河南省郑州市召开全国改革工商税制座谈会。

## 1973年

12月7日，财政部召开全国税务工作座谈会。

12月25日，财政部发布《关于试行工商税有关问题的解释》和《关于工商税若干问题的规定》。

## 1974年

6月21日，根据国务院的决定，财政部发布《关于对外国籍轮船运输收入的征税规定》。

8月31日，西藏自治区革命委员会发布《西藏自治区工商税条例》。

## 1975年

1月19日，国务院发出《关于进一步加强财政工作和严格检查1974年财政收支的通知》，其中作出了关于税收的规定。

4月7日至19日，财政部在北京召开全国税务工作会议，重点讨论了重新认识税收的地位和如何发挥税收的作用等问题。财政部部长张劲夫、副部长王丙乾到会讲话。

## 1976 年

5 月 6 日，经国务院领导批准，财政部印发《关于“五五”期间农业税问题的报告》。

## 1977 年

4 月 19 日至 5 月 6 日，财政部在安徽省芜湖市召开全国税务工作会议，会议研究了在新的形势下加强税收工作的措施，财政部部长张劲夫、副部长陈希愈到会讲话。

7 月 10 日，财政部发出《关于颁发〈国营企业上交利润的监督办法〉的通知》，规定监督国营企业（建筑施工企业除外）上缴利润和亏损弥补的机关为各级税务机关。

8 月 19 日，经国务院领导批准，财政部发出《关于恢复财政部税务总局名称和启用公章的通知》，新的财政部税务总局印章自 8 月 20 日起启用，任子良继续担任财政部税务总局局长。

11 月 13 日，国务院批转财政部报送的《关于税收管理体制的请示报告》。

## 1978 年

4 月 8 日至 27 日，财政部在北京召开全国税务工作会议，重点研究解放思想，加强税收工作问题，财政部部长张劲夫到会讲话。

6 月 9 日，财政部发出《关于税务部门恢复事业编制及其经费管理的通知》。

8 月 27 日，中共中央发出《关于继续实行粮食征购一定 5 年不变的政策》。

11 月 15 日，财政部税务总局向中共财政部党组报送《关于改革工商税制若干问题汇报提纲》。

12 月 2 日，国务院批转财政部报送的《关于减轻农村税收负担问题的报告》。

12 月 4 日，国务院任命刘志城为财政部税务总局局长。

12 月 18 日至 22 日，中国共产党第十一届中央委员会第三次全体会议召开，会议作出了把全党工作的重点转移到社会主义现代化建设上来的重大决策。

## 1979 年

2 月至 3 月，财政部税务总局组织在江苏省无锡市进行税制改革的调查研究工作。

5 月 5 日至 26 日，财政部在四川省成都市召开全国税务工作会议，重点研究加强税收理论建设、制度建设和组织建设问题。

6 月 18 日，国务院总理华国锋在第五届全国人民代表大会第二次会议上所作的《政府工作报告》中提出了有关税收的措施。6 月 21 日，财政部部长张劲夫在上述会议上所作的关于财政工作的报告中提出了有关税收的措施。会议批准了上述报告。

7 月 1 日，第五届全国人民代表大会第二次会议通过《中华人民共和国刑法》，其中作出了有关税收的规定。

8 月 17 日，国务院批转财政部、国家计划委员会和对外贸易部报送的《关于改进征收关税办法和改革海关体制的报告》。

## 1980 年

2 月 1 日，国务院发布《关于实行“划分收支，分级包干”财政管理体制的通知》，其中作出了有关税收的规定。

2 月 9 日，国务院发布《关于改革海关管理体制的决定》，其中作出了有关关税的规定。

3 月至 5 月，财政部税务总局组织在广西壮族自治区柳州市进行税制改革的调查工作。8 月，财政部同意在该市开展税制改革的试点。

5 月 16 日，中共中央、国务院批转《广东、福建两省会议纪要》，其中提出了有关税收的措施。

8 月 26 日，国务院批转财政部报送的《关于执行农业税起征点办法的情况报告》。

同日，中共中央政治局常委、中央财经领导小组组长、国务院总理赵紫阳主持召开中央财经领导小组会议，听取财政部关于税制改革问题的汇报。

8 月 30 日，国务院副总理姚依林在第五届全国人民代表大会第三次会议上所作的关于国民经济计划的报告和财政部部长王丙乾所作的关于财政工作的报告中分别提出了关于税制改革的建议，会议批准了上述报告。

9 月 10 日，第五届全国人民代表大会第三次会议通过《中华人民共和国中外合资经营企业所得税法》和《中华人民共和国个人所得税法》，即日公布施行。12 月 14 日，根据上述法律，经国务院批准，财政部公布《中华人民共和国中外合资企业所得税法施行细则》和《中华人民共和国个人所得税法施行细则》。

12 月 30 日，国务院批转财政部报送的《关于进出口商品征免工商税收的规定》。

## 1981 年

1 月 16 日至 27 日，财政部在北京开全国税务工作会议，国务院副总理姚依林听取了会议情况汇报并作了指示。

1 月 26 日，国务院发布《关于平衡财政收支严格财政管理的决定》，其中作出了关于税收的规定。

1 月 30 日，国务院发布《关于调整农村社队企业工商税收负担的若干规定》。

1 月 31 日，《人民日报》发表评论员文章：《切实加强税收工作》。

2 月 25 日，国务院副总理姚依林在第五届全国人民代表大会常务委员会第十七次会议上所作的关于调整国民经济计划和财政收支的报告中提出了关于加强税收管理的措施，会议批准了上述报告。

4 月 30 日，最高人民检察院发出《关于配合税务机关清查偷漏、拖欠税款的通知》。

5 月 5 日，根据国务院的决定，财政部税务总局发布关于清查偷漏欠税的通告。

5 月 6 日，《人民日报》发表评论员文章：《支持税务部门依法征税》。

7 月 13 日，根据国务院的指示，财政部召开全国清查偷税、漏税、拖欠税款电话会议。

中共中央纪律检查委员会、最高人民检察院、国家经济委员会、商业部和财政部的负责人到会讲话。

7月19日，中共中央、国务院批转《广东、福建两省和经济特区工作会议纪要》，其中提出了有关税收的措施。

7月20日，国务院批转财政部报送的《关于增加税务干部编制的请示报告》，批准增加税务干部8万人。

7月31日，中共中央副主席、国务院总理赵紫阳主持召开中央财经领导小组扩大会议，听取财政部部长王丙乾所作的关于改革工商税制设想的汇报。

8月19日，《人民日报》发表社论：《发挥税收在国民经济中的杠杆作用》。

9月5日，国务院批转财政部报送的《关于改革工商税制的设想》。

11月30日，国务院总理赵紫阳在第五届全国人民代表大会第四次会议上所作的《政府工作报告》中提出了加强税收的若干措施，会议批准了上述报告。

12月1日，财政部部长王丙乾在上述会议所作的关于财政工作的报告中提出了有关税收的措施，会议批准了上述报告。

12月13日，第五届全国人民代表大会第四次会议通过《中华人民共和国外国企业所得税法》，即日公布，自1982年1月1日起施行。

## 1982年

2月21日，根据《中华人民共和国外国企业所得税法》，经国务院批准，财政部公布《中华人民共和国外国企业所得税法实施细则》。

3月4日，国务院批转财政部报送的《关于清查偷漏欠税情况和加强税收工作的报告》。

3月15日至29日，财政部在北京召开全国税务工作会议，研究贯彻国务院关于加强税收工作的文件等问题，国务院副总理姚依林听取了会议情况汇报并作了指示。

3月18日，国务院发布《关于调整农村社队企业工商税收负担的补充规定》。

3月26日，国务院批转财政部报送的《关于严格财政管理制止乱开减收增支口子的报告》，其中提出了有关税收的措施。

4月19日，财政部发布《增值税暂行办法》。

4月22日，国务院批转国家计委、财政部报送的《关于征收烧油特别税的报告》和财政部制定的《关于征收烧油特别税的试行规定》，规定自7月1日起开征烧油特别税。6月19日，财政部发布《关于征收烧油特别税若干问题的补充规定》。

4月28日，财政部部长王丙乾在第五届全国人民代表大会常务委员会第二十三次会议上所作的关于财政工作的报告中提出了有关税收的措施，会议批准了上述报告。

4月30日，国务院批转财政部报送的《关于加强省、自治区税务局机构的报告》。

7月16日，根据中共中央主席胡耀邦等领导关于税收工作的批示，财政部发出《关于贯彻执行中央领导同志对税收工作批示的通知》。

8月6日，中共中央组织部批复同意中共财政部党组报送的《关于税务部门干部管理的意见》。

9月1日，中共中央主席胡耀邦在中国共产党第十二次全国代表大会上所作的报告中论述了有关的税收问题。

11 月 11 日，经国务院原则批准，国务院办公厅转发国务院经济法规研究中心报送的《1982—1986 年经济立法规划（草案)》，其中涉及多项税收立法。

11 月 30 日、12 月 1 日，国务院总理赵紫阳在第五届全国人民代表大会第五次会议上所作的《关于第六个五年计划的报告》和财政部部长王丙乾在会上所作的关于财政工作的报告中分别提出了关于税制改革的设想，会议批准了上述报告。

11 月 30 日，国务院总理赵紫阳主持召开国务院常务会议，听取财政部关于国营企业“利改税”工作的汇报。

12 月 1 日，中共中央、国务院发出《关于征集国家能源交通重点建设基金的通知》。12 月 15 日，国务院发布《国家能源交通重点建设基金征集办法》，其中规定该项基金自 1983 年 1 月 1 日起开征，征集工作由税务部门负责。

12 月 4 日，第五届全国人民代表大会第五次会议通过新的《中华人民共和国宪法》，其中第五十六条规定：“中华人民共和国公民有依照法律纳税的义务。”

12 月 10 日，第五届全国人民代表大会第五次会议通过《中华人民共和国国民经济和社会发展第六个五年计划》，其中提出了有关税收的措施。

12 月 13 日，国务院发布《牲畜交易税暂行条例》，自 1983 年 1 月 1 日起施行。

## 1983 年

2 月 11 日，国务院总理赵紫阳主持召开国务院常务会议，听取财政部关于国营企业“利改税”工作的汇报。

3 月 2 日，人民日报发表社论：《利改税是一项重大改革》。

3 月 17 日至 29 日，财政部召开在北京召开全国“利改税”工作会议，中共中央政治局常委、国务院总理赵紫阳和国务院常务会议听取了会议情况的汇报。

4 月 17 日，《人民日报》就国营企业“利改税”发表社论：《一个重要的原则——国家得大头》。

4 月 24 日，国务院批转财政部报送的《关于全国利改税工作会议的报告》和《关于国营企业利改税试行办法》，国营企业“利改税”试行办法自当年 1 月 1 日起施行。4 月 29 日，财政部据此发布《关于对国营企业征收所得税的暂行规定》。

5 月 19 日，国务院发出《关于不要撤并地方税务机构的通知》。

6 月 6 日，国务院总理赵紫阳在第六届全国人民代表大会第一次会议上所作的《政府工作报告》中提出，要进一步完善国营企业“利改税”制度，改进和稳定国家与企业之间、中央与地方之间的分配关系。6 月 7 日，财政部部长王丙乾在会上所作的关于财政工作的报告中阐述了国营企业“利改税”的具体内容和意义。会议批准了上述报告。

6 月 24 日，国务院批转财政部报送的《关于统一制发税务人员服装、帽徽的请示报告》。

7 月，国务院批准增加税务干部 4 万人。

8 月 15 日，《经济日报》发表社论：《加强税收工作，完善税收制度》。

8 月 24 日，国务院发出《关于抓紧增收节支确保今年财政收支基本平衡的紧急通知》，其中作出了有关税收的规定。

9月2日，第六届全国人民代表大会常务委员会第二次会议通过《关于修改〈中华人民共和国中外合资经营企业所得税法〉的决定》。

9月3日，中共中央、国务院发布《关于加强利用外资工作的指示》，其中作出了有关税收的规定。

同日，经国务院批准，国务院办公厅转发财政部报送的《关于调整农村社队企业和基层供销社缴纳工商所得税税率的规定》。

9月6日，中国政府与日本政府签订关于避免对所得双重征税和防止偷漏税的协定。

9月20日，国务院发布《建筑税征收暂行办法》，自10月1日起施行。11月18日，财政部据此发布《建筑税征收暂行办法施行细则》。

10月8日，根据国务院的决定，财政部税务总局发布《关于个体工商业户必须依法纳税的通告》。

11月12日，国务院发布《关于对农林特产收入征收农业税的若干规定》。

12月23日，中共中央政治局常委、国务院总理赵紫阳主持召开中央财经领导小组会议，听取财政部关于国营企业“利改税”第二步改革工作的汇报。

## 1984年

1月12日，国务院副总理田纪云在《经济日报》上发表署名文章：《关于完善利改税制度的几个问题》。

3月21日，中共中央批准金鑫任中共财政部党组成员（副部长级）。4月17日，国务院任命金鑫为财政部税务总局局长。

4月21日，国务院总理赵紫阳主持召开国务院常务会议，听取财政部关于国营企业“利改税”第二步改革方案的汇报。

4月30日，中国政府与美国政府签订关于避免对所得双重征税和防止偷漏税的协定。

5月15日，国务院总理赵紫阳在第六届全国人民代表大会第二次会议上所作的《政府工作报告》中提出了关于国营企业“利改税”的第二步改革的设想。5月16日，国务委员兼财政部部长王丙乾在会上所作关于财政工作的报告中阐述了国营企业“利改税”第二步改革的具体内容。会议批准了上述报告。

5月30日，中国政府与法国政府签订关于避免对所得双重征税和防止偷漏税的协定。

5月31日，第六届全国人民代表大会第二次会议通过《中华人民共和国民族区域自治法》，其中作出了有关税收的规定。

6月22日至7月7日，全国“利改税”第二步改革工作会议在北京召开。国务院副总理姚依林、田纪云和国务委员宋平、王丙乾到会，田纪云和王丙乾讲话。会议期间，中共中央政治局常委、国务院总理赵紫阳和国务院其他领导姚依林、田纪云、王丙乾以及中央财经领导小组先后听取了会议情况的汇报。

6月28日，国务院发布《国营企业奖金税暂行规定》，自当年起施行。8月17日，财政部发出关于执行上述规定的通知。

7月2日至5日，财政部税务总局在北京召开全国税务工作会议。

7月8日、13日，《人民日报》、《经济日报》分别就国营企业“利改税”发表社论和评论员文章：《重大的突破——实行利改税第二步改革的目的和意义》、《不要企望毕其功于一役》。

7月17日、8月18日，中共中央政治局常委、国家主席李先念和中共中央顾问委员会副主任薄一波先后为即将于当年10月创刊的《中国税务》月刊题词。

7月26日，中国政府与英国政府签订关于避免对所得和财产收益双重征税和防止偷漏税的协定。

9月18日，第六届全国人民代表大会常务委员会第七次会议通过《关于授权国务院改革工商税制和发布试行有关税收条例（草案）的决定》。9月19日，《人民日报》就此发表社论：《利改税是城市改革的钥匙》。

9月18日，国务院批转财政部报送的《关于国营企业推行利改税第二步改革的报告》和《国营企业第二步利改税试行办法》，规定国营企业第二步“利改税”自10月1日起试行。

9月18日，国务院发布《中华人民共和国产品税条例（草案）》、《中华人民共和国增值税条例（草案）》、《中华人民共和国营业税条例（草案）》、《中华人民共和国盐税条例（草案）》、《中华人民共和国资源税条例（草案）》、《中华人民共和国国营企业所得税条例（草案）》等6个税收条例（草案）和《国营企业调节税征收办法》，上述法规均自10月1日起试行，工商税同时取消。根据上述法规，财政部于9月28日发布《中华人民共和国产品税条例（草案）实施细则》、《中华人民共和国增值税条例（草案）实施细则》、《中华人民共和国营业税条例（草案）实施细则》、《中华人民共和国盐税条例（草案）实施细则》和《资源税若干问题的规定》，于10月18日发布《中华人民共和国国营企业所得税条例（草案）实施细则》。

10月20日，中国共产党第十二届中央委员会第三次全体会议通过《中共中央关于经济体制改革的决定》，其中提出了有关税收的措施。

11月15日，国务院发布《关于经济特区和沿海十四个港口城市减征、免征企业所得税和工商统一税的暂行规定》。

12月17日，中国税务学会在北京召开成立大会，中共中央政治局常委、国家主席李先念给大会发了贺信，国务委员兼财政部部长王丙乾到会祝贺。

## 1985年

1月21日，第六届全国人民代表大会常务委员会第九次会议通过《中华人民共和国会计法》，其中作出了有关税收的规定。

2月8日，国务院发布《中华人民共和国城市维护建设税暂行条例》，自当年起施行。

2月26日，国务院发布《中华人民共和国进出口关税条例》和新的《中华人民共和国海关进出口税则》，3月7日公布，自3月10日起施行。

3月13日，中共中央发布《关于科学技术体制改革的决定》，其中提出了有关税收的措施。

3月21日，国务院发出《关于实行“划分税种、核定收支、分级包干”财政管理体制的通知》，其中作出了有关税收的规定。

3月22日，国务院批转财政部报送的《关于对进出口产品征、退产品税或增值税的报告》和《关于进出口产品征、退产品税或增值税的规定》。

3月27日、28日，国务院总理赵紫阳和国务委员兼财政部部长王丙乾分别在第六届全国人民代表大会第三次会议上所作的《政府工作报告》和关于财政工作的报告中肯定了国营企业“利改税”的成效，并提出要进一步加强税收工作，会议批准了上述报告。

第一季度，中国税务学会会刊《税务研究》第一期出版发行。

4月11日，国务院发布《中华人民共和国集体企业所得税暂行条例》，自当年起施行。7月22日，财政部据此发布《中华人民共和国集体企业所得税暂行条例施行细则》。

4月18日，中国政府与比利时政府签订关于避免对所得双重征税和防止偷漏税的协定。

6月10日，中国政府与德意志联邦共和国政府签订关于避免对所得和财产双重征税的协定。

6月26日，国务院发出《关于对若干商品开征进口调节税的通知》。进口调节税于当年7月16日开征，1992年4月1日取消。

7月3日，国务院发布《国营企业工资调节税暂行规定》，修订发布《国营企业奖金税暂行规定》，均自当年起施行。根据上述法规，9月12日、9月18日，财政部先后发布《国营企业奖金税暂行规定施行细则》和《国营企业工资调节税暂行规定施行细则》。

7月23日至8月7日，财政部税务总局在北京召开全国税务工作会议，重点研究加强税收理论体系、税制体系、征管体系和税务干部队伍建设等问题。会议期间，国务院总理赵紫阳主持召开国务院常务会议听取了会议情况的汇报，国务院副总理田纪云召集税务总局领导和部分省、市税务局长开了座谈会，国务委员兼财政部部长王丙乾到会讲话。7月23日、8月8日，《经济日报》先后发表评论员文章、社论：《严肃税收法纪，制止偷税漏税》、《税收工作要为宏观调控服务》。

8月5日，中国税务学会名誉会长，山东省第五届人民代表大会常务委员会副主任，财政部原党组成员、部长助理、税务总局局长，山东省原副省长李予昂因病逝世，享年85岁。李予昂追悼会举行时，党和国家领导人李先念、陈云、彭真、习仲勋、杨得志、姚依林、郝建秀、薄一波、张劲夫、王丙乾送了花圈。

8月19日，国务院批转财政部报送的《关于开展税收、财务大检查的报告》。此后，全国每年开展一次税收、财务大检查，直至1997年。

8月24日，国务院发布《集体企业奖金税暂行规定》，自当年起施行。11月2日，财政部据此发布《集体企业奖金税暂行规定实施办法》。

同日，财政部发布《关于改进屠宰税征税办法的若干规定》。

8月29日，《人民日报》发表国务院副总理田纪云的文章：《努力做好新形势下的税收工作》。

9月6日，财政部发布《税务专管员守则》。

9月20日，国务院发布《事业单位奖金税暂行规定》，自当年起施行。11月15日，财政部据此发布《事业单位奖金税暂行规定实施细则》。

9月23日，中国共产党全国代表会议通过《中共中央关于制定国民经济和社会发展第七个五年计划的建议》，其中提出了有关税收的措施。

10 月，国务院批准从 1986 年至 1988 年间增加税务干部编制 10 万人。

11 月 23 日，中国政府与马来西亚政府签订关于避免对所得双重征税和防止偷漏税的协定。

11 月，根据关税条例，经国务院批准，成立税则委员会。海关总署署长戴杰、财政部副部长田一农分别担任主任和副主任。

## 1986 年

1 月 7 日，国务院发布《中华人民共和国城乡个体工商业户所得税暂行条例》，自当年起施行。4 月 18 日，财政部据此发布《关于城乡个体工商业户所得税的若干政策规定》。

2 月 25 日，中国政府与挪威政府签订关于避免对所得双重征税和防止偷漏税的协定。

3 月 25 日，国务院总理赵紫阳在第六届全国人民代表大会第四次会议上所作的《关于第七个五年计划的报告》中提出了在“七五”期间进一步完善税制的建议。3 月 26 日，国务委员兼财政部部长王丙乾在会上所作的关于财政工作的报告中提出了关于 1986 年完善税制工作的建议。会议批准了上述报告。

3 月 26 日，中国政府与丹麦政府签订关于避免对所得双重征税和防止偷漏税的协定。

4 月 7 日，中共中央总书记胡耀邦主持召开中央书记处会议，听取中共财政部党组成员、财政部税务总局局长金鑫代表财政部党组所作的关于税收工作的汇报。中央书记处原则同意上述汇报，并就加强税收工作作出重要指示。5 月 17 日，《经济日报》为此发表社论：《认真加强税务干部队伍建设》。

4 月 12 日，第六届全国人民代表大会第四次会议批准《中华人民共和国国民经济和社会发展第七个五年计划》，其中提出了有关税收的措施。

同日，第六届全国人民代表大会第四次会议通过《中华人民共和国民法通则》，其中作出了有关税收的规定。

4 月 18 日，中国政府与新加坡政府签订关于避免对所得双重征税和防止偷漏税的协定。

4 月 21 日，国务院发布《中华人民共和国税收征收管理暂行条例》，自 7 月 1 日起施行。5 月 3 日，《经济日报》、《人民日报》分别就此发表社论和评论员文章：《加强税收法制建设的一项重大措施》、《维护税法的严肃性》。

4 月 28 日，国务院发布《征收教育费附加的暂行规定》，规定此项附加由税务机关负责征收，自 7 月 1 日起施行。

5 月 12 日，中国政府分别与加拿大、芬兰政府签订关于避免对所得双重征税和防止偷漏税的协定。

5 月 16 日，中国政府与瑞典政府签订关于避免对所得双重征税和防止偷漏税的协定。

6 月 2 日，国务院决定将船舶吨税划归交通部管理，由海关代征。

6 月 16 日，最高人民检察院和财政部发出《关于进一步搞好查处偷税抗税案件工作的联合通知》。

7 月 7 日至 17 日，财政部税务总局在北京召开全国税务工作会议。

7 月 25 日，国务院发出《关于废止部分财贸法规的通知》，其中包括一批税收法规。

7 月 31 日，根据维也纳外交关系公约、维也纳领事馆系公约和国际惯例，外交部、财政部发出《关于对外国驻华使、领馆人员免征地方性捐税的通知》。

8月19日，根据税收征管暂行条例，财政部发布《全国发票管理暂行办法》。

8月20日，财政部税务总局印发《关于加强税务部门思想政治工作的意见》和《税务专管员“五要”、“十不准”规定》。

9月15日，国务院发布《中华人民共和国房产税暂行条例》和《中华人民共和国车船使用税暂行条例》，均自10月1日起施行。根据上述暂行条例，9月25日，财政部税务总局发布《关于房产税若干具体问题的解释和暂行规定》和《关于车船使用税若干具体问题的解释和暂行规定》。

9月16日，中国政府与新西兰政府签订关于避免对所得双重征税和防止偷漏税的协定。

9月25日，国务院发布《中华人民共和国个人收入调节税暂行条例》，自1987年1月1日起施行。12月10日，财政部据此发布《中华人民共和国个人收入调节税暂行条例施行细则》。

10月27日，中国政府与泰国政府签订关于避免对所得双重征税和防止偷漏税的协定。

10月31日，中国政府与意大利政府签订关于避免对所得双重征税和防止偷漏税的协定。

## 1987年

1月22日，第六届全国人民代表大会常务委员会第十九次会议通过《中华人民共和国海关法》，其中第五章为《关税》。该法即日公布，自7月1日起施行。9月12日，国务院据此修订发布《中华人民共和国进出口关税条例》，自10月15日起施行。

3月7日，经国务院批准，国务院办公厅发出《关于成立国务院关税税则委员会的通知》，国务委员兼财政部部长王丙乾任第一届国务院关税税则委员会主任。

3月26日，国务委员兼财政部部长王丙乾在第六届全国人民代表大会第五次会议上所作关于财政工作的报告中提出了加强税收工作的要求，会议批准了上述报告。

4月1日，国务院发布《中华人民共和国耕地占用税暂行条例》，即日起施行。6月25日，财政部据此发布《关于耕地占用税具体政策的规定》。

4月8日，国务院发布《关于严肃税收法纪加强税收工作的决定》。4月18日，《人民日报》和《经济日报》分别发就此表评论员文章：《重视税务工作，开辟更多税源》、《重视税收工作，加强宏观控制》。5月4日至7日，财政部税务总局召开全国税务局长会议，重点研究贯彻国务院上述决定的措施。

4月20日，国务院办公厅印发《国务院“七五”期间立法规划》，其中包括一批税收立法项目。

4月21日，最高人民检察院发出《关于积极查处偷税抗税案件的通知》。

5月13日，中国政府与荷兰政府签订关于避免对所得双重征税和防止偷漏税的协定。

5月25日，财政部发出《关于对“三通”船舶免征工商统一税和外国企业所得税的通知》（“三通”指中国大陆与台湾地区之间通邮、通商和通航，——笔者注）。

6月8日，中国政府与德意志民主共和国政府签订关于避免对所得双重征税和防止偷漏税的协定。

6 月 11 日，中国政府与捷克斯洛伐克共和国政府签订关于避免对所得双重征税和防止偷漏税的协定。

6 月 25 日，国务院发布《中华人民共和国建筑税暂行条例》，自 7 月 1 日起施行。8 月 9 日，财政部据此发布《中华人民共和国建筑税暂行条例实施细则》。

7 月 14 日至 16 日，财政部在北京召开全国财税系统劳动模范、先进集体代表会议，中共中央政治局常委、国家主席李先念等党和国家领导人接见了会议代表，国务委员兼财政部部长王丙乾向会议发了贺信。

7 月 29 日，中共中央政治局委员、中央政法委书记、国务院副总理乔石就保护税务干部依法征税，打击暴力抗税问题作出重要批示。

10 月 25 日，中共中央代总书记赵紫阳在中国共产党第十三次全国代表大会上所作的报告中论述了有关的税收问题。

11 月 24 日，全国人民代表大会常务委员会通过《关于批准法制工作委员会关于对 1978 年底以前颁布的法律进行清理情况和意见报告的决定》。据此，一批失去法律效力的税收法律不再适用（似应理解为废止——笔者注）。

## 1988 年

2 月 29 日至 3 月 8 日，财政部税务总局在湖南省株洲市召开全国税务系统政治工作会议。

3 月 25 日，国务院代总理李鹏在第七届全国人民代表大会第一次会议上所作的《政府工作报告》中提出了加强税收工作的要求。3 月 26 日，国务委员兼财政部部长王丙乾在会上所作关于财政工作的报告中提出了关于 1988 年税制改革与调整的建议。会议批准了上述报告。

5 月 3 日，国务院公布改革以后的直属机构序列，将财政部税务总局升格为国家税务局（副部级机构，由财政部归口管理），任命金鑫为国家税务局局长。

5 月 14 日，国务院办公厅发出《关于加强税收工作的紧急通知》。

6 月 7 日，中国政府与波兰政府签订关于避免对所得双重征税和防止偷漏税的协定。

6 月 25 日，国务院发布《中华人民共和国私营企业所得税暂行条例》和《关于征收私营企业投资者个人收入调节税的规定》，均自当年起施行。11 月 17 日，财政部根据上述暂行条例发布《中华人民共和国私营企业所得税暂行条例施行细则》。

7 月 2 日至 12 日，国家税务局在北京召开全国税务工作会议，重点研究以法治税，深化税制改革，加强税收征管和税务干部队伍建设等问题，国务委员兼财政部部长王丙乾到会讲话。会议期间，中共中央、国务院领导李鹏、姚依林、田纪云、王丙乾、李贵鲜等人听取了会议情况的汇报，中共中央政治局常委、国务院总理李鹏讲话时提出了加强税收工作的要求。

8 月 6 日，国务院发布《中华人民共和国印花税暂行条例》，自 10 月 15 日起施行。9 月 29 日，财政部据此发布《中华人民共和国印花税暂行条例施行细则》。

8 月 13 日至 18 日，最高人民检察院与国家税务局在吉林省长春市联合召开全国查处偷税抗税工作会议。

9月中下旬，中共中央先后召开中央工作会议和第十三届中央委员会第三次全体会议，会议作出了治理经济环境，整顿经济秩序，全面深化改革的决定，提出了加强税收的要求。

9月22日，国务院发布《中华人民共和国筵席税暂行条例》，施行日期由各省、自治区和直辖市人民政府确定。

9月27日，国务院发布《中华人民共和国城镇土地使用税暂行条例》，自11月1日起施行。10月24日，国家税务局据此发布《关于土地使用税若干具体问题的解释和暂行规定》。

10月10日，国家机构编制委员会印发《国家税务局“三定”方案》（“三定”即定机构、定职责和定编制——笔者注）。

11月17日，中国政府与澳大利亚政府签订关于避免对所得双重征税和防止偷漏税的协定。

12月2日，中国政府与南斯拉夫政府签订关于避免对所得和财产双重征税的协定。

12月27日，国务院发布《关于整顿税收秩序加强税收管理的决定》。

## 1989年

1月1日，经国务院批准，财政部发布《开采海洋石油资源缴纳矿区使用费的规定》，即日起施行，其中规定海洋原油和天然气的矿区使用费由税务机关负责征收管理。

1月3日、5日，经国务院批准，国务院办公厅先后转发《国家税务局关于清理整顿和严格控制减税免税的意见》，发出《关于各部门配合税务机关加强税收征管工作的通知》。1月24日，国家税务局就贯彻1988年12月27日国务院发布的《关于整顿税收秩序加强税收管理的决定》和国务院办公厅的上述文件发出通知。

1月5日，经国务院批准，国务院办公厅转发国家计划委员会报送的《关于加强小轿车销售管理的请示》，其中提出对小轿车征收特别消费税。4月1日，国家税务局据此发布《关于对小轿车征收特别消费税有关问题的规定》，规定自2月1日起对小轿车征收特别消费税。

1月6日，《人民日报》、《经济日报》分别就1988年12月27日国务院发布《关于整顿税收秩序加强税收管理的决定》发表评论员文章：《整顿税收秩序，严格依法治税》、《坚持以法治税》。

1月25日，国务院发出《关于对彩色电视机实行专营管理的通知》，其中规定彩色电视机专营以后征收特别消费税。2月14日，国家税务局据此发出《关于对彩色电视机征收特别消费税有关问题的通知》，规定自2月1日起对彩色电视机征收特别消费税。1992年4月24日，国务院决定停止对彩色电视机实行专营管理，并停止征收彩色电视机特别消费税。

2月17日，国务院发布《国家预算调节基金征集办法》，其中规定该项基金自当年1月1日起开征，征集工作由税务机关负责。

2月20日至24日，国家税务局在北京召开全国税务局长会议，重点研究贯彻落实国务院及其办公厅关于加强税收工作的一系列文件的措施，国务委员兼财政部部长王丙乾到会讲话。

2月21日，国务院发出《关于切实做好耕地占用税征收工作的通知》。

3 月 8 日，国务院发出《关于调整省、自治区、直辖市金融、税务部门和部分海关干部管理体制问题的通知》。

3 月 13 日，国务院发出《关于进一步做好农林特产农业税征收工作的通知》。

3 月 20 日、21 日，国务院总理李鹏在第七届全国人民代表大会第二次会议上所作的《政府工作报告》和国务委员兼财政部部长王丙乾在会上所作关于财政工作的报告分别中提出了加强税收工作的措施，会议批准了上述报告。

6 月 9 日，国家税务局发布《税务机关监察工作暂行规定（试行）》。

7 月 11 日，国务院总理李鹏主持召开总理办公会议，听取国家税务局局长金鑫和河北、江苏、山东三省税务局负责人关于个体经济税收情况的汇报，中共中央总书记江泽民到会并讲话，会议提出了加强个体经济税收征管工作的要求。7 月 15 日，国家税务局据此发出《关于开展对个体工商业户税收检查的通知》。8 月 30 日，国务院发布《关于大力加强城乡个体工商户和私营企业税收征管工作的决定》。

8 月 12 日，国务院发出《关于清理拖欠和占压税款的通知》。

8 月 30 日至 9 月 5 日，国家税务局在北京召开全国税务工作会议，国务委员兼财政部部长王丙乾到会讲话。

9 月 6 日，国家税务局、人事部和中国财贸工会在北京召开全国税务系统劳动模范和先进集体电话表彰会议，国务委员兼财政部部长王丙乾到会讲话。

10 月 19 日，根据税收征管暂行条例，国家税务局发布《税务行政复议规则（试行）》。

11 月 4 日，最高人民法院发出《关于人民法院大力支持税收征管工作的通知》。

11 月 6 日，中国政府与保加利亚政府签订关于避免对所得双重征税和防止偷漏税的协定。

11 月 9 日，中国共产党第十三届中央委员会第五次全体会议通过《中共中央关于进一步治理整顿和深化改革的决定》，其中提出了有关税收的措施。

11 月 15 日，中国政府与巴基斯坦政府签订关于避免对所得双重征税和防止偷漏税的协定。

12 月 18 日，国家税务局印发《关于全国税收征管改革的意见》。

12 月 25 日，中国政府与科威特政府签订关于避免对所得双重征税和防止偷漏税的协定。

## 1990 年

1 月 15 日，经国务院批准，财政部发布《中外合作开采陆上石油资源缴纳矿区使用费暂行规定》，自当年 1 月 1 日起施行，其中规定陆上原油和天然气的矿区使用费由税务机关负责征收管理。

1 月 16 日，中共中央政治局常委、国务院总理李鹏对国家税务局关于 1989 年超额完成工商税收任务的报告予以批示肯定。

3 月 20 日、21 日，国务院总理李鹏在第七届全国人民代表大会第三次会议上所作的《政府工作报告》和国务委员兼财政部部长王丙乾在会上所作关于财政工作的报告中分别提出了加强税收工作的措施，会议批准了上述报告。

7月6日，中国政府与瑞士政府签订关于避免对所得双重征税和防止偷漏税的协定。

7月21日，中国政府与苏联政府签订关于避免对所得双重征税和防止偷漏税的协定。

10月15日，中国税务学会首次邀请以中国租税研究会理事长鲍亦荣为首的海峡两岸税务交流会台北访问团从台湾来大陆进行税务交流。

10月25日，中国政府与塞浦路斯政府签订关于避免对所得和财产双重征税和防止偷漏税的协定。

11月22日，中国政府与西班牙政府签订关于避免对所得双重征税和防止偷漏税的协定。

## 1991年

1月3日，国家税务局机关报——《中国税务报》创刊，全国政治协商会议主席李先念，中共中央政治局委员、国务院副总理田纪云，中共中央顾问委员会副主任薄一波，中共中央顾问委员会常务委员张劲夫，国务委员兼财政部部长王丙乾等领导人为该报创刊题词。

1月16日，中国政府与罗马尼亚政府签订关于避免对所得双重征税和防止偷漏税的协定。

3月6日，国务院发布《国家高新技术产业开发区税收政策的规定》。

3月25日、3月26日，国务院总理李鹏在第七届全国人民代表大会第四次会议所作的《国民经济和社会发展十年规划和第八个五年计划纲要的报告》和国务委员兼财政部部长王丙乾在会议上所作的关于财政工作的报告中，分别提出了税制改革和加强税收工作的措施，会议批准了上述报告。

4月9日，第七届全国人民代表大会第四次会议批准《中华人民共和国国民经济和社会发展十年规划和第八个五年计划纲要》，其中提出了有关税收的措施。

同日，第七届全国人民代表大会第四次会议通过《中华人民共和国外商投资企业和外国企业所得税法》，即日公布，自7月1日起施行。6月30日，国务院据此发布《中华人民共和国外商投资企业和外国企业所得税法实施细则》。

4月10日，中国政府与奥地利政府签订关于避免对所得双重征税和防止偷漏税的协定。

4月16日，国务院发布《中华人民共和国固定资产投资方向调节税暂行条例》，自当年起施行。6月18日，国家税务局据此发布《中华人民共和国固定资产投资方向调节税暂行条例实施细则》。

7月24日至8月1日，国家税务局在北京召开全国税务工作会议。7月31日，中共中央、国务院领导李鹏、邹家华、王丙乾等人听取了会议的情况汇报，中共中央政治局常委、国务院总理李鹏讲话时提出了加强税收工作的要求。

8月5日，中国政府与巴西政府签订关于避免对所得双重征税和防止偷漏税的协定。

8月26日，中国政府与蒙古政府签订关于避免对所得双重征税和防止偷漏税的协定。

9月29日，根据1990年12月24日国务院发布的《行政复议条例》和1989年10月19日国家税务局发布的《税务行政复议规则（试行）》执行的经验，国家税务局发布《税务行政复议规则》，自10月15日起施行。

12月9日，国务院批转国家税务局报送的《关于进一步推进依法治税加强税收管理的报告》。

## 1992 年

1 月 15 日，中共中央政治局常委、国务院总理李鹏对国家税务局关于 1991 年税收收入完成情况的报告予以批示肯定。

1 月 18 日至 2 月 21 日，邓小平同志视察中国南方，沿途发表一系列重要谈话，其中论述了有关的税收问题。

2 月 23 日，国务院办公厅发出《关于严格执行欠税交纳滞纳金制度的通知》。

2 月 24 日，国家税务局发出《关于开展“税收宣传月”活动的通知》，决定从当年 4 月起，将每年 4 月作为全国“税收宣传月”。

3 月 8 日，国务院发布《国家中长期科学技术发展纲领》，其中作出了有关税收的规定。

3 月 16 日，最高人民法院和最高人民检察院发布《关于办理偷税、抗税刑事案件具体应用法律的若干问题的解释》。

3 月 18 日，国务院发布修订以后的《中华人民共和国进出口关税条例》，自 4 月 1 日起施行。

3 月 20 日、21 日，国务院总理李鹏在第七届全国人民代表大会第五次会议上所作的《政府工作报告》和国务委员兼财政部部长王丙乾在会议上所作的关于财政工作的报告中，分别提出了加快税制改革和加强税收工作的措施，会议批准了上述报告。

4 月 18 日，国家教育委员会发出文件，同意将吉林财贸学院划归国家税务局领导，并更名为长春税务学院。2000 年 2 月 12 日，国务院办公厅发出文件，将该学院调整为中央与地方共建、以地方管理为主的学校。2002 年 1 月 29 日，教育部等部门发出文件，明确原国家税务总局主管的长春税务学院移交吉林省人民政府主管。

5 月 19 日，国家教育委员会发出文件，同意成立扬州大学，下设税务学院。经中央机构编制委员会办公室批准，1999 年 11 月 25 日，扬州大学税务学院更名为国家税务总局扬州税务进修学院；2004 年 10 月 29 日，该学院加挂中共国家税务总局党校牌子。

6 月 17 日，中国政府与匈牙利政府签订关于避免对所得双重征税和防止偷漏税的协定。

7 月 23 日至 29 日，国家税务局在北京召开全国税务工作会议，主要议题是加快税收改革，国务委员兼财政部部长王丙乾到会讲话。

8 月 10 日，国务院办公厅发出《关于严格执行国家涉外税收法律、行政法规的通知》。

8 月 14 日，国家税务局印发《税务系统计算机应用与现代化管理工作十年规划和“八五”计划》。

9 月 4 日，第七届全国人民代表大会常务委员会第二十七次会议通过《中华人民共和国税收征收管理法》和《全国人民代表大会常务委员会关于惩治偷税、抗税犯罪的补充规定》，即日公布，自 1993 年 1 月 1 日起施行。9 月 6 日，《人民日报》就此发表评论员文章：《推进依法治税的重大步骤》。

10 月 12 日，中共中央总书记江泽民在中国共产党第十四次全国代表大会上所作的报告中论述了有关的税收问题。中共财政部党组成员、国家税务局局长金鑫当选为本次会议的代表。

## 1993 年

2 月 2 日，中国政府与马耳他政府签订关于避免对所得双重征税和防止偷漏税的协定。

3 月 15 日，国务院总理李鹏在第八届全国人民代表大会第一次全体会议上所作的《政府工作报告》中提出，要进一步改革财政税收体制，理顺中央与地方、国家与企业的分配关系，会议批准了上述报告。国家税务局局长金鑫当选为本次会议的代表。

3 月 16 日，财政部部长刘仲藜在上述会议上所作的关于财政工作的报告中提出了推进税制改革和加强税收工作的措施，会议批准了上述报告。

4 月 19 日，国务院发出《关于国务院机构设置的通知》，将国家税务局更名为国家税务总局，并升格为国务院直属机构，金鑫继续担任局长。

4 月 23 日、29 日，中共中央总书记江泽民先后两次主持召开中央财经领导小组会议，听取财政部、国家税务总局关于财政、税收工作的汇报，研究税制改革和财政管理体制改革工作，并提出了对财政、税收工作的要求。

4 月 28 日，中共中央总书记江泽民专门听取国家税务总局局长金鑫、副局长杨崇春关于税收工作的汇报。

5 月 18 日，中共中央纪律检查委员会、监察部发出《关于中央直属机关和中央国家机关纪检、监察机构设置的意见》，其中提出中央纪委、监察部在国家税务总局设立派驻纪检、监察机构。

6 月 24 日，中共中央、国务院发出《关于当前经济情况和加强宏观调控的意见》，其中提出了加强税收工作的若干重要措施。

7 月 1 日，中国政府与阿拉伯联合酋长国政府签订关于避免对所得双重征税和防止偷漏税的协定。

7 月 20 日至 26 日，国家税务总局在北京召开全国税务局长会议，重点研究加强宏观调控问题，中共中央政治局常委、国务院副总理朱镕基到会讲话。

8 月 4 日，根据《中华人民共和国税收征收管理法》，国务院发布《中华人民共和国税收征收管理法实施细则》，即日起施行。

8 月 30 日至 9 月 3 日，国务院常务会议、中共中央政治局常务委员会会议先后讨论并原则通过国家税务总局起草的税制改革方案和财政部起草的分税制财政管理体制改革方案。

10 月 31 日，第八届全国人民代表大会常务委员会第四次会议通过《关于修改〈中华人民共和国个人所得税法〉的决定》，即日公布，自 1994 年 1 月 1 日起施行。

11 月 6 日，根据税收征管法及其实施细则，国家税务总局发布修订以后的《税务行政复议规则》。

11 月 14 日，中国共产党第十四届中央委员会第三次全体会议通过《中共中央关于建立社会主义市场经济体制若干问题的决定》，其中作出了有关税收的规定。

11 月 15 日，国务院发出《关于实行财政分税制有关问题的通知》。

11 月 16 日，国务院发出《关于组建国家税务总局在各地的直属税务机构和地方税务局有关问题的通知》。

11 月 25 日至 27 日，国务院先后召开总理办公会议、常务会议和全体会议，研究、部署税制改革等项工作。

11 月 25 日，中共中央政治局常委、国务院副总理朱镕基接见财政部、国家税务总局和国家国有资产管理局处级以上干部，并就财税改革等问题发表了重要讲话。

11 月 29 日至 30 日，国家税务总局在北京召开专门研究税务机构问题的全国税务局长会议，中共中央政治局常委、国务院副总理朱镕基到会讲话。

12 月 1 日，中共中央政治局常委、国务院总理李鹏在全国经济工作会议上的讲话中部署了 1994 年税制改革和分税制财政管理体制改革的有关工作。

12 月 9 日，经国务院批准，国务院办公厅转发国家税务总局报送的《关于组建在各地的直属税务机构和地方税务局的实施意见》。

12 月 13 日，国务院发布《中华人民共和国增值税暂行条例》、《中华人民共和国消费税暂行条例》、《中华人民共和国营业税暂行条例》、《中华人民共和国企业所得税暂行条例》和《中华人民共和国土地增值税暂行条例》，上述法规均自 1994 年 1 月 1 日起施行。12 月 25 日，根据上述有关法规，财政部发布《中华人民共和国增值税暂行条例实施细则》、《中华人民共和国消费税暂行条例实施细则》、《中华人民共和国营业税暂行条例实施细则》。

12 月 15 日，国务院发布《关于实行分税制财政管理体制的决定》。

同日，中央机构编制委员会发出《关于国家税务总局地方分局和地方税务局机构级别的通知》。

12 月 20 日，国务院发出通知，将国家税务总局的机构规格由副部级调整为正部级。

12 月 22 日，国务院批转国务院关税税则委员会报送的《关于清理政策性关税减免文件的意见》。

12 月 23 日，经国务院批准，财政部发布《中华人民共和国发票管理办法》，即日起施行。12 月 28 日，国家税务总局据此发布《中华人民共和国发票管理办法实施细则》。

12 月 25 日，国务院批转国家税务总局报送的《工商税制改革实施方案》，自 1994 年 1 月 1 日起施行。

同日，国务院发布《中华人民共和国资源税暂行条例》，自 1994 年 1 月 1 日起施行。12 月 30 日，财政部据此发布《中华人民共和国资源税暂行条例实施细则》。

12 月 29 日，第八届全国人民代表大会常务委员会第五次会议通过《全国人民代表大会常务委员会关于外商投资企业和外国企业适用增值税、消费税、营业税等税收暂行条例的决定》即日公布施行。

## 1994 年

1 月 23 日，国务院发出《关于取消集市交易税、牲畜交易税、烧油特别税、奖金税、工资调节税和将屠宰税、筵席税下放给地方管理的通知》。

1 月 27 日，中共中央批准成立中共国家税务总局党组，金鑫任书记（部长级）。

1 月 28 日，根据《中华人民共和国个人所得税法》，国务院发布《中华人民共和国个人所得税法实施条例》，即日起施行。

1 月 30 日，国务院发布《关于对农业特产收入征收农业税的规定》，即日起施行。

2 月 4 日，根据《中华人民共和国企业所得税暂行条例》，财政部发布《中华人民共和国企业所得税暂行条例实施细则》。

2月5日，国务院任命财政部部长刘仲藜兼任国家税务总局局长，金鑫、杨崇春任国家税务总局副局长。

2月22日，国务院发出《关于外商投资企业和外国企业适用增值税、消费税、营业税等税收暂行条例有关问题的通知》。

2月25日，经国务院领导批准，国家税务总局发出《关于城市维护建设税等地方税有关问题的通知》。

3月10日，国务院总理李鹏在第八届全国人民代表大会第二次会议上所作的《政府工作报告》中提出，要认真实施财税改革方案，理顺中央与地方、国家与企业的分配关系，会议批准了上述报告。

同日，根据1993年12月25日国务院批转国家税务总局报送的《工商税制改革实施方案》，国家税务总局发出《关于屠宰税征收问题的通知》。

3月11日，财政部部长刘仲藜在第八届全国人民代表大会第二次会议上所作的关于财政工作的报告中提出了稳步推进税制改革和加强税收工作的措施，会议批准了上述报告。

3月12日，中国政府与卢森堡政府签订关于避免对所得双重征税和防止偷漏税的协定。

3月16日，经国务院批准，国务院办公厅印发《国家税务总局职能配置、内设机构和人员编制方案》。

3月22日，第八届全国人民代表大会第二次会议通过《中华人民共和国预算法》，其中作出了有关税收的规定。

3月28日，中国政府与韩国政府签订关于避免对所得双重征税和防止偷漏税的协定。

同日，最高人民法院、最高人民检察院、公安部和国家税务总局发出《关于开展打击伪造、倒卖、盗窃发票专项斗争的通知》。3月29日，最高人民法院、最高人民检察院、公安部和国家税务总局召开全国打击伪造、倒卖、盗窃发票专项斗争电话会议，中共中央政治局常委、国务院副总理朱镕基和中央政法委副书记、国务委员罗干等领导到会并讲话。

4月21日，国家新闻出版署批准成立中国税务出版社。

5月27日，中国政府与俄罗斯联邦政府签订关于避免对所得双重征税和防止偷漏税的协定。

6月3日，最高人民法院、最高人民检察院发布《关于办理伪造、倒卖、盗窃发票刑事案件适用法律的规定》。

6月4日，国家税务总局印发《关于制定省、自治区、直辖市国家税务局职能配置、内设机构和人员编制方案的意见》。

6月24日，经国务院批准，国务院办公厅转发财政部、国家税务总局报送的《关于加强个人所得税征收管理的意见》。

7月14日，中国政府与巴布亚新几内亚政府签订关于避免对所得双重征税和防止偷漏税的协定。

7月15日至21日，应中国租税研究会的邀请，以中国税务学会秘书长、原国家税务局副局长王平武为首的中国税务学会代表团首次从大陆赴台湾省进行税务交流。

7月18日，中国政府与印度政府签订关于避免对所得双重征税和防止偷漏税的协定。

7月20日，国务院任命项怀诚为国家税务总局副局长（主持日常工作）。

7 月 29 日，经国务院批准，人事部、财政部和国家税务总局发出《关于国家税务部门工作人员实行税务征收津贴的通知》。

7 月 30 日，国家税务总局发出《关于建立中国国际税收研究会和中国税务咨询协会的通知》。2003 年 8 月，中国税务咨询协会更名为中国注册税务师协会。

8 月 1 日，中国政府与毛里求斯政府签订关于避免对所得双重征税和防止偷漏税的协定。

8 月 2 日至 6 日，国家税务总局在北京召开全国税务局长会议，中共中央政治局常委、国务院副总理朱镕基到会并讲话。

9 月 23 日至 25 日，国家税务总局在辽宁省沈阳市召开全国税收征管改革试点工作会议。

11 月 9 日，经国务院批准，国务院办公厅转发国家税务总局报送的《关于认真贯彻执行中央和地方税务机构征管分工有关规定的请示》。

12 月 23 日，经国务院批准，财政部、国家税务总局发布《关于继续对宣传文化单位实行财税优惠政策的规定》。

12 月 29 日，国务院批转国务院关税税则委员会、财政部和国家税务总局报送的《关于第二步清理关税和进口环节税减免规定的意见》。

## 1995 年

1 月 6 日，中共中央任命项怀诚为中共国家税务总局党组书记。

1 月 9 日，中国政府与克罗地亚政府签订关于避免对所得双重征税和防止偷漏税的协定。

1 月 17 日，中国政府与白俄罗斯政府签订关于避免对所得双重征税和防止偷漏税的协定。

1 月 18 日，国家税务总局在北京举行庆祝建局 45 周年大会，中共中央总书记、国家主席、中央军委主席江泽民，中共中央政治局常委、国务院总理李鹏，中共中央政治局常委、全国人民代表大会常务委员会委员长乔石，中共中央政治局常委、国务院副总理朱镕基，中共中央政治局常委、中央军委副主席刘华清等党和国家领导人为此题词或者表示致贺，中共中央政治局委员、中央书记处书记、国务院副总理吴邦国到会并发表重要讲话，全国人民代表大会常务委员会副委员长王丙乾到会祝贺。同日，国家税务总局发布《关于颁发税务人员荣誉证章、证书的决定》。

1 月 25 日，最高人民法院、最高人民检察院、公安部和国家税务总局召开全国打击伪造、倒卖、盗窃发票专项斗争表彰电话会议，中央政法委副书记、国务委员罗干等领导到会并讲话。

1 月 27 日，根据《中华人民共和国土地增值税暂行条例》，财政部发布《中华人民共和国土地增值税暂行条例实施细则》。

2 月 13 日，中国政府与斯洛文尼亚政府签订关于避免对所得双重征税和防止偷漏税的协定。

2 月 19 日，中国税务学会副会长、财政部原税务总局局长刘志城逝世，享年 76 岁。刘志城追悼会举行时，全国人民代表大会常务委员会副委员长王丙乾送了花圈。

2月22日，《当代中国的工商税收》一书出版座谈会在北京举行，全国人民代表大会常务委员会副委员长王丙乾、《当代中国》丛书编辑委员会主编邓力群到会祝贺，财政部、国家税务总局领导金人庆、杨崇春、贺邦靖和财税系统老领导金鑫、迟海滨、罗东明、任子良等出席。

2月28日，第八届全国人民代表大会常务委员会第十二次会议通过《关于修改〈中华人民共和国税收征收管理法〉的决定》，即日公布施行。

3月2日，国家税务总局印发《关于加强省、自治区、直辖市国家税务局领导班子建设的意见》、《省、自治区、直辖市国家税务局领导干部管理办法（试行）》和《国家税务局系统垂直管理暂行规定》。

3月5日，国务院总理李鹏在第八届全国人民代表大会第三次会议上所作的《政府工作报告》中提出了加强税收工作的要求。3月6日，财政部部长刘仲藜在上述会议上所作的关于财政工作的报告中提出了完善税制改革和加强税收征管的措施。会议批准了上述报告。

4月8日，中国政府与以色列政府签订关于避免对所得双重征税和防止偷漏税的协定。

5月6日，中共中央、国务院发布《关于加速科学技术进步的决定》，其中作出了有关税收的规定。

5月17日，中国政府与越南政府签订关于避免对所得双重征税和防止偷漏税的协定。

5月23日，中国政府与土耳其政府签订关于避免对所得双重征税和防止偷漏税的协定。

5月31日，国务院在北京召开严厉打击出口骗税违法犯罪活动工作会议，国务委员罗干主持会议，朱镕基、李岚清副总理和最高人民法院院长任建新到会并讲话。

6月23日，根据有关法律、法规，国家税务总局印发《税务监察暂行规定》和《税务人员违法违纪行政处分暂行规定》。

7月5日，中央机构编制委员会办公室发出《关于财政部、国家税务总局职能划转问题的批复》，同意农业税、农业特产税、牧业税、耕地占用税和契税的征管职能由财政部划归国家税务总局，省以下上述税收的征管工作归属由地方政府确定。

8月1日，最高人民检察院、最高人民法院、公安部、国家税务总局、中国人民银行和海关总署发出《关于在严厉打击骗取出口退税犯罪活动中加强协作的通知》。

8月8日至11日，国家税务总局在北戴河召开全国税务系统思想政治工作会议，中共中央政治局常委、国务院副总理朱镕基到会并讲话。10月31日，国家税务总局印发《全国税务系统思想政治工作暂行条例》和《全国税务系统基层建设纲要（试行）》。

10月30日，第八届全国人民代表大会常务委员会第十六次会议通过《关于惩治虚开、伪造和非法出售增值税专用发票犯罪的决定》，即日公布施行。

12月4日，中国政府与乌克兰政府签订关于避免对所得双重征税和防止偷漏税的协定。

12月12日，中共中央政治局常委、国务院副总理朱镕基致信国家税务总局负责人，肯定了税收工作取得的成绩，并对进一步加强税收工作提出了要求。

12月13日至16日，国家税务总局在北京召开全国税务局长会议。

12月26日，国务院发出《关于改革和调整进口税收政策的通知》，规定从1996年4月1日起大幅度降低进口关税税率，同时对进口设备、原材料一律按照法定税率征税。

## 1996 年

1 月 21 日，国务院发布《关于坚决打击骗取出口退税严厉惩治金融和财税领域违法乱纪行为的决定》。

1 月 24 日，经国务院批准，国务院办公厅转发国家税务总局报送的《关于调整国家税务局、地方税务局税收征管范围的意见》。

3 月 5 日，国务院总理李鹏在第八届全国人民代表大会第四次会议上所作的《关于国民经济和社会发展“九五”计划和 2010 年远景目标纲要的报告》中提出了加强税收的措施。同日，财政部部长刘仲藜在上述会议上所作的关于财政工作的报告中提出了完善税制和加强税收征管的措施。会议批准了上述报告。

3 月 17 日，第八届全国人民代表大会第四次会议批准《中华人民共和国国民经济和社会发展“九五”计划和 2010 年远景目标纲要》，其中提出了有关税收的措施。

4 月 24 日，根据国务院发布的《国家公务员暂行条例》等文件，国家税务总局印发《国家税务局系统国家公务员制度实施方案》等国家税务局系统公务员管理的基本制度。

5 月 5 日，中国政府与亚美尼亚政府签订关于避免对所得和财产双重征税和防止偷漏税的协定。

6 月 3 日，中国政府分别与牙买加、冰岛和立陶宛 3 个国家的政府签订关于避免对所得双重征税和防止偷漏税的协定。

6 月 7 日，中国政府与拉脱维亚政府签订关于避免对所得双重征税和防止偷漏税的协定。

7 月 3 日，中国政府与乌兹别克斯坦政府签订关于避免对所得双重征税和防止偷漏税的协定。

同日，国家税务总局印发《全国税收发展“九五”计划和 2010 年远景目标纲要》。

7 月 10 日至 14 日，国家税务总局在四川省重庆市召开全国税收征管改革工作会议，中共中央政治局常委、国务院副总理朱镕基为此致信国家税务总局负责人。

9 月 5 日，国务院发布《关于进一步完善文化经济政策的若干规定》，其中作出了有关税收的规定。

9 月 12 日，中国政府与孟加拉国政府签订关于避免对所得双重征税和防止偷漏税的协定。

10 月 10 日，中国共产党第十四届中央委员会第六次全体会议通过《中共中央关于加强社会主义精神文明建设若干重要问题的决议》，其中提出了有关税收的措施。

10 月 17 日，最高人民法院印发《关于适用〈全国人民代表大会常务委员会关于惩治虚开、伪造和非法出售增值税专用发票犯罪的决定〉的若干问题的解释》。

11 月 20 日，国家税务总局印发《税收电子化工程“九五”时期发展规划》。

12 月 17 日至 21 日，国家税务总局在北京召开全国税务工作会议，中共中央政治局常委、国务院副总理朱镕基到会并讲话。

## 1997 年

1 月 3 日，中共中央政治局常委、国务院副总理朱镕基对财政部、国家税务总局关于税收工作情况的报告予以批示肯定。

1 月 23 日，经国务院批准，国务院办公厅转发国家税务总局报送的《深化税收征管改革方案》。国家税务总局据此于 2 月 21 日发出《关于贯彻国务院办公厅转发的深化税收征管改革方案的通知》，印发《关于推进和深化城市税收征管改革的实施意见》和《关于推进和深化农村税收征管改革的实施意见》；于 8 月 7 日与中国人民银行、财政部联合发出《关于加强纳税申报工作有关问题的通知》；于 9 月 3 日印发《关于修订省、自治区、直辖市国家税务局职能配置、内设机构和人员编制方案的意见》。

2 月 18 日，国务院批转国家税务总局报送的《关于加强个体私营经济税收征管强化查账征收工作的意见》。国家税务总局据此于 3 月 26 日印发《个体工商户个人所得税计税办法（试行）》，于 6 月 19 日印发《个体工商户建账管理暂行办法》和《个体工商户定期定额管理暂行办法》。

2 月 19 日，国务院发出《关于调整金融保险业税收政策有关问题的通知》。

2 月 25 日，国务院发出《关于对生产企业自营出口或者委托代理出口货物实行“免、抵、退”税办法的通知》。

3 月 1 日，国务院总理李鹏在第八届全国人民代表大会第五次会议上所作的《政府工作报告》中提出了加强税收工作的要求。3 月 2 日，财政部部长刘仲藜在上述会议上所作的关于财政工作的报告中提出了加强税收征管和深化税制改革的措施。会议批准了上述报告。

3 月 14 日，第八届全国人民代表大会第五次会议通过修订以后的《中华人民共和国刑法》，其中增设了第三章第六节《危害税收征管罪》和其他若干涉税条款。

3 月 21 日，中国政府与南斯拉夫政府签订关于避免对所得双重征税和防止偷漏税的协定。

3 月 25 日，国务院发布《中华人民共和国反倾销和反补贴条例》，其中作出了关于征收反倾销税的规定。

4 月 16 日，国务院办公厅、国家税务总局在中南海举办税法讲座。国务院副总理朱镕基、李岚清、姜春云，国务委员李铁映、宋健、陈俊生、司马义·艾买提、罗干等国务院领导和中共中央、国务院有关部门负责人听取了中国人民大学教授高培勇所作的税法专题讲座。

5 月 30 日，中国政府与苏丹政府签订关于避免对所得双重征税和防止偷漏税的协定。

6 月 9 日，中国政府与马其顿政府签订关于避免对所得双重征税和防止偷漏税的协定。

7 月 7 日，国务院发布《中华人民共和国契税暂行条例》，自 10 月 1 日起施行。10 月 28 日，财政部据此发布《中华人民共和国契税暂行条例细则》。

8 月 13 日，中国政府与埃及政府签订关于避免对所得双重征税和防止偷漏税的协定。

9 月 12 日，中共中央总书记江泽民在中国共产党第十五次全国代表大会上所作的报告中论述了有关税收问题。中共国家税务总局党组书记、国家税务总局副局长项怀诚当选为本次会议的代表，并当选为中共中央委员。

10月21日，国务院发出《关于地方税务机构管理体制问题的通知》，规定对省级以下地方税务局实行上级税务机关和同级政府双重领导，以上级税务机关垂直领导为主的管理体制。

12月16日至20日，国家税务总局在北京召开全国税务工作会议。12月18日，中共中央政治局常委、国务院总理李鹏和中共中央政治局常委、国务院副总理朱镕基接见出席上述会议的代表并讲话。

12月29日，国务院发出《关于调整进口设备税收政策的通知》。

## 1998年

1月4日、7日，中共中央政治局常委、国务院副总理朱镕基和中共中央政治局常委、国务院总理李鹏先后对国家税务总局关于1997年全国工商税收完成情况的报告予以批示肯定。

3月5日，国务院总理李鹏在第九届全国人民代表大会第一次会议上所作的《政府工作报告》中提出了加强税收工作的要求。3月6日，财政部部长刘仲藜在上述会议上所作的关于财政工作的报告中提出了深化税制改革和加强税收管理的措施。会议批准了上述报告。

3月12日，国务院发出《关于加强依法治税严格税收管理权限的通知》。

3月18日，中共中央任命金人庆为中共国家税务总局党组书记。3月31日，国务院任命金人庆为国家税务总局局长。

3月24日至4月1日，应中国租税研究会的邀请，中国税务学会会长金鑫率领中国税务学会代表团从大陆赴台湾进行税务交流。

4月21日，中国政府与葡萄牙政府签订关于避免对所得双重征税和防止偷漏税的协定。

4月22日，中共中央政治局常委、国务院副总理李岚清视察国家税务总局，听取该局关于税收工作的汇报。

5月12日，中国政府与爱沙尼亚政府签订关于避免对所得双重征税和防止偷漏税的协定。

6月22日，经国务院批准，国务院办公厅印发《国家税务总局职能配置、内设机构和人员编制规定》。

7月21日，国务院召开表彰先进电视电话会议，被表彰的14个先进单位中包括山东省青岛市国家税务局和广东省深圳市地方税务局。

7月27日，国务院发出《关于调整烟叶和卷烟价格及税收政策的紧急通知》。

9月22日至26日，由中国国家税务总局承办的亚洲税收管理与研究组织第二十八届年会在北京召开。

10月14日，中国共产党第十五届中央委员会第三次全体会议通过《中共中央关于农业和农村工作若干重大问题的决定》，其中提出要逐步改革税费制度。

11月30日，国务院办公厅发出《关于国务院关税税则委员会主要职责和组成人员的通知》，国务院副总理李岚清担任国务院关税税则委员会主任。

## 1999 年

1月2日，中共中央政治局常委、国务院总理朱镕基致信国家税务总局负责人和全体税务人员，充分肯定了1998年税收工作取得的成绩，并表示祝贺和感谢。

1月12日至14日，国家税务总局在北京召开全国税务工作会议，贯彻中共十五届三中全会和中央工作会议精神，总结1998年的税收工作，部署1999年的税收工作。会议期间，中共中央政治局常委、国务院副总理李岚清听取了国家税务总局和部分省国家税务局、地方税务局负责人关于税收工作的汇报并讲话。

1月25日，中国政府与老挝政府签订关于避免对所得双重征税和防止偷漏税的协定。

3月5日，国务院总理朱镕基在第九届全国人民代表大会第二次会议上所作的《政府工作报告》中提出了加强税收工作的要求。3月6日，财政部部长项怀诚在上述会议上所作的关于财政工作的报告中提出了推进税费改革和加强税收征管的措施。会议批准了上述报告。

3月29日，中共中央政治局常委、国务院副总理李岚清致信全国税收宣传月活动，号召全国大力开展税收宣传活动，增强全民纳税意识。

7月11日，中共中央、国务院同意并转发国家发展计划委员会报送的《关于当前经济形势和对策建议》，其中提出了有关税收的措施。

8月20日，中共中央、国务院发布《关于加强技术创新，发展高科技，实现产业化的决定》，其中作出了有关税收的规定。

8月26日，中国政府与塞舌尔政府签订关于避免对所得双重征税和防止偷漏税的协定。

8月30日，第九届全国人民代表大会常务委员会第十一次会议通过《关于修改〈中华人民共和国个人所得税法〉的决定》。9月30日，国务院据此发布《对储蓄存款利息所得征收个人所得税的实施办法》，自11月1日起施行。

9月22日，中国共产党第十五届中央委员会第四次全体会议通过《中共中央关于国有企业改革和发展若干重大问题的决定》，其中提出了有关税收的措施。

9月23日，根据行政复议法等法律、法规，国家税务总局发布的《税务行政复议规则（试行）》，自10月1日起施行。

9月24日，国家税务总局召开全国税务系统文明单位和优秀税务工作者电视电话表彰会议，中共中央政治局常委、国务院副总理李岚清向会议发了贺信。

11月18日，中国政府与菲律宾政府签订关于避免对所得双重征税和防止偷漏税的协定。

12月21日、31日，中共中央政治局常委、国务院副总理李岚清先后两次就国家税务总局报送的有关文件作出批示，肯定了1999年税收工作取得的成绩，并提出了做好2000年税收工作的要求。

12月22日至24日，国家税务总局在北京召开全国税务工作会议。

## 2000 年

1月1日，中共中央政治局常委、国务院总理朱镕基致信全国税务人员，充分肯定了

1999年税收工作取得的成绩，并就做好2000年的税收工作提出了要求。

1月6日，中共中央总书记、国家主席、中央军委主席江泽民为国家税务总局编写的《领导干部税收知识读本》一书题写书名，并写了重要批语。

1月11日，国务院发出《关于纠正地方自行制定税收先征后返政策的通知》。

1月12日至19日，中共中央在中共中央党校举办省部级主要领导干部财税专题研讨班。中共中央政治局常委、中共中央党校校长胡锦涛出席研讨班开班式并讲话。研讨班举办期间，中共中央政治局常委、国务院总理朱镕基，中共中央政治局常委、国务院副总理李岚清分别就当前经济形势和财税工作作了报告。中共中央总书记、国家主席、中央军委主席江泽民出席研讨班结业式，并就财税问题发表了重要讲话。

2月12日，经国务院批准，国务院办公厅转发国家税务总局报送的《关于全面推广应用增值税防伪税控系统的意见》。

2月25日，根据税收征管法、企业所得税暂行条例及其实施细则的规定，国家税务总局发布《核定企业所得税暂行办法》。

3月2日，中共中央、国务院发出《关于进行农村税费改革试点工作的通知》。据此，4月27日、5月15日和7月31日，财政部、国家税务总局先后联合发出《关于农村税费改革试点地区农业特产税政策的通知》、《关于农村税费改革试点地区取消屠宰税的通知》和《关于农村税费改革试点工作中农业税若干问题的意见》。

3月5日，国务院总理朱镕基在第九届全国人民代表大会第三次会议上所作的《政府工作报告》中提出了加强税收工作的要求。3月6日，财政部部长项怀诚在上述会议上所作的关于财政工作的报告中提出了加强税收征管和推进税费改革的措施。会议批准了上述报告。

3月15日，第九届全国人民代表大会第三次会议通过《中华人民共和国立法法》，其中规定税收的基本制度只能制定法律而施行。

4月19日，中国政府与爱尔兰政府签订关于避免对所得双重征税和防止偷漏税的协定。

4月25日，中国政府与南非政府签订关于避免对所得双重征税和防止偷漏税的协定。

5月15日，中国政府与巴巴多斯政府签订关于避免对所得双重征税和防止偷漏税的协定。

6月7日，中国政府与摩尔多瓦政府签订关于避免对所得双重征税和防止偷漏税的协定。

6月20日，国务院发出《关于个人独资企业和合伙企业征收所得税问题的通知》。9月19日，财政部、国家税务总局据此发布《关于个人独资企业和合伙企业投资者征收个人所得税的规定》。

7月8日，第九届全国人民代表大会常务委员会第十六次会议通过《关于修改〈中华人民共和国海关法〉的决定》，其中作出了有关税收的规定。

8月18日，国务院办公厅发出《关于成立国务院打击骗取出口退税工作领导小组的通知》，国务委员吴仪任国务院打击骗取出口退税工作领导小组组长，国家税务总局局长金人庆和海关总署署长钱冠林任副组长。

8月31日，国家科技教育领导小组举办科技知识讲座，国家税务总局汇报了金税工程和出口退税电子化管理的运行情况，中共中央政治局常委、国务院总理朱镕基出席并讲话。

9月25日，根据《中央机构编制委员会办公室关于印发国家税务局系统机构改革方案的通知》，国家税务总局印发《省、自治区、直辖市国家税务局职能配置、内设机构和人员编制的规定》，《国家税务局人员定编定岗实施办法》，《国家税务局人员分流安排实施办法》。

10月22日，国务院批转财政部、国家税务总局等12个单位报送的《交通和车辆税费改革实施方案》。

同日，国务院发布《中华人民共和国车辆购置税暂行条例》，自2001年1月1日起施行。

10月26日，国务院发出《关于实施西部大开发若干政策措施的通知》，其中作出了有关税收的规定。

11月8日，经国务院批准，财政部、交通部和海关总署发出《关于将船舶吨税纳入预算管理的通知》，自2001年1月1日起执行。

11月17日，国务院在北京召开全国打击骗取出口退税工作会议。会议由国务委员、国务院打击骗取出口退税工作领导小组组长吴仪主持，国务院总理朱镕基、副总理李岚清和国务委员罗干、王忠禹出席会议，朱镕基发表了重要讲话。

12月9日，中共中央政治局常委、国务院总理朱镕基在南京主持召开打击骗取出口退税工作座谈会，并提出了对打击骗取出口退税工作的要求。

12月17日至19日，国家税务总局在北京召开全国税务工作会议，总结第九个五年计划时期的税收工作，研究第十个五年计划时期的税收规划。中共中央政治局常委、国务院副总理李岚清在给会议的信中充分肯定了“九五”期间税收工作取得的成绩，并对做好2001年的税收工作提出了要求。

12月18日，国务院发出《关于支持文化事业发展若干经济政策的通知》，其中作出了有关税收的规定。

## 2001年

1月1日，中共中央政治局常委、国务院总理朱镕基和中共中央政治局常委、国务院副总理李岚清分别对国家税务总局关于2000年税收收入完成情况的简报予以批示肯定。

2月17日至19日，全国农村税费改革试点工作会议在安徽省召开，中共中央政治局委员、中央书记处书记、国务院副总理温家宝出席会议并讲话。

3月5日，国务院总理朱镕基在第九届全国人民代表大会第四次会议上所作的《关于国民经济和社会发展第十个五年计划纲要的报告》中，肯定了“九五”期间财税工作取得的成绩，提出了“十五”期间财税工作的要求。3月6日，财政部部长项怀诚在上述会议上所作的关于财政工作的报告中提出了完善税制和加强税收征管的措施。会议批准了上述报告。

3月15日，第九届全国人民代表大会第四次会议批准《中华人民共和国国民经济和社会发展第十个五年计划纲要》，其中提出了有关税收的措施。

3月24日，国务院发出《关于进一步做好农村税费改革试点工作的通知》。

4月2日，中国政府与卡塔尔政府签订关于避免对所得双重征税和防止偷漏税的协定。

4月13日，中国政府与古巴政府签订关于避免对所得双重征税和防止偷漏税的协定。

4月17日，中国政府与委内瑞拉政府签订关于避免对所得双重征税和防止偷漏税的协定。

4 月 25 日，根据国务院的决定，国务院办公厅发出《关于 2001 年农村税费改革试点工作有关问题的通知》。

4 月 28 日，第九届全国人民代表大会常务委员会第二十一次会议通过修订以后的《中华人民共和国税收征收管理法》，即日公布，自 5 月 1 日起施行。

5 月 14 日，中国政府与尼泊尔政府签订关于避免对所得双重征税和防止偷漏税的协定。

同日，中共中央政治局常委、国务院副总理李岚清到国家税务总局考察工作。

8 月 1 日至 3 日，国家税务总局在北京召开全国税务系统依法治税工作会议。中共中央政治局常委、国务院副总理李岚清在致会议的信中要求全社会牢固树立依法治税观念，创造良好的依法治税环境。

9 月 12 日，中国政府与哈萨克斯坦政府签订关于避免对所得双重征税和防止偷漏税的协定。

9 月 20 日，经国务院批准，国家税务总局发出《关于农业税、牧业税、耕地占用税、契税征收管理暂参照〈中华人民共和国税收征收管理法〉执行的通知》。

11 月 7 日，中国政府与印度尼西亚政府签订关于避免对所得双重征税和防止偷漏税的协定。

11 月 14 日，中共中央政治局常委、国务院总理朱镕基，中共中央政治局常委、国务院副总理李岚清，国务委员兼国务院秘书长王忠禹到国家税务总局考察工作，并召开副司级以上干部座谈会。

11 月 26 日，国务院发布《中华人民共和国反倾销条例》、《中华人民共和国反补贴条例》和《中华人民共和国保障措施条例》，上述条例中分别作出了关于征收反倾销税、反补贴税和保障措施关税的规定。

12 月 24 日至 26 日，国家税务总局在北京召开全国税务工作会议。中共中央政治局常委、国务院副总理李岚清在与部分会议代表座谈时肯定了 2001 年税收工作取得的成绩，提出了做好 2002 年税收工作的要求。

## 2002 年

1 月 2 日，中共中央政治局常委、国务院总理朱镕基对国家税务总局关于 2001 年税收收入完成情况的简报予以批示肯定。

1 月 16 日，经国务院批准，国务院办公厅发出《关于对部分地区违规制定先征后返等减免税政策的通报》。

2 月 1 日，根据《中华人民共和国立法法》和国务院发布的规章制定程序条例，国家税务总局发布《税务部门规章制定实施办法》。

2 月 6 日，海关总署发布《船舶吨税征收管理作业规程》。

2 月 22 日，中共中央政治局常委、国务院副总理李岚清听取国家税务总局关于当年税收工作思路的汇报，并作了重要指示。

3 月 5 日，国务院总理朱镕基在第九届全国人民代表大会第五次会议上所作的《政府工作报告》中，肯定了 2001 年税收工作取得的成绩，提出了 2002 年税收工作的要求。3 月 6

日，财政部部长项怀诚在上述会议上所作的关于财政工作的报告中提出了加强税收征管的措施。会议批准了上述报告。

3月25日，中国政府与阿曼政府签订关于避免对所得双重征税和防止偷漏税的协定。

3月27日，经国务院批准，国务院办公厅发出《关于做好2002年扩大农村税费改革试点工作的通知》。

4月10日，经国家新闻出版总署批准，《国家税务总局公报》首次出版发行。

4月15日，中国政府与尼日利亚政府签订关于避免对所得双重征税和防止偷漏税的协定。

4月16日，中国政府与突尼斯政府签订关于避免对所得双重征税和防止偷漏税的协定。

4月20日，中国政府与伊朗政府签订关于避免对所得双重征税和防止偷漏税的协定。

5月16日，中国政府与巴林政府签订关于避免对所得双重征税和防止偷漏税的协定。

6月3日，中国政府与希腊政府签订关于避免对所得双重征税和防止偷漏税的协定。

6月24日，中国政府与吉尔吉斯斯坦政府签订关于避免对所得双重征税和防止偷漏税的协定。

8月13日至15日，国家税务总局在北京召开全国税务系统信息化建设工作会议。中共中央政治局常委、国务院副总理李岚清听取了会议情况汇报，并发表了重要讲话。

8月27日，中国政府与摩洛哥政府签订关于避免对所得双重征税和防止偷漏税的协定。

9月7日，根据修改以后的《中华人民共和国税收征收管理法》，国务院公布修改以后的《中华人民共和国税收征收管理法实施细则》，自10月15日起施行。

9月17日，最高人民法院公布《关于审理骗取出口退税刑事案件具体应用法律若干问题的解释》。

9月29日，根据国务院领导的指示，国家税务总局发布《关于税务机关征收社会保险费工作的指导意见》。

9月30日，中共中央、国务院发出《关于进一步做好下岗失业人员再就业工作的通知》，其中作出了有关税收的规定。

11月5日，最高人民法院公布《关于审理偷税抗税刑事案件具体应用法律若干问题的解释》。

11月8日，中共中央总书记江泽民在中国共产党第十六次全国代表大会上所作的报告中论述了有关税收问题。中共国家税务总局党组书记、国家税务总局局长金人庆当选为本次会议的代表，并当选为中共中央委员。

12月25日至27日，国家税务总局在北京召开全国税务工作会议，贯彻中国共产党第十六次全国代表大会和中央经济工作会议精神，总结5年来的税收工作，部署2003年的税收工作，国务院副总理李岚清到会并讲话。

## 2003年

1月22日，经国务院批准，财政部、国家税务总局和海关总署发出《关于第二十九届奥运会税收政策问题的通知》。

3月5日，国务院总理朱镕基在第十届全国人民代表大会第一次会议上所作的《政府工作报告》中肯定了5年来税收工作取得的成绩，提出了对2003年税收工作的要求。3月6日，财政部部长项怀诚在上述会议上所作的关于财政工作的报告中提出了加强税收征管和完善税制的措施。会议批准了上述报告。

3月17日，中共中央任命谢旭人为中共国家税务总局党组书记。3月25日，国务院任命谢旭人为国家税务总局局长。

3月27日，国务院发布《关于全面推进农村税费改革试点工作的意见》。

同日，中共中央政治局常委、国务院总理温家宝对国家税务总局报送的《关于今年开展第十二个全国税收宣传月情况的报告》作出重要批示。

4月3日，国务院在北京召开全国农村税费改革试点工作电视电话会议。会议由中共中央政治局委员、国务院副总理回良玉主持，中共中央政治局常委、国务院总理温家宝出席会议并讲话。

4月9日，根据税收征管法及其实施细则，国家税务总局发出《关于加强纳税服务工作的通知》。

4月10日，中共中央宣传部、司法部和国家税务总局在北京召开全国加强税法宣传工作电视电话会议。

4月26日，国务院办公厅发出《关于国务院关税税则委员会主要职责和调整组成人员的通知》。

自4月下旬起，为了配合防治非典型肺炎，根据国务院的部署，财政部、国家税务总局发出了一系列的文件，规定了许多税收照顾措施，主要涉及有关医务人员的个人所得税，单位、个人捐赠的所得税税前扣除，境外捐赠物资的进口税收，民航、旅游等重点行业的税收，等等。

6月12日，根据国务院的有关文件，财政部、国家税务总局发出《关于青藏铁路建设期间有关税收政策问题的通知》。

8月11日，中国政府与斯里兰卡政府签订关于避免对所得双重征税和防止偷漏税的协定。

8月12日，中共中央政治局常委、国务院总理温家宝出席本届国务院关税税则委员会第一次全体会议，并发表重要讲话。

8月26日至28日，国家税务总局在北京召开全国税务系统基层建设工作会议，中共中央政治局常委、国务院总理温家宝对这次会议作了重要批示。

9月18日，中国政府与特立尼达和多巴哥政府签订关于避免对所得双重征税和防止偷漏税的协定。

9月30日，经国务院批准，国务院办公厅发出《关于进一步加强农村税费改革试点工作的通知》。

10月5日，中共中央、国务院发布《关于实施东北地区等老工业基地振兴战略的若干意见》，其中提出了有关税收的措施。

10月10日，国务院在北京召开出口退税机制改革工作座谈会，温家宝总理到会并讲话。

10月13日，国务院发布《关于改革现行出口退税机制的决定》。

10月14日，中国共产党第十六届中央委员会第三次全体会议通过《中共中央关于完善社会主义市场经济体制若干问题的决定》，其中提出了有关税收的措施。

10月24日，国家税务总局印发《全国税务系统基层建设纲要》。

11月23日，根据《中华人民共和国海关法》，并与世界贸易组织的有关规则衔接，国务院发布修订以后的《中华人民共和国进出口关税条例》，自2004年1月1日起施行。

12月22日，中共中央政治局常委、国务院总理温家宝就税收工作作出重要批示，肯定了2003年税收工作的成绩，提出了2004年税收工作的要求。

12月24日至26日，国家税务总局在北京召开全国税务工作会议。

12月27日，中央人民政府与澳门特别行政区政府签订关于避免对所得双重征税和防止偷漏税的安排。

## 2004年

2月24日，根据行政复议法、税收征管法和其他有关规定，国家税务总局公布修订以后的《税务行政复议规则（暂行）》。

3月5日，国务院总理温家宝在第十届全国人民代表大会第二次会议上所作的政府工作报告中肯定了2003年税收工作取得的成绩，提出了对2004年税收工作的要求。3月6日，财政部部长金人庆在上述会议上所作的关于财政工作的报告中提出了推进税制改革和加强税收管理的措施。会议批准了上述报告。

3月11日，国务院发布《关于进一步推进西部大开发的若干意见》，其中提出了有关税收的措施。

4月26日，经国务院批准，国务院办公厅印发《2004年振兴东北地区等老工业基地工作要点》，其中要求财政部、国家税务总局就有关税收政策提出实施办法。此后，经国务院批准，财政部、国家税务总局据此陆续发出有关文件。

5月19日、6月23日，国务院总理温家宝先后两次主持召开国务院常务会议，研究部署农村税费改革等工作。

7月5日至6日，全国农村税费改革试点工作会议在北京召开。中共中央政治局常委、国务院总理温家宝出席会议并作重要讲话。

7月21日，国务院发出《关于做好2004年深化农村税费改革试点工作的通知》。

9月13日，中国政府与阿尔巴尼亚政府签订关于避免对所得双重征税和防止偷漏税的协定。

9月21日，中国政府与文莱政府签订关于避免对所得双重征税和防止偷漏税的协定。

12月24日至25日，国家税务总局在北京召开全国税务工作会议。

## 2005年

1月4日，根据海关法、关税条例和其他有关法律、法规，海关总署发布《中华人民共和国海关进出口货物征税管理办法》，自3月1日起施行。

2月5日，中共中央政治局常委、国务院总理温家宝打电话给国家税务总局局长谢旭人，向全国税务人员拜年，肯定2004年税收工作的成绩，提出2005年税收工作的要求。

3 月 5 日，国务院总理温家宝在第十届全国人民代表大会第三次会议上所作的政府工作报告中肯定了 2004 年税收工作的成绩，提出了 2005 年税收工作的要求。同日，财政部部长金人庆在上述会议上所作的关于财政工作的报告中提出了推进税制改革和加强税收管理的措施。会议批准了上述报告。

3 月 17 日，中国政府与阿塞拜疆政府签订关于避免对所得双重征税和防止偷漏税的协定。

3 月 24 日，国家税务总局印发《税收管理员制度（试行）》。

6 月 6 日至 7 日，全国农村税费改革试点工作会议在北京召开，中共中央政治局常委、国务院总理温家宝和中共中央政治局委员、国务院副总理回良玉到会并讲话。7 月 11 日，国务院发出《关于 2005 年深化农村税费改革试点工作的通知》。

6 月 22 日，中国政府与格鲁吉亚政府签订关于避免对所得双重征税和防止偷漏税的协定。

8 月 1 日，国务院发出《关于完善中央与地方出口退税负担机制的通知》。

9 月 12 日，中国政府与墨西哥政府签订关于避免对所得双重征税和防止偷漏税的协定。

9 月 14 日，根据国务院发布的《全面推进依法行政实施纲要》，国家税务总局发布《关于深入推行税收执法责任制工作的意见》。

10 月 16 日，根据税收征管法及其实施细则，国家税务总局印发《纳税服务工作规范（试行）》。

10 月 27 日，第十届全国人民代表大会常务委员会第十八次会议通过《关于修改〈中华人民共和国个人所得税法〉的决定》，自 2006 年 1 月 1 日起施行。12 月 19 日，国务院据此发布《关于修改〈中华人民共和国个人所得税法实施条例〉的决定》。

11 月 15 日，根据税收征管法及其实施细则和车辆购置税暂行条例，国家税务总局发布《车辆购置税征收管理办法》。

12 月 16 日，根据国务院的有关文件，国家税务总局印发《税收规范性文件管理办法（试行）》。

12 月 24 日，中共中央政治局常委、国务院总理温家宝对国家税务总局报送的《关于今年税收工作情况及明年工作安排的报告》予以批示肯定。

12 月 29 日，第十届全国人民代表大会常务委员会第十九次会议通过《关于废止〈中华人民共和国农业税条例〉的决定》和《关于〈中华人民共和国刑法〉有关出口退税、抵扣税款的其他发票的解释》，即日分别公布、公告。

## 2006 年

1 月 8 日至 9 日，国家税务总局在北京召开全国税务工作会议。会议的主要内容是：传达中共中央政治局常委、国务院总理温家宝对税收工作的重要批示，总结“十五”期间的税收工作，研究“十一五”期间的税收工作，布置 2006 年的税收工作。

1 月 23 日，中国政府与沙特阿拉伯政府签订关于避免对所得双重征税和防止偷漏税的协定。

2 月 7 日，国务院发出《关于实施〈国家中长期科学和技术发展规划纲要（2006—2020

年)〉若干配套政策的通知》，其中作出了有关税收的规定。

2 月 17 日，国务院废止《国务院关于对农业特产收入征收农业税的规定》和《屠宰税暂行条例》。

2 月 22 日，财政部、国家税务总局联合举行纪念废止农业税条例暨全面取消农业税座谈会，中共中央政治局委员、国务院副总理回良玉到会并讲话。

3 月 5 日，国务院总理温家宝在第十届全国人民代表大会第四次会议上所作的《政府工作报告》中肯定了 2005 年税收工作取得的成绩，提出了对 2006 年税收工作的要求。同日，财政部部长金人庆在上述会议上所作的关于财政工作的报告中提出了完善税制和加强税收管理的措施。会议批准了上述报告。

3 月 14 日，第十届全国人民代表大会第四次会议批准《中华人民共和国国民经济和社会发展第十一个五年规划纲要》，其中提出了有关税收的措施。

4 月 15 日，中共中央、国务院发布《关于促进中部地区崛起的若干意见》，其中提出了有关税收的措施。

4 月 28 日，国务院公布《中华人民共和国烟叶税暂行条例》，即日起施行。5 月 18 日，财政部、国家税务总局据此印发《关于烟叶税若干具体问题的规定》。

6 月 9 日，经国务院批准，国务院办公厅转发财政部、中共中央宣传部报送的《关于进一步支持文化事业发展的若干经济政策》，其中提出了有关税收的措施。

7 月 14 日，中共中央政治局常委、国务院总理温家宝对国家税务总局关于召开全国税务系统信息化建设工作会议有关情况的报告作出重要批示。

8 月 5 日，经中共中央、国务院批准，中共中央办公厅、国务院办公厅印发《国家“十一五”时期文化发展规划纲要》，其中提出了有关税收的措施。

8 月 21 日，中央人民政府与香港特别行政区政府签订关于避免对所得双重征税和防止偷漏税的安排。

9 月 1 日，中国税务学会顾问，财政部原顾问、原税务总局局长任子良（部长级医疗待遇）因病逝世，享年 96 岁。任子良病重期间和逝世以后，党和国家领导人胡锦涛、温家宝、曾庆红、贺国强、王刚和张劲夫、王丙乾等同志以不同方式表示慰问和哀悼。

10 月 11 日，中国共产党第十六届中央委员会第六次全体会议通过《中共中央关于构建社会主义和谐社会若干重大问题的决定》，其中提出了有关税收的措施。中共中央总书记胡锦涛在上述会议上的讲话中论述了有关的税收问题。

11 月 6 日，中国政府与阿尔及利亚政府签订关于避免对所得双重征税和防止偷漏税的协定。

12 月 29 日，国务院公布《中华人民共和国车船税暂行条例》，自 2007 年 1 月 1 日起施行，同时废止《车船使用牌照税暂行条例》和《中华人民共和国车船使用税暂行条例》。

12 月 31 日，国务院公布修改以后的《中华人民共和国城镇土地使用税暂行条例》，自 2007 年 1 月 1 日起施行。

## 2007 年

1 月 5 日至 6 日，国家税务总局在北京召开全国税务工作会议。

1月11日，根据国务院的有关文件，财政部、国家税务总局发出《关于青藏铁路公司运营期间有关税收等政策问题的通知》。

2月1日，根据《中华人民共和国车船税暂行条例》，财政部、国家税务总局公布《中华人民共和国车船税暂行条例实施细则》。

3月5日，国务院总理温家宝在第十届全国人民代表大会第五次会议上所作的《政府工作报告》中肯定了2006年税收工作取得的成绩，提出了对2007年税收工作的要求。同日，财政部部长金人庆在上述会议上所作的关于财政工作的报告中提出了完善税制和加强税收管理的措施。会议批准了上述报告。

3月16日，第十届全国人民代表大会第五次会议通过《中华人民共和国企业所得税法》，即日公布，自2008年1月1日起施行。12月6日，国务院据此公布《中华人民共和国企业所得税法实施条例》。

6月29日，第十届全国人民代表大会常务委员会第二十八次会议通过《关于修改〈中华人民共和国个人所得税法〉的决定》。7月20日，国务院据此公布《关于修改〈对储蓄存款利息所得征收个人所得税的实施办法〉的决定》，自11月1日起施行。

7月11日，中国政府与新加坡政府签订新的关于避免对所得双重征税和防止偷漏税的协定。

8月28日，中共中央任命肖捷为中共国家税务总局党组书记。8月30日，国务院任命肖捷为国家税务总局局长。

10月15日，中共中央总书记胡锦涛在中国共产党第十七次全国代表大会上所作的报告中论述了有关的税收问题。中共国家税务总局党组书记、国家税务总局局长肖捷当选为本次会议的代表，并当选为中共中央委员。

12月1日，国务院公布修改以后的《中华人民共和国耕地占用税暂行条例》，自2008年1月1日起施行。

12月25日至26日，国家税务总局在北京召开全国税务工作会议，贯彻中国共产党第十七次全国代表大会和中央工作会议精神，总结过去5年的税收工作，部署当前和今后一个时期的税收工作。

12月29日，第十届全国人民代表大会常务委员会第三十一次会议通过《关于修改〈中华人民共和国个人所得税法〉的决定》，自2008年3月1日起施行。

## 2008年

1月15日，国务院发布《关于废止部分行政法规的决定》。据此，《中华人民共和国筵席税暂行条例》即日起失效（似应理解为废止——笔者注）。

2月18日，根据修改以后的《中华人民共和国个人所得税法》，国务院公布《关于修改〈中华人民共和国个人所得税法实施条例〉的决定》，自3月1日起施行。

2月26日，根据修改以后的《中华人民共和国耕地占用税暂行条例》，财政部、国家税务总局公布《中华人民共和国耕地占用税暂行条例实施细则》，即日起施行。

3月5日，国务院总理温家宝在第十一届全国人民代表大会第一次会议上所作的《政府工作报告》中肯定了过去5年税收工作取得的成绩，提出了2008年税收工作的要求。同日，财政部部长谢旭人在上述会议上所作的关于财政工作的报告中提出了完善税制和加强税收管理的措施。会议批准了上述报告。

3月6日，根据企业所得税法及其实施条例和税收征管法及其实施细则，国家税务总局印发《企业所得税核定征收办法（试行）》。

4月14日，国务院办公厅发出《关于国务院关税税则委员会主要职责和调整组成人员的通知》。

6月8日，国务院发布《汶川地震灾后恢复重建条例》，其中作出了有关税收的规定。

7月10日，经国务院批准，国务院办公厅印发《国家税务总局主要职责内设机构和人员编制规定》。

8月27日，中国政府与塔吉克斯坦政府签订关于避免对所得和财产双重征税及防止偷漏税的协定。

10月9日，经国务院批准，财政部、国家税务总局发出《关于储蓄存款利息所得有关个人所得税政策的通知》。

10月12日，中国共产党第十七届中央委员会第三次全体会议通过《中共中央关于推进农村改革发展若干重大问题的决定》，其中提出了有关税收的措施。

11月4日至6日，由中国国家税务总局承办的亚洲税收管理与研究组织第三十八届年会在广东省广州市召开。

11月10日，国务院公布修订以后的《中华人民共和国增值税暂行条例》、《中华人民共和国消费税暂行条例》和《中华人民共和国营业税暂行条例》，自2009年1月1日起施行。12月15日，财政部、国家税务总局根据上述条例公布修订以后的《中华人民共和国增值税暂行条例实施细则》、《中华人民共和国消费税暂行条例实施细则》和《中华人民共和国营业税暂行条例实施细则》。

11月18日，国家税务总局印发《国家税务局系统机构改革意见》。

11月26日，经国务院批准，国务院办公厅印发《全国打击发票违法犯罪活动工作方案》。

12月18日，国务院发出《关于实施成品油价格和税费改革的通知》。

12月25日至26日，国家税务总局在北京召开全国税务工作会议。

12月31日，国务院决定自2009年1月1日起废止《城市房地产税暂行条例》，同时按照《中华人民共和国房产税暂行条例》对外商投资企业、外国企业和外国人征收房产税。

## 2009年（1月至8月）

1月19日，经国务院批准，财政部、国家税务总局发出《关于海峡两岸海上直航营业税和企业所得税政策的通知》。

2月28日，第十一届全国人民代表大会常务委员会第七次会议通过《中华人民共和国刑法修正案（七）》，即日公布施行。此修正案包括税收的内容。

3月5日，国务院总理温家宝在第十一届全国人民代表大会第二次会议上所作的《政府工作报告》中肯定了2008年税收工作取得的成绩，提出了对2009年税收工作的要求，会议批准了上述报告。同日，财政部部长谢旭人在上述会议上所作的关于国家财政预算的报告中提出了完善税制和加强税收管理的措施，会议批准了上述报告。

5月14日，中国政府与埃塞俄比亚政府签订关于避免对所得双重征税及防止偷漏税的协定。

6月27日，第十一届全国人民代表大会常务委员会第九次会议决定即日起废止一批法律，其中包括两项关于税收的法律。

7月9日至10日，国家税务总局在浙江省杭州市召开全国税务系统纳税服务工作会议。

# 二、中国税制体系图

## （一）中国税制体系示意图（1950 年）

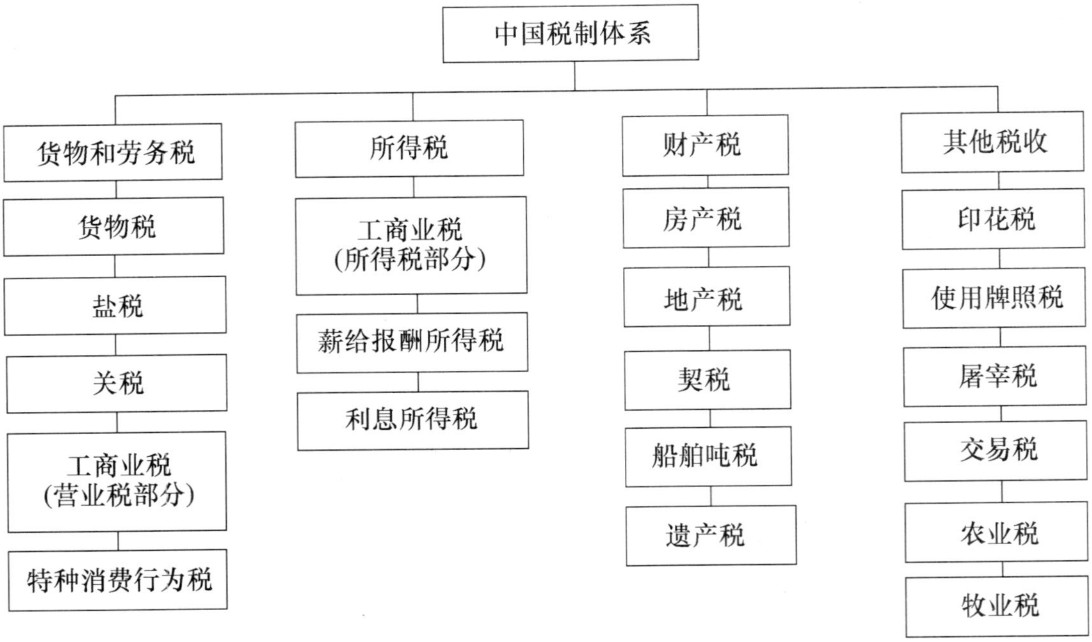


注：

（1）从 1950 年到 1951 年，中央人民政府政务院先后发布关于征收货物税、关税、工商业税、特种消费行为税、利息所得税、城市房地产税（由房产税和地产税合并而成）、契税、车船使用牌照税、印花税和屠宰税的法规。船舶吨税的征收办法由财政部、海关总署于 1950 年公布。

（2）工商业税包括营业税和所得税两个部分，实际上是两种税。

（3）盐税、交易税、农业税和牧业税的征税原则由中央政府规定，征收办法由地方政府根据中央政府规定的原则和当地的实际情况自行制定。

（4）1953 年，特种消费行为税改为文化娱乐税，后者于 1956 年由全国人民代表大会常务委员会立法。

（5）经政务院批准，从 1953 年起试行商品流通税。

（6）薪给报酬所得税和遗产税没有开征，后来不再提及。

（7）契税从 20 世纪 50 年代中期至 80 年代中期基本上停止征收。

## （二）中国税制体系示意图（1958 年）

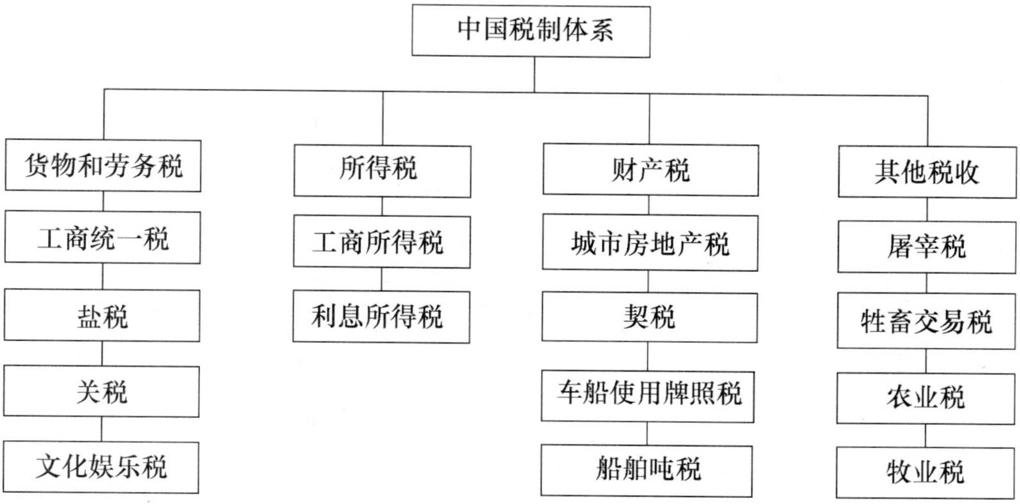


注：

（1）1956 年，文化娱乐税由全国人民代表大会常务委员会立法。

（2）1958 年，农业税和工商统一税分别由全国人民代表大会常务委员会制定法律和法律（草案）。工商统一税由原货物税、商品流通税、印花税和工商业税中的营业税部分合并而成。

（3）工商所得税沿用原工商业税中的所得税部分，以后陆续调整。

（4）经国务院批准，利息所得税和文化娱乐税先后于 1959 年和 1966 年停止征收，实际上被取消。

（5）盐税、牲畜交易税和牧业税仍然由各地自定办法征收。

（6）1962 年，国务院批准开征集市交易税，1966 年以后各地陆续停止征收。

（7）契税基本上停止征收。

### （三）中国税制体系示意图（1973年）

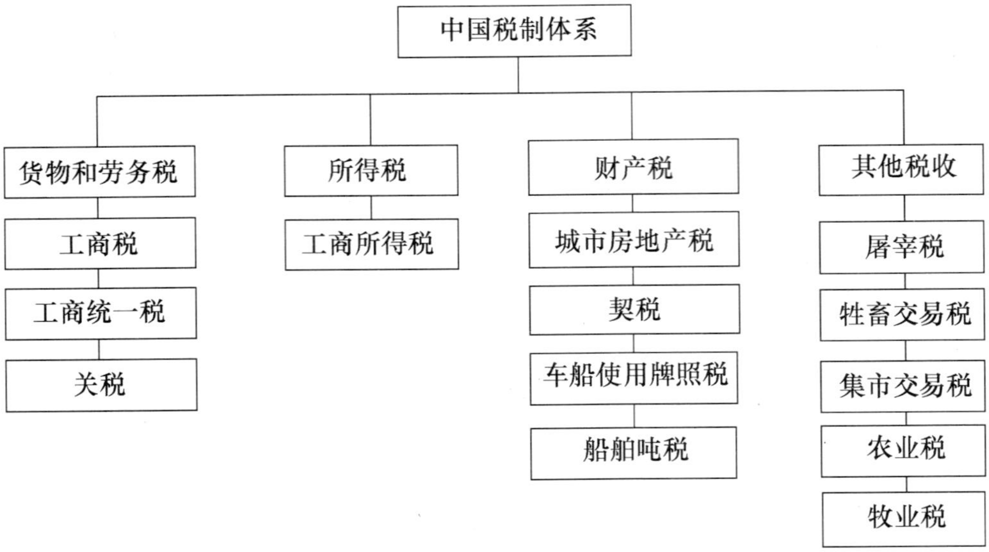


注：

（1）经国务院批准，工商税于1973年全面试行。

（2）盐税名义上并入工商税，实际上仍然按照原来的办法征收。

（3）工商统一税仅对外适用，基本停征。

（4）牲畜交易税和牧业税仍然由各地自定办法征收。

（5）契税、牲畜交易税和集市交易税基本上停止征收。

（6）在一般情况下，国营企业只缴纳工商税，集体企业只缴纳工商税和工商所得税。

## （四）中国税制体系示意图（1984 年）

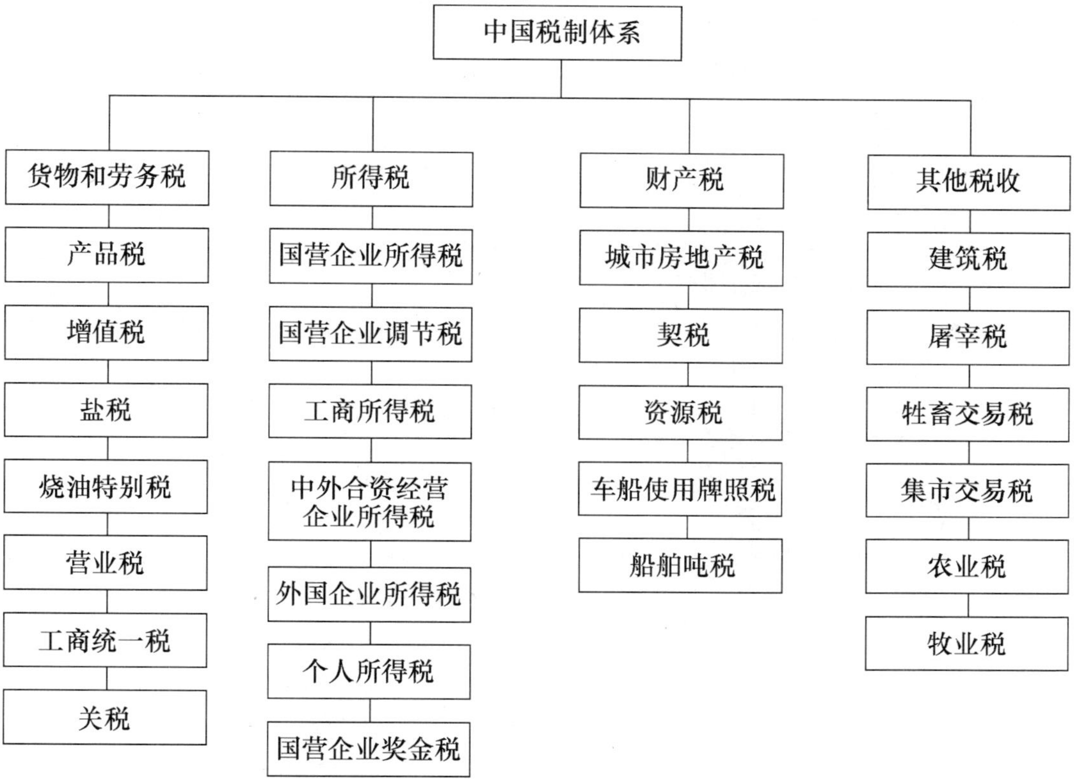


注：

（1）从 1980 年到 1981 年，全国人民代表大会先后公布中外合资经营企业所得税法、个人所得税法和外国企业所得税法（上述两种企业所得税于 1991 年合并为外商投资企业和外国企业所得税）。

（2）从 1982 年到 1984 年，国务院陆续发布关于征收烧油特别税、牲畜交易税、国营企业所得税、建筑税（1991 年改为固定资产投资方向调节税）、国营企业奖金税、产品税、增值税、盐税、营业税、资源税和国营企业调节税的行政法规。其中，产品税、增值税、盐税和营业税由原工商税分解而成。

（3）从 1985 年到 1989 年，国务院陆续发布关于征收城市维护建设税、集体企业所得税、国营企业工资调节税、集体企业奖金税、事业单位奖金税、城乡个体工商业户所得税、房产税、车船使用税、个人收入调节税、耕地占用税、私营企业所得税、印花税、城镇土地使用税和筵席税的行政法规，作出了征收特别消费税的规定。

（4）牧业税仍然由各地自定办法征收。

（5）船舶吨税于 1986 年划归交通部管理。

（五）中国税制体系示意图（1994 年）

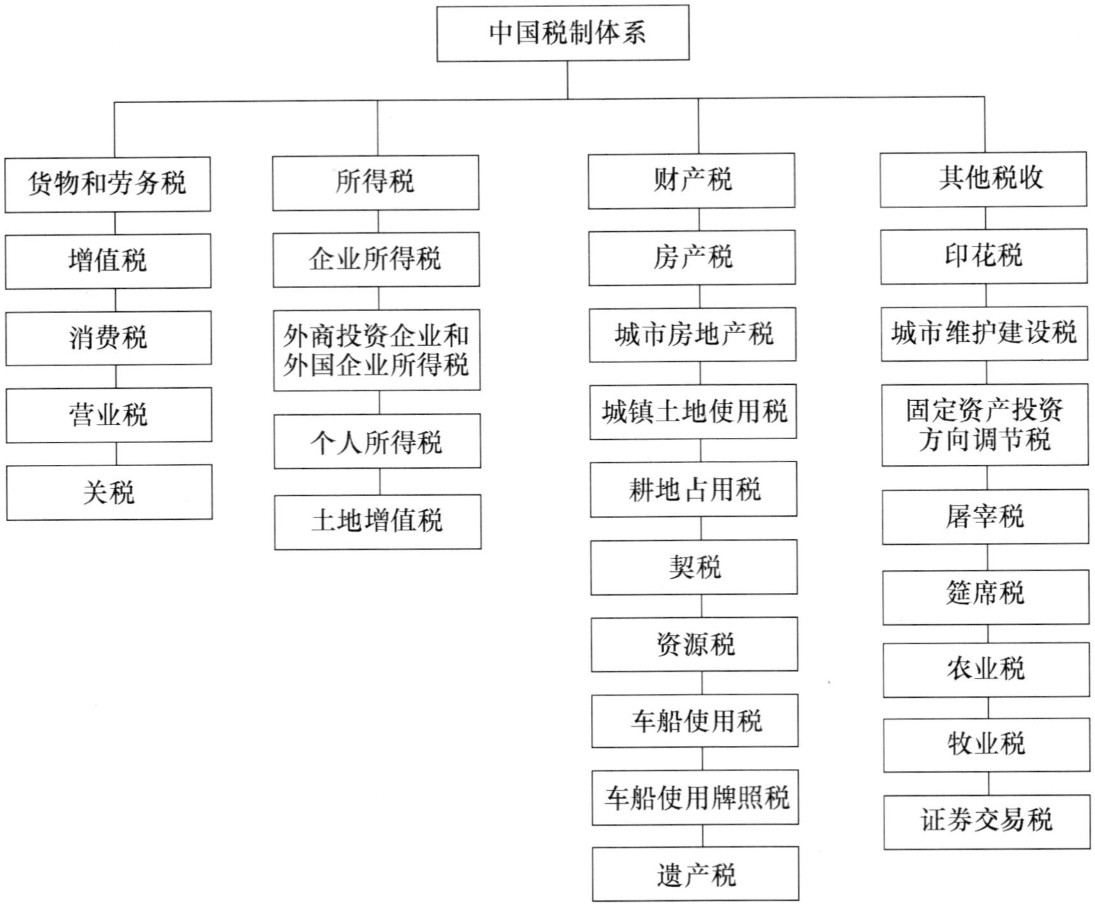


注：

（1）1991 年，全国人民代表大会公布外商投资企业和外国企业所得税法。

（2）1993 年，国务院陆续发布关于征收增值税、消费税、营业税、企业所得税、土地增值税和资源税的暂行条例；全国人民代表大会常务委员会决定从 1994 年起废止工商统一税条例（草案），外商投资企业和外国企业适用增值税、消费税、营业税暂行条例。

（3）从 1994 年起，产品税并入增值税和消费税；特别消费税并入消费税；盐税并入增值税和资源税；国营企业所得税、国营企业调节税、集体企业所得税和私营企业所得税合并为企业所得税；城乡个体工商业户所得税、个人收入调节税、国营企业工资调节税和各类奖金税并入个人所得税；烧油特别税、集市交易税和牲畜交易税取消；屠宰税、筵席税下放给地方管理，征收与否，由各省、自治区和直辖市人民政府根据本地区的实际情况自行决定，具体征收办法由各地省级人民政府根据国务院的规定制定，筵席税基本上停止征收。

（4）牧业税仍然由各地自定办法征收。

（5）固定资产投资方向调节税从 2000 年起停止征收。

（6）遗产税、证券交易税没有立法开征，2006 年以后不再提及。

（7）2000 年，国务院发布车辆购置税暂行条例。2001 年，国务院决定将船舶吨税重新纳入财政预算管理。

（8）从 2005 年到 2008 年，国务院先后取消牧业税、屠宰税和筵席税，发布烟叶税暂行条例，将车船使用税与车船使用牌照税合并为车船税。

（9）2006 年，全国人民代表大会常务委员会取消农业税。2007 年，全国人民代表大会将外商投资企业和外国企业所得税合并为企业所得税。

### （六）中国税制体系示意图（2009年）

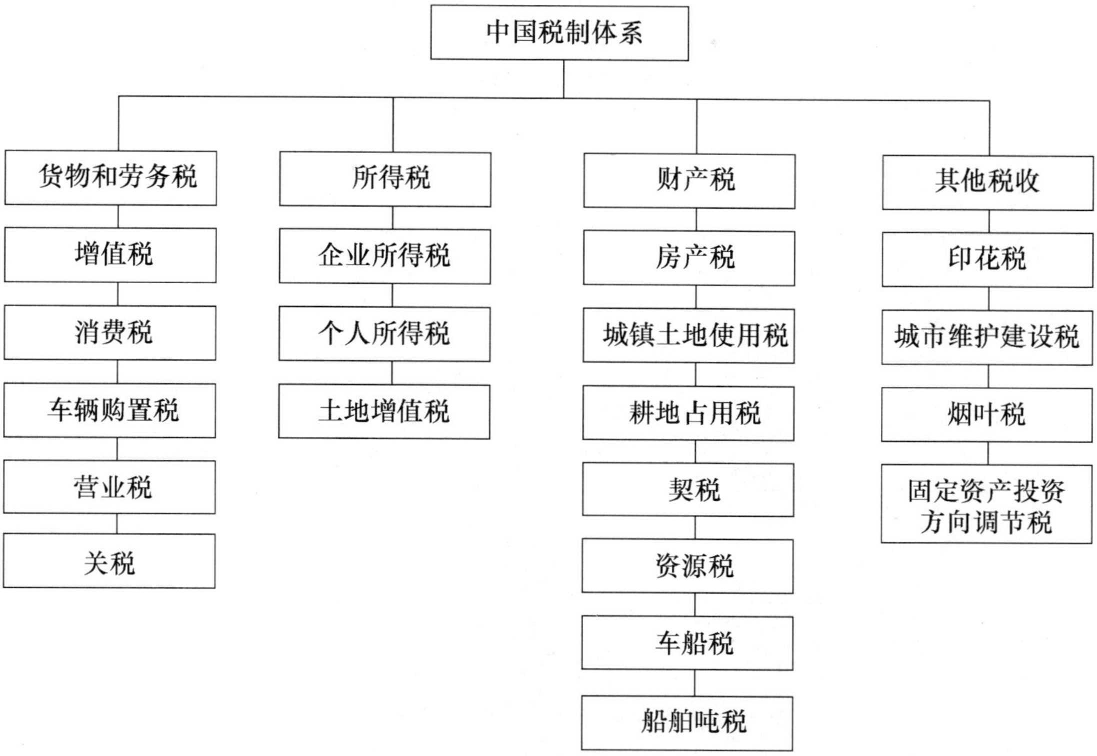


注：

（1）2000年，国务院发布车辆购置税暂行条例。

（2）船舶吨税从2001年起重新纳入财政预算管理，仍然按照1952年海关总署公布的船舶吨税暂行办法征收。

（3）2006年，国务院发布烟叶税暂行条例和车船税暂行条例。

（4）城市房地产税从2009年起取消。

（5）固定资产投资方向调节税从2000年起停止征收。

# 三、中国经济、财政、税收主要指标统计表

## （1950—2008年）

| 年　份 | 国内生产总值（亿元） | 财政收入（亿元） | 税收收入（亿元） | 税收收入占财政收入的比重（%） | 税收收入占国内生产总值的比重（%） |
|---|---|---|---|---|---|
| 1950 | 575.5 | 62.2 | 49.0 | 78.8 | 8.5 |
| 1951 | 683.5 | 125.0 | 81.1 | 64.9 | 11.9 |
| 1952 | 679.0 | 173.9 | 97.7 | 56.2 | 14.4 |
| 1953 | 824.0 | 213.2 | 119.7 | 56.1 | 14.5 |
| 1954 | 859.0 | 245.2 | 132.2 | 53.9 | 15.4 |
| 1955 | 910.0 | 249.3 | 127.5 | 51.1 | 14.0 |
| 1956 | 1028.0 | 280.2 | 140.9 | 50.3 | 13.7 |
| 1957 | 1068.0 | 303.2 | 154.9 | 51.1 | 14.5 |
| 1958 | 1307.0 | 379.6 | 187.4 | 49.4 | 14.3 |
| 1959 | 1439.0 | 487.1 | 204.7 | 42.0 | 14.2 |
| 1960 | 1457.0 | 572.3 | 203.7 | 35.6 | 14.0 |
| 1961 | 1220.0 | 356.1 | 158.8 | 44.6 | 13.0 |
| 1962 | 1149.3 | 313.6 | 162.1 | 51.7 | 14.1 |
| 1963 | 1233.3 | 342.3 | 164.3 | 48.0 | 13.3 |
| 1964 | 1454.0 | 399.5 | 182.0 | 45.6 | 12.5 |
| 1965 | 1716.1 | 473.3 | 204.3 | 43.2 | 11.9 |
| 1966 | 1868.0 | 558.7 | 222.0 | 39.7 | 11.9 |
| 1967 | 1773.9 | 419.4 | 196.6 | 46.9 | 11.1 |
| 1968 | 1723.1 | 361.3 | 191.6 | 53.0 | 11.1 |
| 1969 | 1937.9 | 526.8 | 235.4 | 44.7 | 12.1 |
| 1970 | 2252.7 | 662.9 | 281.2 | 42.4 | 12.5 |
| 1971 | 2426.4 | 744.7 | 312.6 | 42.0 | 12.9 |
| 1972 | 2518.1 | 766.6 | 317.0 | 41.4 | 12.6 |
| 1973 | 2720.9 | 809.7 | 349.0 | 43.1 | 12.8 |
| 1974 | 2789.9 | 783.1 | 360.4 | 46.0 | 12.9 |
| 1975 | 2997.3 | 815.6 | 402.8 | 49.4 | 13.4 |
| 1976 | 2943.7 | 776.6 | 408.0 | 52.5 | 13.9 |
| 1977 | 3201.9 | 874.5 | 468.3 | 53.6 | 14.6 |
| 1978 | 3645.2 | 1132.3 | 519.3 | 45.9 | 14.2 |
| 1979 | 4062.6 | 1146.4 | 537.8 | 46.9 | 13.2 |

续表

| 年　份 | 国内生产总值（亿元） | 财政收入（亿元） | 税收收入（亿元） | 税收收入占财政收入的比重（%） | 税收收入占国内生产总值的比重（%） |
|---|---|---|---|---|---|
| 1980 | 4545.6 | 1159.9 | 571.7 | 49.3 | 12.6 |
| 1981 | 4891.6 | 1175.8 | 629.9 | 53.6 | 12.9 |
| 1982 | 5323.4 | 1212.3 | 700.0 | 57.7 | 13.1 |
| 1983 | 5962.7 | 1367.0 | 1188.4 | 86.9 | 19.9 |
| 1984 | 7208.1 | 1642.9 | 1430.2 | 87.1 | 19.8 |
| 1985 | 9016.0 | 2004.8 | 2040.8 | 101.8 | 22.6 |
| 1986 | 10275.2 | 2122.0 | 2090.7 | 98.5 | 20.3 |
| 1987 | 12058.6 | 2199.4 | 2140.4 | 97.3 | 17.7 |
| 1988 | 15042.8 | 2357.2 | 2390.5 | 101.4 | 15.9 |
| 1989 | 16992.3 | 2664.9 | 2727.4 | 102.3 | 16.1 |
| 1990 | 18667.8 | 2937.1 | 2821.9 | 96.1 | 15.1 |
| 1991 | 21781.5 | 3149.5 | 2990.2 | 94.9 | 13.7 |
| 1992 | 26923.5 | 3483.4 | 3296.9 | 94.6 | 12.2 |
| 1993 | 35333.9 | 4349.0 | 4255.3 | 97.8 | 12.0 |
| 1994 | 48197.9 | 5218.1 | 5126.9 | 98.3 | 10.8 |
| 1995 | 60793.7 | 6242.2 | 6038.0 | 96.7 | 9.9 |
| 1996 | 71176.6 | 7408.0 | 6909.8 | 93.3 | 9.7 |
| 1997 | 78973.0 | 8651.1 | 8234.0 | 95.2 | 10.4 |
| 1998 | 84402.3 | 9876.0 | 9262.8 | 93.8 | 11.0 |
| 1999 | 89677.1 | 11444.1 | 10682.6 | 93.3 | 11.9 |
| 2000 | 99214.6 | 13395.2 | 12581.5 | 93.9 | 12.7 |
| 2001 | 109655.2 | 16386.6 | 15301.4 | 93.4 | 14.0 |
| 2002 | 120332.7 | 18903.6 | 17636.5 | 93.3 | 14.7 |
| 2003 | 135822.8 | 21715.3 | 20017.3 | 92.2 | 14.7 |
| 2004 | 159878.3 | 26396.5 | 24165.7 | 91.5 | 15.1 |
| 2005 | 183217.4 | 31649.3 | 28778.5 | 90.9 | 15.7 |
| 2006 | 211923.5 | 38760.2 | 34804.4 | 89.8 | 16.4 |
| 2007 | 257306.0 | 51321.8 | 45622.0 | 88.9 | 17.7 |
| 2008 | 300670.0 | 61330.4 | 54223.8 | 88.4 | 18.0 |

注：

1. 本表中的财政收入、税收收入数据为财政部数据（其中 1983 年、1984 年的税收收入数据是根据财政部、国家税务总局公布的有关数据计算得出的），国内生产总值数据为国家统计局数据。

2. 从 1983 年起，税收收入中包括国有企业缴纳的所得税。国有企业实行所得税制度以前，实行利润上缴制度。

3. 有 3 个年度的税收收入超过财政收入，原因是企业亏损补贴抵减财政收入金额偏大。

4. 本书中的各项统计数据均不包括香港、澳门、台湾地区的统计数据。

# 四、中国分税种收入统计表

## （一）中国分税种收入统计表（1950 年）

| 项　　目 | 收入额（亿元） | 占税收总额的比重（%） |
|---|---|---|
| 1. 货物税 | 8.6 | 17.6 |
| 2. 盐税 | 2.7 | 5.5 |
| 3. 工商营业税 | 7.7 | 15.7 |
| 4. 特种消费行为税 | 0.2 | 0.4 |
| 5. 关税 | 3.6 | 7.3 |
| 6. 工商所得税 | 1.2 | 2.4 |
| 7. 房产税和地产税 | 1.0 | 2.0 |
| 8. 使用牌照税 | 0.2 | 0.4 |
| 9. 印花税 | 1.1 | 2.2 |
| 10. 屠宰税 | 1.1 | 2.2 |
| 11. 交易税 | 0.6 | 1.2 |
| 12. 农业税和牧业税 | 19.1 | 39.0 |
| 13. 其他 | 1.9 | 3.9 |
| 14. 合计 | 49.0 | 100.0 |

注：附录四中各年度《中国分税种收入统计表》中的合计数据为财政部数据，各项税收收入数据分别为财政部数据和国家税务总局数据。由于上述两个部门统计口径不同，各项税收收入数据之和与合计数据有时略有差异，并导致各项税收收入占税收总额比重的计算略有差异。

## （二）中国分税种收入统计表（1957 年）

| 项　　目 | 收入额（亿元） | 占税收总额的比重（%） |
|---|---|---|
| 1. 货物税 | 22.6 | 14.6 |
| 2. 商品流通税 | 37.7 | 24.3 |
| 3. 盐税 | 6.3 | 4.1 |
| 4. 工商营业税 | 28.5 | 18.4 |

续表

| 项　　目 | 收入额（亿元） | 占税收总额的比重（%） |
| --- | --- | --- |
| 5. 关税 | 5.8 | 3.7 |
| 6. 工商所得税 | 16.2 | 10.5 |
| 7. 利息所得税 | 0.1 | 0.1 |
| 8. 城市房地产税 | 2.1 | 1.4 |
| 9. 车船使用牌照税 | 0.4 | 0.3 |
| 10. 印花税 | 1.6 | 1.0 |
| 11. 屠宰税 | 3.4 | 2.2 |
| 12. 文化娱乐税 | 0.2 | 0.1 |
| 13. 牲畜交易税 | 0.4 | 0.3 |
| 14. 农业税和牧业税 | 29.7 | 19.2 |
| 15. 合计 | 154.9 | 100.0 |

### （三）中国分税种收入统计表（1959年）

| 项　　目 | 收入额（亿元） | 占税收总额的比重（%） |
| --- | --- | --- |
| 1. 工商统一税 | 145.8 | 71.2 |
| 2. 盐税 | 7.7 | 3.8 |
| 3. 关税 | 7.0 | 3.4 |
| 4. 工商所得税 | 4.5 | 2.2 |
| 5. 城市房地产税 | 2.8 | 1.4 |
| 6. 车船使用牌照税 | 0.7 | 0.3 |
| 7. 屠宰税 | 2.5 | 1.2 |
| 8. 文化娱乐税 | 0.3 | 0.1 |
| 9. 农业税和牧业税 | 33.0 | 16.1 |
| 10. 牲畜交易税 | 0.4 | 0.2 |
| 11. 合计 | 204.7 | 100.0 |

### （四）中国分税种收入统计表（1973年）

| 项　　目 | 收入额（亿元） | 占税收总额的比重（%） |
| --- | --- | --- |
| 1. 工商税 | 268.6 | 77.0 |
| 2. 盐税 | 8.1 | 2.3 |
| 3. 关税 | 9.0 | 2.6 |

续表

| 项　目 | 收入额（亿元） | 占税收总额的比重（%） |
|---|---|---|
| 4. 工商所得税 | 29.4 | 8.4 |
| 5. 城市房地产税 | 1.5 | 0.4 |
| 6. 车船使用牌照税 | 0.5 | 0.1 |
| 7. 屠宰税 | 1.3 | 0.4 |
| 8. 农业税和牧业税 | 30.5 | 8.7 |
| 9. 合计 | 349.0 | 100.0 |

### （五）中国分税种收入统计表（1978年）

| 项　目 | 收入额（亿元） | 占税收总额的比重（%） |
|---|---|---|
| 1. 工商税 | 394.7 | 76.0 |
| 2. 盐税 | 10.8 | 2.1 |
| 3. 关税 | 28.8 | 5.5 |
| 4. 工商所得税 | 54.0 | 10.4 |
| 5. 城市房地产税 | 0.8 | 0.2 |
| 6. 车船使用牌照税 | 0.4 | 0.1 |
| 7. 屠宰税 | 1.2 | 0.2 |
| 8. 农业税和牧业税 | 28.4 | 5.5 |
| 9. 其他 | 0.2 | — |
| 10. 合计 | 519.3 | 100.0 |

### （六）中国分税种收入统计表（1982年）

| 项　目 | 收入额（亿元） | 占税收总额的比重（%） |
|---|---|---|
| 1. 工商税 | 551.1 | 78.7 |
| 2. 增值税 | 1.7 | 0.2 |
| 3. 盐税 | 9.5 | 1.4 |
| 4. 烧油特别税 | 9.1 | 1.3 |
| 5. 关税 | 47.5 | 6.8 |
| 6. 工商所得税 | 48.2 | 6.9 |
| 7. 中外合资企业所得税和外国企业所得税 | 0.1 | — |
| 8. 个人所得税 | 0.1 | — |

续表

| 项　　目 | 收入额（亿元） | 占税收总额的比重（%） |
|---|---|---|
| 9. 城市房地产税 | 0.7 | 0.1 |
| 10. 车船使用牌照税 | — | — |
| 11. 屠宰税 | 1.6 | 0.2 |
| 12. 牲畜交易税 | 0.4 | — |
| 13. 集市交易税 | 0.1 | — |
| 14. 农业税和牧业税 | 29.4 | 4.2 |
| 15. 其他 | 0.5 | — |
| 16. 合计 | 700.0 | 100.0 |

## （七）中国分税种收入统计表（1985年）

| 项　　目 | 收入额（亿元） | 占税收总额的比重（%） |
|---|---|---|
| 1. 产品税 | 581.9 | 28.5 |
| 2. 增值税 | 159.3 | 7.8 |
| 3. 盐税 | 10.0 | 0.5 |
| 4. 烧油特别税 | 17.0 | 0.8 |
| 5. 营业税 | 212.8 | 10.4 |
| 6. 工商统一税 | 13.3 | 0.7 |
| 7. 关税 | 205.2 | 10.1 |
| 8. 国营企业所得税和国营企业调节税 | 595.8 | 29.2 |
| 9. 集体企业所得税 | 99.6 | 4.9 |
| 10. 中外合资企业所得税 | 0.2 | — |
| 11. 外国企业所得税 | 1.3 | 0.1 |
| 12. 个人所得税 | 1.3 | 0.1 |
| 13. 各类奖金税和国营企业工资调节税 | 9.9 | — |
| 14. 城市房地产税 | 0.9 | — |
| 15. 契税 | 0.3 | — |
| 16. 资源税 | 16.6 | 0.8 |
| 17. 车船使用牌照税 | 0.2 | — |
| 18. 城市维护建设税 | 46.9 | 2.3 |

续表

| 项　　目 | 收入额（亿元） | 占税收总额的比重（%） |
|---|---|---|
| 19. 建筑税 | 22.9 | 1.1 |
| 20. 屠宰税 | 2.0 | 0.1 |
| 21. 牲畜交易税 | 0.5 | — |
| 22. 集市交易税 | 0.3 | — |
| 23. 农业税和牧业税 | 41.8 | 2.0 |
| 24. 合计 | 2040.8 | 100.0 |

## （八）中国分税种收入统计表（1993年）

| 项　　目 | 收入额（亿元） | 占税收总额的比重（%） |
|---|---|---|
| 1. 产品税 | 786.3 | 18.4 |
| 2. 增值税 | 823.8 | 19.3 |
| 3. 盐税 | 7.9 | 0.2 |
| 4. 特别消费税 | 13.3 | 0.3 |
| 5. 烧油特别税 | 1.6 | — |
| 6. 营业税 | 996.6 | 23.3 |
| 7. 工商统一税 | 168.9 | 3.9 |
| 8. 关税 | 256.5 | 6.0 |
| 9. 国营企业所得税和国营企业调节税 | 582.9 | 13.6 |
| 10. 集体企业所得税 | 95.8 | 2.2 |
| 11. 私营企业所得税 | 1.3 | — |
| 12. 外商投资企业和外国企业所得税 | 26.2 | 0.6 |
| 13. 个人所得税 | 8.6 | 0.2 |
| 14. 个人收入调节税 | 16.8 | 0.4 |
| 15. 城乡个体工商业户所得税 | 21.3 | 0.5 |
| 16. 各类奖金税 | 1.8 | — |
| 17. 国营企业工资调节税 | 2.0 | — |
| 18. 房产税和城市房地产税 | 49.2 | 1.1 |
| 19. 城镇土地使用税 | 30.3 | 0.7 |
| 20. 耕地占用税 | 29.4 | 0.7 |

续表

| 项目 | 收入额（亿元） | 占税收总额的比重（%） |
| --- | --- | --- |
| 21. 契税 | 6.2 | 0.1 |
| 22. 资源税 | 25.6 | 0.6 |
| 23. 车船使用税和车船使用牌照税 | 10.0 | 0.2 |
| 24. 印花税 | 35.1 | 0.8 |
| 25. 城市维护建设税 | 147.9 | 3.5 |
| 26. 固定资产投资方向调节税 | 38.5 | 0.9 |
| 27. 屠宰税 | 2.7 | — |
| 28. 筵席税 | 0.1 | — |
| 29. 牲畜交易税 | 0.4 | — |
| 30. 集市交易税 | 1.2 | — |
| 31. 农业税和牧业税 | 90.2 | 2.1 |
| 32. 合计 | 4255.3 | 100.0 |

## （九）中国分税种收入统计表（1994年）

| 项目 | 收入额（亿元） | 占税收总额的比重（%） |
| --- | --- | --- |
| 1. 增值税 | 2212.6 | 43.3 |
| 2. 消费税 | 514.1 | 10.1 |
| 3. 营业税 | 680.2 | 13.3 |
| 4. 关税 | 272.7 | 5.3 |
| 5. 企业所得税 | 639.7 | 12.5 |
| 6. 外商投资企业和外国企业所得税 | 48.1 | 0.9 |
| 7. 个人所得税 | 72.7 | 1.4 |
| 8. 土地增值税 | — | — |
| 9. 房产税 | 56.5 | 1.1 |
| 10. 城市房地产税 | 3.8 | 0.1 |
| 11. 城镇土地使用税 | 32.5 | 0.6 |
| 12. 耕地占用税 | 36.5 | 0.7 |
| 13. 契税 | 11.8 | 0.2 |
| 14. 资源税 | 45.5 | 0.9 |

续表

| 项　目 | 收入额（亿元） | 占税收总额的比重（%） |
|---|---|---|
| 15. 车船使用税 | 10.9 | 0.2 |
| 16. 车船使用牌照税 | 0.4 | — |
| 17. 印花税 | 61.8 | 1.2 |
| 18. 城市维护建设税 | 176.3 | 3.5 |
| 19. 固定资产投资方向调节税 | 43.2 | 0.8 |
| 20. 屠宰税 | 7.5 | 0.1 |
| 21. 筵席税 | — | — |
| 22. 农业税和牧业税 | 183.2 | 3.6 |
| 23. 合计 | 5126.9 | 100.0 |

## （十）中国分税种收入统计表（2000年）

| 项　目 | 收入额（亿元） | 占税收总额的比重（%） |
|---|---|---|
| 1. 增值税 | 5346.9 | 40.6 |
| 2. 消费税 | 969.7 | 7.4 |
| 3. 营业税 | 1885.7 | 14.3 |
| 4. 关税 | 750.5 | 5.7 |
| 5. 企业所得税 | 1444.6 | 11.0 |
| 6. 外商投资企业和外国企业所得税 | 326.1 | 2.5 |
| 7. 个人所得税 | 660.4 | 5.0 |
| 8. 土地增值税 | 8.4 | 0.1 |
| 9. 房产税 | 182.6 | 1.4 |
| 10. 城市房地产税 | 27.0 | 0.2 |
| 11. 城镇土地使用税 | 64.9 | 0.5 |
| 12. 耕地占用税 | 35.3 | 0.3 |
| 13. 契税 | 131.1 | 1.0 |
| 14. 资源税 | 63.6 | 0.5 |
| 15. 车船使用税 | 22.9 | 0.2 |
| 16. 车船使用牌照税 | 0.6 | — |
| 17. 印花税 | 521.9 | 4.0 |
| 18. 城市维护建设税 | 352.1 | 2.7 |

续表

| 项　目 | 收入额（亿元） | 占税收总额的比重（%） |
|---|---|---|
| 19. 固定资产投资方向调节税 | 46.1 | 0.4 |
| 20. 屠宰税 | 31.8 | 0.2 |
| 21. 筵席税 | 0.4 | — |
| 22. 农业税和牧业税 | 298.9 | 2.3 |
| 23. 合计 | 12581.5 | 100.0 |

注：固定资产投资方向调节税从2000年起停止征收，本表和下表中的数字为收回的以前年份的欠税。

### （十一）中国分税种收入统计表（2008年）

| 项　目 | 收入额（亿元） | 占税收总额的比重（%） |
|---|---|---|
| 1. 增值税 | 19409.7 | 35.0 |
| 2. 消费税 | 2836.9 | 5.1 |
| 3. 车辆购置税 | 989.9 | 1.8 |
| 4. 营业税 | 7628.4 | 13.8 |
| 5. 关税 | 1770.0 | 3.2 |
| 6. 企业所得税 | 12195.2 | 22.0 |
| 7. 个人所得税 | 3722.3 | 6.7 |
| 8. 土地增值税 | 537.4 | 1.0 |
| 9. 房产税 | 551.6 | 1.0 |
| 10. 城市房地产税 | 128.7 | 0.2 |
| 11. 城镇土地使用税 | 816.9 | 1.5 |
| 12. 耕地占用税 | 314.4 | 0.6 |
| 13. 契税 | 1307.5 | 2.4 |
| 14. 资源税 | 301.6 | 0.5 |
| 15. 车船税 | 144.2 | 0.3 |
| 16. 船舶吨税 | 20.1 | — |
| 17. 印花税 | 1320.2 | 2.4 |
| 18. 城市维护建设税 | 1344.2 | 2.4 |
| 19. 烟叶税 | 67.2 | 0.1 |
| 20. 固定资产投资方向调节税 | 1.3 | — |
| 21. 合计 | 54223.8 | 100.0 |

# 五、中国税务系统组织机构示意图

## （一）中国税务系统组织机构示意图（1950年）

1. 省以上税务系统组织机构图

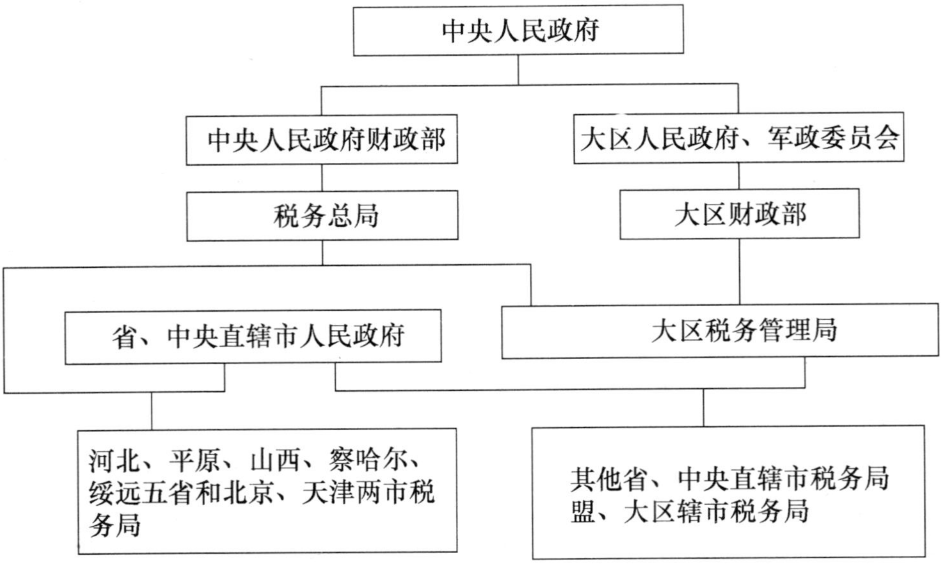


2. 省辖市、专区以下税务系统组织机构示意图

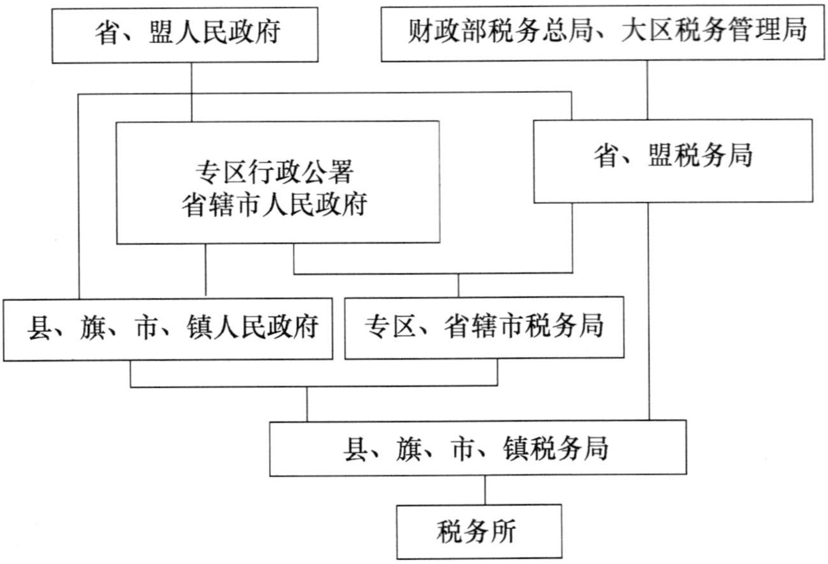

3. 中央直辖市以下税务系统组织机构示意图

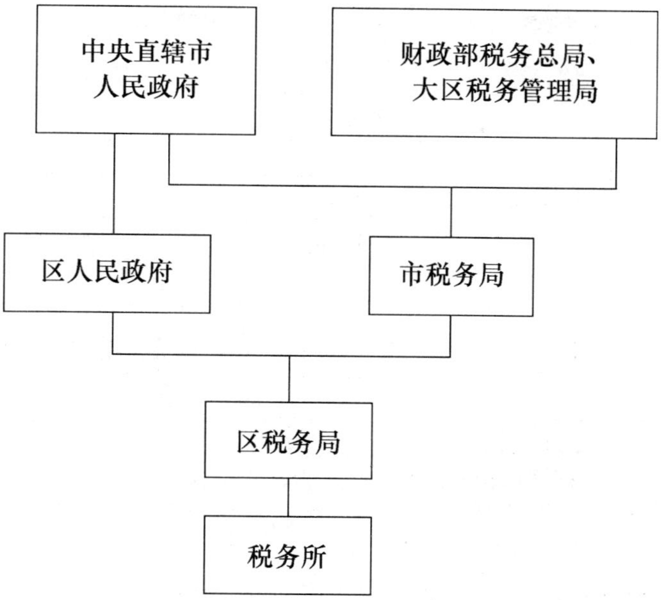


注：

1. 全国各级税务机关均受中央人民政府财政部领导。财政部税务总局之下的各级税务机关，除了受其直属上级税务机关领导以外，大区税务管理局并受大区财政部领导，省市以下各级税务局并受所在地同级人民政府领导。

2. 1950 年设有华东、中南、东北、西北、西南和内蒙古六个大区税务管理局，河北、平原、山西、察哈尔、绥远五省和北京、天津两市税务局由财政部税务总局直辖。1952 年 7 月华北税务管理局成立以后，财政部税务总局直辖的河北、平原、山西、察哈尔、绥远五省和北京、天津两市税务局改由华北税务管理局领导。

3. 从 1951 年 2 月以后，省税务局除了受其上级税务机关领导以外，并受本省人民政府财政厅领导。

（二）中国税务系统组织机构示意图（1955年）

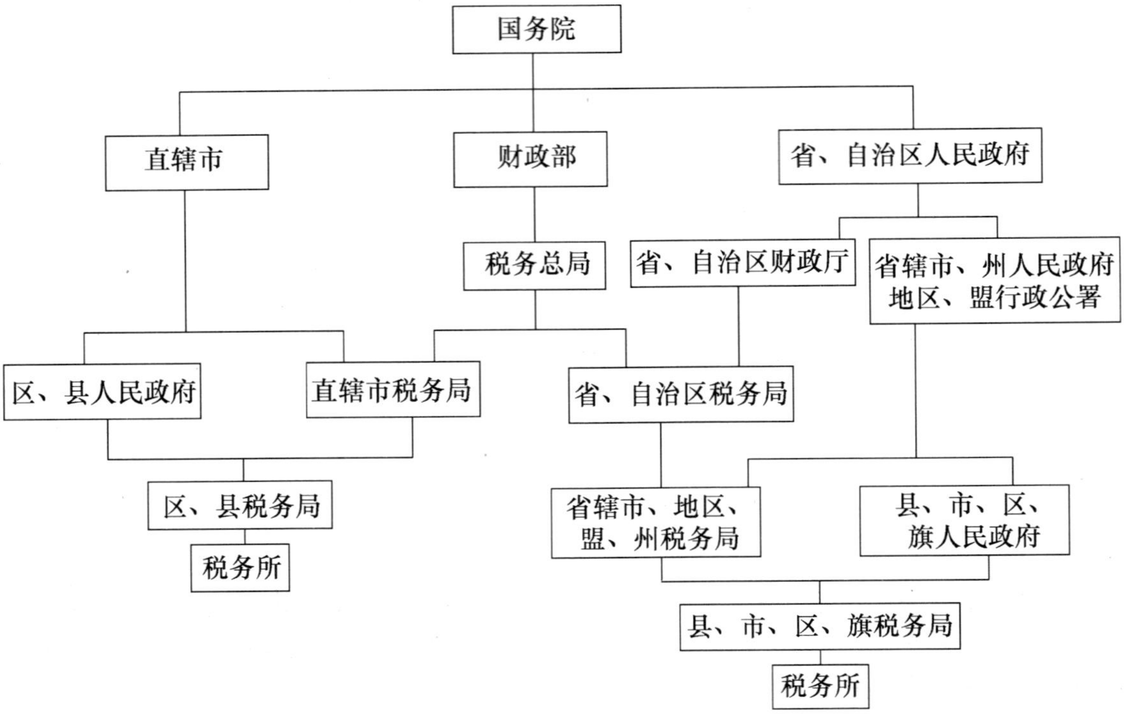


注：

（1）省以下税务机关继续实行地方政府和上级税务机关双重领导，业务上以上级税务机关领导为主。

（2）从1982年3月以后，逐步实行省以下税务机构的垂直管理。

（3）1988年5月，财政部税务总局升格为国家税务局（副部级机构），由财政部归口管理。1993年4月，国家税务局更名为国家税务总局，升格为国务院直属机构，同年12月升格为部级机构。

（三）中国税务系统组织机构示意图（1994 年）

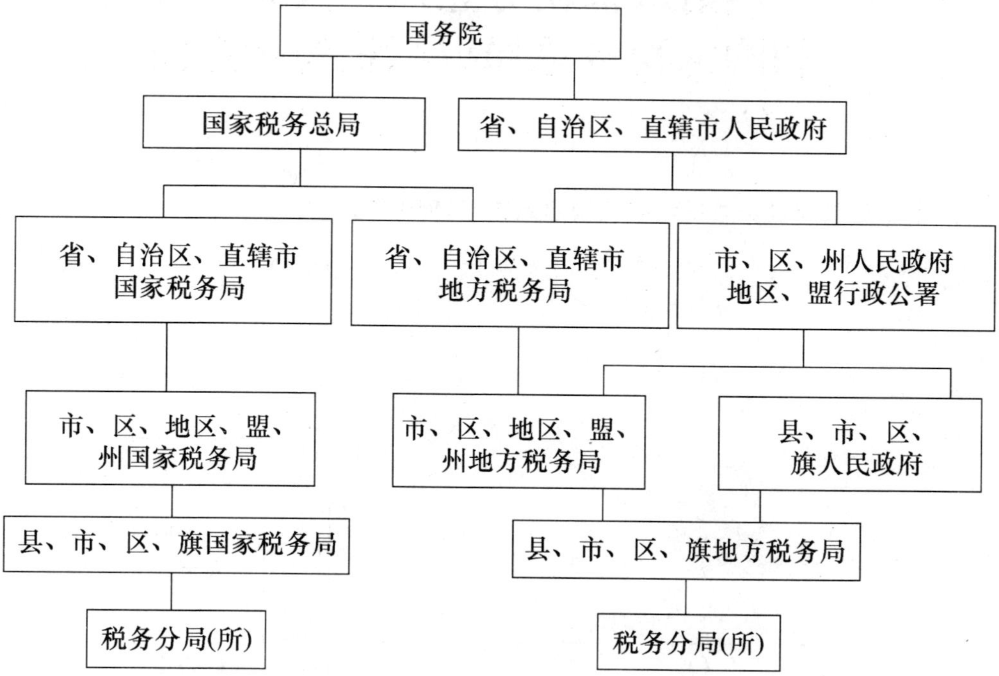


注：

（1）从 1994 年以后，省以下税务机构分为国家税务局和地方税务局两个系统。国家税务总局对国家税务局系统实行垂直管理，协同省级人民政府对省级地方税务局实行双重领导。

（2）从 1997 年 10 月以后，省以下地方税务局实行上级税务机关和同级人民政府双重领导，以上级税务机关垂直领导为主的管理体制。

（3）目前基层税务机构绝大部分已经改为税务分局。

（4）到 2008 年年底，全国共有省级税务局 61 个，副省级城市税务局 30 个，市（区、地区、州、盟）税务局 1061 个，县（市、区、旗）税务局 5422 个，税务分局（所）27049 个。全国税务系统共有 86.1 万人，其中国家税务局系统 46.2 万人，地方税务局系统 39.9 万人。

# 六、中国财政部税务总局、国家税务局和国家税务总局组织机构示意图

## （一）中国财政部税务总局组织机构示意图（1950年）

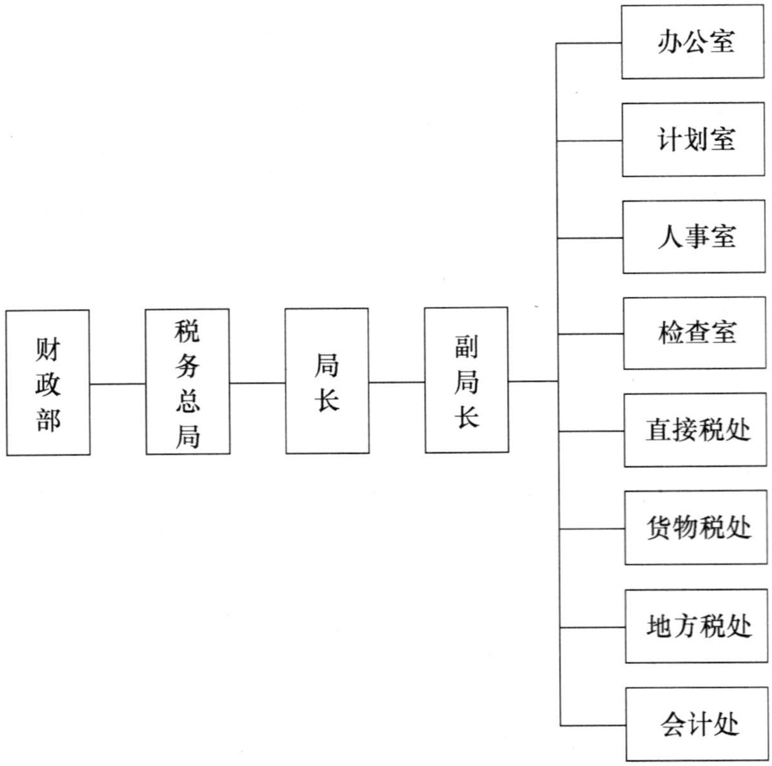


注：1949年11月28日，中央人民政府政务院财政经济委员会批准成立财政部税务总局。全局编制230人，实有210人。

## （二）中国财政部税务总局组织机构示意图（1959年）

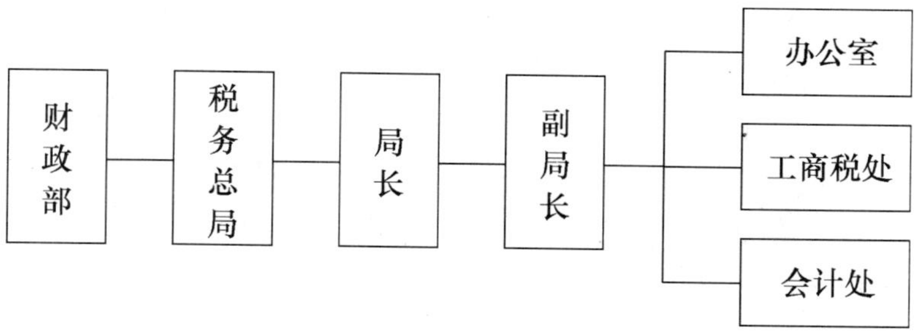


注：全局编制66人，实有64人。

## （三）中国财政部税务局组织机构示意图（1972年）

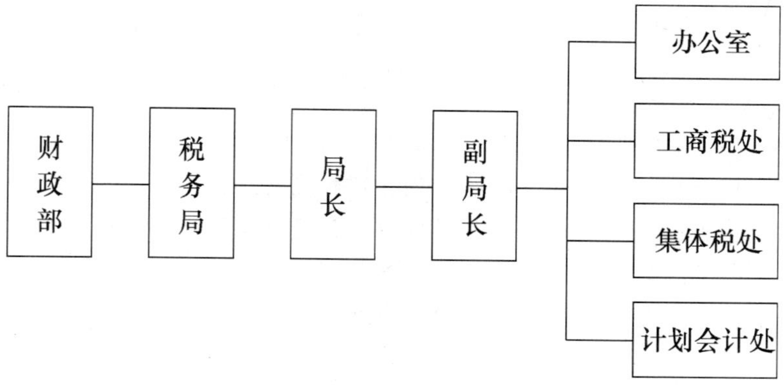


注：1967年7月财政部实行军事管制以后，税收业务一度由中国人民解放军财政部军事管制委员会业务组下设的税务组办理。1972年4月，财政部恢复设立税务机构，称财政部税务局。1977年8月，恢复财政部税务总局名称。

（四）中国财政部税务总局组织机构示意图（1978年）

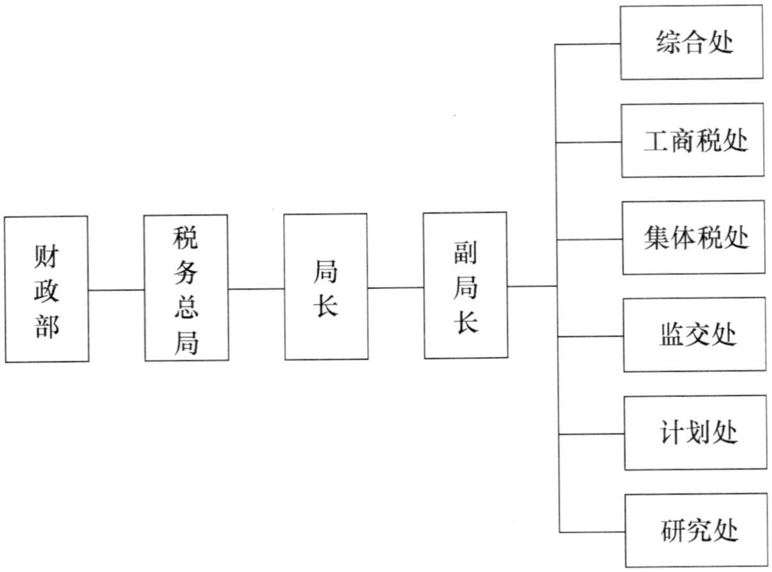


注：

（1）全局编制75人，实有52人。

（3）至1988年国务院机构改革、财政部税务总局升格为国家税务局以前，财政部税务总局下设办公室、综合处、条法处、产品税处、增值税处、进出口税收管理处、营业税处、资源税处、国营企业所得税处、集体企业所得税处、地方税处、特别税处、对外税政处、国际税收协定处、征收管理处、计划会计处、人事教育处、基层工作处、监察处、行政处、研究处、中国税务学会秘书处、《税务研究》编辑部、中国海洋石油税务局（此局为副司局级机构并下设若干处室），行政编制400人。

### （五）中国国家税务局组织机构示意图（1988 年）

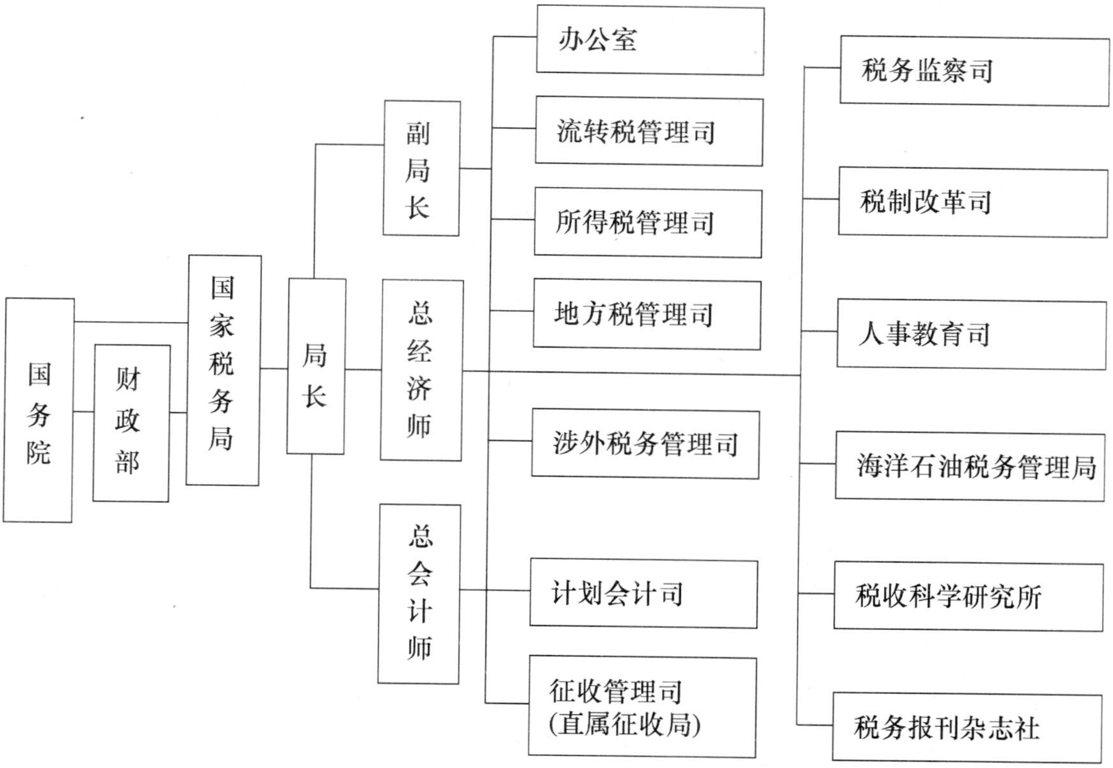


注：

（1）1988 年 5 月 3 日，国务院将财政部税务总局升格为国家税务局（副部级机构），由财政部归口管理，全局行政编制 400 人。

（2）海洋石油税务管理局、税收科学研究所和税务报刊杂志社为国家税务局直属事业单位。

（3）后来增设的直属事业单位有：机关服务中心、扬州培训中心、中国税务报社、长春税务学院。人事教育司分设为人事司和教育中心（该中心为国家税务局直属事业单位）。

（4）后来，税制改革司和税务报刊杂志社分别改称税制改革与法规司、中国税务杂志社。

（5）1993 年 4 月 19 日，国务院将国家税务局更名为国家税务总局，并升格为国务院直属机构，机构规格、内部组织机构和行政编制没有改变。

（六）中国国家税务总局组织机构示意图（1994年）

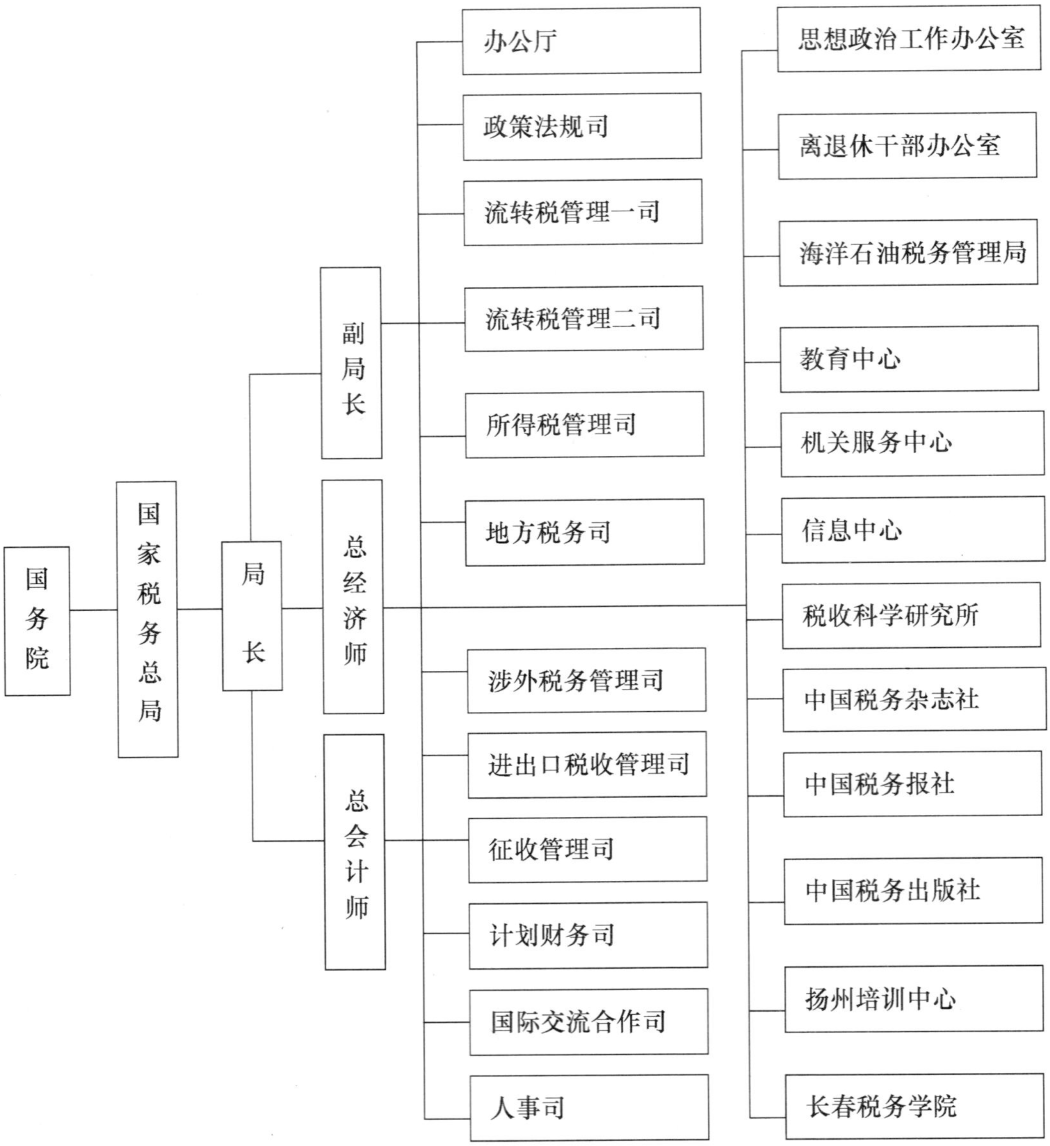


注：

（1）1993年12月20日，国务院将国家税务总局升格为正部级机构，全局行政编制410人。

（2）海洋石油税务管理局、教育中心、机关服务中心、信息中心、税收科学研究所、中国税务杂志社、中国税务报社、中国税务出版社、扬州培训中心和长春税务学院为国家税务总局直属事业单位。

（3）后来，流转税管理一司与流转税管理二司合并为流转税管理司，增设了稽查局、农业税征收管理局和注册税务师管理中心（该中心为国家税务总局直属事业单位）。

（4）中共中央纪律检查委员会在国家税务总局派驻纪律检查组，监察部在国家税务总局派驻监察局，两个机构合署办公。

（七）中国国家税务总局组织机构示意图（1998 年）

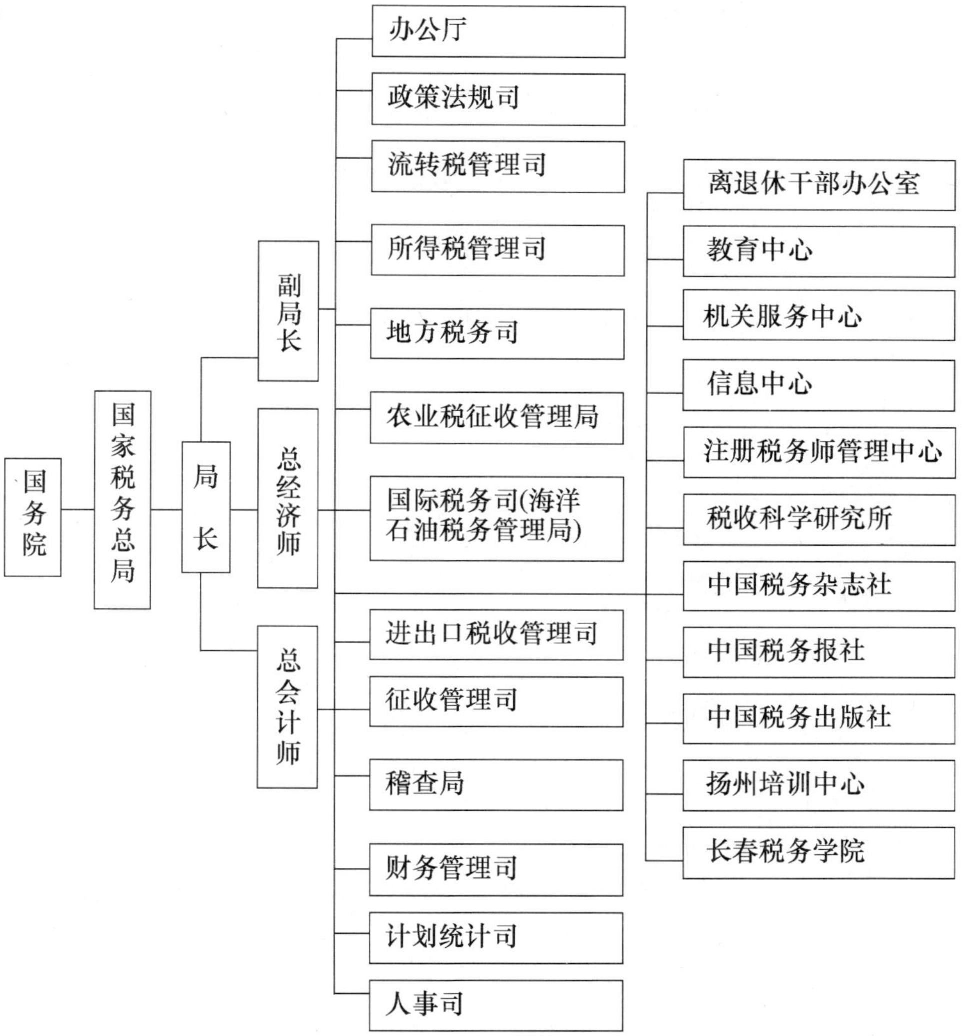


注：

（1）1998 年国务院机构改革以后，国家税务总局的职能、机构和人员编制作了比较大的调整，涉外税务管理司与国际交流合作司合并为国际税务司（海洋石油税务管理局），思想政治工作办公室并入人事司，计划财务司分设为计划统计司和财务管理司，全局行政编制 220 人。

（2）教育中心、机关服务中心、信息中心、注册税务师管理中心、税收科学研究所、中国税务杂志社、中国税务报社、中国税务出版社、扬州培训中心和长春税务学院为国家税务总局直属事业单位。

（3）后来，撤销了农业税征收管理局，增设了巡视工作办公室、审计司和集中采购中心（该中心为国家税务总局直属事业单位），长春税务学院移交吉林省管理。

（4）中共中央纪律检查委员会在国家税务总局派驻纪律检查组，监察部在国家税务总局派驻监察局，两个机构合署办公。

(八) 中国国家税务总局组织机构示意图（2009年）

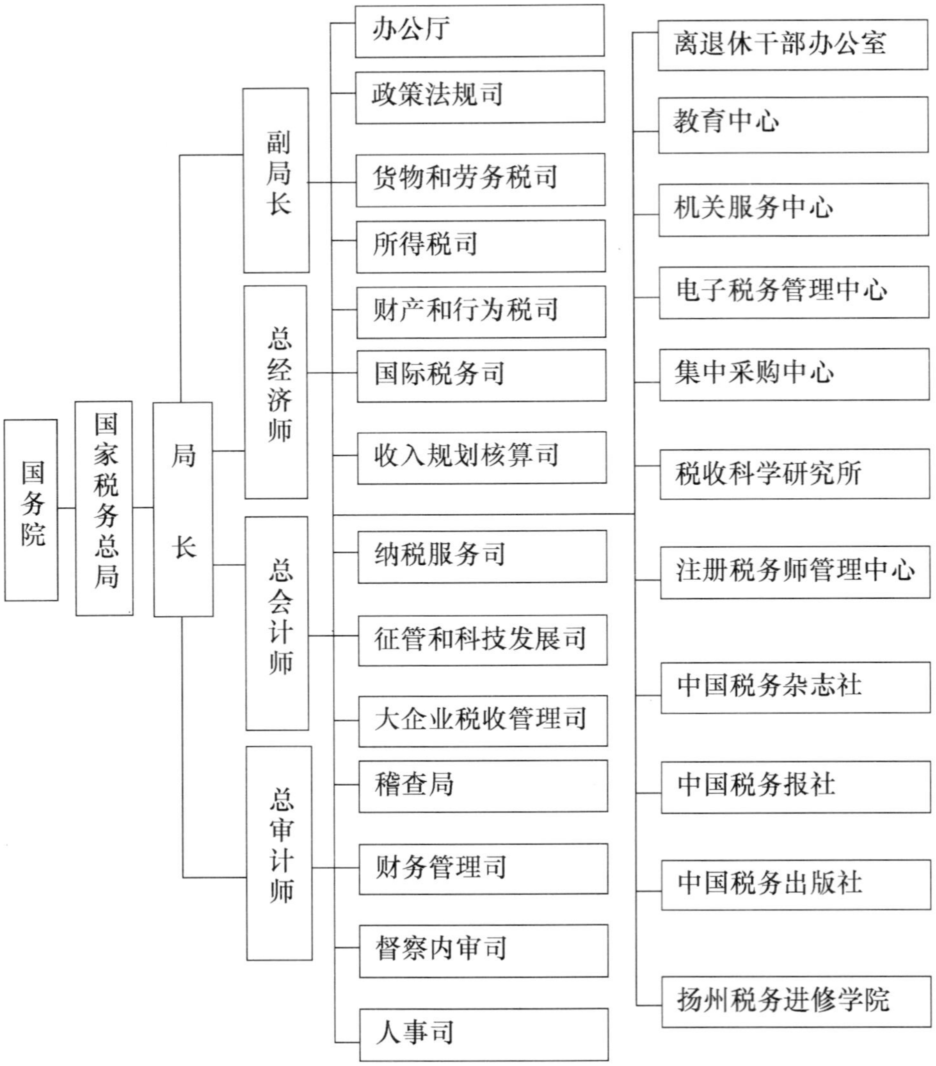


注：

(1) 2008年7月，国家税务总局的职能、机构和人员编制调整，流转税管理司与进出口税收管理司合并为货物和劳务税司，所得税管理司改为所得税司，地方税务司改为财产和行为税司，计划统计司改为收入规划核算司，征收管理司改为征管和科技发展司，巡视工作办公室与审计司合并为督察内审司，增设纳税服务司和大企业税收管理司，全局行政编制431人。

(2) 教育中心、机关服务中心、电子税务管理中心（由原信息中心更名而来）、集中采购中心、税收科学研究所、注册税务师管理中心、中国税务杂志社、中国税务报社、中国税务出版社和扬州税务进修学院为国家税务总局直属事业单位。

(3) 中共中央纪律检查委员会在国家税务总局派驻纪律检查组，监察部在国家税务总局派驻监察局，两个机构合署办公。

# 七、中国税务系统历任主要领导人名录

## （1949年12月—2009年8月）

（以任职时间为序）

| 姓　名 | 职　务 | 任命日期 |
|---|---|---|
| 李予昂 | 财政部税务总局局长 | 1949年12月16日政务院任命 |
| 崔敬伯 | 财政部税务总局副局长 | 1949年12月16日政务院任命 |
| 罗东明 | 财政部税务总局副局长 | 1955年4月12日中共中央任命 |
| 申　平 | 财政部税务总局副局长 | 1955年9月20日国务院任命 |
| 任子良 | 财政部税务总局副局长 | 1955年9月20日国务院任命 |
| 刘志城 | 财政部税务总局副局长 | 1956年11月16日国务院任命 |
| 任子良 | 财政部税务总局局长 | 1961年4月22日国务院任命 |
| 邹　明 | 财政部税务总局副局长 | 1961年4月22日国务院任命 |
| 胡　静 | 财政部税务总局副局长 | 1961年4月22日国务院任命 |
| 柳云峰 | 财政部税务总局副局长 | 1978年6月30日国务院任命 |
| 牛立成 | 财政部税务总局副局长（1986年晋升为正局长级） | 1978年6月30日国务院任命 |
| 林荣生 | 财政部税务总局副局长 | 1978年6月30日国务院任命 |
| 刘志城 | 财政部税务总局局长 | 1978年12月4日国务院任命 |
| 赵　昭 | 财政部税务总局副局长（正局长级） | 1980年10月6日中共中央组织部任命 |
| 金　鑫 | 财政部税务总局局长（副部长级） | 1984年4月17日国务院任命 |
| 王平武 | 财政部税务总局副局长 | 1985年5月30日中共财政部党组任命 |
| 李永贵 | 财政部税务总局副局长 | 1985年5月30日中共财政部党组任命 |
| 陈景新 | 财政部税务总局副局长（正局长级） | 1987年3月9日中共财政部党组任命 |
| 金　鑫 | 国家税务局局长 | 1988年5月3日国务院任命 |
| 牛立成 | 国家税务局副局长 | 1988年9月22日国务院任命 |
| 陈景新 | 国家税务局副局长 | 1988年9月22日国务院任命 |
| 卢仁法 | 国家税务局副局长 | 1988年9月22日国务院任命 |
| 王平武 | 国家税务局副局长 | 1988年11月8日国务院任命 |

续表

| 姓　名 | 职　务 | 任命日期 |
| --- | --- | --- |
| 李永贵 | 国家税务局总经济师 | 1988年11月23日国家税务局任命 |
| 杨崇春 | 国家税务局副局长 | 1990年2月26日国务院任命 |
| 张忠诚 | 国家税务局总经济师 | 1991年2月25日国家税务局任命 |
| 李永贵 | 国家税务局副局长 | 1991年3月24日国务院任命 |
| 张相海 | 国家税务局副局长 | 1991年3月24日国务院任命 |
| 张英惠 | 国家税务局总会计师 | 1992年8月31日国家税务局任命 |
| 金　鑫 | 中共国家税务总局党组书记（部长级）<br>国家税务总局副局长 | 1994年1月27日中共中央任命<br>1994年2月5日国务院任命 |
| 刘仲藜 | 国家税务总局局长（兼） | 1994年2月5日国务院任命 |
| 杨崇春 | 国家税务总局副局长 | 1994年2月5日国务院任命 |
| 项怀诚 | 中共国家税务总局党组副书记<br>国家税务总局副局长 | 1994年6月30日中共中央任命<br>1994年7月20日国务院任命 |
| 卢仁法 | 国家税务总局副局长 | 1994年7月20日国务院任命 |
| 贺邦靖 | 中共中央纪律检查委员会驻国家税务总局纪律检查组组长 | 1994年11月24日中共中央任命 |
| 项怀诚 | 中共国家税务总局党组书记 | 1995年1月6日中共中央任命 |
| 李永贵 | 国家税务总局总经济师 | 1995年2月17日国家税务总局任命 |
| 张相海 | 国家税务总局总经济师 | 1995年2月17日国家税务总局任命 |
| 张英惠 | 国家税务总局总会计师 | 1995年2月17日国家税务总局任命 |
| 杨崇春 | 中共国家税务总局党组副书记 | 1995年8月24日中共中央任命 |
| 程法光 | 国家税务总局副局长 | 1996年5月18日国务院任命 |
| 郝昭成 | 国家税务总局副局长 | 1996年5月18日国务院任命 |
| 金人庆 | 中共国家税务总局党组书记<br>国家税务总局局长 | 1998年3月18日中共中央任命<br>1998年3月31日国务院任命 |
| 卢仁法 | 中共国家税务总局党组副书记 | 1998年5月20日中共中央任命 |
| 崔俊慧 | 国家税务总局副局长 | 2000年1月4日国务院任命 |
| 许善达 | 国家税务总局副局长 | 2000年1月4日国务院任命 |
| 丹笑山 | 国家税务总局总会计师 | 2000年2月12日国家税务总局任命 |
| 钱冠林 | 中共国家税务总局党组副书记（部长级）<br>国家税务总局副局长 | 2001年3月29日中共中央任命<br>2001年4月1日国务院任命 |
| 王　力 | 国家税务总局总经济师 | 2001年8月24日国家税务总局任命 |

续表

| 姓　名 | 职　务 | 任命日期 |
| --- | --- | --- |
| 宋　兰 | 国家税务总局总会计师 | 2001 年 8 月 24 日国家税务总局任命 |
| 谢旭人 | 中共国家税务总局党组书记<br>国家税务总局局长 | 2003 年 3 月 17 日中共中央任命<br>2003 年 3 月 25 日国务院任命 |
| 王　力 | 国家税务总局副局长 | 2004 年 10 月 26 日国务院任命 |
| 董树奎 | 国家税务总局总经济师 | 2004 年 11 月 3 日国家税务总局任命 |
| 董志林 | 中共国家税务总局党组成员 | 2006 年 12 月 21 日中共中央组织部任命 |
| 宋　兰 | 国家税务总局副局长 | 2006 年 12 月 31 日国务院任命 |
| 冯惠敏 | 中共中央纪律检查委员会驻国家税务总局纪律检查组组长 | 2007 年 3 月 22 日中共中央任命 |
| 解学智 | 国家税务总局副局长 | 2007 年 4 月 27 日国务院任命 |
| 肖　捷 | 中共国家税务总局党组书记<br>国家税务总局局长 | 2007 年 8 月 28 日中共中央任命<br>2007 年 8 月 30 日国务院任命 |
| 张志勇 | 国家税务总局总经济师 | 2009 年 5 月 25 日国家税务总局任命 |
| 汪　康 | 国家税务总局总会计师 | 2009 年 5 月 25 日国家税务总局任命 |

注：

1. 财政部税务总局为财政部内设的司局级机构，1949 年 11 月 28 日由政务院财政经济委员会批准成立。

2. 1988 年 5 月 3 日，国务院将财政部税务总局升格为国家税务局，为副部级机构，由财政部归口管理。

3. 1993 年 4 月 19 日，国务院将国家税务局更名为国家税务总局，升格为国务院直属机构，仍然为副部级机构。同年 12 月 20 日，国务院将国家税务总局升格为部级机构。

# 八、中国税务系统人员统计表

| 年　度 | 人员总数（人） | 其中：国家税务局 | 地方税务局 |
|---|---|---|---|
| 1950 | 126845 | | |
| 1953 | 147693 | | |
| 1957 | 108078 | | |
| 1958 | 46533 | | |
| 1960 | 57858 | | |
| 1962 | 126224 | | |
| 1964 | 177411 | | |
| 1973 | 133138 | | |
| 1979 | 178680 | | |
| 1982 | 285895 | | |
| 1985 | 361970 | | |
| 1988 | 463120 | | |
| 1990 | 410337 | | |
| 1993 | 580985 | | |
| 1995 | 752551 | 438933 | 313618 |
| 1996 | 776888 | 444511 | 332377 |
| 1997 | 791184 | 449956 | 341228 |
| 1998 | 802237 | 450697 | 351540 |
| 1999 | 805775 | 450217 | 355558 |
| 2000 | 800800 | 444605 | 356195 |
| 2001 | 747270 | 396429 | 350841 |
| 2002 | 741944 | 395135 | 346809 |
| 2003 | 740177 | 393803 | 346374 |
| 2004 | 737963 | 392205 | 345758 |
| 2005 | 854282 | 464125 | 390157 |
| 2006 | 853715 | 459975 | 393740 |
| 2007 | 748218 | 395979 | 354142 |
| 2008 | 750100 | 395522 | 352696 |

注：

1. 1973 年数据为一次性调查数据，仅供参考；其余均为年末实有人数。
2. 1960 年实际从事税务工作的税务人员只有 36879 人。
3. 从 1994 年起，省以下税务机构分设为国家税务局和地方税务局两个系统。

# 主要参考书和资料来源

1. 中央档案馆编：《中共中央文件选编》（第十八册），中共中央党校出版社 1992 年版。

2. 中共中央文献研究室编：《建国以来重要文献选编》（第一卷至第二十卷），中央文献出版社 1992 年至 1998 年版。

3. 中共中央文献研究室编：《三中全会以来重要文献选编》（上、下），《十二大以来重要文献选编》（上、中、下），《十三大以来重要文献选编》（上、中、下），《十四大以来重要文献选编》（上、中、下），《十五大以来重要文献选编》（上、中、下），《十六大以来重要文献选编》（上、中、下），《十七大以来重要文献选编》（上），人民出版社 1982—2009 年版。

4. 中共中央文献研究室编：《改革开放三十年重要文献选编》（上、下），中央文献社 2008 年版。

5. 历次全国人民代表大会文件汇编，人民出版社等单位出版。

6. 中共中央文献编辑委员会、中共中央毛泽东主席著作编辑出版委员会编：《毛泽东选集》（第四、五卷），人民出版社 1991 年、1977 年版。

7. 中共中央文献研究室编：《毛泽东文集》（第六、七、八卷），人民出版社 1999 年版。

8. 中共中央文献研究室编：《建国以来毛泽东文稿》（第一册至第十三册），中央文献出版社 1987—1998 年版。

9. 中共中央文献编辑委员会编：《邓小平文选》（第二卷第二版、第三卷），人民出版社 1994 年、1993 年版。

10. 中共中央文献编辑委员会编：《江泽民文选》（第一、二、三卷），人民出版社 2006 年版。

11. 中共中央文献编辑委员会编：《周恩来文选》，人民出版社 1980 年版。

12. 中共中央文献研究室编：《建国以来周恩来文稿》（第一册至第三册），中央文献出版社 2008 年版。

13. 中共中央文献研究室编：《刘少奇论新中国经济建设》，中央文献出版社 1993 年版。

14. 中共中央文献编辑委员会编：《陈云文选》（第一卷至第三卷），人民出版社 1995 年版。

15. 中共中央文献研究室编：《陈云文集》（第一卷至第三卷），中央文献出版社 2005 年版。

16. 中共中央书记处研究室编：《李先念文选》，人民出版社 1989 年版。

17. 薄一波著:《若干重大决策与事件的回顾》(修订版),中共中央党校出版社 1997 年版。

18. 政务院财政经济委员会编:《中央财经政策法令汇编》(第一辑至第三辑),1950—1952 年版。

19. 财政部编:《现行财政法规汇编》(1950 年)、《中央财政法规汇编》(1951—1964 年)、《财政金融规章制度选编》(1973—1977 年)、《财政规章制度选编》(1978 年),财政出版社、中国财政经济出版社 1951—1980 年版。

20. 财政部税务总局编:《中央税务法令汇集》(1952 年出版)、《中央税务公报》(1951 年 1 月—1955 年 6 月)、《人民税务》(1955 年 7 月—1958 年 12 月)、《税工研究》(1950 年 1 月—1951 年 12 月)、《税务工作通报》(1952 年 4 月—1957 年 2 月)。

21. 财政部办公厅、综合计划司、税务总局、农业税征收管理局编:《中华人民共和国财政史料》(第一、二、四、八辑),中国财政经济出版社 1982—1989 年版。

22. 陈如龙主编:《当代中国财政》,当代中国出版社 1988 年版。

23. 陈如龙主编:《中华人民共和国财政大事记(1949—1985)》,中国财政经济出版社 1989 年版。

24. 项怀诚主编:《中国财政 50 年》,中国财政经济出版社 1999 年版。

25. 谢旭人主编:《中国财政改革 30 年》,中国财政经济出版社 2008 年版。

26. 谢旭人主编:《中国财政与改革开放 30 年》,经济科学出版社 2008 年版。

27. 国家税务局办公室、国家税务总局办公室、国家税务总局办公厅编:《中华人民共和国工商税收基本法规汇编》(1991—1996 年各卷),法律出版社、经济科学出版社、中国税务出版社出版。

28. 国家税务总局、国家税务总局办公厅编:《中华人民共和国税收基本法规》(1998—2009 年各卷),中国税务出版社出版。

29. 国家税务总局编:《中国税收基本法规汇编(1949 年 10 月—1999 年 9 月)》,中国财政经济出版社 1999 年版。

30. 国家税务局编:《税收工作文献汇编(1978—1992 年)》,法律出版社 1993 年版。

31. 财政部税务总局、国家税务局、国家税务总局编:《税收工作文件法规汇编》,1979—2001 年各卷,中国财政经济出版社、中国税务出版社出版。

32. 国家税务局办公室、国家税务总局办公室、国家税务总局办公厅编:《中国工商税收法规汇编》,1992—2000 年各卷,中国财政经济出版社、中国税务出版社出版。

33. 国家税务总局办公厅编:《全国税务工作会议主要领导讲话汇编(1949—1994)》,中国税务出版社 1995 年版。

34. 刘志城主编:《中华人民共和国工商税收史长编》,中国财政经济出版社 1988 年版。

35. 国家税务局编:《中国税制改革十年》,东北财经大学出版社 1988 年版。

35. 金鑫主编:《当代中国的工商税收》,当代中国出版社 1994 年版。

36. 国家税务总局编:《税务总局 45 年》,中国税务出版社 1996 年版。

37. 国家税务总局编:《中国税制改革十周年(1994.1—2004.1)》,中国税务出版社 2004 年版。

38. 钱冠林、王力主编:《中国税收 30 年》,中国税务出版社 2009 年版。

39. 财政部税务总局编:《建国以来工商税收大事记(1949.9—1982年)》,中国财政经济出版社1984年版。

40. 国家税务总局编:《中华人民共和国税收大事记(1949—1999)》,中国税务出版社2000年版。

41. 国家税务总局编:《30年大事记(1978—2008)》,中国税务出版社2009年版。

42. 财政部农业财务司编:《新中国农业税史料丛编》,中国财政经济出版社1986年版。

43. 宿世芳主编:《当代中国海关》,当代中国出版社1992年版。

44. 杨圣明主编:《中国关税制度改革》,中国社会科学出版社1997年版。

45. 孙文学主编:《中国关税史》,中国财政经济出版社2003年版。

46. 全国人民代表大会常务委员会、国务院、财政部、国家税务总局、海关总署、国家统计局和新华通讯社网站。

47. 《全国人民代表大会常务委员会公报》、《国务院公报》、《国家税务总局公报》、《人民日报》、《经济日报》、《中国财经报》、《中国税务报》、《中国经济时报》、《财政研究》、《税务研究》、《涉外税务》、《财贸经济》、《中国统计年鉴》、《中国财政年鉴》、《中国税务年鉴》等报刊。

48. 财政部财政科学研究所、国家税务总局税收科学研究所的有关研究报告、研究资料和其他材料。

49. 向下列中国财政、税务系统老前辈、老领导、老同志和有关方面的领导、专家请教时的记录:

王丙乾,中国财政学会会长,曾任全国人民代表大会常务委员会副委员长、国务委员兼财政部部长。

金鑫,中国税务学会名誉会长,曾任中共国家税务总局党组书记、国家税务总局副局长(部长级,1994年);国家税务总局局长(1993年);国家税务局局长;中共财政部党组成员、财政部税务总局局长(副部长级)。

刘仲藜,曾任财政部部长兼国家税务总局局长(1994年)。

项怀诚,曾任财政部部长;中共国家税务总局党组书记(部长级,1995年);国家税务总局副局长(副部长级,1994年)。

金人庆,曾任财政部部长;中共国家税务总局党组书记、国家税务总局局长(部长级,1998年)。

任子良,曾任财政部顾问、财政部税务总局局长,已故。

杨崇春,中国税务学会顾问,曾任中共国家税务总局党组副书记(1995年);国家税务总局副局长(副部长级,1994年);国家税务总局副局长(1993年);国家税务局副局长。

卢仁法,中国国际税收研究会顾问,曾任中共国家税务总局党组副书记(1998年);国家税务总局副局长(副部长级,1994年);国家税务总局副局长(1993年);国家税务局副局长。

许善达,中国注册税务师协会会长,曾任国家税务总局副局长(副部长级,2000年);国家税务总局政策法规司司长、地方税务司司长、稽查局局长;国家税务局税收科学研究所理论室主任、税制改革与法规司副司长;财政部税务总局研究处副处长。

陈景新,中国国际税收研究会顾问,曾任中华全国工商业联合会副主席、国家税务局副局长、财政部税务总局副局长（正局级）。

李永贵，中国注册税务师协会顾问，曾任中共国家税务总局党组成员、国家税务总局总经济师（1995年），国家税务总局副局长（1993年），国家税务局副局长，财政部税务总局副局长。

牛立成，中国税务学会顾问，曾任国家税务局副局长、顾问，财政部税务总局副局长（正局级）。

王平武，中国税务学会顾问；曾任国家税务局副局长、顾问，财政部税务总局副局长。

张忠诚，中国税务学会顾问，曾任国家税务总局总经济师（1993年）、国家税务局总经济师、财政部税务总局调研员（副局级）。

刘志城，曾任财政部税务总局局长、顾问，中国税务学会副会长，已故。

赵昭，中国税务学会顾问，曾任财政部税务总局副局长（正局级）。

关永宁，曾任国家税务局办公室主任、财政部税务总局调研员（副局级）。

李靖林，曾任国家税务局所得税管理司司长、财政部税务总局调研员（副局级）。

王选汇，曾任国家税务局涉外税务管理司司长、财政部税务总局调研员（副局级），已故。

柳云峰，曾任财政部税务总局副局长，已故。

林荣生，曾任财政部税务总局副局长，已故。

刘文彬，曾任财政部法律顾问、条法司副司长、税务总局调研员（副局级）。

韩绍初，曾任财政部税政司司长、税务总局研究处处长。

财政部、国家税务总局、海关总署有关部门的其他领导、专家和离退休老同志。

部分省、自治区、直辖市、计划单列市国家税务局、地方税务局的领导、专家和离退休老同志。

部分高等院校、科研单位的教授、研究员。

50. 联合国、世界银行、国际货币基金组织、世界贸易组织、经济合作与发展组织等国际组织和部分外国税收专家发表的有关资料、研究成果。

特别感谢：我的老同事、老朋友，国家税务总局税收科学研究所资料室副主任、副编审刘燕明同志，为笔者写作本书提供了资料等方面的大量帮助。

资料截止日期：2009年9月1日。